Der Staatshaushalt

und

die Finanzen Preussens.

Unter Benutzung amtlicher Quellen

bearbeitet von

O. Schwarz,
Geheimer Ober-Finanzrath
u. vortragender Rath im Finanzministerium

und

Dr. jur. G. Strutz,
Geheimer Ober-Finanzrath
u. vortragender Rath im Finanzministerium.

Band II.

Die Zuschussverwaltungen.

Berlin, 1903.
J. Guttentag, Verlagsbuchhandlung,
G. m. b. H.

Der Staatshaushalt

und

die Finanzen Preussens.

Band II.

Die Zuschussverwaltungen.

Von

O. Schwarz,

Geheimer Ober-Finanzrath und vortragender Rath im Finanzministerium.

Lieferung 4.

VI. Buch: **Ministerium des Innern.**

VII. Buch: **Kleinere Etats.**

(Staatsministerium, Zeughaus, Ministerium der auswärtigen Angelegenheiten, Oberrechnungskammer, Geheimes Civilkabinet, Staatsarchive, Generalordenskommission, Gesetzsammlungsamt, Reichs- und Staatsanzeiger.)

Berlin, 1903.

J. Guttentag, Verlagsbuchhandlung,

G. m. b. H.

Vorwort.

Der vorliegende vierte Theil des II. Bandes enthält Buch VI (Ministerium des Innern) sowie Buch VII (Einige kleinere Etats).

Bis Ende des Jahres wird auch der fünfte und letzte Theil dieses Bandes, enthaltend Buch VIII (Finanzministerium) und Buch IX (Justizministerium) folgen.

Der ursprünglich als Buch X (Schlussband) gedachte Band wird, da er zum Theil Verwaltungszweige umfasst, die weder als reine Zuschuss- noch als reine Ueberschussverwaltungen angesehen werden können, zum Theil Nachträge zu einzelnen früher behandelten Ueberschuss- wie Zuschussverwaltungen enthalten wird, als besonderer Band III, ebenfalls bis Ende dieses Jahres, erscheinen. Er wird enthalten: Staatsschuldenverwaltung, Landtag, Allgemeine Finanzverwaltung, — mit einem zusammenfassenden Rückblick.

Sodann folgen in Anhang I Einiges über die formelle Ordnung des Staatshaushalts und in Anhang II Nachträge zu den früher erschienenen Bänden, endlich ein Sachregister zu dem gesammten Werke.

Dem heute vorliegenden Theile sind die Etatsziffern für 1903 zu Grunde gelegt.

Auch diesem Band ist ein Inhaltsverzeichniss A (nach Gegenständen) und B (nach Etatstiteln) beigefügt.

Berlin, im Juli 1903.

Otto Schwarz.

Inhaltsverzeichniss A.

Seite

Siebentes Buch.

Kleinere Etats.

Inhaltsverzeichniss B.

VI. Buch. Ministerium des Innern.

VII. Buch. Kleinere Etats.

Sechstes Buch.

Ministerium des Innern.

I. Hauptstück.

Einnahmen.

(Kap. 31 der Einnahmen.)

Allgemeines.

§ 1. Das Ministerium des Innern steht gegenwärtig (1903) mit der Höhe seiner eigenen Einnahmen an der zweiten Stelle aller Zuschussverwaltungen. Während in der Justizverwaltung 84,1 Millionen Mark eigene Einnahmen veranschlagt worden sind, wurden für das Ministerium des Innern 21,7 Mill. M. vorgesehen. Dann folgt die Bauverwaltung mit 10,0 Mill. M., das Staatsministerium mit 8,8, Handelsministerium mit 7,0, Kultusministerium mit 6,3 Mill. M. u. s. w.

Noch im Jahre 1890/91 betrugen indessen die Einnahmen im Ministerium des Innern nur 3,9 Mill. M.[1]) Hauptsächlich zwei Posten sind es gewesen, die im Laufe der 90er Jahre diese erhebliche Einnahmevermehrung hervorriefen, einmal die durch das Polizeikostengesetz von 1892 eingeführten Beiträge der Gemeinden zu den Kosten Kgl. Polizeiverwaltungen (1903: 8,2 Mill. M.) und sodann der Reichszuschuss zu den Beihülfen für unterstützungsbedürftige ehemalige Krieger auf Grund des Reichsges. v. 22. Mai 1895 (1903: 5,8 Mill. M.). Beiden Posten steht aber, wie bei den betreffenden Verwaltungszweigen näher dargelegt werden wird, eine gleich hohe, bei den Polizeikosten sogar eine noch erheblich höhere Ausgabesteigerung gegenüber, sodass sich im Ganzen das prozentuale Verhältniss der Einnahmen zu den Ausgaben seit Anfang der 90er Jahre durchaus nicht etwa ebenso stark erhöht hat wie die absoluten Ziffern (von 9,0 % auf 27,7 %). Auch diese prozentuale, immerhin nicht unbeträchtliche Steigerung verliert an Bedeutung, wenn man erwägt, dass bei dem drittwichtigsten Einnahmezweige, der Strafanstaltsverwaltung, wo von 1890—1903 die Einnahmen von 2,9 auf 5,5 Mill., also fast auf das Doppelte stiegen, dieser Steigerung eine wesentlich nur formale Bedeutung zukommt, indem seit dem Jahre 1899 aus etatsrechtlichen Gründen (§ 15 Abs. 1 des Komptabilitätsgesetzes v. 11. Mai 1898) die Einnahmen aus der Beschäftigung der Gefangenen nach ihrem Bruttoertrage, anstatt wie bis dahin nach ihrem Nettoertrage eingesetzt wurden, was allein eine Steigerung der Einnahme um rund 3 Mill. M. zur Folge hatte.[2])

Im letzten Grunde hat sich also das Maass der durch eigene Einnahmen Deckung findenden Ausgaben in dem Gebiete der Verwaltung

---

[1]) In der Zeit von 1850—1890 hatten sie sich nur von 1,5 auf 3,9 Mill. M. gesteigert.

[2]) Dem entsprechend stiegen allerdings auch die Ausgaben bei Kap. 96 in diesem Jahre um einen entsprechenden Betrag. Näheres im Abschnitt „Strafanstaltsverwaltung“.

des Innern gegen früher nicht entfernt so sehr verändert, als es auf den ersten Blick den Anschein gewinnt.

Im Einzelnen.

§ 2. Die Mehrzahl der in Kap. 31 Tit. 1—9 aufgeführten Einnahmeposten wird zweckmässiger Weise bei der Darstellung der entsprechenden Ausgabezweige (Polizeiverwaltung, Strafanstaltsverwaltung, Landgendarmerie, Amtsblattverwaltung, für Wohlthätigkeitszwecke u. s. w.) mit zu behandeln sein.

§ 3. Nur ein Titel ist hier vorweg zu erwähnen, weil er einen allgemeineren Charakter trägt und schwer einem einzelnen Verwaltungszweige zugetheilt werden kann, der Tit. 1 des Kap. 31[1]). Derselbe lautet:

„An Miethen und Pächten für Dienstwohnungen etc., Entschädigung für Feuerungsmaterialien, Wasserlieferung und an sonstigen Einnahmen“ . . . . . 44 406 M.

Hierunter sind vor Allem enthalten und besonders zu erwähnen: rund 18 400 M. an Miethen und Pächten für die in Folge veränderter Organisation der Verwaltungsbehörden in den Provinzen Hannover, Hessen-Nassau und Schleswig-Holstein entbehrlich gewordenen, durch Vermiethung nutzbar gemachten Dienstwohngebäude und Grundstücke, sowie Miethen für die einer grossen Zahl von Landräthen in diesen Provinzen in staatlichen Gebäuden zur Verfügung gestellten Geschäftsräume (§ 35).

Die früheren Kreis- und Amtshauptmänner in der Provinz Hannover hatten für die von ihnen benutzten fiskalischen Geschäftsräume eine Miethe nicht zu zahlen. Nachdem bei der neuen Behördenorganisation den Landräthen in jener Provinz eine Dienstaufwands-Entschädigung zu dem den Landräthen in den übrigen Provinzen gewährten Durchschnittsbetrage zugebilligt worden ist, aus welchem letztere Beamte auch die Miethen für ihre Geschäftslokale bestreiten müssen, musste aber von den Landräthen in der Provinz Hannover, welche fiskalische Geschäftsräume benutzen, für diese Benutzung eine angemessene Miethsvergütung eingezogen werden. (Etatserläuterungen 1886/87.)

Ferner 10 000 M. Gewinn aus der Herausgabe des — seit 1840 erscheinenden — Ministerialblattes für die innere Verwaltung, welcher gemäss § 2 Nr. 4 des Gesetzes, betreffend den Staatshaushalt, vom 11. Mai 1898 (G.-S. S. 77) in den Etat eingestellt ist.

Die Einnahmen aus diesem Ministerialblatt werden in Höhe von 2500 M. zu Vergütungen für die bei der Herstellung thätigen Beamten (Kap. 83 Tit. 8) und mit 7500 M. zu allgemeinen Almosen und Unterstützungen (Kap. 97 Tit. 2) verwendet, welche beiden Fonds sich gegenseitig übertragen.

---

[1]) Bis zum Jahre 1890/91 trug dieser Titel die Bezeichnung als: Tit. 2, weil in Tit. 1 die Kosteneinnahmen der früheren Deputationen für das Heimathwesen (s. § 50) enthalten waren.

II. Hauptstück.

Laufende Ausgaben.

(Kap. 83—98 des Staatshaushaltsetats.)

Allgemeines.

§ 4. Die ausserordentliche Ausgabesteigerung, welche in der zweiten Hälfte des vorigen Jahrhunderts, und besonders in dem letzten Viertel desselben auf allen Gebieten der Staatsverwaltung zu Tage getreten ist, zeigt sich auch auf dem Etat des Ministeriums des Innern.

Die Ausgabe steigerte sich nach Anl. LXXXI seit 1850 in Millionen Mark wie folgt:

	1850	1867 alte Provinzen	1867 neue Provinzen	1876	1903
	10,9	16,7	5,7	35,0	78,3
		22,4			
nach Abzug der eigenen Einnahmen	9,4	14,6	5,4	32,1	56,6
		20,0			

Nach Abzug der eigenen Einnahmen, wobei für 1903 rund 8,2 Mill. M. Beiträge der Gemeinden zu den Kosten königlicher Polizeiverwaltungen, 5,5 Mill. M. der Strafanstaltsverwaltung und 5,8 Mill. M. auf Grund des Reichsges. v. 22. Mai 1895 (R.-G.-Bl. S. 237) in Betracht kommen, stellt sich das Bild für die Staatskasse etwas günstiger, als wenn man nur die Ausgaben in Betracht zieht, doch beträgt auch in diesem Falle die Steigerung seit 1850 immer noch das 6fache, seit 1876 das $1^3/_4$ fache des bisherigen Betrages.

Geht man auf die einzelnen Ausgabegruppen ein, so weist die weitaus grösste Steigerung die Ausgabegruppe für polizeiliche Zwecke auf, und hier sind es wieder die Ausgaben für die königliche Polizeiverwaltung in Berlin und in den Städten der Provinz, welche sich prozentual am stärksten vermehrt haben.

Seit 1876 stiegen die Ausgaben — nach Abzug der eigenen Einnahmen — wie folgt:

	1876 M.	Proz.	1903 M.	Proz.
Ministerium	567 150	1,8	768 984	1,4
Statistisches Bureau	263 020	0,8	477 552	0,8
Oberverwaltungsgericht etc.	136 138	0,4	1 002 150	1,8
Landrathsämter	7 072 076	22	8 816 536	15,6
Polizeiverwaltung Berlin / " in den Provinzen	6 859 974	21,4	20 244 326	35,8
Distriktskommissare	472 548	1,5	955 804	1,7
Landgensdarmerie	7 472 725	23,3	12 240 532	21,6
Allgemeine Ausgaben für Polizei	866 663	2,7	3 556 913	6,3
Strafanstaltsverwaltung	5 564 806	17,3	7 067 214	12,5
Wohlthätigkeitszwecke	1 769 450	5,5	877 067	1,5
Sonstiges	1 056 012	3,3	588 510	1
	32 100 562	100	56 595 588	100

Für Zwecke der allgemeinen Polizei standen hiernach 1876 im Ganzen 48,9 Proz., im Jahre 1903 65 Proz. aller Ausgaben zur Verfügung. Auf die Polizeiverwaltungen in Berlin und den Städten der Provinzen entfielen 1876 etwa ein Fünftel, 1903 über ein Drittel aller Ausgaben. Die Höhe der Kosten der Landgendarmerie, so gross sie der absoluten Ziffer nach ist, bleibt demgegenüber erheblich zurück und weist, relativ betrachtet, sogar ein Sinken der prozentualen Antheilsziffer nach. Da nach den späteren Ausführungen in § 95 und 96 die Ausgaben für königliche Polizeiverwaltungen in den Städten an und für sich eine stark steigende Tendenz zu Ungunsten der Staatskasse in sich tragen, so dürfte diese Bevorzugung der Städte gegenüber dem platten Lande über kurz oder lang zu einer Aenderung des sog. Polizeikostengesetzes führen müssen.

§ 3. Bei der nun folgenden Behandlung der einzelnen Ausgabegruppen erschien es aus Gründen der systematischen Darstellung nicht möglich, überall der Eintheilung des Staatshaushaltsetats zu folgen.

Es sind vielmehr zunächst im Anschluss an das Ministerium (Hauptabschnitt I Kap. 83 des Etats) die Provinzialbehörden der allgemeinen Verwaltung behandelt (Hauptabschnitt II Kap. 88, 89 und 90 des Etats), sodann die Verwaltungsgerichtsbehörden, soweit sie auf dem Etat des Ministeriums des Innern stehen (Hauptabschnitt III Kap. 85 des Etats). Daran schliessen sich dann in Hauptabschnitt IV die Ausgaben für einzelne Zweige der inneren Verwaltung und zwar — nach der Reihenfolge im Etat — für statistische Zwecke (Kap. 84), für Beaufsichtigung von Privatversicherungsanstalten (Kap. 86), Standesämter (Kap. 87), polizeiliche Zwecke (Kap. 91 bis 95), Strafanstaltsverwaltung (Kap. 96), Zwangserziehung Jugendlicher (Kap. 95 Tit. 7 und Kap. 98)[1]), Wohlthätigkeitszwecke (Kap. 97) und allgemeine Ausgaben (Kap. 98).

[1]) Auch hierbei musste aus systematischen Gründen von der Eintheilung des Etats etwas abgewichen werden.

Erster Hauptabschnitt.

Ministerium (Centralverwaltung).

(Kap. 83 der Ausgaben.)

Entstehung, Entwickelung, Geschäftskreis.

§ 6. Begrifflich umfasst die innere Verwaltung den gesammten inneren Verwaltungsbereich im Gegensatze zu den auswärtigen Angelegenheiten und den militärischen Angelegenheiten.

Als in Preussen Anfang des 19. Jahrhunderts die Einrichtung der Ministerien getroffen wurde, stellte man indessen neben die Ministerien der Auswärtigen Angelegenheiten, des Kriegsdepartements und des Innern noch diejenigen der Finanzen und der Justiz, indem man sowohl im Interesse der Wahrung der Rechtspflege, wie der Ordnung der Staatsfinanzen von vornherein die Nothwendigkeit besonderer von der allgemeinen inneren Verwaltung losgelöster Centralressorts anerkannte.

Dagegen umfasste das damalige Ministerium des Innern noch einen ausserordentlich ausgedehnten Geschäftskreis. Es zerfiel in nicht weniger wie 6 Sektionen (Polizei, Gewerbe, Kultus, Allgemeines, Medizinalwesen, Bergbau).

Bald stellte sich aber heraus, dass eine Summe so verschiedenartiger Gegenstände in dem aufstrebenden preussischen Staatswesen von einer Centralstelle aus nicht mit Erfolg geleitet werden konnte. Die nächsten Dezennien brachten fortwährende Ressortabgrenzungen und -abzweigungen für das Ministerium, die im Einzelnen zu verfolgen hier zu weit führen würde.[1]) Die wichtigste Veränderung dieser Zeit war — abgesehen von der vorübergehenden Einrichtung eines besonderen Polizeiministeriums (1814—1819) — die im Jahre 1817 erfolgte Errichtung eines besonderen Kultus-, Unterrichts- und Medizinalministeriums und die damit für das Ministerium des Innern verbundene Geschäftsentlastung. Stabile Verhältnisse in die Ressortabgrenzung des Ministeriums des Innern brachte erst das Jahr 1848, in welchem von dem Ministerium sowohl ein besonderes Ministerium für Handel, Gewerbe und öffentliche Arbeiten, wie von diesem wieder für Landwirthschaft (einschl. Gestütwesen) abgezweigt wurde.

1849 folgte dann noch die Ueberweisung des 1817 noch dem Ministerium des Innern verbliebenen Restes der Medizinalverwaltung an das Kultusministerium (s. Näheres in Bd. II Buch I § 596).

Im Uebrigen ist der Ressortumfang seit jener Zeit im Wesentlichen der gleiche geblieben (Abweichungen s. §§ 7, 11).

§ 7. Darnach umfasst der Geschäftsumkreis des Ministeriums des Innern[2]) heute nunmehr folgende Angelegenkeiten: die Landeshoheits-

[1]) Vgl. v. Rönne, Staatsrecht III § 193 ff. das Nähere.

[2]) Vgl. Beilage zu Nr. 47 des Pr. Staatsanzeigers 1867 und Sten.-Ber. d. A.-H. 1867/68 Bd. II S. 863 ff.

und Hofangelegenheiten; die Angelegenheiten der Damenstifter; im Assekuranzwesen die öffentlichen (ständischen und städtischen) Feuerversicherungsinstitute, die Privatfeuer- und Lebensversicherungsgesellschaften, soweit ihr Geschäftsbetrieb auf Preussen beschränkt ist, Sterbe-, Pensions-, Unterstützungs-, Kranken- u. s. w. Kassen und -Vereine; die Kreditinstitute mit Ausnahme der landschaftlichen Kreditanstalten und Grundkreditanstalten (G.-S. 1874 S. 310 und 1876 S. 379), die Leih-, Spar- und Provinzialhülfskassen; die Korporationen, die Vereine zu wohlthätigen, gemeinnützigen und geselligen Zwecken, die milden Stiftungen; die Kollekten-, Unterstützungs- und Armenpflegesachen; die Heimathssachen, die Ein- und Auswanderungen; die Ordenssachen, soweit sie nicht unter ein spezielles Ressort fallen; Vorschlag zur Verleihung der Erinnerungsmedaille für Rettung aus Gefahr und der Rettungsmedaille am Bande, sowie der Ehejubiläumsmedaille; die Angelegenheiten wegen Aenderung und Beilegung von Namen; die auf die Aufstellung von Geschworenen- und Schöffenlisten und die Wahl der Schiedsmänner bezüglichen Angelegenheiten; die statistischen Angelegenheiten; die Angelegenheiten des Oberverwaltungsgerichts; die Generalien über die Organisation, den Geschäftskreis und die Verwaltung der Provinzialbehörden, die Angelegenheiten der Kreisbehörden, einschliesslich der Oberämter in den Hohenzollernschen Landen, sowie der Amts-, Gemeinde- und Gutsbezirke; die äussere Stellung der Amtsanwälte; die Personalien der Provinzialverwaltungsbehörden, der Landrathsämter (Oberämter in den Hohenzollernschen Landen; Kreisbehörden in Waldeck und Pyrmont), sowie der Provinzialräthe und Bezirksausschüsse; Angelegenheiten der Prüfungskommission für höhere Verwaltungsbeamte; die Einrichtung der Amts- und Kreisblätter; unter Konkurrenz des Kriegsministeriums die Militär-Ersatz- und Entlassungsangelegenheiten, die Mobilmachungssachen, die Leistungen für die Landwehr; Kriegervereinssachen; die Landes- und Lokal-Polizeiverwaltung; die Polizeiorganisation im Allgemeinen, die Personalien der Polizeibeamten, die Landgensdarmerie, die bewaffneten Sicherheitsvereine; die höhere politische Polizei, insbesondere die Angelegenheiten der Presse, das Vereins- und Versammlungswesen, die Fremdenpolizei und das Theaterwesen; die Generalien und Personalien der ländlichen Ortsobrigkeiten; die Sicherheitspolizei; die Feuer-, Sitten-, Gesundheits- und Lebensmittelpolizei,[1]) das Passwesen, die Gewerbepolizei rücksichtlich solcher Gewerbe, bei welchen die Handhabung derselben überwiegend durch die allgemein polizeilichen Interessen bedingt wird,[2]) die öffentlichen Verloosungen,[3])

[1]) letztere beiden unter Konkurrenz des Ministeriums der geistlichen, Unterrichts- und Medizinalangelegenheiten.

[2]) A. E. v. 17. März 1852 (G.-S. S. 83) und v. 30. Juni 1858 (G.-S. S. 501). Auch M.-Bl. d. i. V. 1858 S. 207.

[3]) A. E. v. 2. Nov. 1859 (G.-S. S. 560).

die die Landeswohlfahrt beeinflussenden ausserordentlichen Vorkommnisse, wie Ueberschwemmungen, Seuchen, Nahrungsnothstände; die Massregeln hinsichtlich des Transports der Verbrecher, Bettler und Vagabunden; die Strafanstalten, Gefängnisse (ausschliesslich der Gerichtsgefängnisse), Erziehungsanstalten, die Rettungshäuser; Fürsorgeerziehung Minderjähriger, Fürsorge für entlassene Strafgefangene etc., Korrigenden- und Landarmenwesen; die Rehabilitirungsangelegenheiten; die Beschwerden gegen das Polizeipräsidium in Berlin; die Verfassungssachen und die Angelegenheiten der beiden Häuser des Landtages; die ständischen Angelegenheiten; die städtischen und ländlichen Kommunalsachen, Kommunalsteuern; die neuen Ansiedelungen, und, in Gemeinschaft mit dem Ministerium für die landwirthschaftlichen Angelegenheiten, die Rentenguts- und Jagdpolizeisachen;[1]) die Angelegenheiten der ehemals Reichsunmittelbaren; die Fideikommiss- und Lehnssachen; die Angelegenheiten der Hoch- und Domstifter; das Juden- und Sektenwesen; Denkmäler; Sozialpolitische Angelegenheiten; Adelssachen; Standesamtssachen; Pensionen und Unterstützungen für Wittwen und verwaiste Töchter von Staatsbeamten und Offizieren im Allgemeinen; Veteranenbeihülfen.

Dem Ministerium speziell unterstellte Behörden sind das Statistische Bureau, das Polizei-Präsidium zu Berlin und das Domkapitel zu Brandenburg[2]) sowie die statistische Centralkommission.

Zusammensetzung des Ministeriums.

§ 8. Das Ministerium besteht gegenwärtig aus zwei Abtheilungen, denen die einzelnen Referate nach Massgabe ihres Geschäftsumfanges zugetheilt sind. Die frühere Eintheilung in eine Administrativ- und eine politische Abtheilung ist aufgehoben. An der Spitze des Ministeriums steht ein nach Art. 61 der Preussischen Verfassungsurkunde verantwortlicher Minister. Namen und Amtsdauer der bisherigen Minister sind folgende:

Graf zu Dohna 1808—10; Freiherr von Hardenberg 1810—14; von Schuckmann 1814—30; Fürst zu Sayn 1814—19; Freiherr von Brenn 1830—34; von Rochow 1834—42; Graf von Arnim 1842—45; von Bodelschwingh 1845—48; von Auerswald 1848; von Kühlwetter 1848; Eichmann 1848; Freiherr von Manteuffel 1848—50; von Westphalen 1850—58; von Flottwell 1858—59; Graf von Schwerin 1859—62; von Jagow 1862; Graf F. zu Eulenburg 1862—78; Graf B. zu Eulenburg 1878—81; von Puttkamer 1881—88; Herrfurth 1888—92; Graf

---

[1]) wobei das landwirthschaftliche Ressort die Feder führt. C.-R. v. 12. Febr. 1861 (M.-Bl. d. i. V. S. 52).

[2]) Vgl. auch Bd. II Buch I § 34. Während die Domstifte Merseburg, Naumburg und Zeitz dem Oberpräsidenten von Sachsen unterstehen, übt der Minister des Innern direkt die Aufsicht über Merseburg aus. Das Stift hat juristische Persönlichkeit, Statut v. 1826 (s. Amtsblatt Potsdam 1827 S. 85). Staatseinnahmen und -Ausgaben erwachsen aus denselben nicht.

B. zu Eulenburg 1892—94; von Koeller 1894—95; Freiherr von der Recke 1895—99; Freiherr von Rheinbaben 1899—1901; Freiherr von Hammerstein seit 1901.

Dem Minister zur Seite steht ein Unterstaatssekretär, welcher zugleich Direktor der ersten Abtheilung (und im Nebenamt Kurator des Ministerialblattes für die innere Verwaltung) ist. An der Spitze der zweiten Abtheilung steht ein Ministerialdirektor (seit dem Etat 1880/81).

Die Zahl der vortragenden Räthe in der ersten Abtheilung beträgt gegenwärtig 7, diejenige der zweiten Abtheilung 5.

An Hülfsarbeitern sind thätig und zwar ständig 2, vorübergehend 3.

Die Scheidung der übrigen Beamten des Ministeriums erfolgt wie in allen Ministerien in Bureau-, Kanzlei- und Unterbeamte.

An Bureaubeamten sind gegenwärtig (1903) vorhanden: 1 Vorsteher des Centralbureaus, 39 Expedienten, Kalkulatoren und Registratoren mit Einschluss des Rendanten der Ministerial-Bureaukasse, 1 Kanzleidirektor.

Die Klasse der Kanzleibeamten besteht aus 23 Kanzleisekretären sowie 7 ständigen Kanzleihülfsarbeitern, diejenige der Unterbeamten aus 1 Botenmeister und Kastellan und 24 Kanzleidienern und anderen Unterbeamten.

Auf dem Ausgabeetat[1]) des Ministeriums des Innern stehen seit 1892/93 auch die Beamten für das literarische Bureau, welche bis dahin auf dem Etat des Bureaus des Staatsministeriums geführt wurden.

Die sächlichen Ausgaben erscheinen dagegen wie bisher auf dem Etat des Bureaus des Staatsministeriums (s. d.) weiter. Dieses Institut beruht nicht auf einer ausdrücklichen gesetzlichen Anordnung, sondern ist erst seit dem Jahre 1852 im Verwaltungswege errichtet. Dasselbe führte bis zum Jahre 1858 den Namen „Centralstelle für Pressangelegenheiten“ und steht unter der speziellen Leitung des Ministers des Innern. Die Geschäfte dieser Behörde bestehen in der Durchsicht der Tageszeitungen und Anfertigung von Auszügen zur Information für die Centralbehörde, ferner in der Herausgabe der sog. Berliner Correspondenz, welche unentgeltlich an Kreisblätter und grössere Tageszeitungen versandt wird.

Das Personal des Bureaus besteht aus 1 Direktor mit Regierungsrathsstellung, 3 mit den Bureaubeamten rangirenden Lektoren, 1 Kanzleisekretär und einigen Hülfskräften.

Ausgaben.

(Kap. 83 des Staatshaushaltsetats.)

§ 9. Die Ausgaben betrugen 1850: 269 760 M., 1867: 354 978 M., 1876: 567 150 M., 1890/91: 621 121 M., 1903: 768 984 M.

---

[1]) Einnahmen entstehen nicht, da die vom Bureau herausgegebene Correspondenz den Kreisblättern, grösseren Tageszeitungen u. s. w. umsonst geliefert wird.

Die Steigerung beruhte auf Stellenvermehrungen und Beamtenbesoldungserhöhungen. Die Zahl der etatsmässigen Beamten betrug — abgesehen vom Minister und Unterstaatssekretär —

	1853	1867	1876	1890/91	1903
Höhere Beamte					
Direktor	—	—	—	1	1
Räthe	8	10	12	12	12[2])
Summe	8	10	12	12	13
Mittlere und niedere Beamte					
Bureaubeamte	24	26	36	38	44
Kanzleisekretäre	10	11	21	22	23
Unterbeamte	10	15[1])	20[1])	23[1])	25
Summe	44	52	77	83	92

Die Steigerung der Beamtenzahl ist im Vergleich zu anderen Ministerien hiernach in den letzten Dezennien eine mässige zu nennen.

Die Stelle des polizeitechnischen Hülfsarbeiters wurde 1896/97 „zum Zwecke einer dem öffentlichen Interesse genügenden Wahrnehmung der Angelegenheiten der politischen Polizei“ geschaffen.

Vorübergehend (von 1896/97 bis 1901) ist auch ein versicherungstechnischer Hülfsarbeiter im Ministerium thätig gewesen.

§ 10. Die einzelnen Besoldungs-, Remunerations- und Bedürfnissfonds bieten keine Besonderheiten dar. Die Beamtengehälter, der höheren, wie der mittleren und niederen, sind die gleichen wie in den bereits behandelten übrigen Ministerien. Der polizeitechnische Hülfsarbeiter erhält ein Einheitsgehalt von 6600 M., während der Direktor des literarischen Bureaus mit den Regierungsräthen der Provinzialbehörden rangirt (4200—7200 M.). 1903 betrugen die Kosten des Ministeriums für Besoldungen 477 160 M., für Wohnungsgeldzuschüsse 74 400 M., für sonstige persönliche Ausgaben 90 624 M., für sächliche Ausgaben 126 800 M., zusammen 768 984 M.

Im Jahre 1901 fanden erhebliche Erhöhungen der Tit. 8 (Remunerirungsfonds), Tit. 11 (Bureaukostenfonds) und Tit. 10 (Reisekosten- und Diätenfonds) statt.

Tit. 11 hatte auch 1896/97 schon eine starke Steigerung (um 12 000 M.) erfahren. Doch war damals gleichzeitig eine Kürzung des Tit. 8 um die gleiche Summe erfolgt. Der Grund war die Durchführung des v. 1. April 1896/97 bei allen Verwaltungen durchgeführten Prinzips, wonach von da allgemein die Bezüge derjenigen im Unterbeamtendienste beschäftigten Personen, welche nur in einem privatrechtlichen Arbeitsverhältnisse zu der sie beschäftigenden Behörde stehen und daher der Invaliditäts- und Altersversicherung unterliegen, sowie die Kopialien der von etatsmässigen Kanzleibeamten beziehungsweise von

[1]) und 2 Telegraphisten.

[2]) sowie 1 polizeitechnischer Hülfsarbeiter und 1 Direktor des literarischen Bureaus.

dauernd beschäftigten Kanzleihülfsarbeitern über das vorgeschriebene Kanzleipensum hinaus gelieferten Schreibarbeiten und die Bezüge der vorübergehend zur Aushülfe gegen bogenweise Bezahlung beschäftigten Lohnschreiber bei dem Bureaubedürfnissfonds unter den sächlichen Ausgaben nachgewiesen werden sollen.

Extraordinarium.

Im Extraordinarium sind — nach § 284 und den dazu gehörigen Anlagen — in den 70er und Anfang der 80er sowie Ende der 90er Jahre nicht unerhebliche Kosten, im Ganzen 2 861 600 M., erforderlich geworden. Die letztjährigen Ausgaben von 1899—1902 1 290 800 M. bezogen sich auf einen Erweiterungsbau des Ministeriums (845 000 M. Grundstückserwerb und 445 800 M. Bau- und Ausstattungskosten).

Auch in den 70er Jahren hatte es sich wesentlich um Um- und Erweiterungsbauten des Ministeriums gehandelt (rund 1½ Mill. M.).

Zweiter Hauptabschnitt.

Ausgaben für die auf dem Etat des Ministeriums des Innern stehenden Behörden der Allgemeinen Landesverwaltung.

1. Abschnitt.

Allgemeines über die Einstellung der Ausgaben für Oberpräsidien und Regierungen auf dem Etat des Finanzministeriums.

§ 11. Gesetzlich[1]) ist zwar bestimmt, dass die Zahl der etatsmässigen Beamtenstellen und ihre Besoldung in den Spezialetats nachgewiesen werden müssen; eine Bestimmung darüber, bei welchem Ressort die betr. Besoldungsfonds anzubringen sind, ist aber im Gesetze nicht enthalten. Dagegen ist es alte Etatspraxis, dass die Gehälter der Beamten bei derjenigen Verwaltung eingestellt werden, von welcher die Vorschriften über Vorbildung, Anstellung und Geschäftsbeaufsichtigung ausgehen, und zwar auch dann, wenn diese Beamten bei Behörden angestellt sind oder mit ihnen in enger Fühlung arbeiten, deren Ausgaben im Übrigen auf dem Etat eines anderen Ressorts stehen. So sind die Regierungs-, Medizinal- und (technischen) Schulräthe auf dem Etat des Kultusministers, die Gewerberäthe und Gewerbeschulräthe auf dem des Handelsministers, die Regierungsforstbeamten auf dem der landwirthschaftlichen Verwaltung, die Regierungsbaubeamten auf demjenigen der Bauverwaltung ausgeworfen, obgleich die Regierungen selbst auf dem Etat des Finanz-

[1]) § 19 Abs. 2 des Ges. v. 27. März 1872 betr. die Befugnisse etc. der Oberrechnungskammer, § 21 des Komptabilitätsgesetzes vom 11. Mai 1898.

ministeriums stehen; die Kreisärzte, Kreisthierärzte und Kreisbauinspektoren werden auf dem Kultus-, landwirthschaftlichen und Bauetat geführt, obwohl allgemein die kreislandräthlichen Behörden auf dem Etat des Ministeriums des Innern stehen.

Bei dieser Geschäftspraxis kann es auffallend erscheinen, dass, obgleich gegenwärtig die Bearbeitung der Personalien und Anstellung von Oberpräsidenten und Regierungspräsidenten, sowie aller ihnen beigegebenen nicht technischen Regierungsbeamten und der nicht technischen Mitglieder der zweiten und dritten Abtheilung der Regierungen — in einigen Fällen allerdings im Einverständnisse mit den betreffenden Ressortministern, z. B. bei den Abtheilungsdirigenten der Finanzabtheilungen des Finanzministers und Landwirthschaftsministers, bei den Steuerdepartements- und Kassenräthen, Regierungsassessoren, Justitiarien etc. des ersteren, bei Abtheilungsdirigenten der Schulabtheilung des Kultusministers — dem Minister des Innern obliegt, die Besoldungen dieser Beamten sämmtlich auf dem Etat des Finanzministeriums stehen, während andererseits die gleichfalls zum Ressort des Ministers des Innern gehörenden landräthlichen Behörden auf dem Etat des letzteren ausgeworfen sind.

Diese Thatsache ist wesentlich historisch zu erklären.

Die Besoldungsetats der Oberpräsidenten und Regierungen haben von jeher auf dem Etat des Finanzministeriums gestanden; dies hatte folgenden Grund:

Bei der Errichtung der Regierungen an Stelle der Kriegs- und Domänenkammern durch die Verordn. v. 26. Dez. 1808 wurden die ersteren nach § 49 a. a. O. „in Absicht der einzelnen Zweige ihres Ressorts denjenigen Staatsbehörden untergeordnet, denen die höhere Leitung dieser Zweige nach dem Publikandum vom 16. Dez. 1808 anvertraut war". Da nach diesem Publikandum ausser den sonstigen nicht in Betracht kommenden Ministerien der Auswärtigen, Kriegs- und Justizangelegenheiten nur die Minister des Innern und der Finanzen in Frage kamen, so war es natürlich, dass die Regierungen auf den Etat eines dieser beiden Ministerien übernommen wurden. Dass hierbei die Wahl auf das Finanzministerium fiel, erscheint bei dem engen Zusammenhang, in dem damals noch die Besoldungsauszahlung mit dem Stande der Staatsfinanzen stand[1]) und bei der grossen Bedeutung, welche das Finanzressort gerade damals hatte, um so weniger auffallend, als der Etat des Ministeriums des Innern durch die Ausgaben für Bau-, kirchliche, Schul-, Medizinal- etc. Zwecke, welche Verwaltungen damals noch sämmtlich zu diesem Ressort gehörten, ohnedies genügend belastet war. Der Umstand, dass die ebenfalls zur allgemeinen Verwaltung gehörigen Landräthe von jeher auf dem Etat

---

[1]) In finanziellen Nöthen wurden stellenweise die Besoldungen zum Theil einbehalten (s. Bd. II Buch X, Einleitung zur Staatsschuldenverwaltung, § 1).

des Ministers des Innern stehen, konnte — ganz abgesehen davon, dass diese Behörden wesentlich Regiminal- und weniger Finanzfunktionen zu erfüllen hatten — damals schon deshalb nicht in Betracht kommen, weil diese Behörden überhaupt erst 1816 auf den Staatshaushalt übernommen worden sind (§ 21).

Die gemeinsame Unterordnung der Regierungen unter die beiden Ministerien des Innern und der Finanzen als Disziplinarminister kam späterhin noch präziser zur Anerkennung in der Verordn. v. 27. Okt. 1810 (G.-S. S. 3), wo ausdrücklich den beiden Ministerien bezw. dem sie damals gleichzeitig verwaltenden Staatskanzler die Aufsicht über die Regierungen und die Besetzung der Stellen, soweit nicht Allerhöchste Genehmigung vorbehalten war, übertragen wurde.

Die demnächst erlassene Verordn. v. 30. April 1815 (G.-S. S. 85) ging insofern einen Schritt weiter, als sie in ihren §§ 12 u. 25 die Befugnisse der genannten beiden Ministerien in Bezug auf Disziplin und Stellenbesetzung ausdrücklich trennte und die Abtheilungen I der Regierungen lediglich dem Minister des Innern, die Abtheilungen II dem Finanzminister zuwies. Die Reg.-Instr. v. 30. Okt. 1817 hielt an dieser Bestimmung fest (§ 6 a. a. O.). In Konsequenz dessen beabsichtigte nun die Staatsregierung, auch die Besoldungsetats beider Abtheilungen zu trennen, und man einigte sich an den massgebenden Stellen ernstlich dahin, dass diese Trennung der Etats und die separate Stellenbesetzung vom Jahre 1818 ab einzutreten habe.

Bevor dies geschah, waren indessen durch Verordn. v. 3. Nov. und 2. Dez. 1817 (G.-S. S. 289 u. 304) von dem Ministerium des Innern dasjenige der geistlichen Angelegenheiten und von dem Finanzministerium das für Handel und Gewerbe abgezweigt worden und nunmehr vereinigten sich alle vier Ministerien in weiterer Ausbildung jenes Trennungsprinzips in einer Cirkularverfügung v. 12. Juli 1818 dahin, dass die Anstellungsangelegenheiten in Zukunft nicht mehr von den Ressortministerien gemeinschaftlich, sondern rücksichtlich derjenigen Bestellungen von Offizianten, welche den Regierungen nicht selbst überlassen sind, die Initiative jedem der vier Ministerien für sein Ressort überlassen werden und nur die Besetzung der Abtheilungsdirektoren dem Minister des Innern für Abtheilung I und der Finanzen für Abtheilung II verbleiben sollte. Auch Assessoren und höhere Subalterne sollten vom Minister des Innern und der Finanzen gemeinschaftlich ressortiren.

Als man aber an die Ausführung dieses Erlasses gehen wollte, traten insbesondere hinsichtlich der Trennung der Besoldungsetats solche Schwierigkeiten hervor, dass man es *thatsächlich* dabei beliess, nur die rein *technischen* Räthe der Regierungen den betreffenden Ressortministern zu unterstellen und ihre Besoldungen auf deren Etats zu bringen, während die Besoldungen aller *nicht technischen* Räthe nach wie vor ungetrennt auf den vom Finanzministerium ressortirenden Hauptetats der Regierungshauptkassen verblieben und auch die Disziplinar- und Anstellungssachen der Regierungsmitglieder nach wie vor gemeinschaftlich von den Ministern des Innern und der Finanzen weiter bearbeitet wurden.

Dieser Zustand der Dinge ist bis zum Jahre 1882 im Wesentlichen unverändert geblieben. Nur wurde dem Minister der geistlichen Angelegenheiten schon sehr frühzeitig - anscheinend in Folge mündlicher Uebereinkunft — eine Mitwirkung bei der Besetzung der Dirigentenstellen der zweiten Abtheilung zugesichert. Auch erhielt das in der Zeit von 1835—1848 vom Finanzministerium abgezweigte und dem Hausministerium zugewiesene und erst nachdem wieder mit ihm vereinigte Forst- und Domänendepartement durch die Allerh. O. v. 21. Juni 1838 ein Mitwirkungsrecht bei der Besetzung der Dirigenten, Domänendepartementsräthe und in eingeschränktem Maasse selbst der Justitiarien der Finanzabtheilung.

Als dann später im Jahre 1879 die Domänen- und Forstverwaltung zum zweiten Male vom Finanzministerium losgelöst und dem Landwirthschaftsminister übertragen wurde, erhielt nunmehr dieser durch Allerh. O. v. 4. Jan. 1882 ein Mitwirkungsrecht bei der Besetzung der Dirigentenstellen der Finanzabtheilungen (nicht aber der in Domänensachen beschäftigten Räthe).

Durch die Allerh. O. v. 8. Sept. 1882 wurde sodann vor Allem im Interesse einer beschleunigteren Geschäftserledigung in der Bearbeitung der Personalangelegenheiten der höheren Regierungsbeamten in der Provinz — abgesehen von den Technikern[1]) — eine Aenderung dahin getroffen, dass diese Angelegenheiten, soweit sie bisher gemeinschaftlich vom Finanzminister und Minister des Innern bearbeitet worden waren, in Zukunft lediglich dem letzteren übertragen wurden. Nur hinsichtlich der Abtheilungsdirigenten der Finanzabtheilungen, der Steuerdepartements- und Kassenräthe verblieb dem Finanzminister ein Mitwirkungsrecht in gleicher Weise wie dem Landwirthschaftsminister und dem Kultusminister bei der Besetzung der Dirigentenstellen in der Finanz- und Schulabtheilung. Auch blieb die Zuständigkeit des Finanzministers bei den in den §§ 8, 12, 13, 14 des Ges. v. 11. März 1879 (Assessoren, Justitiarien etc.) berührten Angelegenheiten unverändert.

In der Bearbeitung der Personalangelegenheiten der Bureau-, Kanzlei- und Unterbeamtenstellen der Oberpräsidien und Regierungen wurde garnichts geändert. Sie verblieb nach wie vor den beiden Disziplinarministern gemeinschaftlich.

Die Ziehung der Konsequenz einer Uebertragung der höheren Regierungsstellen vom Etat des Finanzministeriums auf denjenigen des

[1]) also Oberpräsidenten, Regierungspräsidenten und nicht technische Regierungsmitglieder.

Innern unterblieb indessen. Im Gegentheil verfügte die gedachte Allerh. Verordn. von 1882 ausdrücklich, dass es bei allen auf die Etats- und Besoldungsverhältnisse der höheren Regierungsbeamten bezüglichen Angelegenheiten beim Alten bleiben solle, anscheinend nur deshalb, weil hinsichtlich der mittleren und Unterbeamten die Zuständigkeit der beiden Minister die bisherige blieb, diese Beamtenkategorie daher auf dem Etat des Finanzministeriums geblieben wäre und eine Trennung beider Beamtengruppen für unerwünscht gehalten wurde.

So finden wir denn gegenwärtig, nachdem die früher auf dem Etat des Ministeriums des Innern geführten Hannoverschen Landdrosteien inzwischen fortgefallen sind (§ 19), von den Behörden der allgemeinen Landesverwaltung nur noch die landräthlichen Behörden auf diesem Etat (§§ 20 ff.).

Der Grundsatz, dass die Besetzung der Regierungsrathsstellen — soweit nicht Techniker in Frage kommen — lediglich den beiden Disziplinarministern zustehen solle, hatte s. Z. eine indirekte Bestätigung durch die Vorschrift der Allerh. Kab.-O. v. 31. Dez. 1825 erhalten, nach welcher die Vertheilung der Geschäftssachen unter die Mitglieder der Regierungen dem Abtheilungsdirigenten unter Zustimmung des Präsidenten zusteht, der Präsident auch befugt ist, die Referenten für das Plenum besonders zu ernennen und die Mitglieder vorübergehend aus einer Abtheilung in die andere zu deputiren. Durch diese Bestimmung hätte die Bedeutung der Mitwirkung der Ressortminister bei Stellenbesetzungen de facto stets illusorisch gemacht werden können.

Die in dieser Befugniss liegende Macht des Regierungspräsidenten, der zweiten und dritten Abtheilung tüchtigere Kräfte zu entziehen, verbunden mit dem Rechte der Disziplinarminister (beziehungsweise des Ministers des Innern) Beamtenversetzungen vorzunehmen, sind von den betheiligten Ressortministern stellenweise unangenehm empfunden worden und haben s. Zt. die betheiligten Minister (Falk und Friedenthal) zu dem Streben gedrängt, besondere Schul- und Domänenbehörden geschaffen zu sehen. Die darauf gerichteten Absichten der Staatsregierung sind später bekanntlich wieder fallen gelassen worden (s. auch § 29). Indessen giebt es auch heute noch viele Vertheidiger einer Lostrennung der zweiten und dritten Abtheilung von den Regierungen. Sollte sich eine entsprechende Neuorganisation einmal verwirklichen, so dürfte damit allerdings der letzte Grund, die Besoldungsfonds der Oberpräsidien und Regierungen weiter auf dem Etat des Finanzministeriums zu belassen, in Fortfall kommen.

2. Abschnitt.

Verwaltung der Regierungsamtsblätter und der damit verbundenen öffentlichen Anzeiger.

(Kap. 31 Tit. 7 der Einnahme, Kap. 88 der Ausgabe.)

§ 12. Während auf dem Etat des Finanzministeriums im Uebrigen die gesammten persönlichen und sächlichen Ausgaben für die Regierungsbehörden stehen (s. § 11), sind die Regierungsamtsblätter merkwürdiger Weise stets hiervon ausgenommen gewesen, obgleich die darin erfolgenden Publikationen nicht blos dieses Ressort, sondern alle übrigen Ressorts mit betreffen, auch die Verwaltung und Redaktion von den Regierungsbeamten besorgt wird.

Doch wird die Amtsblattsverwaltung nicht, wie die Verwaltung der für die Publikation der Gesetze und Allerhöchsten Verordnungen bestimmten Gesetzsammlung auf besonderem Etat nachgewiesen (s. Bd. II Buch VII), vielmehr werden die Ausgaben für die Amtsblätter von jeher auf dem Etat des Ministeriums des Innern geführt, die Einnahmen dort verrechnet.

Die Amtsblätter wurden gegründet durch den § 2 der Verordn. v. 27. Okt. 1810 (G.-S. 1811 S. 1), durch die Verordn. v. 28. März 1811 über die Einrichtung der Amtsblätter in den Regierungsdepartements etc. (G.-S. 1811 S. 165), sowie durch die Verordn. v. 8. Juni 1819 (1819 S. 142) und die Kab.-O. v. 24. Juli 1826 (1826 S. 73), nach welchen Bestimmungen sie Publikationsanzeigen der in der Gesetzsammlung erschienenen Stücke, ferner Gesetze, welche nur einzelne Regierungsbezirke betreffen, Verordnungen und Reskripte der Centralbehörden und der Regierungen enthalten sollen.

Mit dem Anfange des 8. Tages, nachdem ein in der allgemeinen Gesetzsammlung erschienenes Gesetz in dem Amtsblatt der einzelnen Regierungen als vorhanden angezeigt ist, ist das Gesetz als gehörig bekannt gemacht anzunehmen und werden hierbei die Tage auf gleiche Weise gezählt. Nur dann leiden diese Bestimmungen eine Ausnahme, wenn in den Gesetzen oder Verordnungen ausdrücklich ein anderer Zeitpunkt ausgedrückt ist, von welchem ab sie als gehörig bekannt gemacht, angenommen werden sollen.

Durch das Ges. v. 10. April 1872 (G.-S. S. 357) ist eine Entlastung der Gesetzsammlung insofern eingetreten, als gewisse Arten von landesherrlichen Erlassen (Ertheilung von Expropriationsrechten etc.) in ihrem Wortlaut nur noch in den Amtsblättern veröffentlicht werden. (Näheres s. beim Etat des Gesetzsammlungsamts Bd. II Buch VII.)

Den Amtsblättern sind sog. öffentliche Anzeiger als Beilagen beigegeben, welche nach materiellen Gesichtspunkten eingetheilt sind. (Der sog. Steckbriefanzeiger wird allen Gensdarmen unentgeltlich zugefertigt.)

Ausdehnung der Institution auf die neuen Provinzen.

§ 13. Für den Bezirk der Regierung zu Sigmaringen ist durch den Allerh. Erl. v. 19. Sept. 1852 (G.-S. S. 588) die Errichtung eines Amtsblattes angeordnet worden.

Was die durch die beiden Gesetze v. 20. Sept. und v. 24. Dez. 1866 der Preussischen Monarchie einverleibten Landestheile betrifft, so hatte auf Grund der beiden Verordnungen v. 1. Dez. 1866 (G.-S. S. 743) und v. 29. Jan. 1867 (G.-S. S. 139) (§ 5) der Minister des Innern angeordnet, dass für die Provinz (vormaliges Königreich) Hannover ein besonderes „Amtsblatt für Hannover“, und ebenfalls ein solches unter der Bezeichnung „Amtsblatt für Hessen“ für den Regierungsbezirk Cassel erscheinen soll; ferner, dass für die Provinz Schleswig-Holstein bis auf Weiteres das „Verordnungsblatt für Schleswig-Holstein“ als Organ für Veröffentlichung der im § 5 der Verordn.

v. 29. Jan. 1867 bezeichneten Erlasse und allgemeinen Anordnungen beizubehalten sei (J.-M.-Bl. S. 148). Für den Regierungsbezirk Wiesbaden ist das „Intelligenzblatt für Nassau", für Frankfurt dagegen das dortige „Amtsblatt" als Publikationsorgan bezeichnet worden. Durch spätere Anordnung des Ministers des Innern ist sodann bestimmt worden, dass das in Wiesbaden erscheinende „Amtsblatt der Regierung zu Wiesbaden" für den ganzen Umfang des Regierungsbezirkes Wiesbaden mit Ausnahme des Stadtkreises Frankfurt a. M. und des Ortsbezirkes Rödelheim, und das in Frankfurt a. M. erscheinende „Amtsblatt für den Stadtkreis Frankfurt a. M." für diesen Kreis und für den Ortsbezirk Rödelheim Landkreises Wiesbaden als Publikationsorgane dienen sollen.

Mit Einführung der Kreis- und Provinzialordnungsgesetzgebung in den neuen Provinzen wurde auch hier die Amtsblattsverwaltung (für jeden Regierungsbezirk) wie in den alten Provinzen eingerichtet.

Nur das Amtsblatt für Frankfurt wurde beibehalten und erhielt den Namen „Amtsblatt für den Stadtkreis und Landkreis Frankfurt a. M."

Verwaltung. Auflage.

§ 14. Redaktion und Verlag wird durch die Regierungspräsidenten (Frankfurt a. M. Polizeipräsident) bezw. deren Beamten wahrgenommen. Der Vertrieb erfolgt durch die Postanstalten (vgl. die im Jahre 1895 vom Reichspostamt herausgegebenen, 1902 mehrfach abgeänderten Bestimmungen des Reichspostamts. M.-Bl. d. i. V. 1902 S. 153).

Die Höhe der Auflage in den verschiedenen Regierungsbezirken ist gegenwärtig folgende Königsberg 4800, Gumbinnen 4540, Danzig 1950, Marienwerder 3680, Potsdam 4600, Frankfurt 4140, Stettin 2750, Köslin 2550, Stralsund 1260, Posen 4750, Bromberg 2810, Breslau 5500, Liegnitz 4012, Oppeln 4300, Magdeburg 3000, Merseburg 3800, Erfurt 1450, Schleswig 4690, Hannover 1348, Hildesheim 1755, Lüneburg 2000, Stade 1396, Osnabrück 1173, Aurich 1000, Münster 1385, Minden 1475, Arnsberg 2743, Cassel 3500, Wiesbaden 3000, Coblenz 2470, Düsseldorf 3000, Cöln 1830, Trier 2520, Aachen 1660, Sigmaringen 615, Summe 97 452 Exemplare.

Einnahmen (Kap. 31 Tit. 7).

§ 15. Die Einnahmen der Amtsblätter bestehen hauptsächlich in dem Verkauf der Blätter (Abonnement) und in Einrückungsgebühren.

Den Staatsbehörden wird das Amtsblatt unentgeltlich geliefert, nicht aber den anderen öffentlichen Behörden, z. B. den Gewerbe-, Landwirthschaftskammern etc.

Die Gemeinden und selbständigen Gutsbezirke sind zum Halten des Amtsblattes verpflichtet; jedoch können die Regierungspräsidenten Gutsbezirke und kleinere Gemeinden von dieser Verpflichtung auf Zeit entbinden (vgl. Nr. 2 und 3 der Bestimmungen des Reichspostamtes).

Der Abonnementsbetrag stellt sich für die ganze Monarchie auf 1,50 M. pro Jahr.

Die Einrückungsgebühren betragen bei den Amtsblättern der Regierungen Stralsund, Aurich, Münster, Cöln, Trier, Aachen, Sigmaringen 15 Pf. für die Zeile, bei den Amtsblättern der übrigen Regierungen 20 Pf. für die Zeile. Die Grundsätze über die Erhebung sind zusammengestellt im Erl. v. 14. Juni 1902 (M. d. I. Ia 2271/F.-M. I 9431).

Sie lauten wie folgt:

§ 16. 1. Bekanntmachungen der Staatsbehörden, welche im ausschliesslichen Interesse der Staatsverwaltung erlassen werden, oder für welche die Kosten von der Staatsverwaltung zu tragen sein würden, sind unentgeltlich zu veröffentlichen. (Staatsministerialbeschluss v. 6. März 1832 und Runderl. v. 25. April 1832.)

Ebenso sind die Bekanntmachungen der Staatsbehörden, welche im dienstlichen Interesse zur Ersparung der sonst nothwendigen schriftlichen Mittheilungen an die nachgeordneten Behörden erfolgen, kostenfrei in das Amtsblatt aufzunehmen. Für alle übrigen Bekanntmachungen der Staatsbehörden sind Einrückungsgebühren zu erheben.

2. Wegen der Verrechnung der Einrückungsgebühren für Bekanntmachungen der Gerichte und Staatsanwaltschaften als Gerichtskosten verbleibt es bei dem bisherigen Verfahren. (Erlasse des Justizministers v. 11. Okt. 1859 (J.-M.-Bl. S. 330) und 17. Juni 1869 (a. a. O. S. 127.)

3. Die Einrückungsgebühren für Bekanntmachungen der Auseinandersetzungsbehörden werden nach den Vorschriften des Runderl. v. 10. Okt. 1877 (M.-Bl. f. d. i. V. S. 277) verrechnet.

4. Die Bekanntmachungen der Reichsbehörden sind kostenfrei aufzunehmen, falls die Kosten der Veröffentlichung ausschliesslich der Reichskasse zur Last fallen würden.

Die Veröffentlichungen der Oberpostdirektionen hinsichtlich der als herrenlos vorgefundenen Reisegepäckstücke u. s. w. sind indessen gebührenpflichtig (Runderl. v. 1. März 1871, M.-Bl. S. 58).

Die Aufnahme der Bekanntmachungen der Militärbehörden in die Amtsblätter hat kostenfrei zu erfolgen. (Erl. v. 15. Juli 1896, M.-Bl. S. 138.)

5. Die Bekanntmachungen der Provinzial-, ständischen und Gemeindebehörden sowie von Korporationen und Privaten sind gebührenpflichtig, soweit sie nicht durch Allerhöchste Erlasse als gebührenfrei zugelassen sind.

Diejenigen ständischen, zu einer gemeinnützigen Wirksamkeit berufenen Institute, namentlich die Provinzial- und städtischen Feuer-Sozietäten, sowie die Landarmen- und Korrektions-Anstalten, welchen die Stempelfreiheit bewilligt ist, haben für die Veröffentlichung ihrer Bekanntmachungen durch die Amtsblätter keine Gebühren zu entrichten. (Allerh. O. v. 23. April 1839. Verf. v. 11. Mai 1839 und 4. Juni 1884.)

6. Wegen unentgeltlicher Veröffentlichung von Steckbriefen u. s. w. s. Allerh. O. v. 3 Febr. 1843 und Verf. v. 25. Febr. 1843.

7. Alle diesen Grundsätzen zuwiderlaufenden Bestimmungen früherer Erlasse treten ausser Kraft.

§ 17. Die im Staatshaushaltsetat für 1903 auf 179 523 M. veranschlagten Einnahmen setzen sich zusammen aus Verkaufsgeldern 96 735,75 M., Einrückungsgebühren 77 945 M.,[1]) sonstigen Einnahmen

[1]) Aus Zweckmässigkeitsgründen sollen aber die Einrückungsgebühren und die Einnahmen für Belagsblätter zu den Bekanntmachungen: a) der Gerichtsbehörden und Staatsanwaltschaften, b) der Auseinandersetzungsbehörden nicht auf dem Etat des Ministeriums des Innern erscheinen, sondern werden bei den Gerichtskassen bezw. bei den Kassen der Auseinandersetzungsbehörden verrechnet.

2157,25 M., zusammen 176 838 M. Die Differenz von 2685 M. ist die Pauschalsumme, welche der Drucker des Frankfurter Amtsblattes laut Vertrag in die Staatskasse zu zahlen hat. (Der Unternehmer hat das Amtsblatt auf seine Kosten herzustellen und dasselbe den Staatsbehörden umsonst zu liefern; er zieht dafür die Einrückungsgebühren und Abonnementsgelder ein und zahlt fest 2685 M. an die Staatskasse.)

Ausgaben (Kap. 88 des Etats).

§ 18. Dieselben bestehen nicht in persönlichen Kosten, da die Redaktion und Verlag von den Regierungsbeamten mit wahrgenommen wird.

Die in Kap. 88 genannten Ausgaben enthalten daher nur sächliche Kosten und zwar hauptsächlich diejenigen für Satz, Druck und Papier der Amtsblätter.

Die Regierungspräsidenten schliessen mit Buchdruckereien dieserhalb Privatverträge ab, welche je nach den gegebenen örtlichen und sonstigen Verhältnissen überall verschieden sind.

Die Ausgaben schwanken in den verschiedenen Jahren, haben sich aber im Allgemeinen nicht wesentlich verändert, wie aus Anlage LXXXI des Näheren hervorgeht. Sie betrugen schon 1850 264 960 M., haben ihren Höhepunkt 1883/84 mit 308 487 M. erreicht und sind für 1903 mit 294 010 M. veranschlagt.

3. Abschnitt.

Ehemalige Hannöversche Landdrosteien.

(Kap. 89 des Ausgabeetats. Jetzt: vacat.)

§ 19. Kap. 89 enthielt bis zum Schlusse des Jahres 1885/86 die staatlichen Ausgaben für die alten Hannöverschen Landdrosteien.

Ueber die Gründe, weshalb diese Landdrosteien auf dem Ministerium des Innern geführt wurden, während die Regierungen auf dem Etat des Finanzministeriums standen, führte der Regierungskommissar in der Sitzung des Abg.-H. v. 16. Dez. 1867 (Sten. Ber. S. 446) folgendes aus: .... „das hat lediglich den Grund, dass die Verwaltungsbehörden in den alten Provinzen die sämmtlichen Zweige der inneren und Finanzverwaltung vereinigen und nach einer alten bestehenden Einrichtung auf dem Etat des Finanzministeriums stehen, während die Disziplin und die Besetzung der Stellen den beiden Ressorts des Ministers der Finanzen und des Inneren zugewiesen sind, dass dagegen bei der jetzt vorgenommenen Ressort-Eintheilung für die Provinz Hannover, wo eine besondere Finanzbehörde eingerichtet worden ist, und die Landdrosteien im Wesentlichen auf das Ressort der eigentlichen inneren Verwaltung, wie sie dem Minister des Innern unterstellt ist, reduzirt sind, es sich auch einfach ergeben hat, die Disziplin und Anstellungsbefugniss zwischen diesen beiden Ressorts zu theilen und demnächst, da der Herr Finanzminister bei der Beaufsichtigung und Anstellung der Landdrosten gar nicht mehr betheiligt ist, die betreffende Position, ebenso wie bei der Kreis- und Provinzialbehörde, auf den Etat des Ministeriums des Inneren zu bringen."

Die Frage, ob die Landdrosteien (und damit im Zusammenhang die Finanzdirektion zu Hannover) unter preussischer Herrschaft beibehalten werden sollten oder nicht, hat das Abgeordnetenhaus mehrfach beschäftigt. Schon im Jahre 1867 wurde von mehreren Seiten die Aufhebung verlangt, weil die Organisation dieser Behörden (Näheres bei Lehzen, Hannovers Staatshaushalt Bd. II und bei v. Rönne Bd. III) zu sehr von derjenigen der alten Provinzen abweiche, sich nicht bewährt habe und die Hannöversche Verwaltungsorganisation auch für den Staat eine zu kostspielige sei. Letztere beiden Punkte wurden vom Regierungstische aus indessen bestritten, und man kam überein, die Landdrosteien fortbestehen zu lassen, bis die damals bevorstehende allgemeine Neuorganisation der Verwaltung in den älteren Provinzen selbst durchgeführt sei (Abg.-H. 1867 Sten. Ber. S. 420ff.). Die im Jahre 1869 von der Regierung beabsichtigte Verminderung der Zahl der Landdrosteien auf 3 fand bei dem Abgeordnetenhaus keinen Anklang (1868er Denkschrift der Regierung. Nr. 69 der Drucksachen des Abg.-H. in der Session 1868 und Kammerverhandlungen). Bei Gelegenheit des Erlasses des Organisationsges. v. 26. Juli 1880 wurde die Ersetzung der 6 Landdrosteien durch 3 Regierungen (unter Aufhebung der Finanzdirektion in Hannover und Ueberweisung der Schulsachen von den Konsistorialbehörden an die Regierungen) von Neuem von der Regierung angestrebt (§§ 19 und 20 des Gesetzentwurfs Nr. 62 der Drucks. d. Abg.-H. 1879/80), doch wurde zugleich vorgeschlagen, dass die Aufhebung erst mit Einführung der Kreisordnungsgesetzgebung in Hannover stattfinden solle (§ 79 a. a. O.).

Das Abgeordnetenhaus trat dem Plane der Regierung im Uebrigen bei, beschloss aber, die sämmtlichen 6 Landdrosteien als Regierungen weiterbestehen zu lassen. Die dementsprechenden Bestimmungen des Organisationsges. von 1880 gingen sodann in das Landesverwaltungsges. v. 30. Juli 1883 (G.-S. S. 195ff.) §§ 2, 25, 26, 27 und 155 über.

Da die Kreisordnung in Hannover v. 6. Mai 1884 (G.-S. S. 181) mit dem 1. Juli 1885 in Kraft trat, so wurden von diesem Zeitpunkte ab die 6 hannoverschen Regierungen auf den Etat des Finanzministeriums übertragen.

Im Jahre 1867 betrugen die Ausgaben 344 310 M. und waren bis 1884/85 auf 563 594 M. gestiegen. Für 1885/86 kamen auf den Etat des Innern nur die Ausgaben für ein Vierteljahr in Ansatz (140 779 M.).

4. Abschnitt.

Landräthliche Behörden.[1])

Geschichtliches bis zum Erlass der Kreisordnungsgesetzgebung (1872).

§ 20. Die Erstarkung der landesherrlichen Gewalt im 17. Jahrhundert, die Ausbildung des staatlichen Einheitsgedankens seit dem 18. Jahrhundert, die Einführung des konstitutionellen Systems seit Mitte des 19. Jahrhunderts in Preussen, machte sich wie in den obersten Staatsverwaltungsbehörden, so auch in der Entwickelung und Fortbildung der untersten Verwaltungsspitze, des Landrathsamtes geltend.[2])

Die Kreisdirektoren oder Kreisältesten im 16. und 17. Jahrhundert waren von den Kreisständen (und zwar dem Ritterstande) aus ihrer Mitte gewählte Vertreter, welche die Kreistage zu berufen und zu leiten, die Vertheilung und Erhebung der Steuern zu überwachen, auch die ständische Kreiskasse zu verwalten hatten.

Die Kreisdirektoren waren hiernach damals noch eine rein ständische Einrichtung. Die lokalen landeshoheitlichen Funktionen lagen grösstentheils in den Händen der Patrimonialherrn oder der die staatlichen Domänen verwaltenden Beamten (Amtsmänner, Amtshauptleute).

Hierin wurde mit der Erstarkung der landesherrlichen Machtbefugnisse und des Staatsgedankens erst Wandel geschaffen durch die Einrichtung sogenannter Königlicher Land- oder Kreiskommissare. Anfänglich handelte es sich dabei nur um die Erfüllung einzelner amtlicher Spezialaufträge, welche durch einen vom Kurfürsten zu diesem Zwecke einmalig übersandten Kommissar zu erledigen waren. Als sich aber seit Mitte des 17. Jahrhunderts in den Wirren des 30jährigen Krieges die Nothwendigkeit geltend machte, eine grössere Truppenmacht dauernd im Lande zu halten, wurden ständige Kreiskriegskommissare eingeführt, welche für die Leitung des Musterungs- und Aushebungsgeschäfts und ebenso auch für die Verpflegung und Verproviantirung der Truppen Sorge zu tragen hatten. Da die jeweiligen Kreisstände den Truppenunterhalt zu liefern hatten, wurden auch die Kommissare für den Umfang der einzelnen Kreise bestellt. Wenn dabei die Ernennung vom Kurfürsten erfolgte, fand doch die Auswahl der Kommissare aus den Landständen der Kreise statt, ein Hauptgrund, welcher den Ständen die allmähliche Aufgabe ihres ursprünglichen Widerstandes gegen die neue Einrichtung erleichterte.

---

[1]) Dr. Gelpke, Geschichtliche Entwickelung des Landrathsamts der preussischen Monarchie. Berlin 1902.

[2]) Diese Entwickelung fand nur in den älteren Provinzen der Monarchie statt, von denen das landräthliche Institut später nach den neuen Provinzen übertragen wurde.

Bei der Tendenz der kurfürstlichen Politik, durch die Ausdehnung und Festigung des Kommissariats ihr Regiment in der Provinz zu stärken, lag es im Interesse der Regierung, das sachliche Amtsgebiet der Kommissare immer mehr zu erweitern, so dass die Kriegskommissare allmählich sich zu Beamten ausbildeten, welche nicht nur die Heeresverpflegung, sondern auch die Steuerverwaltung und später die allgemeine Polizeiverwaltung im Kreise zu handhaben hatten. Am meisten griff natürlich die Uebertragung der Polizeiverwaltung an die staatlichen Kommissare in die Machtsphäre der Stände ein. Um hier den letzteren entgegenzukommen, wurde daher den Ständen ein Vorschlagsrecht für die Besetzung der Kreiskommissarstellen eingeräumt, damit sie dauernd auf die Anstellung der polizeilichen Organe Einfluss behielten.[1])

Damit war die Voraussetzung für eine Verschmelzung der Aemter der rein ständischen Kreisdirektorstellen mit den landesherrlichen Kreiskommissarstellen gegeben. Der Zeitpunkt, in welchem diese Vereinigung stattgefunden, lässt sich zwar nicht genau feststellen, ist aber etwa in den Anfang des 18. Jahrhunderts zu legen,[2]) wo auch der Titel „Landrath" für diese ständische und landesherrliche Funktionen vereinigenden Kreiskommissare üblich wurde.

Die sich immer mehr ausdehnende staatliche Bevormundungsthätigkeit des Polizeistaats im 18. Jahrhundert vermehrte naturgemäss auch die Funktionen des landräthlichen Amtes ausserordentlich. Es wurde den Landräthen ausser den schon hervorgehobenen Funktionen das Armenwesen, das Gesundheits-, Veterinärwesen, die gewerbliche und landwirthschaftliche Polizei übertragen, sodass sie schliesslich am Ende des 18. Jahrhunderts als Träger der gesammten lokalen Verwaltung und als universale Vertreter der Regierung im Kreise erscheinen,[3]) wobei aber ihr theilweise ständischer Charakter nicht nur in dem fortbestehenden Vorschlagsrecht der Kreisstände, sondern auch darin zum Ausdruck gelangte, dass ihre Besoldung nach wie vor nicht aus Staats-, sondern aus Kreismitteln aufgebracht wurde.

§ 21. Fast gänzlich seines ständischen Charakters entkleidet wurde das Landrathsamt erst seit der Verwaltungsorganisation aus dem Anfange des 19. Jahrhunderts.

Das Gensdarmerieedikt von 1812, welches keinerlei ständische Mitwirkung bei Besetzung der Kreisdirektorstellen mehr zulassen wollte, wurde allerdings wegen seiner auf die Kreisverfassung bezüglichen radikalen Bestimmungen schon 1814 wieder suspendirt,[4]) die

---

[1]) Gelpke S. 42. [2]) a. a. O. S. 52.

[3]) Vgl. Allgemeine Instruktion für die Landräthe der Kurmark v. 1. Aug. 1766. Wöhner, Steuerverfassung des platten Landes der Kurmark Brandenburg. Berlin 1804/05. Bd 3 S. 179.

[4]) Auch nach Erlass der Verfassung wurde noch einmal der Versuch gemacht, die Ernennung des Landraths einseitig dem König ohne jede Mitwirkung der Stände zu übertragen durch die Kreis-, Bezirks- und Provinzialordnung v. 11. März 1850. Dieses

Verordn. v. 30. April 1815 wegen „verbesserter Einrichtung der Polizeibehörden" wies jedoch den „Landräthen", welche für jeden Kreis ernannt werden sollten, ebenfalls einen rein staatlichen Charakter zu. Am 11. Juni 1816 erging eine ausführende Kabinetsordre, nach welcher der ursprünglich ständische Charakter des Landrathsamtes nur noch darin hervortrat, dass die Kreisstände den Landrath aus den Gutsbesitzern des Kreises in der bis dahin üblich gewesenen Weise wählen sollten, indem drei qualifizirte Kandidaten vorgeschlagen werden, von denen der König einen ernennt.[1])

Der überwiegend staatliche Charakter des Landrathsamtes kam aber auch diesem Wahlrechte der Kreisstände gegenüber einmal darin zum Ausdruck, dass bei nicht genügender Qualifikation des Präsentirten eine Ernennung ohne Mitwirkung der Stände erfolgen konnte, sodann vor Allem darin, dass das Gehalt nunmehr auf die Staatskasse übernommen wurde. Als später in den Jahren 1825 bis 1828 neue Kreisordnungen erlassen wurden, in welchen Kreisstände aus allen Besitzklassen des Volkes (Gutsbesitzer, Städte, Bauern) geschaffen wurden, trat noch deutlicher in die Erscheinung, dass der Landrath nicht mehr Vertreter der ständischen Rechte und Verwaltung im Kreise war, sondern dass er nur die ständischen Berathungen zu leiten und die in ständischen Angelegenheiten gefassten Beschlüsse der Kreiskorporation auszuführen hatte, indem er in seiner Eigenschaft als Landrath kein Stimmrecht auf dem Kreistage hatte, sondern ein solches nur besass, wenn er zugleich Kreisstand war.

§ 22. Hinsichtlich des Wahlmodus (Präsentation von drei Kandidaten) blieb es zunächst bei den Bestimmungen der Kab.-O. v. 1816, nur in Posen wurde 1853 das Wahlrecht der Kreisstände suspendirt. Die Theilnahme der Stände an den Wahlen wurde aber im Anschluss an den Neuerlass der Kreisordnungen von 1825—28 neugeregelt durch besondere Wahlreglements vom 22. Aug., 10. Nov. und 30. Nov. 1826 für Brandenburg, Pommern und Niederlausitz u. s. w. Endlich wurde durch das Regulativ v. 13. Mai 1838 (G.-S. S. 423) die Ablegung einer Landrathsprüfung vorgeschrieben, von der aber Befreiungen vor Allem der Regierungsassessoren und Gerichtsassessoren stattfanden, Bestimmungen, welche demnächst auch durch den § 19 des durch die Kab.-O. v. 27. Febr. 1846 genehmigten Regulativs des Staatsministeriums v. 14. Febr. 1846 über die Befähigung zu den höheren

Gesetz, welches nicht nur die Verschiedenheit der örtlichen Verhältnisse von Stadt und Land verkannte und insbesondere dem Grossgrundbesitze nicht die seiner politischen und wirthschaftlichen Bedeutung entsprechende Vertretung zuwies, wurde jedoch noch vor seiner Ausführung wieder aufgehoben (Ges. v. 24. Mai 1853).

[1]) Eingehendere Bestimmungen über Qualifikation und Dienststellung wurden sodann in dem vorläufigen Entwurf einer Instruktion für die Landräthe v. 31. Dez. 1816 gegeben, dem nie ein Definitivum gefolgt ist.

Aemtern der Verwaltung (G.-S. S. 199 ff.) ausdrücklich aufrecht erhalten wurden.

Zu neuem Leben und Bedeutung wurde das preussische Landrathsamt gleichzeitig mit dem kreiskommunalen Leben überhaupt erst wieder gebracht durch den Erlass der Kreisordnung für die östlichen Provinzen vom 13. Dez. 1872 — abgeändert 1881 —, die sodann später vorbildlich für die gesammte Monarchie wurde. Sie hob die kreisständischen Befugnisse der Rittergüter, die gutsherrliche Polizeigewalt, das Aufsichtsrecht der Gutsherren über die Landgemeinden, das Schulzenerbrecht auf, setzte in den Kreistagen an Stelle der ständischen Vertretung eine Vertretung durch Abgeordnete, die von gewissen gesellschaftlichen Gruppen (Grossgrundbesitz, Städten, Landgemeinden etc.) gewählt wurden und den gesammten Kreis, nicht nur ihr ständisches Interesse vertraten, und führte die aus Wahlen hervorgehenden Kreisausschüsse ein, welche gleichzeitig die laufende kommunale Geschäftsverwaltung im Kreise und die Unterstützung des Landraths in einer Anzahl von im Gesetz besonders namhaft gemachten Funktionen bei der allgemeinen Landesverwaltung zur Aufgabe hatten.

Vorbildung. Gegenwärtige Organisation und Geschäftskreis.

§ 23. Was zunächst die Vorbildung der Landräthe anbelangt, so war das Regulativ von 1846 durch den § 17 des Ges. v. 11. März 1879 betreffend die Befähigung für den höheren Verwaltungsdienst (G.-S. S. 160) aufgehoben worden, und der § 16 dieses Gesetzes hat im Abs. 1 und 2 bestimmt, dass über die Besetzung der Stellen der Landräthe, Kreis- und Amtshauptmänner und Oberamtmänner in den Hohenzollernschen Landen, und über die für diese Stellen erforderliche Befähigung ein besonderes Gesetz ergehen soll. Da indes das nach § 37 a. E. in Aussicht genommene besondere Gesetz bis jetzt nicht ergangen ist, so gilt heute noch der § 74 der Kreisordnung v. 13. Dez. 1872 für die Provinzen Ost- und Westpreussen, Brandenburg, Pommern, Schlesien und Sachsen, in der Fassung des Ges. v. 19. März 1881, welcher bestimmt, dass zur Bekleidung der Stelle eines Landrathes diejenigen Personen befähigt sind, welche 1. die Befähigung zum höheren Verwaltungs- oder Justizdienste erlangt haben, oder 2. dem Kreise seit mindestens einem Jahre durch Grundbesitz oder Wohnsitz angehören, und zugleich mindestens während eines vierjährigen Zeitraums, entweder a) als Referendare im Vorbereitungsdienste bei den Gerichten und Verwaltungsbehörden, oder b) in Selbstverwaltungsämtern des betreffenden Kreises, des Bezirkes oder der Provinz — jedoch nicht lediglich als Stellvertreter oder als Mitglieder von Kreiskommissionen — thätig gewesen sind, auf welchen Zeitraum von vier Jahren den zu 2b bezeichneten Personen eine Beschäftigung bei höheren Verwaltungsbehörden bis zur Dauer von zwei Jahren in Anrechnung gebracht werden kann.

Die Bestimmungen der alten Reglements über Landrathswahlen sind, wenn auch nicht direkt aufgehoben, doch thatsächlich ausser Uebung gekommen.

In der Regel wird der von dem Regierungspräsidenten ernannte kommissarische Verwalter des Landrathsamts von ersterem nach Ablauf einiger Monate mit der Anberaumung eines Kreistages betraut, auf welchem letzterer darüber beschliesst, ob er von seinem Vorschlagsrecht Gebrauch machen will und in diesem Falle unter der allgemein für Wahlen auf den Kreistag üblichen Modalitäten sich über einen zu präsentirenden Kandidaten schlüssig macht.

Ist der Landrathsverwalter an der Wahl selbst interessirt, so übernimmt den Vorsitz der anwesende erste bezw. zweite Kreisdeputirte.

Die Ernennung erfolgt durch den König.

Rangverhältnisse.

Die Landräthe als solche haben den Rang der Regierungsräthe (Räthe IV. Klasse). Aeltere Landräthe erhalten den Titel „Geheimer Regierungsrath", ohne dadurch im Rang zu steigen.

Vertretung des Landraths.

§ 24. Als Vertreter des Landraths fungiren ein erster und zweiter Kreisdeputirter, welche vom Kreistage aus der Zahl der Kreisangehörigen auf 6 Jahre gewählt werden. Für kürzere Verhinderungsfälle kann der Kreissekretär als Stellvertreter eintreten, welcher aber den Vorsitz weder im Kreistag noch im Kreisausschuss führen darf.

Wenn auch diesen gesetzlichen Vertretern des Landraths in Behinderungsfällen das Vorrecht der Vertretung im Allgemeinen zusteht, so ist die Regierung (Regierungspräsident) doch befugt, in geeigneten Fällen auch Regierungsassessoren oder geübtere Referendarien mit der Stellvertretung zu betrauen, was besonders bei Abwesenheit in Folge von Parlamentsmandaten zu geschehen pflegt.

In neuerer Zeit hat die Geschäftsüberlastung vieler Landräthe, vor Allem in Folge der neuen direkten Steuergesetzgebung, dahin geführt, dass vielen Landräthen ein Regierungsassessor — stellenweise sogar zwei — als Gehülfen beigegeben worden sind.

Zahl der Landräthe. Beamtenpersonal.

Die Zahl der Landrathsämter betrug im Jahre 1902: 484. Dieselben vertheilen sich auf die einzelnen Provinzen wie folgt:

Provinz Ostpreussen. Regierungsbezirk Königsberg (19): Allenstein, Braunsberg (Ostpr.), Fischhausen, Friedland (Domnau), Gerdauen, Heiligenbeil, Heilsberg, Königsberg (Preuss.) Landkr., Labiau, Memel, Mohrungen, Neidenburg, Ortelsburg, Osterode i. Ostpr.,

Preuss. Eylau, Preuss. Holland, Rastenburg, Rössel (Bischofsbg.), Wehlau. — Regierungsbezirk Gumbinnen (16): Angerburg, Darkehmen, Goldap, Gumbinnen, Heydekrug. Insterburg, Johannisburg (Ostpr.), Lötzen, Lyck, Niederung (Heinrichswalde, Ostpr.), Oletzko (Marggrabowa), Pillkallen, Ragnit, Sensburg, Stallupönen, Tilsit, Landkr.

Provinz Westpreussen. Regierungsbezirk Danzig (10): Berent, Danziger Höhe (Danzig), Danziger Niederung (Danzig), Dirschau, Elbing Landkr., Karthaus (Westpr.), Marienburg i. Westpr., Neustadt i. Westpr., Putzig, Preuss. Stargard. — Regierungsbezirk Marienwerder (15): Briesen (Westpr.), Deutsch Krone, Flatow, Graudenz Landkr., Konitz, Kulm, Löbau (Neumark, Westpr.), Marienwerder, Rosenberg i. Westpr., Schlochau, Schwetz (Westpr.), Strasburg i. Westpr., Stuhm, Thorn, Ldkr., Tuchel.

Provinz Brandenburg. Regierungsbezirk Potsdam (14): Angermünde, Beeskow-Storkow (Beeskow), Jüterbog-Luckenwalde (Jüterbog), Niederbarnim (Berlin), Oberbarnim (Freienwalde a./O.), Osthavelland (Nauen), Ostprignitz (Kyritz, Prignitz), Prenzlau, Ruppin (Neu-Ruppin), Teltow (Berlin), Templin, Westhavelland (Rathenow), Westprignitz (Perleberg), Zauch-Belzig (Belzig). — Regierungsbezirk Frankfurt (17): Arnswalde, Friedeberg i./Neum., Guben Ldkr., Kalau, Königsberg i./Neum., Kottbus Ldkr., Krossen, Landsberg Ldkr., Lebus (Seelow), Lübben (Lausitz), Luckau, Oststernberg (Zielenzig), Soldin, Sorau (Nied.-Laus.), Spremberg (Laus.), Weststernberg (Drossen), Züllichau-Schwiebus (Züllichau).

Provinz Pommern. Regierungsbezirk Stettin (12): Anklam, Demmin, Greifenberg (Pomm.), Greifenhagen, Kammin (Pomm.), Naugard, Pyritz, Randow (Stettin), Regenwalde (Labes), Saatzig (Stargard, Pomm.), Ueckermünde, Usedom-Wollin (Swinemünde). — Regierungsbezirk Köslin (12): Belgard, Bublitz, Bütow (Reg.-Bez. Köslin), Dramburg, Kolberg-Körlin (Kolberg), Köslin, Lauenburg i. Pomm., Neustettin, Rummelsburg (Pomm.), Schivelbein, Schlawe (Pomm.), Stolp (Pomm.) Ldkr. — Regierungsbezirk Stralsund (4): Franzburg, Greifswald, Grimmen, Rügen (Bergen a. R.).

Provinz Posen. Regierungsbezirk Posen (27): Adelnau, Birnbaum, Bomst (Wollstein, Bez. Posen), Fraustadt, Gostyn, Grätz (Bez. Posen), Jarotschin, Kempen i. Posen, Koschmin, Kosten (Bez. Posen), Krotoschin, Lissa (Bez. Posen), Meseritz, Neutomischel, Obornik (Bez. Posen), Ostrowo (Bez. Posen), Pleschen, Posen Ost, Posen West, Rawitsch, Samter, Schildberg (Bez. Posen). Schmiegel, Schrimm, Schroda, Schwerin (Warthe), Wreschen. — Regierungsbezirk Bromberg (13): Bromberg Ldkr., Czarnikau, Filehne, Gnesen, Inowrazlaw, Kolmar i. Posen, Mogilno, Schubin, Strelno, Wirsitz, Witkowo, Wongrowitz, Znin.

Provinz Schlesien. Regierungsbezirk Breslau (23): Breslau Ldkr., Brieg (Bez. Breslau), Frankenstein (Schles.), Glatz, Guhrau (Bez. Breslau), Habelschwerdt, Militsch (Bez. Breslau), Münsterberg (Schles.), Namslau, Neumarkt (Schles.), Neurode, Nimptsch, Oels (Schles.), Ohlau, Reichenbach (Schles.), Schweidnitz Ldkr., Steinau (Oder), Strehlen (Schles.), Striegau, Trebnitz (Schles.), Waldenburg (Schles.), Gr. Wartenberg, Wohlau. — Regierungsbezirk Liegnitz (19): Bolkenhain, Bunzlau, Freistadt (Schles.), Glogau, Görlitz Ldkr., Goldberg-Hainau (Goldberg, Schles.), Grünberg (Schles.), Hirschberg (Schles.), Hoyerswerda, Jauer, Landeshut (Schles.), Lauban, Liegnitz Ldkr., Löwenberg (Schles.), Lüben (Schles.), Rothenburg i. O.-L., Sagan, Schönau (Katzbach), Sprottau. — Regierungsbezirk Oppeln (19): Beuthen Ldkr., Falkenberg (Ob.-Schles.), Grottkau, Kattowitz (Ob.-Schles.) Ldkr., Kosel (Schles.), Kreuzburg i. Ob.-Schles., Leobschütz, Lublinitz, Neisse, Neustadt i. Ob.-Schles., Oppeln Ldkr., Pless (Ob.-Schles.), Ratibor, Rosenberg i. Ob.-Schles., Rybnik, Gross-Strehlitz, Tarnowitz, Tost-Gleiwitz (Gleiwitz), Zabrze.

Provinz Sachsen. Regierungsbezirk Magdeburg (14): Gardelegen, Halberstadt Ldkr., Jerichow I (Burg, Bez. Magdeb.), Jerichow II (Genthin), Kalbe (Saale), Neuhaldensleben, Oschersleben, Osterburg, Quedlinburg, Salzwedel, Stendal, Wanzleben (Bez. Magdeb.), Grafsch. Wernigerode, Wolmirstedt. — Regierungsbezirk Merseburg (16): Bitterfeld, Delitzsch, Eckartsberge (Kölleda), Liebenwerda, Mansfelder Gebirgskreis (Mansfeld), Mansfelder Seekreis (Eisleben), Merseburg, Naumburg (Saale), Querfurt, Saalkreis (Halle a./Saale), Sangerhausen, Schweinitz (Herzberg a./Elster), Torgau, Weissenfels Ldkr., Wittenberg (Bez. Halle) Zeitz Ldkr. — Regierungsbezirk Erfurt (9): Erfurt Ldkr., Heiligenstadt, Eichsf., Grafsch.

Hohenstein (Nordhausen), Langensalza, Mühlhausen Ldkr., Schleusingen, Weissensee, Worbis, Ziegenrück (Burg Ranis).

Provinz Schleswig-Holstein. Regierungsbezirk Schleswig (20): Apenrade (Schloss Brunlund, Apenrade), Eckernförde, Eiderstedt (Tönning), Flensburg Ldkr. (Flensburg), Hadersleben (Schleswig), Husum (Schloss vor Husum), Kiel Ldkr. (Bordesholm), Herzogth. Lauenburg (Ratzeburg, Lauenburg), Norderdithmarschen (Heide, Holstein), Oldenburg (Cismar), Pinneberg, Plön, Rendsburg, Schleswig, Segeberg, Sonderburg, Steinburg (Itzehoe), Stormarn (Wandsbek), Süderdithmarschen mit Helgoland (Meldorf), Tondern.

Provinz Hannover. Regierungsbezirk Hannover (11): Diepholz, Hameln, Hannover Ldkr., Hoya, Linden (vor Hannov.) Ldkr., Neustadt a. Rbge., Nienburg (Weser), Springe, Stolzenau, Sulingen, Syke. — Regierungsbezirk Hildesheim (15): Alfeld (Leine), Duderstadt, Einbeck, Goslar, Göttingen Ldkr., Gronau (Hannov.), Hildesheim Ldkr., Ilfeld, Marienburg i. Hannov. (Hildesheim), Münden (Hannov.), Northeim (Hannov.), Osterode a. Harz, Peine, Uslar, Zellerfeld. — Regierungsbezirk Lüneburg (13): Bleckede, Burgdorf (Hannov.), Celle Ldkr., Dannenberg (Elbe), Fallingbostel, Gifhorn, Harburg (Elbe) Ldkr., Isenhagen, Lüchow, Lüneburg Ldkr., Soltau (Hannov.), Uelzen (Oldenstadt), Winsen. — Regierungsbezirk Stade (14): Achim, Blumenthal (Hannov.), Bremervörde, Geestemünde, Hadeln (Otterndorf), Jork, Kehdingen (Freiburg i. Hannov.), Lehe, Neuhaus a./Oste, Osterholz (Scharmbeck), Rotenburg i. Hannov.), Stade, Verden (Hannov.), Zeven. — Regierungsbezirk Osnabrück (10): Aschendorf, Grafsch Bentheim (Bentheim), Bersenbrück, Hümmling (Sögel), Iburg, Lingen, Melle, Meppen, Osnabrück Ldkr., Wittlage. — Regierungsbezirk Aurich (6): Aurich, Emden Ldkr., Leer (Ostfriesl.), Norden, Weener, Wittmund.

Provinz Westfalen. Regierungsbezirk Münster (10): Ahaus, Beckum, Borken (Westf.), Koesfeld, Lüdinghausen, Münster (Westf.) Ldkr., Recklinghausen Ldkr., Steinfurt (Burgsteinfurt), Tecklenburg, Warendorf. — Regierungsbezirk Minden (10): Bielefeld Ldkr., Büren (Westf.), Halle i. Westf., Herford, Höxter, Lübbecke, Minden (Westf.), Paderborn, Warburg, Wiedenbrück. — Regierungsbezirk Arnsberg (18): Altena (Westf.), Arnsberg, Bochum Ldkr., Brilon, Dortmund Ldkr., Gelsenkirchen Ldkr., Hagen (Westf.) Ldkr., Hamm (Westf. Ldkr.), Hattingen (Ruhr), Hörde, Iserlohn, Lippstadt, Meschede, Olpe, Schwelm, Siegen, Soest, Wittgenstein (Berleburg).

Provinz Hessen-Nassau. Regierungsbezirk Kassel (22): Eschwege, Frankenberg, Fritzlar, Fulda, Gelnhausen, Gersfeld, Hanau Ldkr., Hersfeld, Hofgeismar, Homberg (Bez. Kassel), Hünfeld, Kassel Ldkr., Kirchhain (Bez. Kassel), Marburg, Melsungen, Rinteln, Rotenburg i. H.-N. (Fulda), Schlüchtern, Schmalkalden, Witzenhausen, Wolfhagen, Ziegenhain. — Regierungsbezirk Wiesbaden (15)[1]: Biedenkopf, Dillkr. (Dillenburg), Höchst (Main), Limburg (Lahn), Oberlahnkreis (Weilburg), Obertaunuskreis (Homburg v. d. H.), Oberwesterwaldkreis (Marienberg, Westerwald), Rheingaukreis (Rüdesheim, Rhein), Sankt Goarshausen, Unterlahnkreis (Diez), Untertaunuskreis (Langenschwalbach), Unterwesterwaldkreis (Montabaur), Usingen, Westerburg, Wiesbaden, Ldkr.

Rheinprovinz. Regierungsbezirk Koblenz (13): Adenau, Ahrweiler, Altenkirchen (Westerwald), Koblenz Ldkr., Kochem, Kreuznach, Mayen, Meisenheim (Glan), Neuwied (Landkr. Heddesdorf), Sankt Goar, Simmern, Wetzlar, Zell (Mosel). — Regierungsbezirk Düsseldorf (16): Crefeld Ldkr., Düsseldorf Ldkr., Essen (Ruhr) Ldkr., Geldern, Gladbach, Grevenbroich, Kempen i. Rheinld., Kleve, Lennep, Mettmann (Vohwinkel), Mörs, Mülheim a./Ruhr, Neuss, Rees (Wesel), Ruhrort, Solingen Ldkr. — Regierungsbezirk Cöln (10): Bergheim (Erft.), Bonn Ldkr., Cöln (Rhein) Ldkr., Euskirchen, Gummersbach, Mülheim a. Rh. Ldkr., Mülheim a. Rh., Siegkreis (Siegburg), Waldbroel, Wipperfürth. — Regierungsbezirk Trier (12): Bernkastel, Bitburg, Daun, Merzig, Ottweiler (Bez. Trier), Prüm, Saarbrücken, Saarburg (Bez. Trier), Saarlouis, Sankt Wendel, Trier Ldkr., Wittlich. — Regierungsbezirk Aachen (10): Aachen Ldkr., Düren (Rheinl.), Erkelenz, Eupen, Geilenkirchen (Rheinl.), Heinsberg (Rheinl.), Jülich, Malmedy, Montjoie, Schleiden.

[1]) Der Landkreis Frankfurt a. M. wird vom Polizeipräsidenten zu **Frankfurt a. M. verwaltet.**

Den Landräthen waren als Hülfsassessoren beigegeben im Ganzen 145. 2 Landräthe hatten 2 bezw. 3 Assessoren. Die Zahl der Kreissekretäre betrug 1902 513 (s. auch §§ 48 u. 29).

In Hohenzollern giebt es keine Landräthe und Kreisbezirke, sondern (4) Oberamtmänner und Oberamtsbezirke, in Gammertingen, Haigerloch, Hechingen und Sigmaringen. An Stelle von Kreissekretären fungiren Oberamtssekretäre (4).

Die Unterbeamtenstellen werden von Kreisboten (487) und Oberamtsdienern (4) versehen.

Geschäftskreis.

§ 25. Der Landrath hat gegenwärtig für den Umfang seines Kreises eine Doppelstellung; einmal ist er Organ der Staatsregierung für die Geschäfte der allgemeinen Landesverwaltung und sodann leitet er „als Vorsitzender des Kreistages und des Kreisausschusses die Kommunalverwaltung des Kreises" (§ 76 der Kreisordnung).

In dieser glücklichen Vereinigung staatlicher und kommunaler Funktionen einerseits und in der räumlichen Begrenzung des Kreisbezirks andererseits liegt der Grund der grossen Machtfülle, des weitreichenden persönlichen Einflusses und der Vertrauensstellung, welche der Landrath in dem ihm unterstellten Kreise einnimmt.

Zum Theil trägt dazu in vielen Kreisen der Umstand bei, dass das Landrathsamt mit Persönlichkeiten besetzt ist, die im Kreise angesessen sind; indessen stellt die fortwährend steigende Geschäftslast und die Schwierigkeit der Aufgaben gegenwärtig so grosse Anforderungen an den Landrath, dass die Zahl der Grundbesitzer, soweit sie nicht das höhere juristische oder Verwaltungsexamen absolvirt haben, als Landrathsamtskandidaten eine immer seltenere werden wird, ganz abgesehen davon, dass auch die Bewirthschaftung eines grösseren Gutes heutzutage die Arbeitskraft des Besitzers in weit stärkerem Masse in Anspruch nimmt wie früher.

a) Staatlicher Wirkungskreis.

§ 26. Was zunächst die Geschäfte der allgemeinen Landesverwaltung anbetrifft, so deckten sie sich schon nach der Verordn. v. 30. April 1815 (G.-S. S. 85) qualitativ mit derjenigen der Abtheilung des Innern (§ 33 a. a. O).

Indessen sollten die Landräthe nach jener Gesetzesvorschrift nur Organe der Regierung sein, „deren sie sich zur Vollziehung ihrer Verfügung bedient".

Hier brachte die Kreisordnungsgesetzgebung von 1872 und die daran anschliessende Organisation und Zuständigkeitsgesetzgebung einen wesentlichen Fortschritt in Bezug auf die Stärkung der landräthlichen Stellung, indem sie eine grosse Anzahl wichtiger, bisher zum Geschäftskreise der Bezirksregierungen gehöriger Funktionen der allgemeinen Landesverwaltung an die Kreisinstanz übertrug. Es sei nur erinnert an die Geschäfte auf dem Gebiete der Kommunalaufsicht des Wege- und Wasserwesens, der Gewerbe-, Bau-, Ansiedelungspolizei, des Armenwesens, endlich hinsichtlich des allgemeinen polizeilichen Verfügungs- und Verordnungsrechtes u. A. m.

Allerdings fand die Uebertragung dieser Geschäfte zur selbstständigen Entscheidung an die Kreisinstanz (Dezentralisation) nur theilweise an den Landrath persönlich statt, zum Theil dagegen an den vom Kreistag aus der Zahl angesehener und gebildeter kreiseingesessener Laien gewählten, aus sechs Mitgliedern bestehenden Kreisausschuss, in welchem der Landrath Stimmrecht und Vorsitz hat.

Gleichzeitig wurden dem letzteren Organ auch die Funktionen der untersten Instanz der in dieser Zeit in Preussen eingeführten Verwaltungsrechtspflege überwiesen.

Weitere Ausdehnung der kreisinstanzlichen Befugnisse seit Erlass der Kreisordnung auf dem Gebiete der Staatsverwaltung.

§ 27. Schon der Kreisordnungsgesetzgebung von 1872 lag der allgemeine Gesichtspunkt zu Grunde, den Schwerpunkt der allgemeinen Landesverwaltung in den Kreis zu verlegen.

Die der Kreisinstanz übertragenen Befugnisse sind indessen, so weitgehend sie damals schienen, doch nur als die Anfangsstadien einer Dezentralisation anzusehen, deren Weiterführung von Jahr zu Jahr nothwendiger und dringlicher werden wird.

Verschiedene Momente sind es, welche noch eine weit grössere Verlegung des selbständigen Entscheidungsrechtes in der allgemeinen Verwaltung nach der Kreisinstanz fordern und rechtfertigen.

Einmal kommt in Betracht, dass das privatwirthschaftliche Verkehrsleben heutzutage bereits so fein geästelt, so subtil und empfindlich ist, dass es für den Einzelnen die grösste Aufmerksamkeit, schnelle Entschlüsse, promptes und zuverlässiges Handeln erfordert, wenn er seine Stelle im wirthschaftlichen Leben voll und mit Erfolg ausfüllen will.

Das macht aber auch für die Verwaltungsbehörden mehr wie früher eine schleunige Erledigung der aus den Kreisen des Publikums an sie herantretenden Gesuche und Wünsche und der zu erledigenden Amtsgeschäfte zur unabweisbaren Nothwendigkeit.

Kommt z. B. ein neuer Schul-, Wege-, Kleinbahnbau u. s. w. in Frage, so kann eine sachlich nicht unbedingt gebotene Verzögerung um einige Monate bereits zu einer erheblichen und unnöthigen Vertheuerung der Anlagen führen. Verzögerte Entscheidung auf Gesuche und Anträge können aus den verschiedensten Gesichtspunkten wirthschaftliche Nachtheile für die Betheiligten hervorrufen u. s. w.

Daher sind denn auch die Ansprüche des Publikums an einen beschleunigteren Geschäftsgang bei den Verwaltungsbehörden dauernd im Wachsen begriffen und die Beschwerden über zu langsamen Geschäftsgang treten aus immer weiteren Kreisen hervor.

Hier Abhilfe zu schaffen ist nicht auf dem Wege der Verminderung des Schreibwerks, auf rein formalem Wege, sondern nur durch sorgfältige Auswahl und Uebertragung derjenigen Geschäftszweige an die unteren Instanzen, welche von diesen im Wesentlichen mit gleichem Sachverständniss und Nutzen entschieden werden können, als von der höheren Stelle.

Ein weiterer Gesichtspunkt für die Nothwendigkeit, die selbstständige Entscheidungsbefugniss über einzelne Verwaltungszweige mehr nach der den örtlichen Verhältnissen näher stehenden unteren Instanz zu verlegen, ist aus der rapid zunehmenden Belastung der kommunalen Körperschaften mit Abgaben für öffentliche Zwecke zu entnehmen. Je stärker der kommunale Steuerdruck anschwillt, um so gewissenhafter und sorgfältiger muss innerhalb eines grösseren Verwaltungsbezirkes, wie des Kreises, von der leitenden Stelle aus abgewogen werden, wie durch Zuweisung von Vortheilen, Hintanhaltung neuer Belastungen u. s. w. den leistungsunfähigen Kommunen der Steuerdruck erleichtert werden kann zu Gunsten der in vortheilhafteren Verhältnissen befindlichen Gemeinwesen. Je höher die entscheidende Instanz ist, um so weniger wird sie geneigt und in der Lage sein, solche Rücksichten walten zu lassen.

Ein dritter Gesichtspunkt, welcher heute eine stärkere Ausstattung des Landraths mit selbständiger Entscheidungsbefugniss rechtfertigt, ist die Thatsache, dass ihm in bei weitem stärkeren Masse wie in früherer Zeit beamtete technische Hülfskräfte im Kreise zur Verfügung gestellt werden können.

Im Jahre 1876 betrug die Zahl der Landräthe (einschl. der damals noch für Hannover bestehenden Kreis- und Amtshauptleute) 481 und 4 Oberamtmänner in Hohenzollern, nach dem Etat für 1903 diejenige der Landräthe 484 und 4 Oberamtmänner in Hohenzollern. Inzwischen vermehrte sich aber die Zahl der in der Kreis- bezw. Lokalinstanz thätigen staatlich etatsmässig angestellten höheren technischen Kräfte wie folgt:

	1876	1903
Kreisbauinspektoren	497	601 [1]
Meliorationsbauinspektoren	11	30
Ständige Kreisschulinspektoren	156	316
Kreisphysiker bezw. Kreisärzte	ca. 460	ca. 500
Kreisthierärzte	338	495

Dabei ist zu berücksichtigen, dass im Bau- und Meliorationswesen ausser dem höheren in noch stärkerem Masse das technische mittlere und niedere besonders vorgebildete Personal seit Mitte der 80er Jahre zugenommen hat (Bd. II §§ 99 ff. u. 169 ff., V § 195 ff.).

Durch Vermehrung all dieser technischen Kräfte in den lokalen Instanzen ist es mehr wie früher möglich, der Kreisinstanz eine Reihe

[1]) davon 7 Maschinenbauinspektoren und über ein Sechstel Tiefbautechniker.

von Aufgaben zur selbständigen Entscheidung zu überweisen, die bisher lediglich wegen Mangels solcher technischen Unterstützung den Regierungen verbleiben musste.

Endlich muss für die Zulässigkeit des Vorschlags, den landräthlichen Behörden weitergehende Befugnisse zu übertragen, nicht ausser Acht gelassen werden, dass auf vielen Gebieten die früher dem Verwaltungsermessen anheimgegebenen Verhältnisse eine gesetzliche Regelung (es sei nur an die Lehrerbesoldungsgesetze, Arbeiterschutzgesetze, Fürsorgeerziehungsgesetzgebung, an die Seuchenpolizeigesetze, Fleischbeschaugesetz u. s. w. erinnert) oder eine Regelung im Polizeiverordnungswege erfahren haben, auf anderen Gebieten von den Centralstellen so feste allgemeine Grundsätze aufgestellt worden sind, dass gegenwärtig auf vielen Verwaltungsgebieten der Spielraum zu einem willkürlichen und zweckwidrigen Vorgehen der landräthlichen Behörde ein viel geringerer und beschränkterer ist, als es in früherer Zeit bei Uebertragung selbständiger Entscheidungsbefugnisse der Fall gewesen sein würde.

§ 28. Die Staatsregierung hat dem Gesichtspunkt weiterer Stärkung der Kreisinstanz in den letzten Dezennien auch bereits auf mehrfachem Gebiete Rechnung getragen.

Hier ist vor Allem zu erwähnen die hauptsächlich in ihre Hand gelegte Durchführung der land- und forstwirthschaftlichen Unfall-, der Kranken-, der Invaliditätsversicherung, wie der Arbeiterschutzgesetzgebung, des Innungswesens, ferner auch der Miquelschen Steuerreformgesetzgebung, endlich neuerdings die den Landräthen übertragene Durchführung des Fürsorgeerziehungsgesetzes, des Fleischbeschaugesetzes u. s. w.

Aber noch giebt es weite Gebiete, wo eine Dezentralisation zu Gunsten der Kreisinstanz unbedingt erforderlich ist. Das gilt vor Allem auf dem Schulgebiet; hier würde der Zedlitzsche Schulgesetzentwurf, wenn er zum Gesetz geworden wäre, bereits einen erheblichen Fortschritt bedeutet haben, durch die Einrichtung einer Kreisschulbehörde u. s. w.

Auf dem Gebiete des Medizinalwesens ist eine Stärkung der landräthlichen Instanz und die Bildung einer Kreismedizinalbehörde gewiss ebenfalls am Platze (Bd. II Buch I §§ 608, 616).

Aber auch auf dem Gebiete der sonstigen allgemeinen inneren Verwaltung kann eine Ausdehnung und Erweiterung des Zuständigkeitsgesetzes zu Gunsten der Kreisinstanz nur förderlich für die Thätigkeit der Staatsmaschine sein,[1]) z. B. Ausdehnung der Kommunalaufsicht auf die kleineren Städte im Kreise, Vermehrung der Befugnisse auf dem Gebiete des Deich-, Meliorationswesens, der Forst-, Markt-, Bau-, Enteignungs-, Schlachthauspolizei u. s. w.

[1]) Vgl. auch O. Frhr. v. Zedlitz-Neukirch in den Preuss. Jahrbüchern über die Neueinrichtung der Preussischen Verwaltung, 107. Bd. S. 24.

§ 29. Eine weitere allgemeine Dezentralisation zu Gunsten der Kreisinstanz lässt sich freilich wohl kaum durchführen, ohne dass zugleich die Frage der anderweitigen Organisation der Bezirks- und Provinzialbehörden ihre grundsätzliche Erledigung findet.

Die Ueberzeugung, dass die Verlegung des Schwerpunktes der Verwaltung in die Kreisinstanz, welche den Ausgangspunkt der Kreisordnungsgesetzgebung bildete, zugleich eine Aenderung der Bezirks- bezw. Provinzialbehörden zur Folge haben müsste, hatte bereits Mitte der 70er Jahre die Staatsregierung zur Aufstellung von Grundzügen veranlasst, nach denen die zweiten und dritten Abtheilungen der Regierungen aufgehoben und deren Geschäfte besonderen kollegialischen Provinzialbehörden übertragen werden sollten, während die erste Abtheilung eine bureaukratische Verfassung zu erhalten hätte. Späterhin (1880) liess man aber ersteren Gedanken wieder fallen und beschränkte sich auf die Durchführung des bureaukratischen oder Präfektursystems in der ersten Abtheilung. Diese Einrichtung hat sich durchaus bewährt, lässt freilich nunmehr den langsameren und schleppenderen Geschäftsgang in der dritten und vor allem in den Schulsachen der zweiten Abtheilung um so unangenehmer fühlbar werden.

Daher wird denn thatsächlich schon vielfach auch in der zweiten und dritten Abtheilung nach den Anweisungen des Präsidenten verfahren. Besonders macht sich dies Bestreben an den grösseren Regierungen geltend, wo ein regelmässiges Beiwohnen an den Sitzungen des Kollegiums der zweiten und dritten Abtheilung fast eine Unmöglichkeit für den Präsidenten ist, und wo letzterer nur bei Anwendung des bureaukratischen Systems in allen Abtheilungen einigermassen die Fäden in seiner Hand behalten kann.

Wie sehr gerade an den wichtigeren Regierungen der Geschäftsumfang gewachsen ist, lässt sich schon allein aus der Vermehrung der Zahl der Mitglieder der Regierungen in den letzten 30 Jahren ermessen. 1873 gab es an den 35 Regierungen 677 etatsmässige und 230 nicht etatsmässige höhere Beamte einschl. der Techniker, zusammen 907, während die Mitgliederzahl im Jahre 1903 auf 803 etatsmässige und 422 nicht etatsmässige, zusammen 1278, gestiegen war (einschliesslich der Techniker und der ernannten Mitglieder und Stellvertreter im Bezirksausschuss). Die Steigerung macht also über ein Drittel der früheren Zahl aus.

An einzelnen Regierungen ist die Steigerung noch eine bei weitem grössere, bis um die Häfte der früheren Zahl und darüber (Königsberg, Gumbinnen, Danzig, Marienwerder, Potsdam, Posen, Bromberg, Breslau, Oppeln, Arnsberg, Düsseldorf — bei dieser Regierung stieg die Zahl auf das Doppelte). Während 1873 keine Regierung 50, nur drei über 40 etatsmässige und nicht etatsmässige Mitglieder zählte, hatten 1903 neun Regierungen 50 und darüber, fünf über 55 und drei 60 und darüber.

In der Denkschrift des Ministers des Innern über die Landdrosteien der Provinz Hannover vom 24. Nov. 1868 (Abg.-H. Drucks. Nr. 69) ist ausgeführt worden: die Erfahrung in den alten Provinzen habe gelehrt, dass Bezirke von einer Million Seelen und darüber für die innere Verwaltung zu gross sind, dass in solchen Bezirken die nöthige Wechselwirkung zwischen der Verwaltungsbehörde und den Verwalteten erschwert, die auf unmittelbarer Anschauung beruhende Initiative der Verwaltung abgeschwächt, und das Schreibwerk vermehrt werde.

Nach der neuesten Volkszählung von 1900 haben nicht weniger wie 14 Regierungsbezirke mehr wie 1 Million Bevölkerung. Die Vermehrung der Bevölkerungszahl in diesen Bezirken seit 1816 (der Zeit der Einrichtung der Regierungen) ist aus folgender Vergleichung ersichtlich:

	1816	1900
Königsberg	532 647	1 204 386
Potsdam (ausser Berlin)	513 176	1 929 304
Frankfurt	572 723	1 179 250
Posen	575 341	1 198 252
Breslau	779 818	1 697 719
Liegnitz	637 461	1 102 992
Oppeln	527 784	1 868 146
Magdeburg	467 219	1 176 372

	1816	1900
Merseburg	491 117	1 189 825
Schleswig	?	1 387 968
Arnsberg	376 736	1 851 319
Wiesbaden	?	1 007 839
Düsseldorf	591 098	2 599 806
Cöln	327 812	1 021 878.

Bei dieser Sachlage wird gegenwärtig vielfach eine Theilung der Regierungsbezirke in grösserem Umfange vom Publikum und Parlament gewünscht. Die Frage ist auch in Regierungskreisen bereits mehrfach erwogen worden. Der Grund der Hinausschiebung aller darauf abzielender Pläne ist indessen wohl in erster Linie in einem ähnlichen Grunde zu suchen, wie er auch der Ausführung von organisatorischen Veränderungen im Bereiche einzelner anderer Behörden, der Medizinal-, Auseinandersetzungs-, wasserwirthschaftlichen Behörden u. s. w. entgegensteht.

Die Wahrnehmung nämlich, dass an dem gesammten Verwaltungsgebäude besonders seit den 70er Jahren bereits soviel herumgeflickt worden ist, dass schon jetzt die Einheitlichkeit und Uebersichtlichkeit durchaus fehlt, hat offenbar bei den massgebenden Faktoren die Ueberzeugung bewirkt, dass ein weiteres Herausgreifen und Restauriren einzelner Theile des Gebäudes und ein Ausbessern derselben nur diesen Zustand noch verschlimmern würde und daher besser bis zu einem planmässigen Umbau des Ganzen unterbleibt.

Auch würde wahrscheinlich eine Reformirung einzelner Behörden, wie der Generalkommissionen, der Medizinalbehörden, der Schulbehörden u. s. w., ja vermuthlich auch schon eine Theilung der Regierungsbezirke in grösserem Umfange, die Aufrollung der Frage einer umfassenden Neuorganisation der Provinzialverwaltungsbehörden zur Folge haben, wobei noch hinzukommt, dass all diese Neubildungen eben auch für die Frage einer weiteren Ausbildung der Kreisinstanz bedeutungsvoll sind.

Eine Verkleinerung der Regierungsbezirke und eine Stärkung der Kreisinstanz sind zwei Massnahmen, die sich gegenseitig immer mehr oder weniger hinderlich sein werden. Mit Recht scheut man sich daher in den massgebenden Kreisen, den Stein an irgend einer Stelle ins Rollen zu bringen, bevor man nicht über die für eine Reform in Aussicht zu nehmenden Ziele wenigstens im Allgemeinen zu einer gewissen Klarheit gekommen ist.

Uebrigens ist die Nothwendigkeit von Reformen mehrerer Verwaltungsbehörden bereits mehrfach in diesem Werke bei der Erörterung ihres Geschäftsbereichs gestreift worden; vgl. z. B. Bd. II Buch I §§ 615, 608, § 238 u. A., Buch II § 66, Buch V § 215. S. auch unter § 209a. Ein näheres Eingehen auf die Verwaltungsorganisationsfrage in ihrer Gesammtheit würde indessen die Aufgabe dieses Werkes übersteigen. Doch behält sich der Verfasser vor, demnächst in einer besonderen Abhandlung auf diesen Gegenstand ausführlicher zurückzukommen.

b) *Kommunaler Wirkungskreis.*

§ 30. Fand in der vorgedachten Weise eine Erhöhung und Erweiterung der landräthlichen Stellung auf dem Gebiete der allgemeinen Staatsverwaltung statt, so wurde andererseits auch die kommunale Seite der Kreisbehörde durch die Kreisordnungsgesetzgebung von 1872 neu geregelt und lebensfähiger gestaltet.

Die Kreistage wurden unter Aufhebung der ständischen, den Rittergutsbesitzern einen weit überwiegenden Einfluss einräumenden Einrichtungen, in der Weise umgebildet, dass die drei hauptsächlichsten gesellschaftlichen Gruppen im Kreise, der grosse Grundbesitz, die Landgemeinden und die Städte in einer ihrer wirthschaftlichen und intellektuellen Bedeutung entsprechenden Weise auf dem Kreistage Vertretung fanden.

Neben diesem Vertretungsorgan wurde mit der Führung der laufenden Geschäfte der Kreiskommunalverwaltung der schon erwähnte, gleichzeitig an der allgemeinen Landesverwaltung theilnehmende Kreisausschuss betraut. Endlich wurden die Grundsätze des Kreissteuersystems in dem Gesetze normirt und so dem bereits seit den 40er Jahren den Kreisständen gewährten Besteuerungsrecht eine festere Grundlage und Entwickelungsfähigkeit gegeben.

Durch diese Neuorganisation wurden die wirklich leistungsfähigen Kräfte des Kreises zu weit stärkerer materieller und intellektueller Thätigkeit herangezogen und damit die Stellung des Landraths, welcher in beiden Organen den Vorsitz führt, auch nach der kommunalen Seite zu einer weit einflussreicheren gemacht. Der Landrath hat allerdings zumeist nur eine leitende Stellung als Vorsitzender des Kreistages und des Kreisausschusses. Stimmrecht besitzt er nur im Kreisausschuss, im Kreistag dagegen nur, wenn er zugleich als Kreistagsabgeordneter gewählt ist.

Die Vorbereitung der Beschlüsse dieser Körperschaften und deren Ausführung liegt dagegen dem Landrathe ob und schafft ihm natürlich eine erhebliche Geschäftslast, aber auch Einfluss in diesen Organen. Er bedient sich dazu des Kreisausschussbureaus, dessen Kosten vom Kreise getragen werden. In der Regel besitzt der Landrath einen besonderen vom Kreise zu besoldenden Kreisausschusssekretär, in grösseren Kreisen steigert sich aber die Zahl auf 2, 3 und mehr.

Auch nach der kommunalen Seite hin haben sich die Aufgaben und der Geschäftsumfang der landräthlichen Behörden von Jahr zu Jahr gesteigert. Auf diesem Gebiete wirkten vor Allem anregend die Bestimmungen der sogen. lex Huene vom 14. Mai 1885, welche den Kreisen erhebliche Mittel aus den landwirthschaftlichen Zöllen zur Verfügung stellten (Näheres in Bd. II Buch X), sodann brachte aber auch die Ueberweisung des Chausseebauwesens in mehreren Provinzen (Ost- und Westpreussen, Pommern, Schlesien) und überhaupt die von Jahr zu Jahr sich steigernde Fürsorge für das Wegewesen, später die Erweiterung der Armenlast, die Kleinbahngesetzgebung u. s. w. eine fortwährende Steigerung der kreiskommunalen Thätigkeit, deren Abschluss noch keineswegs erreicht sein dürfte.

Laufende Ausgaben. *(Kap. 90 der Ausgabe.)*

Allgemeines.

§ 31. Nach Anl. LXXXI haben sich die Ausgaben des Staates für die Landrathsämter hauptsächlich zu Anfang der 70er Jahre und sodann im Laufe der 90er Jahre gesteigert.

1850 betrugen die Ausgaben 2 196 714 M. Sie stiegen für die alten Provinzen bis 1867 nur auf 2 845 569 M. In diesem Jahre kamen

2 116 826 M. für die neuen Provinzen hinzu, sodass der Gesammtbetrag 4 962 395 M. ausmachte. Dieser Betrag stieg bis 1876 auf 7 072 076 M., also in 10 Jahren um über 2 Mill. M. Der Grund hiervon lag im Wesentlichen einmal in der allgemeinen Besoldungsaufbesserung des Jahres 1872, sodann aber in der Erhöhung der Dienstaufwandsentschädigungen etc., die in Folge der Vermehrung der Geschäfte durch die Kreisordnungsgesetzgebung nothwendig geworden war (§ 41). In der Mitte der 80er Jahre trat ein kleiner Rückgang der Ausgaben ein, den die Organisationsveränderungen in Hannover und Schleswig aus Anlass der Einführung der Kreisordnung mit sich brachten. 1890/91 standen auf dem Etat 7 083 651 M., also ungefähr der gleiche Betrag wie 1876.

Die Steigerung von da bis 1898/99: 8 729 710 M. war wieder eine ausserordentlich grosse und hatte ebenfalls wieder die allgemeinen Besoldungsverbesserungen der Unterbeamten im Jahre 1890/91 und der höheren und mittleren Beamten im Jahre 1897/98, sowie eine starke Erhöhung der Dienstaufwandsentschädigungen — vor Allem aus Rücksicht der Invaliditätsversicherungs- sowie der Steuerreformgesetzgebung — zur Ursache.

§ 31 a. Entsprechend der Doppelstellung der Landräthe als Organe der allgemeinen Landesverwaltung einerseits und als Spitze der kommunalen Kreisverwaltung andererseits stehen auch nur die für diejenigen persönlichen und sachlichen Bedürfnisse der Landrathsämter erforderlichen Kosten, welche zur Erledigung der dem Landrathe allein obliegenden Aufgaben erforderlich sind, auf dem Staatshaushaltsetat, während die Kosten der kommunalen Kreisverwaltung, des Kreistages, Kreisausschusses und Kreisausschussbureaus aus kreiskommunalen Mitteln gedeckt werden und auf den einzelnen Kreiskommunaletats erscheinen.[1])

Die letzteren festzustellen, würde ohne umfangreiche Ermittelungen um so weniger möglich sein, als die Zuschüsse aus Kreismitteln zu den Bureaukosten fast in jedem Kreise nach verschiedenen Gesichtspunkten gewährt werden. Es konnten daher im Folgenden nur die staatlichen Ausgaben in Betracht gezogen werden.

Die Eintheilung des in Frage kommenden Kap. 90 des Staatshaushaltsetats ist die übliche: in Besoldungen (Tit. 1—3), Wohnungsgeldzuschüsse (Tit. 4), Andere persönliche Ausgaben (Tit. 5—7b), Sonstige — in anderen Etats meist „sächliche“ genannte — Ausgaben (Tit. 8—11).

---

[1]) Allerdings sind den Kreisen zur Durchführung der Kreisordnung auf Grund der Dotationsgesetze vom 30. April 1873 und 8. Juli 1875 aus Staatsmitteln feste Renten und Zuschüsse gewährt worden. (§§ 1, 3, 4, 5 Ges. v. 30. April 1873, § 3 Ges. v. 8. Juni 1875, Näheres in Bd. II Buch X § 141 ff.)

Besoldungen. (Tit. 1—3.)

Die Besoldungen der Landräthe betrugen Anfangs der 50er Jahre 2400—3600 M., während diejenigen der Regierungsräthe der allgemeinen Verwaltung 2400—4800 M. ausmachten. Im Laufe der 50er und 60er Jahre wurde zuerst das Minimalgehalt der Landräthe auf 3000 M., sodann das Maximalgehalt auf 4800 M. gesteigert, während die Gehälter der Regierungsräthe auf 3600—5400 M. erhöht wurden. Die allgemeine Besoldungsverbesserung im Jahre 1872 brachte eine Steigerung auf 3600—4800 M., während die Gehälter der Regierungsräthe auf 3600—6000 M. stiegen. Die nächste Erhöhung brachte erst die allgemeine Besoldungsverbesserung im Jahre 1897/98, auf 3600—6600 M. (Höchstgehalt in 15 Jahren) — gegenüber 4200—7200 M. der Regierungsräthe.

Für die geringe Bemessung des Mindestgehalts bei den Landräthen ist u. A. der Umstand massgebend gewesen, dass die Landrathsstellen häufig in früherem Dienstalter erreicht werden, als die Regierungsrathsstellen, für die geringere Bemessung des Höchstgehalts wohl der Umstand, dass sie nicht Provinzialbehörden sind, und wegen der Berufungen, die Seitens der Amts- und Landrichter, Staatsanwälte und im Weiteren von Bauinspektoren, Oberförstern u. s. w. erfolgen würden.

Wenn diesen Gründen auch ihre Berechtigung zuerkannt werden muss, so würde es andererseits, wenn man den Kreisen überdurchschnittliche Kräfte im Landrathsamte erhalten will, sehr erwünscht sein, dass diejenigen Landräthe, welche in ihrem Wirkungskreise ihren Lebensberuf finden, in dieser Stellung verbleiben könnten, ohne sich in Gehalt (und Rang) gegenüber denjenigen zu verschlechtern, welche in das Regierungskollegium eintreten und Regierungs- oder Oberregierungsrathsstellen übernehmen. Vielleicht könnte durch Schaffung von Oberregierungsrathsstellen ein Ausweg geschaffen werden für wichtigere Landrathsämter, die dann allerdings nur mit Beamten von einem gewissen Dienstalter zu besetzen wären.

Bei vielen Landräthen liegt ein gewisser Ersatz für die geringere Besoldung in Nebenämtern, aus welchen ihnen Nebeneinnahmen erwachsen.

Nach den Bemerkungen zu Kap 90 Tit. 1 beziehen (in den östlichen Provinzen) allein 219 Landräthe als Kreisfeuersozietätsdirektoren je 100—3860 M. (Aus dieser Mittheilung lässt sich freilich nicht ersehen, wie hoch der Durchschnitt der Mehrzahl der Remunerationen ist, was doch für eine sachliche Beurtheilung von Wichtigkeit wäre.) Ausserdem sind dort für 1902 noch 70 von Landräthen versehene Nebenämter, 1 für einen Oberamtmann und 3 für landräthliche Hülfsarbeiter aufgeführt (von je 80—4200 M.).

Die Besoldungen werden gezahlt aus Tit. 1 des Kap. 90.

Auf diesem Titel werden ausser den Landräthen und Oberamtmännern auch noch 9 etatsmässige Hülfsarbeiter von Landräthen geführt. Wenn auch diese Stellen meist mit Assessoren besetzt werden (Ausnahmen s. Anmerkung), so handelt es sich hier doch um ständige Einrichtungen. In der Mehrzahl der Fälle vertritt der Hülfsarbeiter den Landrath in entlegenen Theilen seines Kreises. Dies ist der Fall in den Kreisen Süderdithmarschen (Helgoland), Wittmund (Jadegebiet), Emden[1]) (Insel Borkum), ferner in den Kreisen Ilfeld (Elbingerode), Bleckede (Neuhaus), Geestemünde[1]) a. d. Lehe, Osterholz (Lilienthal) und Grafschaft Bentheim (Neuenhaus). Im Landkreise Frankfurt ist ein besonderer Stellvertreter (Regierungsassessor) für den den Landkreis mitverwaltenden Polizeipräsidenten zu Frankfurt eingestellt.

Die Gehälter all dieser Hülfsbeamten betrugen vor der allgemeinen Besoldungsaufbesserung im Jahre 1897/98 je 3000 M. und sind seitdem auf 2400—4500 M. (Höchstgehalt in 18 Jahren) normirt worden. 7 dieser Hülfsbeamten haben Dienstwohnung.

Die Bezüge der im Uebrigen zur Hülfeleistung bei Landrathsämtern beorderten Regierungsassessoren (vgl. § 24) erscheinen dagegen nicht auf dem Etat des Ministeriums des Innern. Diese Beamten beziehen nach Massgabe ihres Dienstalters dieselben fixirten Remunerationen wie die übrigen Regierungsassessoren und zwar aus Kap. 58 Tit. 6 des Etats des Finanzministeriums.

Die Höhe des Fonds Kap. 90 Tit. 1 hat sich seit 1876 nur wenig verändert. Sie betrug in diesem Jahre 2 157 627 M., im Jahre 1902 2 409 300 M. Das beruht darauf, dass damals ungefähr dieselbe Anzahl Beamte (485 Landräthe, Amts- und Kreishauptleute) wie gegenwärtig (484 Landräthe) auf dem Etat standen; das Mehr an Ausgaben entfällt also wesentlich auf die im Laufe der Zeit stattgehabten Besoldungsverbesserungen.

Es handelt sich indessen heute nicht etwa um ganz dieselben Stellen, wie diejenigen von 1876. Die Zahl der damaligen Stellen verringerte sich z. B. in Folge der Einführung der Kreisordnung in Hannover (Etat 1885/86) von 487 auf 458, indem ein Theil der Amts- und Kreishauptmannschaften zur Einziehung bezw. Verschmelzung gelangten (aus 100 Aemtern wurden 69). Dagegen fanden seitdem Vermehrungen hauptsächlich durch Theilung grösserer Kreise in den Industriezentren statt, zum Theil auch durch Vermehrung der Landrathsämter in den Provinzen Westpreussen und Posen (17 durch Ges. v. 6. Juni 1887, G.-S. S. 197, vgl. Etat 1888/89) Auch bei der Einführung der Kreisordnung in Hessen-Nassau wurden 5 neue Kreise gebildet (Etat 1886/87).

Kreis- (und Oberamts)sekretäre.

§ 32. Die Besoldung dieser Beamten betrug 1853 1200—2400 M., vor 1872 1800—3000 M., seitdem 2100—3300 M., während die Sekretäre der Regierungen bis 3600 M. stiegen. Durch den Etat von 1881/82 wurden erstere aber den — ihnen im Range gleichstehenden — Regierungssekretären wenigstens im Höchstgehalt (3600 M.) gleichgestellt. Dagegen wurde das Minimalgehalt auf 1800 M. reduzirt,

[1]) Hier sind Polizeiräthe Hülfsbeamte.

hauptsächlich, weil die Kreissekretäre einige Jahre früher in eine etatsmässige Stelle zu gelangen pflegten, wie jene. Durch die letzte allgemeine Besoldungsverbesserung von 1897/98 sind die Kreissekretäre nun auch im Mindestgehalt den Regierungssekretären gleichgestellt (1800 - 4200 M., Höchstgehalt in 21 Jahren).

Auch die Kreissekretäre verwalten zahlreiche Nebenämter. (Nach dem Etat für 1902 gab es deren 379, meist für Verwaltung oder Revision von kleineren Kassen etc.)

§ 32a. Die Zahl der Kreissekretärstellen hat sich seit 1876 etwas — wenn auch nicht erheblich — stärker als diejenige der Landräthe vermehrt (von 494 auf 513). Im Allgemeinen hat bei diesen Stellen der gleiche Entwickelungsgang stattgefunden, wie bei den Landräthen. Im Jahre 1895/96 kamen noch auf 484 Landräthe 489 Kreissekretäre. Erst seit 1896/97 wurde die Zahl der letzteren um 24, auf 513 vermehrt. Der Grund war folgender: Im Beginne der 90er Jahre hatte die starke Mehrbelastung der Kreisbureaus an besonders in Anspruch genommenen Landrathsämtern zur Ueberweisung von Bureauhülfsarbeitern der Regierungen geführt. Hinsichtlich dieser war gemäss Abs. 6 der Denkschrift über die Verbesserung der Lage der Diätare durch Vermehrung der etatsmässigen Stellen (Beil. C zum Etat des F.-M. für 1. April 1893/94) das Verfahren beobachtet worden, wonach die bei den Landräthen beschäftigten Bureauhülfsarbeiter der Regierungen, wenn sie die etatsmässige Anstellung als Regierungsbureaubeamte erlangten, auch in dieser Eigenschaft — unter Bezug ihrer etatsmässigen Besoldung bei der Regierung — den Landräthen als Hülfsarbeiter belassen werden konnten.

Nach Durchführung der Vereinigung der Bureaubeamtenstellen I. und II. Klasse bei den Regierungen (vgl. die zu Nr. 1 erwähnte Denkschrift und Bd. II Buch VIII dieses Werkes. Etat des F.-M.) erschien ein solches Verfahren nicht mehr zweckmässig. Es fand daher 1896/97 die Umwandlung der Stellen der gegenwärtig bei den Landrathsämtern beschäftigten 24 Regierungssekretariatsassistenten in Kreissekretärstellen statt.

Der Fonds Tit. 2 betrug 1876 bereits 1 351 500 M. und 1902 1 628 895 M., hat sich also verhältnissmässig ebenso wie Tit. 1 nicht sehr gesteigert.

Kreisboten und Oberamtsdiener (Tit. 3).

§ 33. Die Besoldung dieser Beamten betrug 1873 810—1050 M. und stieg bei der allgemeinen Besoldungsverbesserung der Unterbeamten im Jahre 1891 auf 900—1500 M. (Höchstgehalt in 21 Jahren). Die Boten an den Regierungen stehen etwas günstiger, indem das Mindestgehalt bei ihnen 1000 M. beträgt.

Auch die Kreisboten haben viele Nebenämter. 1902 hatten allein 327 derselben 32 - 900 M. (der Durchschnitt der Mehrzahl ist leider auch hier nicht mitgetheilt) Nebeneinnahmen für Unterbeamtendienste bei den Kreiskommunalverwaltungen, 44 als Vollziehungsbeamte und Kassenboten 1—230 M. u. s. w.

Die Steigerung des Fonds Tit. 3 ist eine stärkere als bei Tit. 1 und 2, wobei hauptsächlich das in § 43 Gesagte in Betracht kommt (1876: 493 256 M., 1902: 702 740 M.).

Beamte der örtlichen Polizeiverwaltung, welche bei den landräthlichen Behörden mitaufgeführt werden.

§ 34. Derartige Polizeibeamte kommen nur in den Regierungsbezirken Aurich und Stade vor. Es handelt sich dabei um 4 Polizeikommissarien (zu Wilhelmshaven (1890/91), Geestemünde (1893/94), Norderney (1895/96) und Lehe (seit 1896/97), deren Besoldungen bei Kap. 90 Tit. 2, und 1 Polizeigefängnissaufseher zu Geestemünde, sowie 3 Schutzmannswachtmeister in Wilhelmshaven, Geestemünde und Lehe, endlich 54 Schutzmänner in Clausthal, Zellerfeld, Wilhelmshaven, Geestemünde und Lehe, welche letztere sämmtlich in Tit. 3 a. a. O. aufgeführt sind.

Die ersten 6 Polizeiunterbeamten, welche bei dem Abschnitt „Landräthliche Behörden" im Etat erschienen, waren 6 Polizei- und Amtsdiener im Jadegebiet (Wilhelmshaven), welche in Folge der definitiven Vereinigung dieses Gebietes mit der Preussischen Monarchie im Jahre 1873[1]) hier eingestellt wurden (vgl. Erläuter. zu Kap. 95 Tit. 4 jenes Etats). 1876 kamen mit der Vereinigung Lauenburgs mit Preussen[2]) hinzu 4 Landvögte und 4 Polizeidiener, die in diesem Herzogthum angestellt waren. Später wurden dann auch für Geestemünde[3]) und Lehe Polizeibeamte (Schutzmänner) angestellt, und durch den Etat 1895/96 kamen auch noch 2 Schutzmänner für die Verwaltung der Polizei in den Städten Clausthal und Zellerfeld hinzu. (Dort waren vorher schon seit längerer Zeit 2 Hülfsschutzmänner verwendet und aus Kap. 95 Tit. 3 remunerirt worden.) 1899 kam endlich ein

---

[1]) Durch den Staatsvertrag v. 20. Juli 1853 nebst Nachtrag v. 1. Dez. 1853 (G.-S. 1854 S. 65 ff.) hat Oldenburg an Preussen zwei Gebietstheile am Jadebusen (s. Art. 4 des Vertrages) zur Anlegung eines Kriegshafens mit voller Staatshoheit abgetreten. Das Besitzergreifungs-Pat. v. 5. Nov. 1854 (G.-S. 1854 S. 593) beurkundet die Genehmigung dieses Staatsvertrages durch die beiderseitigen Landesvertretungen, und erklärt die gedachten Lande dem Preussischen Staate mit allen Rechten der Landeshoheit und Oberherrlichkeit für einverleibt, auch die preussische Staatsverfassung in denselben für eingeführt. Durch den Staatsvertrag v. 16. Febr. 1864 (G.-S. 1865 S. 301) wurde eine anderweite Abgrenzung des an Preussen abgetretenen Gebietes vereinbart; durch den Vertrag v. 20. Jan. 1873 aber ist abermals eine veränderte Abgrenzung des abgetretenen Gebietes festgestellt worden, und es hat hierauf das Ges. v. 23. März 1873 (G.-S. 1873 S. 119) bestimmt, dass der durch eine neue Grenze umschriebene Gebietstheil mit der Preussischen Monarchie für immer vereinigt werde und in allen Beziehungen an die Stelle des durch den Art. 1 des Vertrages v. 16. Febr. 1864 an Preussen abgetretenen Gebietstheiles trete.

[2]) Ges. v. 23. Juni 1876 (G.-S. S. 169).

[3]) vgl. Etat 1882/83 Erläuterungen zu Kap. 90 Tit. 4.

Polizeigefängnissaufseher für das neuerbaute Polizeigefängniss zu Geestemünde zur Einstellung.

Neben diesen Unterbeamten sind seit 1890/91 sodann behufs besserer Kontrole des immer mehr anwachsenden Unterpersonals einige Polizeikommissarien angestellt worden.

Der Grund, weshalb diese Stellen hier und nicht unter dem Abschnitte „Polizeiverwaltung in den Provinzen“ ausgeworfen sind, liegt in der besonderen Stellung, welche die Landräthe in der Provinz Hannover einnehmen. In dieser Provinz wird nämlich im Gegensatze zu den übrigen Provinzen die Ortspolizei auf dem Lande — ausgenommen die sog. eximirten Städte § 29 der Hannöv. Kreisordn. — nicht von besonders angestellten Berufs- oder Ehrenbeamten (Amtsvorsteher, Amtsmänner, Landbürgermeister u. s. w.) verwaltet, sondern von den Landräthen.

Wohnungsgeldzuschüsse und andere persönliche Ausgaben (Kap. 90 Tit. 4—7b).

§ 35. Zu Tit. 4 (Wohnungsgeldzuschüsse) finden die allgemeinen Bestimmungen für unmittelbare Staatsbeamte Anwendung.

72 Landräthe, die 4 Oberamtmänner und 7 Hülfsbeamte der Landräthe haben indess nach einem Vermerk zum Etatstitel 1 Dienstwohnung.

Von diesen 72 Landräthen entfallen 13 auf die Provinz Schleswig-Holstein und 49 auf Hannover, in welchen Provinzen nur 7 bezw. 19 ohne Dienstwohnung sind (vgl. § 45).

12 Landräthe sind miethsweise in fiskalischen Gebäuden untergebracht.

Die überwiegende Mehrzahl der Landräthe wohnt miethsweise in dem Kreise gehörigen — zum Theil aus den sog. lex Huene-Geldern erbauten — Häusern und hat dafür Miethen zu zahlen, die sich meist zwischen 500 und 1000 M. halten, in einzelnen Fällen auch darüber hinausgehen.

Im eigenen Hause wohnen 82 Landräthe, der Rest wohnt in Privathäusern gegen Miethe.

Tit. 5 enthält einige zukünftig wegfallende Lokalzulagen, die trotz der allgemeinen Besoldungsverbesserung in den 90er Jahren, seit welcher sog. Lokalzulagen im Allgemeinen nicht mehr zugelassen werden sollen, für Inhaber einzelner Stellen bis zu deren Amtsaustritt noch ausnahmsweise beibehalten sind, ferner — wie auch in anderen Verwaltungen — Stellenzulagen bis zu 200 M. für einzelne Unterbeamtenklassen (Schutzmänner in Wilhelmshaven und Geestemünde und Kreisboten) — für letztere seit 1899, daher die Steigerung des Fonds von 1899 auf 1900 von 3480 M. auf 10 355 M. (vgl. Etatserläuterungen 1900).

In den 80er Jahren war der Fonds Tit. 5 bedeutend höher, wie aus Anl. LXXXI ersichtlich ist. Das hatte seinen Grund vor Allem in der persönlichen Zulage von 600 M., welche den früheren hannöverschen Kreishauptleuten, die seit der Einführung der Kreisordnung zu Landräthen ernannt waren, durch Etat 1885/86 zugebilligt worden waren.

§ 36. Tit. 6 enthält hauptsächlich die Beträge zur Remunerirung von Bureauhülfsarbeitern. Davon werden für 1903 im Etat 250 aufgeführt. Im Jahre 1880/81 betrug ihre Zahl nur 68, im Jahre 1890/91 hatte sich die Zahl sogar auf 66 vermindert, was mit der Verwaltungsorganisation in Hannover zusammenhing.

Eine ganz erhebliche Steigerung des remuneratorisch beschäftigten Bureaupersonals trat aber bereits durch den Etat 1891/92 ein; dies war lediglich eine Folge der Alters- und Invaliditätsversicherungsgesetzgebung und zeigt zugleich, welche ausserordentliche Mehrarbeit den landräthlichen Bureaus durch diese Gesetzgebung erwuchs. Es wurden für 1891/92 nicht weniger wie 100 neue Bureauhülfsarbeiterstellen überwiesen, zu denen im folgenden Jahre noch 30 weitere hinzukamen. 1893/94 konnten wieder 23 eingezogen werden, weil in diesem Jahre für 23 mehr als 4 Jahre diätarisch beschäftigte Bureauhülfsarbeiter der Landrathsämter bei Kap. 58 Tit. 2 des Etats des F.-M. etatsmässige Stellen als Regierungssekretariatsassistenten neu ausgebracht worden waren (s. § 32a). Im Jahre 1901 betrug die Zahl der Bureauhülfsarbeiter 180, ist aber für 1902 nunmehr auf 230, für 1903 auf 250 vermehrt worden. Dies geschah vor Allem, um den Missständen abzuhelfen, welche sich daraus ergeben haben, dass wichtige Dienstgeschäfte in Ermangelung staatlicher Bureaubeamten von vertragsmässig angestellten Personen erledigt werden müssen. Die Massregel soll auf diejenigen Landrathsämter erstreckt werden, bei welchen — wie namentlich in den Industriekreisen — die Geschäftsführung eine besonders schwierige ist.

Für jede Zutheilung eines Hülfsarbeiters ist die Dienstaufwandsentschädigung des Landraths (Tit. 8) um den für angemessen erachteten Betrag von 750 M. zu kürzen.

§ 37. Die Remunerationen für die Bureauhülfsarbeiter haben in Folge der allgemeinen Besoldungsverbesserungen der etatsmässigen Beamten ebenfalls eine Erhöhung finden müssen. Vor 1890/91 betrugen die Sätze 1500 M. im Durchschnitt und 1650 M. im Maximum. Durch Kap. 63 Tit. 6 des Nachtrags zum Etat 1890/91 wurden sie auf 1650 M. im Durchschnitt und 1800 M. im Maximum erhöht. Bei der starken Vermehrung des Bureauhülfspersonals im Jahre 1891/92 wurde zunächst nur die Hälfte mit den höheren Sätzen bedacht, während die andere Hälfte sich noch mit den alten Sätzen begnügen musste. Seit 1899 ist das Maximalgehalt allgemein auf 1800 M. festgesetzt, und es findet ein Aufsteigen in den Remunerationen nach Dienstaltersstufen statt.

Sie erhalten, ebenso wie die Steuersupernumerare bei den Landrathsämtern und wie die Hülfsarbeiter in den Regierungsbureaus, wenn sie Civilsupernumerare sind nach 3 Jahren (seit Eintritt bei der Regierung) 1100 M., nach 4 Jahren 1300 M., nach 5 Jahren 1500 M., nach 6 Jahren 1650 M., nach 7 Jahren 1800 M., wenn sie Militäranwärter sind bis 1 Jahr 1350 M., nach 1 Jahr einschl. Probedienstzeit 1500 M., nach 2 Jahren 1600 M., nach 3 Jahren 1700 M., nach 4 Jahren 1800 M.

§ 38. Die weiteren in Tit. 6 enthaltenen Ausgabebeträge sind von geringer Bedeutung. Die beiden Kreistranslateurstellen in Posen, sowie die 4 Amtsarztstellen in Hannover sind Ueberreste alter Verwaltungsorganisationen und fallen künftig fort (§ 39). Die 4 Inselvögte im Regierungsbezirk Aurich beziehen zusammen nur 1380 M.[1]) In der Enklave Axberg im Regierungsbezirk Sigmaringen werden die polizeilichen Geschäfte remuneratorisch von städtischen Beamten zu Isigatweiler verwaltet (Etatserläuterungen 1890/91 zu Tit. 5).

§ 39. Die Höhe des Fonds betrug 1876 234442 M., sank aber bis 1890/91 auf 143945 M., zunächst durch Wegfall der meisten Kreistranslateurstellen in den Provinzen Posen und Schleswig-Holstein in Folge des Gesetzes, betreffend die Geschäftssprache der Behörden, Beamten und politischen Körperschaften des Staates v. 28. Aug. 1876 (vgl. Näheres in den Erläuterungen zum Etat 1877/78 S. 55/56 der Anlagen zu jenem Etat[2]), sodann auch durch die mit Einführung der Kreisordnung in den neuen Provinzen stattfindenden Verwaltungsorganisationen. Die starken Stellenvermehrungen seit 1891/92 (s. § 36) machten eine erhebliche Steigerung des Fonds erforderlich. Er stieg allein in der Zeit von 1890/91 bis 1893/94 von 143945 M. auf 304595 M. Seitdem hielt er sich bis 1901 (297255 M.) ungefähr auf dieser Höhe. Insbesondere machte die Einführung des Dienstalterssystems (1899) keine Steigerung nöthig. Für 1902/03 musste wieder eine erhebliche Erhöhung (auf 356705 bezw. 377705 M.) stattfinden.

§ 40. Zu *Tit. 7—7b* vgl. Bd. I Buch I S. 97.
Die Entwickelung der Höhe des Fonds s. in Anl. LXXXI.

Sonstige Ausgaben (Kap. 90 Tit. 8—11).

§ 41. In erster Linie kommt hier Tit. 8, betreffend die Dienstaufwandsentschädigungen der Landräthe[3]), in Betracht.

Im Jahre 1878 bestanden die Dienstaufwandsentschädigungen der Landräthe in einer sämmtliche Dienstunkosten umfassenden fest-

[1]) Es handelt sich um die 4 Inselvögte auf den Nordseeinseln Juist, Langeroog, Spiekeroog und Baltrum. Die Aemter sind Nebenämter und werden durch auf den Inseln stationirte Beamte anderer Verwaltungen wahrgenommen. Vgl. Etatserläuterungen 1884/85.

[2]) Nach diesen Erläuterungen sollen die Kreistranslateurstellen nur allmälig bei Ausscheiden der gegenwärtigen Inhaber aufgehoben werden, wogegen es den betreffenden Landräthen überlassen wird, unter Gewährung eines angemessenen Zuschusses zu ihrer Dienstaufwandsentschädigung bei Tit. 8 für die fernere Wahrnehmung der in ihrem Amtsbereiche vorkommenden Translaturgeschäfte selbst Sorge zu tragen. Der vorgedachte Zuschuss soll auf 900—1200 M., im Durchschnitt 1050 M., normirt werden, mit dem Vorbehalte der successiven Ermässigung des Betrages, wenn im Laufe der Zeit eine Abnahme der Translaturgeschäfte eintreten wird.

[3]) Dienstaufwandsentschädigungen, z. B. zur Wahrnehmung besonderer kreiskommunaler Geschäfte, dürfen von den Kreisen den Landräthen nicht gewährt werden.

stehenden Vergütung im Durchschnittsbetrag von jährlich 3000 M. Diese Dienstunkostenaverse waren auf die Provinzen mit den nach der Zahl der Landräthe und dem Durchschnittsbetrage sich ergebenden Summen und auf die einzelnen Landräthe innerhalb der Provinzen unter Berücksichtigung sämmtlicher auf die Höhe der Dienstunkosten Einfluss habenden Verhältnisse vertheilt. Durch den Staatshaushaltsetat für 1874 wurden die landräthlichen Dienstaufwandsentschädigungen, hauptsächlich in Rücksicht auf das erhebliche Anwachsen der Kosten des Dienstfuhrwerks bezw. der Dienstreisen, um durchschnittlich 900 M. jährlich erhöht. Die Gewährung dieser Erhöhungen erfolgte in Form von Zuschüssen zu den in den Dienstunkostenaversis enthaltenen Fuhrkostenentschädigungen. Die Zuschüsse wurden auf die Provinzen in gleicher Weise wie die Dienstkostenaversa und auf die einzelnen Landräthe in den Provinzen nach den dabei in Betracht zu ziehenden besonderen Verhältnissen der Kreise vertheilt.

Diese Fuhrkostenzuschüsse werden noch gegenwärtig, gesondert von den Dienstunkostenaversis, unter bestimmten Bedingungen gezahlt, welche den Zweck haben, die Landräthe thunlichst zur Haltung eigenen Dienstfuhrwerks, event. zur ausreichenden Vornahme von Dienstreisen im Kreise anzuregen.

§ 42. Die Höhe von rund 2 Mill. M. behielt der Fonds bis 1888/89. Seitdem machte sich aber die Nothwendigkeit einer Erhöhung des Dienstkostenaversums dringend geltend. Schon seit den 70er Jahren war bei dem Fonds ein besonderer Pauschalbetrag (Dispositionsfonds) von 8490 M. reservirt, um in besonders gearteten und dringlichen Fällen extraordinäre Zuschüsse zu dem Aversum im Interesse des Dienstes gewähren zu können. Dieser Betrag wurde durch den Etat 1888/89 auf 58 490 M. erhöht.

1890/91 fand auch noch eine Erhöhung des Fonds um rund 383 000 M. statt für Pauschalvergütungen zur Bestreitung der Portokosten und sonstigen Frachtgebühren für dienstliche Sendungen. Ein annähernd gleicher Betrag, 388 871 M., kam aber 1894/95 in Folge Aversionirung der in Staatsdienstangelegenheiten entstehenden Post-, Porto- und Gebührenbeträge wieder in Absatz. (Vgl. die bei Kap. 63 Tit. 2a des Etats des F.-M. 1894/95 beigefügte Denkschrift.)

Aus Anlass der erheblichen Vermehrung der landräthlichen Dienstgeschäfte in Folge des Reichsgesetzes über die Invaliditäts- und Altersversicherung wurden sodann durch die Staatshaushaltsetats für 1891/92 und 1892/93 den Landräthen — neben 130 staatlichen Bureauhülfsarbeitern s. § 36 — noch 350 000 M. jährlich zur Erhöhung der Dienstunkostenaversa bewilligt. Aus diesen 350 000 M. sind den Landräthen im Falle der Zuweisung eines Bureauhülfsarbeiters Zuschüsse von 200–500 M. — in den Kreisen Teltow und Niederbarnim ausnahmsweise von je 700 M. — und im Falle der Nichtzuweisung eines Hülfsarbeiters Zuschüsse von 600—1000 M. jährlich zum Dienstunkostenaversum zugebilligt worden.

Durch den Staatshaushaltsetat für 1896/97 wurden die Dienstunkostenaversa der Landräthe in den Kreisen Teltow und Niederbarnim weiter um je 20000 M., zusammen 40000 M., erhöht. Beträge, die 1902 noch um weitere 10000 bezw. 7000 M. vermehrt worden sind (auch für den Landrath zu Essen fand eine Erhöhung um 5000 M. im Jahre 1902 statt).

In den Jahren 1897/98 und 1898/99 erfolgte sodann im Anschlusse an die allgemeine Besoldungsverbesserung eine generelle Erhöhung des Dienstkostenaversums, welche mit der durch die in Folge der neueren Gesetzgebung eingetretene Vermehrung der landräthlichen Dienstgeschäfte, durch die Steigerung der Kosten des Dienstfuhrwerks und der Remunerationen für die Privatbureauhülfsarbeiter begründet wurde. Um eine durchschnittliche Erhöhung um mindestens 600 M. durchführen zu können, wurden 1897/98 291000 M., und für eine weitere durchschnittliche Erhöhung um 300 M. 1898/99 noch 146700 M. eingestellt.

Aber auch ungeachtet dieser Erhöhungen, welche das durchschnittliche Aversum auf rund 5500 M. steigerten, reichen die Beträge in Folge der allgemeinen Geschäftszunahme in vielen Fällen nicht mehr aus.

Daher ist seit 1902 der schon oben erwähnte Dispositionsfonds von 58490 M. für extraordinäre Zuschüsse auf 80000 M.[1]) erhöht worden, sodass sich insgesammt der Tit. 8 für 1902 auf fast 3 Mill. M. belief (2970280 M.)[2]). Für 1903 ist er um eine Kleinigkeit zurückgegangen: 2960351 M.

§ 43. Aus Tit. 8 werden auch Miethen für Dienstwohnungen bestritten, doch kommen hier nur einige wenige Fälle in Betracht.

Ferner erfolgt aus dem Fonds die Bestreitung der Kosten für Bekleidung und Ausrüstung von 2 Wachtmeistern und 45 Schutzmännern in den hannöverschen Landestheilen (§ 34) und zwar für 2 Wachtmeister 90 M. und für die Schutzmänner je 81 M., also die gleichen Sätze wie für die betreffenden Beamten der kgl. Polizeiverwaltungen in den Städten.

§ 44. *Tit. 9.* Zu Stellvertretungs- und Versetzungskosten 178948 M. Der Fonds kommt für höhere und mittlere Beamte in Frage. Stellvertretungskosten werden aus dem Fonds nur soweit gedeckt, als sie nicht aus dem Stellengehalt entnommen werden können. Versetzungskosten kommen mehr für mittlere Beamte vor.

Die Entwickelung des Fonds im Laufe der Jahre s. Anl. LXXXI.

§ 45. *Tit. 10.* Zur baulichen Unterhaltung der Dienstgebäude und bezw. der Wohnungen in denselben 83613 M.

Wie schon in § 35 hervorgehoben, kommen hier hauptsächlich die Provinzen Schleswig-Holstein und Hannover in Betracht.

---

[1]) Der Fonds ist in die folgenden Jahre übertragbar.

[2]) vgl. auch § 47.

§ 46. Zu *Tit. 11*: „Zu Abgaben und Lasten, sowie zu Kosten hauswirthschaftlicher Art für Dienstgebäude und Dienstwohnungen, soweit deren Tragung dem Staate obliegt, und zur Anschaffung neuer Bureauinventarienstücke 23254 M." ist Besonderes nicht zu bemerken.

Beamtenvermehrung in Folge der Steuerreformgesetzgebung.

§ 47. In dem Vorgesagten ist der Mehrbezüge noch nicht Erwähnung gethan, welche den Landräthen für die Mehrarbeit zu Theil geworden ist, die ihnen speziell durch die neue direkte Steuergesetzgebung (Einkommen-, Ergänzungs-, Gewerbesteuer) seit Anfang der 90er Jahre zugeflossen sind.

Die Dienstunkostenzuschüsse, welchen den als Vorsitzenden einer Einkommensteuerveranlagungskommission fungirenden Landräthen gewährt wurden, flossen bis 1897/98 aus dem Fonds Kap. 6 Tit. 16 des Etats der Verwaltung der direkten Steuern und sind erst seitdem in Höhe von 111025 M. nach dem Tit. 8 des Kap. 90 des Etats des Ministeriums des Innern aus Zweckmässigkeitsgründen übertragen worden. Daraus werden Zuschüsse von je 150—500 M. für Hülfsarbeiter gewährt.

Daneben sind aber den Landräthen auch noch eine grosse Zahl von beamteten Personen, Steuersekretäre zugetheilt, deren Bezüge nach wie vor auf dem Etat der Verwaltung der direkten Steuern erscheinen. (Vgl. hierzu Näheres in Bd. I Buch VIII §§ 117 ff.)

§ 48. Das landräthliche Bureaupersonal hat sich unter diesen Umständen in dem letzten Jahrzehnt ausserordentlich vermehrt.

Während 1890 vorhanden waren 489 Kreissekretäre und 66 staatliche Bureauhülfsarbeiter, zusammen 555, beläuft sich jetzt (1903) die Zahl der Kreissekretäre auf 513, die der staatlichen Bureauhülfsarbeiter auf 250, zusammen 763, also jetzt mehr Beamte 208.

Dazu kommen für die Steuerverwaltung 1209 staatliche Bureaubeamte, mit Einschluss von 97 Kanzleibeamten. Die speziell für die Steuerveranlagung gezahlte Dienstaufwandsentschädigung von 111000 M. ist seit 1. April 1897 mit der allgemeinen Dienstaufwandsentschädigung der Landräthe verschmolzen. Einschliesslich der 111000 M. ist der Betrag für Dienstaufwandsentschädigungen der Landräthe seit 1891 um jährlich 937000 M. (rund) erhöht worden.

Die grosse Zahl der Lohnschreiber und der aus den Dienstaufwandsgeldern unterhaltenen Hülfskräfte, die ebenfalls in stetem Wachsthum begriffen ist, liess sich leider ohne weitgehende Ermittelungen ebensowenig feststellen, wie die lediglich für kreiskommunale Zwecke fungirenden Beamten des landräthlichen Bureaus.

Extraordinarium.

§ 49. Extraordinäre Mittel für landräthliche Behörden sind im Laufe der Zeit nur in geringem Masse entstanden, da die Kreishäuser meist aus kreiskommunalen Mitteln errichtet worden sind (§ 35). Nur in den Provinzen Hannover und Schleswig-Holstein, wo die Kreisgebäude vielfach Staatseigenthum sind, sind ab und zu Staatsausgaben für Umbauten etc. entstanden. (Vgl. die Etats 1900 Kap. 9 Tit. 2 22 790 M., 1887/88 Kap. 9 Tit. 2, 1876 Kap. 12 Tit. 3, 1873 Kap. 13 Tit. 3 61 500 M.) 1898/99 wurden 35 000 M. für ein Polizeigefängniss in Geestemünde eingestellt (s. auch § 34). 1894/95 wurden 75 650 M. gewährt für ein Landrathsamt in Posen (Wittkowo). Sonst wurden extraordinäre Kosten für landräthliche Gebäude seit den 70er Jahren nicht erforderlich.

Dagegen wurden von 1886/87 bis 1895/96 zusammen ca. 50 000 M. verausgabt zu Unterstützungen für die früheren kommissarischen Amtsmänner, Hardesvögte und Kirchspielvögte, welche bei der Einführung der Kreisordnung für die Provinz Hessen-Nassau vom 7. Juni 1885, bezw. der Kreisordnung für die Provinz Schleswig-Holstein vom 26. Mai 1888 disponibel geworden waren und inzwischen nicht anderweit dienstliche Verwendung gefunden haben.

Dritter Hauptabschnitt.

Ausgaben für Verwaltungsrechtspflege.

(Kap. 85 der Ausgabe.)

§ 50. Während bei den Behörden der allgemeinen Landesverwaltung nur die untersten instanzlichen Behörden, die landräthlichen Verwaltungen, auf dem Etat des Ministeriums des Innern zu finden sind, steht von den verwaltungsgerichtlichen Behörden nur die oberste Spitze, das Oberverwaltungsgericht, auf diesem Etat.

Daraus ist übrigens nicht etwa zu folgern, dass diese Behörde der besonderen Aufsicht des Ministers des Innern unterstellt ist. Sie untersteht vielmehr dem Staatsministerium, während der Minister des Innern allerdings die Feder führt, ähnlich wie bei der Ansiedelungskommission der Landwirthschaftsminister. Letztere Behörde wird zwar auch nicht auf dem Etat des Staatsministeriums geführt, hat aber einen besonderen Etat für sich, steht also nicht etwa auf dem landwirthschaftlichen Etat.

Die mittleren Instanzen, die Bezirksausschüsse, sowie für Steuersachen die Berufungskommissionen und Regierungen (Gewerbesteuer) stehen auf dem Etat des Finanzministeriums, da diese Behörden nicht lediglich Streit- (Gerichts-), sondern auch Beschluss- und Verwaltungsbehörden sind. Genau genommen müsste wenigstens ein gewisser Antheil an den auf dem Etat des Finanzministeriums stehenden Kosten dieser Behörden den staatlichen Ausgaben für das Oberverwaltungsgericht zugerechnet werden, wenn man die Gesammtkosten, welche der Staat für die Verwaltungsrechtspflege ausgiebt, feststellen wollte.[1])

Solange als es noch reine Verwaltungsgerichtsbehörden in der Provinzialinstanz gab, die sog. Bezirksverwaltungsgerichte, wurden deren Kosten auch konsequenterweise auf dem Etat des Ministeriums des Innern geführt.

Erst in Folge der Neuorganisation auf diesem Gebiete durch das Landesverwaltungsgesetz v. 30. Juli 1883, welches die neuen Bezirksausschüsse schuf, trat die Ueberweisung der Kosten dieser Behörden auf das Finanzministerium ein (vgl. Etatserläuterungen zum Etat für 1884/85 zu Kap. 31 Tit. 1 der Einnahmen, wo bis dahin die Einnahmen an Prozessgebühren etc. dieser Behörden mit rund 60000 M. aufgeführt waren und zu Kap. 86 der Ausgabe).

Neben den Bezirksverwaltungsgerichten standen damals auch noch — wenigstens in den westlichen Provinzen — die sog. Deputationen für das Heimathswesen in den gleichen Einnahme- und Ausgabetiteln auf dem Etat des Ministeriums des Innern.

Diese Behörden, welche auf Grund des § 40 des Ges. v. 8. März 1871 zur Entscheidung von Armenstreitigkeiten errichtet waren, sind, soweit die östlichen Provinzen in Betracht kamen, bereits in Folge des § 187 der östlichen Kreisordnung v. 13. Dez. 1872 fortgefallen, durch welchen ihre Befugnisse auf die Bezirksverwaltungsgerichte (heute Bezirksausschüsse) übergingen. In den übrigen Provinzen fielen diese Behörden erst mit Einführung der Kreisordnung in diesen Provinzen fort, zuletzt diejenigen zu Schleswig, sowie die zu Bromberg und Posen. (Für die Aufhebung der letzteren beiden war nicht die Einführung einer Kreisordnung, sondern das Ges. v. 19. Mai 1889 (G.-S. S. 108, Art. 1) massgebend.)

Seit 1890/91 giebt es keine Deputation für das Heimathwesen mehr. Das für sie bestimmte Kap. 86 wurde im Etat als vacat geführt, bis die Versicherungsrevisoren hier eingestellt wurden (s. § 79 ff.).

Oberverwaltungsgericht.[2])

(Kap. 85 Tit. 1—7 der Ausgabe.)

Allgemeines.

§ 51. Die Erkenntniss, dass Streitsachen über die aus den Verwaltungsgesetzen entspringenden Rechte und Pflichten der Privatpersonen und Korporationen einer anderen Behandlung bedürfen, als solche Angelegenheiten, in denen lediglich administrative Zweckmässigkeitsfragen zur Erörterung stehen, dass verschiedene Behörden über Angelegenheiten der einen oder anderen Art entscheiden müssen, und dass der Entscheidung über öffentliche Rechte und Pflichten ein Verfahren vorauszugehen habe, das in vorgeschriebenen festen Formen sich bewegt, und mittelst dieser Formen der Partei die Möglichkeit selbständiger und wirksamer Vertheidigung ihrer Rechte gewährleistet, hatte bereits in der Kreisordnung v. 13. Dez. 1872 (G.-S. S. 661) zur

[1]) Die unteren Instanzen, Kreisausschüsse und Stadtausschüsse, stehen auf den kommunalen Etats. Die Kommunen und Kreisverbände erhalten dafür gewisse Dotationen.

[2]) Vgl. die Festnummer des Preussischen Verwaltungsblatts, Jahrgang XXII Nr. 7, insbesondere die Skizze „Zur Geschichte des Oberverwaltungsgerichts“ vom Wirkl. Geh. Oberregierungsrath Nöll.

Einrichtung von Kreis- und Bezirksverwaltungsgerichten geführt, die, in unabhängiger Stellung, über eine Reihe wichtiger, dem öffentlichen Rechte angehöriger Fragen nach Anhörung der Parteien im mündlichen und öffentlichen Verfahren zu entscheiden hatten.

Um eine die Verschiedenheiten in der Rechtsauffassung ausgleichende Centralinstanz zu schaffen, die um so nothwendiger erschien, als gerade das öffentliche Recht der Gefahr einer, je nach den einzelnen Regierungsbezirken sich verschiedenartig gestaltenden judikatmässigen Handhabung nicht ausgesetzt bleiben darf, wurde durch Gesetz v. 3. Juli 1875 (G.-S. S. 375), betreffend die Verfassung der Verwaltungsgerichte und des Verwaltungsstreitverfahrens, das königliche Oberverwaltungsgericht geschaffen.

Das gedachte Gesetz trat nach seinem § 80 am 1. Okt. 1875 in Kraft; zunächst jedoch nur in den Provinzen Preussen, Brandenburg, Pommern, Schlesien, Sachsen, sowie in den Hohenzollernschen Landen, weil einstweilen nur in diesen Landestheilen die neue Verwaltungsgesetzgebung mit ihrem Verfahren in streitigen Verwaltungssachen in Kraft getreten war. Die Ausdehnung des Gesetzes auf die übrigen Landestheile der Monarchie blieb der Einführung der neuen Verwaltungsgesetzgebung in diesen Landestheilen vorbehalten. Indessen wurde die Zuständigkeit des Oberverwaltungsgerichts schon vor dieser Einführung für einzelne Angelegenheiten, z. B. durch das Gesetz, betreffend die Aufsichtsrechte des Staates bei der Vermögensverwaltung in den katholischen Diöcesen, v. 7. Juni 1876 (G.-S. S. 149) auf den ganzen Umfang der Monarchie erstreckt.

Durch die Novelle vom 2. Aug. 1880 (G.-S. S. 315) fanden später einige Abänderungen und Ergänzungen der Bestimmungen des Ges. von 1875 statt.

Organisation.

§ 52. Das Oberverwaltungsgericht besteht nach dem Gesetz von 1875 bezw. der Novelle von 1880 aus 1 Präsidenten, den Senatspräsidenten und der erforderlichen Zahl von Räthen.

Das Oberverwaltungsgericht kann auf Beschluss des Staatsministeriums in Senate eingetheilt werden, was mehrfach geschehen ist (§ 54 ff.).

Durch die Novelle von 1880 wurde ein Präsidium eingerichtet, das sich kollegialisch zusammensetzt aus dem Präsidenten, den Senatspräsidenten und dem ältesten Mitgliede, und berufen ist, in gewissen Intervallen für jeden Senat die ständigen Mitglieder und die erforderlichen Vertreter zu bestimmen, auch die Geschäfte unter die Senate zu vertheilen. Ein Geschäftsregulativ erging 1875, wurde aber 1892 durch ein anderes ersetzt, zu dem 1893 noch ein Nachtrag erfolgte (M.-Bl. f. d. i. V. 1892 S. 133, 1893 S. 123).

Zur Fassung gültiger Beschlüsse des Oberverwaltungsgerichts ist die Theilnahme von wenigstens fünf Mitgliedern erforderlich.

Von den Mitgliedern muss die eine Hälfte zum Richteramte, die andere zur Bekleidung von höheren Verwaltungsämtern befugt sein.

Zum Mitgliede des Oberverwaltungsgerichts kann nur ernannt werden, wer das 30. Lebensjahr vollendet hat.

Die Mitglieder des Oberverwaltungsgerichts werden auf den Vorschlag des Staatsministeriums vom Könige ernannt. Die Ernennung erfolgt auf Lebenszeit.

Die Mitglieder des Oberverwaltungsgerichts können ein besoldetes Nebenamt nur in den Fällen bekleiden, in denen das Gesetz die Uebertragung eines solchen Amtes an etatsmässig angestellte Richter gestattet. Die Nebenämter finden sich im Etat unter „Bemerkungen" zu Kap. 85 Tit. 1 einzeln aufgeführt.

Der Präsident ist Rath 1. Klasse. Die Senatspräsidenten stehen zwischen 1. und 2. Klasse, die Räthe sind Räthe 2. Klasse.[1])

Die Mitglieder unterliegen im Allgemeinen keinem Disziplinarverfahren, doch bestehen für die Entfernung aus dem Amte bestimmte, den §§ 128—131 des deutschen Gerichtsverfassungsgesetzes v. 27. Jan. 1877 (R.-G.-Bl S. 77) nachgebildete Vorschriften.

Die Ernennung der erforderlichen Subaltern- und Unterbeamten bei dem Oberverwaltungsgericht erfolgt, insoweit sie nicht durch das Geschäftsregulativ dem Präsidenten überwiesen wird, durch das Staatsministerium (§ 30 Ges. v. 3. 7. 75). In der That ist sie jedoch durch das Geschäfts-Regulativ dem Präsidenten ausnahmslos übertragen worden.

Die Disziplin über die bei dem Oberverwaltungsgerichte angestellten Subaltern- und Unterbeamten übt der Präsident aus.

Geschäftskreis.

§ 53. Das Oberverwaltungsgericht entscheidet auf die Berufung gegen die von den Bezirksausschüssen in erster Instanz, sowie auf das Rechtsmittel der Revision gegen die von den Bezirksausschüssen in zweiter Instanz erlassenen Endurtheile, soweit nicht gemäss besonderer gesetzlicher Vorschrift diese Urtheile im Verwaltungsstreitverfahren endgültig oder die gegen dieselben stattfindenden Rechtsmittel in abweichender Weise geregelt sind; auch entscheidet das Oberverwaltungsgericht auf die Beschwerden, welche die Leitung des Verfahrens in den bei den Bezirksausschüssen anhängigen streitigen Verwaltungssachen zum Gegenstande haben.

In erster Instanz entscheidet das O.V.G. nur in wenigen, ihm vom Gesetz überwiesenen besonderen Fällen.

Durch das Einkommensteuergesetz v. 24. Juni 1891 (G.-S. S. 175), das Gewerbesteuergesetz vom gleichen Datum (G.-S. S. 205) und das

---

[1]) G.-S. 1875 S. 602 und 1879 S 571.

Ergänzungssteuergesetz v. 14. Juli 1893 (G.-S. S. 134) wurde dem Oberverwaltungsgerichte auch die oberste Entscheidung in den diese Steuern betreffenden Steuersachen übertragen, wodurch es höhere Instanz gegen die Entscheidungen der Berufungskommissionen für Einkommen- und Ergänzungssteuer und der Regierungen für Gewerbesteuer wurde[1]) (s. auch Waarenhaussteuergesetz v. 18. 7. 1900, G.-S. S. 294).

Doch wurde durch das Gesetz v. 26. März 1893 (G.-S. S. 60) das Staatsministerium ermächtigt, den bestehenden Steuersenat und die etwa noch weiter zu errichtenden Steuersenate in kleinere Abtheilungen, in Kammern einzutheilen, bei denen zur Fassung gültiger Beschlüsse die Theilnahme von 3 Mitgliedern genügte. Von dieser Ermächtigung wurde zunächst beim 5., sodann auch beim 6. Senat Gebrauch gemacht; jeder derselben wurde in 3 Kammern getheilt.

Entwickelung der Zahl der Mitglieder und Senate.

§ 54. Nach § 88 des Ges. v. 3. Juli 1875 konnte bis zum Schlusse des Jahres 1880 die Stelle eines Mitgliedes — mit Ausnahme derjenigen des Präsidenten und eines zweiten Mitgliedes — als Nebenamt auf die Dauer des Hauptamtes verliehen werden.

Hiervon wurde in der Annahme, dass der Umfang der Geschäfte im Anfange ein sehr mässiger sein werde, in der Weise Gebrauch gemacht, dass von vornherein 1 Präsident, 5 nebenamtlich fungirende Mitglieder, meist Ministerialräthe und nur 1 Rath im Vollamt angestellt wurden.

Schon das Zuständigkeitsgesetz von 1876 liess aber ein Funktioniren von Mitgliedern des Oberverwaltungsgerichts im Nebenamte nicht mehr in dem Umfange zu, wie es das Verwaltungsgerichtsgesetz von 1875 gethan hatte; jede fernere derartige Verleihung von Stellen wurde ausgeschlossen, daneben aber auch die Theilnahme von wenigstens fünf auf Lebenszeit ernannten Mitgliedern zur Fassung gültiger Beschlüsse für erforderlich erklärt.

Durch das Ges. v. 27. Juli 1876 (G.-S. S. 346) wurden 4 neue Rathsstellen im Vollamt bewilligt. Aber auch diese Zahl erwies sich bald als unzureichend. 1877/78 wurde die Zahl der Räthe im Vollamte auf 7, 1878/79 auf 10 erhöht und der erste weitere (zweite) Senat errichtet.

Das Einführungsgesetz v. 27. Jan. 1877 (R.-G.-Bl. S. 77) zum Gerichtsverfassungsgesetze, das Gesetz, betreffend die Bildung der Wassergenossenschaften, v. 1. April 1879 (G.-S. S. 297) und das Zuständigkeitsgesetz v. 1. Aug. 1883 (G.-S. S. 237), sowie die Einführung der neuen Verwaltungsgesetzgebung in den Provinzen Hannover und

---

[1]) für Hohenzollern vgl. § 53 d. Ges. betr. die Umgestaltung der direkten Staatssteuern in diesen Landen v. 2. 7. 1900 (G.-S. S. 252).

Hessen-Nassau; in Hannover durch die Kreisordnung v. 6. Mai 1884 (G.-S. S. 181), in Hessen-Nassau durch die Kreisordnung v. 7. Juni 1885 (G.-S. S. 193) machten 1886/87 die Einrichtung eines dritten Senats nothwendig. Die Zahl der Räthe stieg auf 13.

Die Einführung der Kreisordnungen in Westfalen (1886), der Rheinprovinz (1887) und Schleswig-Holstein (1888) brachte weitere 5 Stellen sowie die Errichtung eines vierten Senats (1889/90), wodurch zugleich die Möglichkeit einer Vertheilung der Geschäfte auf die einzelnen Senate nach Gegenständen gewonnen werden sollte.

In Folge der schon erwähnten Uebertragung der Entscheidung in Staatssteuersachen (§ 53) sah man sich genöthigt,[1]) durch den Etat für 1892/93 behufs Bildung eines fünften Senates die erforderlichen Mittel zur Anstellung eines Senatspräsidenten und von 5 Räthen unter entsprechender Vermehrung auch der Bureaubeamten u. s. w. zu bewilligen, obgleich wegen der wachsenden Geschäftslast die Zahl der Räthe erst durch die Etats für 1890/91 und 1891/92 im Ganzen um 4 vermehrt worden war.

Nach dem Etat für 1892/93 belief sich somit die Zahl der Mitglieder des Oberverwaltungsgerichts auf 1 Präsidenten, 4 Senatspräsidenten, 27 Räthe im Vollamte und 1 Rath im Nebenamte (v. Gneist).

Die Folgen des Inkrafttretens des Gewerbesteuergesetzes am 1. April 1893 brachte 1894/95 einen neuen, den sechsten Senat, nachdem schon durch den Etat für 1893/94 die Zahl der Räthe abermals um 4 vermehrt worden war.

1896/97 kamen 6 neue Rathsstellen hinzu, da man sich niemals hatte verhehlen können, dass die Eintheilung des Oberverwaltungsgerichts in „Dreimännerkollegien" (s. o.) weder der Stellung des Oberverwaltungsgerichts als höchster Instanz in streitigen Staatssteuersachen, noch auch der Bedeutung der von dieser Instanz vielfach zu treffenden Entscheidungen recht entspreche; überdies bereitete die Bearbeitung der Staatssteuersachen in 6 Kollegien der Einheit der Rechtsprechung nothwendig die erheblichsten Gefahren. So war es sehr dankenswerth, dass, als die Lage der Geschäfte es ermöglichte, der Etat für 1900 die erforderlichen Mittel bereit stellte, um unter Bildung eines siebenten Senats, also eines dritten Steuersenats, auf die bisherige Eintheilung der Steuersenate in Kammern zu verzichten.

---

[1]) Die Zahl der eingehenden Steuersachen betrug schon im Jahre 1893 mehr als 14 000, 1894 nicht viel weniger, 1896 noch erheblich mehr; erst von da ab ist sie langsam gefallen bis zu etwa 7000 im Jahre 1899, während an anderen Streitsachen im Ganzen niemals auch nur 2000 im Jahre eingelaufen sind, wohl aber meisthin erheblich weniger. — Die Zahl der am Schlusse des Jahres unerledigt gebliebenen Beschwerden ist in Staatssteuersachen während der Jahre 1896 bis einschliesslich 1899 von 12 791 auf (1897) 8173, (1898) 6186, (1899) 3763 1902 3938 herabgegangen.

Durch den Etat für 1903 ist nunmehr ein achter Senat,[1]) welcher aber nicht für Steuersachen, sondern zur Entlastung der vier älteren Senate bestimmt ist, gebildet worden. Eine weitere Vermehrung der Rathsstellen ist dagegen nicht vorgesehen. Die Zahl der Räthe war bis 1896/97 auf 42 gestiegen, 1897/98 wurden zwei neue Stellen eingestellt, aber als „künftig wegfallend" bezeichnet, da sie sich hauptsächlich mit Rücksicht auf die damalige besonders ungünstige Geschäftslage und auf die bevorstehende Durchführung des am 1. April 1895 in Kraft getretenen Kommunalabgabengesetzes als nothwendig erwiesen. Eine dieser Stellen ist inzwischen fortgefallen bezw. in eine Senatspräsidentenstelle umgewandelt, sodass gegenwärtig noch 43 auf dem Etat stehen (die andere Stelle wird in dem Etat seit 1901 nicht mehr als künftig wegfallend bezeichnet).

Mittlere und Unterbeamte.

§ 55. Für die Bureau- und unteren Beamten gelten gleiche Vorbildungs- und Anstellungsgrundsätze wie für andere Centralverwaltungsbehörden (Ministerien).

Im Etat für 1903 erscheinen 1 Bureauvorsteher, 30 Bureaubeamte, 1 Kanzleidirektor, 26 Kanzleisekretäre, 1 Botenmeister, 13 Kanzleidiener.

Im Jahre 1883/84 betrug die Zahl der etatsmässigen Bureaubeamten und Unterbeamten 13, 1902: 72. (Näheres S. 1327 § 59.)

Geschäftsumfang.

§ 56. Die starke Stellenvermehrung, wie sie schon aus Vorstehendem hervortritt und auch aus der in § 58 mitgetheilten Tabelle zu ersehen ist, erscheint verständlich, wenn man die Leistungen der Behörde in dem 28jährigen Zeitraume sich vergegenwärtigt.

Der Geschäftsumfang hat sich wie folgt entwickelt:

Es betrug die Zahl	1875/76	1876/77	1891	1899	1902
1. der Sitzungen	30	87	225	420	329[2])
2. der Journalnummern . . .	1 204	2 968	5 779	17 910	18 900
3. der neu eingegangenen streitigen Verwaltungssachen . .	153	750	1 134	8 643	9 149[3])
4. der sonst eingegangenen Geschäftssachen	136	392	404	934	1 131

[1]) Ausser diesen acht Senaten besteht noch ein gemäss dem Ges. v. 8. Mai 1889 (G.-S. S. 107) gebildeter Disziplinarsenat. (Vgl. § 59 Anm.)

[2]) Der Rückgang ist durch die Aufhebung der Steuerkammern (Dreimännerkollegien § 54) bedingt.

[3]) Davon Einkommensteuer 6762, Ergänzungssteuer 384, Gewerbesteuer 307, Waarenhaussteuer 19, in Summa an Steuersachen 7472 oder 81,6 Proz. aller Sachen.

Die Sammlung der Entscheidungen ist bis jetzt auf 51 Bände angewachsen, darunter seit dem Jahre 1893 im Ganzen 10 Bände in Staatssteuersachen; die beiden ersten Bände erschienen im Jahre 1877.

Einnahmen.

§ 57. Ein Einnahmetitel für das Oberverwaltungsgericht wird auf dem Etat des Ministeriums des Innern nicht geführt, obgleich dem Oberverwaltungsgericht Kosteneinnahmen nach § 106 ff. des L.-V.-G. v. 31. Juli 1883 erwachsen.

Da indessen die Einziehung dieser Kosten (vgl. Brauchitsch Bd. 1 S. 613 Anm.) den Bezirksausschüssen übertragen ist, so werden dieselben gemeinsam mit den Einnahmen dieser Behörden in Kap. 27 Tit. 9a des Etats des F.-M. (Kosteneinnahmen des Oberverwaltungsgerichts und der Bezirksausschüsse 1903: 155 000 M.) nachgewiesen.

Die Grundsätze über die Höhe der Kosten sind im Wesentlichen dieselben wie für die Bezirksausschüsse (vgl. § 106 a. a. O. und Circ. und Kostentarif für die Berechnung des Kostenpauschquantums in Verwaltungsstreitsachen v. 27. Febr. 1884). Näheres beim Etat des Fin.-Min. Bd. II, Buch VIII.

Die von Beamten des Oberverwaltungsgerichts zu leistenden Entschädigungen für Feuerungsmaterialien, Wasserlieferungen u. s. w. werden unter Kap. 31 Tit. 1 des Etats des Ministeriums des Innern verrechnet (s. § 3).

Entwickelung der laufenden Ausgaben.

§ 58. Die zur Errichtung des Oberverwaltungsgerichts erforderlichen Mittel hatten in dem Etat für 1875 noch nicht vorgesehen werden können; die Bewilligung erfolgte durch das Ges. v. 4. Juli 1875 (G.-S. S. 393). Nach ihm wurde die Staatsregierung ermächtigt, die in der Anlage des Gesetzes in Jahresbeträgen verzeichneten Ausgaben für das Oberverwaltungsgericht vom 1. Okt. 1875 ab zu leisten. Die Ausgaben bezifferten sich an Besoldungen für 1 Präsidenten, 1 Rath im Vollamte und 5 nebenamtlich fungirende Räthe auf 31 200 M., an Wohnungsgeldzuschüssen für den Präsidenten und einen Rath auf 2700 M., an Ausgaben zur Remunerirung von Bureauarbeitern, Boten etc. auf 6000 M., endlich zu Bureaubedürfnissen etc. auf 6000 M., im Ganzen somit auf 45 900 M.

Die schnell wachsende Vermehrung der höheren Beamten, die natürlich auch eine solche der mittleren und niederen Beamten zur Folge hatte, führte bald erhebliche Steigerungen in den Ausgaben herbei, sodass für 1903 die Million bereits überschritten ist:

	1883/84 Zahl der Beamten	1883/84 Gehalt etc.	1893/94 Zahl der Beamten	1893/94 Gehalt etc.	1896/97 Zahl der Beamten	1896/97 Gehalt etc.	1903 Zahl der Beamten	1903 Gehalt etc.
Präsident	1	15 000	1	20 000	1	20 000	1	20 000
Senatspräsidenten	1	12 000	4	12 000	5	12 000	7[1]	12 000
Räthe im Vollamt	10	7500—9900	31	7500—9900	42	7500—9900	43	7500—11 000
im Nebenamt	1	1500	1	1500	—	—	—	—
Bureauvorsteher	—	—	1	6600	1	6600	1	7200
Bureaubeamte	4	3000—5400	10	3000—5400	24	3000—5400	30	3000—6000
Kanzleidirektoren	1		1		1		1	
Kanzleisekretäre	5	1800—3300	11	1800—3800	20	1800—3800	26	1800—3800
Unterbeamte	3	1200—1500	9	1200—1800	12	1200—1800	14	1200—1800
Summe der Besold.	26	154 500	69	431 300	106	580 500	123	727 920
Wohnungsgeldzuschüsse	—	22 380	—	61 920	—	94 260	—	106 980
Remunerirung von Hülfsarbeitern	—	6 000	—	16 050	—	47 550	—	44 250
Ausserordentl. Remunerationen	—	1 000	—	1 800	—	3 000	—	3 000
Bureaukosten etc.	—	31 725	—	35 000	—	120 000	—	120 000
Summe	—	215 605	—	546 070	—	845 310	—	1 002 150

Besonders auffallend ist die starke Vermehrung der Bureau-, Kanzlei- und Unterbeamten seit 1893/94, was mit der Uebertragung der Steuersachen an das Oberverwaltungsgericht zusammenhängt.

Neben der Vermehrung der etatsmässigen Stellen kommt noch eine grössere Anzahl Hülfsarbeiter in Betracht, gegenwärtig 4 im Bureau, 5 in der Kanzlei und 5 Unterbeamte — letztere gegenüber nur 14 etatsmässigen Unterbeamten. Die Einrichtung des achten Senats wird eine weitere Vermehrung der Hülfsbeamten nothwendig machen.

Besoldungen.

§ 59. Die Höhe der Gehälter der Beamten (s. oben) — sowohl der höheren wie der mittleren und Unterbeamten — ist dieselbe wie die in den Ministerien, und ihre Steigerung hat im Allgemeinen mit denen der Ministerialbeamten gleichen Schritt gehalten, doch hat eine Aufbesserung der Gehälter des Präsidenten sowie der Senatspräsidenten bei der allgemeinen Besoldungsverbesserung im Jahre 1897/98 nicht stattgefunden.

Der seit dem Etatsjahr 1896/97 3000 M. betragende Fonds zu ausserordentlichen Remunerationen und Unterstützungen für mittlere, Kanzlei- und Unterbeamte (Kap. 85 Tit. 6) ist nicht erhöht worden,

---

[1]) obgleich 8 Senate und 1 Disziplinarsenat bestehen. In letzterem und in dem ersten Senat führt indessen der Präsident des Oberverwaltungsgerichts selbst den Vorsitz.

obgleich die Zahl der gedachten Beamten inzwischen von 58 auf 72 gestiegen ist und bei der anderweitigen Regulierung der bezüglichen Fonds der Ministerien, nach der Erläuterung zu Kap. 87 Tit. 9 des Etats des Finanzministeriums für 1903, für jeden mittleren, Kanzlei- und Unterbeamten ein Durchschnittsbetrag von 72 M. in Ansatz gebracht ist.

Die Hülfsarbeiter im Bureaudienst etc. erhalten ihre Remunerationen aus Tit. 5, der 1893/94 nur 16 050 M. aufwies, jetzt aber 44 250 M. ausmacht.

Neben Tit. 1—4 und 5 ist auch Tit. 7, der Fonds für Bureaubedürfnisse aller Art, seit 1893/94 sehr erheblich gestiegen. Auch hier liegt die Ursache in der Geschäftsvermehrung, vor Allem in Folge der Einrichtung der Steuersenate.

Aus diesem Fonds wird auch die Miethe für die Dienstgebäude — rund 19 500 M. — bezahlt (§ 60).

Endlich finden auch die laufenden Kosten der Bibliothek, welche gegenwärtig einen Bestand von 18 019 Büchern hat, aus diesen Fonds Deckung (1903: 6 900 M.).

Extraordinarium.

§ 60. In den ersten Jahren ist das Oberverwaltungsgericht in Privathäusern, zuerst Ecke der Linden- und Oranienstrasse, später in der Mauerstrasse, untergebracht gewesen. In ein fiskalisches Gebäude siedelte der oberste Verwaltungsgerichtshof erst im Jahre 1887 über. Bei der fortwährenden Steigerung des Personenbestandes der Behörde erwiesen sich die Räume sehr bald als mehr oder weniger unzureichend. Es sind daher Räume von Nachbargebäuden hinzugemiethet worden (§ 59). Gleichwohl reichen dieselben nicht einmal hin, um den Mitgliedern des Gerichtshofes Arbeitsräume für den täglichen Gebrauch zu sichern. Solche Räume besitzen nur die Senatspräsidenten. Ausserdem sind nur die nöthigen Sitzungssäle vorhanden.

Die Frage des Neubaus wird in den betheiligten Ministerien seit längerer Zeit erörtert und ist neuerdings innerhalb der betheiligten Ressorts zu einem gewissen Abschlusse gelangt. Der Neubau wird voraussichtlich neben dem Gebäude des Generalkommandos des III. Armeekorps errichtet werden. In den Etat ist indess bisher noch kein Betrag eingestellt worden.

Extraordinäre Ausgaben für das Oberverwaltungsgericht sind daher bis jetzt noch nicht entstanden.

Vierter Hauptabschnitt.

Ausgaben des Staates für einzelne Gebiete der inneren Verwaltung.

1. Abschnitt.

Ausgaben für statistische Zwecke.

§ 61. Von den einzelnen Zweigen der inneren Verwaltung, für welche auf dem Etat des Ministeriums des Innern besondere Abschnitte gebildet sind, kommen zunächt in Betracht die Ausgaben für statistische Zwecke (Kap. 84 des Etats).

Die Ausgaben des Staates für statistische Zwecke im Staatshaushaltsetat betreffen zwar nur das Statistische Centralbureau zu Berlin und die ihm zu besonderen Zählungszwecken im Extraordinarium bereit gestellten erheblichen Mittel.

Eine wesentliche Mitarbeit wird aber dem Statistischen Centralbureau bei seinen Arbeiten durch die Organe der allgemeinen Staats- und Kommunalverwaltung unentgeltlich geleistet, vor Allem durch die landräthlichen und lokalen Behörden, Magistrate, Bürgermeister, Amtsvorsteher, Amtmänner u. s. w.

Daneben ist nicht zu übersehen, dass die Kosten der Berufszählungen vom Reich vergütet werden (§ 71), sowie dass die Weiterentwickelung der Reichsstatistik auch dem Ausbau der preussischen Staatsstatistik zu Gute kommt, wie andererseits das Königliche statistische Bureau auch durch eine immer wachsende Anzahl[1]) kommunaler statistischer Aemter, besonders in den grossen Städten, vor Allem in Berlin, bei der Mehrzahl der grösseren statistischen Erhebungen wesentlich unterstützt wird.

Endlich hat das Bureau auch der statistischen Wirksamkeit von Vereinen, Gesellschaften und einzelnen Privatpersonen manches die amtliche Thätigkeit ergänzende werthvolle Material zu verdanken.

Das statistische Bureau.[2])

(Kap. 31 Tit. 1 und 2 der Einnahme, Kap. 84 der Ausgabe.)

Entstehung und Zweck.

§ 62. Aufnahmen von Volkszählungen und sonstigem statistischen Material fanden in Preussen schon während des 18. Jahrhunderts, je-

---

[1]) Gegenwärtig 17 in Preussen.

[2]) Böckh, Die geschichtliche Entwickelung der amtlichen Statistik in Preussen. 1863, R. Decker. — Engel im Jahrgang 1860 der Zeitschrift des statistischen Bureaus S. 3—9, 53—56 und Jahrgang 1873 S. 345—64. — Puslowski, Das Kgl. Preussische Statistische

doch bei den verschiedensten Verwaltungsstellen und ohne eine einheitliche centralistische Leitung statt. Die Anregung zur Gründung eines statistischen Centralbureaus gab dem König Friedrich Wilhelm III. erst das Buch Leopold Krugs über den Nationalreichthum des preussischen Staates. In einer Kab.-O. v. 28. Mai 1805 wurde die Einrichtung einer solchen Centralstelle angeordnet, unterm 5. Nov. 1805 eine von Krug selbst entworfene Instruktion für dasselbe erlassen.

Eine Neuorganisation erfolgte durch § 20 des Publikandums vom 16. Dez. 1808, auf Grund dessen eine besondere, vom Ministerium des Innern ressortirende statistische Behörde eingesetzt wurde, zu deren ersten Direktor unterm 4. Okt. 1810 Staatsrath Hoffmann ernannt wurde. (Vgl. auch Verordn. v. 27. Okt. 1810 (G.-S. S. 3ff.)

§ 63. Der Zweck des statistischen Bureaus ist gesetzlich nicht festgelegt, doch wird er dahin zu präcisiren sein, dass dasselbe berufen ist, auf amtlichem Wege durch zahlenmässige Massenbeobachtungen die wirthschaftlichen und sozialen Erscheinungen im preussischen Staate festzustellen, und zugleich aus den Veränderungen dieser Zustände und Einrichtungen, aus ihrem gegenseitigen Zusammenhang und einer Vergleichung mit einander ihre Bedeutung, ihre Ursachen und Wirkungen zu ergründen und weiteren Kreisen darzulegen.

Hoffmann, der in seinem Promemoria vom 21. Febr. 1809 an den Minister Grafen Dohna den Zweck dahin feststellt, „Materialien zur Kenntniss der Kräfte des preussischen Staates mit möglichster Vollständigkeit zu sammeln und dergestalt zu ordnen, dass sämmtliche Oberbehörden daraus jederzeit mit Leichtigkeit eine klare Uebersicht der gegenwärtigen Staatskräfte und der Wirkungen, welche einzelne Begebenheiten und Anordnungen auf die Vermehrung oder Verminderung derselben äussern, erhalten können“, betont noch zu einseitig das Interesse der staatlichen Behörden, während doch auch weitere Kreise des Publikums, der Wissenschaft etc. die Vortheile der Einrichtung geniessen sollen (vgl. § 68).

E. Blenck in seiner Schrift von 1885 a. a. O. führt aus, das Hauptziel und die erste Pflicht der amtlichen Statistik werde stets sein und bleiben, durch gewissenhafte, streng objektive Buchung und Beleuchtung der zahlenmässig erfassbaren Thatsachen des Staats- und Volkslebens, durch Vervollkommnung der Methode ihrer Forschung, durch möglichste Beseitigung und Unschädlichmachung der zahlreichen Fehlerquellen, welche ihr entgegentreten, durch stete Umschau auf allen sich ihr erschliessenden Gebieten für die Staatsverwaltung, die Gesetzgebung und Wissenschaft die Unterlagen zu bieten, deren diese bedürfen, um ihre Aufgaben zu erfüllen, -- zugleich aber durch ihre Veröffentlichungen allgemein belehrend und klärend zu wirken. „Nimmer losgelöst von der Wissenschaft, wird sich die amtliche Statistik weiteren wissenschaftlichen Untersuchungen und Spekulationen doch erst dann zuwenden können, wenn sie jener ersten Pflicht voll genügt hat.“

§ 64. Das statistische Bureau war eine Zeit lang Centralbehörde und stand direkt unter dem Staatskanzler; dann war es abwechselnd

Bureau. Berlin 1872, Puttkamer & Mühlbrecht, und vor Allem E. Blenck, Das Königliche Statistische Bureau in Berlin etc 1885 u. 1898 (Verlag des statistischen Bureaus).

Die letzte der Blenck'schen Abhandlungen schliesst bereits mit dem Jahre 1896 ab, doch konnten die derselben entnommenen Daten und Zahlen bis auf die Neuzeit ergänzt werden, da der Herr Verfasser dieselben aus dem demnächst erscheinenden weiteren ausführlichen Verwaltungsbericht mir gütigst zur Verfügung gestellt hat.

dem Staatsministerium, dem Minister des Innern und dem Handelsministerium unterstellt, bis es durch Allerh. Erl. v. 10. Juli 1848 endgültig dem Ministerium des Innern untergeordnet wurde.

Damit sollte zum Ausdruck gelangen, dass das Bureau nicht, wie früher, hauptsächlich für handels- und wirthschaftsstatistische Zwecke arbeite, vielmehr alle Verhältnisse, die ganze Verwaltung umfassen solle. Andererseits unterblieb die engere Verbindung mit dem Ministerium durch Einstellung der Dirigentenstelle als vortragende Rathsstelle mit Recht, da andernfalls das Bureau in der Unabhängigkeit und Tendenzlosigkeit, von welcher es bei seinen Untersuchungen ausgehen soll, dadurch beeinträchtigt werden würde.

Mit dem statistischen Bureau in Verbindung stehende besondere Institute.

§ 65. Das älteste dieser Institute ist das meteorologische Institut, welches 1846 gegründet wurde und 1848 als Abtheilung des statistischen Bureaus ins Leben trat, aber im Jahre 1886 selbständig gemacht und dem Kultusministerium unterstellt wurde[1]) (s. Bd. II Buch I §§ 584, 585).

Zwei weitere Institute verdanken ihre Entstehung der Initiative des für die Bedeutung des statistischen Bureaus von hervorragendem Einflusse gewesenen Direktors Engel (1860—1882), die statistische Centralkommission und das statistische Seminar.

Statistische Centralkommission.

§ 66. Erstere Behörde, errichtet 1861, reorganisirt 1870 (M.-Bl. d. i. V. S. 89 ff.), hat die Aufgabe, ein einheitliches Zusammenwirken sämmtlicher Zweige der Staatsverwaltung dahin zu vermitteln, dass auf allen der Statistik zugänglichen Gebieten hinsichtlich der Grundlagen, der Ausdehnung und Art der Erhebungen nach gleichmässigen Grundsätzen verfahren werde, und ist aus Vertretern der einzelnen preussischen Centralverwaltungen sowie des Reiches, dem Direktor und noch einem Mitgliede des statistischen Bureaus, sechs Mitgliedern des allgemeinen Landtages, einer Anzahl von statistischen Sachverständigen und einem Vorsitzenden (Unterstaatssekretär im Ministerium des Innern) zusammengesetzt.

In den 70er und 80er Jahren trat die Kommission ziemlich häufig zusammen (26 mal).

Seit den 90er Jahren hat ihre Berufung nur einmal (1897) über die Ausführung der Viehzählung im Deutschen Reiche stattgefunden. Der Grund dieser Thatsache ist wohl hauptsächlich in der Weiterentwickelung der Reichsstatistik, in den Verhandlungen der Vorstände deutscher statistischer Centralstellen und den Beschlüssen des Bundesraths auf dem Gebiete der Reichsstatistik zu suchen.

---

[1]) vgl. auch Blenck a. a. O.

Statistisches Seminar.

§ 66a. Der Einrichtung des statistischen Seminars durch Erlass des Ministers des Innern v. 18. Aug. 1862 (M.-Bl. d. i. V. S. 257) lag die Erkenntniss der Nothwendigkeit zu Grunde, statistisch vorgebildete Staatsbeamte heranzubilden, wozu neben dem theoretischen Studium der Statistik auf den Hochschulen vor Allem auch eine Unterrichtung in der Technik der Statistik, auf welche in der Praxis soviel ankommt, erforderlich ist.

So erfolgreich das Seminar in den ersten Jahren seines Bestehens wirkte, ward es doch schon sehr bald durch Erweiterung seines Hörerkreises jener Hauptaufgabe mehr und mehr entfremdet. Seine Zurückführung auf den ursprünglichen Zweck erschien nach den gemachten Erfahrungen unumgänglich und erfolgte im Jahre 1888. Nach dem neuen „Geschäftsplane“ geht die Ueberweisung von höheren Beamten der allgemeinen Staatsverwaltung an das Königliche statistische Bureau dahin, „durch Belebung des Interesses für Statistik in den Kreisen der Verwaltungsbeamten sowie durch Sicherung verständnissvoller Wechselbeziehungen zwischen dem Königlichen statistischen Bureau und den zum Zusammenwirken mit ihm berufenen Provinzialbehörden die amtliche Statistik auf eine Stufe gesteigerter Lebensfähigkeit zu erheben.“ – Die fraglichen Beamten, deren alljährlich zwei bis vier zu einer auf die Dauer eines Jahres bemessenen Beschäftigung beim Königlichen statistischen Bureau einberufen werden, sollen dadurch einen thunlichst vollständigen Einblick in die Organisation und die praktische Handhabung sowie auch in die Technik der Statistik erhalten, wobei Theorie (staats- und volkswirthschaftliche Vorlesungen und Besprechungen) und Praxis (Besuch von öffentlichen Instituten und Anstalten, selbständige statistische Arbeiten, Technik der Erhebungen u. s. w.) stets Hand in Hand zu gehen haben.

In den letzten Jahren ist es aus verschiedenen Gründen nicht zur Einberufung solcher Beamten in das statistische Bureau gekommen, doch handelt es sich dabei voraussichtlich nur um eine vorübergehende Unterbrechung. Die Einrichtung liegt auch insofern im Interesse der amtlichen Statistik, als sie Gelegenheit bietet, höhere Verwaltungsbeamte, die befähigt und geneigt sind, die Statistik zu ihrem Lebensberufe zu machen, rechtzeitig herauszufinden und fortzubilden, damit aber für den Nachwuchs des Königlichen statistischen Bureaus eine Quelle zu erschliessen, die bei den engen Beziehungen der Statistik zu allen Zweigen der Staatsverwaltung nicht wohl entbehrt werden kann. Einen gewissen Ersatz für das „Seminar“ geben gegenwärtig die „Konversatorien“ und andere Einrichtungen der „Vereinigung für staatswissenschaftliche Fortbildung“, in welcher das Königliche statistische Bureau zur Zeit (1903) durch seinen Chef und mehrere Mitglieder vertreten ist.

Besondere Einrichtungen (Anstalten) des statistischen Bureaus.

§ 67. Als solche sind zu nennen: 1. das Archiv, welches gegenwärtig rund 15 125 Aktenstücke, darunter 2000 aus den neuen Landestheilen, umfasst, 2. die Kartensammlung, welche 3049 Kartenwerke mit etwa 25 900 Blättern enthält, 3. die Bücherei, die, als Engel dieselbe übernahm, etwa 22 000 Bände aufwies, am 31. Dez. 1880 80 877 Bände und Broschüren enthielt und Ende 1897 bereits 145 565 Bände und Broschüren umfasste (Reglement v. 21. Aug. 1865). Der gegenwärtige Bestand ist 163 461 Bände und Broschüren sowie 347 im Journalistikum gehaltene Zeitschriften. Das Lesezimmer wird täglich von 12–15 Personen besucht.

Die Verlagshandlung.

Am 1. Januar 1869 trat das statistische Bureau durch Gründung der „Verlagshandlung des statistischen Bureaus" behufs selbständiger Vertreibung seiner Veröffentlichungen mit dem deutschen und ausländischen Sortimentbuchhandel in direkte Verbindung.

Das Kaiserliche statistische Amt steht noch heute im Vertragsverhältnisse mit einer Buchhandlung (Puttkamer & Mühlbrecht).

Der Umfang der Geschäftsthätigkeit ist aus folgenden Ziffern zu ermessen. Es wurden abgesetzt an eigenen Veröffentlichungen von 1873–84 1 169 681 mit einem Bruttoerlös von 175 553 M. (Reinerlös 159 484 M.), von 1885—96 1 250 890 mit einem Bruttoerlös von 187 633 M. (Reinerlös 163 849 M.), von 1897—1901 492 160 mit einem Bruttoerlös von 84 685,48 M. (Reinerlös 73 867,29 M.).

Uebrigens werden jährlich einige Tausend Veröffentlichungen mit höherer Genehmigung tausch- und schenkungsweise ohne baares Entgelt an öffentliche Behörden und Institute abgegeben.

Mit dem statistischen Bureau und seinem Verlage verbunden ist seit 1852 die Bearbeitung und Herausgabe (z. T. unter Mitwirkung der Königlichen Sternwarte) sowie der Vertrieb amtlicher Kalendermaterialien.

Die 1811 eingerichtete Kalenderverwaltung („Kalenderdeputation") wurde 1852 mit dem statistischen Bureau verbunden und 1859 auch auf dessen Etat gebracht (vgl auch M.-Bl. d. i. V. 1857 S. 1).[1]) 1871 ist sodann auch die seit 1820 von den Privatkalenderverlegern erhobene Kalenderverlegergebühr aufgehoben und der Vertrieb amtlicher Kalendermaterialien zu einem bestimmten Preise an Jedermann der Verlagshandlung des statistischen Bureaus übertragen.

Die Veröffentlichungen, Zeitschriften u. s. w. des statistischen Bureaus.

§ 68. Während vor 1848 die Zahl und der Umfang der amtlichen Veröffentlichungen des statistischen Amtes sehr gering waren

---

[1]) Boeckh a. a. O. S. 67.

und die Regierung aus allen möglichen Zweckmässigkeitsgründen es verhinderte, dass weiteren Kreisen Aufklärung über die thatsächlichen Zustände, wie sie sich aus dem angesammelten Aktenmateriale ergaben, gegeben wurde,[1]) musste in dem 1850 konstitutionell gewordenen Preussen mit der bisherigen Publikationsart nothwendiger Weise gebrochen werden. Staats- und Gemeindebehörden, Mitglieder der Kammern und Publizisten verlangten übereinstimmend amtlich beglaubigte Nachrichten in Form statistischer Quellenwerke, welche alle für die Geschichte, intellektuelle und wirthschaftliche Demographie nothwendigen Zahlen und Daten in ausführlicher Darstellung bekannt gäben (siehe die Erläuterungen zum Staatshaushaltsetat für 1850, zu dem Publikationsfonds zur Herstellung dieses offiziellen statistischen Tabellenwerkes).

Vgl. die Begründung zu Abschnitt I Pos. 2 dieses Etats, worin es heisst: Die für das statistische Bureau und das damit verbundene meteorologische Institut zu Berlin gegen den Etat für 1849 mehr ausgebrachten 2000 Rthlr. sind die Kosten zu der beabsichtigten Herausgabe eines amtlichen Tabellenwerks über die statistischen Aufnahmen des preussischen Staates. In Preussen sind nämlich bisher amtliche Publikationen der statistischen Aufnahmen für den ganzen Staat nicht erfolgt, vielmehr wurden die amtlichen Sammlungen des statistischen Bureaus für das grössere Publikum nur gelegentlich durch literarische Arbeiten der dabei angestellten Beamten (vor Allem die Arbeiten über Erwerbswesen, Steuern etc.) nutzbar gemacht. Diese Art der Mittheilung kann aber in jetziger Zeit nicht mehr als zweckentsprechend angesehen werden, da es als ein dringendes Bedürfniss erscheint, sowohl den Staats- und Gemeindebehörden als den Mitgliedern der Kammern und endlich dem gebildeten Theile des Volkes überhaupt in Bezug auf die öffentlichen Zustände und Verhältnisse des Staates sowohl vollständige als zuverlässige, nämlich amtlich beglaubigte Daten zu bieten, und damit dem öffentlichen Urtheile über jene Verhältnisse einen festen Stützpunkt und eine sichere Richtung zu geben. Es ist daher die Absicht, künftighin, übereinstimmend mit den Perioden der allgemeinen statistischen Aufnahmen, nämlich von drei zu drei Jahren, ein umfassendes offizielles Tabellenwerk über die Statistik des preussischen Staates durch das statistische Bureau ausarbeiten und durch den Druck veröffentlichen zu lassen und hiermit schon im nächsten Jahre den Anfang zu machen. Ausserdem aber sollen alljährlich durch kleinere tabellarische Publikationen die inzwischen zur Kenntniss der Behörden gelangten Aenderungen in den statistischen Verhältnissen des Staates als Nachträge zu dem grösseren Werke veröffentlicht und dadurch die fortwährende Brauchbarkeit des letzteren gesichert werden.

Bei den Veröffentlichungen des Bureaus sind gegenwärtig periodische und besondere Publikationen zu unterscheiden.

Zu den periodischen Druckschriften des Bureaus gehören folgende, welche oben theilweise bereits kurz erwähnt wurden:

1. Die „Preussische Statistik (amtliches Quellenwerk)“, herausgegeben vom Königlichen statischen Bureau (Royal-Quart).

2. Das „Statistische Handbuch für den preussischen Staat“, herausgegeben vom Königlichen statistischen Bureau (gr. Lexikon-Oktav); erscheint bisher alle 5 Jahre. Gegenwärtig schweben Erwägungen wegen jährlicher Herausgabe in kleinerem Umfange.

---

[1]) Es existiren aus jener Zeit hauptsächlich nur Schriften und Veröffentlichungen der beiden Direktoren selbst (Hoffmann und Dieterici).

3. Die „Zeitschrift des Königlich preussischen statistischen Bureaus“, herausgegeben zuerst 1860 von Engel bis einschl. 1881, von da ab von Blenck (Engels Nachfolger); hierzu werden zwanglos erscheinende „Ergänzungshefte“ (Royal-Quart) ausgegeben.

4. Die „Statistische Correspondenz“, herausgegeben bis 1881 von Engel, von da ab von Blenck (Quart); befindet sich nicht im Buchhandel, sondern wird nur auf Verlangen und gegen Einsendung von 25 M. als Jahresabonnementspreis an Zeitungsredaktionen u. dgl. als Manuskript überlassen.

5. Die „Kalendermaterialien des Königlich preussischen Normalkalenders“, unter Mitwirkung von Foerster und Lehmann herausgegeben bis zum Jahre 1881 von Engel, von da ab von Blenck (Oktav).

Ausser diesen periodischen Veröffentlichungen werden vom Königlichen statistischen Bureau des Oefteren solche ausgegeben, welche sich nicht planmässig an bestimmte Zeiten binden. Dahin gehören beispielsweise das Gemeinde-Lexikon, das Viehstands-Lexikon, das Standesamts-Lexikon, das Krankenhaus-Lexikon, der sog. „Eisenbahnatlas“, und andere Schriften.

Geschäftsbereich und Geschäftsumfang des statistischen Bureaus.

§ 68. Anfänglich beschränkte sich die Thätigkeit allein auf die Bevölkerungs-, Vieh- und Preisstatistik. Im Laufe der Zeit hat aber eine bedeutende Erweiterung der Aufgaben stattgefunden.

Die Arbeiten des Königlichen statistischen Bureaus zerfallen in solche, welche auf Grund des Urmaterials direkt im Bureau aufbereitet werden, und in solche, bei welchen eine Prüfung und weitere Zusammenstellung gewisser, von den Staats- und Gemeindebehörden bereits fertiggestellter Uebersichten und Nachweisungen stattfindet. Sie beziehen sich auf folgende Gegenstände:

A) an sogenannten centralisirten Arbeiten: die Volkszählungen, die Bewegung der Bevölkerung durch Geburten, Eheschliessungen und Sterbefälle, die Medizinalstatistik mit ihren Unterabtheilungen: a) der Statistik der Todesursachen, b) der Statistik der Selbstmorde und Verunglückungen, c) der Statistik des Heilpersonals, d) der Krankenhausstatistik, e) der Statistik der Gewohnheitstrinker, f) der Statistik der Irrenanstalten, g) sonstigen Arbeiten, die Statistik der mit Körper- und Geistesmängeln bezw. Gebrechen behafteten Personen, die Berufszählungen einschl. der landwirthschaftlichen und gewerblichen Betriebsstatistik, die Statistik des Grundeigenthumes und der Gebäude, die Brandstatistik, die Statistik der landwirthschaftlichen Bodenbenutzung, der Ernteaussichten (Saatenstandsberichte) und des Ernteertrages, die Statistik der Zwangsversteigerungen vorwiegend land- und forstwirthschaftlicher Grundstücke, die Viehzählungen, die Wildabschussstatistik, die Statistik der Dampfkessel und Dampfmaschinen, die Statistik der Dampffässer und der Dampffassexplosionen, die Statistik der verlegbaren schmalspurigen Industrie- und Feldeisenbahnen, die Statistik des Seeschiffahrtsverkehrs, die Unterrichtsstatistik, die Universitätsstatistik, die Statistik der Strafrechtspflege, die Armenstatistik sowie die Statistik der Arbeitsvermittelung;

B) an Arbeiten auf Grund behördlicher Uebersichten: die topographischen Arbeiten, die Statistik der überseeischen Auswanderung, die Statistik der Einkommen- und der Ergänzungssteuer, die Kommunalfinanzstatistik, die Statistik der Hypothekenbewegung, die Statistik des Eigenthumswechsels an ländlichen Grundstücken, die Statistik der Verschuldung des ländlichen Grundbesitzes, die Statistik der Fideikommisse, die Statistik der Bäder und Heilquellen, die Statistik der Sparkassen, die Statistik der Marktpreise, die Statistik der Landtagswahlen, die Statistik der Gemeindewahlen, die Religions- und Kirchenstatistik, die Theaterstatistik, die Naturalverpflegungsstationen und Arbeiterkolonien, die Bearbeitung der Kalendermaterialien;

C) an sonstigen einmaligen und fortlaufenden Arbeiten: die Statistik des Versicherungswesens, die Bearbeitung der Handelskammerberichte, die geschichtliche Entwickelung des deutschen und deutsch-österreichischen Eisenbahnnetzes, Gutachten, Denkschriften, Berichte, Mittheilungen, im weiteren Schriftverkehre nach dem In- und Auslande u. s. w., welche überhaupt nicht in der Oeffentlichkeit erscheinen.

Mit Rücksicht auf die verschiedenen Hauptgruppen der Arbeiten ist das Bureau eingetheilt in eine Abtheilung für Bevölkerungs-, Dampfkessel-, Brand-, Medizinal-, Unterrichts- und landwirthschaftliche Statistik.

Die Zunahme des Geschäftsumfanges zeigt sich besonders stark seit der Gründung des Deutschen Reiches. Während in den Jahren 1871—74 die Zahl der Geschäftsein- und Ausgänge zwischen 20 000 und 30 000 schwankte, betrug dieselbe seitdem

1875:	114 178	1884:	131 479	1893:	163 574
1876:	93 473	1885:	106 889	1894:	149 986
1877:	85 119	1886:	105 848	1895:	212 935
1878:	94 085	1887:	102 309	1896:	202 568
1879:	95 020	1888:	96 211	1897:	205 770
1880:	99 868	1889:	96 372	1898:	179 952
1881:	102 027	1890:	100 774	1899:	190 482
1882:	117 177	1891:	106 947	1900:	303 653
1883:	125 438	1892:	102 586	1901:	343 519
				1902:	297 511.

Erhebungs- und Arbeitsmethode.

§ 69. Bei der Sammlung und Sichtung des statistischen Materials arbeitete das Statistische Centralbureau in seinen ersten Jahrzehnten noch in ausgedehntem Maasse unter Theilnahme und Vermittelung der Regierungen, denen schon nach der Geschäftsinstruktion von

1808 und später durch § 2 Ziff. 9 der Regierungsinstruktion von 1817 die „Sammlung aller statistischen Nachrichten, ihr Ordnen und Zusammenstellen zu Generalwerken“ zur Pflicht gemacht worden war. Auch richtete man gegen Ende der 50er Jahre auf Dietericis, Hoffmanns Nachfolger, Anregung an mehreren Regierungen, zunächst in Potsdam und Frankfurt, besondere statistische Dezernate ein, deren Inhaber dafür sorgen sollten, dass die statistischen Aufnahmen in zuverlässiger Weise stattfänden. An allen Regierungen wurde ein statistisches Dezernat erst unter Dietiricis Nachfolger, Engel, eingerichtet.[1])

Im Laufe der folgenden Jahrzehnte hat sich indessen das statistische Bureau in seinen Arbeiten immer mehr von der Mittelinstanz der Regierungen frei gemacht, sich hinsichtlich der Sammlung des Materials direkt mit den lokalen Stellen in Verbindung gesetzt und die Sichtung und Richtigstellung des Ergebnisses in dem Bureau selbst vorgenommen.

Im Jahre 1869 wandte man zunächst zum ersten Male bei der damals neu eingeführten Statistik der Verunglückungen und Selbstmorde die Zählkartenmethode an.

Am Anfang der 70er Jahre ging man sodann von der alten Methode der Aufnahme durch Listen mit komplizirten Tabellen, welche die Behörden verschiedener Instanzen aufzustellen hatten, bei der damals wichtigsten Aufnahme, der Bevölkerungszählung, zur Durchführung der Centralisation der Erhebungen auf Grund des Zählkartensystems über. Diese Methode hat seitdem immer mehr Platz gegriffen.

Das Centralisationssystem hat vor Allem den Vorzug, dass dem Bureau das Urmaterial an Stelle der daraus gefertigten Listen zugänglich wird, welches nicht nur einen klareren und sichereren Einblick gewährt, sondern es auch dem Bureau ermöglicht, das Material noch zu anderen, als den ursprünglich vorgesehenen und für die Listenaufstellung massgebend gewesenen Zwecken auszunutzen. Daneben wurden die Provinzialbehörden bei dieser Erhebungsart erheblich entlastet; während andererseits bei dem Centralbureau der Arbeiterbedarf wuchs, dessen Mehrkosten aber gleichwohl nicht im Verhältniss zu der Ersparung von Arbeitskräften in den Provinzialinstanzen stand.

Einnahmen (Kap. 31 Tit. 2 und Tit. 1).

§ 70. An Einnahmen des statistischen Bureaus erscheinen im Etat zunächst diejenigen der im § 67 erwähnten Verlagsanstalt in dem obengedachten Tit. 2. Dieselben betrugen schon Mitte der 70er Jahre 14—15 000 M., stiegen Ende der 80er Jahre um einige Tausend Mark, fielen 1895/96 wieder auf 14 850 M. und sind seit 1900 wieder etwas in

[1]) vgl. Boeckh a. a. O. S. 97.

der Steigerung begriffen (1903: 16 233 M.). Die Einstellung erfolgt nach zweijährigem Durchschnitt.

Die der Einnahme gegenüberstehende Ausgabe findet sich in Kap. 84 Tit. 9 vor (s. § 76).

Bis zum Jahre 1875 wurden die Einnahmen übrigens nicht im Etat nachgewiesen, dieselben flossen vielmehr dem in Kap. 84 Tit. 9 der Ausgabe erwähnten Fonds wieder zu und verstärkten denselben. Erst seit 1875 (vgl. Etatserläuterungen) wurden die Reineinnahmen der Verlagshandlung als etatsmässige Einnahmen an die Generalstaatskasse abgeführt und in einem besonderen Einnahmetitel nachgewiesen.

Soweit dem statistischen Bureau Einnahmen aus Vergütung für Dienstemolumente, z. B. Beitrag des Direktors zu den Kosten der Wasserheizung etc. oder durch extraordinären Erlös aus dem Verkauf von Makulatur etc. erwachsen, finden sie in dem für die gesammte Verwaltung des Innern bestimmten Tit. 1 (s. § 3) Aufnahme.

Laufende Ausgaben (Kap. 84 des Etats).

Entwickelung der Gesammtausgaben.

§ 71. Die laufenden Gesammtausgaben für das statistische Bureau betrugen 1810 15 900 M., davon 14 550 M. persönliche und 1350 M. sächliche Kosten. 1816 waren die persönlichen Ausgaben auf 30 000 M., die sächlichen auf 9000 M. gestiegen.

Der Etat für 1849 warf aus — abgesehen von dem meteorologischen Institut mit 9000 M. — im Ganzen 32 970 M. Seit 1867 steigerten sich die Kosten auf 64 800 M. — daneben noch 15 000 M. für das meteorologische Institut.

In Folge des Hinzutritts der neuen Provinzen hatten sich die Ausgaben 1868 auf 91 575 M. — neben 21 600 M. für das meteorologische Institut — gesteigert.

In den neuen Provinzen bestanden 4 selbständige statistische Bureaus, zu Hannover, Kassel, Frankfurt und Kiel. Sie wurden aufgelöst und ihre Bibliotheken und Archive dem statistischen Bureau einverleibt.

Von 1868—76 fand eine erhebliche Ausgabevermehrung, nämlich von 91 575 M. auf 277 420 M., statt; davon entfielen allein 90 000 M. auf die Neueinstellung des jetzigen Tit. 11 des Kap. 84, eine indirekte Folge der neuen Personenstandsgesetzgebung von 1874 (s. § 78).

Von 1876—80/81 steigerten sich die gesammten Ausgaben — abgesehen von dem meteorologischen Institut — von 277 420 M. auf 386 683 M., eine Steigerung, die hauptsächlich verursacht wurde durch die erheblichen Mehrarbeiten, welche dem statistischen Bureau durch die auf Grund der bezüglichen Beschlüsse des Bundesraths alljährlich zu bewirkende statistische Aufnahme der Morbidität in den Kranken- und Irrenheil- und Pflegeanstalten, sowie der Ernteerträge erwuchsen (1879/80: 88 760 M.)

Seitdem ist die Ausgabevermehrung von Jahr zu Jahr eine gleichmässigere gewesen. 1897/98 betrugen die gesammten Ausgaben 428 600 M., hatten sich also seit 1880/81 nur um 41 917 M. gesteigert. Das Jahr 1898/99 brachte eine Erhöhung um rund 23 000 M. in Folge von Besoldungserhöhungen, im Jahre 1903 ist die Gesammtausgabe bis auf 493 785 M. gestiegen, so dass die erste Hälfte der Million ziemlich erreicht ist.

Nach Blenck a. a. O. machten im Jahre 1884/85 die ordentlichen Ausgaben des statistischen Bureaus noch nicht 1,4 Pf., die extraordinären Kosten im zehnjährigen Durchschnitt etwa 0,6 Pf., die Gesammtkosten also noch nicht 2 Pf. auf den Kopf der Bevölkerung aus; 1896 betrugen sie 1,38 bezw. 0,70 Pf., im Ganzen 2,08 Pf. Für 1903 würden sich die ordentlichen Ausgaben unter Zugrundelegung des Etats auf 1,43 Pf. stellen. Daneben erfordern die Kosten der vom Reich zu vergütenden Berufszählung etwa 1/2 Pf. für den Kopf der Bevölkerung. (Diese Kosten erscheinen aber auf dem Reichsetat.) Der thatsächlichen, stets wachsenden Leistung des Königlichen statistischen Bureaus gegenüber tritt diese hinter den Ausgaben anderer Staaten weit zurückbleibende Belastung des preussischen Budgets für statistische Zwecke aber um so mehr zurück, als ja mit der weiteren, wenn schon langsam vor sich gehenden sachlichen Centralisation der amtlichen Statistik überhaupt sowie mit der zur Durchführung gelangten centralisirten Aufbereitung der Ergebnisse der ordentlichen und ausserordentlichen statistischen Erhebungen eine fast vollständige Entlastung der übrigen Staatsbehörden von Arbeiten für die Zwecke der statistischen Landescentralstelle Hand in Hand gegangen ist.

§ 72. Die Vertheilung der Gesammtkosten auf die einzelnen Hauptausgabegruppen war folgende:

	1876 M.	1903 M.
Besoldungen	85 140	217 770
darunter: höhere Beamte . .	36 900	65 900
Bureaubeamte . . .	45 000	146 450
Unterbeamte . . .	3 240	5 420
Wohnungsgeldzuschüsse . .	13 080	35 040
andere persönliche Kosten .	23 500	57 385
sonstige Kosten	155 700	183 590
Summe	277 420	493 785.

Die bei weitem grösste Steigerung weisen hiernach die Besoldungen (Kap. 84 Tit. 1—3) auf.

Einen Ueberblick über die Entwickelung der Zahl und Besoldungsverhältnisse der Beamten gewährt die auf Seite 1340 befindliche Tabelle.

Im Jahre 1893/94 waren hiernach noch 4 ausserordentliche Mitglieder aufgeführt. Die letzten Stellen dieser ausserordentlichen Mitglieder fielen indess bei der allgemeinen Besoldungsaufbesserung im Jahre 1897 fort.[1])

[1]) Die Mitglieder haben den Rang der Räthe 4. Klasse (Allerh. Erl. v. 4. Juni 1877). Das den Direktor vertretende Mitglied (mit einer Zulage von 900 M.) hat gegenwärtig den Rang und Titel eines Oberregierungsraths der Provinzialbehörden.

Entwickelung der Zahl und Besoldungsverhältnisse der Beamten des Königlichen statistischen Bureaus.

Beamte.	1853 Zahl	1853 Gehalt M	1873 Zahl	1873 Gehalt M	1883/84 Zahl	1883/84 Gehalt M	1893/94 Zahl	1893/94 Gehalt M	1903 [1]) Zahl	1903 [1]) Gehalt M
Direktor	1	6000	1	10 200	1	7500—9900 [2])	1	7500—9900	1	7500—11000
Mitglieder:										
im Hauptamt	1	6000	5	1200—6600 [3])	5	4200—6000 [4])	5	4200—6000 [4])	9	3600—7200 [4])
im Nebenamt	1	1800	—	—	1	1200	1	1200	1	1200
Ausserordentliche Mitglieder	—	—	—	—	—	—	4	2400—4200	—	—
Bibliothekar	—	—	—	—	—	—	1	} 1800—4200	1	} 1800—4800
Plankammerinspektor	[5])2	6450	1	} 1800—4200	1	} 1800—4200	1		1	
Bureaubeamte	[5])2	6600	11		16		18		22	
Bureauassistenten	—	—	—	—	—	—	2	1800	24	1800—4200
Kanzlisten	—	—	—	—	—	—	—	—	1	1650—2700
Unterbeamte	1	720	2	1050—1200	3	960—1200	4	1000—1500	4	1000—1500

Die Inhaber jener Stellen bezogen ursprünglich weder etatsmässige Gehälter noch Wohnungsgeldzuschüsse, hatten aber gleichwohl selbstständige Dezernate zu verwalten und standen zum Theil bereits in vorgeschrittenem Lebensalter. Die Nichtgewährung etatsmässiger Stellen liess sich daher auf die Dauer nicht rechtfertigen.

Dabei ist nicht zu verkennen, dass es gerade für die statistische Thätigkeit, welche eine besondere eigenartige Begabung erfordert, von Werth sein dürfte, Assistenten im Interesse der Möglichkeit längerer Prüfung auf ihre amtliche Qualifikation hin zu besitzen.

§ 73. Die Zahl der etatsmässigen Bureaubeamtenstellen hat besonders im Laufe der zweiten Hälfte der 90er Jahre gleichfalls eine ausserordentliche Steigerung erfahren (von 1896/97 bis 1903 von 26 auf 48), wobei vor Allem der Gesichtspunkt massgebend war, dass diejenigen Arbeiten, welche einen höheren Grad von Autorität, Intelligenz und technischer Schulung verlangen, wie Instruktionen, Revisionsarbeiten etc., auf die Dauer nichtbeamtlichen Kräften, wie dies bis dahin geschehen musste, ohne Nachtheil für die Sache nicht übertragen werden konnten.

Soweit nämlich die etatsmässigen Kräfte nicht ausreichen, muss das Bureau seinen Bedarf durch Heranziehung von Hülfsarbeitern ohne Beamteneigenschaft gegen Zeit- und Stücklohn decken.

---

[1]) Besoldungsverbesserung 1897/98.

[2]) Bei der Neubesetzung wurde die Stelle den vortragenden Räthen der Ministerien gleichgestellt. Der Direktor führt z. Z. den Charakter als Präsident.

[3]) 1874 wurden die Mitglieder im Gehalt den Regierungsräthen gleichgestellt und erhielten 4200—6000 M. Gehalt.

[4]) Der Vertreter des Direktors erhält 900 M. Zulage.

[5]) Gehälter für 2 Beamte zusammen.

Wie bedeutend der Bedarf an ausserordentlichen Hülfskräften zeitweise ist, mag daraus ersehen werden, dass, abgesehen von etwa 40 Hülfskräften, deren das Königliche statistische Bureau jahraus jahrein benöthigt, deren Stellen übrigens in den letzten Jahren mehr und mehr in Beamtenstellen umgewandelt werden, und neben dem besonderem Bedarfe desselben bei kleineren einmaligen und wiederkehrenden Arbeiten, von ihm allein bei der Volkszählung von 1885 zeitweise bis 263, bei derjenigen von 1890 bis 264 und bei der vorletzten Volkszählung (von 1895) bis 257, bei der 1895er Berufszählung bis 1086, bei der Grundeigenthumsstatistik von 1893 bis 150 und bei der Viehzählung von 1892 bis 52 Hülfsarbeiter in Zeit- und Stücklohn beschäftigt worden sind (s. auch § 74).

§ 73a. Die benöthigten Hülfskräfte werden, soweit sie nicht bei besonderen grösseren Arbeiten aus dem Extraordinarium bestritten werden, remunerirt aus Kap. 84 Tit. 5:

Zur Remunerirung von Hülfsarbeitern 57 310 M., zur Remunerirung des Rendanten der Kasse des statistischen Bureaus 300 M., zu Stellenzulagen für Unterbeamte (bis zu 200 M.) im Ganzen 375 M. . . . . 57 985 M.

Die Diätensätze für 18 ständige Bureauhülfsarbeiter betragen 1500–1800 M., im Durchschnitt 1650 M.

Der Fond betrug noch im Jahre 1900 72 975 M. und verdankt seine Verminderung der Vermehrung der etatsmässigen Bureaubeamtenstellen in den letzten Jahren. 1871 betrug er nur 18 000 M., wurde aber bereits für 1879/80 auf 74 700 M. erhöht (s. zu § 71).

§ 74. Die Remunerirungsgrundsätze sind folgende: Die Hülfsarbeiter erhalten in der Regel zunächst einen Tagelohn von 4 M., dem bei längerer Beschäftigung ein Monatslohn von 104 M. (für 26 Arbeitstage) entspricht. Besonders befähigte, als Revisoren, Instruktoren etc. fungirende Hülfsarbeiter können einen Monatslohn von 117, 130, 143 und 156 M. entsprechend einem Tagesverdienst von 4,50, 5, 5,50 und 6 Mk. erlangen. Alle irgend geeigneten Arbeiten werden in Stücklohn vergeben und wegen Raummangel zu Hause gefertigt, wobei als Grundsatz gilt, dass Arbeiter von durchschnittlicher Befähigung etwa auf 4 M. Tagesverdienst gelangen. Die Hülfsarbeiter sind (ausgenommen diejenigen mit besonderer Vorbildung) gegen Invalidität versichert.

Die ausgedehnte Verwendung nicht beamteter Hülfsarbeiter beruht nach Mittheilung des statistischen Bureaus theilweise auf finanziellen Rücksichten, der Hauptsache nach aber darauf, dass im Gegensatze zum Kaiserlichen statistischen Amte, dessen wichtigstes Arbeitsgebiet, die Handelsstatistik, sich alljährlich gleich bleibt, in Preussen ein grosser Theil der Arbeiten nicht alljährlich, sondern periodisch wiederkehrt. Obgleich thatsächlich in jedem Jahre eine grössere Anzahl von

Erhebungen im Gange ist, so können doch vorübergehend Verhältnisse eintreten, in denen die ganze Arbeit mit dem jetzt vorhandenen Beamtenpersonal und wenigen Hülfskräften erledigt werden kann, während in der Regel Hunderte, zeitweise, wie bei den stets sich durch mehrere Jahre hinziehenden Berufszählungen, sogar Tausende von Hülfskräften herangezogen werden müssen. Es sind dies zumeist Militäranwärter, pensionirte Offiziere u. s. w.; auch weibliche Personen erhalten häusliche Beschäftigung.

Ein richtiger Begriff von der äusseren Arbeitsleistung des statistischen Bureaus kann keinesfalls von seiner verhältnissmässig geringen Beamtenzahl hergenommen werden, sondern muss auch die Hülfsarbeiterverhältnisse mit in Betracht ziehen.

§ 75. Zu *Tit. 6* vgl. Bd. I Buch I S. 97.

Tit. 7 giebt zu besonderen Bemerkungen keinen Anlass, ermöglicht aber jedenfalls wenig Nachprüfungen an Ort und Stelle.

Zu *Tit. 8.* Vgl. über die Steigerung dieses Titels von 1878/79 zu 1879/80 von 20 000 M. auf 46 060 M. das in § 71 Gesagte. 1880/81 trat noch einmal eine erhebliche Steigerung um 17 133 M. ein für „Porto und sonstige Frachtgebühren für dienstliche Sendungen“, die bis dahin für sämmtliche Staatsbehörden auf einem gemeinsamen Fonds im Etat der allgemeinen Finanzverwaltung ausgebracht, seitdem aber auf die Bedürfnissfonds der Einzelbehörden übertragen worden war. Seitdem hat allmählich ein geringer Rückgang des Fonds bis auf 44 200 M. in 1903 stattgefunden.

§ 76. *Tit. 9:* Zur Herstellung der Veröffentlichungen des statistischen Bureaus, einschliesslich der Kosten für die Kalendermaterialien, und zu den Ausgaben, welche durch das mit dem statistischen Bureau verbundene Verlagsgeschäft entstehen 55 250 M.

Dieser Fonds betrug schon 1876 42 000 M., stieg bis 1880/81 auf 48 900 M., bis 1890/91 auf 50 750 M. und von 1900 zu 1901 auf den jetzigen Betrag von 55 250 M.

Dieser Ausgabe steht unter Kap. 31 Tit. 2 ein Betrag von 16 233 M. an Einnahmen der mit dem statistischen Bureau verbundenen Verlagshandlung gegenüber.

Die Ausgaben für die Verlagshandlung enthalten im Wesentlichen Vertriebskosten einschliesslich der Löhnung eines der Verlagshandlung beigegebenen Markthelfers. Die Besoldung des mit der Besorgung der buchhändlerischen Geschäfte des Verlags betrauten Bureaubeamten, welcher gelernter Buchhändler ist, erfolgt dagegen aus Tit. 2 u. 4.

§ 77. *Tit. 10:* Zur Disposition für topographische Zwecke 1500 M.

Eine topographische Abtheilung des statistischen Bureaus besteht schon seit 1810 und war zunächst mit Ergänzung und Verbesserung der Karten und Ortschaftsverzeichnisse aller Theile des Staates betraut.

Die kartographische Thätigkeit des statistischen Bureaus, soweit sie sich auf die Herstellung der Karte des Preussischen Staats erstreckte, hörte jedoch schon 1900 auf, um welche Zeit sie auf den Generalstab überging. An der Spitze des topographischen Bureaus standen früher 2, jetzt 1 Plankammerinspektor, welcher an Gehalt den Bureaubeamten gleichsteht.

§ 78. *Tit. 11:* Zur Remunerirung der Standesbeamten für Beschaffung der Materialien zur Statistik der Bewegung der Bevölkerung und zur Herstellung und Auszählung der Zählkarten 81 000 M.

Die Materialien zur Statistik der Bewegung der Bevölkerung, welche bis zum 1. Oktober 1874 von den Geistlichen geliefert wurden, sind in Folge der Ausführung des Gesetzes über die Beurkundung des Personenstandes und die Form der Eheschliessung vom 9. März 1874 und mit Rücksicht auf die Uebertragung der Registerführung an die Standesbeamten, jetzt nur durch Mitwirkung der letzteren zu gewinnen. Diese Mitwirkung der Standesbeamten tritt in der Weise ein, dass dieselben für jeden Registerfall eine Zählkarte nach einem von der Centralkommission (s. § 65) festgestellten Formular ausfüllen und die gesammelten Zählkarten an das statistische Bureau zur Verarbeitung einsenden. Für die Ausfüllung der Zählkarten wird den Standesbeamten eine mässige Entschädigung von 3 M. für 100 Stück gewährt.

Der Fonds wurde mit 90 000 M. eingestellt, wobei 18 000 M. zur Bestreitung der Kosten für die typographische Herstellung, Auszählung der Zählkarten etc. gerechnet werden. Schon Ende der 80er Jahre stieg er auf 103 000 M. — wovon bei 2—2,2 Mill. Registerfällen im Jahre 64 000 M. auf Entschädigung der Standesbeamten und 39 000 M. auf sonstige Kosten entfielen — wurde aber seit 1899 auf 86 500 M. und seit 1900 auf 81 000 M. vermindert, weil durch Vermehrung der etatsmässigen Beamtenstellen Hülfsarbeiter entbehrlich wurden.

Extraordinarium (Kap. 9 des Etats).

§ 79. Aus dem Extraordinarium wurden zunächst, besonders in früherer Zeit mehrfach grössere Beträge für das Dienstgebäude des statistischen Bureaus erforderlich. Bereits im Jahre 1816 wurde das für 90 000 M. angekaufte Amtsgebäude in der Lindenstrasse seiner Bestimmung übergeben (mit Dienstwohnung für den Direktor). Ende der 60er Jahre wurde ein Neubau für 241 020 M. nothwendig.

Aber schon in Folge der Einführung der centralisirten Methode der Erhebung und Aufbereitung eines Theiles der vom Bureau festzustellenden statistischen Thatsachen, welche Methode zuerst 1869 (§ 69) angewandt, bei der Volkszählung 1871, sodann bei der Viehzählung 1873 ihre Feuerprobe bestand, erwies sich das Dienstgebäude des Königlichen statistischen Bureaus abermals als zu klein, namentlich mit Rücksicht auf die gleichzeitig nöthig werdende Unterbringung einer sehr beträchtlichen Zahl von Hülfskräften, sowie auf die Bergung von gewaltigen Massen Erhebungsmaterials. Man kaufte das Nachbargrundstück (1874) für 123 000 M. hinzu und führte einen Erweiterungsbau für 262 260 M. aus.

Bei besonders grossen Arbeiten, namentlich bei der Bevölkerungsstatistik, müssen auch gegenwärtig vorübergehend weitere Diensträume angemiethet oder von der Verwaltung bereit gestellt werden. So wird gegenwärtig die Volkszählung in den Räumen des früheren Civilkabinets (Leipzigerstrasse), die Viehzählungen in den Räumen des alten Lotteriegebäudes in der Schützenstrasse bearbeitet.

Die Hauptgruppe der extraordinären Ausgaben sind aber diejenigen, welche für Durchführung besonders grosser Arbeiten vom Landtage bewilligt und in dem Etatsjahr, in welchem die erste Rate erscheint, in der Spalte „Bemerkungen" näher begründet werden. Aus den Beträgen werden nicht nur die rein sächlichen Kosten (Erhebungsformulare, Instruktionen, Lokalmiethe etc.), sondern auch die Ausgaben für die für das Zählgeschäft erforderlichen vorübergehend angeworbenen Hülfsarbeiter gedeckt.

Die Höhe der im Extraordinarium etatsmässig bereitgestellten Summen in den Jahren 1850, 1867, 1876, 1880/81, 1883/84, 1887/88, 1890/91, 1893/94, 1895/96—1903 sind aus Anlage LXXXI ersichtlich. Im Ganzen wurden von 1870—1903 nach Anl. XCVI 3 965 959 M. für statistische Zwecke extraordinär bereitgestellt.

Nachstehend wird noch eine Zusammenstellung über die ausserordentlichen Istausgaben in den Jahren 1885/86—1902, nach den einzelnen Arbeitsgebieten gruppirt, angefügt:

	1885/86	1886/87	1887/88	1888/89	1889/90	1890/91
Volkszählung	163 707	265 600	76 000	13 113	—	171 169
Viehzählung	23 020	—		—	—	—
Grundeigenthums- und Gebäudestatistik	89 984	72 899	16 118	11 040	—	—
Berufszählung	51 926	—	—	—	—	—
Landwirthschaftl. Bodenbenutzung	—	—	—	—	—	—
Sonstige ausserordentliche Arbeiten	12 023	21 746	50 639	15 597	33 385	18 984
Summe	**340 660**	**360 245**	**142 757**	**39 750**	**33 385**	**190 153**

	1891/92	1892/93	1893/94	1894/95	1895/96	1896/97
Volkszählung	249 739	59 331	—	—	150 000	278 934
Viehzählung	—	29 698	46 052	40 906	9 042	—
Grundeigenthums- und Gebäudestatistik	—	—	—	—	145 093	70 163
Berufszählung	—	—	—	—	701 198	849 925
Landwirthschaftl. Bodenbenutzung	—	8 481	21 492	11 527	—	—
Sonstige ausserordentliche Arbeiten	59 196	54 701	55 883	44 178	37 946	82 957
Summe	**308 935**	**152 211**	**123 427**	**96 611**	**1 043 279**	**1 281 979**

	1897/98	1898/99	1899	1900	1901	1902
Volkszählung	79 903	50 003	—	206 800	282 749	139 175
Viehzählung	66 270	14 086	—	46 615	101 340	35 971
Grundeigenthums- und Gebäudestatistik	34 532	—	—	—	—	—
Berufszählung	313 418	56 368	—	—	—	—
Landwirthschaftl. Bodenbenutzung	—	—	69	21 046	12 994	11 785
Sonstige ausserordentliche Arbeiten	63 886	55 609	45 200	135 248	113 870	168 971
Summe . .	**558 009**	**176 066**	**45 269**	**409 709**	**510 953**	**355 902**

Hierzu ist erläuternd zu bemerken, dass besonders hervortraten die Volkszählungen in den Rechnungsjahren 1885/86—1887/88, 1890/91—1892/93 und 1895/96—1896/97, 1900—1902, die Viehzählungen in den Jahren 1885/86 und 1892/93—1894/95, 1900—1902, die Grundeigenthums- und Gebäudestatistik in den Jahren 1885/86 und 1886/87 sowie 1895/96 und 1896/97, die Berufszählung in den Jahren 1885/86 bezw. 1895/96 und 1896/97 sowie endlich die landwirthschaftliche Bodenbenutzung in den Jahren 1892/93—1894/95 und 1900—1902. Bei den „sonstigen" ausserordentlichen Arbeiten kommen namentlich in Betracht: 1886/87 die Volksschulstatistik mit 5236 M., 1887/88 die Volksschulstatistik mit 39 849 M. und die Universitätsstatistik mit 2694 M., 1888/89 die Volksschulstatistik mit 6056 und die Universitätsstatistik mit 3478 M., 1889/90 das schulstatistische Kreisverzeichniss mit 16 690 und die Universitätsstatistik mit 5421 M., 1890/91 die Universitätsstatistik mit 6190 M., 1891/92 die Volksschulstatistik mit 47 399 M., die Universitätsstatistik mit 6776 M. und die Wahlstatistik mit 3121 M., 1892/93 die Volksschulstatistik mit 25 700 M., die Universitätsstatistik mit 9400 M. das Volksschulwesen für die Ausstellung in Chicago 3361 M. und die Wahlstatistik 7386 M., 1893/94 die Universitätsstatistik mit 5333 M., die Saatenstands- und Ernteaussichten mit 17 849 M., die Volksschulstatistik für die Ausstellung in Chicago mit 11 695 M. und die Wahlstatistik mit 12 120 M., 1894/95 die Universitätsstatistik mit 5272 M., die Saatenstandsnachrichten mit 16 536 M. und die Wahlstatistik mit 9 684 M., 1895/96 der Saatenstand mit 12 439 M., die Universitätsstatistik mit 8212 M. und die Wahlstatistik mit 6537 M. sowie endlich 1896/97 der Saatenstand mit 10 973 M., die Volksschulstatistik mit 46 738 M. und die Wahlstatistik mit 8938 M., 1897/98 die Seeverkehrsstatistik mit 5519 M., der Saatenstand 10 720, die Verschuldung des ländlichen Besitzes 18 687 M., die Universitätsstatistik mit 7391 M. und die Volksschulstatistik 18 000 M., 1898/99 die Seeverkehrsstatistik 6778 M., der Saatenstand 10 560 M., die Wahlstatistik 13 841 M. und die Volksschulstatistik 6624 M., 1899 die Seeverkehrsstatistik 6839 M., der Saatenstand 15 779 M. und die Wahlstatistik 10 649 M., 1900 die Seeverkehrsstatistik 6307 M., der Saatenstand 16 412 M., die Wahlstatistik 5402 M., die Universitätsstatistik 5284 M. und die Volksschulstatistik 89 594 M., 1901 die Seeverkehrsstatistik 7160 M., der Saatenstand 16 086 M., die Wahlstatistik 3057 M. und die Volksschulstatistik 69 985 M., 1902 die Seeverkehrsstatistik 5914 M., der Saatenstand 16 660 M., die Wahlstatistik 5065 M., die Volksschulstatistik 69 414 M. und die ausserordentliche Viehzählung von 1902 56 376 M. An kleineren hierher gehörigen Arbeiten sind noch zu erwähnen: die Armenpflegestatistik mit 3625 bezw. 7724 M. in den Jahren 1885/86 und 1886/87, die Wildabschussstatistik mit 2967 M. im Jahre 1886/87, die Ermittelungen einer Mittelernte mit 2798 M. im Jahre 1889/90, die Seeverkehrsstatistik mit durchschnittlich 3550 M. in der Berichtszeit ausschliesslich des Jahres 1894/95, die Fideikommissstatistik mit 2419 M. im Jahre 1896/97 und die Statistik der Bodenverschuldung mit 2750 M im gleichen Jahre, die Besitzwechselstatistik und die Statistik der Bodenverschuldung mit 1346 bezw. 1464 M. im Jahre 1897/98, dieselben Statistiken mit 1208 bezw. 2217 M., die Statistik der landwirthschaftlichen Betriebe 2704 M., die Statistik der Schulgeldverhältnisse an den höheren Lehranstalten mit 3283 M., die Statistik der gewerblichen Beschäftigung von Schulkindern mit 4878 M. im Jahre 1898/99, die Besitzwechselstatistik und die Statistik der Bodenverschuldung mit 4512 bezw. 1689 M. und die Statistik über die Besoldungsverhältnisse der Professoren und Oberlehrer an den höheren Lehranstalten mit 3196 M. im Jahre 1899, die Besitzwechselstatistik und die Statistik der Bodenverschuldung mit 4821 bezw. 2912 M., die Statistik der Fideikommisse mit 1397 M., die Morbiditätsstatistik und Sanitätsbericht mit 2449 M. im Jahre 1900, die Besitzwechsel- und die Statistik der Bodenverschuldung 1904 bezw. 4556 M., die Universitätsstatistik mit 1959 M., die Morbiditätsstatistik mit 2190 M., die Statistik für Feuerschutz- und Feuerrettungswesen mit 2274 M., die Wohnungsstatistik mit 3291 M. im Jahre 1901, die Besitzwechselstatistik und die Statistik der Bodenverschuldung mit 4794 bezw. 2661 M., die Universitätsstatistik mit 1378 M., die Morbiditätsstatistik mit 1299 M., die Wohnungsstatistik mit 915 M., die Statistik der Geschäfte der wissenschaftlichen Prüfungskommissionen mit 910 M., die Taubstummenstatistik mit 823 M., die Statistik über die Unterkunftsverhältnisse der Schüler an den höheren Lehranstalten mit 1195 M. und die Hebammenstatistik mit 812 M. im Jahre 1902.

2. Abschnitt.

Ausgaben für Beaufsichtigung von Privatversicherungsgesellschaften.

Versicherungsrevisoren (Kap. 86 der Ausgabe).

§ 80. In Folge der grossen Ausdehnung, welche das private Versicherungswesen, namentlich auf dem Gebiete der Feuer- und Lebensversicherung, im Laufe der letzten 30 Jahre gewonnen hat, war schon seit längerer Zeit das Bedürfniss hervorgetreten, das Versicherungswesen einer strengeren staatlichen Beaufsichtigung als bisher zu unterwerfen. Zur wirksamen Durchführung einer regelmässigen strengeren Kontrole des gesammten Versicherungswesens waren indessen weitere Massnahmen nothwendig, wie dies schon in dem Beschlusse des Hauses der Abgeordneten über den bezüglichen Antrag des Abgeordneten Nadbyl in der Sitzung vom 1. Mai 1895 zum Ausdruck gebracht worden war. Insbesondere hat sich die in der Provinzialinstanz geübte Aufsicht vielfach als ungenügend erwiesen, da die mit der Bearbeitung der Versicherungsangelegenheiten bei den Provinzialverwaltungsbehörden betrauten Beamten die zu einem näheren Eindringen in die oft schwierigen technischen Fragen des Versicherungswesens erforderlichen Kenntnisse in ausreichendem Masse nicht besassen. Ebenso war in der Centralinstanz, namentlich hinsichtlich der Lebensversicherung, der Mangel an sachverständigem Beirath störend empfunden worden.

Zur Behebung dieser Uebelstände wurden zur Anstellung von 4 Versicherungstechnikern für die Provinzialinstanz die erforderlichen Geldmittel 1896/97 für die Provinzialbeamten unter Kap. 86 angesetzt, während gleichzeitig im Ministerium des Innern selbst bei Kap. 83 Tit. 3 und 7 die Ausgaben für einen neuanzustellenden versicherungstechnischen Hülfsarbeiter ausgeworfen wurden.

Der Wirkungskreis dieser neuen Beamten besteht hauptsächlich in der ständigen Bearbeitung aller Versicherungsangelegenheiten einschliesslich der auf die Sterbe-, Pensions- etc. Kassen bezüglichen Sachen.

Die Einrichtung des Instituts der Versicherungsrevisoren ist erfolgt durch eine Allerh. Ordre v. 28. Sept. 1897.

Darin ist bestimmt, dass die Revisoren den Rang der Räthe V. Klasse haben und angestellt werden von dem Minister des Innern im Einverständniss mit dem Minister für Handel und Gewerbe, sowie Landwirthschaft, Domänen und Forsten.

In erster Linie wird fachmännische Vorbildung, besonders Versicherungstechnik verlangt, im Uebrigen sind besondere Bestimmungen über Vorbildung bisher nicht erlassen worden.

Die Revisoren haben sämmtlich ihren Sitz beim Polizeipräsidium in Berlin und es sind ihnen bestimmte Provinzen zugewiesen.

Die Gehälter der Revisoren sind auf 3600—5700 M. und je 900 M. Wohnungsgeldzuschuss festgesetzt worden.

Im Jahre 1899 wurde noch ein fünfter Revisor, ebenfalls mit dem Sitz in Berlin, angestellt, dagegen ist die mit 6600 M. dotirt gewesene Stelle des versicherungstechnischen Hülfsarbeiters im Ministerium in Folge Einführung des Reichsgesetzes v. 12. Mai 1901 über die privaten Versicherungsunternehmungen (R.-G.-Bl. S. 139) wieder fortgefallen, da durch dieses Reichsgesetz die Thätigkeit der Landesbehörden wesentlich eingeschränkt wurde, indem die Aufsicht der über den Umfang der Bundesstaaten hinaus ihre Geschäfte treibenden Gesellschaften auf das Reich übergegangen ist und hiernach für die Einzelstaaten im Wesentlichen nur noch lokale Feuerversicherungsvereine, Sterbe-, Pensions- und Wittwenkassen in Betracht kommen.

3. Abschnitt.

Standesämter.

(Kap. 87 der Ausgabe.)

§ 81. Die obligatorische Civilehe, in Verbindung mit der Feststellung des Personenstandes durch vom Staate bestellte Beamte, wurde in Preussen durch Ges. v. 9. März 1874 (G.-S. S. 95 ff.) eingeführt. An Stelle dieses Gesetzes trat schon unterm 6. Febr. 1875 (R.-G.-Bl. S. 23) ein Reichsgesetz, welches die preussischen Bestimmungen im Wesentlichen auf das ganze Reichsgebiet ausdehnte.

Nach beiden Gesetzen erfolgt die Bildung der Standesamtsbezirke, sowie die Bestellung der Standesbeamten, sofern nicht in letzterer Hinsicht ein Anderes gesetzlich bestimmt ist, durch die höhere Verwaltungsbehörde. In den Standesamtsbezirken, welche den Bezirk einer Gemeinde nicht überschreiten, hat der Vorsteher der Gemeinde die Geschäfte des Standesbeamten wahrzunehmen, sofern durch die höhere Verwaltungsbehörde nicht ein besonderer Beamter für dieselben bestellt ist; der Vorsteher ist jedoch befugt, diese Geschäfte mit Genehmigung der höheren Verwaltungsbehörde anderen Gemeindebeamten widerruflich zu übertragen. Die Gemeindebehörde kann jedoch die Anstellung besonderer Standesbeamten beschliessen, in welchem Falle die Ernennung derselben, beziehungsweise die Bestellung der Stellvertreter, durch den Gemeindevorstand unter Genehmigung der höheren Verwaltungsbehörde erfolgt. Die durch den Gemeindevorstand ernannten besonderen Standesbeamten und deren Stellvertreter sind aber ebenfalls Gemeindebeamte. Die durch die höhere Verwaltungsbehörde erfolgte Bestellung und Genehmigung zur Bestellung ist jederzeit widerruflich. Ist ein Standesamtsbezirk aus mehreren Gemeinden gebildet, so werden der Standesbeamte und dessen Stellvertreter stets von der höheren Verwaltungsbehörde bestellt, und es ist ein jeder Vorsteher oder andere Beamte einer dieser Gemeinden verpflichtet, das Amt des Standesbeamten oder des Stellvertreters zu übernehmen. Die etwa erforderliche Entschädigung der von den Gemeinden bestellten Standesbeamten fällt der Gemeinde zur Last. Bestellt aber die höhere Verwaltungsbehörde andere Personen zu Standesbeamten oder zu Stellvertretern, so fällt die etwa zu gewährende Entschädigung der Staatskasse zur Last. Die sächlichen Kosten werden in allen Fällen von den Gemeinden getragen;[1]) dafür fliessen den Gemeinden auch die in Gemässheit des Gesetzes zur Erhebung kommenden Gebühren und Strafen zu; auch werden die Register und Formulare zu allen Registerauszügen den Gemeinden von der Centralbehörde des Staates kostenfrei geliefert (§ 78 Ges. v. 6. Dezember 1875).

Die Deckung der nach Vorstehendem dem Staate erwachsenden Kosten erfolgt aus Kap. 87 Tit. 1 und 2 der Ausgabe des Etats. Tit. 1 enthält die Ausgaben für Remunerirung der Standesbeamten und Stellvertreter, Tit. 2 diejenigen zur Beschaffung der Standesregister und der Formulare zu den Registerauszügen, Aufgeboten und standesamtlichen Bescheinigungen, sowie zur Bestreitung der bei der Aufnahme von Civilstandsakten erwachsenden Dolmetschergebühren.

Einnahmen des Staates entstehen nicht (s. o.).

§ 82. Zu *Tit. 1:* Die Feststellung der nach dem Gesetze aus der Staatskasse zu gewährenden Entschädigungen ist 1874 den Oberpräsidenten übertragen worden, und zwar mit der Bestimmung, dass die Höhe der Entschädigung in der Regel nach der durchschnittlich vorkommenden Zahl der Standesakte (Eintragung von Geburten und Sterbefällen in die Standesregister) derart zu bemessen sei, dass für jeden Standesakt eine Mark berechnet wird, woraus sich für je 1000 Seelen bei durchschnittlich 38 Geburts-, 28 Sterbefällen und 8 Heirathen ein Pausch-

[1]) In den Standesamtsbezirken, welche aus mehreren Gemeinden gebildet sind, wird die den Standesbeamten oder den Stellvertretern zu gewährende Entschädigung und der Betrag der sächlichen Kosten auf die einzelnen betheiligten Gemeinden nach dem Massstabe der Seelenzahl vertheilt.

quantum von abgerundet 75 M. jährlich ergiebt. Hierin ist die Entschädigung für die sonstigen standesamtlichen Geschäfte (Ertheilung von Auszügen, Vorlegung von Registern) mit enthalten. Die Entschädigung der Stellvertreter hat in der Regel nach dem Einheitssatze von Einer Mark für jeden Standesakt auf die Liquidation zu erfolgen (M.-Bl. d. i. V. 1874 S. 225, 1877 S. 226).

Der aus der Staatskasse besoldete Standesbeamte hat aus seinem Pauschquantum den Stellvertreter im Verhältniss der von diesem aufgenommenen Standesakte zu entschädigen (Reskript v. 20. Nov. 1874 und 18. März 1885).

Der Fonds wurde 1875 mit 229 500 M. eingestellt, aber schon 1876 als zu hoch bemessen erachtet und auf 160 000 M. ermässigt. Seitdem stieg er allmälig bis Mitte der 80er Jahre bis auf rund 250 000 M., um seitdem wieder allmälig bis auf 198 821 M. (für 1903) zu fallen. Die Einstellung erfolgt nach dem zweijährigen Durchschnitt der gezahlten Remunerationen.

§ 83. Zu *Tit. 2:* Zu den sächlichen, von den Gemeinden zu tragenden Kosten gehören alle Ausgaben, welche geleistet werden müssen, um die zur ordnungsmässigen Geschäftsführung erforderlichen Einrichtungen zu treffen und zu unterhalten, also die Kosten für Lokalmiethe, Mobiliar, Heizung, Beleuchtung, Bedienung, Kanzleibedarf, Inventar u. s. w.

Mit der Lieferung der vom Staate zu bezahlenden Register und Formulare (aus Tit. 2) zu den Registerauszügen sind die Oberpräsidenten beauftragt. Die besonderen Kosten, welche bei der angeordneten ausnahmslosen Aufnahme der Standesakte in deutscher Sprache, durch die Zuziehung von Dolmetschern erwachsen, können, in Ermangelung einer ausdrücklichen gesetzlichen Disposition, nicht ohne Weiteres als sächliche Kosten angesehen und deshalb den Gemeinden nicht zur Last gelegt werden. Es ist die Anordnung getroffen worden, dass bei Feststellung der Remuneration der Dolmetscher, falls nicht ein mässiges Pauschquantum zu vereinbaren sei, auf die Vorschriften zurückgegangen werde, welche in Bezug auf die Dolmetschergebühren in den Verordnungen über die vor Gericht auftretenden Zeugen und Sachverständigen enthalten sind. Die entstehenden Ausgaben werden ebenfalls auf Tit. 2 angewiesen. 1875 wurde der Tit. 2 mit 226 500 M. bewerthet, konnte aber ebenfalls 1876 etwas herabgesetzt werden (210 000 M.) und ging in den nächsten Jahren noch weiter herunter (1887/88 rund 137 000 M.). In dieser Höhe hat er sich im Wesentlichen bis 1901 erhalten, 1902 trat eine kleine Erhöhung ein (146 063 M.). Die Einstellung erfolgt wie bei Tit. 1 nach zweijährigem Durchschnitt.

1903 fand eine weitere kleine Erhöhung (163 966 M.) statt. Die Erhöhungen in den letzten Jahren hatten u. A. ihren Grund zum Theil in der Bundesrathsbekanntmachung vom 25. März 1899, welche die Verpflichtung des Staates zur Lieferung der bisher von den Gemeinden zu bezahlenden Formularen D, E, F (Eheschliessungs-, Aufgebotsbescheinigungen etc.) aussprach.

4. Abschnitt.

Ausgaben für polizeiliche Zwecke.

Allgemeines.

§ 84. Auf jedem Gebiete der inneren Verwaltung bewegt sich die Thätigkeit der öffentlichen Behörden und Organe nach zwei Richtungen. Sie ist entweder eine fördernde (Verwaltungspflege) oder eine schützende (Verwaltungspolizei). So giebt es eine Schulpflege und -polizei, eine Verkehrs-, Gewerbe-, Landwirthschaftpflege und -polizei, eine Wohlfahrts-, Gesundheitspflege und -polizei u. s. w., wenn es bei dem einzelnen Verwaltungsakt auch nicht immer ganz leicht ist, zu scheiden, ob eine Thätigkeit als Ausfluss der Verwaltungspflege oder -polizei anzusehen ist.

Die pflegende Seite ist darauf gerichtet, die Bedingungen, unter denen die verschiedenen Berufsstände oder einzelnen Staatsangehörigen auf dem betreffenden Gebiete wirksam sind, möglichst vortheilhaft zu gestalten, Hindernisse, welche die Natur, Gewohnheit, mangelnde Geldmittel u. s. w. in den Weg legen, durch zweckmässige Anstalten und Einrichtungen zu beseitigen oder zu mildern, dem Einzelnen oder ganzen Interessentengruppen berathend, helfend, fördernd zur Seite zu stehen. Ein Zwang ist dabei nicht ganz ausgeschlossen (Expropriation, Zwangsetatisirung gegen Gemeinden), aber er ist nicht die Regel.

Die schützende, polizeiliche Seite der inneren Verwaltung in den einzelnen Verwaltungszweigen will dagegen dafür sorgen, dass die getroffenen Einrichtungen und Veranstaltungen von der Allgemeinheit und dem einzelnen Staatsbürger respektirt werden, damit sie wirksam bleiben können. Die dazu nöthigen Schutzmassnahmen zielen ab auf die Erhaltung der Ruhe, der Ordnung, der Sicherheit des Lebens, Eigenthums u. s. w., endlich aber auch des blossen Wohlbefindens der zu schützenden Berufsstände, Interessentengruppen, Staatsbürger. Bei der Verwaltungspolizei ist Zwang gegen den Störenfried, zwangsweise Zurückverweisung auf eine berechtigte Interessensphäre die Regel.

§ 85. In dem Patrimonial- und Feudalstaate ruhte nun die schützende Seite der Verwaltung, die Verwaltungspolizei auf dem Lande meist nicht in den Händen des Landesherrn und seiner Beamten, sondern in denen der Lehens- und Patrimonialherren (vgl. z. B. das in § 20 über die Entwickelung der landräthlichen Befugnisse Gesagte). Diese, gleichzeitig Gerichtsherren, übten dabei eine ausgedehnte Zwangsgewalt gegen ihre Hintersassen und Gutsunterthänigen aus.

Auch in den Städten stand die Ausübung der Polizei den Gerichtsherren, in den nicht mediatisirten Städten den Stadtobrigkeiten zu. Gewisse öffentliche Körperschaften, wie Universitäten, stellenweise auch Zünfte auf gewerblichem Gebiete, übten polizeiliche Befugnisse aus u. s. w.

Die Verwaltungs**pflege**, die sich naturgemäss später entwickelte als die Verwaltungspolizei, fand in ihrem Entstehen ihre hauptsächlichsten Förderer in den Landesfürsten selbst, die durch die pflegende Fürsorge auf wirthschaftlichem und kulturellem Gebiete gleichzeitig sich das Volk gegenüber den widerstrebenden Feudalgewalten verpflichten und dem erstarkenden Staat eine möglichst unabhängige Stellung im Innern sowie eine günstige Handelsbilanz gegenüber dem Auslande erzielen wollten. Landesmeliorationen, Förderung der Gewerbe durch Monopolertheilungen, Heranziehung fremder Kolonisten und Gewerbetreibender wurden von den Landesfürsten durchgeführt. In jener Zeit der Bevormundung war sogar vielfach ein Zwang mit der Verwaltungspflege verbunden, die Bevölkerung wurde zu gewissen gewerblichen Thätigkeiten, zu Baumpflanzungen u. s. f. zwangsweise angehalten und Aehnliches mehr. Auf kulturellem Gebiet fand die Pflege der Volksbildung durch Universitäts- und höhere Schulgründungen, Errichtung von Theatern, Museen, Bibliotheken, Bildergallerien, Förderung und Fürsorge von Seiten der Landesherren.

Gegenwärtig hat sich in dieser Betheiligung von Staat und anderen Organismen an der öffentlichen Verwaltungspflege und -polizei Vieles verändert.

Die Verwaltungspflege wird auf **wirthschaftlichem** Gebiete in einem stärkeren Masse — vgl. Bd. II Buch II Einleitung — vom Staate auf niedere Organismen, Verbände, Kommunen, öffentliche Korporationen und Vereine abgeschoben, während die Staatsregierung ihr Eingreifen auf diesem Gebiete mehr und mehr auf die Fälle wirklicher Nothlage und Nothstände einzuschränken bestrebt ist (vgl. z. B. Bd. II Buch II §§ 149, 158a, 311 ff., 316, 320a, 321, 418, Buch IV § 122 ff. u. s. f.). Wo der Staat grosse Verkehrsanlagen auf seine Schultern übernimmt, tritt das Bestreben nach Rentabilisirung der Anlagen (Kanäle) und sogar nach Ueberschusserzielung (Eisenbahnen) hervor. Der Verwaltungspflege **ethischer** Kulturbedürfnisse aber, vor Allem der Volksbildung und Erziehung, nimmt sich der Staat in jährlich steigendem Masse an (Bd. II Buch II Einleitung, Buch IV §§ 65 u. s. w.), wenn dabei auch nicht übersehen werden darf, dass hier die Antheilnahme niederer Verbände an den Gesammtkosten immerhin noch eine sehr hohe und ebenfalls in fortwährendem Steigen begriffen ist.

Demgegenüber gilt heutzutage alle schützende, polizeiliche Thätigkeit in der Verwaltung im Wesentlichen als ein integrirender Theil der staatlichen Hoheitsrechte. Sie wird als Landespolizei stets von staatlichen Organen ausgeübt, als Ortspolizei aber entweder durch staatliche Beamte oder durch solche Persönlichkeiten, welche auf ihre Qualifikation zu dem Amte geprüft und vom Staate bestätigt sind, und ihre Funktionen nicht kraft eigenen Rechtes, sondern im Namen des Königs ausüben. Das Recht der Lehens- und Patrimonialherren ist vollständig geschwunden.

§ 86. Betrachtet man die vorgedachte Entwickelung von der Seite der Kostenfrage, so ergiebt sich, dass bei der Verwaltungspflege im Allgemeinen der Gesichtspunkt vorherrschend war und ist, den zur Entscheidung zuständigen öffentlichen Organen und Körperschaften die Verpflichtung aufzuerlegen, bezw. es ihnen zu überlassen, auch die für die Massnahmen erforderlichen Kosten aus ihren Mitteln aufzubringen.

Die Kosten der Landesmeliorationen im 17. und 18. Jahrhundert trug der König bezw. der Staat, die Ansiedelung fremder Einwanderer geschah ebenfalls aus seinen Mitteln, Universitäten, Kunstinstitute, gelehrte Schulen wurden wesentlich auf seine Kosten hergestellt, während gegenwärtig den Provinzial-, Kreis- und Kommunalverbänden und Interessenvertretungen (Landwirthschafts- und ähnlichen Kammern) mit der Uebertragung von verwaltungspflegender Thätigkeit auch eine entsprechende Kostenlast in steigendem Masse zugewiesen wird.

Hinsichtlich der Tragung der Kosten der Verwaltungspolizei hat indessen nicht in gleicher Weise mit der Veränderung der Zuständigkeiten auch eine Verschiebung der Kostenlast stattgefunden.

Ursprünglich, auch noch nach dem Allgemeinen Landrechte, folgte die Frage der Kostendeckung allerdings der Polizeihoheit. Da diese als Annexum der Gerichtsherrlichkeit behandelt wurde (Friedensbewahrung), so lagen dem Gerichtsherrn in der Regel auch die Polizeikosten ob. Gerade der Umstand, dass die Gutsherren jene Kosten zu tragen hatten, war einer der wesentlichsten Gründe, weshalb der Staat so lange zögerte, ihnen dieses Hoheitsrecht zu entziehen.

Als nun der preussische Staat dazu überging, die Polizeihoheit als einen Ausfluss der königlichen Gewalt in Stadt und Land für sich in Anspruch zu nehmen, zog er die Konsequenz hinsichtlich der Kostenfrage nicht in gleicher Weise, wie er es s. Z. bei der Inanspruchnahme der gerichtsherrlichen Gewalt gethan und bei Ueberweisung verwaltungspflegender Thätigkeit noch thut, sondern beliess bezw. übertrug vielmehr die Last der Kostendeckung der örtlichen Polizei den in Betracht kommenden Städten bezw. späterhin Landgemeinden und Gutsbezirken. Er übernahm nur die landespolizeilichen Kosten allgemein, ortspolizeiliche nur soweit besondere staatlich angestellte Polizeiorgane persönliche Kosten verursachten, auf seine Schultern.

Es liegt auf der Hand, dass gegen dieses Vorgehen des Staates vielfach Bedenken laut geworden sind. Indessen entspringt das Bestreben, die Kosten der Ortspolizei der Staatskasse aufzuerlegen, doch, wie schon v. Gneist hervorgehoben, einer kurzsichtigen Anschauung. Nicht nur, dass die zu Polizeizwecken verausgabten Beträge in erster Linie den Gemeinden, von denen sie getragen werden, zu Gute kommen, bieten sie gerade für die Gemeinden die sicherste Garantie gegen einen zu grossen Eingriff der Staatsgewalt in ihre Sphäre und gegen die Einschränkung der Selbständigkeit ihrer Selbstverwaltungsorgane bei der Ausübung des polizeilichen Hoheitsrechtes.

Würde der Staat die Kosten der örtlichen Polizei zu tragen haben, so würde ein wesentlicher Theil der von den Gemeinden mühsam errungenen kommunalen Freiheit verloren gehen.

Vom Standpunkte des Steuerzahlers endlich kommt der allgemeine volkswirthschaftliche Gesichtspunkt in Betracht, dass die Deckung der Polizeikosten von Gemeindewegen eine wesentlich billigere und zweckmässigere sein wird, als wenn sie aus centralen Kassen erfolgte.

§ 87. Da nach dem Vorgesagten die Ausgaben für persönliche wie sächliche Kosten der örtlichen Polizei grundsätzlich den Gemeinden und Gutsbezirken und nicht dem Staate obliegen, so sind die auf dem Staatshaushaltsetat befindlichen Ausgaben für ortspolizeiliche Zwecke auch verhältnissmässig nicht von grosser Bedeutung. Indessen haben sie in neuerer Zeit doch die Tendenz starken und stetigen Anwachsens gezeigt (s. § 4).

Sie finden sich in der Hauptsache auf dem Etat des Ministeriums des Innern und betreffen vor Allem in den Städten die Antheilnahme an den Polizeikosten einer grossen Anzahl der grösseren Städte, in denen sich die Einrichtung einer staatlichen Polizeiverwaltung als nothwendig erwiesen hat, auf dem Lande hauptsächlich die Kosten für die Landgendarmerie und (in Posen) der Distriktskommissare.

Die polizeilichen Kosten, welche auf den Etats anderer Ressorts ausgebracht sind, umfassen in der Regel nur die von jeher vom Staat getragenen — im Verhältniss zu den ortspolizeilichen Kosten übrigens sehr wenig ins Gewicht fallenden — Kosten landespolizeilicher Natur, z. B gesundheitspolizeiliche Ausgaben s. Bd. II Buch I Kultusministerium §§ 671a, 681, 682, landwirthschaftliche und veterinärpolizeiliche Kosten Bd. II Buch II §§ 888ff., Ausgaben zu polizeilichem Schutze und Beaufsichtigung von Handel und Gewerbe Bd. II Buch IV §§ 1014ff., endlich die persönlichen Kosten der Regierungen als allgemeine Landespolizeibehörden beim Etat des Finanzministeriums (Bd. II Buch VIII).

Die einzelnen auf dem Etat des Ministeriums in Betracht kommenden Etatskapitel und Titel sind folgende: bei der Einnahme Kap. 31 Tit. 2a—4 (Polizeiverwaltung) und Tit. 5 (Landgendarmerie), bei der

Ausgabe Kap. 91 (Polizeiverwaltung in Berlin und Umgegend) und Kap. 92 (Polizeiverwaltung in den Provinzen), welches letztere Kapitel im Wesentlichen städtische Polizeikosten enthält, Kap. 93 (Distriktskommissare in der Provinz Posen), Kap. 94 (Landgensdarmerie, die als kreispolizeiliches Organ in der Mitte zwischen Landes- und Ortspolizei steht) und Kap. 95 (Allgemeine Ausgaben im Interesse der Polizei), die neben ortspolizeilichen Kosten auch erhebliche Beträge von landespolizeilichen Kosten enthalten.

Die für die Ortspolizei in Hannover entstehenden Kosten werden, sofern sie vom Staate getragen werden, bei dem Abschnitte „Landräthliche Behörden“ ausgebracht und dort behandelt. Vgl. speziell § 34.

§ 88. Die folgenden Erörterungen werden sich an die obige Etatseintheilung anschliessen und zunächst Kap. 91 und 92 behandeln.

Kap. 91 handelt nur, Kap. 92 im Wesentlichen von den Kosten städtischer Polizei.

Die Behandlung dieser Kapitel setzt daher einige allgemeine Bemerkungen über die Entwickelung der städtischen Polizei voraus.

In den Städten gebührte noch nach Allg. Landr. Th. II Tit. 8 § 128 dem Magistrate vermöge seines Amts die Stadtpolizei und nur in Mediatstädten konnte die Staatsregierung besondere Polizeibeamte einsetzen (§ 170 ebenda). Dagegen bestimmte § 166 der Städteordnung vom 19. Nov. 1808, dass es dem Staate vorbehalten bliebe, entweder eigene Polizeibehörden anzuordnen oder die Ausübung der Polizei dem Magistrat zu übertragen, der sie dann vermöge staatlichen Auftrags auszuüben habe. Aehnlich war die Bestimmung des § 109 der revidirten Städteordnung v. 17. März 1831 (G.-S. S. 10). Eine neue Regelung traf das Ges. v. 11. März 1850 über die Polizeiverwaltung (G.-S. S. 213 ff.), welches ursprünglich zwar für Stadt und Land gleichmässig gelten sollte, aber in Folge der Suspendirung der unterm gleichen Tage erlassenen Gemeindeordnung nur für Stadtgemeinden, nicht für das platte Land zur vollen Durchführung gelangte.

Nach § 1 dieses Gesetzes wurde als allgemeiner Grundsatz ausgesprochen, dass die örtliche Polizeiverwaltung zwar von den nach den Vorschriften der Gemeindeordnung dazu bestimmten Gemeindebeamten (Bürgermeister etc.), jedoch im Namen des Königs geführt werden sollte. Doch wurde in § 2 als Ausnahme zugelassen, dass in solchen Gemeinden, wo sich eine Bezirksregierung, ein Land-, Stadt- oder Kreisgericht befindet, sowie in Festungen und in Gemeinden von mehr als 10000 Einwohnern, d. h. also im Wesentlichen in wichtigeren Stadtgemeinden, die örtliche Polizei durch Beschluss des Ministers des Innern besonderen Staatsbeamten übertragen werden könne. Auch in anderen Gemeinden konnte zeitweise aus dringenden Gründen die gleiche Einrichtung eingeführt werden. Mit diesen Bestimmungen war der staatliche Charakter aller Polizeigewalt in den Städten endgültig gewährleistet.

Auf Grund der Vorschrift in § 2 des vorgedachten Gesetzes bestanden Anfangs der 50er Jahre staatliche Polizeiverwaltungen nur in 10 Städten (Berlin, Königsberg, Danzig, Posen, Breslau, Potsdam, Magdeburg, Cöln, Aachen, Coblenz). Im Laufe der 50er und 60er Jahre kamen noch hinzu Elbing, Stettin und Trier und der Grenzort Eydtkuhnen (Grenzkommissariat), sodass bei Hinzutritt der neuen Provinzen in Altpreussen 14 derartige Königliche Polizeiverwaltungen vorhanden waren.

§ 89. Hinsichtlich der neuen Provinzen wurde in § 2 der Verordn. v. 20. Sept. 1867 (G.-S. S. 1529) bestimmt, dass, soweit nach der in den neu erworbenen Landestheilen bestehenden Gesetzgebung der Staatsregierung die Befugniss vorbehalten sei, die örtliche Polizeiverwaltung in einer Gemeinde oder in einem Bezirke einer besonderen Staatsbehörde oder einem besonderen Staatsbeamten zu übertragen, diese Befugniss im bisherigen Umfange beizubehalten und von dem Minister des Innern auszuüben sei.

Nach diesen Gesetzgebungen war nun die Regierung in den neuen Landestheilen im Allgemeinen ohne weitere Einschränkung ermächtigt, da, wo sie es für gut befand, Königliche Polizeiverwaltungen einzurichten.

In Folge dessen war die Zahl der letzteren in Neupreussen eine verhältnissmässig viel grössere wie in Altpreussen. Es gab zur Zeit der Annexion Königl. Polizeiverwaltungen für Schleswig-Holstein: in Kiel, Hannover: in Hannover, Göttingen, Celle, Harburg, Stade, Osnabrück, Emden, Hildesheim, Cassel: in Cassel, Marburg, Hanau, Fulda, Bockenheim, Wiesbaden: in Wiesbaden und Biebrich, sowie besondere Badekommissariate zu Ems, Soden, Langenschwalbach, Homburg. Endlich hatte Königliche Polizeiverwaltung die Stadt Frankfurt a. M.

Von den Hannöverschen staatlichen Polizeiverwaltungen wurden bereits kurz nach der Annexion wegen mangelnden Bedürfnisses aufgelöst Stade, Osnabrück, Emden, Hildesheim, später Harburg. 1900 folgten Celle und Göttingen, sodass in dieser Provinz heute nur noch eine Königliche Polizeiverwaltung, in Hannover (mit Linden), besteht.

Aufgelöst wurden später noch in Altpreussen die Königlichen Polizeiverwaltungen zu Trier und Elbing, 1900 auch Marburg in Hessen-Nassau.

Bockenheim wurde nach Frankfurt a. M. überwiesen. Ueberhaupt wurde in mehreren Fällen der Polizeiverwaltung grösserer Städte die nähere Umgebung mit zugetheilt, z. B. Magdeburg (Sudenburg), Kiel, Hannover (Linden).

Neu hinzu traten im Laufe der Zeit die Königlichen Polizeiverwaltungen in Charlottenburg, Rixdorf und Schöneberg (s. § 105), ferner Saarbrücken (mit St. Johann und Malstatt-Burbach).

Gegenwärtig befinden sich nunmehr Königliche Polizeiverwaltungen in folgenden 22 Städten: Berlin, Charlottenburg, Schöneberg, Rixdorf; ferner in Königsberg i. Pr., Danzig, Potsdam, Stettin, Posen, Breslau, Magdeburg, Kiel und Umgebung, Hannover und Linden, Cassel, Hanau, Fulda, Frankfurt a. M. und Umgebung, Wiesbaden, Coblenz, Cöln, Saarbrücken mit St. Johann und Malstatt-Burbach und Aachen.

Tragung der Polizeikosten in den Städten.

§ 90. Was die Deckung der Kosten der Königlichen Polizeiverwaltungen in den Städten anbelangt, so fanden bis zum Jahre 1892 verschiedene Grundsätze in den alten und den neuen Provinzen statt.

I. In den alten Provinzen hatte § 167 der Städteordnung von 1808 ausgesprochen, dass,

> da die Ortspolizei jeder Stadt hauptsächlich für die Sicherheit und das Wohl der städtischen Einwohner thätig ist, der Stadtgemeinde die persönlichen und sächlichen Kosten oblägen, gleichviel, ob der Magistrat oder eine andere Behörde die Polizei ausübe.

Durch § 10 Lit. c des Gesetzes über die Einrichtung des Abgabenwesens v. 30. Mai 1820 (G.-S. S. 134) in Verbindung mit der Zusammenstellung v. 4./14. Juli 1832 zu §§ 167 und 184 der Städteordnung (G.-S. S. 189) wurde dagegen ausgesprochen, dass bei Königlichen Polizeiverwaltungen der Staat

> die Unterhaltung der vorgedachten Behörden, namentlich ihre Besoldung und die Kosten, welche zu ihrem unmittelbaren Geschäftsbetriebe, für Heizung, Beleuchtung, Bureaubedürfnisse etc. bestreiten und dafür die Sporteln beziehen solle. Die übrigen Kosten hatten die Gemeinden zu tragen.

In § 3 des Ges. v. 11. März 1850 wurde sodann ausgesprochen, dass die Kosten der örtlichen Polizeiverwaltung mit Ausnahme der Gehälter der von der Staatsregierung im Falle der Anwendung des § 2 angestellten besonderen Beamten, von den Gemeinden zu bestreiten seien.

In Folge dessen[1]) trug der Staat in denjenigen Provinzen, für welche jenes Gesetz Geltung hatte — wozu ausser den älteren Provinzen auch Frankfurt a. M. und Schleswig-Holstein gehörten — sämmtliche persönliche und die Gemeinde sämmtliche sächliche Kosten, wobei allerdings über das Mass im Einzelnen viele Differenzen

---

[1]) und insbesondere in Folge der Auslegung, welche das Obertribunal der Bestimmung in § 2 des Gesetzes gegeben hatte.

vorkamen und zu Rechtsstreitigkeiten führten (vgl. J.-M.-Bl. 1861 S. 116, Abg.-H. 1892 Aktenstück A zu No. 8 S. 788).

§ 91. II. In den neuen Provinzen war für Hannover die Kostenlast gesetzlich derartig geregelt, dass der Staat die durch Anordnung einer eigenen Polizeibehörde veranlassten ausserordentlichen d. h. diejenigen Kosten, die nicht entstanden sein würden, wenn die Polizeiverwaltung der Stadt verblieben wäre, zu tragen hatte. Thatsächlich wurden von den in Frage kommenden Städten aber nur geringe Pauschquanten erhoben (Hannover 18000 M., Linden 3280 M., Göttingen 5550 M., Celle 1762 M.). In Kurhessen galt die Vorschrift, dass die Gemeinden feste Beiträge in der Höhe der z. Z. des Ueberganges der Polizeiverwaltung auf den Staat ihnen obliegenden Leistungen zu zahlen hatten (Cassel 8354 M., Marburg 450 M., Fulda 2850 M., Hanau 3000 M.). In Wiesbaden hatte die Stadt 4 Schutzmannsstellen zu bezahlen in Höhe von 5720 M. jährlich.

§ 92. Die so verschiedenartige Behandlung der verschiedenen Städte, die von Jahr zu Jahr mit den steigenden Kosten der staatlichen Polizeiverwaltung grössere Ungleichheiten zur Folge hatte, gab dem Landtage mehrfach Veranlassung, bei der Staatsregierung eine angemessenere Regulirung der Frage in Anregung zu bringen (Abg.-H. 1869 Sten. Ber. S. 772, 1879 Anlagen des Sten. Ber. S. 1443ff., 1885 Drucks. Nr. 89 und Verhandl. v. 16. April 1885).

Den ersten Gesetzentwurf zur Abhülfe der Uebelstände legte die Staatsregierung 1888 vor (Nr. 60 der Drucks. des Abg.-H.), wonach die bisherige Unterscheidung sowohl zwischen persönlichen und sächlichen, als zwischen ordentlichen und ausserordentlichen Kosten wegfallen, dagegen die Gemeinden mit der Hälfte der durch den jedesmaligen Staatshaushaltsetat festgesetzten Kosten der betreffenden Königlichen Polizeiverwaltung zum Beitrage herangezogen werden sollten. Die Kommission des Abg.-H. erachtete indessen eine Festsetzung der städtischen Beiträge nach Massgabe der Bevölkerungsziffer für zweckmässiger. Ein neuer Entwurf der Regierung vom Jahre 1889, der diesem Wunsche Rechnung trug, aber für die kleineren Städte, wo sich die Kosten der Polizei verhältnissmässig niedriger stellen, als in den grösseren, einen niedrigeren Betrag pro Kopf der Bevölkerung festsetzte, fand zwar im Wesentlichen die Billigung des Abgeordnetenhauses, kam aber in Folge Schliessung des Landtages ebenfalls nicht zur Verabschiedung.

§ 93. Erst im Jahre 1892 gelangte ein Gesetz zur Annahme, welches unter dem 20. April (G.-S. S. 87) publizirt wurde und, im Uebrigen an den 1889er Entwurf sich im Wesentlichen anschliessend, folgende Neuerungen brachte: Der Staat bestreitet alle durch die Königliche Polizeiverwaltung entstehenden Ausgaben (einschliesslich der Kosten für das Nachtwachtwesen) und erhebt, unbeschadet der

Bestimmung des § 7 Abs. 3 des Ges. v. 23. April 1883 (G.-S. S. 65) alle mit dieser Verwaltung verbundenen Einnahmen.

Was unter den dem Staat obliegenden Ausgaben der örtlichen Polizeiverwaltung anzusehen sei, wurde in § 2 ausdrücklich spezialisirt. Dahin gehören sämmtliche Dienstbezüge (Besoldungen, Remunerationen, Wohnungsgeldzuschüsse, Lokal- und Stellenzulagen, Dienstaufwands-, Miethsentschädigungen, Equipagen- und Pferdeunterhaltungsgelder), Pensionen und Wartegelder der Polizeibeamten, Wittwen- und Waisengelder für Hinterbliebene solcher Beamten, Fuhr- und Transportkosten, Miethen für Dienstwohnungen, Kosten für Bekleidung und Ausrüstung der Schutzmannschaft, für Bureaubedürfnisse, für Beschaffung und bauliche Unterhaltung der Polizeidienstgebäude, Polizeigefängnisskosten und besondere Ausgaben im Interesse der örtlichen Polizeiverwaltung, worunter besonders die Kosten für die Untersuchung von Prostituirten und Gefangenen, Kosten pro vigilantia und Kosten für Unterhaltung der Gefangenen- und Aktenwagen zu verstehen sind.

Diejenigen Ausgaben, welche vom Staate nicht zu tragen sind, wurden dagegen im Gesetze nicht spezialisirt.

Dagegen findet sich in den Motiven angegeben, dass vom Staate nicht zu tragen sind Ausgaben für Beschaffung und Unterhaltung von Einrichtungen und Anstalten, welche vorwiegend kommunalen Zwecken dienen, aber oft im polizeilichen Interesse nothwendig sind, wie z. B. Kosten für Strassenpflasterung, Strassenreinigung, Strassenerleuchtung, Kanalisations- und Wasserleitungsanlagen, städtische Feuerlöschanstalten, Schlachthäuser, Markthallen, Anstalten zur Untersuchung von Lebensmitteln und Gebrauchsgegenständen, Vorkehrungen gegen ansteckende Krankheiten, Armen- und Krankenanstalten, Leichenhäuser, Abdeckereiplätze und dergleichen mehr.

Auch das Oberverwaltungsgericht hat zu der Frage Stellung genommen. In den Erkenntnissen v. 23. Okt. 1894 (Entsch. Bd. 27 S. 75) und v. 28. Mai 1895 (Entsch. Bd. 28 S. 89) macht das Oberverwaltungsgericht den Unterschied zwischen unmittelbaren und mittelbaren Polizeikosten. Unter den unmittelbaren Kosten der Polizeiverwaltung seien diejenigen Ausgaben zu verstehen, welche aus der Annahme und Unterhaltung des Haupt- und Hülfspersonals und aus ihrer Ausstattung mit allem zum dienstlichen Betriebe Erforderlichen bestehen, während zu den mittelbaren Kosten die Ausgaben gehören, welche die Erhaltung oder Herstellung polizeimässiger Zustände in der Aussenwelt erforderlich macht. Durch das Polizeikostengesetz sei eine gesetzliche Bestimmung überhaupt nur bezüglich der unmittelbaren Polizeikosten getroffen, während die mittelbaren Kosten mangels anderweiter Verpflichteter nach wie vor der Stadt zur Last fallen. Die Kosten für die Zwangsheilung Syphilitischer und für die Anbringung der Strassenbenennungsschilder, Fürsorge für Fortschaffung betrunkener Personen von der Strasse u. s. w. sind nach den Entscheidungen des Oberverwaltungsgerichts als mittelbare Polizeikosten von der Gemeinde zu tragen.

Die Dienstgebäude muss der Staat stellen. Die Stadtgemeinden sind dagegen verpflichtet, die ihnen gehörigen Grundstücke, Gebäude und Inventarienstücke, welche 1892 den Zwecken der Königlichen Ortspolizeiverwaltung dienten, auch ferner auf die Dauer des Bedürfnisses für diese Zwecke unentgeltlich herzugeben. (Zu diesen Bauten gehörte z. B. das von der Stadt Berlin für 9 Mill. M. hergestellte neue Polizeipräsidium am Alexanderplatz.)

In den bestehenden Verträgen, welche bestimmte Ausgaben einer Königlichen Polizeiverwaltung dem Staate oder der Gemeinde auferlegen, oder welche die Hergabe von Grundstücken und die Errichtung von Gebäuden für eine Königliche Polizeiverwaltung betreffen, wurde, abgesehen von einzelnen im § 7 des Gesetzes besonders namhaft gemachten Ausnahmen, nichts geändert.[1])

§ 93a. Der Beitrag, welchen die Stadtgemeinden dem Staate für die Uebernahme der in § 93 gedachten Verpflichtung zu leisten haben, sollte etwa ein Drittel der entstehenden Kosten ausmachen, wurde aber nach Massgabe der Kopfzahl der Bevölkerung bemessen und beträgt jährlich für

a) die Stadtgemeinde Berlin . . . . je 2,50 M.
b) „ „ Cassel, neben der rechtlich feststehenden Summe von jährlich 8354,05 M. . . . je 0,32 M.

für die übrigen Stadtgemeinden mit Königlicher Polizeiverwaltung:

c) diejenigen mit mehr als 75 000 Einwohnern . . . je 1,50 M.
d) „ „ „ „ 40 000 bis 75 000 Einw. . je 1,10 M.
e) „ „ 40 000 und weniger Einwohnern . . je 0,70 M.

für jeden Kopf der Bevölkerung (§ 1). Erstreckt sich die Königliche Polizeiverwaltung auch auf angrenzende Landgemeinden oder Gutsbezirke, so wird für diese ein Beitrag bis höchstens 0,70 M. pro Kopf der Bevölkerung festgesetzt (§ 5).

Das Nachtwachtwesen wurde, wie schon hervorgehoben, einem vielfach hervorgetretenen Bedürfnisse entsprechend, ganz auf staatliche Schultern übernommen. Denn die Sorge für die Sicherheit bei Tage und während der Nacht beruht auf den nämlichen Gründen und lässt sich auch in der Praxis keineswegs so scharf trennen, wie dies streng genommen bei dem Bestehen einer gesonderten kommunalen Verwaltung des Nachtwachtwesens der Fall sein müsste.

Dagegen wurde die Uebertragung oder Ueberlassung einzelner Zweige der Ortspolizei, vor Allem der Wohlfahrtspolizei, auf die Gemeinden (§ 6) ausdrücklich vorgesehen, was aber dann jedesmal eine entsprechende, der letztinstanzlichen Prüfung des Oberverwaltungsgerichts unterliegende Ermässigung des gesetzlichen Beitragsmassstabes für die betreffende Stadt zur Folge hat.

---

[1]) Die einzelnen Verträge sind in den Beilagen der Motive abgedruckt.

Im Jahre 1903 waren den einzelnen Städten folgende Zweige der Wohlfahrtspolizei übertragen: in Berlin: die Strassenbau- und Schulpolizei, in Breslau: die Hochbau-, Tiefbau- und Wegebaupolizei, in Frankfurt a. M.: die Baupolizei, Markt-, Feuerlösch-, Feld-, Forst- und Hafenpolizei, in Hannover: ein Theil der Gewerbe- und Handelspolizei, die landwirthschaftliche, Flur-, Feld-, Forst- und Jagdpolizei, die Medizinal-, Bau-, Strassenbau- und Feuerlöschpolizei, in Cöln: die Hafen-, Markt-, Schul-, Feld-, Forst-, Jagd- Bau- — Hoch- und Tiefbau- — Wegebau- und Gesundheitspolizei, letztere mit Ausnahme der Veterinärpolizei und der sittenpolizeilichen Kontrole, in Königsberg und Potsdam: die Schulpolizei, in Magdeburg: die Feuerlösch-, Bau- und Feldpolizei, in Stettin: das Feuerlöschwesen, die Armenpolizei, die Strassenbau-, Wegebau-, Tiefbau- und Hochbaupolizei, die Markt-, Feld-, Forst- und Jagdpolizei, letztere mit Ausnahme der Ertheilung der Jagdscheine, in Aachen: die Feld-, Markt-, Bau- und Strassenbaupolizei, in Cassel: die Feldpolizei, in Coblenz: die Feld- und Forstpolizei, in Kiel[1]): alle polizeilichen Gebiete mit Ausnahme der Sicherheitspolizei, insbesondere des Press-, Vereins- und Versammlungswesens, der Fremden-, Kriminal- und Sittenpolizei, einiger gewerblichen Funktionen und der Ausstellung von Jagdscheinen, in Posen: die Bau- und Strassenbaupolizei, in Rixdorf und Schöneberg: die Strassenbaupolizei, in Wiesbaden: die Feldpolizei und das Feuerlöschwesen. In Charlottenburg und Danzig liegen sämmtliche Zweige der Polizeiverwaltung in der Hand der Königlichen Behörde.

Einfluss des Polizeikostengesetzes von 1892 auf den Staatshaushaltsetat.

§ 94. Diese Neuregelung brachte natürlich erhebliche Aenderungen für den Etat des Ministeriums des Innern mit sich.

Zunächst erschien im Etat für 1893/94 zum ersten Male unter Einnahme ein Titel (Kap. 31 Tit. 2a) „An Beiträgen der Gemeinden zu den Kosten Königlicher Polizeiverwaltungen" mit 6 450 000 M. — einer Summe, die aber bereits für 1896/97 in Folge Vermehrung der Bevölkerung[2]) in den betreffenden Städten auf 7 264 000 M. erhöht werden musste.

1898/99 und 1899 traten in Folge der Neuerrichtung Königlicher Polizeiverwaltungen in Kiel 115 000 M., in Schöneberg 64 745 M. und in Rixdorf 65 937 M. hinzu. 1900 kamen für Welheiden, das mit Cassel vereinigt wurde, 12 500 M. hinzu, dagegen fielen für Celle, Göttingen und Marburg (s. o.) 22 100 M. fort. 1901 kamen 557 256 M. in Abgang auf Grund der neuesten Festsetzungsbeschlüsse (§ 96). Die Ergebnisse der Volkszählung v. 1. Dez. 1900 führten wieder zu einer Erhöhung um 1 188 428 M., sodass für 1902 8 131 254 M., für 1903 8 244 943 M. in den Etat eingestellt sind.

Die Zahlung erfolgt in vierteljährigen Raten im Voraus an die Staatskasse (§ 3 des Ges.).

Die so eingehenden Beiträge sollen nach § 1 Abs. 2 des Gesetzes insbesondere zur Vermehrung der Landgensdarmerie behufs Aus-

---

[1]) In Schleswig-Holstein ist gesetzlich die gesammte Wohlfahrtspolizei bei Königlichen Polizeiverwaltungen der Gemeinde überwiesen. § 89 Abs. 3 der dortigen Städteordnung v. 14. April 1869 (G.-S. S. 589).

[2]) Massgebend ist immer die durch die letzte Volkszählung ermittelte Zahl der Civilbevölkerung (§ 3 des Ges.) s. auch § 95 dieses Buches.

dehnung der Thätigkeit derselben auf die zu Landkreisen gehörigen Stadtgemeinden und behufs Verstärkung derselben in den Vororten der einen eigenen Kreis bildenden Städte mit kommunaler Polizeiverwaltung erfolgen, worüber nach dem Gesetze der Staatshaushaltsetat alljährlich Bestimmung zu treffen hat.

Letztere Bestimmung beabsichtigt übrigens nicht die Statuirung einer besonderen gesetzlichen Zweckbestimmung, sondern enthält lediglich den Hinweis auf die von der Staatsregierung in Aussicht genommene Verwendung der städtischen Beiträge.

Die nach der Bestreitung der sächlichen Kosten sowie der Kosten für den Nachtwachtdienst verbleibenden Beträge der städtischen Beiträge sollen nach dem vorliegenden Entwurf nicht lediglich eine Mehreinnahme des Staates bilden. Dieselben sollen vielmehr vornehmlich in irgend einer Weise denjenigen Städten, welche ihre Polizeiverwaltung ganz aus eigenen Mitteln bestreiten müssen, zu Gute kommen. Durch eine derartige Verwendung soll dem Prinzipe der ausgleichenden Gerechtigkeit, welches überhaupt die Grundlage des Gesetzes bilden sollte, in höherem Masse Rechnung getragen werden. Zur Erreichung dieses Zweckes beabsichtigt die Staatsregierung die Wirksamkeit der Landgensdarmerie auf die Städte mit eigener Polizeiverwaltung, soweit dies angängig ist, auszudehnen und hierdurch diesen Städten eine Erleichterung in der Handhabung der Polizei zu Theil werden zu lassen.

§ 94a. Dieser Vermehrung der Staatseinnahmen standen auf der anderen Seite aber erhebliche Mehrausgaben gegenüber, welche zunächst vor Allem das Nachtwachtwesen in den in Betracht kommenden Städten betrafen. Bei der gänzlich unzureichenden Regelung dieses Gebietes in den meisten Städten erwuchsen hier für den Staat recht beträchtliche Ausgaben. Für 1893/94 wurden unter besonderen Titeln (Kap. 91 Tit. 16 und Kap. 92 Tit. 11a) zur Bestreitung der persönlichen und sächlichen Kosten des Nachtwachtwesens 1 200 000 M. für Berlin und 1 300 000 M. für die Provinzen, zusammen 2 500 000 M. eingestellt und dabei[1]) der Minister ermächtigt, daraus auch die Mittel zur Errichtung neuer Stellen nach Massgabe des Fortschreitens der Durchführung neuer Organisationen zu entnehmen.

Man nahm an, dass für Berlin 24 Polizeilieutenants und -Anwärter, 60 Schutzmanns-Wachtmeister, 1056 Schutzmänner, in den Provinzen 1 Polizeiinspektor (Cöln), 12 Kommissarien, 84 Wachtmeister, 1193 Schutzmänner nötig sein würden.

Seit Mitte der 90er Jahre wurden übrigens die in besonderem Titel aufgeführten Ausgaben des Nachtwachtwesens, nachdem dieses allmälig überall Schutzmannschaften zugetheilt war, auf die einzelnen Titel für die Schutzmannschaftskosten übertragen und fiel der besondere Titel fort.

§ 95. Aber auch eine Anzahl der sonstigen Ausgabetitel des Staatshaushaltsetats mussten in Folge des neuen Polizeikostengesetzes mehr oder weniger verstärkt werden (s. Näheres bei den einzelnen Titeln).

Im Jahre 1892/93 betrugen die Einnahmen aus der Polizeiverwaltung (Kap. 31 Tit. 3 und 4) 266 990 M., die Ausgaben bei Kap. 91 (Berlin) und Kap. 92 (Provinzen) 8 824 164 M. + 4 741 602 M., zusammen 13 565 766 M. 1893/94 stiegen die genannten Einnahmen auf 7 168 498 M., die Ausgaben auf 11 852 104 M. + 6 962 432 M. = 18 814 536 M., also

[1]) Nach einem Vorgang bei Kap. 9 Tit. 5 der Ausgabe des Staatshaushalts für 1888/89.

um 5 248 770 M., ausserdem die Kosten der Landgensdarmerie von 10 313 879 M. auf 10 605 079 M., also um 291 200 M.

Die Einnahmen waren hiernach in Folge des Polizeikostengesetzes um rund 6,4 Mill. M., die Ausgaben aber, wenn auch nicht ganz, so doch zum grössten Theil in Folge des neuen Gesetzes um 8,1 Mill. M. vermehrt worden, sodass ein finanzieller Vortheil für die Staatsregierung aus der Neuregelung schon hiernach jedenfalls nicht entstanden war.

Stellt man für 1903 die Einnahmen der Polizeiverwaltungen (Kap. 31 Tit. 2a—4) den Ausgaben bei Kap. 91 und 92 gegenüber, so ergiebt sich an Einnahme 9 360 227 M., an Ausgabe (Kap. 91 und 92) 18 020 341 M. + 11 584 239 = 29 604 553 M., die Ausgaben des Staates übertreffen daher seine Einnahmen um 20 244 326 M., während sie im Jahre 1892/93 die Einnahmen nur um 13 298 766 M. überstiegen.

§ 96. Diese ungünstige Entwickelung des Kostenverhältnisses für die Staatsregierung wird für die Zukunft voraussichtlich noch weiter zunehmen.

Die Dienstgebäude der Polizeiverwaltungen in der Provinz sind vielfach unzureichend. Nach Anl. XCVI haben im Laufe der letzten Jahre sehr erhebliche Kosten ins Extraordinarium für polizeiliche Zwecke eingestellt werden müssen, die hauptsächlich für Bauten Verwendung fanden (von 1893/94—1899 zus. 846 032 M., sodann 1900: 1 420 875 M., 1901: 2 070 125 M., 1902: 1 460 430 M., 1903: 1 144 300 M., insgesammt rund 7 Mill. M.).

Von Nachtheil für den Staat ist es ferner, dass für Städte mit über 75 000 Einwohnern — abgesehen von Berlin — eine weitere Steigerung des Beitragssatzes nicht mehr stattfindet (§ 93), obgleich das starke Anwachsen der Städte zweifellos die Ausgaben mehr als im Verhältniss zur Bevölkerungszunahme steigert. Auch ist es für die Gemeinden vortheilhaft, dass die Neubemessung der Sätze der Beiträge an den Staat mit Rücksicht auf die Bevölkerungszunahme erst alle 5 Jahre — nach der Volkszählung — stattfindet,[1]) während die Gemeinden die Erleichterung ihrer Beiträge auf Grund des § 6 des Polizeikostengesetzes (s. oben § 93) alle Jahre verlangen können.

Ganz besonders ungünstig wirkte aber für die staatsfiskalischen Interessen die Auslegung, welche das Oberverwaltungsgericht in konstanter Rechtsprechung dem Worte „entsprechend“ in dem § 6 des Polizeikostengesetzes gegeben hat.

Nach § 6 a. a. O. soll bei Ueberweisung einzelner Zweige der Ortspolizei an die Stadt zur eigenen Verwaltung die Ermässigung des in § 1 a. a. O. festgesetzten Beitragssatzes der Minderausgabe des Staates entsprechen.

---

[1]) OVG.Entsch. Bd. XL S. 141.

Diese Bestimmung ist nach dem Erkenntnisse v. 21. Nov. 1893 (OVGE. Bd. XXV S. 26 ff.) nicht etwa so aufzufassen — wie die Staatsregierung betont hatte —, dass nur eine verhältnissmässige Herabsetzung des Beitragssatzes zu erfolgen habe (nach der Gleichung: bisherige Ausgaben: bisheriger Beitragssatz = bisherige Ausgaben abzüglich der Minderausgabe: zukünftiger Beitragssatz), sondern dahin, dass die Ersparniss (Minderausgabe) des Staates durch die Zahl der Einwohner zu theilen und der sich dann ergebende Betrag von dem im § 1 des Polizeikostengesetzes bestimmten Kopfsatze abzuziehen sei; mit anderen Worten: von dem im § 1 normirten Betrage der Stadt soll die Minderausgabe des Staates nicht verhältnissmässig, sondern voll in Abzug gebracht werden.

Es ist klar, was auch in dem Erkenntnisse (S. 39) zum Theil anerkannt wird, dass bei dieser Auslegung der Beitrag einer einzelnen Stadt dann, wenn nur wenige Zweige der Ortspolizei Seitens der Königl. Behörden verwaltet werden, oder wenn der betreffende Zweig hohe Kosten verursacht, gänzlich wegfallen kann, während die Tendenz des Gesetzes v. 20. April 1892 im Allgemeinen dahin gegangen ist, die Leistungen der betheiligten Städte für polizeiliche Zwecke zu erhöhen.

Die einzelnen Königlichen Polizeiverwaltungen.

§ 97. Nachdem so in den §§ 90—96 eine allgemeine Darstellung der Entwickelung der Ausgabensummen bei Kap. 91 und 92 des Etats des Ministeriums, sowie des zugehörigen Kap. 31 Tit. 2a der Einnahmen und vor Allem der Einfluss des Polizeikostengesetzes von 1892 auf diese Etatsstellen gegeben worden, erfordert das Verständniss des Etats nunmehr eine Trennung der in Kap. 91 und 92 behandelten Materien. Es folgt zunächst

A. Polizeipräsidium Berlin.

Allgemeines und Geschichtliches.

Bis zum Jahre 1809 war die Polizeiverwaltung der Stadt Berlin eng mit der Kommunalverwaltung verbunden. Das Amt des Polizeidirektors aber war mit demjenigen des Stadtpräsidenten (Ersten Bürgermeisters) in einer Person vereinigt.

Erst die Einführung der Städteordnung v. 19. Nov. 1808 gab den Anlass zu einer vollständigen Scheidung der Polizei von der städtischen Verwaltung. Durch Allerh. Kab.-O. v. 25. März 1809 wurde die Stellung eines Königl. Polizeipräsidenten für Berlin geschaffen.

Es liegt in der Natur der Sache, dass diese im Jahre 1809 begründete Einrichtung im Laufe des 19. Jahrhunderts mannigfachen Organisationsänderungen unterworfen gewesen ist, die zum Theil als eine Folge von Organisationsänderungen in der allgemeinen Verwaltung überhaupt anzusehen sind, zum Theil aber in der enormen Entwickelung der Landes- und Reichshauptstadt und den steigenden Anforderungen, welche dadurch an die Leistungsfähigkeit der Behörde gestellt wurden, ihre Begründung finden.

Geschäftsbefugnisse und Organisation.

§ 98. Zunächst sind mehrfache Organisationsänderungen nothwendig gewesen, ehe sich eine feste und bewährte Form gefunden hat für die Vereinigung der orts- und landespolizeilichen Funktionen in einer und derselben Behörde.[1])

Nach dem ältesten Regulativ v. 5. Jan. 1810 unterstand der Polizeipräsident direkt dem Ministerium. Das Jahr 1816 brachte aber die Einrichtung einer besonderen Regierung in Berlin, an deren Spitze der Polizeipräsident stand und welche die landespolizeilichen Funktionen ausübte, während die ortspolizeilichen Verfügungen von einer dem Polizeipräsidenten gleichfalls unterstehenden „Königl. Polizeiintendantur" ausgingen. Diese Einrichtung bewährte sich gar nicht. 1821 wurde die Regierung beseitigt und das Polizeipräsidium wieder in seine Rechte eingesetzt.

Ein neues Allerh. Reglement v. 18. Sept. 1822, welches heute noch die Grundlage der Verfassung des Polizeipräsidiums bildet, gestaltete die Organisation nunmehr in folgender Weise:

Das Polizeipräsidium vereinigt in sich die Eigenschaften der Regierungs- und der Ortspolizeiinstanz. Ein kollegialisches Verfahren bestand nicht, vielmehr blieb die Leitung sämmtlicher Geschäfte dem Präsidenten unter alleiniger persönlicher Verantwortlichkeit übertragen. Dem Präsidenten waren zugetheilt: a) das Generalgeschäftsbureau — dessen Mitglieder, die die Vorbildung der Räthe an den Landeskollegien haben mussten — zur Bearbeitung aller in den Provinzen den Regierungen überwiesenen Angelegenheiten, namentlich aller grundsätzlich leitenden Geschäfte, auch zur Entscheidung auf Beschwerden über im ortspolizeilichen Detail ergangene Einzelanordnungen, b) für die Besorgung der ortspolizeilichen Angelegenheiten, die bereits seit 1816 unter der gemeinschaftlichen Bezeichnung Polizeiintendantur bestehenden Bureaus, nämlich das Polizeiintendanturamt und die sogenannten Spezialbureaus (Polizeiuntersuchungsamt, Sicherheitsamt, Polizeifremdenamt, Wohnungsmeldungsamt) unter gemeinsamer Leitung des Polizeiintendanten, ausserdem das Polizeiamt für Charlottenburg.

Ein förmlicher Instanzenzug und eine schriftliche Korrespondenz zwischen dem Polizeipräsidenten oder dem Generalbureau einerseits und den ortspolizeilichen Bureaus andererseits war ausgeschlossen.

---

[1]) Vgl. hierzu und zu dem Folgenden: III. Verwaltungsbericht des Königl. Polizeipräsidiums zu Berlin, 1902. Carl Heymanns Verlag.

Gleichwohl bestand eine scharfe Scheidung zwischen beiden Theilen der Behörde, die sich auch äusserlich in der Form der Schriftstücke kenntlich machte.

Die Aufsichtsbefugnisse des Generalbureaus und die der Polizeiintendantur zugewiesene abgesonderte Stellung hatten aber einen völlig nutzlosen weitläufigen Geschäftsverkehr zwischen beiden Dienststellen zur Folge. Es wurde in Folge dessen im Jahre 1830 die bisherige Gliederung der Behörde in Generalbureau und Intendantur beseitigt und anstatt dessen nach dem Vorbilde der Einrichtung der Regierungen eine Reihe von Abtheilungen gebildet, welche aber hier gleichzeitig landes- und ortspolizeiliche Funktionen zu erfüllen hatten. Untereinander gleichberechtigt wurden die Abteilungen als ein Ganzes der unmittelbaren Aufsicht und Leitung des Präsidenten unterstellt; die Dirigenten der Abtheilungen wurden ermächtigt, die vorkommenden Geschäfte unter ihrer Verantwortlichkeit zu erledigen.

Es wurden 5 Abtheilungen gebildet:

I (bisheriges Generalbureau), II (bisheriges Intendanturamt), III (Polizeiuntersuchungsamt auf dem Gebiete der Straf- und Civiljustiz), IV (Sicherheits-, Kriminal- und Sittenpolizei), V (Fremdenverkehr, Passwesen u. s. w.). Nur in der ersten Abtheilung waren höhere Verwaltungsbeamte, in den übrigen Abtheilungen Polizeiräthe und -Assessoren thätig.

1846 wurde die Abtheilung III in der alten Zuständigkeit aufgelöst. Dafür brachte die Allerh. Kab.-O. v. 27. Dez. 1854 eine neue Abtheilung III (Bauabtheilung)[1]) sowie eine neue Abtheilung VI (für Polizeiübertretungen und Polizeiverwaltungsgeschäfte) und ferner eine von der Abtheilung IV abgezweigte neue Abtheilung VII (Kriminalabtheilung), welche letztere aber durch Kab.-O. v. 21. Jan. 1861 wieder mit Abtheilung IV vereinigt wurde.

§ 99. Anfang der 60er Jahre wurde von den damaligen Leitern des Polizeipräsidiums (von Winter, von Bernuth) Reformpläne aufgestellt, welche im Wesentlichen wieder auf eine Trennung der Ortspolizei von der Landespolizei abzielten, auch im Prinzip die Genehmigung des Ministers fanden, aber nicht zur Ausführung kamen.

§ 100. Die durch die Gesetzgebung aus Anfang der 80er Jahre geschaffene Verwaltungsorganisation vermehrte die Befugnisse des Polizeipräsidiums insofern, als bei Gelegenheit des Ausscheidens von Berlin aus dem Regierungsbezirk Potsdam diejenigen Befugnisse des Regierungspräsidenten von Potsdam, welche nicht dem Oberpräsidenten zu Brandenburg übertragen wurden, dem Polizeipräsidenten zu Berlin zufielen, soweit er nicht schon früher im Besitz der betreffenden Zu-

[1]) mit einem Regierungs- und Baurath, seit 1873 einem höheren Verwaltungsbeamten an der Spitze. Seit 1894 ist den bautechnischen Räthen ein gewisser Antheil an der Leitung der Geschäfte eingeräumt.

ständigkeiten war. Der Oberpräsident erhielt vor Allem die kommunale Aufsicht von Berlin. Die Befugnisse des Polizeipräsidenten erstrecken sich dagegen hauptsächlich auf die gewerbliche, Sanitäts-, landwirthschaftliche Polizei, Landeshoheitssachen, endlich auf einige kirchenaufsichtliche Angelegenheiten. Nicht dagegen ist der Polizeipräsident zuständig in Schulangelegenheiten,[1]) Steuer- und Auseinandersetzungsangelegenheiten, welche von dem Provinzialschulkollegium, der Verwaltung der direkten Steuern, der Provinzialsteuerdirektion zu Berlin, sowie der Generalkommission und der Direktion der Rentenbank für Brandenburg bearbeitet werden. Auch dem Bezirksausschuss für Berlin steht nicht der Polizeipräsident an Stelle des Regierungspräsidenten, sondern ein besonders ernannter Präsident vor.

Gegenwärtige Organisation.

§ 101. Wenn hiernach grundsätzlich in den einzelnen Abtheilungen nach wie vor orts- und landespolizeiliche Angelegenheiten gemeinsam behandelt wurden, so hatte doch der Umstand, dass die Dezernentenstellen der Abtheilung I durchweg mit höheren Verwaltungsbeamten, diejenigen der Abtheilung II durchweg mit Polizeiräthen und Polizeiassessoren besetzt waren, dazu geführt, dass sich das Verhältniss der Abtheilungen I und II zu einander im Laufe der Jahrzehnte in einer Weise entwickelte, die dem Grundgedanken der Reform von 1830 durchaus widersprach: von dem ursprünglichen Geschäftsbereich der Abtheilung II waren allmälig alle wichtigeren und schwierigeren Entscheidungen auf die Abtheilung I übergegangen, während der Abtheilung II in der Hauptsache die ortspolizeiliche Detailarbeit verblieb. Dieses System der Geschäftsvertheilung hatte sich nicht immer als geeignet erwiesen für eine sachgemässe und einheitliche Erledigung der wichtigen Aufgaben beider Abtheilungen.

Demgemäss wurden durch die Neuorganisation im Jahre 1901 an Stelle der Abtheilungen I und II drei einander völlig gleichstehende Geschäftsabtheilungen eingerichtet, auf welche die bis dahin von jenen Abteilungen bearbeiteten Geschäfte lediglich nach dem Zusammenhange der Materien vertheilt wurden. Nachdem durch den Staatshaushaltsetat für 1901 die erforderlichen Personalvermehrungen bewilligt waren, trat die Neubildung am 1. Mai 1901 in folgender Form in Wirksamkeit: Die neueingerichteten Abtheilungen erhielten die Bezeichnungen Abtheilung I, IIa und IIb. Es wurden der Ab-

[1]) Vgl. das Organ.-Ges. v. 26. Juli 1880 und das Ges. über die allgemeine Landesverwaltung von 1883 § 44. Der Polizeipräsident ist darnach an die Stelle der Regierungs-Abtheilung für das Kirchen- und Schulwesen getreten, wobei es jedoch wegen des Schulwesens und der Verwaltung des landesherrlichen Patronats bei den bestehenden Bestimmungen (Zuständigkeit des Provinzialschulkollegiums bezw. der Ministerial-, Militär- und Baukommission) verblieben ist.

theilung IIa hauptsächlich die sanitäts- und veterinärpolizeilichen, sowie die sozialpolitischen Angelegenheiten, ferner Vereinssachen,[1]) Verlosungen und Lotterien, Unterstützungssachen und Requisitionen, der Abtheilung IIb die Handhabung der Strassen-, Verkehrs- und Gewerbepolizei überwiesen, und zwar ohne Unterschied, ob es sich um ortspolizeiliche oder landespolizeiliche Aufgaben, einfachere oder schwierigere Einzelfälle handelte. Dagegen verblieben der Abtheilung I im Wesentlichen ihre sonstigen früheren Zuständigkeiten einschliesslich der früher in mehreren Abtheilungen wahrgenommenen, seit 1900 aber einer besonderen Unterabtheilung übertragenen Theaterangelegenheiten.

Die Abtheilung I blieb in Anbetracht der ihr obliegenden durchweg besonders wichtigen und schwierigen Aufgaben und mit Rücksicht auf ihre Funktionen als kollegiale Behörde in Disziplinar- und Enteignungssachen ausschliesslich mit höheren Beamten besetzt. Dagegen trat bei den Abteilungen IIa und IIb — unter der Leitung von höheren Verwaltungsbeamten — ein Nebeneinanderarbeiten von höheren Verwaltungsbeamten, Polizeiräthen und Polizeiassessoren als Dezernenten ein, wie es vordem bereits bei der politischen Polizei bestand.

Die übrigen Abtheilungen haben ihren bisherigen Geschäftsbereich behalten. Nur wurde durch den Staatshaushaltsetat von 1892/93 eine neue VII. Abtheilung für politische Polizei eingeführt, die aber thatsächlich als eine besondere unmittelbar der persönlichen Leitung des Polizeipräsidenten unterstehende Geschäftsstelle schon seit Ende der 70er Jahre bestand.

Neben den Abtheilungen der Behörde sind endlich als besondere Geschäftsstellen und Bureaus zu nennen die Polizeihauptkasse, das Einwohnermeldeamt und das Präsidialbureau. Einwohnermeldeamt und Präsidialbureau stehen je unter der Leitung eines Polizeiraths. Eine selbständige Stellung innerhalb der Behörde nimmt ferner das der Leitung eines Oberinspektors unterstellte Polizeigefängniss ein.

§ 102. Seit 1890 ist dem Polizeipräsidium eine Anzahl der durch die Arbeiterversicherungsgesetze geschaffenen Schiedsgerichte angegliedert.

Zur Durchführung des Alters- und Invalidenversicherungsgesetzes v. 22. Juni 1889 wurden in Berlin vier Schiedsgerichte für die Stadtkreise Berlin und Charlottenburg und die Landkreise Niederbarnim und Teltow unter einem gemeinschaftlichen Vorsitzenden errichtet, welcher seine Stelle im Hauptamte bekleidete und dem Polizeipräsidium unter Entbindung von allen erheblicheren Dienstgeschäften bei dieser Behörde überwiesen wurde. Im Jahre 1895 wurde dem Vorsitzenden dieser Schiedsgerichte auch der bisher nebenamtlich

---

[1]) soweit sie nicht in Abtheilung VII bearbeitet werden.

verwaltete Vorsitz in den sämmtlichen anderen in Berlin domizilierten Schiedsgerichten, insbesondere denjenigen der Unfallversicherung, übertragen; zu seiner Unterstützung wurden gleichzeitig mehrere stellvertretende Vorsitzende im Hauptamt ernannt und ebenfalls dem Polizeipräsidium unterstellt.

Mit dem 1. Jan. 1901 sind die sämmtlichen Schiedsgerichte, entsprechend den Vorschriften des Unfallversicherungsgesetzes v. 30. Juni 1900 (R.-G.-Bl. S. 573), zu einheitlichen Schiedsgerichten für Arbeiterversicherung für den Stadtkreis Berlin, den Regierungsbezirk Potsdam und den Eisenbahndirektionsbezirk Berlin vereinigt worden.

Seit 1903 ist die Stelle des Vorsitzenden mit Rücksicht auf Bedeutung, Geschäftsumfang und Zahl der dabei beschäftigten höheren Verwaltungsbeamten von einer Regierungsraths- in eine Oberregierungsrathsstelle umgewandelt worden.

Uebertragung einzelner Geschäftszweige an die Stadt.

§ 103. Bereits früher hatten mehrfache Verhandlungen geschwebt wegen der Uebertragung **einzelner** Zweige der örtlichen Polizei an die städtischen Behörden, so hinsichtlich des Feuerlöschwesens und der damit verbundenen Verwaltungszweige in den 30er Jahren und seit 1846 dann hinsichtlich des Nachtwachtwesens und des Einwohnermeldeamts in den 60er Jahren. Im Jahre 1848 hatte man vorübergehend die Abgabe eines grossen Theiles der gesammten Polizeiverwaltung, namentlich der Wohlfahrtspolizei, an die Stadtgemeinde ins Auge gefasst. 1860 war die Abgabe der Baupolizei in Erwägung gezogen worden.

Alle diese Verhandlungen waren ergebnisslos verlaufen. Erst im Anfang der 70er Jahre gelangte die Ueberweisung einzelner Geschäftszweige an die Stadtgemeinde thatsächlich zur Durchführung.

Nachdem der Magistrat im Jahre 1872 auf Uebertragung der Strassenbaupolizei angetragen hatte, war nach längeren Verhandlungen ein Uebereinkommen des Inhalts geschlossen worden, dass dieser mit den wirthschaftlichen Interessen der Gemeinde eng zusammenhängende Zweig der Ortspolizeiverwaltung auf die Stadtgemeinde übergehen sollte, während gleichzeitig auch von der letzteren die bisher dem Fiskus obliegende Strassenunterhaltungspflicht gegen Ueberlassung des Eigenthums an den Strassen und Plätzen und eine jährliche, später durch eine Kapitalsabfindung abgelöste, Rentenzahlung übernommen wurde.

Durch Allerh. Kab.-O. v. 28. Dez. 1875 wurde daraufhin der Minister des Innern ermächtigt, die örtliche Strassenbaupolizei, worunter die gesammte auf die Anlegung, Regulirung, Entwässerung und Unterhaltung der Strassen und Brücken bezügliche örtliche Polizei begriffen sei, der Stadtgemeinde zur eigenen Verwaltung widerruflich zu überlassen, während die Rechte der Landespolizeibehörde, soweit nicht die §§ 5, 8, 9, 10 und 18 des Fluchtliniengesetzes v. 2. Juli 1875 (G.-S. S. 561) andere Bestimmungen enthielten, dem Polizeipräsidium vorbehalten blieben. Die Uebertragung dieser Geschäfte erfolgte sodann auf Grund des Erl. v. 1. Jan. 1876 mit der Massgabe, dass der Oberbürgermeister oder das diesem nach § 62 der Städteordnung zu substituirende Mitglied des Magistrats die Verwaltung zu übernehmen habe.

Wie bald darauf durch Ministerialerlasse v. 17. April 1877 und v. 26. Mai 1877 entschieden wurde, erstreckte sich die Uebertragung nicht auf die in den §§ 1, 3, 5 des Ges. v. 2. Juli 1875 der Ortspolizeibehörde beigelegten Funktionen, soweit es sich um Interessen des Verkehrs-, der Feuersicherheits- und der Gesundheitspolizei handelt. Diese Funktionen werden vielmehr nach wie vor von dem Polizeipräsidenten selbständig ausgeübt, ohne dass er hierbei an Anträge oder Beschlüsse des städtischen Verwalters der Strassenbaupolizei gebunden ist.

Im Jahre 1875 wurde ferner die kontraktliche Uebernahme des sogenannten städtischen Strassenreinigungswesens rückgängig gemacht und gleichzeitig eine Vereinbarung mit dem Magistrat dahin erzielt, dass auch das sogenannte polizeiliche Strassenreinigungswesen auf die städtische Verwaltung überging. Dieses Abkommen erhielt, unbeschadet der dem Polizeipräsidium als Polizeibehörde zustehenden Aufsichtsrechte, die Allerhöchste Bestätigung durch Kab.-O. v. 27. Sept. 1875 und trat mit dem 1. Okt. 1875 in Kraft.

Im Anfang der 90er Jahre wurden neue Verhandlungen mit der Stadtverwaltung angeknüpft wegen etwaiger widerruflicher Uebertragung einzelner Zweige der Polizeiverwaltung. Von Seiten der Regierung wurde im Laufe der Verhandlungen die Uebertragung der Markt-, Gesinde-, Schul-, Feld-, Forst-, Jagd- und Fischereipolizei, sowie mit gewissen Einschränkungen auch der Gewerbe-, Hochbau- und Gesundheitspolizei zugestanden. Die Verhandlungen scheiterten jedoch daran, dass der Magistrat ausserdem die Uebertragung der Feuerpolizei und Feuerwehr beanspruchte — worauf die Regierung wegen des ausschliesslich sicherheitspolizeilichen Charakters dieses Verwaltungszweiges nicht eingehen konnte —, sowie daran, dass über die von der Stadt verlangte Ermässigung des Polizeikostenbetrages eine Einigung nicht erzielt werden konnte.

Seit dem 1. April 1900 ist endlich die Schulpolizei dem Oberbürgermeister von Berlin übertragen worden.

Räumlicher Wirkungskreis.

§ 104. Erhebliche Umgestaltungen vollzogen sich im Laufe der Zeit auch hinsichtlich des räumlichen Wirkungskreises des Berliner Polizeipräsidiums.

Ursprünglich unterschied man einen sogenannten engeren und weiteren Polizeibezirk. Die Grenzen des engeren Polizeibezirks waren durch eine Verordnung des Oberpräsidenten v. 27. Juni 1822 (A.-Bl. S. 141) festgelegt und umfassten ausser dem Stadtbezirke nur einzelne an diesen angrenzende Ländereien, namentlich den Thiergarten. In den anderen Gebieten, der Stadt Charlottenburg und dem sogenannten weiteren Polizeibezirk, beschränkte sich die Zuständigkeit des Polizeipräsidiums zu Berlin auf die Wahrnehmung der Sicherheits- und Ordnungspolizei. Als Exekutivorgane dienten in Charlottenburg das dortige Polizeiamt und in den Landbezirken besondere Landrevierkommissarien. (Bekanntmachung des Oberpräsidenten v. 7. Juli 1830, A.-Bl. S. 171.) Soweit dieses Polizeiamt selbstständige Ortspolizeibehörde war, unterstand es der Regierung zu Potsdam.

Die Zweitheilung des Instanzenzuges hatte mannigfache Zweifel über die Ressortverhältnisse und andere Unzuträglichkeiten im Gefolge gehabt. Zur Beseitigung dieser Missstände erging die Allerh. Kab.-O. v. 7. Aug. 1846 (Min.-Erl. v. 7. Dez. 1854), welche genehmigte, dass das Polizeiamt in eine selbständige, lediglich dem Polizeipräsidium als Landespolizeiinstanz untergeordnete Ortspolizeibehörde umzugestalten sei.

Die Kreisordnung v. 31. Dez. 1872 brachte wieder einige Aenderungen, indem eine grosse Anzahl der bis dahin von dem Polizeipräsidium zu treffenden Entscheidungen auf die neugeschaffenen Selbstverwaltungsbehörden des Kreises Teltow, des Regierungsbezirks Potsdam und der Provinz Brandenburg übertragen wurden, und das Polizeiverordnungsrecht in landespolizeilichen Angelegenheiten auf den Regierungspräsidenten zu Potsdam überging.

Die Kreisordnung gab zugleich Veranlassung, die Zuständigkeiten des Polizeipräsidiums in dem sogenannten weiteren Polizeibezirke zu beseitigen. Der bisherige Dualismus der Polizeiverwaltung in diesem Bezirke hatte nach dem übereinstimmenden Urtheil aller betheiligten Behörden sich in der Praxis nicht bewährt, vielmehr bei dem Mangel einer klaren Abgrenzung der beiderseitigen Zuständigkeiten zu steten Reibereien und Kompetenzstreitigkeiten zwischen dem Polizeipräsidium und seinen Organen und den Ortsobrigkeiten und Landräthen Veranlassung gegeben. Da ausserdem durch die Kreisordnung die Handhabung der gesammten ländlichen Ortspolizeiverwaltung den Amtsvorstehern übertragen war, wurde durch Allerh. Kab.-O. v. 6. Okt. 1873 der weitere Polizeibezirk aufgehoben, und die Landreviere kamen damit in Fortfall.

§ 105. Die seit dem Jahre 1872 durchgeführte Aufhebung jedes Zusammenhanges zwischen den Polizeiverwaltungen Berlins und seiner Vororte war aber auf die Dauer nicht haltbar. In sicherheitspolizeilicher Hinsicht hatte die Schaffung einer Anzahl von einander völlig unabhängiger Ortspolizeibehörden auf dem in seinen gesammten wirthschaftlichen und Verkehrsbeziehungen ein einheitliches Ganzes bildenden Gebiete schwerwiegende Nachtheile zur Folge gehabt. Es hatte namentlich dazu geführt, dass die Gewohnheitsverbrecher in den Vororten, wo sie nicht gekannt und daher auch nicht überwacht wurden, Wohnung nahmen und von dort aus in Berlin ihrer verbrecherischen Thätigkeit nachgingen; andererseits hatten auch in Berlin ansässige Verbrecher mit Vorliebe den Schauplatz ihrer Thätigkeit in die Umgegend verlegt. Eine wirksame Abhülfe diesen Uebelständen gegenüber konnte nur in der Schaffung einer einheitlichen Leitung der Sicherheitspolizei in den betheiligten Gebieten gefunden werden.

Das Ges. v. 12. Juni 1889 (G.-S. S. 129) legte daher dem Minister des Innern die Befugniss bei, mit Zustimmung des Provinzialraths die orts- und landespolizeiliche Zuständigkeit des Polizeipräsidenten mit Ausnahme einzelner bestimmt bezeichneter Zweige der polizeilichen Thätigkeit[1]) auf die Stadt Charlottenburg und die Kreise Teltow und Niederbarnim oder einzelner Theile dieser Kreise auszudehnen.

Auf Grund dieses Gesetzes wurde durch Verfügung des Ministers des Innern vom 3. Febr. 1890 die orts- und landespolizeiliche Zuständigkeit des Polizeipräsidenten auf die Amtsbezirke Rixdorf, Schöneberg und Deutsch-Wilmersdorf im Kreise Teltow, die Amtsbezirke Lichtenberg, Reinickendorf, Weissensee und Stralau-Rummelsburg im Kreise Niederbarnim, sowie den Stadtkreis Charlottenburg hinsichtlich der Wahrnehmung der Kriminal- und Sittenpolizei und einiger anderer hiermit zusammenhängender polizeilicher Funktionen ausgedehnt. Für die Amtsbezirke wurde eine Anzahl von Kriminalpolizeibeamten zur Verfügung gestellt, denen gegenüber den Amtsvorstehern dieselbe Stellung beigelegt wurde, welche sie den Gendarmen gegenüber einnehmen. Für Charlottenburg fand eine Aenderung der Organisation nicht statt; hier konnte es bei dem auf Grund der Allerh. Kab.-O. v. 7. Aug. 1846 geschaffenen Zustande belassen werden.

Durch Verfügung des Ministers des Innern v. 31. Dez. 1899 ist die Zuständigkeit des Polizeipräsidenten in dem gleichen Umfange, wie in den vorhergenannten Amtsbezirken, ausgedehnt worden auf die Amtsbezirke Tempelhof und Treptow des Kreises Teltow, sowie Pankow und Tegel des Kreises Niederbarnim, durch Verfügung des Ministers des Innern v. 19. Febr. 1901 ausserdem auf den Amtsbezirk Britz des Kreises Teltow.

In seinem vollen Umfange gelangte das Ges. v. 12. Juni 1889 auf die Gemeinde Schöneberg zur Anwendung, nachdem diese Gemeinde im Jahre 1898 zur Stadt erhoben war.

Im Laufe des Jahres 1899 schieden die Stadt Schöneberg und die inzwischen ebenfalls zur Stadt erhobene Gemeinde Rixdorf aus dem Kreise Teltow aus, um eigene Stadtkreise zu bilden. Damit verlor das Ges. v. 12. Juni 1889 für diese beiden Ortschaften seine Geltung. Es wurden dort Königliche Polizeiverwaltungen eingerichtet, die zunächst dem Regierungspräsidenten zu Potsdam unterstanden.

Diese Organisation entsprach nicht den durch die engen Beziehungen beider Städte zu Berlin gegebenen Anforderungen der Praxis. Andererseits war es, hauptsächlich in Anbetracht des gewaltigen Geschäftsumfanges des Polizeipräsidiums, unthunlich, diese Behörde unmittelbar mit der Handhabung der gesammten Polizei in jenen Städten zu betrauen. Demnach erschien es angezeigt, den Königlichen Polizeibehörden in Schöneberg und Rixdorf zwar ihre Selbständigkeit zu belassen, jedoch die Verwaltung der Landespolizei, sowie die Aufsicht über die Handhabung der Ortspolizei und über die Dienstführung der bei jenen Behörden angestellten Beamten von dem Regierungspräsidenten zu Potsdam auf den Polizeipräsidenten zu übertragen.

Eine Aenderung gegenüber dem bisherigen Zustande war auch für den Stadtkreis Charlottenburg insofern wünschenswerth, als nach

[1]) Es waren ausgeschlossen die Bau-, Gewerbe-, Schul-, Markt-, Feld-, Jagd-, Forst-, Gesinde-, Armen-, Wege-, Wasser-, Fischerei- und Feuerpolizei.

der Selbstverwaltungsgesetzgebung der Bezirksausschuss zu Potsdam und der Provinzialrath der Provinz Brandenburg in zahlreichen Fällen für polizeiliche Angelegenheiten in Charlottenburg zuständig waren und das Polizeiverordnungsrecht dem Regierungspräsidenten zu Potsdam zustand.

Diese Erwägungen führten zu dem Erlass des Gesetzes, betreffend die Polizeiverwaltung in den Stadtkreisen Charlottenburg, Schöneberg und Rixdorf, vom 13. Juni 1900 (G.-S. S. 247). Die genannten Stadtkreise wurden mit dem Stadtkreise Berlin zu einem Landespolizeibezirke Berlin vereinigt und die Zuständigkeiten für den ganzen Polizeibezirk in der Weise einheitlich geregelt, dass die landespolizeilichen etc. Funktionen, welche dem Regierungspräsidenten und dem Bezirksausschuss zu Potsdam und dem Provinzialrath der Provinz Brandenburg in den drei Vororten bisher zugestanden hatten, auf die für den Stadtkreis Berlin zuständigen Behörden übertragen wurden.[1])

Für die Stadt Charlottenburg übt der Polizeipräsident auch seit dem Inkrafttreten des Ges. v. 13. Juni 1900 noch neben den von diesem Gesetz betroffenen „polizeilichen Angelegenheiten", auf Grund der Allerh. Kab.-O. v. 7. Aug. 1846 einzelne landeshoheitliche Befugnisse aus. Insbesondere kommt dies zum Ausdruck in Enteignungsangelegenheiten und in kirchlichen Aufsichtssachen:

a) In Enteignungsangelegenheiten wird von dem Polizeipräsidenten die Instruktion des Verfahrens gemäss §§ 15, 18–20, 24 und 27 des Ges. v. 11. Juni 1874 (G.-S. S. 221) auch für den Stadtkreis Charlottenburg geleitet.

b) In kirchlichen Angelegenheiten werden einige Aufsichtsrechte auch für die Kirchengemeinden in Charlottenburg von dem Polizeipräsidenten ausgeübt; diese Praxis stützt sich auf die Erlasse des Ministers der geistlichen Angelegenheiten v. 24. Okt. 1876 und v. 16. Dez. 1875.

Beamtenpersonal.

§ 106. Dass die ausserordentliche Bevölkerungszunahme Berlins, namentlich seit 1870[2]), verbunden mit dem grossen Aufschwung aller wirthschaftlichen, Verkehrs- und damit aller Lebensbedürfnisse eine stets wachsende Vermehrung des polizeilichen Beamtenapparates zur Folge gehabt hat, kann nicht Wunder nehmen. In Anl. LXXXII ist eine Gesammtübersicht des Beamtenpersonals des Königlichen

[1]) Hiervon abgesehen ist im Laufe der letzten Jahrzehnte auch durch eine Reihe sonstiger Anordnungen dem Polizeipräsidenten eine über die Grenzen des engeren Polizeibezirks hinausgehende Zuständigkeit in einzelnen Angelegenheiten beigelegt worden. Insbesondere sei hier hervorgehoben die Uebertragung der Strom- und Schiffahrtspolizei hinsichtlich einiger Wasserstrassen der Umgebung Berlins sowie der Genehmigung und der Aufsichtsführung bezüglich derjenigen Kleinbahnen und Privatanschlussbahnen in den Kreisen Teltow und Niederbarnim, bei denen Berlin betheiligt ist, und ferner die Bestellung des Polizeipräsidenten als Kommissar zur Verhinderung und Unterdrückung von Viehseuchen für die Amtsbezirke Lichtenberg und Stralau-Rummelsburg im Kreise Niederbarnim.

[2]) Die Bevölkerung Berlins betrug 1820: 201 900 Personen, 1849: 410 726, 1871: 826 341, 1880: 1 122 330, 1890: 1 578 794, 1900: 1 888 848.

Polizeipräsidiums für die Jahre 1875, 1890 und 1903 (nebst Höhe der Besoldungen) gegeben. Darnach betrug die Steigerung seit jener Zeit: 1875: 4166, 1890: 6023, 1903: 8497 Personen. Der Beamtenapparat hat sich also seit 1875 verdoppelt, seit 1890 um ein Drittel vermehrt.

Höhere Beamte der allgemeinen Verwaltung.

§ 107. Man hat hier solche Beamtenstellen zu unterscheiden, welche die Vorbildung des höheren Verwaltungs- oder Gerichtsbeamten voraussetzen, ferner die sogenannten Polizeiräthe und -Assessoren, welche sich zum grössten Theil aus früheren Militärs rekrutiren, endlich drittens die höheren technischen Beamten (Aerzte, Bauinspektoren, Gewerbeinspektoren etc.). Sämmtliche 3 Beamtengruppen weisen grosse Steigerungen auf. Es waren vorhanden (im Hauptamte):

	1853	1875	1890	1902
1. Höhere Verwaltungsbeamte	17 (1. u. 2. zusammen)	12	17	33[1])
2. Polizeiräthe u. -Assessoren		25	31	37
3. Höhere technische Beamte (einschl. Thierärzte) . . .	—	42	83	116

Was die beiden erstgenannten Beamtengruppen anbetrifft, so hat sich hiernach die Zahl der akademisch vorgebildeten Elemente seit 1875 noch stärker vermehrt als die der Polizeiräthe und -Assessoren.

§ 108. Die Vertheilung der höheren Beamten, welche Dezernentenstellen versehen, auf die einzelnen Abtheilungen des Polizeipräsidiums im Jahre 1900 war folgende:

Abth. I: 2 Dirigenten (Oberregierungsräthe), von denen einer ständiger Vertreter des Polizeipräsidenten ist, 7 höhere Verwaltungsbeamte, 1 Regierungs- und Medizinalrath, 2 Regierungs- und Bauräthe.

Zugetheilt: 5 Versicherungsrevisoren und 1 Bankinspektor. Unterabtheilung für Theaterangelegenheiten: 2 höhere Verwaltungsbeamte.

Abth. IIa: 1 Dirigent (Oberregierungsrath), 2 höhere Verwaltungsbeamte, 1 Regierungs- und Medizinalrath, 1 Departementsthierarzt, 9 Polizeiräthe und Polizeiassessoren (oder Hülfsarbeiter).

Als ein besonderes selbstständiges Organ für einzelne gesundheitspolizeiliche Angelegenheiten steht ihr die Königl. Sanitätskommission und deren ständiger Ausschuss (Reglement vom 27. Aug. 1865) zur Seite.

Abth. IIb: 1 Dirigent (Oberregierungsrath), 2 höhere Verwaltungsbeamte, 1 Regierungs- und Gewerberath, 1 gewerbetechnischer Hülfsarbeiter, 6 Polizeiräthe und -Assessoren.

Abth. III: 1 Dirigent (Oberregierungsrath), 3 Regierungs- und Bauräthe und 1 Bauinspektor.

Abth. IV: 1 Dirigent (Oberregierungsrath), 3 Unterabtheilungen: 1) allgemeine Sicherheitspolizei: 5 Polizeiräthe; 2) Kriminalpolizei unter Leitung eines Polizeiraths, der zugleich Stellvertreter des Dirigenten ist. Für diesen Dienstzweig bestehen 5 Inspektionen, von denen 2 (AI und AII) nach örtlicher Trennung die grosse Masse der Verbrechen und Vergehen, 2 (BI und BII) die Verfolgung der gewohnheitsmässigen Verbrecher und C diejenigen Strafsachen bearbeiten, welche besondere Kenntnisse erfordern. An der Spitze jeder Inspektion steht ein Kriminalinspektor, dem eine grössere Anzahl, insgesammt 38 Kriminalkommissare unterstellt sind. Für die Leitung der Sittenpolizei ist ein Kriminalinspektor und ein Kriminalkommissar als dessen Stellvertreter vorhanden.

[1]) einschl. 9 für die Schiedsgerichte.

Abth. V: 1 Polizeirath als Dirigent und 6 Polizeiräthe und Polizeiassessoren.

Abth. VI: 1 Polizeirath als Dirigent und 4 Polizeiräthe und Polizeiassessoren als Dezernenten.

Abth. VII: 1 Geheimer Regierungsrath als Dirigent, 2 höhere Verwaltungsbeamte, 1 Polizeirath und 1 Polizeiassessor als Dezernent.

§ 109. Bei weitem die grösste Zunahme zeigt sich nach § 107 bei den höheren technischen Beamtenstellen, eine Thatsache, deren Erklärung ausser in allgemeinen Gründen zu finden ist in der wesentlich gesteigerten Bedeutung der Mitarbeit technischer Sachverständiger auf vielen Gebieten der Polizeiverwaltung. Nur eine verhältnissmässig geringe Zahl der technischen Beamten versehen natürlich Dezernentenstellen an dem Polizeipräsidium. Die meisten sind in ihrem Geschäftskreise auf einen örtlich abgegrenzten Theil des Stadtgebietes beschränkt und als begutachtende und ausführende Organe der Behörde unterstellt (1900 waren als technische Lokalbeamte dem Polizeipräsidium unterstellt 13 Kreisärzte, 4 Gerichtsärzte, 5 Kreisthierärzte nebst 11 Polizeithierärzten und 9 Hülfspolizeithierärzten, 11 Bauinspektoren nebst 11 Baumeistern, sowie 5 Gewerbeinspektoren nebst 5 Gewerbeinspektions-Assistenten und 2 Gewerbeinspektions-Assistentinnen).

Medizinalbeamte.

§ 110. Die medizinaltechnische Beamtenorganisation ist ganz neuerdings durch das am 1. April 1901 in Kraft getretene Kreisarztgesetz vom 16. Sept. 1899 (G.-S. S. 172) geregelt worden. Die alte Bezeichnung „Physiker" ist in Fortfall gekommen und durch die Bezeichnungen „Kreisarzt" und „Gerichtsarzt" ersetzt worden. An Stelle der alten 10 Physikatsbezirke sind 12 Kreisarztbezirke gebildet, die sich räumlich mit den Bezirken der Polizeihauptmannschaften decken. Einem 13. Kreisarzt, dessen Geschäftsbereich sich auf die ganze Stadt erstreckt, sind im Wesentlichen die Obliegenheiten des früheren Polizei-Stadtphysikus, welcher die eigentliche Medizinalpolizei ausübt, während den Kreisärzten hauptsächlich die sanitätspolizeilichen Funktionen obliegen, übertragen worden. Die 4 Gerichtsärzte haben die bisherigen Funktionen der gerichtlichen Stadtphysiker beibehalten. Nähere Vorschriften über die amtliche Stellung der Kreis- und Gerichtsärzte und Art und Umfang ihrer Obliegenheiten wurden durch eine ministerielle Dienstanweisung vom 23. März 1901 getroffen.

Von der Anstellung vollbesoldeter Kreisärzte ist für Berlin abgesehen worden.

Thierärzte.

Die veterinärpolizeilichen Geschäfte waren in den ersten Jahrzehnten des Bestehens der Behörde von der Thierarzneischule bewirkt worden. Erst 1853 wurde ein Kreisthierarzt für Berlin angestellt. Diese Kreisthierarztstelle wurde 1866 in eine Departementsthierarztstelle umgewandelt. Ein Jahr später wurde dem Departementsthierarzt zu seiner Entlastung ein zweiter Thierarzt als Gehülfe und Vertreter beigegeben, 1870 aus Anlass des Ausbruchs der Rinderpest auf dem städtischen Viehhofe 3 weitere Thierärzte. Durch Ministerialerlass vom 11. Mai 1871 wurde die Anstellung von 2 Kreisthierärzten genehmigt, wogegen die seit 1867 bestehende Assistentenstelle in Fortfall kam. Zwei weitere Kreisthierarztstellen sind 1876 und 1881 hauptsächlich mit Rücksicht auf die neuere Viehseuchengesetzgebung und die hierdurch bedingte geschäftliche Mehrbelastung der beamteten Thierärzte, eine fünfte Stelle im Jahre 1897 vorwiegend zum Zweck der Kontrolle des Viehverkehrs auf dem Bahnhof und dem Markt in Rummelsburg geschaffen worden.

Seit 1875 wurden zum Zweck verschärfter Kontrolle der Wochenmärkte und Fleischverkaufsstellen sogenannte Polizeithierärzte gegen Diäten angestellt; die Kosten trug der Magistrat, weil die Thätigkeit dieser Thierärzte nur im sanitätspolizeilichen Interesse der Stadt Berlin erfordert wurde. Die Zahl der Polizeithierärzte ist allmählich auf 11 erhöht worden. Zur weiteren Entlastung der Polizeithierärzte in ihren Kontrollfunktionen auf dem Viehhof und in den Markthallen wurden ausserdem seit dem Jahre 1883 nach und nach 9 Hülfspolizeithierärzte bestellt, die nach Bedarf zum Dienste herangezogen werden.

Die Polizeithierärzte beziehen seit dem Jahre 1884 eine fixirte Remuneration, während die Hülfsthierärzte nach wie vor nur auf die Diäten angewiesen sind. In Folge des Inkrafttretens des Polizeikostengesetzes vom 20. April 1892 wurden die Besoldungskosten, soweit es sich um die Remunerirung für die Revisionen der animalischen Nahrungsmittel handelte, auf die Staatskasse übernommen, wogegen die Kosten für die veterinärpolizeiliche Ueberwachung der Viehmärkte nach wie vor von der Stadtgemeinde getragen werden.

Bauinspektoren.

Der Umfang der baupolizeilichen Geschäfte der Behörde hatte sich bereits in den 60er Jahren in Folge der starken Zunahme der Bauthätigkeit und der gesteigerten Anforderungen an die Kontrolle der Privatbauten dermassen gesteigert, dass eine Erweiterung des für die Handhabung der Baupolizei vorhandenen in der Abtheilung III zusammengefassten Beamtenorganismus erforderlich wurde. Es wurde daher im Jahre 1865 der Polizeibezirk Berlin in drei Baukreise getheilt, deren Zahl im Jahre 1873 auf acht, im Jahre 1889 auf zehn und im Jahre 1897 auf elf erhöht wurde.

Die Austattung der Bauinspektionen mit Hülfskräften ist seit dem Jahre 1898 in der Weise geregelt, dass jedem Bauinspektor ein staatlich besoldeter Regierungsbaumeister, welcher ihn in Behinderungsfällen zu vertreten hat, und ein gleichfalls staatlich besoldeter Bausekretär zur Hülfeleistung beigegeben ist; abgesehen hiervon hat jeder Bauinspektor aus seiner Dienstaufwandsentschädigung einen technisch vorgebildeten Privatgehülfen zu halten. Vor dem bestanden feste Vorschriften über die Besetzung der Bauinspektionen nicht.

Gewerbeinspektoren.

Bereits in den 50er Jahren war auf Grund des Gesetzes vom 16. Mai 1853 (G.-S. S. 225) eine Dienststelle bei dem Polizeipräsidium eingerichtet gewesen für die Beaufsichtigung der Beschäftigung jugendlicher Arbeiter in Fabriken. Diese Dienststelle kam später wieder in Fortfall. Mit dem 1. Jan. 1874 wurde die Stellung eines Königlichen Fabrikinspektors neu eingerichtet, welcher 1879 den Titel „Gewerberath" erhielt.

Die Arbeiterschutzvorschriften der Gewerbeordnungsnovelle vom 1. Juni 1891 bedingten eine weitere erhebliche Ausdehnung der Geschäfte der Gewerbeaufsichtsbeamten. Mit Rücksicht hierauf wurden, entsprechend der damals allgemein im ganzen Staatsgebiet erfolgten Umgestaltung dieses Dienstzweiges, in Berlin drei Gewerbeinspektionsbezirke gebildet. In neuester Zeit sind fünf Gewerbeinspektionsbezirke (C, O, S, W und N) gebildet und mit je einem Inspektor und einem Assistenten besetzt worden. Ausserdem wurden im Laufe der letzten beiden Jahre zwei weibliche Gewerbeinspektionsbeamte angestellt.

Dem Gewerberath, der seit 1892 den Titel „Regierungs- und Gewerberath" führt, verblieb die obere Leitung der Gewerbeinspektionen. Ihm steht seit 1899 ein Gewerbeinspektor als gewerbetechnischer Hülfsarbeiter zur Seite.

Mittlere und Unterbeamte.

§ 111. Die starke Vermehrung dieser Beamtengruppe ist hinter derjenigen der höheren Beamten nicht zurückgeblieben.

Sie betrug

	1853	1875	1890	1902
Bureaubeamte einschl. Bauschreiber, Buchhalter etc.	61	158	218	366
Kanzlisten	4	12	30	30
Bureau- und Kanzleihilfsarbeiter	(?)	93	136	105
Unterbeamte	15	48	84	100
Summe	71	311	468	701.

Das Verhältniss von Diätaren zu etatsmässigen Beamtenstellen hat sich hiernach in dem letzten 12jährigen Zeitraum erheblich gebessert. Auch bei dem Bureaupersonal haben im Laufe der Zeit mannigfache Organisationsänderungen stattgefunden, die zu verfolgen aber zu weit führen würde.

Gegenwärtig ist jede Abtheilung mit einem selbständigen, zum Theil wiederum in sich mehrfach gegliederten Sekretariats- und Registraturpersonal ausgestattet, dagegen ist, abgesehen von einigen Ausnahmen, die Kanzlei nach wie vor für die ganze Behörde einheitlich organisirt. Im Jahre 1901 hatte die Behörde an Subaltern- und Unterbeamten aufzuweisen 234 Polizeisekretäre, 15 technische Bureaubeamte mit Einschluss von 11 Bausekretären bei den Bauinspektionen, 95 Einwohnermeldeamtsassistenten, 36 Kanzlisten, 98 Hülfsarbeiter, 100 Boten, Vollziehungsbeamte, Aufseher u. s. w. und 21 Lohnschreiber, insgesammt 599 Beamte, abgesehen von 61 Beamten der dem Polizeipräsidium seit ihrer Errichtung in den 50er Jahren untergebenen Strafanstalt Moabit.

Hinsichtlich der Stellenbesetzung mit Militäranwärtern gelten für Polizeisekretäre dieselben Grundsätze wie bei den Regierungen. Wegen der Meldeamtsassistenten vgl. § 138.

Exekutivpersonal (Polizei- und Kriminalpolizeibeamte, Gefängnissbeamte und Feuerwehr).

§ 112. Die weitaus stärkste Vermehrung und mannigfaltigsten Organisationsveränderungen weist diese Beamtengruppe auf.

Die Vermehrung des Personals betrug

	1853	1875	1890	1902
Höhere Beamte (Polizei-Obersten, -Majore, -Hauptleute, -Lieutenants, Gefängnissinspektor,[1]) Kriminalinspektoren und -Kommissare, Branddirektoren und -Inspektoren, Telegrapheningenieure)	71	113	180	237
Mittlere und niedere Beamte	1150	3469	5174	7275
Summe	1221	3582	5354	7512.

[1]) Seit 1890 ist die Gefängnissverwaltung an die Justizverwaltung übergegangen.

§ 113. Ueber die Organisationsveränderungen ist im Einzelnen Folgendes hervorzuheben:

Schutzmannschaft.

Nach dem Reglement vom 18. Sept. 1822 war der Stadtbezirk in 22 Reviere eingetheilt, deren jedem ein Revierpolizeikommissar vorstand. Zur Beaufsichtigung des Dienstes der Reviere waren vier Polizeiinspektoren bestellt; jedem der letzteren war ausserdem die Leitung der Exekutive für einzelne Zweige der Polizeiverwaltung (Strassen-, Strom- und Baupolizei; Armen-, Sitten- und Medizinalpolizei; Markt-, Sicherheits- und Feuerpolizei) besonders übertragen.

Da sich aber diese Exekutivorganisation im Jahre 1848 als zur Aufrechterhaltung der öffentlichen Ordnung nicht ausreichend erwies und auch die seit dem 19. März 1848 eingerichtete Bürgerwehr nicht genügte, so wurde nach dem Vorbilde der in London bestehenden Einrichtungen durch Allerh. Kab.-O. v. 23. Juni 1848 genehmigt, dass anstatt der bisherigen uniformirten Exekutivpolizei zur Aufrechterhaltung der Sicherheit und Ordnung eine Schutzmannschaft, bestehend aus 1 Oberst, 5 Hauptleuten, 200 Wachtmeistern und 1800 Schutzmännern provisorisch gebildet werde, von denen 40 beritten sein sollten (thatsächlich wurden nur 1400—1500 Schutzmänner angestellt).

§ 114. Anfänglich bestand die Schutzmannschaft nur als Provisorium neben dem alten Exekutivpersonal, was aber zu stetigen Reibereien führte. Eine einheitliche Gestaltung der Exekutive erschien sonach dringend geboten. Nachdem die Gendarmerie bereits im Laufe des Jahres 1850 aus Berlin entfernt worden war, erfolgte im Jahre 1851 eine Verschmelzung der Revierpolizei mit der Schutzmannschaft. Die Zahl der Reviere wurde auf 36 erhöht.

Die gesammte Leitung des exekutiven Dienstes lag in den Händen des unmittelbar dem Polizeipräsidenten unterstellten Polizeiobersten. Ihm unterstanden Polizeihauptleute zur Beaufsichtigung der jetzt in Hauptmannschaften eingetheilten Reviere, sowie zur Führung der Reserveabtheilung und der berittenen Schutzmannschaft. Zu Vorständen der Reviere wurden Polizeilieutenants bestimmt.

Gleichzeitig wurde der bis dahin gewahrte, auch in der Kleidung ersichtliche (Cylinder) bürgerliche Anstrich der Schutzmannschaft durch Uniformirung und Dienstinstruktionen nach militärischem Muster aufgehoben. Durch Allerh. Kab.-O. v. 22. März 1852 wurde bestimmt, dass Anstellungen in der Schutzmannschaft nur noch unter denselben Bedingungen erfolgen dürften, welche für die Anstellungen der Gendarmen vorgeschrieben seien.

§ 115. Entsprechend dem starken Anwachsen der Bevölkerung hat seit der Mitte der 60er Jahre eine stete Vermehrung der Hauptmannschaften und Reviere, wie des Personals der Schutzmannschaft stattgefunden.

Die Zahl der städtischen Reviere wurde

im Jahre	1865	auf	43	im Jahre	1879	auf	63
„ „	1868	„	46	„ „	1881	„	71
„ „	1872	„	50	„ „	1885	„	74
„ „	1875	„	60	„ „	1888	„	82

vermehrt. Im Jahre 1873 wurde eine sechste, im Jahre 1881 eine siebente und achte, im Jahre 1888 eine neunte und zehnte Bezirkshauptmannschaft eingerichtet. Von 1892 – 1898 stieg die Zahl der Polizeireviere auf 102. 1892 wurde die elfte, 1893 die zwölfte Bezirkshauptmannschaft gebildet.

Eine wesentliche organisatorische Aenderung wurde 1873 eingeführt durch die Einrichtung der Bezirkswachen, deren zwei für jede Hauptmannschaft eingerichtet wurden, welche unter unmittelbarer Aufsicht der Bezirkshauptleute den gesammten Posten- und Patrouillendienst auf den Strassen übernahmen und die alten gering besetzten Revierwachen überflüssig machten. 1881 wurden die Revierwachen mit etwas reichlicherer Besetzung wieder eingerichtet und die Zahl der Bezirkswachen auf eine für jede Hauptmannschaft beschränkt. Gegenwärtig besteht nur noch eine Bezirkswache für die I. und II. Hauptmannschaft, sonst nur Revierwachen.

§ 116. Eine grosse Verstärkung des Schutzmannspersonals erforderte das Gesetz betr die Kosten Kgl. Polizeiverwaltungen vom 20. April 1892 (G.-S S. 87), welches in seinem § 7 die Kosten des Nachtwachtwesens — welche bis dahin in Berlin auf Grund eines Vertrages vom 31. Juli 1857 der Stadt obgelegen hatten — auf den Staat übertrug.

Da die Vermehrung der Schutzmannschaft aus Mangel an Anwärtern nicht sofort erfolgen konnte, war es nothwendig, auch nach dem 1. April 1893 einstweilen noch das Nachtwachtwesen der Stadt Berlin gegen vollen Ersatz der Kosten zu belassen. Nur allmählich gelang es, die Schutzmannschaft soweit zu vermehren, dass nach und nach die in den einzelnen Hauptmannschaftsbezirken vorhandenen Nachtwachtmannschaften abgelöst werden konnten Erst zu Ende des Jahres 1895 war die Uebertragung vollständig durchgeführt (s. Anl. LXXXI S. 289 Anm. 2).

Die durch Uebernahme des Nachtwachtdienstes verursachte Personalvermehrung ermöglichte es, die Revierwachen mit einem stärkeren Mannschaftsbestande für den Strassendienst, durchschnittlich je 15 bis 20 Mann mehr als bisher, auszustatten. Damit wurde die Bereithaltung grösserer Mannschaftsbestände in den Bezirkswachen im Allgemeinen entbehrlich und es konnten die letzteren fast sämmtlich beseitigt werden. Bestehen blieben neben den Revierwachen allein die Bezirkswache der ersten Hauptmannschaft mit Rücksicht auf die besonderen, durch den Sicherheitsdienst in der Umgebung des Schlosses und durch die Ueberwachung des Verkehrs in der Friedrichstadt bedingten Anforderungen, sowie die im Polizeidienstgebäude stationirte Reservewache, deren Personal gleichzeitig zu zahlreichen Aufgaben im inneren Dienste der Behörde Verwendung findet.

Gegenwärtige Organisation.

§ 117. Gegenwärtig ist die Schutzmannschaft wie folgt organisirt: Das Kommando führt der direkt dem Polizeipräsidenten unterstellte Polizeioberst,[1] während die Verwaltungsangelegenheiten der Schutzmannschaft bei der Abtheilung I bearbeitet werden. Die Schutzmannschaft gliedert sich in 3 Polizeibrigaden, seit 1901 mit 3 Polizeimajors an der Spitze. 12 Bezirkshauptmannschaften und 102 Polizeireviere; neben dieser Gliederung bestehen die berittene Abtheilung und die Reserveabtheilung, je unter der Führung eines Hauptmanns. sowie vier sogenannte Fachhauptmannschaften, nämlich das Polizeischiffahrtsbureau, das Gewerbekommissariat, das Kommissariat für öffentliches Fuhrwesen und das Kommissariat für Strassenbenennungs- und Beleuchtungsangelegenheiten, für Militär- und Gnadensachen Das Personal der Schutzmannschaft besteht zur Zeit aus einem Polizeioberst, 3 Polizeimajors, 19 Polizeihauptleuten, 193 Polizeilieutenants einschliesslich 55 interimistischen Polizeilieutenants, 412 Wachtmeistern zu Fuss, 4808 Schutzmännern zu Fuss, 18 berittenen Wachtmeistern, und 220 berittenen Schutzmännern.

Wegen der Dienstbezüge der Schutzmannschaft siehe §§ 129, 131, 134, 136.

Die Kriminalpolizei.

§ 118. Dem Polizeipräsidium waren bereits bei seiner Wiedereinrichtung im Jahre 1822 mehrere Kriminalkommissare beigegeben, denen im Jahre 1830 auch ein vorwiegend für die Aufgaben der Kriminalpolizei bestimmter Polizeiinspektor hinzutrat. Von der im Jahre 1851 durchgeführten Umbildung der Exekutive wurde diese Beamtenkategorie nicht betroffen, vielmehr blieb sie unabhängig von der Organisation der Schutzmannschaft neben dieser bestehen.

Die rapide Entwickelung der Stadt in den 60er und namentlich in den 70er Jahren hatte naturgemäss eine ungemeine Steigerung und Erschwerung der Aufgaben der Kriminalpolizei zur Folge. Damit war der Anlass gegeben zu mehreren bedeutsamen organisatorischen Neuerungen.

Zunächst ging man im Jahre 1864 dazu über, der Kriminalpolizei eine Anzahl von Wachtmeistern und Schutzleuten ständig — unter Gewährung besonderer Zulagen für die Beschaffung von Civilkleidung — zu überweisen.

---

[1]) Diese Stelle war von 1863–1877/78 vorübergehend aufgehoben.

Um die Kriminalbeamten in nähere Berührung mit der Einwohnerschaft zu bringen, ihnen eingehendere Orts- und Personenkenntniss zu verschaffen und zugleich das Zusammenwirken der Reviere mit der Kriminalpolizei zu fördern, wurde sodann im Jahre 1872 jedem Revier ein Kriminalschutzmann zugewiesen.

Aus den gleichen Erwägungen wurden ferner im Jahre 1877 sechs sogenannte Bezirkskommissariate — je eins für jede der damals bestehenden Bezirkshauptmannschaften — eingerichtet.

§ 119. Um die Schaffung geeigneten und ausreichenden Ersatzes sicherzustellen, wurde durch Allerh. Kab.-O. v. 16. Juni 1875 nachgelassen, in Abweichung von den sonst massgebenden Vorschriften eine Anzahl der unteren Beamtenstellen der Kriminal- und Sittenpolizei nicht aus den anstellungsberechtigten Militärpersonen zu ergänzen.

Behufs Gewinnung und Erhaltung besonders tüchtiger Kräfte für den Kriminalpolizeidienst und zur Unterstützung des Dirigenten der IV. Abtheilung, namentlich in der Kontrole der Thätigkeit der Kriminalkommissare und Schutzmänner wurden im Jahre 1885 drei Stellen für Kriminalinspektoren mit dem Range der Polizeihauptleute neu geschaffen. Der Kriminalinspektion A wurden alle die bereits von den Bezirkskommissaren bearbeiteten Strafsachen, der Inspektion B diejenigen Strafsachen, bei welchen auf eine gewerbs- oder gewohnheitsmässige Verübung zu schliessen ist, der Inspektion C diejenigen Sachen zugetheilt, welche besondere juristische, kaufmännische oder technische Vorkenntnisse erfordern.

Gleichzeitig fand wiederum eine umfangreiche Verstärkung des Personals statt. Zudem wurde den Revieren je ein sogenannter „zweiter Kriminalschutzmann“ überwiesen. Diese Beamten, denen hauptsächlich die Ueberwachung der Schankgeschäfte und zahlreicher anderer Gewerbebetriebe obliegt, haben die Berechtigung zum Tragen von Civilkleidern; sie sind jedoch Mitglieder der Schutzmannschaft und unterstehen dem Kommando derselben.

Im Anschluss hieran erfolgte ferner die Wiedervereinigung der Kriminalpolizei mit der Sittenpolizei wegen des engen Zusammenhangs zwischen Verbrechen und Prostitution. Die Auswahl und die Organisation des Exekutivpersonals wurde den für die Kriminalpolizei geltenden Grundsätzen angepasst.

Nach mehrfachen geringeren Personalvermehrungen hat in neuester Zeit eine umfassende weitere Ausgestaltung der Kriminalpolizei stattgefunden. Den Kriminalinspektionen A und B wurden je ein zweiter Kriminalinspektor beigegeben. Bei der Inspektion A stieg die Zahl der Bezirkskommissariate entsprechend der der Bezirkshauptmannschaften auf 12; zur Entlastung der Bezirkskommissare wurden ferner 4 besondere Dezernate für die Erledigung gewisser Kategorien einfacherer Sachen eingerichtet. Die Zahl der zur Inspektion B gehörenden Kommissarstellen stieg von 12 auf 16. Jedem Revier wurde ein kriminalistisch durchgebildeter Kriminalwachtmeister zugetheilt, der Vorgesetzter des sogenannten ersten Kriminalschutzmanns ist. Den Polizeibehörden der Vororte sind seit 1900 ständig Beamte der Kriminalpolizei beigegeben.

Gegenwärtige Organisation.

§ 120. Das kriminalpolizeiliche Exekutivpersonal umfasst gegenwärtig (1902) 6 Kriminalinspektoren, 39 Kriminalkommissare, 34 Kriminalwachtmeister, 301 Kriminalschutzmänner, 102 Revier-Kriminalwachtmeister und 102 Erste Revier-Kriminalschutzmänner, dazu kommen in den Vororten 1 Kriminalkommissar, 7 Kriminalwachtmeister und 27 Kriminalschutzmänner.

Der Abtheilung VII wird das für die Zwecke der Exekutive erforderliche Unterpersonal zur Zeit 10 Wachtmeister und 123 Schutzmänner — von der Schutzmannschaft zur Verfügung gestellt. An höherem Exekutivpersonal sind für diesen Geschäftszweig vorhanden ein Polizeirath als Vorsteher der Exekutive und 10 Kriminalkommissare.

Wegen der Dienstbezüge der Kriminalbeamten vgl. §§ 129, 131, 134, 136.

Das Feuerlöschwesen.

§ 121. Dieser Zweig der öffentlichen Verwaltungsthätigkeit wurde bereits seit Bestehen der Königlichen Polizeiverwaltung in Berlin von dieser wahrgenommen und wurde in Verbindung mit dem Nachtwachtdienst und dem Strassenreinigungswesen (wovon die Stadt Berlin nach dem Vertrage v. 31. Juli 1837 grösstentheils die Kosten trug) gehandhabt. Die Einrichtungen waren bis Mitte des 19. Jahrhunderts sehr mangelhaft. Erst im Jahre 1851 wurde auf Grund eines Reorganisationsplanes des Königlichen Polizeipräsidenten von Hinckeldey eine Berufsfeuerwehr ins Leben gerufen.

Für die Leitung des Feuerlöschwesens wurde ein Branddirektor bestellt. Ihm unterstanden 1 Brandinspektor und 4 Brandmeister als Offiziere der Feuerwehr, 40 Oberfeuermänner, 180 Feuermänner und 360 Spritzenmänner. Die Mannschaften waren vertheilt auf 18 Feuerwachen, deren jede mit 1 Oberfeuermann und 4 Feuermännern besetzt war, 5 Depotwachen, die für die Aufbewahrung der Löschutensilien mit Ausnahme der auf den Feuerwachen befindlichen Spritzen dienten und in denen die Spritzenmänner konzentrirt waren, und eine Hauptwache, welche für grössere Feuer die Reserve bildete.

§ 122. Die Feuerwehr behielt bis zum Jahre 1875 im Wesentlichen die im Jahre 1851 geschaffene Organisation.

Bedeutende organisatorische Veränderungen hatte die zum 1. Oktober 1875 durchgeführte Abtrennung der Strassenreinigung von der Feuerwehr zur Folge. Da die Benutzung der Mannschaften und der Gespanne der Strassenreinigung zu Feuerlöschzwecken nunmehr ausgeschlossen war, mussten erhebliche Etatserhöhungen erfolgen. Gleichzeitig ging man dazu über, die Mannschaften, die früher den einzelnen Spritzen erst auf dem Brandplatze nach der Reihenfolge der Ankunft der Abtheilungen zugetheilt wurden, zu festen Löschzügen zu formiren, die gemeinschaftlich kasernirt wurden. Je drei oder vier dieser Löschzüge wurden zu Kompagnien vereinigt, deren im Ganzen zunächst vier, im Jahre 1879 eine fünfte gebildet wurde. Zur Entlastung der Offiziere der Feuerwehr bei Erledigung der Kompagniegeschäfte und bei der Verwaltung der Kammervorräthe und Materialbestände wurden 6 Feldwebel angestellt.

Weiterhin hatte die Durchführung der Zugeintheilung auch eine Vermehrung der Offizierstellen zur Folge, und zwar um insgesammt 7 Brandmeisterstellen im Laufe der Jahre von 1879—1883. Im Jahre 1884 wurde dem Brandinspektor der Charakter als Ober-Brandinspektor, den vier ältesten Brandmeistern und Kompagnieführern der Charakter als Brandinspektor beigelegt.

Die Stelle des Oberbrandinspektors ist dann im Jahre 1892 wieder in eine Brandinspektorstelle umgewandelt worden. Gleichzeitig wurde eine sechste Brandinspektorstelle zur persönlichen Entlastung des Branddirektors geschaffen, nachdem schon vorher eine achte Brandmeisterstelle für Adjutanturgeschäfte eingerichtet war.

Seit dem Jahre 1874 sind nach und nach Dampfspritzen, im Ganzen bisher 12, in den Dienst der Feuerwehr eingestellt worden; für deren Bedienung wurde eine Anzahl von Maschinenmeistern, später Obermaschinisten, angenommen. Die Einstellung dieses Personals erfolgte auf Kosten der Spritzenmänner, deren Etat entsprechend herabgemindert wurde.

Die Feuerwehr hatte mit dem Wachsthum der Stadt nicht überall gleichen Schritt gehalten; einzelne neuere Stadttheile entbehrten der Deckung durch rechtzeitige Löschhülfe. Demgemäss wurde eine erneute Erweiterung der Organisation erforderlich, die im Jahre 1897 zur Durchführung gebracht ist.

Es verblieb bei der Eintheilung in 5 Kompagnien, doch wurde die Zahl der Züge auf 18 erhöht; eine weitere Vermehrung der Züge auf 20 wird beabsichtigt. Jede Kompagnie besteht seitdem aus einer Kompagniewache zu zwei Zügen und einer oder zwei Zugwachen. An Offizierstellen sind dementsprechend für jede Kompagnie vorgesehen ein Kompagnieführer (Brandinspektor) und zwei bis drei Wachvorsteher (Brandmeister).

Diese Umgestaltung hatte naturgemäss eine wesentliche Erhöhung des Personalbestandes zur Folge. Andererseits hat in den letzten Jahren die Zahl der Spritzenmänner eine erhebliche Einschränkung erfahren, indem die tauglicheren von diesen zu Feuermännern ausgebildet, die übrigen auf den Aussterbeetat gebracht wurden.

Im Anschluss an die Einrichtung der Feuerwehr war in den Jahren 1851—1854 ein eigenes Telegraphennetz für das Polizeipräsidium angelegt worden. Dadurch war von vornherein die Anstellung eines besonderen Telegraphenpersonals erforderlich geworden.

Es wurden für die im Präsidialgebäude befindliche Centralstation besondere Obertelegraphisten und Telegraphisten, und zwar zunächst je zwei, angestellt; Vorsteher der Station wurde ein Telegrapheningenieur. Dagegen versehen bei den Nebenstationen (Polizei- und Feuerwachen) aus deren Personal ausgebildete Beamte den Dienst.

Zur Ausführung kleinerer Bau- und Montagearbeiten wurden anfangs Handwerker und geeignete Feuerwehrleute herangezogen. Späterhin ist eine besondere Apparatenwerkstatt eingerichtet worden, in der eine Anzahl von Mechanikern und Arbeitern beschäftigt wird. Zur Beaufsichtigung der Telegraphenbauarbeiten war seit 1855 ein Leitungsrevisor, und sind seit 1879 deren zwei vorhanden. Ein dritter Leitungsrevisor steht seit 1882 der Apparatenwerkstatt vor.

Die erste Obertelegraphistenstelle ist seit 1892 mit einem höher gebildeten Beamten zur ständigen Unterstützung und Vertretung des Ingenieurs besetzt worden; im Jahre 1895 wurde diese Stelle in eine Oberpolizeitelegraphensekretärstelle verwandelt. Im Uebrigen haben auch in diesem Dienstzweige im Laufe der Jahrzehnte mannigfache Personalvermehrungen stattgefunden.

§ 123. Gegenwärtig (1902) steht an der Spitze der Feuerwehr der Branddirektor. Das eigentliche Feuerwehrpersonal zerfällt in 5 Kompagnien und 18 Züge; die Etatsstärke beläuft sich zur Zeit auf 1 Branddirektor, 6 Brandinspektoren, 15 Brandmeister, 7 Feldwebel, 12 Obermaschinisten, 77 Oberfeuermänner, 689 Feuermänner und 41 Spritzenmänner. Der Feuerwehrabtheilung unterstellt ist ausserdem das Personal der Centraltelegraphenstation, bestehend aus einem Telegrapheningenieur als Vorsteher, sowie 35 sonstigen Telegraphenbeamten.

Wegen der Tragung der Kosten für die Feuerwehr vgl. § 130.

Polizeigefängniss und Polizeigewahrsam.

§ 124. Bezüglich der Unterbringung polizeilich festgenommener Personen wird seit dem Inkrafttreten des Gesetzes zum Schutze der persönlichen Freiheit v. 12. Febr. 1850 ein Unterschied gemacht. Die auf Grund des § 6 des Gesetzes zu ihrem eigenen Schutze oder zur Aufrechterhaltung der öffentlichen Sittlichkeit, Sicherheit und Ruhe festgenommenen Personen werden im Polizeigewahrsam untergebracht, in welchem die festgenommenen Personen bis zur ihrer Entlassung, Vorführung vor den Richter oder sonstigen Bestimmung regelmässig ohne Einzelhaft in gemeinschaftlichen Sälen untergebracht und festgehalten werden. Dagegen erfolgt die Abführung der gemäss §§ 1 und 2 des Ges. v. 12. Febr. 1850 (jetzt §§ 112 ff. der St.-P.-O.) in Folge eines richterlichen Haftbefehls oder auf frischer That verhafteten Personen zum Polizeigefängniss, welches gleichzeitig für die Abbüssung polizeilicher Haftstrafen benutzt wird.

Ursprünglich diente das Stadtvoigteigefängniss zur Aufnahme sämmtlicher polizeilich festgenommener Personen. Nach Eintritt der obengedachten Unterscheidung wurde es nur noch als Polizeigefängniss benutzt, während das Polizeigewahrsam im Hofgebäude des alten Polizeidienstgebäudes am Molkenmarkt untergebracht war.

Nach der Erbauung des neuen Polizeidienstgebäudes im Jahre 1889 sind Polizeigefängniss und Polizeigewahrsam in dieses verlegt, jedoch ihrer verschiedenartigen Zweckbestimmung entsprechend räumlich getrennt, verschiedenartig eingerichtet und auch in der Verwaltung geschieden. Die Stadtvoigtei ging dagegen auf den Etat der Justizverwaltung über (s. Kap. 96 Tit. 1 Etatserläuterungen für 1900/01).

Das Polizeigefängniss steht unter der oberen Leitung der Abtheilung I des Polizeipräsidiums, während das Polizeigewahrsam der Leitung des Dirigenten der Abtheilung IV unterstellt ist.

In dem Polizeigefängniss sind thätig: 1 Gefängnissinspektor, 1 Sekretär, 1 Hausvater, 1 Oberaufseher, 10 Aufseher; im Polizeigewahrsam: 1 Vorsteherin, 4 Aufseher, 6 Aufseherinnen im Polizeigefängniss und Gewahrsam (§ 124).

Einnahmen des Polizeipräsidiums
(Kap. 31 Tit. 2a–4 des Etats. S. auch Anl. LXXXI).

§ 125. Die Einnahmen des Polizeipräsidiums zu Berlin sind aus dem Staatshaushaltsetat nicht ersichtlich, da sie mit den Einnahmen der Königl. Polizeiverwaltungen in den Provinzen gemeinsam verrechnet werden. Die Antheilnahme des Berliner Polizeipräsidiums (einschliesslich Charlottenburg, Schöneberg und Rixdorf) an den Gesammteinnahmen zeigt sich für 1903 aus folgender Zusammenstellung.

	Gesammteinnahmen M.	Auf Berlin entfallen M.
Tit. 2a. Beiträge der Gemeinden zu den Kosten der Königl. Polizeiverwaltungen .	8 244 943	5 052 376
Tit. 3. An Gebühren für Ausfertigung von Reiselegitimationen und Passkarten, sowie Vergütungen für die Ausfertigung doppelsprachiger Grenzlegitimationsscheine im russisch-deutschen Grenzverkehr . . .	118 134	12 905
Tit. 4. Aus der Verwaltung des Centralpolizeiblattes und sonstige Einnahmen .	997 150	488 265[1]
Summe . .	9 360 227	5 553 546.

Zu den einzelnen Einnahmetiteln ist zu bemerken:

§ 126. Zu Tit. 2a vgl. § 93, zu Tit. 3 § 164.

Das Centralpolizeiblatt, welches in Tit. 4 erwähnt ist, enthält hauptsächlich die Veröffentlichung von Steckbriefen, Bekanntmachungen und Aufenthaltsermittelungen und ist für den Umfang des Berliner Polizeibezirks eingerichtet. Es wird ein besonderer Etat für dasselbe aufgestellt, welcher in Einnahme für 1903 mit 13 413 M. in Ausgabe mit 27 026 M. abschloss. Letztere wird bei Kap. 95 Tit. 2 verrechnet.

[1]) davon allein 227 780 M. Polizeistrafgelder.

Die Einnahmen bestehen in Abonnementsgebühren. Steckbriefe und Bekanntmachungen erfolgen unentgeltlich, aber nur einmal. Die Redaktion erfolgt im Bureau des Polizeipräsidiums. Die Herstellung ist mit einer Privatfirma gegen Vergütung bestimmter Einheitssätze für Satz, Druck und Papier abgeschlossen.

Daneben werden in Kap. 31 Tit. 4 der Einnahme auch noch die Einnahmen aus dem Deutschen Fahndungsblatt verrechnet. Sie betrugen 1903 nur 900 M. eigene Einnahmen aus Abonnementsgebühren und rund 26 000 M. Beiträge ausserpreussischer Bundesstaaten, während die Ausgaben, welche in Kap. 91 Tit. 3, 8, 10, 15 verrechnet werden, mit insgesammt 64 949 M. veranschlagt waren.

Dieses Blatt ist ein auf Grund einer mit den Bundesregierungen getroffenen Vereinbarung seit dem 1. April 1899 bei dem Polizeipräsidium in Berlin als Centralorgan zu Fahndungszwecken für den gesammten Umfang des Reiches herausgegebenes Blatt unter der Bezeichnung „Deutsches Fahndungsblatt“. Dasselbe erscheint täglich mit Ausnahme der Sonn- und Feiertage und wird den betheiligten Behörden und Beamten unentgeltlich geliefert. Anderen Behörden, Beamten und Privatpersonen steht es frei, auf das Blatt gegen Erlegung des vorläufig auf 10 M. festgesetzten Abonnementspreises zu abonniren. Die entstehenden Ausgaben werden von den Bundesstaaten des Reiches nach dem Verhältnisse der Matrikularbeiträge getragen.[1])

An weiteren Einnahmen erscheinen in Tit. 4 die Entschädigungen, welche von der Kaiserlichen Marineverwaltung aus Anlass der Ueberweisung von Beamten der Berliner Schutzmannschaft zur Ausübung des Polizeidienstes auf den Werftetablissements in Danzig, Ellerbeck, Kiel und Wilhelmshaven, sowie auf dem Torpedodepot Friedrichsort für die dereinst aus Staatsfonds den überwiesenen Mannschaften zu gewährenden Pensionen und den Hinterbliebenen dieser Mannschaften zu zahlenden Wittwen- und Waisengelder an die Staatskasse zu entrichten sind (1903 30 838 M.), ferner die Polizeistrafgelder, erstattete Haft- und Transportkosten für Polizeigefangene, Führungsatteste u. s. w., Erlös aus dem Verkaufe alter Akten, unbrauchbarer Utensilien und sonstige Einnahmen aus der Ortspolizeiverwaltung.

§ 127. Bis 1896/97 waren auch noch die Gebühren für Bauerlaubnissscheine hier ausgebracht, welche aber seitdem auf dem Etat der Bauverwaltung stehen (s. Bd. II Buch V § 162).

Ausgaben (Kap. 91 des Etats).

§ 128. Die Steigerung der laufenden Ausgaben des Polizeipräsidiums Berlin, wie sie sich als eine natürliche Folge der in den

[1]) Dasselbe gilt von den im Interesse der Centralmessstelle beim Polizeipräsidium in Berlin zu leistenden Ausgaben, welche in den Jahren 1901 und 1902 zusammen 26 979,50 M. betragen haben.

früheren Paragraphen dargestellten Beamtenvermehrungen, sowie der im Laufe der Zeit stattgehabten Besoldungsverbesserungen angab, zeigt folgendes Bild. Es betrugen die Gesammtkosten (in Mark):

	1875	1890	1903 [1])
	4 712 537	7 703 683	18 020 314
	(63 456)[2])	(139 059)[2])	
ab an Einnahmen .	88 748	17 968[3])	5 052 600
Summe . .	4 623 789	7 685 715	12 967 714.

Eine Vergleichung der einzelnen Ausgabegruppen mit früheren Zeiträumen lässt sich nur bis in die 70er Jahre zurück durchführen, da vorher eine gänzlich andere Etatsaufstellung stattfand, welche einen Vergleich unmöglich macht.

Es betrugen	1876	1891	1903
Besoldungen (Tit. 1—7) . . .	3 618 615	5 867 430	12 322 230
Wohnungsgeldzuschüsse (Tit. 8)	714 540	1 162 620	2 112 132
andere persönliche Ausgaben (Tit. 9)	185 862	256 620	633 820
sächliche Ausgaben (Tit. 10—15)	196 744	417 013	2 952 132
Summe . .	4 715 761	7 703 683	18 020 314.

a) Persönliche Ausgaben (Anl. LXXXII).

§ 129. Der Polizeipräsident hat gegenwärtig ein fixirtes Gehalt von 12000 M., steht also den Regierungspräsidenten gleich und bezieht auch wie diese eine nicht pensionsfähige Stellenzulage (3000 M.) und hat freie Dienstwohnung.

Die drei Polizeidirektoren von Charlottenburg, Rixdorf und Schöneberg haben dagegen aufsteigende Gehälter von 6000—8000 M., ebenso wie die Polizeidirektoren und -Präsidenten in der Provinz (4 Stufen zu 6000, 6700, 7400, 8000 M. in 9 Jahren).

Die Ober- und Regierungsräthe stehen denjenigen der Allgemeinen Verwaltung gleich, die Oberregierungsräthe beziehen 900 M. Dirigentenzulage, der Vertreter des Präsidenten zu Berlin noch 900 M. Vertretungszulage. Ein Oberregierungsrath hat Dienstwohnung.

Die Stellen und Gehälter für Oberregierungsräthe und Regierungsräthe übertragen sich mit den bei Kap. 58 Tit. 1 des Etats des Finanzministeriums und Kap. 6 Tit. 1 des Etats der Verwaltung der direkten Steuern vorgesehenen Stellen und Gehältern für Beamte derselben Art, jedoch mit Ausnahme derjenigen vier Oberregierungsräthe, welche Abtheilungsdirigenten für die Abtheilungen IIa: Wohlfahrtspolizei, IIb: Gewerbe- und Verkehrspolizei, III: Baupolizei: IV: Kriminal- und Sicherheitspolizei (s. § 108) sind.

---

[1]) einschliesslich Charlottenburg, Schöneberg und Rixdorf.

[2]) Kosten der Polizeiverwaltung Charlottenburg.

[3]) Der Rückgang der Einnahmen gegen das Jahr 1875 erklärt sich dadurch, dass vom 1. April 1880 bis zum Inkrafttreten des Polizeikostengesetzes die Polizeistrafgelder, welche früher eine Einnahme des Staates bildeten, zur Stadtkasse flossen.

Die Polizeiräthe beziehen 3000—5000 M. (7 Stufen: 3000, 3400, 3800, 4100, 4400, 4700, 5000 M. in 18 Jahren), die Polizeiassessoren 2000—3600 M. (4 Stufen: 2000, 2600, 3100, 3600 M. in 9 Jahren), zwei Polizeiräthe sind Abtheilungsdirigenten (Abth. V und VI s. § 108) und beziehen je 600 M. Dirigentenzulage, einer als Vorsteher des Einwohnermeldeamts 600 M. Funktionszulage, ein Polizeidirektor und zwei Polizeiräthe haben Dienstwohnung; zwei Polizeidirektoren beziehen je eine Miethsentschädigung von 1800 M.

Bei den Bureaubeamten (Tit. 3) sind zwei grosse Gehaltsklassen zu unterscheiden, die Polizeisekretäre, welche mit 1800—4200 M. den Regierungssekretären gleich stehen und die Meldeamtsbureauassistenten, welche dasselbe Mindestgehalt haben (1800 M.), im Höchstgehalt aber nur bis 2700 M. (7 Stufen: 1800, 1950, 2100, 2250, 2400, 2550, 2700 M. in 18 Jahren) steigen. (Ueber ihre Vorbildung s. § 138).

Den Polizeisekretären stehen gleich die Obertelegraphisten, den Meldeamtsbureauassistenten die Telegraphisten und Leitungsrevisoren.

Bei der Polizeihauptkasse (Tit. 4) bezieht der Rendant 4800 bis 5400 M. (3 Stufen in 6 Jahren: 4800, 5100, 5400 M.), Oberbuchhalter und Kassirer 3000—4200 M. (5 Stufen in 12 Jahren: 3000, 3300, 3600, 3900, 4000 M.), die Buchhalter stehen den Polizeisekretären gleich.

Die Kanzlisten stehen wie diejenigen bei den Regierungen auf 1650—2700 M.

Bei den Unterbeamten (Tit. 5) giebt es drei Gehaltsgruppen, von denen die erste 1200—1800 M. (8 Stufen in 21 Jahren: 1200, 1300, 1400, 1480, 1560, 1640, 1720, 1800 M.), die zweite 1000—1500 M. (8 Stufen in 21 Jahren: 1000, 1100, 1200, 1260, 1320, 1380, 1440, 1500 M.), die dritte (6 Aufseherinnen beim Polizeigefängniss und im Polizeigewahrsam) 700—1000 M. (5 Stufen in 12 Jahren: 700, 775, 850, 925, 1000 M.) beziehen.

Die Gehälter der Exekutivbeamten sind enthalten in Tit. 6 (höhere Beamte) und Tit. 7 (niedere Beamte).

Aus Tit. 6 beziehen der Polizeioberst und Kommandeur der Schutzmannschaft 6000—8000 M. (gleichstehend den Polizeipräsidenten und -Direktoren der Provinz), die Polizeimajors 4800—6000 M. (4 Stufen in 9 Jahren: 4800, 5200, 5600, 6000 M.), Polizeihauptleute, Kriminalinspektoren, Telegrapheningenieur und Polizeigefängnissinspektor 3600 bis 5000 M. (4 Stufen in 9 Jahren: 3000, 4100, 4600, 5000 M.), Polizeilieutenants und Kriminalkommissarien 2700—4200 M. (4 Stufen in 9 Jahren: 2700, 3200, 3700, 4200 M.). Der Polizeioberst, ein Polizeihauptmann, der Polizeigefängnissinspektor und der als Leichenkommissarius fungirende Kriminalkommissarius haben Dienstwohnung.

Aus Tit. 7 erhalten die Abtheilungswachtmeister der Schutzmannschaft 1600—2000 M. (5 Stufen in 12 Jahren: 1600, 1700, 1800, 1900, 2000 M.), die Wachtmeister 1500—1800 M. (5 Stufen in 12 Jahren:

1500, 1580, 1660, 1740, 1800 M.), die Schutzmänner 1200–1600 M. (6 Stufen in 15 Jahren 1200, 1280, 1360, 1440, 1520, 1600).

Der Unterschied in den Besoldungsverhältnissen zwischen Wachtmeistern und Schutzmännern ist hiernach nur ein geringer, was zum Theil damit zusammenhängen mag, dass die Wachtmeister bei der allgemeinen Besoldungsverbesserung 1897/98 keine Gehaltserhöhung erfahren haben, während die Schutzmänner von 1100—1500 M. auf den jetzigen Satz stiegen.

§ 130. Nicht auf dem Etat des Polizeipräsidiums bezw. des Ministeriums des Innern erscheinen einmal die Beamten der Feuerwehr, weil diese zwar vom Staate angestellt werden, aber als Kommunalbeamte gelten und aus städtischen Fonds ihre Bezüge erhalten, ferner aber auch nicht diejenigen technischen Beamten, welche auf den Etats der betreffenden Sonderressorts geführt werden (Medizinalbeamte auf dem Kultus- u. s. w. Etat, Baubeamte auf dem Bauetat, Thierärzte auf dem landwirthschaftlichen Etat u. s. w.). Die Gehälter der Feuerwehrbeamten s. in Anl. LXXXII.

§ 131. Die Wohnungsgeldzuschüsse (Tit. 8) folgen den allgemeinen für Staatsbeamte geltenden Bestimmungen.

§ 131a. Für Remunerationen (Tit. 9) wird im Allgemeinen im Verhältniss zu anderen Verwaltungszweigen wenig ausgegeben (noch nicht der 20. Theil der Besoldungen), die Zahl der etatsmässigen Beamtenstellen ist also eine verhältnissmässig sehr reichliche.

Nach der Etatsbemerkung für 1903 zu Tit. 9 betragen die Remunerationen für 1 Regierungsassessor durchschnittlich 3000 M., für 73 Bureauhülfsarbeiter und 29 Hülfsarbeiter beim Einwohnermeldeamt im Höchstbetrage 1800 M., für 9 Hülfsarbeiter im Telegraphendienste durchschnittlich je 1650 M., im Höchstbetrage 1800 M., für 12 Hülfsarbeiter im Kanzleidienste im Höchstbetrage 1650 M. und für 63 Polizeianwärter im Exekutivdienste (59 interimistische Polizeilieutenants und 4 interimistische Kriminalkommissarien) im Durchschnitt je 1800 M.

Ausserdem werden aus Tit. 9 Funktionszulagen und Stellenzulagen gewährt (1903: Funktionszulage für den zweiten Adjutanten der Schutzmannschaft mit 300 M., ferner zu Stellenzulagen für den Polizeipräsidenten in Berlin 3000 M., für Bureau- und Kassenbeamte I. Klasse bis zu 400 M., im Ganzen 11 100 M. [künftig wegfallend], für Unterbeamte bis zu 200 M. im Ganzen 290 650 M.).

b) Sächliche Ausgaben.

§ 132. Einer näheren Erörterung bedürfen einzelne Titel der folgenden Ausgabengruppe: Sächliche Ausgaben (Tit. 10—15).

Hier kommen in Betracht:

	1876	1890/91	1893/94	1903
Bureaubedarf (Tit. 10) . . .	12 242	27 297	320 859	529 537
Miethe und Bauunterhaltung (Tit. 11 u. 12)	3 393	42 973	56 631	96 937
Dienstaufwand, Miethsentschädigungen etc. (Tit. 13)	72 408	236 400	688 824	1 110 089
Montirungs- und Pferdegelder der Schutzmannschaft (Tit. 14)	877	766	517 982	707 099
Vermischte Ausgaben (Tit. 15)	107 824	109 577	316 138	508 470
Summe . .	196 744	417 013	1 900 434	2 952 132.

Die Hauptsteigerung bei den meisten dieser Titel fällt hiernach in den Zeitraum nach 1890. Die Ursache lag zum grössten Theile in der durch das Polizeikostengesetz getroffenen Neuregelung, durch welche sich von 1892/93 auf 1893/94 die sächlichen Kosten allein von 417 013 M. auf 1 900 434 M. — abgesehen von den besonders ausgeworfenen, persönlichen und sächlichen Bedarf umfassenden Kosten des Nachtwachtwesens 1 200 000 M. (s. § 94) — steigerten.

§ 133. Im Einzelnen ist zunächst zu bemerken zu Tit. 12, dass unter dieser Titelbezeichnung zum ersten Male 1890/91 38 845 M. (später auf 53 520 M. gesteigert) ausgeworfen wurden. Es handelt sich dabei um die an die Stadt Berlin auf Grund des Vertrags vom 12./28. Dezember 1879 zu zahlende Miethe der Räume des zuvor neuerbauten Polizeidienstgebäudes am Alexanderplatz.

Näheres Eingehen erfordern die Tit. 13–15.

§ 134. *Tit. 13.* An Dienstaufwandsentschädigungen, Equipagengelder des Polizeipräsidenten 4800 M., zu Fuhrkostenentschädigungen, Miethsentschädigungen und Miethen für Diensträume und für Stallungen der Schutzmannschaft, soweit hierfür städtische Gebäude nicht unentgeltlich herzugeben sind, Entschädigungen für Vorhaltung von Dienstpferden an die Bezirkshauptleute etc. einschliesslich 300 M. künftig wegfallend 1 110 089 M.

Während für die uniformirten Schutzmänner die Uniformen etc. staatlich geliefert werden, beziehen die Kriminalbeamten Dienstaufwandsentschädigungen. Diese betrugen bis 1901 für Kriminalwachtmeister und Schutzmänner 360 M., in den ländlichen Vororten 540 M., seitdem 450 M. bezw. 630 M.

Einige (22) Polizeibeamte, die, ohne Kriminalbeamte zu sein, ihren Dienst in Civil auszuüben haben, beziehen nur 216 M. Dienstaufwandsentschädigung.

Während ferner der Polizeipräsident 4800 M. Equipagengeld aus dem Titel bezieht, erhalten an Pferdegeldern die Polizeidirektoren in

Charlottenburg, Schöneberg und Rixdorf je 1500 M., Polizei-Hauptleute, -Majors und Bezirkshauptleute je 2000 M., die berittenen Schutzleute, deren Pferde vom Staat unterhalten werden, beziehen 72 M. Dienstaufwandsentschädigung extra. 2000 M. Pferdegelder erhalten im Ganzen 17 Beamte.

Einzelne der höheren Beamten beziehen je 600—1800 M. besondere Fuhrkostenentschädigungen.

§ 135. Ferner werden aus dem Titel die Miethsentschädigungen für gemiethete Diensträume bestritten. In Berlin werden die Verträge wegen der Revierbureaus meistens vom Polizeipräsidium selbst abgeschlossen (anders in den Provinzen, § 163). An Miethe für 1903 zusammen 376 581 M., worin allerdings die Pauschalentschädigungen der Reviervorsteher mit je 900 M. für Heizung, Beleuchtung und Reinigung enthalten sind.

Nur in einigen Fällen, besonders für Leiter einzelner Zweige der Verwaltung, sowie für die im Kriminaldienst beschäftigten Kommissare werden besondere Entschädigungen bezw. Vergütungen für Vorhaltung eines Zimmers der Privatwohnung zu Dienstzwecken in Höhe von 300 M. gewährt.

§ 136. *Tit. 14.* An Kosten für Beschaffung und Unterhaltung der Bekleidung, Waffen und Ausrüstungsgegenstände der Schutzmannschaft, einschliesslich 1110 M. künftig wegfallend, und an Kosten für Unterhaltung und Ergänzung der Dienstpferde der Schutzmannschaft 707 099 M.

Der Schutzmannschaft werden Waffen und Uniformen je nach Bedürfniss auf Staatskosten geliefert, um ein nöthigen Falls unter rücksichtsloser Preisgebung ihrer Kleidung u. s. w. stattfindendes energisches Vorgehen derselben zu sichern. Nach Ueberschlagsberechnungen rechnet man an jährlichen Ausgaben für diese Zwecke 90 M. auf einen uniformirten Wachtmeister und 81 M. auf einen uniformirten Schutzmann. Danach wird die Höhe des Fonds bemessen. Die erstmaligen Anschaffungskosten sind natürlich erheblich höher und werden nöthigenfalls als Etatsüberschreitung bei obigem Titel verrechnet.

Auch die Unterhaltung und Ergänzung der Dienstpferde, sowie die Kosten für Pferdeausrüstungsgegenstände, Stallutensilien, Hufbeschlag, Kurkosten u. s. w. der berittenen Schutzmannschaft (§ 114) werden aus vorstehendem Fonds bestritten.

§ 136a. *Tit. 15.* Zu vermischten Ausgaben, Fuhr- und Transportkosten, zur Unterhaltung der Polizeigefangenen, für die ärztliche Untersuchung der Prostituirten etc. 508 470 M.

Hier kommt zunächst ein Zuschlag von 97 000 M. vertragsmässig von der Staatskasse der Stadt Berlin zu den Kosten der Strassenreinigungs-, Erleuchtungs-, Nachtwacht- und Feuerlöschanstalten zu zahlenden Geldern in Betracht.

Zu den Fuhr- und Transportkosten gehören auch die Gefangenentransporte, insgesammt 122 426 M. pro 1903, ferner wurden ausgeworfen zur Unterhaltung der Polizeigefangenen 15 371 M. Honorar für 12 Aerzte (à 2400 M.) und 1 Aerztin (1200 M.) zur Untersuchung der Prostituirten. Vigilantsgelder 7414 M., Nahrungsmitteluntersuchung 19 000 M., Unterhaltung der Telegraphen- und Telephonanlagen 106 181 M.

B. Königliche Polizeiverwaltung in den Provinzen.

(Kap. 92.)

1. Polizeiverwaltung in Städten.

§ 137. Die Entwickelungsgeschichte der Königlichen Polizeiverwaltung der in Betracht kommenden Provinzialstädte in so eingehender Weise zu verfolgen, wie dies für das Berliner Polizeipräsidium geschehen ist, würde zu weit führen, auch für den Leser kaum gleiches Interesse bieten. Dazu kommt, dass die Berliner Einrichtungen im Allgemeinen als vorbildlich für die Provinzen gelten können, vor allem, was das Exekutivpersonal und hier in erster Linie die Schutzmannschaften anbetrifft. Die Entwickelung und Zunahme der Zahl der Beamten seit 1874 ist in Anl. LXXXIII näher dargestellt.

In grossen Zügen hat sich die gegenwärtige Organisation in den Königlichen Polizeiverwaltungen der Provinzialstädte etwa wie folgt gestaltet:

An der Spitze der Verwaltung stehen besondere Polizei-Präsidenten bezw. Direktoren. Kraft ihres Amtes Polizeipräsidenten mit einem zwischen den Räthen III. und IV. Klasse stehenden Rang (Oberregierungsrathsrang) sind die Polizeidirigenten in Königsberg, Stettin, Breslau, Magdeburg, Frankfurt a. M., Hannover, Cöln. Die Uebrigen sind Polizeidirektoren und Räthe IV. Klasse, welche aber den Titel Polizeipräsident erhalten können.

Die ihnen beigegebenen Beamten haben nur in wenigen Fällen die höhere Verwaltungs- oder Justizausbildung. Der Etat von 1903 sieht nur 3 etatsmässige Regierungsräthe vor, nämlich je 1 für Frankfurt a. M., Hannover und Breslau. Dagegen sind an einzelnen weiteren grösseren Polizeiverwaltungen Regierungsassessoren als Hülfsarbeiter zugetheilt (die aus Tit. 6 remunerirt werden), nämlich je einer in Königsberg, Danzig, Stettin, Posen, Magdeburg, Hannover, Cöln, Aachen, Kiel, Charlottenburg.

Der Grund dieser Erscheinung liegt darin, dass die Polizeiverwaltungen in den Provinzialstädten im Gegensatze zu Berlin lediglich ortspolizeiliche Funktionen zu erfüllen haben (nur der Polizeipräsident zu Frankfurt versieht zugleich die Landrathsgeschäfte für den Landkreis Frankfurt a. M., in dieser Eigenschaft ist ihm ein Regierungsassessor als Stellvertreter beigegeben.)

Neben diesen akademisch vorgebildeten höheren Beamten sind noch ein oder mehrere Polizeiräthe (jetzt im Ganzen 29) und Polizeiassessoren (20) thätig. Nur in den kleineren jetzt aufgehobenen Polizeiverwaltungen zu Göttingen, Celle und Marburg waren lediglich Polizeisekretäre thätig, während die Oberleitung in den Händen des Landraths oder eines von der Stadt bestellten Direktors ruhte. (Wegen der übrigen z. Zt. noch bestehenden kleineren Polizeiverwaltungen vergl. § 158 Abs. 2.)

§ 138. In dem Bureau der Kanzlei arbeiten Polizeisekretäre (335), Meldeamtsbureau-Assistenten (91) und Kanzlisten (84) Die Polizeisekretäre sind eine von den Meldeamts-Assistenten durchaus verschiedene Beamtenklasse. Sie ergänzen sich nicht etwa aus letzteren, sondern aus den (aus Tit. 6 remunerirten) Bureaudiätaren (etatsmässigen Bureauhülfsarbeitern).

Ueber die Besetzung der Stellen mit Militär- bezw. Civilanwärtern sind neuerdings für die Berliner Staats-Polizeiverwaltungen und die Provinz ministerielle Bestimmungen ergangen (v. 2. Febr. 1898 — M. d. I. II 1373 — und 14. April 1902 — IIa 2698).

Danach sollen frei werdende Polizeisekretärstellen abwechselnd mit 1 Militär- und 1 Civilanwärter besetzt werden, soweit nicht dienstliche Rücksichten eine Abweichung nöthig machen.

Die Verfügung über die Besetzung der Sekretärstellen behält sich der Minister vor. Befähigt ist nur, wer eine Prüfung nach Massgabe des Erl. v. 30. Mai 1895 (M.-Bl. d. i. V. S. 137) abgelegt hat bezw. nach Nr. 8 der Prüfungsordnung ausdrücklich davon entbunden ist.

Meldeamtsbureau-Assistenten sind nicht, wie man nach der Bezeichnung zu schliessen geneigt sein könnte, Vorbereitungsstellen für Sekretäre, insbesondere rekrutiren sich die Polizeisekretäre nicht etwa aus dieser Beamtenklasse. Sie werden nur im Meldebureau beschäftigt und rekrutiren sich, von Ausnahmen abgesehen, nur aus Militäranwärtern oder solchen Personen, welchen etwa die Berechtigung zur Anstellung im Meldeamtsdienste Allerhöchsten Ortes besonders verliehen worden ist.

Die Verfügung über die Besetzung der Meldeamtsbureau-Assistentenstellen erfolgt durch den Minister (Erl. v. 22. März 1899. II 3640).

§ 139. An Unterbeamten giebt es 95 Polizeiboten und 2 Polizeidiener. Dem Exekutivdienst stehen vor die Polizei-Inspektoren, im Ganzen 28, meist einer, in Königsberg, Stettin, Posen, Magdeburg, Hannover, Frankfurt a. M. 2, in Breslau und Cöln jetzt je 4. Sie sind die Oberbefehlshaber der Schutzmannschaft und haben stellenweise den persönlichen Rang eines Polizeihauptmanns (z. B. in Hannover). Bestimmte Vorbildungsvorschriften giebt es nicht; unter die mit Militäranwärtern zu besetzenden Stellen fallen sie nach den 1882er Vorschriften nicht.

Wo 2 Inspektoren angestellt sind, hat einer meist die Kriminalpolizeibeamten unter sich. Bei vieren (Breslau und Cöln) erhält einer die Oberleitung.

Die Inspektoren treten vermöge ihrer besonderen Bestimmung mit dem grossen Publikum nicht fortdauernd in unmittelbarem Verkehr.

§ 140. Dies ist dagegen der Fall bei den nun folgenden (286) Polizeikommissaren.

Der Stadtbezirk der Königlichen Polizeiverwaltungen in der Provinz ist ähnlich wie in Berlin in der Regel in eine grössere Anzahl von Revieren eingetheilt, die als Polizeikommissariate, -Distrikte, -Bezirke, -Stationen u. s. w. bezeichnet werden. Als deren Reviervorsteher sind dann regelmässig Polizeikommissare thätig.

Diese Reviere sind nicht allein in ihrer Eigenschaft als Polizeiwachen die Ausgangs-, Sammel- und Stützpunkte für die im regelmässigen Sicherheitsdienste thätige Mannschaft, sondern ihre Geschäftszimmer sind gleichzeitig die eigentlichen Vermittelungsstellen für den verwaltungspolizeilichen Verkehr mit der Einwohnerschaft, auch sind sie als Meldestellen, sowie neuerdings im Dienste der Arbeiterfürsorgegesetzgebung thätig. Kurz, sie lassen sich „mit vorgeschobenen Posten vergleichen, die vermöge ihrer Orts- und Personalkenntniss im Stande sind, die Centralstelle über die jeweilige Sachlage mit eingehenden Berichten zu versehen, um alsdann wiederum die von dort ergehenden Weisungen ihrerseits zur Ausführung zu bringen.“[1])

§§ 141—145. Natürlich fehlt es nicht an organisatorischen Besonderheiten bei den einzelnen Polizeiverwaltungen. So ist der allgemeine Grundsatz, dass die Reviere mit ihren Bureaus als Filialen einer zentralisirten Polizeiverwaltung und gleichzeitig durch das Vorhandensein eines Wachtlokals als Sammelstellen für die Handhabung der Strassenaufsicht und sonstiger exekutiver Thätigkeit dienen, nicht einmal bei den Königlichen Polizeibehörden in Preussen allgemein durchgeführt. Beispielsweise sind von den 27 Cölner Revierbureaus nur 10 mit sogenannten Bezirkswachen verbunden, die nur während des Nachtdienstes zum Aufenthalt der zeitweilig ruhenden Beamten dienen. In Cassel werden erst neuerdings Polizeiwachen im Anschlusse an die Reviereintheilung errichtet, während bisher nur eine Tageswache im Polizeigebäude bestand. Ebendaselbst sind bemerkenswertherweise mehrfach polizeiliche Geschäfte, wie z. B. die der politischen Polizei und die Aufsicht über das öffentliche Fuhrwesen, auf die einzelnen Reviervorstände zur Wahrnehmung für das ganze Stadtgebiet vertheilt. Auch die kriminalpolitischen Einrichtungen sind verschiedenartig gestaltet.[1])

[1]) Vgl. auch Grantzow, Der Schutzmann, Berlin 1902.

§ 146. Die Einrichtung der Schutzmannschaft in den Provinzialstädten ist dagegen überall derjenigen zu Berlin nachgebildet. Auch hier werden Schutzmannswachtmeister (1903 : 209) und Schutzmänner (4224) unterschieden.

Auch hier giebt es berittene und nicht berittene Schutzmänner, sowie besondere Kriminalschutzleute. Berittene kommen allerdings gegenwärtig nur in Breslau, Magdeburg, Frankfurt, Wiesbaden, Cöln und Aachen vor (im Ganzen 61, ferner 2 berittene Schutzwachtmeister).

An Kriminalschutzleuten gab es 1903 322 gegenüber 3902 uniformirten Schutzmännern, ferner 3 Kriminalwachtmeister.

§ 147. Für die Polizeigefängnisse giebt es nur 3 besondere Inspektoren (in Stettin, Breslau und Frankfurt a. M.).

Ein Oberaufseher existirt für das Polizeigefängniss in Cöln.

An den übrigen Gefängnissen sind Polizeigefängnissaufseher angestellt (1903 : 39), welche mit den Polizeiboten rangiren.

Ausserdem giebt es Gefangenwärterinnen (Frankfurt a. M. 2, Breslau 1).

Einnahmen (Kap. 31 Tit. 2a—4 u. Anl. LXXXIV).

§ 148. An der Summe von 8 244 943 M. für 1903 in Kap. 31 Tit. 2a sind die Provinzen mit 3 192 567 M. betheiligt, während 5 052 600 M. auf Berlin entfallen.

Im Einzelnen kamen davon auf Königsberg 266 203, Danzig 207 970, Potsdam 57 516, Stettin 258 977, Posen 130 995, Breslau 541 789, Magdeburg 282 696, Kiel 56 823, Hannover 279 508, Cassel 53 909, Hanau 7 819, Fulda 7 270, Frankfurt a. M. 288 649, Wiesbaden 112 268, Coblenz 44 644, Cöln 376 570, Aachen 175 461, Saarbrücken 43 500 M.

§ 149. An Tit. 3 der Einnahme (118 124 M.) sind die Königlichen Polizeiverwaltungen der Provinz nur mit im Ganzen 12 600 M. betheiligt (rund 92 000 M. fallen auf den Generaletat des Ministeriums § 164). Dagegen entfallen bei Tit. 4 von der Summe von 997 150 M. auf die Provinz 465 465 M., wobei es sich hauptsächlich um Polizeistrafgelder handelt (vgl. auch § 125 Anm. 1 und § 127).

Die Höchstantheile von den 465 465 M. entfallen auf Hannover (70 165), Frankfurt a. M. (69 123), Breslau (60 468), Königsberg (48 128), Magdeburg (43 844), Stettin (32 481), Cöln (26 000 M.) u. s. w.

Bis 1897/98 erschienen auf dem Fonds auch die Polizeistrafgelder aus der Provinz Hannover, wo die Ortspolizei den Landräthen obliegt und daher auch die Strafgelder in die Staatskasse fliessen. Durch den gedachten Etat wurden dagegen diese Beträge in Höhe von einigen 50 000 M. nach Kap. 27 Tit. 9 des Etats des Finanzministeriums überwiesen, wo allgemein die im Ressort des Ministeriums des Innern festgesetzten Ordnungsstrafen und Polizeistrafgelder, soweit letztere nicht bei Königlichen Polizeiverwaltungen in Städten aufkommen, verrechnet werden.

Der Fonds betrug 1890/91 noch 166 786 M., steigerte sich naturgemäss in Folge des Polizeikostengesetzes von 1892 gewaltig (1893/94: 660 279 M.) und ist seitdem in dauernder Steigerung begriffen (1903: 997 150 M.).

Ausgaben (Kap. 92 d. Etats u. Anl. LXXXIV).

§ 150. Ueber die Steigerung der staatlichen Kosten für die Königlichen Polizeiverwaltungen in den Städten seit Erlass des Polizeikostengesetzes ist im Allgemeinen schon in § 90ff. gehandelt worden. Die Erfahrung hat übrigens dabei gelehrt, dass das Publikum geneigt ist, an die staatlichen Polizeiverwaltungen bei Weitem grössere Anforderungen zu stellen, als s. Z. an die städtischen Polizeiverwaltungen.

Was die einzelnen Ausgabetitel des Kap. 92 anbetrifft, welches übrigens ausser den Königlichen Polizeiverwaltungen in Städten auch die Grenzkommissariate (§ 167), die Badepolizeikommissare (§ 158) und die Bezirkspolizeikommissarien in Rheinland und Westfalen (§ 166) umfasst, so ist deren ziffernmässige Entwickelung seit 1850 aus Anl. LXXXI des Näheren zu ersehen.

§ 151. Tit. 1—4. Besoldungen. Gegenwärtig beziehen 1 Polizeipräsident (zu Frankfurt a. M.) ein Fixum von 8500 M., während 13 Polizeipräsidenten bezw. Direktoren je 6000—8000 M. erhalten. Höhe des Gehalts, Dienstaltersstufen, Aufsteigefrist sind die gleichen wie bei den Polizeidirektoren der Berliner Vororte (§ 129). Die Regierungsräthe, Polizeiräthe, Polizeiassessoren sind ebenso wie die gleichen Beamten vom Berliner Polizeipräsidium gestellt (§ 129).

§ 151a. Bei den Bureaubeamten (Tit. 2) wird dagegen ein Unterschied gemacht, insofern diejenigen zu Berlin und den Vororten besser gestellt sind als diejenigen der Provinz (§ 129). Hier erhalten die Polizeisekretäre nur 1500—3800 M. (8 Stufen in 21 Jahren 1500, 1900, 2300, 2600, 2900, 3200, 3500, 3800 M.), die Meldeamtsbureauassistenten 1500—2700 M. (7 Stufen in 18 Jahren 1500, 1700, 1900, 2100, 2300, 2500, 2700 M.), die Kanzlisten 1500—2200 M. (7 Stufen in 18 Jahren 1500, 1650, 1800, 1900, 2000, 2100, 2200 M.), 11 Polizeisekretäre, welche in den Orten mit besonderen Polizeikassen (Königsberg, Danzig, Potsdam, Stettin, Breslau, Magdeburg, Kiel, Hannover, Cassel, Frankfurt a. M. und Cöln) die Rendanturgeschäfte verwalten, erhalten je 300 M. Rendanturzulage.

§ 152. Was das Exekutivpersonal anbetrifft (Tit. 3), so sind die Polizeiinspektoren im Mindestgehalt den Polizeilieutenants in Berlin und Vororten gleichgestellt, während sie im Höchstgehalt um 300 M. höher steigen. Sie erhalten 2700—4500 M. (4 Stufen in 9 Jahren 2700, 3300, 3900, 4500 M.).

Die Polizeikommissare und (3) Polizeigefängnissinspektoren beziehen 2000—3600 M., stehen also den Polizeiassessoren im Mindestgehalt und Höchstgehalt gleich, haben aber andere Dienstaltersstufen, nämlich 7 statt 4 (2000, 2300, 2600, 2900, 3200, 3400, 3600 M. in 18 Jahren statt in 9 Jahren erreichbar).

Die Schutzmannschaften wiederum stehen in Berlin und Provinz gleich (§ 129 und § 136).

Der Polizeigefängnissoberaufseher (Tit. 4) in Cöln steht dem Berliner gleich (1200—1800 M.), während die Polizeiboten und Polizeigefängnissaufseher (ebenda) im Mindestgehalt um 100 M. hinter den Berlinern zurückstehen. Sie beziehen 900—1500 M. Erstere haben 8 Stufen in 21 Jahren, 900, 1000, 1100, 1180, 1260, 1340, 1420, 1500 M., letztere 7 Stufen in 18 Jahren erreichbar (alle 3 Jahr 100 M. mehr).

Polizeidiener und Gefangenenwärterinnen beziehen 700—1000 M. (in 12 Jahren 5 Stufen 700, 775, 850, 920, 1000 M.).

Dienstwohnungen und Wohnungsgeldzuschüsse.

§ 153. Letztere richten sich nach allgemeinen Grundsätzen (s. beim Etat des Finanzministeriums Bd. II Buch VIII). 6 Polizeipräsidenten bezw. Polizeidirektoren haben freie Dienstwohnung; die übrigen beziehen Miethsentschädigungen und zwar 1 Beamter 2400 M. — darunter 975 M. künftig wegfallend —, 6 Beamte je 1800 M. und 1 Beamter 1200 M. aus Tit. 11; ferner haben einige mittlere und Unterbeamte Dienstwohnungen.

Andere persönliche Ausgaben (Kap. 92 Tit. 6—8).

§§ 154—157. Hier kommt zunächst in Betracht der Fonds Tit. 6 zur Remunerirung von ständigen Hülfsarbeitern und sonstigen Polizeihülfsbeamten 222 280 M.

Der Fonds macht etwa $^1/_{40}$ des Besoldungsfonds aus, das Verhältniss ist also ein noch günstigeres als in Berlin (§ 131).

Die Remunerationen für ständige Hülfsarbeiter sind für alle staatlichen Polizeiverwaltungen gleichmässig geregelt. Es beziehen die Regierungsassessoren durchschnittlich je 3000 M., von den Bureaudiätaren die Civilanwärter 1100—1500 M. in 4 Jahren, die Militäranwärter 1300—1500 M. in 4 Jahren, die Meldeamtsdiätare 1300 M. fest, die Kanzleidiätare 1200—1500 M. in 4 Jahren.

§ 158. *Kap. 92 Tit. 7.* Zur Remunerirung der kommissarischen Polizeidirektoren, der Badepolizeikommissarien und der Lehrkräfte für den Lehrkursus zur Ausbildung der mittleren Polizeiexekutivbeamten 9 858 M.

In einzelnen der Königlichen Polizeiverwaltungen in Städten (Hanau, Fulda, Coblenz und Saarbrücken) werden die Direktorenfunktionen von den betreffenden Landräthen im Nebenamte wahrgenommen gegen Remunerationen von 1000—1800 M. (s. auch die Etatsbemerkungen zu Kap. 90 Tit. 1). An diesem Theil des Fonds sind daher nur die Polizeiverwaltungen zu Hanau (1200 M.), Fulda (1000 M.), Coblenz (1200 M.), Saarbrücken (1800 M.) betheiligt.

§ 159. Hinsichtlich der Badepolizeikommissare ist zu bemerken: Der Verwaltung des Innern in Bezug auf polizeiliche Angelegenheiten unterstellt sind 3 Bäder (Ems, Schlangenbad und Langenschwalbach). Für diese werden besondere (3) Badepolizeikommissare alljährlich bestellt, welche dafür eine aus obigem Titel zu zahlende Remuneration beziehen. Exekutivpersonal ist nur der Emser Kommission beigegeben (1 Schutzmann, der aus Tit. 3 besoldet wird). Im Ganzen sind für 1903 2658 M. bei dem Etat der Regierung zu Wiesbaden für die Badepolizeikommissionen ausgeworfen.

Seit 1901 stehen auch 2000 M. auf Tit. 12 zur Remunerirung von Lehrkräften für einen Lehrkursus zur Ausbildung mittlerer Polizeiexekutivbeamten, welcher ähnlichen Zwecken dienen soll, wie die Lehrkurse für Gensdarmeriebeamte.

§ 160. *Tit. 8.* Zu Stellenzulagen für den Polizeipräsidenten zu Frankfurt a. M. 2700 M.; für Polizeiinspektoren bis zu 400 M., im Ganzen 3000 M.; und für Unterbeamte bis zu 200 M., im Ganzen 135 550 M.; ferner zu Lokalzulagen für Polizeibeamte in Frankfurt a. M. 27 195 M. (künftig wegfallend), insgesammt 168 445 M.

Etwa ein Drittel der Polizeiinspektoren erhalten 300 M. Stellenzulage. Die Stellenzulagen für Unterbeamte finden sich auch bei den meisten übrigen Verwaltungsressorts.

Durch den Etat 1899 sind die Fonds zu nicht pensionsfähigen Stellenzulagen zu dem Zwecke erhöht worden, um in grösserem Umfang als bisher durch solche Zulagen zur Ausgleichung von Theuerungsverhältnissen sowie auch für besonders schwierige Dienste an Unterbeamte des äusseren und Exekutivdienstes gewähren zu können.

Die Lokalzulagen für Polizeibeamte in Frankfurt sind seit 1897/98 als künftig wegfallend bezeichnet, weil Lokalzulagen nach den bei der allgemeinen Besoldungsaufbesserung festgehaltenen Grundsätzen im Allgemeinen nicht mehr fortbestehen sollen.

Sächliche Ausgaben (Tit. 9—11).

§ 161. *Tit. 9.* Zu Bureaubedürfnissen (Schreib- und Packmaterialien, Drucksachen, Feuerung, Beleuchtung, Bibliothek, Heften der Akten, sowie nicht aversionirte Postporto- und Gebührenbeträge und sonstige Frachtgebühren für dienstliche Sendungen, Telegrammgebühren etc.) ausserdem zu Lasten und Abgaben, sowie Kosten hauswirthschaftlicher Art für Dienstgebäude, einschliesslich 4065 M. künftig wegfallend, 344 208 M.

Die künftig wegfallenden Beträge sind alte Entschädigungen an Polizeibeamte für Schreibhülfen in Cöln, Frankfurt und Potsdam.

Die Entwickelung des Fonds siehe in Anl. LXXXI.

§ 162. *Tit. 10.* Zur baulichen Unterhaltung der Polizeidienstgebäude 50 053 M.

Diese Summe ist auf die einzelnen Polizeietats vertheilt. Voran steht Magdeburg mit 8183 M., dann folgt Frankfurt a. M. mit 6244 M., Stettin mit 4547 M., Königsberg, Breslau, Cöln, Aachen mit 3—4000 M. u. s. w.

§ 163. *Tit. 11.* Zu vermischten Ausgaben, Dienstaufwandsentschädigungen, Miethen und Miethsentschädigungen, Kosten der Bekleidung und Ausrüstung der Schutzmannschaften, Fuhr- und Transportkosten, zur Unterhaltung der Polizeigefangenen, für die ärztliche Untersuchung der Gefangenen und der Prostituirten etc. einschliesslich 5325 M. künftig wegfallend, 1 183 005 M.

Die am Jahresschlusse verbleibenden Bestände der Fonds zur Bekleidung und Ausrüstung der Schutzmannschaften können zur Verwendung in die folgenden Jahre übertragen werden.

Aus diesem Fonds werden, wie zum Theil aus der Titelbezeichnung schon ersichtlich, u. A. erstattet Pferdegelder und Miethsentschädigungen für Polizeidirigenten, welche letztere an Stelle von Wohnungsgeldzuschüssen beziehen, soweit sie keine Dienstwohnung haben. Es beziehen die Dirigenten zu Danzig 2400 M. (975 M. künftig wegfallend), Potsdam, Stettin, Kiel, Cassel, Cöln, Wiesbaden 1800, Aachen 1200 M. Die Polizeiinspektoren, soweit sie nicht Kriminalinspektoren sind, beziehen je 750 M. Pferdegelder. Wo berittene Schutzmannschaft ist, werden die Dienstpferde aus dem Fonds unterhalten, ebenso 1 Pferd für 1 Polizeiinspektor.

Aus dem Fonds werden ferner die zum Theil nicht unerheblichen Miethen für Polizeidiensträume gedeckt.

Vielfach werden in der Provinz die Revierdiensträume gemiethet von den Polizeikommissarien, welche auch für Reinigung etc. zu sorgen haben und für alles eine Entschädigung beziehen. In Berlin miethet meist der Staat die Räume. Auch erhalten die Kriminalpolizeikommissare 180 bezw. 200 M. für die Vorhaltung eines Zimmers ihrer Privatwohnung für dienstliche Zwecke aus dem Fonds.

Für Dienstaufwandsentschädigungen, Bekleidung und Ausrüstung der Kriminalschutzmänner werden jetzt 200 M. pro Jahr gewährt.

Endlich werden Fuhr- und Transportkosten, einschliesslich des Transports von Polizeigefangenen, sonstige Kosten für die Polizeigefangenen, einschliesslich der sächlichen Kosten für das Polizeigefängniss, Kosten der ärztlichen Untersuchung der Prostituirten und für veterinärpolizeiliche Funktionen und andere sächliche Ausgaben, einschliesslich derjenigen aus Anlass des nächtlichen Sicherheitsdienstes, Kosten der Nahrungsmitteluntersuchungen, Gewichtsrevisionen,

Vigilantskosten für Kriminalbeamte u. s. w. aus dem Fonds bestritten.

Bei dieser Vielseitigkeit des Fonds ist nicht zu verwundern, dass er gegenwärtig eine grosse Summe repräsentirt.

Es folgen

Sonstige Kosten (Tit. 12 und 13).

§ 164. *Tit. 12.* Zu Remunerationen für die Besorgung der Pass- und Fremdenpolizei in einzelnen Kreisen, sowie zur sprachlichen Unterweisung und Remunerirung der mit den Angelegenheiten des Deutsch-Russischen Grenzverkehrs im Besonderen mit der Ausfertigung und Kontrole der doppelsprachigen Grenzlegitimationsscheine betrauten Beamten 60 423 M.

In einigen Grenzkreisen, vorzugsweise in Gumbinnen, bekommen Zolleinnehmer für Wahrnehmung von Pass- und Fremdenpolizei kleine Beträge als Remunerationen, im Ganzen 6423 M. Die weiteren 54 000 M. werden verausgabt im Interesse der Ausfertigung und Kontrole doppelsprachiger Grenzlegitimationsscheine.

Damit hat es folgende Bewandtniss: Von Seiten Russlands wird seit einigen Jahren die Ausstellung von Grenzlegitimationsscheinen in zwei Sprachen verlangt; zur Entschädigung der den Behörden erwachsenden besonderen Mühewaltung wird eine Gebühr von 10 Pf. für jeden Schein erhoben, die bestimmt ist, zur Hälfte die sächlichen Kosten zu decken und zur Hälfte zur Remunerirung der Beamten etc. zu dienen (Min.-Erl. v. 24. März 1901 II b. 4474).

Die Einnahmen werden bei Kap. 31 Tit. 3 des Staatshaushaltsetats verrechnet und stehen nicht auf dem Regierungs-, sondern auf dem Generaletat des Ministeriums.

Die Ausgaben an Remunerationen, Beihülfen, Prämien und sächlichen Kosten in den einzelnen Regierungsbezirken dürfen keinesfalls die Höhe der daselbst für Ausfertigung der Grenzlegitimationsscheine vereinnahmten Vergütungen übersteigen.

§ 165. *Tit. 13.* An Zuschüssen zu den persönlichen und sächlichen Ausgaben der Polizeiverwaltung in den Städten Erfurt, Rinteln, Frankenau und Wetzlar 6955 M.

Es handelt sich hier lediglich um rechtliche, aus alter Zeit überkommene staatliche Verpflichtungen.

Von der unter Kap. 92 Tit. 13 nachgewiesenen Summe von 6950 M. entfallen

1. auf die Stadt Erfurt 3600 M. Bei der zwischen dem Staate und der Stadt Erfurt stattgefundenen Vermögensauseinandersetzung hat der Staat mittels Rezesses v. 25. Aug. 1842 auf Grund Allerh. Ermächtigung v. 28 Aug. 1841 der Stadt die fernere Gewährung der Besoldung ihres Oberbürgermeisters im bisherigen Betrage von 1200 Thalern jährlich aus der Staatskasse zugesichert, so lange in der organischen Einrichtung und amtlichen Wirksamkeit der städtischen Behörden keine Veränderung eintritt, welche die Einstellung dieser Gehaltszahlung aus der Staatskasse motiviren möchte.

2. auf die Stadt Rinteln 1350 M. Der Zuschuss von 450 Thalern ist der Stadt Rinteln auf Grund des § 4 des Ges. v. 29. Okt. 1848 (Kurhess. G.-S. S. 139) bewilligt und Seitens der Kurhessischen Regierung auch dann noch fortgezahlt worden, als der gedachte § 4 des Ges. v 29. Okt. 1848 durch die Verordn. v. 3. März 1853 (Kurhess. G.-S. S. 15) formell aufgehoben worden war, indem angenommen wurde, dass die Verordn v. 3 März 1853 nur die Beiträge des Staats an diejenigen Städte habe aufheben wollen, in welchen der Staat die Polizei selbst übernahm.

3. auf die Stadt Frankenau als Zuschuss für die Polizeiverwaltung 450 M. und Gehalt für einen Polizeisergeanten 216 M. Die Bewilligung ist Seitens der vormaligen Kurhessischen Regierung widerruflich erfolgt, um eine einigermaassen erträgliche Polizeiverwaltung in Frankenau, wo ungünstige Zustände und grosse Armuth herrschten, möglich zu machen. Das gleiche Bedürfniss dauert noch fort.

4. auf die Stadt Wetzlar Beitrag zu den Polizeiverwaltungskosten 1333,33 M. Bei der Auseinandersetzung zwischen dem Staate und der Stadt Wetzlar über das Staats- und das Kommunalvermögen ist durch Allerh. Ordre v. 7. März 1822 der Stadt die Zusicherung ertheilt, dass die gegenwärtigen Kosten der Polizeiverwaltung auch dann, wenn dieselbe dem Magistrat überlassen wird, mit 444 Thalern 10 Groschen 8 Pfg. aus der Staatskasse an die Stadtkämmerei fortdauernd vergütet werden sollen.

Durch Allerh. Ordre v. 22. Juli 1839 ist der Stadt Wetzlar die revidirte Städte-Ordn. v. 17. März 1831 verliehen worden, an deren Stelle sodann die Städte-Ordn. für die Rheinprovinz v. 15. Mai 1856 getreten ist, ohne dass diese Gesetze eine die Allerh. Ordre vom 7. März 1822 modifizirende Bestimmung enthalten. Summe 6949,33 M., und zur Abrundung der Titelsumme auf volle Mark sind hinzugesetzt 0,67 M., Gesammtsumme 6950 M.

2. Bezirkspolizeikommissare (Kap. 92 Tit. 2 d. Ausgabe).

§ 166. Schon seit längerer Zeit hatte sich das Bedürfniss einer schärferen landespolizeilichen Ueberwachung der Industriebezirke der Rheinprovinz und der Provinz Westfalen, namentlich mit Rücksicht auf die fluktuirende Bevölkerung derselben herausgestellt. Mangels besonderer staatlicher Organe hatte man sich bisher durch Heranziehung von Beamten kommunaler Polizeiverwaltungen zu helfen gesucht. Abgesehen davon aber, dass keine Verpflichtung der Kommunen besteht, ihre Beamten hierfür zur Verfügung zu stellen und geeignete Beamte, an deren Qualifikation besondere Anforderungen gestellt werden müssen, nicht überall vorhanden sind, haben die Erfahrungen der letzten Jahre dargethan, dass der beabsichtigte Zweck mit diesen Aushülfemitteln nicht erreicht werden kann. Es wurden deshalb 1896/97 6 neue Stellen für Bezirkspolizeikommissarien, welche den Regierungspräsidenten unterstehen, in Bochum, Dortmund, Duisburg, Elberfeld-Barmen, Essen und Hagen geschaffen.

Sie erhielten 2700—4200 M. und wurden 1897/98 auf 3000—4800 M. aufgebessert. Eine siebente Stelle (Aachen) kam 1900 hinzu.

Die Besoldungen der Bezirkspolizeikommissare stehen auf Kap. 92 Tit. 2.

3. Grenzkommissariate (Kap. 92 Tit. 1 der Ausgabe).

§ 167. Das erste Grenzkommissariat ist 1874/75 errichtet worden zu Eydtkuhnen (vgl. Etatserläuterungen 1875 zu Kap. 97 Tit. 21).

Dem in Folge der Anlage der Königsberg-Eydtkuhner Eisenbahn und der Fortsetzung dieser Eisenbahn auf russischer Seite im Jahre 1860 angestellten Polizeiverwalter in Eydtkuhnen waren die polizeilichen Grenzgeschäfte, namentlich die Passkontrole der aus Russland ankommenden Reisenden, die Ertheilung der Eingangspässe an solche Personen, welche bei Eydtkuhnen die preussische Grenze überschritten, die Ertheilung von Legitimationskarten an diesseitige Staatsangehörige zur Ueberschreitung der Grenze und ausserdem die gesammte Ortspolizeiverwaltung in Eydtkuhnen übertragen. Bei Einführung der Kreisordnung wurde ihm die örtliche Polizeiverwaltung abgenommen. Es erschien aber im Interesse des internationalen Verkehrs als ein dringendes Bedürfniss, den bisherigen Polizeivorsteher in Eydtkuhnen zur Wahrnehmung der landespolizeilichen Interessen des Grenzverkehrs zwischen Preussen und Russland beizubehalten. Er erhielt daher Stellung und Titel eines Grenz- und Polizeikommissars mit einem Gehalt von 3000 M.

Im Laufe der Zeit wurden noch einige andere Grenzkommissariate errichtet (zu Prostken, Illowo, Thorn und Beuthen i. Ob.-Schl.).

Das Gehalt wurde späterhin auf 2700–3300 M. und seit 1897/98 auf 2700–4000 M. erhöht.

C. Landgensdarmerie.

Allgemeines über Tragung der ortspolizeilichen Kosten auf dem Lande.

§ 168. Obgleich schon König Friedrich Wilhelm III. in der K.-O. v. 25. Nov. 1808 (sub 2) ausgesprochen hatte: „Ich bin Willens, die Polizeigewalt nicht ferner von dem Besitze eines Grundstückes abhängen zu lassen. Die Polizei soll, wie es in anderen Staaten geschieht, nicht von den Grundbesitzern, sondern von Orts- und Kreispolizeibehörden verwaltet werden", ist doch die Verknüpfung der Polizeigewalt mit dem Besitze eines Grundstücks auf dem Lande erst 1872 (durch die Kreisordnung) aufgehoben worden. Erst seit diesem Zeitpunkte ist auf dem Lande, wie schon lange vorher in den Städten (s. § 88), die Königliche Polizeihoheit überall zur Durchführung gelangt.

Die in § 90 dieses Buches citirte Vorschrift des § 3 des Gesetzes über die Polizeiverwaltung vom 11. März 1850, wonach die Kosten der örtlichen Polizeiverwaltung — mit Ausnahme der Gehälter der von der Staatsregierung in § 2 ebenda (Einrichtung Königlicher Polizeiverwaltungen) angestellten besonderen Beamten — von den Gemeinden zu bestreiten sind, hat für das platte Land ebenso wie für die Städte Geltung.

Die Uebertragung der Ortspolizei auf dem Lande auf vom Staate ernannte Beamte durch die Kreisordnung von 1872 hatte eine Abänderung jener Bestimmung über die Kostentragung nur insoweit zur Folge, als die Kosten der Amtsverwaltung, d. h. diejenigen Kosten, welche aus der Einsetzung und Erhaltung des die Ortspolizei handhabenden Amtspersonals, aus dessen Ausrüstung mit den erforderlichen Hülfsmitteln und Organen und aus dessen Dienstbetriebe unmittelbar erwachsen, von dem Amt d. h. gemeinsam von den betheiligten Gemeinden und Gutsbezirken getragen werden müssen, während solche Ausgaben, die erst in Folge der vorbereitenden Thätigkeit, insbesondere durch die Ausführung der von der Ortspolizeibehörde gegen Dritte getroffenen Anordnungen, also mittelbar entstehen, den Gemeinden allein verblieben sind (O.-V.-G.-Entsch. Bd. VII 121 XVI 46. XVII 75).

Der Staat übernahm also keinen Antheil an den Kosten, überwies dagegen (§ 70 der östlichen Kreisordnung von 1872 und Dotationsgesetze von 1873 und 1875. Näheres Bd. II Buch X). diejenigen Summen, welche er in Folge des Erlasses der Kreisordnung durch das Eingehen der Königlichen Polizeiverwaltungen, durch den Wegfall der Schulzenremunerationen und anderer Polizeiverwaltungskosten an den im Staatshaushaltsetat für das Jahr 1873 für ebengenannte Zwecke veranschlagten Ausgaben ersparte, den Kreisen als Beitrag zu den Kosten der Amtsverwaltung in der Form einer dauernden Rente. (Näheres in Bd. II Buch X.)

Gleichwohl blieb nach wie vor — wenn man von den besonderen Verhältnissen in Hannover § 34 S. 1313 und Posen § 195 ff. absieht — ein staatliches, ortspolizeilichen, ebenso wie landespolizeilichen Zwecken dienendes Institut (§ 173) auf dem Staatshaushalt stehen und hat dem Staate, besonders in neuerer Zeit, stark und stetig steigende Ausgaben verursacht, die Landgensdarmerie.

Geschichtliches.

§ 169. Die Unzulänglichkeit der Handhabung der öffentlichen Sicherheit auf dem weitausgedehnten platten Lande durch die gewöhnlichen gutsherrlichen und kommunalen Organe hatte schon im Jahre 1596 unter Kurfürst Johann Georg zur Anstellung kurfürstlicher sogenannter einspänniger Knechte „zur Vertreibung und Einziehung muthwilliger Frevler und Friedbrecher“ geführt. Späterhin wurden in den verschiedenen Gebieten Landreuter, Polizeiausreuter, in Schlesien Landdragoner eingeführt, welche dazu bestimmt waren, Vagabunden aufzugreifen, die Strassen zu bereiten und die Polizeigesetze zur Geltung zu bringen.[1])

Die erste einheitliche Organisation einer derartigen staatlichen Schutztruppe auf dem Lande erfolgte für das damalige Ländergebiet durch die Verordnung vom 30. Juli 1812 wegen Errichtung der

[1]) am Niederrhein fungirte eine sogen. Gouvernementsmiliz.

Gensdarmerie, die als bewaffnete Macht den Kreisdirektoren (Landräthen) beigegeben werden sollte.

Schon im Jahre 1820, nach der Erweiterung des Staatsgebietes, wurde unterm 30. Dezember eine neue Verordnung über die anderweitige Organisation der Gensdarmerie erlassen, welche diese Einrichtung für alle Provinzen des Staates gleichmässig organisirte. Sie ist in ihren wesentlichen Punkten noch heutigen Tages in Geltung.

Gegenwärtige Organisation.

§ 170. Die Gensdarmerie hat insofern eine Doppelstellung, als sie einerseits in Rücksicht auf Oekonomie, Disziplin und innere Verfassung militärisch organisirt ist und militärische Vorgesetzte hat, andererseits aber in Ansehung ihrer Wirksamkeit und Dienstleistung den Civilbehörden untersteht. Was zunächst die militärische Organisation des Gensdarmeriekorps anbetrifft, so war nach der Verordnung von 1820 das Korps der Gensdarmerie eingetheilt in 8 Brigaden mit je 1 Brigadier, jede Brigade in 2 Abtheilungen mit je 1 Kommandeur an der Spitze. Unter ihnen standen 32 Offiziere, 96 Wachtmeister und 1240 Gensdarmen, davon 160 unberittene. Ausserdem gab es eine — jetzt nicht mehr bestehende — besondere Grenzgensdarmerie.

An die Stelle der Abtheilungen trat aber sehr bald die Einrichtung mehrerer Distrikte für jeden Brigadebezirk mit Distriktsoffizieren an der Spitze. Diese Distriktsoffiziere haben sämmtlich gleiche Funktionen, aber verschiedenen Rang und Gehälter.

Die etatsmässigen Wachtmeister erhielten späterhin den Titel „Oberwachtmeister".

Qualifikation. Annahme. Entlassung.

§ 171. Zur Gensdarmerie zugelassen werden nur Unteroffiziere, welche 9 Jahr in Heer oder Marine aktiv gedient haben. Die Ernennung erfolgt vom Chef der Gensdarmerie. Derselbe ernennt auch aus der Zahl der Gensdarmen die Oberwachtmeister. Die Distrikts-Offiziere werden auf seinen Vorschlag vom König ernannt, aus ihrer Zahl werden wiederum vorzugsweise die Brigadierstellen vom König besetzt. Die Anstellung der Gensdarmen erfolgt vor der definitiven Stellenbesetzung zunächst für 6 Monate provisorisch.

Die Gensdarmerie hat den Gerichtsstand des stehenden Heeres.

Verhältniss gegenüber den Civilbehörden.

§ 172. Die Civilbehörden und die Militärvorgesetzten der Gensdarmerie stehen zu einander nicht in subordinirtem Verhältnisse, sondern die Offiziere der Gensdarmerie sind, als solche, insofern sie nicht in wichtigen Fällen persönlich zur Anführung eines Kommandos oder zu andern Dienstleistungen für das Civil kommandirt und deshalb an die näheren Anordnungen der Civilbehörden verwiesen sind, in welchem Falle sie denselben pünktlich zu folgen haben, bloss ihrem Militärvorgesetzten untergeordnet.

Im Uebrigen steht aber die Gensdarmerie in ihren Dienstobliegenheiten und in Beziehung auf deren Anordnungen und Ausführung lediglich unter den betreffenden Civilbehörden, und jeder einzelne Gensdarm zunächst unter derjenigen, welcher er zur Unterstützung zugewiesen ist, also dem Landrath (den Ortspolizeibehörden in den Städten[1]) oder auf den Transportstationen. Dieser Behörde steht daher zu, die Gensdarmen in ihrer Dienstführung unmittelbar mit Anweisung zu versehen und zu leiten, sie, wo sie gefehlt haben, zu belehren und zurechtzuweisen, und die Gensdarmen sind schuldig, den Anweisungen dieser Behörde unbedingt Folge zu leisten. Auch muss auf Antrag der letzteren die Abberufung erfolgen. Bei der Entlassung auf administrativem Disziplinarwege müssen Civil- und Militärbehörden gemeinsam handeln. Die Militärvorgesetzten haben die Amtsverrichtungen der den Civilbehörden überwiesenen Gensdarmen nicht anders, als wenn etwa bei den Dienstleistungen selbst ein Offizier das Kommando führt, zu leiten; im Allgemeinen müssen sie jedoch die Gensdarmen auch in Ansehung der Pünktlichkeit, Angemessenheit und Pflichttreue in ihrer Dienstführung sorgfältig kontrolliren und darauf achten, dass sie den Gesetzen und den Anweisungen der Dienstbehörde vollständig Folge leisten (Verordn. v. 30. Dez. 1820 § 17 und Verordn. v. 23. Mai 1867 § 20 Abs. 1).

Die Civil-Dienstbehörde ist für die Rechtmässigkeit und Zweckmässigkeit der von ihr den Gensdarmen ertheilten Aufträge und Anweisungen, die Gensdarmen aber sind nur für deren pünktliche Erfüllung und Ausführung verantwortlich. Alle anderen, als die unmittelbar vorgesetzten Civilbehörden müssen, wenn sie der Unterstützung der Gensdarmerie bedürfen, mit Ausnahme der Fälle, wo Gefahr im Verzuge ist, ihre Requisitionen und resp. Befehle an die Civil-Dienstbehörde richten, welche denselben aber vollständig zu genügen verpflichtet ist (Verordn. v. 30. Dez. 1820 § 18 und Verordn. v. 23. Mai 1867 § 22), nur Amtsvorsteher können direkt requiriren.

Obgleich die Gensdarmerie eine militärische Organisation hat, so steht sie doch nicht unter dem Generalkommando oder einem anderen Militärbefehlshaber der Provinz oder des Bezirks, in welchem sie dislozirt ist, mithin auch die in einer Stadt befindliche Gensdarmerie nicht unter dem Gouverneur oder Kommandanten dieser Stadt, sondern lediglich unter ihrem eigenen Militärvorgesetzten und unter der Civil-

---

[1]) Dies kommt heute nur noch ausnahmsweise vor.

dienstbehörde. Es versteht sich aber von selbst, dass die Gensdarmerie gleichwohl auf die Befolgung auch derjenigen Befehle zu achten verbunden ist, welche in einer grossen Stadt oder Festung von dem Gouverneur oder Kommandanten ausgehen (Verordn. v. 30. Dez. 1820 § 19 und Verordn. v. 23. Mai 1867 § 23).

Die Vertheilung der Gensdarmerie im Lande nach Massgabe des Bedürfnisses und der örtlichen Verhältnisse und die Bestimmung des Aufenthaltes der Brigadiers bleibt dem Ministerium des Innern unter Rücksprache mit dem Chef der Gensdarmerie überlassen.

Zur Errichtung einer neuen Gensdarmeriestation bedarf es nach vorgängiger Verständigung des Regierungspräsidenten mit dem Brigadekommando der Genehmigung des Ministers des Innern (vgl. auch M.-Bl. d. i. V. 1866 S. 27).

Aufgaben der Gensdarmerie.

§ 173. Die Gensdarmerie ist nach § 12 der Verordnung von 1820[1]) im Allgemeinen bestimmt, die Polizeibehörden in Erhaltung der öffentlichen Ruhe, Sicherheit und Ordnung im Innern des Staats und in Handhabung der deshalb bestehenden Gesetze und Anordnungen zu unterstützen.

Jedermann ist schuldig, ihren Anforderungen und Anordnungen, mit Vorbehalt der nachher zu führenden Beschwerde, sofort unbedingte Folge zu leisten; auch gebührt der Gensdarmerie das Recht des Waffengebrauchs zu dem Zwecke, um ihren Anordnungen Folge zu verschaffen.

Die Aufgaben der Gensdarmerie sind im Einzelnen in § 12 der Verordnung von 1820 und in den §§ 18 ff. der Dienstinstruktion vom gleichen Tage genau bezeichnet. Die Gensdarmen sollen darnach vor Allem Zusammenrottungen verhüten, Märkte und Volksfeste beaufsichtigen, gegen Verbreitung von Seuchen-, Wassers-, Feuergefahr thätig sein, muthwillige Beschädigungen öffentlichen Eigenthums anzeigen, Verbrecher, Deserteure und Vagabonden anhalten und verfolgen, bei Zwangsexekutionen als bewaffnete Macht fungiren, Zoll- und Steuerdefraudationen zur Anzeige bringen u. s. w., nicht aber zu blossen Botendiensten Verwendung finden. Zu besonderer Unterstützung der Gensdarmen sind die öffentlichen Behörden, aber auch Gastwirthe, Schänker und Krüger verbunden. Die Gensdarmen müssen über ihre Thätigkeit fortlaufende Dienstjournale führen (§ 6 der Dienstinstruktion).

Wesentliche Schwierigkeiten haben sich aus der Unterordnung der Gensdarmerie unter militärische und Civilbehörden im Laufe der Zeit nicht ergeben. Vielmehr hat sich das Institut der Gensdarmerie

[1]) In Hohenzollern eingeführt durch Allerh. Erl. v. 30. Dez. 1850, in den neuen Provinzen durch Verordn. v. 23. Mai 1867 (G.-S. S. 777).

derart bewährt, dass man sie immer weiter ausgebildet hat (vgl. auch Etatserläuterungen 1893/94 zu Kap. 94 Tit. 2).

Der Gesammtbestand der Gensdarmerie hat sich im Laufe der Zeit ausserordentlich vermehrt, wie folgende Zahlenreihe ergiebt:

	1853	1870	1890	1903
Brigadiers	8	11	12	12
Sonstige Offiziere	32	45[2])	49[3])	58[4])
(Ober-)Wachtmeister[1]) . . .	102	166	302[5])	427[6])
Berittene Gensdarmen . . .	1186	1453	1735	4858[8])
Fussgensdarmen	749	1677	2270[7])	
Bureau- und Kassenbeamte .	?	?	2[9])	5[9])

Die stärkere Vermehrung der Gensdarmeriekräfte im Laufe der 90er Jahre ist hauptsächlich aus Anlass der Aufhebung des Sozialistengesetzes, ferner in den Vororten Berlins, im Ruhr- und Saar-Kohlengebiet und an der östlichen Landesgrenze erfolgt (vgl. Immediatbericht des Finanzministers von 1897 S. 76).

Einnahmen der Landgensdarmerie. (Kap. 31 Tit. 5 der Einnahme.)

§ 174. Dieser Einnahmetitel, der im Ganzen für 1903 mit 573 187 M. abschliesst, setzt sich grösstentheils aus Erstattungsbeiträgen zusammen, welche das Reich — in einigen wenigen Fällen auch Private — leisten für Gensdarmen, die der preussische Staat jenen zur Verfügung stellt. Es waren veranschlagt an Erstattungsbeiträgen für Besoldungen, Montirungsgeldern, Schreibmaterialien- bezw. Dienstaufwandsentschädigungen und an Entschädigungen für dereinst aus Staatsfonds zu gewährende Pensionen a) für 5 Fussgensdarmen, welche lediglich im Interesse von Privatpersonen[10]) und Gesellschaften angestellt und deshalb von diesen zu unterhalten sind, und für die an die Hinterbliebenen dieser Gensdarmen später zu zahlenden Wittwen- und Waisengelder 12 373 M., b) desgleichen

[1]) M.-Bl. d. i. V. 1867 S. 257.

[2]) darunter 1 Adjutant des Chefs.

[3]) darunter 2 Adjutanten. [4]) desgl.

[5]) davon 2 zu Fuss. [6]) davon 379 berittene.

[7]) ausserdem 5 Fussgensdarmen, welche aus Privatmitteln, sowie 10 Oberwachtmeister, 21 berittene und 164 Fussgensdarmen, welche aus Reichsmitteln besoldet werden (s. § 174).

[8]) davon 1913 beritten.

[9]) Ausser diesen eigentlichen — beim Korpsstabe befindlichen — Bureaubeamten werden aber bei dem Korpsstabe und den einzelnen Brigaden noch einzelne der Oberwachtmeister und Gensdarmen als Schreiber verwandt. Es waren 1890 2 Oberwachtmeister und 34 Gensdarmen und 1903 14 Oberwachtmeister und 31 Gensdarmen (davon 1 Ordonnanz beim Korpsstabe. 10 Oberwachtmeister sind an den Gensdarmerieschulen thätig (§ 191).

[10]) Es kommen 4 Gensdarmen für die Firma Krupp und 1 Gensdarm für die Zeche Prosper im Rheinkohlengebiet in Frage.

und ausserdem an erstatteten Unterstützungen und Remunerationen, Versetzungskosten etc., Portokosten, bezw. Remonte-, Leder- und Reitzeuggeldern, sowie Fouragekosten für 10 berittene Oberwachtmeister, 21 berittene und 164 Fussgensdarmen, welche zur Verhinderung des Einschmuggelns von Vieh an der russischen und österreichischen Grenze für Rechnung des Deutschen Reiches seit Ende der 70er Jahre angestellt sind, 525 814 M.; an erstatteten Entschädigungen für vermehrten Dienstaufwand derjenigen Gensdarmerieoffiziere, denen die Aufsicht über die für Rechnung des Deutschen Reiches eingestellten Gensdarmen übertragen ist, 12 600 M.

Die sonstigen verhältnissmässig geringen Einnahmen, die im obengedachten Titel zur Vereinnahmung gelangen, werden an anderer Stelle Erwähnung finden (§§ 179, 183, 185).

Ausgaben. (Kap. 94.)

§ 175. Die Zahlung der Gensdarmeriegehälter und -Pensionen erfolgte bis 1849 aus dem Militäretat und ist seitdem auf den Etat des Ministeriums übernommen.

Die Steigerungen der Staatsausgaben für die Landgensdarmerie im Laufe des 19. Jahrhunderts sind nicht unerheblich gewesen (Anl. LXXXI).

Es betrug:

	1853	1876	1890/91	1903
die Ausgabe Mark .	2 655 750 (2 229 750)	7 489 151 (6 742 460)	10 697 224 (9 035 624)	12 813 719
das Personal (Zahl)	2 062	3 799	4 572	5 763
die Ausgabe pro Kopf Mark . . .	1 287 (1 081)	1 971 (1 774)	2 340 (1 976)	2 223

Der Grund, weshalb eine Steigerung des Ausgabebetrages pro Kopf des Personals von 1890/91—1902 nicht eingetreten ist, ist indess ein nur äusserlicher, weil nämlich im Jahre 1890/91 (ebenso wie in den früheren Jahren) auf dem Etat des Ministeriums des Innern noch die sehr erheblichen Pensionsbeträge und Reliktengelder geführt wurden, die seit 1892/93, den allgemeinen Grundsätzen folgend (mit 1 661 600 M.), auf den Etat des Finanzministeriums (Kap. 62 Tit. 3) übertragen wurden. Rechnet man diese Ausgaben für die früheren Jahre ab, so ergeben sich die in Klammern gesetzten Beträge.

Will man die gegenwärtige Gesammtausgabe des Staates für Gensdarmeriezwecke bemessen, so muss man daher allerdings noch rund 1,7 Mill. M. den auf dem Etat des Ministeriums des Innern stehenden Summen zuzählen.

Die Entwickelung der einzelnen Hauptausgabegruppen in den vorbezeichneten Jahren war — abgesehen von Pensionen und Reliktengeldern — folgende:

	1853	1876	1890/91	1903
	M.	M.	M.	M.
1. Besoldungen Tit. 1 und 2 . . .	1 746 180	4 329 750	5 776 950	8 291 540
2. Wohnungsgeldzuschüsse Tit. 3 . .	—	317 220	390 972	473 532
3. Andere persönliche Kosten[1] (Tit. 7 bis 8b)	2 040	731 787	928 934	1 579 863
Summe 1—3 . .	1 748 220	5 378 757	7 096 856	10 344 935
4. Sächliche und sonstige Kosten[1] (Tit. 4—6 und 9—11)	481 530	1 363 703	1 938 769	2 468 784
Summe . .	**2 229 750**	**6 742 460**	**9 035 625**	**12 813 719**

Die Steigerung der persönlichen Kosten ist hiernach eine verhältnissmässig viel stärkere als die der sächlichen Kosten gewesen.

Persönliche Kosten.

§ 176. Hinsichtlich der persönlichen Kosten sind zu unterscheiden:

A. Gensdarmerieoffiziere.[2])

Besoldung.

1853 erhielten der Chef der Gensdarmerie 7800 M. und 1800 M. Funktionszulage, die Brigadiers je 6000 M. und 900—1500 M. Reisekostenzulage, die übrigen Offiziere 2700 M., 4200 M. und 4500 M.

1871 waren ausgesetzt für den — aus Militärfonds besoldeten — Chef 4200 M. Funktionszulage, für den Adjutanten 4500 M., die Bezügeder Brigadiers und Distriktsoffiziere waren unverändert geblieben. 1872 wurden die Gehälter der letzteren auf 3000—5100 M. erhöht. Seit 1897/98 erhielten die 2 Adjutanten und die Distriktsoffiziere je 3300—5700 M., im Durchschnitt 4500 M. Die Dienstalterszulagen sind hier nicht eingeführt. Nach dem Etat von 1903 gab es 19 Stellen mit je 5700 M. mit dem Dienstgrade eines Majors, 20 Stellen mit je 4500 M. mit dem Dienstgrade eines Hauptmanns I. Klasse, 19 Stellen mit je 3300 M. mit dem Dienstgrade eines Hauptmanns II. Klasse.

Auch die Gehälter der Brigadiers sind 1897/98 zum Theil aufgebessert worden. Eine weitere Verbesserung erfolgte 1899. Es erhalten gegenwärtig 12 Brigadiers je 6000—8000 M., im Durchschnitt 7000 M., und zwar: 6 Brigadiers in den Gehaltsklassen von 8000 M.

---

[1]) Diese Eintheilung findet sich nicht im Etat, welcher im Gegensatze zu den sonstigen Etats „andere persönliche Ausgaben" nicht kennt, sondern „sachliche" und „sonstige" Kosten unterscheidet und unter letzteren sowohl persönliche wie sachliche Kosten versteht.

[2]) Juristen sind in der Gensdarmerieverwaltung nicht thätig. Die Bearbeitung der vorkommenden Justizgeschäfte erfolgt nebenamtlich durch Kriegsgerichtsräthe, die in der Provinz je 300 M. Remunerationen beziehen. In Berlin sind 2 nebenamtlich thätig mit je 2500 M. Remuneration. Die Zahlung erfolgt aus Kap. 94 Tit. 7.

und 7300 M. mit dem Dienstgrade eines Stabsoffiziers als Regimentskommandeur, 6 Brigadiers in den Gehaltsklassen von 6700 M. und 6000 M. mit dem Dienstgrade eines Stabsoffiziers als Bataillonskommandeur.

§ 177. Aus den Gehältern müssen sich die Offiziere die Montirungsstücke, Reitzeug und Pferde in der erforderlichen Anzahl und Güte selbst beschaffen. Indessen erhalten sie zur Unterhaltung der Pferde 2, die Brigadiers 3 Rationen pro Tag aus dem Fouragefonds Kap. 94 Tit. 4. Doch erfolgt bei ihnen keine Naturallieferung, vielmehr ist ihnen der etatsmässige Betrag der Rationen voll zu zahlen. Dies gilt aber nur für die wirklich von ihnen gehaltenen Pferde. Können die Offiziere ohne solche auskommen, so wurde ihnen bis 1898/99 für die nicht vorhandenen Pferde der Geldwerth einer Ration nach dem Marktpreise und, wenn derselbe den Betrag von monatlich 28 M. für die Ration übersteigt, nur dieser Betrag gezahlt.

Seit 1898/99 kommt letztere Vergütung bei Stellenwechsel für die Zukunft in Fortfall. Dagegen wird den Offizieren für wirklich gehaltene Dienstpferde neben der Fouragevergütung eine Pferdeabnutzungsentschädigung von jährlich 150 M. und eine Beihülfe zur Pferdeausrüstung von jährlich 30 M., zusammen 180 M. für jedes vorhandene Pferd, gewährt. Solche ist unter Tit. 5a neu ausgebracht.

Die Wohnungsgeldzuschüsse betragen nach Erl. v. 30. Jan. 1875 für die Brigadiers 540—1200 M. und für die Offiziere 360—900 M. 2 Offiziere haben als Kommandeure der Gensdarmerieschulen Dienstwohnung.

Die aus Kap. 94 Tit. 9 zahlbaren Kommandozulagen, welche bei längeren Dienstreisen an Stelle von Tagegeldern und Reisekosten treten, betragen für Brigadiers 225 M., für Offiziere 180 M. pro Monat, die Umzugskosten stellen sich für Umzüge mit Familie für

Brigadiers . .	auf	1000 M.	und	20 M.	Transportkosten	für 10 km
Stabsoffiziere .	„	500 „	„	10 „	„	„ 10 „
Hauptleute . .	„	300 „	„	8 „	„	„ 10 „
Lieutenants .	„	200 „	„	6 „	„	„ 10 „

Ohne Familie die Hälfte der Sätze.

Brigadiers erhalten zur Anmiethung von Bureauräumen eine Miethsentschädigung aus Kap. 94 Tit. 6 (s. Anm. 1 zu § 186).

Tagegelder und Reisekosten sind geregelt in den Verordnungen v. 1. April 1874, 1. Nov. 1876, 14. Okt. 1881 und 11. Mai 1898 (G.-S. S. 131, 459, 339, 103). Danach erhalten der Chef 28 M., der Brigadier 18 M., der Distriktsoffizier 15 M. Tagegelder, bei eintägigen Dienstreisen 21, 15, 12 M. Die Reisekosten betragen auf Eisenbahnen und Dampfschiffen 9 Pf. pro km — ausser 3 M. für Zu- und Abgang —, sonst 60 Pf. pro km. Die Zahlung erfolgt aus Kap. 94 Tit. 9 bei Reisen im Interesse des Gensdarmeriedienstes und aus Kap. 95 Tit. 4, wenn die Reisen in *polizeilichen* Angelegenheiten erfolgen.

§ 178. Pensionen erhalten die Offiziere nach den für die Offiziere des Reichsheeres geltenden Vorschriften. Die Pensionen werden aber seit 1894/95 (§ 188) aus dem auf dem Etat des Finanzministeriums stehenden Civilpensionsfonds (Kap. 62 Tit. 3, s. Bd. II Buch VIII) gezahlt, soweit sie nicht als bereits erdiente Militärpension dem Reichsetat zur Last fallen.

§ 179. *Tit. 8a.* Zu ausserordentlichen Unterstützungen für Offiziere und mittlere Beamte, ausnahmsweise auch zu Remunerationen für mittlere Beamte (Sekretäre etc.) 1750 M.

Bezüglich dieses Fonds ist auf Bd. I Buch I S. 97 zu verweisen.

§ 179a. *Tit. 8b.* Einnahme der Offiziersdarlehnskasse 3000 M.

Dieser Betrag ist gemäss § 2 No. 4 des Staatshaushaltsgesetzes v. 11. Mai 1898 (G.-S. S. 77) in dem Etat 1900 zum ersten Male bei Kap. 31 Tit. 5 in Einnahme und hier in Ausgabe eingestellt. Bis dahin wurde die Kasse in dem Verzeichniss der Staatsnebenfonds No. 22 aufgeführt.

Die Darlehne werden an bedürftige Offiziere des Gensdarmeriekorps ausgegeben. Die Verfügung steht dem Chef des Landgensdarmeriekorps zu.

B. Oberwachtmeister und Gensdarmen.

§ 180. Die Oberwachtmeister und Gensdarmen erhalten Gehalt, Zulagen etc., Wohnungsgeldzuschuss, Dienstaufwandsentschädigung, Montirungs-, Leder- und Reitzeuggelder, Vergütung für Schreibmaterialien, Tagegelder etc., sowie die Berittenen Remontegelder und Fourage.

Gehalt, Remontegeld, Zulagen etc.

Im Jahre 1853 betrug das Gehalt der (Ober-)Wachtmeister 1080 M., der berittenen Gensdarmen (einschliesslich 60 M. Remontegeld) 780 M., der Fussgensdarmen 720 M. 1871 erhielten die berittenen Oberwachtmeister 1410 M., diejenigen zu Fuss 1350 M., die berittenen Gensdarmen 960—1410 M., diejenigen zu Fuss 900—1350 M.

Die allgemeine Besoldungsverbesserung von 1872 brachte Erhöhungen für die Oberwachtmeister auf 1560 M. bezw. 1500 M. und die Gensdarmen auf 1110 M. bezw. 1050 M. Im Laufe des nächsten Jahrzehnts fand eine Erhöhung der Remontegelder auf 80 M., später 120 M., Ende der 90er Jahre auf 150 M. statt.

Durch den Nachtragsetat für 1890/91 (bei Kap. 63 Tit. 5 dieses Etats) wurden an weiteren Besoldungsverbesserungen durchgeführt: Oberwachtmeister 1650—1950 M. bezw. nicht berittene 1500—1800 M., Gensdarmen 1250—1650 M. bezw. 1100—1500 M. Die letzte Erhöhung brachte die allgemeine Besoldungsverbesserung 1897/98 auf 1650 bis 2150 M. bezw. nicht berittene 1500—2000 M. für Oberwachtmeister und

1350—1750 M. bezw. 1200—1600 M. für Gensdarmen. Dienstaltersstufen (15 Jahre in 6 Stufen, wie bei den Schutzmännern) wurden erst durch den Etat 1901 eingeführt.

Den berittenen Gensdarmen zustehendes Remontegeld wird übrigens diesen nicht direkt verabfolgt, es wird vielmehr von den Regierungshauptkassen an die Brigadekassen abgeführt; die Brigade schafft die Pferde an und verkauft sie eventuell wieder. Die Pferde bleiben aber während des Dienstes Eigenthum des Gensdarmen bezw. Oberwachtmeisters. Der Erlös für verkaufte Pferde bezw. etwaiger Ueberschuss auf dem Konto der Gensdarmen etc. wird diesen erst beim Ausscheiden aus dem Dienste ausgezahlt.

Besondere Zulagen.

§ 181. Aus Kap. 94 Tit. 7 werden noch besondere Funktionszulagen und Reisekostenzuschüsse gezahlt, ferner erhalten die Oberwachtmeister und Gensdarmen insgesammt 137 850 M. Stellenzulagen bis 200 M. (in Helgoland bis 300 M.) nach den allgemeinen, für derartige Zulagen geltenden Grundsätzen (s. Etat des Finanzministeriums Bd. II Buch VIII, vgl. auch Bd. II Buch V § 198).

Da sich seit einigen Jahren ein zunehmender Mangel an Anwärtern für die Landgensdarmerie bemerkbar macht, der die Interessen des Gensdarmeriedienstes ernstlich zu gefährden droht und eine erhöhte Fürsorge für die Gewinnung eines ausreichenden Ersatzes erforderlich macht, so ist, um einen Anreiz zum Eintritt in die Landgensdarmerie zu bieten, sowie die Gensdarmeriemannschaften ihrem Berufe länger zu erhalten, die Gewährung einer ausserordentlichen Geldzuwendung nach längerer Dienstzeit neuerdings in Aussicht genommen worden. Es sind daher für 1903 160 000 M. bei Tit. 7 zu diesem Zwecke in den Etat gestellt worden, ein Betrag, der sich später bis auf 248 000 M. jährlich erhöhen wird (vgl. Etatserläuterungen 1903).

Danach wird beabsichtigt, den Oberwachtmeistern und Gensdarmen nach einer Gesammtdienstzeit in der Armee und der Gensdarmerie von 18 Jahren eine Summe von 1000 M. zu gewähren Für den Fall indess, dass die Mannschaften bereits beim Ausscheiden aus der Truppe nach zwölfjähriger Dienstzeit die Dienstprämie für Unteroffiziere erhalten haben, soll die Zuwendung erst nach 24jähriger Gesammtdienstzeit gezahlt werden. Den vom 1. April 1903 an eintretenden Gensdarmen soll die Summe sofort nach Vollendung des 18. bezw. 24. Dienstjahres ausgezahlt werden. Wollte man den am 1. April 1903 vorhandenen Gensdarmeriemannschaften mit 18- und mehrjähriger Dienstzeit den Betrag gleichfalls sofort auszahlen, so würde auf einmal eine Aufwendung von mehreren Millionen Mark erforderlich geworden sein. Um diese sehr erhebliche einmalige Ausgabe zu vermeiden und doch die vorhandenen Mannschaften von der Wohlthat der geplanten Massnahme nicht auszuschliessen, sollen diese die Zuwendung nicht schon mit der Vollendung des 18. bezw. 24. Dienstjahres, sondern erst beim Ausscheiden aus der Gensdarmerie erhalten.

§ 182. Ausserordentliche Remunerationen und Unterstützungen werden aus Kap. 94 Tit. 8 (1903: 104 600 M.) gewährt. Siehe hierzu Bd. I Buch I S. 97.

Wohnungsgeldzuschuss (Kap. 94 Tit. 3).

§ 183. Derselbe beträgt 72—240 M. je nach den Orten der Servisklasse.

Neuerdings hat sich indess die Zahl der Dienstwohnungen sehr vermehrt (§ 192). 17 Oberwachtmeister, sowie 237 für preussische Rechnung und 94 auf Kosten des Deutschen Reiches fungirende Gensdarmen haben Dienstwohnung; 1 auf preussische Rechnung, sowie 5 auf private Rechnung fungirende Gensdarmen haben freie Wohnung.

Miethe wird in der Regel nicht dafür gezahlt, sondern der Wohnungsgeldzuschuss wird in Wegfall gebracht (vgl. die allgemeinen Grundsätze hierüber beim Etat des Finanzministeriums). Nur in Hannover und Hessen-Nassau kommt die Zahlung von Miethe für Dienstwohnungen noch vor, welche dann in Kap. 31 Tit. 5 verrechnet wird. Im Ganzen kamen aber 1903 nur noch 1180 M. in Betracht, die allmälig auch in Wegfall gebracht werden sollen.

Dienstaufwandsentschädigung (Kap. 94 Tit. 7).

§ 184. Die Höhe derselben hat sich ebenfalls im Laufe der Zeit gesteigert. Sie ist eingeführt auf Grund einer Anregung des Abgeordnetenhauses (vgl. No. 158 der Drucks. S. 4, 1874) und dient zur Bestreitung des den Oberwachtmeistern und Gensdarmen erwachsenden Aufwandes bei Dienstverrichtungen innerhalb des Geschäftsbezirks, für welche nach der Allerh. Verordn. v. 1. April 1874, betreffend die Tagegelder und Reisekosten für die Landgensdarmerie (G.-S. S. 131) keine Tagegelder gewährt werden.

Ursprünglich betrug die Entschädigung 180 M., später fand eine Erhöhung auf 240 M., sodann 360 M. für berittene Oberwachtmeister statt. Der Etat 1899 brachte eine Feststellung auf 540 M. für die Oberwachtmeister zu Fuss, welche sämmtlich mit Fahrrädern ausgerüstet wurden. Für Unterhaltung des Fahrrads etc. wurde die Entschädigung deshalb höher bemessen, weil die Besitzer von Rädern häufiger die Eisenbahn, Wagen u.s w. zum Fortkommen benutzen müssen.

Die Zahlung der Dienstaufwandsentschädigung, Unterhaltungsgelder für Fahrräder etc. erfolgt aus Kap. 94 Tit. 7. Auch die Beschaffung der Fahrräder erfolgt aus dem Fonds.

Montirungs-, Leder- und Reitzeuggelder (Kap. 94 Tit. 5).

§ 185. An Montirungs-, Leder- und Reitzeuggeldern, zu den Verwaltungskosten der Oekonomiekommission, sowie zur Beschaffung und Kompletirung der Waffen 748 754 M.

Diese Gelder betrugen 1853 60 M. für berittene und 30 M. für Fussmannschaften, 1873 96,5 M. bezw. 51 M., Anfang der 90er Jahre rund 165 M. für die berittenen und rund 99 M. für die unberittenen Oberwachtmeister und Gensdarmen. Gegenwärtig werden an Montirungs-, Leder- und Reitzeuggeldern je 170 M. für den berittenen Oberwachtmeister, je 169 M. für den berittenen Gensdarmen, je 111 M. für den nicht ausschliesslich im Bureaudienst beschäftigten unberittenen Oberwachtmeister und Gensdarmen und je 111 M. für den im Bureaudienst beschäftigten unberittenen Oberwachtmeister und Gensdarmen gezahlt.

Grundsätzlich sollen die Gensdarmen ihre Montirung selbst aus diesen Geldern beschaffen und erhalten. Doch werden aus Kap. 94 Tit. 5 auch noch Zuschüsse zur Beschaffung und Kompletirung der Waffen gewährt (vgl. auch § 13 der Dienstinstruktion).

Die Montirungs- etc. Gelder werden übrigens nicht etwa den Oberwachtmeistern und Gensdarmen direkt ausgezahlt; schon nach § 8 der Dienstinstruktion wurden sie auf den Sold in Abrechnung gebracht und im Gesammtbetrage für das ganze Korps dem Kriegsministerium überwiesen, welches dafür die Montirungsstücke etc. lieferte.

Dafür verblieb nach Kab.-O. v. 31. Juli 1860 das Eigenthum aller Bekleidungs- und Ausrüstungsgegenstände dem Gensdarmeriekorps und ebenso der Verkaufserlös abgetragener Sachen.

Aus den Erträgen wurde ein bei dem Korpsstabe der Landgensdarmerie verwalteter Bekleidungsersparnissfonds gebildet, dessen Einnahme 1896/97 17 539 M. betrug. In diesem Jahre fand eine anderweitige Regelung dahin statt, dass die Oekonomiekommission der Landgensdarmerie, deren Verwaltungskosten ebenfalls aus Kap. 94 Tit. 5 bestritten werden, und die aus dem zweiten Adjutanten und Zahlmeister besteht, mit der Sorge für die Bekleidung und Ausrüstung der Gensdarmen betraut wurde, wofür sie die im Etat Tit. 5 der Ausgabe ausgeworfenen einmaligen und laufenden Montirungsgelder bezieht. Unbrauchbare und abgängige Gegenstände müssen an die Kommission zurückgegeben werden und werden verkauft. Der Erlös wird in Kap. 31 Tit. 5 der Einnahme nachgewiesen, wogegen der alte Ersparnissfonds des Korps aufgelöst wurde (s. auch Etatserläuterungen zu Kap. 31 Tit. 5 für 1896/97).

§ 186. *Vergütung für Schreibmaterialien* (§ 14 der Dienstinstruktion) beträgt 18 M. für Oberwachtmeister und 6 M. für Gensdarmen.

Tit. 6 (zu Schreibmaterialien und Bureaubedürfnissen, Miethsentschädigungen für Diensträume,[1]) zu nicht aversionirten Postporto- und Gebührenbeträgen und sonstigen Frachtgebühren für dienstliche Sendungen, zu Telegrammgebühren der Offiziere) stieg, wie sich aus Anlage LXXXI ergiebt, von 23 301 M. in 1876 bis 1887/88 auf 106 565 M., betrug 1890 nur noch 67 005 M., 1893/94 75 274 M., ging 1895/96 auf 47 676 M. herab und hob sich allmälig auf 58 651 M. für 1902 (1903: 54 928 M.).

---

[1]) bezieht sich auf Brigadiers, welche für Anmiethung der Bureauräume eine Entschädigung erhalten.

Dieser Rückgang der Ausgaben im Anfang der 90er Jahre hängt mit der Regelung der Portokosten zusammen. 1890 wurden von Tit. 6 50004 M. an Minderbedarf von Portokosten abgesetzt, weil in jenem Jahre den Landräthen rund 383697 M. Pauschalvergütungen für Portokosten (einschliesslich derjenigen für die Mannschaften der Landgensdarmerie) zugewiesen wurden. 1894/95 wurden sodann noch einmal 28162 M. in Folge allgemeiner Aversionirung der in Staatsdienstangelegenheiten entstehenden Postporto- und Gebührenbeträge abgesetzt (vgl. die Denkschrift zu Kap. 63 Tit. 2a des Etats des Finanzministeriums von 1894/95).

Fourage (Kap. 94 Tit. 4 der Ausgabe) für berittene Gensdarmen und Oberwachtmeister.

§ 187. Die Wartung und Erhaltung des Dienstpferdes liegt dem Oberwachtmeister und Gensdarmen ob, doch erhalten sie dafür tägliche Fourage (eine sog. schwere Friedensration, § 12 der Dienstinstruktion).

Die Rationen waren 1853 mit 288 M. bewerthet, seit 1871 mit 426 M. Der Satz wurde 1878/79 auf 480 M. und 1879/80 auf 520 M. erhöht, weil sich die Fouragerationen für den Satz von 426 M. nicht beschaffen liessen und alljährlich sehr erhebliche Ueberschreitungen des Fonds nothwendig wurden.

Der für Fourage ausgeworfene Fonds Kap. 94 Tit. 4 steht zur Verfügung des Landraths, welcher (nach § 12 der Dienstinstruktion) für die Lieferung aus den Militärmagazinen an den Orten, wo solche vorhanden sind, und, wo keine vorhanden sind, gegen den mittleren Marktpreis am Orte oder in der Kreisstadt zu sorgen hat (vgl. auch M.-Bl. d. i. V. 1879 S. 151 und Min.-Erl. v. 26. Jan. 1880 II, 717). Die Fourage beträgt täglich 5500 *g* Hafer,[1]) 2500 *g* Heu und 3500 *g* Stroh.

Die Zahlung erfolgt aus Kap. 94 Tit. 4, aus dem übrigens auch die Rationen für die Offizierspferde gezahlt werden (§ 177).

Der Fonds Tit. 4 betrug schon 1876 815418 M., hielt sich die ganzen 80er Jahre auf rund 1 Mill. M. und stieg dann allmälig in Folge der Rationenerhöhung bis auf 1264640 M. für 1902 (1903: 1266720 M.).

§ 188. *Tagegelder und Reisekosten*

sind für die Landgensdarmerie besonders geregelt in den Verordn. v. 1. April 1874, 1. Nov. 1876, 14. Okt. 1881 und 11. Mai 1898 (G.-S. S. 131, 459, 339, 103).

Die Sätze sind an Tagegeldern 6 und 4 M., bei eintägigen Dienstreisen 4,50 und 3 M. für Oberwachtmeister und Gensdarmen. Die Kilometergelder betragen 5 Pf. bei Eisenbahn und Dampfschiff — und je 1 M. für Zu- und Abgang —, sonst 30 Pf.

---

[1]) vor 1902: 4750 *g*.

Nach diesen Bestimmungen erhalten Oberwachtmeister und Gensdarmen indess Reisekosten für Dienstreisen nur, wenn sie ausserhalb des Geschäftsbezirkes gemacht werden und auf besonderem Auftrage beruhen. Tagegelder werden auch innerhalb des Geschäftsbezirkes gewährt, wenn der Beamte dabei zeitweilig an einem anderen als dem Stationsorte wohnen muss. Bei Kommandos von mehr als 14 Tagen werden an Stelle der Tagegelder sog. Kommandozulagen gewährt (Oberwachtmeister 75 M., Gensdarmen 60 M.).

Die Zahlung der Tagegelder und Reisekosten erfolgt aus Kap. 94 Tit. 9, und wenn die Dienstreisen in polizeilichen Angelegenheiten veranlasst werden, aus Kap. 95 Tit. 4.

Auch die Umzugskosten für die Gensdarmen sind durch besonderes Ges. v. 27. Jan. 1879 (G.-S. S. 22) und Verordn. v. 19. Sept. 1883 (G.-S. S. 347) geregelt.

Darnach erhalten die Oberwachtmeister bezw. Gensdarmen beim Umzug mit Familie 150 M. bezw. 100 M. und für 10 km noch 5 M. bezw. 4 M. Transportkosten. Ohne Familie die Hälfte der Sätze.

Die Zahlung erfolgt aus Kap. 94 Tit. 9 des Etats des Ministeriums des Innern.

§ 188a. Die Pensionen der Gensdarmen und Oberwachtmeister sind Civilpensionen und regeln sich ebenso wie die Reliktengelder nach den allgemeinen Grundsätzen für unmittelbare Staatsbeamte. Die Zahlung erfolgt aber seit 1894/95 aus dem Etat des Finanzministerium (s. § 178). In diesen Jahren fielen daher die früheren Tit. 10 und 11 (Pensionen und Reliktengelder der Landgensdarmerie) fort (s. Anl. LXXXI S. 298).

Sonstige Kosten.

§ 189. Die unter diesem Abschnitt (Tit. 7–11b) des Kap. 94 ausgebrachten Titel sind zum Theil schon in früheren Paragraphen behandelt worden. Tit. 7 in § 181, Tit. 8 in § 182, 8a und 8b in § 179.

Hier sind noch zu behandeln Tit. 9, 10 und 11.

§ 190. *Tit. 9.* Zu Versetzungskosten, Gerichtskosten, zum Ersatze der im Dienste verlorenen oder beschädigten Pferde, zu Miethen, Beihülfen zur Stallmiethe, zu den laufenden Unterhaltungskosten für die aus dem Heere abkommandirten Burschen der Gensdarmerie-Offiziere und zu sonstigen vermischten Ausgaben 317 224 M.

Der Hauptbetrag dieses Fonds, über $^1/_3$ (1903 121 185 M.) wird verausgabt für Versetzungskosten. Seit 1901 machten auch einen erheblichen Posten die Kosten zur Anmiethung von Wohnungen für Gensdarmerie-Mannschaften im rheinisch-westfälischen Industriegebiet aus (1903: 49 661 M.).

Es stellte sich nämlich in den letzten Jahren besonders in den Regierungsbezirken Düsseldorf, Aachen, Münster, Minden, Arnsberg, und auch im schlesischen Industriegebiet heraus, dass bei der mit dem Anwachsen der Industrie zunehmenden Dichtigkeit der Bevölkerung es den dort angestellten Gensdarmerie-Mannschaften immer mehr erschwert wurde, auch zu verhältnissmässig sehr hohen Miethpreisen sich angemessene Wohnungen zu beschaffen. Mehrfach sind die Mannschaften durch diese Verhältnisse in eine Abhängigkeit von ihrer Umgebung gebracht und Einflüssen derselben ausgesetzt worden, die aus dienstlichen Rücksichten bedenklich erscheinen. Es ist deshalb zur Wahrung einer unbeeinflussten Ausübung des Gensdarmeriedienstes nothwendig, durch Beschaffung geeigneter Dienstwohnungen den vorhandenen Missständen abzuhelfen. In den meisten Fällen lässt sich durch Anmiethen von Wohnungen seitens des Staates dem Bedürfnisse Rechnung tragen, zu diesem Zwecke wurden daher obige Mittel eingestellt. Soweit eine Anmiethung nicht möglich ist, ist man auf den Bau von Dienstwohnungen Bedacht gewesen (§ 194).

Sonst sind an Ausgaben, welche aus Tit. 9 Deckung finden, besonders hervorzuheben Entschädigungen für im Dienst verlorene Pferde (1903: 12 720 M.), Stellvertretungskosten (22 250 M.), Gerichtskosten (14 680 M.), Familien-Heranziehungskosten neu angestellter Gensdarmen (15 162 M.).

§ 191. *Tit. 10.* Für die Gensdarmerieschulen und zwar zu Funktionszulagen, zu Remunerationen für die Civillehrer, zu Miethen, Bureaubedürfnissen und Kosten hauswirthschaftlicher Art, sowie zur Einrichtung ven Kursen für die zur Beförderung zum Oberwachtmeister in Aussicht genommenen Gensdarmen und für verabschiedete Offiziere 51 137 M.

Kap. 94 Tit. 10 ist erst im Jahre 1902 zum ersten Male eingestellt, doch bestehen Gensdarmerieschulen schon länger, nur wurden die Ausgaben früher in Tit. 7 (11 500 M.) und Tit. 9 (34 160 M.) aufgeführt.

Die erstmalige Errichtung von 2 Gensdarmerieschulen (je 1 im Osten [Wohlau] und 1 im Westen [Einbeck] der Monarchie) wurde im Etat für 1899 vorgesehen. Sie haben die Erreichung einer besseren theoretisch-fachlichen Ausbildung der Gensdarmerie-Mannschaften zum Zweck. An jeder Schule fungiren 2 Distriktsoffiziere sowie je 4 Oberwachtmeister als Lehrer und 1 als Rechnungsführer. An jeder Schule ist ein Portier angestellt. Die Gebäude stehen im Eigenthum der Städte und sind vom Staat auf vorläufig 25 Jahre angemiethet.

Die Kosten für Gehälter etc. dieser Beamten werden bei Kap. 94 Tit. 1, 2 etc. ausgebracht (s. § 173 Anm. 9).

Zu Schreibmaterialien, Lese- und Lehrmitteln, Bibliothekfonds etc. wurden bei Kap. 94 Tit. 6 1899 5000 M. eingestellt, sind aber jetzt auch auf Tit. 10 übertragen.

Aus Tit. 7 und 9, jetzt Tit. 10 werden also gewährt: 1. Funktionszulagen für die im § 191 genannten Lehrer und zwar 4 Distriktsoffiziere (für 2 je 1000 M., für 2 je 750 M.) 3500 M., 10 Oberwachtmeister (je

500 M.) 5000 M., 2. Remuneration für 4 an den Gensdarmerieschulen nebenamtlich zu beschäftigenden Civillehrer (je 750 M.) zusammen 3000 M., an Miethe für die Gensdarmerieschule in Einbeck (4077 M.), an Miethe für die Gensdarmerieschule in Wohlau (7000 M.), zus. 11 077 M., zu Bureaubedürfnissen, zu Lehr- und Lernmitteln, für die Bibliotheken und zu Kosten hauswirthschaftlicher Art für die beiden Gensdarmerieschulen 19 110 M. Ausserdem sind aus dem Titel (seit 1899) Mittel gewährt: Zur Einrichtung von Kursen an den Gensdarmerieschulen für die zur Beförderung zum Oberwachtmeister in Aussicht genommenen Gensdarmen, sowie für verabschiedete Offiziere 9000 M., (seit 1903) für Wahrnehmung der Militärseelsorge 450 M.

§ 192. *Tit. 11.* Zur baulichen Unterhaltung der Dienstgebäude 4101 M.

Es handelt sich in diesem erst 1902 geschaffenen Fonds nur um Dienstwohnungen für Gensdarmen. Der Fonds ist im Steigen begriffen, weil die Zahl der Dienstwohnungen sich fortgesetzt vermehrt (§ 194).

C. Bureaubeamte, Zahlmeister und Unterbeamte.

§ 193. An etatsmässigen Beamten dieser Kategorie sind gegenwärtig vorhanden 2 Zahlmeister und 3 Bureaubeamte. Ihr Gehalt entspricht den Bureaubeamten der allgemeinen Verwaltung (1800 bis 4200 M.).

Der Wohnungsgeldzuschuss beträgt 180—540 M. 3 Portiers erhalten den für Unterbeamte üblichen Satz von 1000—1500 M.

1 Zahlmeister und die Portiers haben Dienstwohnung. Die Portiers sind berechtigt, das Feuerungsmaterial zu ihrem eigenen Bedarf gegen die bestimmungsmässige Entschädigung aus den Vorräthen der Behörde zu entnehmen.

Ausserordentliche Remunerationen und Unterstützungen für die mittleren Beamten werden aus Tit. 8a, für Unterbeamte aus Tit. 8 bewilligt. (Vgl. § 179.)

Extraordinarium.

§ 194. Für die Landgensdarmerie sind besonders in den letzten Jahren alljährlich nicht unerhebliche Beträge im Extraordinarium ausgeworfen worden. Dies hängt zusammen mit der Vermehrung des Gensdarmeriepersonals im Allgemeinen, sodann aber vor Allem mit dem Bestreben der Staatsregierung, in den im Osten befindlichen Grenzkreisen, sowie auch in einzelnen Binnenkreisen, besonders in den westlichen und schlesischen Industriekreisen, in denen die wohnliche Unterbringung der Gensdarmen auf besondere Schwierigkeiten stösst, fiskalische Dienstwohngebäude für diese Beamten zu errichten, soweit dem Bedürfnisse nicht durch Anmiethen geeigneter Räume von staatlicher Seite abgeholfen werden kann. (Vgl. § 183 u. 190.)

Das Bestreben der Staatsregierung, für bessere Wohnungsverhältnisse der Unterbeamten zu sorgen, ist bereits bei mehrfachen Gelegenheiten hervorgehoben worden. — Vgl. Bd. I Buch IX § 79 (Grenzaufsichtsbeamte), Buch VII §§ 137 und 211 (Eisenbahnverwaltung), Bd. II Buch V § 280 S. 1263 (Bauverwaltung).

Vor allem war es der Vorgang bei den unteren Grenzaufsichtsbeamten im Jahre 1899, welcher dazu führte, auch für die an der östlichen Grenze stationirten Gensdarmerie-Mannschaften mit der Beschaffung von Wohnungen seitens des Staates in grösserem Umfange vorzugehen. Der gegenwärtige Zustand der Wohnungen ist besonders in den einsamen, abseits vom Verkehr liegenden Grenzorten ein sehr mangelhafter. Zahlreiche Gensdarmen müssen sich mit räumlich beschränkten, baulich schlecht erhaltenen und zum Theil gesundheitsschädlichen Miethwohnungen begnügen. In mehreren Fällen haben Gensdarmeriestationen, den dienstlichen Interessen zuwider, verlegt werden müssen. Da sich oft keine Gelegenheit bietet, durch Anmiethen von Wohnungen auf einen längeren Zeitraum für Rechnung der Staatskasse die vorhandenen Missstände zu beseitigen, so liegt vielfach dringende Nothwendigkeit zur Errichtung fiskalischer Dienstwohngebäude vor (s. auch § 190).

Es wurden daher zum ersten Male im Etat für 1900 100 000 M., 1901 278 000 M., 1902 243 190 M. und 1903 183 680 M., im Ganzen rund 805 000 M. zur Erbauung von fiskalischen Dienstwohnungen für berittene und Fussgensdarmen zur Verfügung gestellt.

Ein Theil dieser Wohnungen kommt den zur Sperrung an der österreichisch-russischen Grenze angestellten, auf Kosten des Reichs fungirenden Gensdarmen (s. § 174) zu Gute. Die Erbauung dieser Wohnungen erfolgt nach einer mit der Reichsverwaltung getroffenen allgemeinen Vereinbarung auf Rechnung Preussens, welches hierfür vom Reiche eine jährliche Entschädigung von 5,7 Prozent des aufgewendeten Kapitals erhält, die bei Kap. 31 Tit. 5 der Einnahme vereinnahmt wird.

§ 194a. An sonstigen im Laufe der letzten Jahrzehnte entstandenen extraordinären Kosten sind noch hervorzuheben: 246 200 M. in den Jahren 1893/95 für Herstellung eines Dienstgebäudes für das Korpskommando und die Oekonomiekommission in Berlin (Wilsnackerstrasse 5/6), 66 389 M. in den Jahren 1883/88 zur Durchführung der Bewaffnung der berittenen und 84 834 M. 1890/91 der Fussgensdarmen mit Revolvern.

Im Ganzen sind für die Landgensdarmerie extraordinär bewilligt von 1870—1903 1 364 739 M. (s. Anl. XCVI).

D. Polizei-Distriktskommissarien.

Allgemeines.

§ 195. Die Polizei-Distriktskommissarien sind eine Besonderheit der Provinz Posen.

In dieser Provinz waren Anfangs der 30er Jahre die polizeilichen und kommunalen Verhältnisse in den kleinen Städten und auf dem platten Lande derart zerfahren, dass die Staatsregierung sich genöthigt sah, dort schon damals die gutsherrliche Polizei aufzuheben und die Lokalpolizei besonderen staatlichen Organen zu übertragen.[1]) Eine Kabinetsordre vom 9. März 1833 führte für ländliche Bezirke von 2000—6000 Seelen sogenannte Woytämter mit Königl. Woytern an der Spitze ein, welche in diesen Aemtern als „Bezirks-Polizei- und Kommunalbeamte" fungiren sollten. Sie bezogen Staatsgehalt, das Lokal stellten die Bezirksgemeinden. Nach 3 Jahren wurden durch Kabinetsordre vom 10. Dezember 1836 (v. K. A. Bd. XX. S. 943) an Stelle jener Aemter grössere Distrikte von 6000—9000 Seelen geschaffen, an deren Spitze Königliche Distriktskommissare gesetzt wurden, welche als unmittelbare Gehilfen und Organe des Landraths die Leitung und Beaufsichtigung der Kommunal- und Polizeiverwaltung ausüben sollten. Nur die Rittergutsbesitzer behielten die Befugniss, die Polizei auf ihren Gütern persönlich oder durch ihre Stellvertreter zu verwalten.

Als Ausführungsinstruktion wurde vom Oberpräsidenten die in ihren Grundzügen noch heute massgebende Dienstanweisung für die Distriktskommissarien der Provinz Posen vom 21. Oktober 1837 (v. Kamptz Annalen XXI S. 719) erlassen (vgl. ausserdem Min.-Instr. v. 9. Aug. 1887 — Amtsblatt der Regierung zu Posen 1887 S. 263 — und Oberpräs.-Instruktion v. 28. Sept. 1887).

Die östliche Kreisordnung vom 13. Dezember 1872 fand nach § 182 auf Posen keine Anwendung. Ein nicht zum Gesetz gewordener Kreisordnungsentwurf für Posen vom Jahre 1880 hielt in § 24 die Distriktskommissariate nach der Kabinetsordre von 1836 ausdrücklich aufrecht. Auch das Gesetz v. 19. Mai 1886 (G.-S. S. 108) liess das Institut der Distriktskommissarien unberührt.

Gegenwärtige Organisation.

§ 196. Die Distriktskommissare werden nach Gutachten des Landraths auf Präsentation der Regierung vom Oberpräsidenten angestellt.

---

[1]) v. Loos, Der Polizeidistriktskommissar. Posen 1892.

Voraussetzung der definitiven Anstellung sind Alter unter 36 Jahre, körperliche Rüstigkeit, geordnete Vermögensverhältnisse, ehrenvolle Verabschiedung als Offizier oder, wenn der Betreffende nicht Ofizier war, allgemeine wissenschaftliche und gesellschaftliche Bildung, 2jähriger Vorbereitungsdienst und mindestens einjährige interimistische Funktion als Distriktskommissar.

Die Distriktskommissarien stehen an Rang der zweiten Klasse der Regierungs-Subalternbeamten im Sinne der Verordn. v. 31. Dez. 1825 (G.-S. 1826 S. 10) gleich.

„Die Distriktkommissarien sind nach der A. K. O. v. 10. Dez. 1836 bestimmt, den Landräthen in allen Gegenständen ihres Wirkungskreises als Gehülfen und Organe zu dienen u. s. w.“ Um ihre Funktionen an Ort und Stelle in genügendem Masse erfüllen zu können, müssen sie sich Dienstpferde oder Fuhrwerk halten, oder einen Fuhrvertrag abschliessen. Sie tragen eine Dienstuniform, die sie sich selbst zu beschaffen haben.

Den Distriktskommissarien sind unterstellt die von dem Landrath vereidigten Distriktsboten, deren Besoldungs- und Pensionskosten von den betheiligten Gemeinden und Gutsbezirken aufzubringen, neuerdings aber meist auf den Kreisetat übernommen sind. Dieselben sind zugleich Vollziehungsbeamte und führen als solche Dienstsiegel und Dienstschild.

Unter der Aufsicht der Distriktskommissarien stehen auch die Distrikts-Polizeigefängnisse, deren Unterhaltung dem Fiskus ebenfalls obliegt.

Staatsausgaben. (Kap. 93 der Ausgabe.)

§ 197. Die Staatsausgaben für die Distriktskommissarien erscheinen im Kap. 93. Die Gesammtsumme derselben ist von 1849 bis 1903 von 162 090 auf 955 804 M. gestiegen. Die Zahl der Distriktskommissarien hat sich von 113 im Jahre 1853 (davon 75 im Regierungsbezirk Posen und 38 im Regierungsbezirk Bromberg) auf 160 im Jahre 1903 vermehrt. Besonders seit Erlass des Gesetzes vom 6. Juli 1887, betreffend die Theilung von Kreisen in den Provinzen Posen und Westpreussen, haben mehrfache Theilungen auch zu grosser Distrikte stattgefunden. Die Besoldungskosten stiegen von 160 950 M. in 1853 auf 537 600 M. in 1903, wozu noch 37 920 M. Wohnungsgeldzuschüsse hinzukommen (Kap. 93 Tit. 1 und 2). Die ausserordentlichen Remunerationen u. s. w. (Tit. 3) sind im wesentlichen unverändert geblieben.[1]) Eine ganz besonders starke Steigerung weisen aber die Ausgaben des Tit. 4 auf von 1740 M. auf 377 884 M. (s. hierzu § 199).

[1]) Vgl. zu diesem Titel Band I Lief. 1 S. 97.

A. Dienstkompetenzen.

§ 198. Die Kompetenzen bestehen in Gehalt, Wohnungsgeldzuschuss und Dienstunkostenaversum.

Gehalt. Nach der Kab.-O. von 1836 betrug dasselbe höchstens 1500 M., 1872: 2100 M., 1873 wurde das Gehalt auf 2400 M. erhöht, in den 80er Jahren auf 2400—4500 M. festgestellt. Feste Dienstalterszulagen wurden in den 90er Jahren eingeführt (gegenwärtig wird das Höchstgehalt in 21 Jahren erreicht, 7 Zulagen von 3 zu 3 Jahren).

Wohnungsgeldzuschuss richtet sich nach Ges. v. 12. Mai 1873 (G.-S. S. 209).

Das Dienstkostenaversum wird aus Tit. 4 gezahlt (s. § 199).

Pensions- und Reliktenverhältnisse sind wie bei den übrigen unmittelbaren Staatsbeamten geregelt (vgl. Bd. II Buch VIII).

An Nebenämtern (s. die Bemerkungen zu Kap. 93 Tit. 1 des Etats) kommt im Wesentlichen nur die in § 12 der Satzungen der Provinzialfeuersozietät in Posen vorgesehene Mitwirkung bei den Geschäften der Gebäudeversicherung in Betracht, wofür der Distriktskommissar je eine Vergütung in wechselnder Höhe nach Massgabe des Haushaltsplans dieser Sozietät bezieht.

B. Sonstige Kosten (Tit. 4).

§ 199. *Kap. 93 Tit. 4.* Zu Versetzungs- uud Vertretungskosten, sowie zur Beschaffung von Bureauutensilien, zu Bureau- und Pferdegeldervergütungen 373 884 M.

Die Bureau- und Pferdegelder waren ursprünglich mit im Gehalt einbegriffen. Bis zum Jahre 1873 erhielten aber die Distriktskommissarien noch je 300 M. — ausnahmsweise 450 und 480 M. — Bureaukosten-Entschädigung von den Kreisen, während 300 M. Fuhrkostenentschädigung in ihrem Gehalte (damals 2400 M.) mit enthalten waren. Um eine anderweitige, im Interesse des Dienstes nothwendige Regelung derart zu treffen, dass das Gehalt von den Dienstaufwandskosten gänzlich getrennt, und der Betrag der letzteren dem Bedürfniss entsprechend erhöht werde, wurden in den Etat 1873 106 500 M. bei Tit. 4 (der vorher nur 5280 M. betrug) mehr eingestellt behufs Bewilligung von Bureau- und Fuhrkosten-Aversen von je 900 M. (die vom Kreise zu zahlenden Beträge blieben fortbestehen), mit Einschluss eines Zuschusses von 300 M. jährlich für den neu anzustellenden zweiten Polizeidistrikts-Kommissarius in der Stadt Posen (vgl. Etatserläuterungen 1873 und Sten. Ber. des Abg.-H. 1872 S. 313 ff.).

1876 betrug der Fonds 124 680 M. Weitere erhebliche Steigerungen fanden statt 1883/84 (um 41 400 M. zur Erhöhung des Aversums auf

1200 M.). Ferner 1892/93 um 28600 M.[1]) und 1898/99[2]) um 45000 M. zur weiteren Erhöhung des Aversums. Von letzteren 45000 M. sollen 30000 M. ausserordentliche Zuschüsse in besonderen Fällen von der Centralverwaltung zur Gewährung verfügbar gehalten werden. Endlich wurden 1901 wieder 78500 M. zur Erhöhung der Bureau- und Pferdegeldervergütungen um durchschnittlich 500 M. eingestellt.

§ 200. Aus Tit. 4 sind ferner zu decken die Versetzungskosten. Der Distriktskommissar muss sich jede Versetzung im Interesse des Dienstes ohne Weiteres gefallen lassen, hat aber nur nach der definitiven Anstellung Anspruch auf Umzugskosten.

Die Stellvertretung wird vom Ober-Präsidenten verfügt. Auch dauernde Stellvertreter sind zulässig, § 14 der Dienstanweisung.

Kosten des Inventars und der Bureauutensilien (Tische, Schränke etc. nicht aber Tinte, Papier etc.) trägt der Fiskus. Das Personal muss aus dem Bureauaversum bezahlt werden (meist 1 Gehülfe und mehrere Schreiber).

1903 entfielen von den 377884 M. auf Bureau- und Pferdegelder 350600 M., Versetzungs- und Stellvertretungskosten und Bureauutensilien 27284 M.

E. Allgemeine Ausgaben im Interesse der Polizei.

(Kap. 95 Tit. 1—6b.)

Allgemeines.

§ 201. In diesem Kapitel finden sich (Tit. 1—6b) solche Kosten zu polizeilichen Zwecken ausgebracht, welche gleicherweise die Polizeiverwaltungen in den Städten, Landgensdarmerie, Distrikts-, Grenzkommissariate u. s. w. betreffen.

Seit Erlass des Zwangserziehungsgesetzes von 1878 sind auch die dem Staat für die Zwangserziehung Jugendlicher erwachsenden Kosten in Tit. 7 des Kap. 95 ausgebracht. Sie haben sich in Folge des neuen Fürsorgegesetzes v. 2. Juli 1900 (G.-S. S. 264) noch erheblich gesteigert und machen gegenwärtig nicht ganz die Hälfte der Ausgaben des Kap. 95 aus.

Aus sachlichen und systematischen Gründen erschien es uns indessen angemessener, die Ausgaben des Tit. 7 an anderer Stelle (§ 251) zu behandeln und die vorliegenden Erörterungen auf die Tit. 1—6b zu beschränken.

---

[1]) Erhöhung des Aversums um je durchschnittlich 200 M.

[2]) Wegen der vorübergehenden Steigerung von 1890/91—1894/95 vgl. die Etatserläuterungen dieser Jahre zu dem Tit. 4.

§ 202. *Kap. 95 Tit. 1.* Zu geheimen Ausgaben im Interesse der Polizei 300000 M.

Es ist dies einer der wenigen Fonds, über dessen Verwendung die Oberrechnungskammer und der Landtag keine Kontrole zu führen haben (s. Bd. II Buch VII § 308).

§ 203. *Kap. 95 Tit. 2* s. § 126.

§ 204. *Tit. 3.* Zur vorübergehenden Verstärkung des Personals für den Polizeibureau- und den Polizeiexekutivdienst, zu Stellvertretungskosten, sowie zur Vergütung besonderer Leistungen im polizeilichen Interesse 150000 M.

Von diesem Fonds werden etwa 30—40000 M. für Gensdarmerie (bei Bahnbauten, Chausseebauten u. s. w.) verausgabt, der Hauptbetrag für Königliche Polizeiverwaltungen in Städten. Es handelt sich nur um vorübergehende Verstärkungen des Personals, besonders bei grösseren Eingemeindungen.

Stellvertretungskosten entstehen nur dann, wenn die Stellvertretung nicht aus dem Stellengehalt gedeckt werden kann.

Vergütungen für besondere Leistungen kommen selten vor, sie werden nicht gewährt für Leistungen auf dem Gebiete der dem Beamten kraft seiner Dienststellung an sich obliegenden Dienstpflichten.

§ 205. *Tit. 4.* Zu Diäten, Fuhr- und Versetzungskosten 493662 M. Der Fonds ist auf die Regierungsetats vertheilt, einen Generalfonds giebt es nicht.

Es gelten hier die allgemeinen Grundsätze für unmittelbare Staatsbeamte. Nur für die Schutzmannschaften in Berlin und Vororten bestehen besondere Sätze (vgl. die Verordn. v. 26. Okt. 1874, 12. Juni 1876 und die neuerlichen Aenderungen im M.-Bl. f. d. i. V. 1902).

§ 206. *Tit. 5.* Zu Prämien für die Ermittelung von Verbrechern und zu sonstigen sächlichen Ausgaben im Interesse der Polizei 626225 M.

Der Fonds ist bis auf 40000 M. auf Regierungsbezirke vertheilt. Seine allmälige Steigerung bis auf den gegenwärtigen Betrag ersiehe aus Anl. LXXXI. Im Jahre 1901 fand eine Erhöhung um 110000 M. statt zur Gewährung von Prämien für besondere Leistungen an Beamte der Berliner Kriminalpolizei.

Zu den sonstigen Kosten im Interesse der Polizei gehören u. A.:

Kosten der Unterhaltung jugendlicher Verbrecher (§ 56 des Str.-G.-B.), Transport-, Haft- und Bekleidungskosten für Bettler, Vagabunden und sonstige Personen, die nach Verbüssung der gerichtlichen Strafe der Landespolizeibehörde behufs Nachhaft überwiesen sind, Haft-, Verpflegungs- und Transportkosten für Polizei- und andere Gefangene, Kosten der Unterhaltung von Polizeigefängnissen (in den Provinzen Posen und Hannover), Kosten der Heimbeförderung von Mannschaften gestrandeter Schiffe und aus dem Auslande heimgekehrter deutscher Reichsangehörigen, Kosten für Rettung Schiffbrüchiger, sowie für

Rettungs- und Hülfeleistungsversuche überhaupt, Marsch-, Vorspann- und Verpflegungskosten für polizeilich requirirtes Militär, für Bekleidung und Ausrüstung von Hülfsschutzmännern und Hülfsgensdarmen, sowie zu Bezügen sächlicher Art für Hülfsgensdarmen, Kosten der Untersuchung gewerblicher Anlagen und der Mass- und Gewichtsrevisionen in den ländlichen Gemeinden der Provinz Hannover, in welchen der Staat die Polizeiverwaltung ausübt, sächliche Kosten in sanitäts- und veterinärpolizeilichen Angelegenheiten (wie vor), für Formulare zu Wandergewerbescheinen und Grenzlegitimationsscheinen etc., Fernsprechgebühren für die im polizeilichen Interesse erfolgten Anschlüsse von Landrathsämtern, Polizeidistriktsämtern in der Provinz Posen an das öffentliche Fernsprechnetz, sonstige sächliche Polizeiverwaltungskosten.

Seit 1888/89 ist auch der Fonds zu den an Einwohner des Regierungsbezirks Cassel für Landfolgedienste (Gefangenentransporte etc.) auf Grund des Kurhessischen Ges. v. 31. Okt. 1833 (G.-S. S. 164) aus Staatsfonds zu zahlenden Vergütungen mit 15 896 M. auf den Tit. 5 übernommen worden (von Kap. 98 Tit. 1).

Nach § 1 und § 12 des Kurhess Ges. v. 31. Okt. 1833 (G.-S. S. 164) sind die Unterthanen zu Fuhren zum Fortbewegen der Gefangenen und armer kranker oder gebrechlicher In- und Ausländer verpflichtet. Diese Fuhren werden verdungen, und die Beträge dafür werden auf periodische Liquidation aus der Staatskasse vergütet.

§ 207. *Tit. 6.* Zu ausserordentlichen Remunerationen und Unterstützungen für Kanzlei- und Unterbeamte der Königlichen Polizeiverwaltung 230 000 M.

Tit. 6a. Zu ausserordentlichen Remunerationen für mittlere Beamte der Königlichen Polizeiverwaltung 5000 M.

Tit. 6b. Zu ausserordentlichen Unterstützungen für höhere und mittlere Beamte der Königlichen Polizeiverwaltung 45 000 M.

Vgl. Bd. I Buch I S. 97 ff.

5. Abschnitt.

Strafanstaltsverwaltung.

Allgemeines. Dualismus in der Verwaltung.

§ 208. Unter den vom Staate in Haft gehaltenen Gefangenen hat man begrifflich zu unterscheiden Personen, die vor ihrer Aburtheilung inhaftirt sind (sog. Untersuchungsgefangene) und zur Gefangenhaltung bereits verurtheilte Personen.

Vom Standpunkte idealen Strafvollzugs sind besondere Anstalten für erstere Personen wünschenswerth. In der Praxis lässt sich diese Forderung aus Rücksichten der Kostendeckung allerdings schwer durchführen, doch wird neuerdings — in der Verwaltung des Innern — in den gemeinsamen Anstalten wenigstens eine strenge Trennung der Untersuchungsgefangenen von den verurtheilten Häftlingen überall durchgeführt.

Die Gefängnisskunde macht ferner bei den verurtheilten Strafgefangenen aus technischen Strafvollzugs-, Humanitäts-, Besserungs-

u. s. w. Gründen gegenwärtig einen begrifflichen Unterschied zwischen den mit Haft oder kürzerer Gefängnissstrafe belegten und den zu Zuchthaus und längeren Gefängnissstrafen verurtheilten Personen.

Die neuere Strafvollzugspolitik ist auch hier bemüht, besondere Anstalten für beide Arten von Gefangenen einzurichten, doch stellen sich auch der Ausführung dieses idealen Zieles die erheblichsten praktischen Schwierigkeiten entgegen.[1])

In Preussen ist der strengen oder doch umfangreicheren Durchführung einheitlicher Grundsätze nach obigen Richtungen vor Allem der Umstand hinderlich, dass die Gefängnissverwaltung zwei verschiedenen Ressorts angehört, indem ein Theil derselben dem Justizminister, ein anderer dem Ministerium des Innern untersteht.

Dem Justizminister sind die Mehrzahl der Gefängnisse (1901 1048) unterstellt, in denen die Unterbringung von Zuchthäuslern gänzlich ausgeschlossen ist und nur Untersuchungs-, Polizei-, Transportgefangene, wie auch die zu Haft und Gefängniss Verurtheilten Aufnahme finden.

Dagegen unterstehen dem Ministerium des Innern ausser den 33 sog. Zuchthäusern, d. h. Strafanstalten, in denen sämmtliche Zuchthausstrafen, sowie Gefängnissstrafen von längerer Dauer vollstreckt werden, noch 19 grössere Gefängnisse, in welchen neben mit Haft und Gefängniss Verurtheilten auch Untersuchungs-, sowie stellenweise auch Civil-, Polizei- und Transportgefangene Aufnahme finden.

Ausserdem sind dem letztgenannten Ministerium in dem französisch rechtlichen Theile der Rheinprovinz noch 59 sogenannte Kantongefängnisse untergeordnet, welche die amtsgerichtlichen, Untersuchungs- und Haftgefangenen, sowie Gefängnissgefangene, deren Strafdauer 14 Tage nicht übersteigt, aufnehmen.

In dem französisch-rechtlichen Theile der Rheinprovinz waren nämlich bis zum Jahre 1887 die Gemeinden verpflichtet, die sog. Kantongefängnisse, welche ursprünglich nur zur Aufnahme der wegen leichter Polizeivergehen zu Haftstrafe verurtheilten Personen und der Transportaten dienten, später aber auch zur Unterbringung von Untersuchungsgefangenen und zur Vollstreckung von kurzen Gefängnissstrafen benutzt wurden, zu bauen und zu unterhalten. Durch das Ges. v. 30. Juni 1887 (G.-S. S. 287) ist diese Verpflichtung aber den Gemeinden abgenommen und dem Staat übertragen. Auf Grund dieses Gesetzes ist ein Theil der ehemaligen Kantongefängnisse in Eigenthum und Verwaltung des Staates übergegangen, mit der Ver-

[1]) Viele hervorragende Kenner des Strafgefängnisswesens wollen überhaupt die kurzzeitigen Gefängnissstrafen als zur Erreichung des Strafzwecks ungeeignet gänzlich beseitigt oder doch thunlichst eingeschränkt wissen.

pflichtung, auch die Polizeigefangenen der Gemeinden gegen Ersatz der Kosten darin aufzunehmen. Ebenso steht dem Staate das Recht zu, die den Gemeinden belassenen Kantongefängnisse zur Unterbringung von Untersuchungsgefangenen, Civil-, Haft- und Gefängnissgefangenen gegen Erstattung der Kosten (aus Kap. 96 Tit. 8 des Etats, s. § 240) so lange zu benutzen, bis für das Bedürfniss durch den Neubau von Gefängnissen anderweit gesorgt ist.

Gegenwärtig stehen in der Rheinprovinz 41 kleine Gefängnisse in der Verwaltung des Staates, während 18 von ihm mitbenutzt werden.

Für den Neubau dieser Gefängnisse gilt als Grundsatz, dass sie für Einzelhaft und nur so gross eingerichtet werden, um für die erfahrungsmässig höchste Zahl der Untersuchungsgefangenen zu genügen. Strafgefangene sollen sie nur soweit aufnehmen, als die Zahl der Untersuchungsgefangenen es zulässt

Die Durchschnittsbelegung betrug — was hier gleich hervorgehoben sein mag — in

15 Gefängnissen	bis 3 Gefangene	4 Gefängnissen	10 bis 15 Gefangene
11 „	3 „ 5 „	5 „	15 „ 20 „
4 „	5 „ 10 „	2 „	über 20 „

Die Aufsicht in den kleinen Gefängnissen führt ein Aufseher im Nebenamte, die Oberaufsicht der Bürgermeister des Orts.

Insgesammt unterstehen hiernach dem Minister des Innern gegenwärtig 52 Gefangenenanstalten.

Die Grösse und die Belegung der verschiedenen Anstalten der beiden Ressorts ergeben sich aus folgenden Ziffern:

Von den Anstalten des Ministeriums des Innern enthielten am 31. März 1901		Von den Gefängnissen der Justizverwaltung enthielten im Jahre 1901 durchschnittlich	
800 bis 900 Gefangene	1	1000 Gefangene und mehr	4
700 „ 800 „	3	700 bis 1000 Gefangene	3
600 „ 700 „	10	500 „ 700 „	2
500 „ 600 „	15	400 „ 500 „	4
400 „ 500 „	7	300 „ 400 „	4
300 „ 400 „	5	200 „ 300 „	20
200 „ 300 „	6	100 „ 200 „	43
100 „ 200 „	4	50 „ 100 „	57
1 „ 100 „	1	unter „ 50 „	911
	52		1048

Gesammtzahl der Gefangenen am 1. April 1901 25 181 (mit den Kantongefängnissen 25 587).

Tagesdurchschnittszahl der Gefangenen 34 546.

Die Zahl der in den Justizgefängnissen Detinirten ist hiernach eine grössere. Rechnet man aber zu den in den Strafanstalten und Gefängnissen des Ministeriums des Innern Detinirten noch die nach § 361 Nr. 3—8 und § 362 verurtheilten Korrigenden hinzu, die in Provinzialkorrektionsanstalten untergebracht sind,[1]) über welche Oberpräsident und Minister des Innern die Aufsicht führen, so kommen noch 8380 Personen in Betracht, sodass sich die Gesammtsumme der Detinirten für 1. April 1901 auch im Ressort des Innern auf 33 967 stellt.

§ 209. Dieser Dualismus in der Gefängnissverwaltung[2]) Preussens ist alten Datums.

---

[1]) vgl. § 216 und Anl. XCI.

[2]) Die Festungsanstalten gehören nicht in den Bereich dieses Buches. Sie unter-

Eine Kab.-O. v. 2. März 1799 übertrug zwar dem Justizminister das gesammte Gefängnisswesen, wies aber zugleich den Chef der Polizei an, dem ersteren mit seinem Rath zur Seite zu treten. Der Generalplan von 1804 (s. § 210) unterstellte sämmtliche Gefängniss-, Straf- (und Besserungs)anstalten einer Immediatkommission, welche aus einem Justiz- und einem Verwaltungsbeamten bestand. Bei Meinungsverschiedenheiten entschied das Kriminal- und Provinzialfinanzdepartement. Der Plan kam nicht zur Ausführung, dagegen bestimmte ein Reskript v. 26. Okt. 1809, dass die neuerrichteten Regierungen die Administration der Straf- und Besserungsanstalten in ökonomischer und finanzieller Beziehung führen, die Konkurrenz der Landesjustizkollegien sich aber lediglich auf die Sorge für die Vollstreckung der Strafen und auf die Mitwirkung bei der ordnungsmässigen Behandlung der Sträflinge einschränken solle, zu welchem Ende den Landesjustizkollegien jederzeit eine Untersuchung der gedachten Anstalten freistehen müsse. Die Verordn. v. 27. Okt. 1810 bestimmte, dass der Justizminister rücksichtlich der Strafanstalten gemeinsam mit dem Chef der Allgemeinen Polizei zu handeln habe.

Die Regierungsinstruktion von 1817 wies in § 2 Ziff. 2 der ersten Abtheilung den Regierungen die Gefängnisse, Straf- und Korrektionsanstalten zu. 1823 wurden sodann die Inquisitoriate (Untersuchungsgefängnisse) an die Justizverwaltung überwiesen. Eine Kab.-O. vom 27. Nov. 1837 betonte wiederum, dass zwar die gewöhnliche Aufsicht der Gefangenenanstalten der Verwaltung des Innern verbleiben, bei sämmtlichen Revisionen aber ein Justizkommissar zugezogen werden müsse.

Das Zusammenwirken beider Ressorts führte schon damals zu erheblichen Unzuträglichkeiten; dazu kam, dass die dem Justizressort überwiesenen Untersuchungsgefängnisse in Folge des Ueberwucherns kurzzeitiger Freiheitsstrafen immer mehr zur Aufnahme kurzzeitiger Strafgefangenen benutzt wurden.

Um dem Dualismus ein Ende zu machen, schlug der Justizminister 1833 dem Minister des Innern die Uebernahme auch der Justizgefängnisse vor und beantragte, als daraus nichts wurde, im Jahre 1840, das gesammte Gefängnisswesen ihm zu übertragen.

Im Jahre 1845 (11. Juli) wurde auch in der That eine Allerh. Kab.-O. erlassen, welche diesem Wunsche Gesetzeskraft verlieh. Zur Ausführung gelangte aber die Ordre in Folge der mit dem Jahre 1848 eintretenden politischen Ereignisse und der Umgestaltung der Strafgesetzgebung nicht.

Ein Uebereinkommen der drei Minister des Innern, der Justiz und der Finanzen vom Jahre 1852 wollte sodann eine klarere Scheidung

---

stehen der Militärverwaltung. Bis zum Jahre 1840 waren vielfach auch von bürgerlichen Gerichten Verurtheilte wegen Mangel an Unterbringungsräumen in Festungen untergebracht (1826: 722).

der Ressortgrenzen dadurch erzielen, dass Centralgefangenenanstalten — die dem Minister des Innern unterstehen sollten — errichtet würden, in denen die Gefängnissstrafen von dreimonatlicher und längerer Dauer zu vollstrecken seien, während die der Justizverwaltung verbleibenden Kreisgerichtsgefängnisse die Untersuchungsgefangenen und die zu weniger als 3 Monaten Verurtheilten aufnehmen sollten.

Diese Vereinbarung ist aber nur unvollkommen ausgeführt, weil mit Rücksicht auf die Staatsfinanzen der Bau von Centralanstalten in der erforderlichen Anzahl unterblieb[1]) und demgemäss auch der Vollzug der längeren Gefängnissstrafen den Gerichtsgefängnissen, die in erster Linie Untersuchungszwecken dienen sollen, überlassen wurde.

Dann hat die Angelegenheit, trotz wiederholter Anträge aus der Landesvertretung auf einheitliche Organisation des Gefängnisswesens, geruht und jede der beiden Verwaltungen ist auf ihrem Gebiete mit der Verbesserung alter und dem Bau neuer Gefängnisse, der Umgestaltung der Reglements etc. selbstständig vorgegangen, wobei die Erfahrungen der einen Verwaltung übrigens oft auch für die andere nutzbringende Verwerthung fanden.

Die Beseitigung des Dualismus und die Vereinigung der gesammten Gefängnissverwaltung in eine Hand ist seitdem nicht nur im Schosse der Staatsregierung und zwischen den beiden Ressortministern mehrfach Gegenstand eingehender Erwägung gewesen. Auch die Häuser des Landtags haben sich mehrfach mit dieser Frage befasst. Ueber die Zweckmässigkeit einer einheitlichen Leitung und Verwaltung herrschte nirgends ein Zweifel, die Frage, in welcher Weise diese Organisation zu treffen sei, hat aber eine befriedigende Lösung bisher noch nicht gefunden. Die Justizverwaltung nimmt ebenso energisch wie die Verwaltung des Innern die Uebertragung der Oberleitung auf ihr Ressort in Anspruch. Die Redner des Parlaments haben sich theils auf die Seite der einen, theils auf die der anderen Verwaltung geschlagen.[2])

Die Vorzüge einer einheitlichen Verwaltung springen in der That in die Augen. Einmal würde sie die Erziehung eines besseren Aufsichts- und Verwaltungspersonals fördern, indem die Ausbildungs-, Anstellungs-, Versetzungs- und Beförderungsverhältnisse einheitlicher geregelt werden könnten. Sodann liessen sich grössere, als richtig erkannte Reformen im Strafvollzug und in der Einrichtung von Gefängnissanstalten leichter und schneller zur Durchführung bringen.

---

[1]) Es wurden z. B. gebaut die Centralgefangenenanstalten zu Cottbus, Hamm, Münster.

[2]) Für die Uebertragung auf das Ministerium des Innern sprachen sich aus Wentzel, 1854 (Abg.-H. 1854 Verhdl. v. 28. März), Graf Schwerin (Abg.-H., 1868 Sten.-Ber. S. 821), v. Salzwedell (ebenda S. 1045), Brütt 1897 (Sten.-Ber. S. 961), auf das Justizministerium Windthorst (Abg.-H. Sten.-Ber. 1867/68 S. 815 ff. 1045—55), Eberty (1872 S. 318 ff.) Resolution des Abg.-Hauses 1876, Sten.-Ber. S. 127 ff., Friedberg (1897 S. 1047).

Vor Allem würde aber die einheitliche Verwaltung wesentlich billiger arbeiten können — abgesehen vielleicht von der Ueberführung des gegenwärtigen Zustandes in den neuen — nicht nur in Bezug auf die Möglichkeit von Stelleneinziehungen, sondern hauptsächlich auch durch planmässigeres und schon deshalb billigeres Vorgehen bei den Gefängniss-Um- und -Neubauten, endlich durch die Erleichterung besserer Ausnutzung der bereits vorhandenen Baulichkeiten.

Gegenüber diesen Vortheilen bestehen allerdings auch recht erhebliche Bedenken gegen eine Aenderung der in Preussen auf diesem Gebiete geltenden Ressortverhältnisse, die vor Allem in der Schwierigkeit der Entscheidung der Frage liegen, welchem der beiden betheiligten Ressorts die einheitliche Gefängnissverwaltung zu überweisen sein würde.

Für die Uebernahme des Gefängnisswesens auf die Verwaltung des Innern spricht in erster Linie die Thatsache, dass die immer wachsende Kriminalität gerade auf den gegen die allgemeine Ordnung und Sicherheit gerichteten Verbrechensgebieten eine Zusammenfassung möglichst vieler Waffen in einer Hand fordert, um den Kampf gegen das Verbrechen zur Sicherung des Bestandes der sozialen Ordnung in wirksamer Weise führen zu können.

Der Strafvollzug, zweckmässig organisirt, ermöglicht ganz besonders ein genaues Studium der verbrecherischen Individuen, der Verhältnisse, aus denen sie kommen und in welche sie nach verbüsster Strafe zurückkehren, der persönlichen Ursachen, welche den Einzelnen ins Verbrechen geführt haben und der sozialen Missstände, des Nährbodens, auf dem das Verbrechen erwächst und wuchert. Durch genaue Beobachtung der sozialistischen und anarchistischen Elemente im Strafvollzuge würde es möglich werden, ihre Verbindungen, ihre Pläne, ihren ganzen Ideenkreis schärfer zu erfassen und zu durchdringen. Wenn die Verwaltung diese Kenntniss hat, kann sie die vorbeugenden Massregeln, die man von ihr erwartet, planmässig, energischer und mit grösserer Aussicht auf Erfolg zur Anwendung bringen. Auch der Umstand, dass Polizeiaufsicht und Armenpflege in den Händen des Ministeriums des Innern ruht, bildet einen wichtigen für die Ueberweisung des Gefängnisswesens sprechenden Faktor. Andererseits lässt sich gegen die Uebertragung der Gesammtverwaltung an das Ressort des Innern einwenden, dass dabei eine gänzliche Beseitigung des Dualismus schon deshalb unmöglich ist, weil zur Aufnahme der Untersuchungsgefangenen und der ganz kurzzeitigen Strafgefangenen jedenfalls doch viele Hunderte von Gefängnissen in der Hand des Justizministers verbleiben müssen — ein Bedenken, welches bei der Ueberweisung der gesammten Verwaltung an den Justizminister fortfallen würde.

Gegen die Loslösung des Gefängnisswesens von den Justizbehörden spricht auch vor Allem die Erwägung, dass der Justizverwaltung mit der Abgabe aller grösseren Strafgefängnisse an ein anderes Ressort eine sehr wesentliche Erkenntnissquelle der Strafrechtspflege verloren gehen würde, aus welcher die richterlichen und staatsanwaltlichen Beamten, in deren Händen die Direktion sämmtlicher Tausend und einige Gerichtsgefängnisse — bis auf die 12 grössten, welche besondere Direktoren haben — liegt, gegenwärtig schöpfen. Der Justizverwaltung würde aber auch geradezu ein wichtiger Bestandtheil der Strafrechtspflege selbst entzogen werden. Die Art und Weise des Strafvollzugs steht in engem, inneren Zusammenhang mit der Straffestsetzung. Wird der Justizverwaltung die massgebende Einwirkung auf den ersteren genommen, so schliesst man sie damit von einem Theile der praktischen Strafrechtspflege überhaupt aus.

Die Einrichtungen im Gefängnisswesen, wie sie in anderen Staaten bestehen, die zum Theil die Unterordnung unter das Justizressort, zum Theil unter die Verwaltung des Innern (vor Allem England, Frankreich) bevorzugen, können für Preussen nicht ohne Weiteres vorbildlich sein.

Am ehesten könnte vielleicht das in Belgien und in noch grösserer Schärfe in Schweden zum Ausdruck gekommene Prinzip einer fast ganz selbstständigen, und nur lose dem Justizministerium angegliederten Strafanstaltsverwaltung zur Nachahmung auffordern, wobei natürlich der Besonderheit des preussischen Verfassungs- und Aemterorganismus Rechnung getragen werden müsste.

Die Vertretung der Gefängnissverwaltung gegenüber Krone und Parlament kann nämlich nach preussischem Verfassungsrecht nur ein nach Art. 61 der Verf.-Urk. verantwortlicher Minister ausüben, als welcher uns der Justizminister der geeignetste erscheinen würde, vor Allem, weil hierbei die Möglichkeit der Weiterverwendung von richterlichen Beamten in der Gefängnissverwaltung gesichert bliebe. Der Justizminister müsste daher die oberste Instanz in Gefängnisssachen bilden. Das braucht nicht zu hindern, dass im Uebrigen dem Leiter der Strafanstaltsverwaltung ein möglichst ausgedehntes selbstständiges Entscheidungsrecht, vor Allem in Personalien und Disziplinarsachen, oder auch in Fragen der Organisation, Bauten, Gefangenenbeschäftigung u. s. w. gewährt würde, wobei dem Justizminister nur die Rechte der Beschwerdeinstanz zufielen. Bei generellen und wichtigeren Angelegenheiten, z. B. Vorbildungs- und Anstellungsgrundsätze für die Beamten, Einrichtungsgrundsätze, wichtigere Bauten u. s. w., könnte ausserdem dem Chef der Gefängnissverwaltung ein mitbeschliessendes ständiges Kollegium[1]) zur Seite gestellt werden, in welchem Kommissare des Justiz-, Finanz-, Bauten-

---

[1]) Eine solche Einrichtung besteht z. B. in Württemberg.

ministeriums und des Ministeriums des Innern vertreten sein müssten.[1]) Bei Meinungsverschiedenheit zwischen dem Chef der Gefängnissverwaltung und der Kommission entscheidet der Justizminister. Erhebliche, nicht auszugleichende Differenzen der Kommissare untereinander würde der Justizminister im Staatsministerium zur Sprache zu bringen haben.

Die Selbständigkeit des Chefs der Gefängnissverwaltung in der laufenden Verwaltung auf der einen Seite, die Einwirkung der Kommissare der genannten Ressortminister auf der anderen Seite würden die berechtigten Ansprüche, welche die gedachten Ressorts, vor Allem die Verwaltung des Innern wie die Justizverwaltung an der Ausübung eines massgebenden Einflusses auf die Gefängnissverwaltung haben, mit den Vortheilen einer einheitlichen Leitung des Gefängnisswesens am besten in Einklang zu bringen vermögen, ohne dass sich einseitige Ressortinteressen zu sehr hervordrängen könnten.

§ 209 a. Die Frage der Ressortveränderung in Bezug auf die Strafanstalten in der Centralinstanz steht übrigens in engstem Zusammenhange mit derjenigen einer Neuorganisation der Strafanstaltsbehörden in der Provinzialinstanz.

Auch hier erscheint eine Neuregelung dringend geboten, um eine, wie auf vielen anderen Gebieten, so auch hier unentbehrliche Entlastung der Centralstelle herbeiführen zu können.

In dem Ressort des Innern ist die Nothwendigkeit der Bearbeitung zahlreicher Detailarbeit in der Centralstelle in dem Umstande begründet, dass den Regierungen, die häufig nur eine oder wenige Anstalten unter sich haben, nicht nur oft die Möglichkeit fehlt, aus der Vergleichung verschiedener Anstalten zu lernen, sondern dass sie technisch vorgebildetes Beamtenpersonal zur sachgemässen Erledigung überhaupt nicht besitzen, dass ferner Versetzungen meist über den Bezirk der Regierung hinauswirken, also beim Mangel einer Provinzialinstanz ministerielle Entscheidung erfordern u. s. w. Zum Theil ähnliche Gründe werden auch bei der Justizverwaltung eine zu grosse Belastung der Centralinstanz zur Folge haben.

Eine ausgiebigere Dezentralisation ist aber nur möglich, wenn in der Provinz einer in der Provinzialhauptstadt befindlichen Behörde eine hinreichende Anzahl von Gefängnissanstalten unterstellt ist, die dieser Behörde nicht nur die Möglichkeit geben zu einem gewissen Ueberblick und zur Vergleichung der verschiedenen Einrichtungen miteinander, sondern ihr auch einen hinreichend umfangreichen Geschäftskreis schaffen. Nur dann kann zur Anstellung besonderer, technisch

---

[1]) Bei Fragen, welche die Interessen anderer Ressorts berühren, könnten auch Vertreter dieser Ressorts zugezogen werden, z. B. bei Fragen des Arbeitsbetriebs Kommissare des Handelsministers bezw. Landwirthschaftsministers, bei Fragen des Unterrichts und geistlicher Seelsorge Kommissare des Kultusministers u. s. w.

vorgebildeter Beamten geschritten werden. Diese würden aus der Zahl verdienter Direktoren grösserer Gefängniss- und Strafanstalten zu nehmen sein, was zugleich durch Gewährung von — bisher fehlenden — Beförderungsaussichten zum Vortheil eines grösseren Zuges in der ganzen Verwaltung dahin führen würde, dass jene Stellen mehr und mehr auch für akademisch gebildete Elemente begehrenswerth erscheinen würden.

Die Eingliederung einer derartigen Provinzialstelle würde sich am leichtesten vollziehen, wenn das gesammte Gefängnisswesen dem Minister des Innern unterstellt würde. Die Stelle könnte dann dem Oberpräsidium zugetheilt werden, wodurch letzterem für die Beaufsichtigung des staatlichen und provinziellen Zwangserziehungswesens eine brauchbare technische Kraft zur Seite träte, die ihm gegenwärtig leider nicht zur Verfügung steht.

Würde eine einheitliche, dem Justizminister in der oben näher dargelegten Weise nachgeordnete Gefängnissverwaltung eingerichtet werden, so könnte eine direkte Angliederung an das Oberpräsidium zwar nicht erfolgen, die Provinzialgefängnissbehörde bezw. der Einzelbeamte könnte aber dem Oberpräsidenten gegenüber in ein ähnliches Verhältniss wie die Generalkommission oder Provinzialsteuerdirektion treten, welche im Uebrigen ebenfalls nicht der Aufsicht des Ministers des Innern, sondern ihren besonderen Ressortministern (für Landwirthschaft und Finanzen) unterstellt sind.

Am schwierigsten würde sich die Regelung gestalten, wenn das Gefängnisswesen ohne den Vorbehalt der Einrichtung einer besonderen Gefängnissverwaltung ganz an die Justizverwaltung überginge, da dann sowohl Oberlandesgerichtspräsident wie Oberstaatsanwalt für die Oberleitung in der Provinz in Frage kämen und sich aus einem Nebeneinanderarbeiten beider Behörden voraussichtlich zahlreiche Differenzpunkte ergeben würden, andererseits auch ganz verschiedenartige Behörden das Gefängnisswesen auf der einen, das Korrektions- und Zwangserziehungswesen auf der anderen Seite beaufsichtigen würden.

Die Schaffung einer auch in der Provinz möglichst selbstständigen besonderen Behörde, wie sie aus der Einrichtung einer einheitlichen dem Justizministerium nachgeordneten besonderen Gefängnissverwaltung in der Centralinstanz von selbst folgen würde, dürfte die meisten Vortheile vor den beiden anderen gedachten Eventualitäten haben, indem es bei dieser Regelung zugleich möglich sein würde, der Provinzialstelle, was für die sachgemässe Verwaltung des Gefängnisswesens von grosser Bedeutung sein dürfte, ein berathendes Kollegium zur Seite zu stellen, welches sich aus Mitgliedern gewerblicher und landwirthschaftlicher Berufskreise (Handels- und Landwirthschaftskammer), Vertreter des Konsistoriums und sonstiger an der Gestaltung des Strafanstaltswesens besonders interessirter öffentlicher Faktoren zu rekrutiren haben würde.

Sollte sich der Weg der Einführung einer möglichst selbständigen einheitlichen — dem Justizminister nachgeordneten — Gefängnissverwaltung, der uns nach Obigem in Berücksichtigung aller in Betracht kommenden Gesichtspunkte der gangbarste erscheint, gleichwohl nicht verwirklichen lassen, so dürfte die Beibehaltung des bisherigen Zustandes, der ja immerhin nicht verhindert hat, unser Gefängnisswesen auf eine solche Höhe zu bringen, dass es den Vergleich mit anderen Staaten nicht zu scheuen hat, der vollständigen Ueberweisung an eines der jetzt betheiligten Ressorts doch wohl noch vorzuziehen sein.

Freilich würde in diesem Falle in Frage kommen, ob nicht eine Verbilligung der Verwaltung, sowohl in Bezug auf den Personalbedarf, wie vor Allem in Bezug auf den Sachbedarf, namentlich bei den baulichen Einrichtungen,[1]) dadurch anzustreben sein würde, dass wichtigere Massnahmen auf diesen Gebieten von dem Minister des Innern, wie dem Justizminister innerhalb ihrer Verwaltung nicht ohne zuvorige Anhörung einer aus Vertretern der gedachten 4 Ministerien (Finanz-, Bau-, Inneres, Justizressort) zusammenzusetzenden Kommission getroffen werden dürften. Auch hier würde bei Differenzen grundsätzlicher Art die Angelegenheit im Staatsministerium zur Sprache zu bringen sein. Die Nothwendigkeit einer solchen gemeinsamen Kommission dürfte sich aus folgender Erwägung ergeben:

Die Annahme, dass kurzfristige Gefängnissstrafen bei einer kommenden Reform der Strafgesetzgebung gänzlich aufgehoben oder doch wesentlich eingeschränkt werden, liegt durchaus im Bereiche der Möglichkeit (s. oben Anm. 1 und § 200). Würde dies geschehen, so würde ein grosser Theil der kleinen Gerichtsgefängnisse entbehrlich werden, eine weitere Vermehrung der vorhandenen würde in diesem Falle den Staat finanziell sehr schädigen, eine möglichst frühzeitige Anlage grösserer Strafanstalten dagegen im wohlverstandenen Staatsfinanzinteresse liegen. Geht jede der beiden Verwaltungen für ihr Ressort selbständig vor, so werden so wichtige Gesichtspunkte wie der angedeutete schwer und jedenfalls nicht zur vollen Wirksamkeit kommen können. Aber auch sonst werden die Bemühungen des Finanzressorts, die Verwaltungskosten zu vermindern, unter der Schwierigkeit leiden, die Bedürfnisse in einem Ressort durch Benutzung oder geringe bauliche Aenderungen vorhandener Bauten des anderen Ressorts zu befriedigen, Beamte des einen Ressorts zur Aushülfe im anderen zu verwenden u. s. w.

Je länger aber jedes der beiden Ressorts in prinzipiellen Fragen der Personalien wie der baulichen Einrichtungen seine eigenen Wege

---

[1]) Welche Summen dabei in Frage kommen, möge daraus ermessen werden, dass von 1872—1903 für Gefängnissneu- und Umbauten im Ressort des Ministeriums des Innern rund 31 Mill. M. im Staatshaushaltsetat, im Justizressort annähernd 55 Mill. M. extraordinär bereitgestellt sind. Näheres hinsichtlich der Justizbauten in Bd. II Buch IX.

geht, um so dringlicher wird auf der einen Seite der Wunsch nach Vereinheitlichung der Verwaltung, um so schwieriger aber andererseits auch die Aufgabe einer solchen werden, wenn sie dann mit so verschiedenartigem Personal und Einrichtungen zielbewusst arbeiten und Grosses leisten soll.

Geschichtliches über Bau und Entwickelung der Strafanstalten in Preussen.[1])

§ 210. Die älteste preussische Kriminal-Ordnung, welche sich mit der Einrichtung von Gefängniss- und Strafanstalten befasste, datirt vom 8. Juli 1717. Zusammenhängend mit der allgemein geltenden Abschreckungstheorie der Strafrechtspflege waren auch die Gefängnissbauten und ihre Verwaltung so eingerichtet, dass die Absicht der Peinigung ihrer Insassen in vollstem Masse zur Geltung gelangte. Mangelhafte Rücksichtnahme auf Gesundheit, Geschlecht und Charakter der Gefangenen hatten zur Folge, dass die Gefängnisse „Krankheitsverbreiter, Lasterhöhlen und Verbrecherschulen“ wurden.

Einen Umschwung in diese Behandlungsweise der Gefangenen brachten im Laufe des 18 Jahrhunderts die von England (Howard) und Amerika (Penn, Dr. Rusch u. A.) ausgehenden Bestrebungen, welche auf die Nothwendigkeit der Besserung der Gefangenen in den Anstalten und durch die Einrichtungen der Anstalten in den Vordergrund stellten. Von diesem Geiste getragen war der Generalplan zur allgemeinen Einführung einer besseren Kriminal-Gerichts-Verfassung und zur Verbesserung der Gefängniss- und Strafanstalten vom 16. September 1804.

Darin wurde unter Anderem als Zweck der Strafanstalten[2]) hingestellt:

a) durch die Festigkeit ihrer Bauart, durch ihre innere Einrichtung und durch ihre Verfassung, Uebelthäter auf eine bestimmte Zeit von der menschlichen Gesellschaft abzusondern, um die übrigen unterdessen gegen ihre Beleidigungen sicher zu stellen;

b) durch ihre Organisation, den Verbrecher zur Thätigkeit, zur Ordnung und zur Reinlichkeit zu gewöhnen, um ihn dadurch wo möglich zu bessern, und das Publikum auch nach ausgestandener Strafe vor ihm zu sichern;

c) wegen des Unangenehmen, welches die Freiheitsberaubung Theils an sich, Theils verbunden mit Zwangsarbeit und harter Lebensart hat, die übrigen Menschen vor Begehung der Verbrechen abzuschrecken.

Bei der Anlage der Anstalten sollte auf vorzüglich strenge und sorgfältige Absonderung der Geschlechter, Trennung der weniger Verdorbenen von den Verführern und auf eine Klassifikation in eine Straf-, Probe- und Besserungsklasse, grosse Speisesäle, möglichste Trennung der Schlafstellen, Einrichtung von Werkstätten u. s. w. Werth gelegt werden.

---

[1]) Vgl. Krohne und Uber, Die Strafanstalten und Gefängnisse in Preussen (Berlin, 1901. Carl Heymann), wo zugleich die Verhältnisse jeder Anstalt im Einzelnen ausführlich dargelegt sind.

[2]) Ueber die Organisation der Gefängnissbehörden nach dem Plane von 1804 (§ 209).

§ 211. Die kriegerischen Ereignisse des Jahres 1806 verhinderten indessen die Durchführung jenes Generalplans. Erst im Jahre 1809 waren die Zustände wieder soweit geordnet, dass auch dem Gefängnisswesen grössere Aufmerksamkeit gewidmet werden konnte. Da zur Unterbringung der zu Festungs- und Zuchthausstrafe Verurtheilten die Räumlichkeiten fehlten, wurde der Minister des Innern beauftragt, die Landarmenhäuser zur Aufnahme von Verbrechern einzurichten und damit begann statt der vom Generalplan gewollten einheitlichen Verwaltung — wenn auch unter gemeinsamen Kommissionen -- die Theilung der Gefängnissverwaltung unter die Behörden der Ministerien des Innern und der Justiz. Den ersteren wurden im Allgemeinen die Strafgefängnisse, Straf- und Korrektionsanstalten[1]) zugewiesen, während den letzteren die Aufsicht über die Untersuchungsgefängnisse (Inquisitoriate) und deren Verwaltung, soweit sie in den Händen des Staates war, verblieb (§ 209).

Die folgenden Ausführungen haben in erster Linie die dem Ressort des Innern unterstehenden Anstalten im Auge, über die Justizgefängnisse s. Bd. II Buch IX.

Das Wichtigste für eine Besserung der Gefangenen-Verhältnisse war zunächst der Bau, die Einrichtung und Vermehrung sachentsprechender Strafanstalten. Besonders stark trat die Nothwendigkeit einer Vermehrung der vorhandenen Anstalten durch die Einführung des neuen Strafprozessverfahrens (1849) und des neuen strengeren Strafgesetzbuchs (1851) hervor. Die Zahl der Gefangenen in den Anstalten des Ministeriums des Innern stieg von 13 368 im Jahre 1843 auf 28 546 im Jahre 1856, darunter 23 550 Zuchthausgefangene.

Einer entsprechenden Vermehrung der Gefängnissanstalten stellten sich aber grosse finanzielle Schwierigkeiten entgegen.

Es war natürlich, dass der Bau von Strafanstalten, welche, wie dies mehr und mehr geschah, den Besserungszweck in den Vordergrund stellten, an die Staatsfinanzen erheblich grössere Ansprüche stellte, als die lediglich auf Abschreckung abzielenden Strafanstalten der älteren Zeit.

Aber auch die auf Besserung der Gefangenen gerichteten Systeme wichen erheblich von einander ab. Man unterschied das System der gemeinsamen Haft mit sorgfältiger Scheidung und Klassifizirung der Gefangenen nach ihren rechtlichen und sittlichen Eigenschaften (Gefängniss zu Milbank in England), ferner das Auburnsche System, — gemeinsame Arbeit bei Tage unter dem strengsten Gebot des Schweigens und nächtliche Trennung in Schlafzellen –, endlich das Pennsylvanische strenge System der Einzelhaft bei Tage wie bei Nacht.

---

[1]) „Gefängnisse, Straf- und Korrektionsanstalten“ § 2 der Regierungskonstruktion vom 23. Oktober 1817.

§ 212. Im Allgemeinen entschied man sich zunächst in Preussen für das System der gemeinsamen Haft mit einer Klassifikation der Gefangenen in 2 Klassen, und schlechteren Behandlung der zweiten Klasse durch Gewährung geringerer Arbeitsprämien, Kostabzüge u. s. w., wie es in dem zunächst für die Strafanstalt zu Rawitsch erlassenen und später auf die übrigen Strafanstalten ausgedehnten Reglement zum Ausdruck gelangte.

In den leitenden Kreisen wurde nämlich gegen die Einzelhaft nicht nur eingewendet, dass sie Geisteskrankheit und Selbstmord unter den Gefangenen befördere, und sie unfähig mache, nach verbüsster Strafe in dem gemeinsamen Leben der Gesellschaft wieder zurechtzuzufinden. Man glaubte auch sodann vor Allem, gestützt auf die bei dem Bau der amerikanischen und älteren englischen Zellengefängnisse gemachten Erfahrungen, die Baukosten bei Durchführung des Systems so hoch anschlagen zu müssen, dass sie für die preussischen Staatsfinanzen unerschwinglich seien.

Die Erfahrung ergab indessen, dass auch die nach dem Klassensystem eingerichteten neuen Strafanstalten recht erhebliche Opfer erforderten. So betrugen die Kosten der 1832—35 gebauten Strafanstalt zu Insterburg für 400 Köpfe 720 000 M. Die nach dem Auburnschen System gebaute Anstalt zu Halle (1837—1841 für 350 Köpfe) erforderte dagegen nur 491 000 M.

Bei diesen hohen Kosten (1400—1800 M. pro Kopf) glaubte man ohne grösseren Kostenaufwand auch die Durchführung des von immer weiteren Kreisen geforderten und auch bei Friedrich Wilhelm IV. mehr und mehr Anklang findenden Einzelhaftsystems ins Auge fassen zu können.

Nach eingehenden, an Ort und Stelle vorgenommenen Prüfungen des englischen Gefängnisswesens durch einsichtsvolle Männer (Dr. Julius, Geh.-Oberbaurath Busse) wurde im Jahre 1842 ein vollständiges Programm für die Umgestaltung des Preussischen Gefängnisswesens unter Berücksichtigung des Einzelhaftsystems aufgestellt.

Die Grundsätze waren im Wesentlichen folgende:

1. Alle neuzuerbauenden Strafanstalten und Gefängnisse sind nach dem System der Einzelhaft einzurichten; die Grösse ist auf 360—550 Köpfe zu bemessen, das Mass der Einzelzellen beträgt 23—26 cbm. Bei der zur Verbüssung von Zuchthausstrafen bestimmten Anstalten sind für einen Theil der Gefangenen Räume zu gemeinsamer Arbeit mit Schlafzellen zu nächtlicher Trennung anzulegen.

2. Der Strafvollzug in Einzelhaft ist vorzugsweise anzuwenden bei den zum ersten Male oder wegen leichterer Verbrechen und Vergehen Bestraften, bei denen am meisten Aussicht auf Besserung ist.

3. Die Anstalten für Weiber sind von denen für Männer vollständig zu trennen, ausser dem Vorsteher sind nur weibliche Beamte zur Beaufsichtigung zu verwenden.

4. Für Untersuchungs- und kurzzeitige Strafgefangenen sind besondere — der Justizverwaltung unterstehende — Centralgefängnisse (für den Umfang eines Kreises) — zu bauen, in denen ebenfalls das System der Einzelhaft vorzugsweise zur Anwendung kommt.

Dieses Programm kann in seinen Leitsätzen auch heute noch als massgebend für die Gefängnissverwaltung gelten, wenn es auch durch die Ungunst der Verhältnisse lange Zeit hindurch nur in geringem Masse zur Ausführung gelangt ist und erst heute mehr und mehr seiner Verwirklichung entgegengeht.

§ 213. Vor Allem blieb es immer wieder die Kostenfrage, welche sich der sachgemässen Durchführung des Programms hindernd in den Weg stellte. Von 1842—53 wurden allerdings ausser Halle noch die grossen Anstalten zu Moabit (1 681 249 M.),[1]) Münster (1 260 000 M.),[2]) Ratibor (1 800 000 M.),[3]) Breslau (1 947 000 M.)[4]) und die Zellenflügel in Cöln erbaut. 1855—59 folgten Cottbus (230 790 M.)[5]) und Hamm.[6]) In Folge der überaus stark anschwellenden Zahl der Strafgefangenen nach Erlass des schon erwähnten neuen preussischen Strafgesetzbuchs war man aber genöthigt, sich vielfach mit durchaus unzureichenden Baulichkeiten, provisorischen Erweiterungsbauten zu begnügen, die vorhandenen Gefängnisse zu überfüllen u. s. w., was für die Güte der Einrichtungen schwere Nachtheile zur Folge hatte. Von der Durchführung eines Systems war überhaupt kaum noch die Rede. Dabei wurde die Gefängnissverwaltung mit einer grossen Anzahl alter, für einen planmässigen Strafvollzug ungeeigneter Gebäude belastet (z. B. alter Schlösser, Zoll- und Lagerhäuser, Fabrikgebäude u. s. w.), deren Erhaltung und Ausgestaltung verhältnissmässig grosse Summen erfordert haben und noch erfordern.

Wo Einzelzellen wirklich vorhanden waren, wurden sie weniger zur Erziehung als im polizeilichen Interesse benutzt, um unbequeme Elemente unschädlich zu machen. Um die Einkünfte aus den Arbeitserträgen der Gefangenen zu mehren, wurden die Geschicktesten vor den Uebrigen bevorzugt. Diesen Missständen suchten die Erlasse des Ministers des Innern v. 10. Aug. 1869 und 20. Aug. 1869 (M.-Bl. d. i. V. S. 198 u. 92) entgegenzutreten. Man fügte einer Anzahl der vorhandenen Anstalten mehr Einzelzellen hinzu. 1876 machte man beim Neubau der Strafanstalt Cassel-Welheiden einen neuen Versuch zur Herstellung eines Zellengefängnisses nach dem System der Einzelhaft. Die Anstalt, für 490 Köpfe, darunter 404 in Einzelhaft, erforderte aber 3 Mill. M., d. h. auf den Kopf 6100 M.

§ 214. Bei dieser enormen Kostenhöhe war es klar, dass eine durchgreifende Reform nach dem System der Einzelhaft im Gefängnisswesen unausführbar war, wenn es nicht gelang, niedrigere Kostenanschläge herzustellen. Die Verwaltung des Innern im Verein mit

---

[1]) Neubauten, Umbauten etc. von 1886—98 260 138 M.

[2]) Neubauten etc. seit 1893 325 050 M.

[3]) später noch 33 913 M. [4]) später noch 856 090 M.

[5]) später noch 551 986 M.

[6]) die Baukosten liessen sich nicht mehr ermitteln.

der Bauverwaltung hat sich daher in richtiger Erkenntniss der Nothlage des Gefängnisswesens seitdem fortgesetzt und mit grossem Erfolge bemüht, trotz Aufrechterhaltung des Systems der Einzelhaft doch durch praktischere Anordnung und Ausnutzung der Baulichkeiten, Vermeidung jeder architektonisch-künstlerischen äusseren Ausgestaltung u. s. w. die Pläne und Kostenanschläge der ferneren Neubauten im Verhältniss immer billiger zu gestalten.

Während die in den 70er Jahren erbauten Anstalten zu Rendsburg und Welheiden noch je rund 3 Mill. M. gekostet hatten, wurde 1878 ein Zellengefängniss zu Herford bereits für 1,6 Mill. M. (für 440 Köpfe) hergestellt, erforderte pro Kopf also nur rund 1400 M. Es folgten 1885 das Zellengefängniss zu Gross-Strehlitz mit 526 Köpfen für 1,2 Mill. M., 1893/96 Siegburg mit 705 Köpfen für 1,6 Mill. M., 1892/95 Wohlau mit 555 Köpfen für 1,2 Mill. M., Breslau 1894/98 mit 850 Köpfen für 1,7 Mill. M., 1898/1902 Wittlich mit 724 männlichen und 170 weiblichen Köpfen für 1,4 Mill. M.

Wie sehr sich die Kosten der ersten Anlage der seit 1870 erbauten Strafanstalten und grösseren Gefängnisse vermindert haben, geht aus folgenden Zahlen hervor. Es betrugen (Anl. LXXXVIII) die Kosten der ganzen Anstalt einschl. der Beamtenwohnhäuser und inneren Einrichtung etc., aber ausschl. der Grunderwerbskosten

in den Anstalten	Zeit der Ausführung Jahr	Kosten im Ganzen M.	Es kamen auf einen Gefangenen M.
Rendsburg	1871/75	2 908 158	6463
Cassel-Welheiden. . . .	1874/83	2 872 241	5643
Herford	1880/84	1 627 289	3682
Gross-Strehlitz	1885/89	1 211 842	2304
Düsseldorf-Derendorf . .	1889/94	1 463 831	2464
Wohlau	1892/95	1 223 065	2224
Siegburg	1893/98	1 678 991	2329
Breslau	1894/98	1 757 922	2068
Wittlich	1898/1902	1 430 400	2003.

§ 214a. Die auf diese Weise geschaffene Verbesserung und Vermehrung der Strafanstalten ermöglichte es der Verwaltung des Innern, das schon erwähnte Programm, wie es unter Friedrich Wilhelm IV. aufgestellt ist, gegenwärtig in der Weise durchzuführen, dass die Einzelhaft vorzugsweise bei den Untersuchungsgefangenen, jugendlichen Personen, erstmalig Inhaftirten, Gelegenheitsverbrechern und mit kurzen Freiheitsstrafen Belegten und bei älteren und rückfälligen Bestraften wenigstens für die erste Zeit der Strafe zur Anwendung gelangt.[1]) Die in gemeinsamer Haft Unterzubringenden werden nicht in den Zellengefängnissen, sondern in den älteren Anstalten untergebracht,

[1]) vgl. Grundsätze des Bundesraths v. 28. Okt./6. Nov. 1897.

die vorzugsweise für die Gemeinschaftshaft eingerichtet sind. Die Zellengefängnisse sind somit nur für die jüngeren Gefangenen bestimmt.

Auch bei den kleineren, dem Ressort des Innern unterstehenden Gefängnissen wird neuerdings durch zweckmässige An- und Umbauten dafür zu sorgen gesucht, dass die Untersuchungsgefangenen stets und die Strafgefangenen in der Regel in Einzelhaft untergebracht werden (Geldern, Kempen, Saarburg, Trier u. A.).

Im Jahre 1901 waren bereits vorhanden an Einzelzellen in den Strafanstalten: 4168 für durchschnittlich 15 130 Gefangene oder 27,5 pCt., in den Gefängnissen: 4975 für durchschnittlich 10 242 Gefangene oder 48,6 pCt.

Seit dem Jahre 1869 ist die Zahl der Zellen vermehrt von 3247 auf 9141.[1])

Statistik über die Zahl der Strafanstalten und der Gefangenen.

§ 215. In der Verwaltung des Innern stehen gegenwärtig 33 Strafanstalten zur Aufnahme der zu Zuchthausstrafen Verurtheilten, 20 grössere Gefängnisse zur Aufnahme von Gefängniss-, Haft- und Untersuchungsgefangenen. In einzelnen Gefängnissen werden auch Civil-, Polizei- und Transportgefangene aufgenommen.

Die Namen der Anstalten sind: a) Strafanstalten: in Wartenburg, Insterburg, Rhein, Graudenz, Mewe, Berlin (Moabit), Brandenburg, Sonnenburg, Luckau, Naugard, Rawitsch, Crone a. Br., Fordon, Brieg, Görlitz, Jauer, Sagan, Ratibor, Gross-Strehlitz, Lichtenburg, Delitzsch, Rendsburg, Lüneburg, Celle, Münster, Cassel, Ziegenhain, Diez, Werden und Siegburg; Strafanstalten und Gefängnisse: in Striegau, Lingen und Cassel-Wehlheiden; b) Gefängnisse in: Cottbus, Breslau, Wohlau, Halle, Hameln, Münster, Herford, Hamm, Coblenz, Düsseldorf, Düsseldorf-Derendorf, Cleve, Elberfeld, Cöln, Bonn, Siegburg, Trier, Saarbrücken, Wittlich und Aachen.

Von diesen Anstalten enthielten am 31. März 1902: 800—900 Gefangene 1, 700 bis 800 Gefangene 3, 600—700 Gefangene 10, 500—600 Gefangene 14, 400—500 Gefangene 9, 300—400 Gefangene 4, 200—300 Gefangene 7, 100—200 Gefangene 5, zusammen 52.

Die Zahl der in diesen 52 Anstalten detinirten Gefangenen betrug: am 1. April 1901 25 181, am 31. März 1902 25 602, also mehr 730.

Die Entwickelung der Zahl, speziell der Zuchthausgefangenen, siehe aus Anl. LXXXVII.

Um ein richtiges Vergleichsobjekt zu gewinnen, ist der Zugang der Zuchthausgefangenen in Verhältniss zu dem Theile der Bevölkerung gesetzt, der überhaupt zu Zuchthausstrafe verurtheilt werden kann. Daraus ergiebt sich, dass die schwere Kriminalität vom Jahre 1869 bis 1871 gesunken, dann ziemlich konstant bis zum Jahre 1881/82 gestiegen und dann (bis zum Jahre 1899) konstant gefallen ist. Im Jahre 1900 machte sich eine geringere Steigerung bemerkbar; doch

---

[1]) Besondere Abtheilungen für männliche Geisteskranke befinden sich in den Strafanstalten Moabit für 55, Münster für 60, Halle für 50 und in den Gefängnissen zu Breslau für 39 und Cöln für 33 Köpfe.

stand sie noch um 18,3 pCt. günstiger, als im Jahre 1869 und um 42,6 pCt. als im Jahre 1881/82. Im Jahre 1901 ist sie wieder gesunken und bildet den niedrigsten Stand der vorbezeichneten Jahre.

Seit 1894/95 stellte sich der tägliche Durchschnittsbestand:

	in den Strafanstalten		in den Gefängnissen	
	Männer	Weiber	Männer	Weiber
1894/95	15 424	2 456	7 463	938
1895/96	15 189	2 367	7 647	988
1896/97	14 815	2 242	7 677	951
1897/98	14 275	2 119	7 396	889
1898/99	14 073	2 078	7 229	936
1899	13 729	1 951	7 556	1 028
1900	13 448	1 763	8 297	1 164
1901	13 480	1 650	8 996	1 246.

Während auch hiernach die Zahl bei den Zuchthausgefangenen zurückgegangen ist, weisen die Ziffern der in den Gefängnissen Untergebrachten eine Steigerung nach, was auf die mildere Rechtsprechung der Gerichte zurückzuführen ist.

Die Zahl der in dem französisch-rechtlichen Theile der Rheinprovinz dem Ministerium des Innern unterstehenden sogenannten Kantongefängnisse, welche die amtsgerichtlichen Untersuchungs- und Haftgefangenen und Gefängnissgefangenen, deren Strafdauer 14 Tage nicht übersteigt, aufnehmen, beträgt 59, ihre Belegfähigkeit schwankt zwischen 3 und 40 Köpfen. Am 31. März 1902 waren in denselben 326 Gefangene vorhanden. Am 31. März 1901 waren 66 solcher Gefängnisse mit einer Belegung von 406 Gefangenen vorhanden.

§ 215a. Die Namen der rheinischen Kantongefängnisse sind:

a) Staatsgefängnisse: Regierungsbezirk Aachen: Blankenheim, Geilenkirchen, Gemünd, Malmedy; Regierungsbezirk Coblenz: Adenau, Kreuznach, Mayen, Münstermaifeld Meisenheim, Sinzig, Castellaun, Kirchberg, Altenkirchen, Daaden, Dierdorf, Linz, Wetzlar; Regierungsbezirk Cöln: Eitorf, Hennef, Cöln, Mülheim a. Rh., Rheinbach, Siegburg; Regierungsbezirk Düsseldorf: Odenkirchen, Ratingen, Neuss, Lobberich, Opladen, Geldern; Regierungsbezirk Trier: Baumholder, Berncastel, Bitburg, Daun, Merzig, Neumagen, Ottweiler, Prüm, Saarlouis, Wadern, St Wendel, Wittlich.

b) Vom Staat mitbenutzte Gemeindegefängnisse: Regierungsbezirk Aachen: Aldenhoven; Regierungsbezirk Coblenz: Ahrweiler, Andernach, Boppard, Sobernheim, Stromberg, Zell; Regierungsbezirk Cöln: Kerpen, Wiehl, Wipperfürth, Zülpich; Regierungsbezirk Düsseldorf: Lennep, Rheinberg; Regierungsbezirk Trier: Grumbach, Hermeskeil, Rhaunen, Tholey, Lebach.

§ 216. In den zu dem Ressort des Innern gleichfalls gehörigen sechs Erziehungsanstalten (vgl. § 56 des R.-Str.-G.-B.) waren am 31. März 1901 586 Zöglinge untergebracht (s. § 252).

In den der Aufsicht des Ministers des Innern unterliegenden Provinzialkorrektionshäusern[1]) waren am 31. März 1902 9541 Personen untergebracht (24 Anstalten mit 8378 Männern und 1163 Weibern). Kosten erwachsen dem Staate — abgesehen von Beaufsichtigungskosten — für diese letzteren Anstalten nicht. Näheres über Statistik derselben für 1901 in Anl. XCI.

[1]) § 361 Nr. 3 - 8 und § 362 Str.-G.-B.

Gegenwärtige Organisation der Strafanstalten und Gefängnisse.

Aufsicht.

§ 217. Die Oberaufsicht über die Strafanstalten und Gefängnisse führt der Minister des Innern. Er ernennt alle Verwaltungsoberbeamten, — die Aerzte nach Benehmen mit dem Minister der geistlichen, Unterrichts- und Medizinal-Angelegenheiten —, und erlässt die für die Verwaltung und den Dienstbetrieb massgebenden allgemeinen Verordnungen, deren Aenderung nur ihm zusteht.

Die gegenwärtig geltende Dienstordnung für die Strafanstalten und grösseren Gefängnisse ist ganz neuen Datums und ist am 14. Nov. 1902 erlassen worden.

Der Minister lässt alle zwei bis drei Jahre eine Besichtigung der Strafanstalten und Gefängnisse seines Geschäftsbereichs durch einen Kommissar — den Referenten für Gefängnissangelegenheiten — vornehmen und sich darüber Bericht erstatten. Der Kommissar ist befugt, in dringlichen Fällen Namens des Ministers an Ort und Stelle Anordnungen zu treffen, welche aktenmässig festzustellen sind.

Der Regierungspräsident (in Berlin der Polizeipräsident) führt die Aufsicht über die gesammte Verwaltung der Strafanstalten und Gefängnisse seines Bezirks, beruft die Geistlichen nach Benehmen mit den kirchlichen Oberbehörden, stellt die Lehrer sowie die Unterbeamten an, erlässt die Hausordnungen für die einzelnen Anstalten, ergänzt oder erlässt die Dienstanweisungen für einzelne Beamte, soweit die örtlichen Verhältnisse es bedingen, und trifft Anordnungen über alles, was nicht der Entscheidung des Ministers vorbehalten oder dem Anstaltsvorsteher zugewiesen ist. An ihn gehen alle Berichte und Anträge, durch ihn alle Verfügungen, soweit sie die Verwaltung und die Beamten betreffen. Verfügungen vorgesetzter Behörden, die ohne seine Vermittelung bei der Gefängnissverwaltung eingehen, sind sofort zu seiner Kenntniss zu bringen; Beschwerden der Beamten und Gefangenen über die Verwaltung sind an ihn zu richten.

Die Aufsichtsbehörde lässt die Anstalten mindestens alle Vierteljahre einmal besichtigen.

Auch den gerichtlichen und kirchlichen Behörden ist in der gedachten Dienstordnung eine Antheilnahme an der Aufsicht gesichert.

Der Oberlandesgerichtspräsident und der Oberstaatsanwalt haben das Recht, die im Bezirke des Oberlandesgerichts belegenen Strafanstalten und Gefängnisse der Verwaltung des Innern zu besichtigen und namentlich sich davon zu überzeugen, dass im Strafvollzuge und in der Behandlung der Gefangenen die gesetzlichen Vorschriften beachtet werden. Zu dem Zwecke ist ihnen auf Verlangen jeder Raum der Anstalt zu zeigen, jeder Gefangene vorzuführen und jede gewünschte Auskunft zu geben. Auf ihr Ersuchen hat der Regierungspräsident einen Kommissar zum Zwecke einer gemeinschaftlichen Besichtigung zu bestellen.

Etwaige Ausstellungen werden sie der Aufsichtsbehörde zur Untersuchung und Abhülfe mittheilen.

Gottesdienste, Seelsorge und der von den Geistlichen ertheilte Religionsunterricht für die christlichen Gefangenen werden ausschliesslich durch den zuständigen Superintendenten (Erzpriester, Dechanten) alljährlich, durch einen Kommissar des Konsistoriums oder des Bischofs alle zwei bis drei Jahre geprüft. Die geistlichen Behörden werden die Zeit dieser Prüfung rechtzeitig der Aufsichtsbehörde mittheilen, damit sie einen Kommissar abordnen kann. Das Ergebniss der Prüfung werden die geistlichen Behörden der Aufsichtsbehörde mittheilen.

Beamtenorganisation.

a) Oberbeamte.

§ 218. 37 der Anstalten werden von Direktoren geleitet, 15 von Vorstehern mit dem Titel Oberinspektor; unter ihnen führen Inspektoren die Verwaltung der Kasse, der Oekonomie, des Arbeitsbetriebes (im Ganzen giebt es 115, in den meisten Anstalten sind 2—3 thätig); Sekretäre (60) und Assistenten (13) erledigen die Bureauarbeiten. An Schreibern sind 39 thätig.

Zur Abhaltung der Gottesdienste und Wahrnehmung der Seelsorge an den Gefangenen der christlichen Konfessionen sind an jeder Anstalt Geistliche meist im Hauptamte angestellt; im Nebenamte nur dann, wenn die Zahl der Gefangenen ihrer Konfession zu gering ist, um einen Geistlichen im Hauptamte zu beschäftigen. Die meisten Anstalten haben einen Geistlichen, einige zwei.

Seelsorge und Gottesdienst bei den jüdischen Gefangenen wird von Rabbinern im Nebenamte wahrgenommen, wenn deren Zahl im Durchschnitt 10 und mehr beträgt.

Jede Anstalt hat einen Arzt, sechs Anstalten haben zwei Aerzte zur Behandlung der Kranken und Ueberwachung der hygienischen Einrichtungen. Die Aerzte sind im Nebenamte angestellt; vorzugsweise werden dazu Medizinalbeamte (Kreisärzte, Amtsärzte) genommen.

Zur Ertheilung des Unterrichts und Verwaltung der Bibliothek der Gefangenen, Leitung des Gesanges beim Gottesdienste, hat jede Anstalt einen oder mehrere Lehrer (Schulunterricht: Min.-Erl. vom 26. Juni 1896).

Die Oberbeamten treten wöchentlich mindestens zwei Mal zu einer Konferenz zusammen, um über die Angelegenheiten der Anstalt zu berathen (Erl. v. 9. März 1895 II. S. J. 632).

b) Unterbeamte.

In der Regel wird auf je 20 Gefangene ein Aufseher (Aufseherin) gewährt (im Ganzen gab es 1902 1338 Aufseher, an den einzelnen

Anstalten meist 20—40, Aufseherinnen 192); der Aufsichtsdienst wird überwacht von dem Oberaufseher (Oberaufseherin). Jede Anstalt hat einen Hausvater (Hausmutter), denen die Verwaltung der Kleidung, Lagerung, des Inventars obliegt. In kleineren Anstalten ist das Amt eines Oberaufsehers (Oberaufseherin) und des Hausvaters (Hausmutter) vereinigt. Zur Leitung des Arbeitsbetriebes ist dem Arbeitsinspektor ein Werkmeister (in einigen Anstalten zwei) beigegeben. Hat eine Anstalt maschinelle Anlagen, so ist zu deren Leitung und Ueberwachung ein Maschinenwärter angestellt (im Ganzen an 15 Anstallten). Zum Betriebe einzelner Handwerke für Rechnung der Anstalt werden besondere Werkmeister gegen Lohn angenommen, die den Charakter als Hülfsbeamte haben. Zur Aushülfe bei der Bewältigung des Schreibwerks werden in den meisten Anstalten noch Gefangene verwendet; diese Einrichtung wird beseitigt durch Einschränkung des Schriftwerkes und Annahme von Lohnschreibern.

Vorbildung.

§ 219. Von den Vorbedingungen zur Anstellung handeln die §§ 49—53 der Dienstordnung vom 14. Nov. 1902.

a) Oberbeamte.

Die Direktoren, Vorsteher, Inspektoren, Sekretäre, Assistenten, Hausväter, Oberaufseher, Aufseher, sind mit wenigen Ausnahmen aus dem Militärstande hervorgegangen. Die Vorbildung der Beamten geschieht im praktischen Dienste; es wird kein Beamter angestellt, der sich nicht zuvor in einer längeren Probedienstzeit die erforderlichen Kenntnisse angeeignet und sich als brauchbar bewährt hat.

Inspektoren, Sekretäre und Assistenten müssen Militäranwärter oder zum Subalterndienst befähigt, vollkommen gesund und körperlich kräftig sein, sie sollen beim Dienstantritte das 26. Lebensjahr vollendet und das 40. nicht überschritten haben.

Den Weiberabtheilungen der Gefängnisse zu Siegburg, Breslau, Cöln, Kottbus und Halle a./S. steht unter Leitung des Direktors eine Oberin vor; den Unterricht ertheilt eine Lehrerin, die zugleich in der Verwaltung mit verwendet wird; statt der männlichen Oberbeamten sind Buchhalterinnen angestellt. Diese Einrichtung hat sich bewährt; ihre Ausdehnung auf die anderen Weibergefängnisse ist in Aussicht genommen.

b) Unterbeamte.

In die Stellen der männlichen Unterbeamten sind Militäranwärter nach Massgabe der Grundsätze für die Besetzung der Subaltern- und Unterbeamtenstellen mit Militäranwärtern vom 10. Sept. 1882 und den dazu ergangenen Ausführungsbestimmungen zu berufen.

Als Vorbedingung für die Bewerber um Aufseherstellen gilt: 1. vollständige Gesundheit, körperliche Rüstigkeit und Gewandtheit; 2. ein Lebensalter von nicht unter 25 und nicht über 35 Jahren; 3. eine mindestens zweijährige aktive Militärdienstzeit; 4. eine gute Volksschulbildung.

Aus den tüchtigen Aufsehern rekrutiren sich die Hausväter und Oberaufseher.

Als weibliche Unterbeamte werden nur angestellt Unverheirathete oder Wittwen im Alter von 25—35 Jahren, die vollständig gesund sind, eine gute Volksschulbildung haben und in einer sechsmonatigen Probedienstleistung die Befähigung dargethan haben.

In den Weibergefängnissen sind ausser dem Pförtner nur weibliche Unterbeamte angestellt.

Anstellung.

§ 220. Die Anstellung der Oberbeamten, — Aerzte, nebenamtlich beschäftigte Geistliche und Lehrer ausgenommen — der Hausväter, Oberaufseher, Hausmütter und Oberaufseherinnen erfolgt nach Ablauf der etwa angeordneten Probedienstzeit auf Lebenszeit.

Maschinenmeister, Werkmeister und Werkmeisterinnen, sowie die ersten zweidrittel der Zahl der etatsmässigen Aufseher und Aufseherinnen können auf Lebenszeit angestellt werden, wenn sie fünf Jahre in der Strafanstaltsverwaltung zur Zufriedenheit gedient haben. Die übrigen etatsmässigen Aufseher und weiblichen Unterbeamten stehen auf dreimonatliche Kündigung; mit den nebenamtlich beschäftigten Beamten ist eine besondere Kündigungsfrist zu vereinbaren, die in der Regel drei Monate nicht übersteigen soll.

Hülfsbeamte zu dauernder Verstärkung der Beamtenschaft, sowie zur zeitweisen Vertretung eines Oberbeamten können nur mit Genehmigung des Ministers angenommen werden.

Hülfsaufseher und Hülfsaufseherinnen können vom Vorsteher gegen ein von der Aufsichtsbehörde nach dem Erlasse vom 21. Juni 1876 festzusetzendes Tagegeld vorübergehend angenommen werden: a) zur Vertretung erkrankter Unterbeamter, b) in besonderen Fällen mit nachträglicher Genehmigung der Aufsichtsbehörde, c) mit Genehmigung des Ministers zur Dienstleistung in der Feldwirthschaft oder beim Arbeitsbetriebe.

Hülfsbeamte sind nur mit der Bedingung einzustellen, dass sie jederzeit entlassen werden können.

Amtsuniform.

§ 221. Die Direktoren und Inspektoren sind zum Tragen der Amtsuniform berechtigt aber nicht verpflichtet; die Unterbeamten dagegen sind verpflichtet, im Dienste Uniform zu tragen.

Die Beamten haben sich die Dienstkleidung selbst zu beschaffen, sie muss stets in gutem Zustande und sauber sein. Die Verwaltung liefert den Aufsehern die Seitengewehre und die Schutzwaffen sowie Mäntel den Unterbeamten, die zum Nachtdienst, Pförtnerdienst, Beaufsichtigung im Freien bestimmt sind.

Rangverhältnisse.

§ 222. Die Direktoren und Geistlichen haben den Rang der V. Rangklasse, die Inspektoren (Oberinspektoren), Sekretäre, Oberinnen, Buchhalterinnen den Rang der Subalternbeamten der Lokalbehörden.

Besoldungsverhältnisse s. §§ 234 ff.

§ 223. Pension, Reliktengelder etc. richten sich nach den allgemeinen Grundsätzen für unmittelbare Staatsbeamte.

Etatsmässige Behandlung.

§ 224. Strafanstalten, Gefängnisse und Kantongefängnisse werden unter dem Abschnitte „Strafanstaltsverwaltung" gemeinsam in Kap. 31 Tit. 6 der Einnahme und Kap. 96 der Ausgabe des Etats des Ministeriums des Innern behandelt.

Endlich stehen unter diesem Abschnitte aber auch 6 Erziehungsanstalten für Jugendliche (Steinfeld, Gräfrath, St. Martin zu Boppard, Wabern, Hardehausen und Conradshammer bei Oliva) aufgeführt; es handelt sich dabei um Jugendliche im Alter von 12 bis 18 Jahren, die nach § 56 des Reichsstrafgesetzbuches vom Richter wegen mangelnder Einsicht freigesprochen und der Verwaltung zur Unterbringung in eine Erziehungsanstalt überwiesen sind (§§ 216 und 251).

Die der Justizverwaltung unterstehenden Gefangenenanstalten stehen auf dem Justizetat und werden in Band II Buch IX Erörterung finden.

Da die Gefängnisse und Strafanstalten, wie auch die Kantongefängnisse — soweit sie nicht den Gemeinden gehören und vom Staate nur mitbenutzt werden — und die 6 Zwangserziehungsanstalten sämmtlich stationes fisci sind, also keine juristische Persönlichkeit besitzen, so gehen ihre sämmtlichen Einnahmen und Ausgaben durch den Staatshaushaltsetat.

Indem der Etat nur die Gesammtsumme der Einnahmen, und bei den Ausgaben nur den Gesammtbetrag der einzelnen Titel enthält, ist aus ihm selbst die Vertheilung dieser Posten auf die einzelnen Anstalten nicht ersichtlich. Doch wird im Ministerium des Innern alljährlich eine eingehende amtliche Statistik herausgegeben, die die Zahlen für die einzelnen Anstalten, allerdings nur nach der letztabgelaufenen Rechnung enthält, auch nicht nach den Etatstiteln eingetheilt ist.

Wir haben daher eine den Akten des Ministeriums des Innern entnommene Uebersicht in Anlage LXXXIX gegeben, aus welcher zu ersehen ist, wie sich die für 1903 im Etat angegebenen etatsmässigen Einnahme- und Ausgabe-Gesammtziffern nach den einzelnen Etatstiteln auf die verschiedenen Anstalten für dieses Jahr vertheilen.

Die Festsetzung der Anstaltsetats erfolgt durch den Minister des Innern im Einvernehmen mit dem Finanzminister. Die Etats dürfen ohne seine Genehmigung nicht abgeändert oder überschritten werden. Seine Entscheidung ist stets einzuholen in denjenigen Fällen, welche nicht aus dem Gesetz, aus den allgemeinen Verordnungen, aus dieser Dienstordnung und deren Ergänzungen zu erledigen sind.

Einnahmen (Kap. 31 Tit. 6).

§ 225. Der bei weitem überwiegende Theil der Einnahmen bei den Strafanstalten und Gefängnissen besteht aus dem Ertrage der Gefangenenarbeit; über diese wird in §§ 228 ff. des Näheren gehandelt werden.

Als weitere, indessen bei Weitem weniger ins Gewicht fallende Einnahmequellen kommen in Betracht die folgenden Einnahmen.

Aus der Feld-, Garten- und Viehnutzung.

Die Höhe der in Betracht kommenden Summen ist für 1901 aus Anl. LXXXV u. LXXXVI des Näheren ersichtlich. Darnach kamen aus Feld- und Viehwirthschaft an Reingewinn ein im Jahre 1901 bei den Strafanstalten 82 379 M., bei den Gefängnissen 16 313 M., zusammen 98 692 M.

In früheren Jahren kamen aus dieser Quelle auf

1894/95 . . .	115 892 M.	+	25 154 M.	=	141 046 M.
1895/96 . . .	85 546 „	+	20 605 „	=	106 151 „
1896/97 . . .	88 108 „	+	21 343 „	=	109 451 „
1897/98 . . .	74 123 „	+	19 674 „	=	93 797 „
1898/99 . . .	72 353 „	+	19 468 „	=	91 821 „
1899	82 898 „	+	20 720 „	=	103 618 „
1900	100 794 „	+	22 784 „	=	123 578 „
1901	82 379 „	+	16 313 „	=	98 692 „

Die Erträge sind also im Allgemeinen etwas zurückgegangen.

Viehwirthschaft haben gegenwärtig folgende 10 Anstalten: Wartenburg, Insterburg, Moabit, Sonnenburg, Cottbus, Naugard, Lichtenburg, Rendsburg, Cassel-Welheiden, Siegburg (Bückberg). 1894/95 hatten auch die Anstalten Brandenburg, Luckau, Rawitsch, Ratibor, Ziegenhain noch Viehwirthschaft. Doch ist diese dort inzwischen weggefallen, weil sich ihre Beibehaltung als den Interessen des Strafvollzugs nicht förderlich erwies. Landwirthschaft soll überhaupt in Zukunft nur insoweit betrieben werden, als eine Bearbeitung des Landes mit dem Spaten erfolgen kann. Nur dann kann sie als ein indirektes Mittel zur Besserung der Gefangenen angesehen werden (Min.-Erl. v. 14. Jan. 1895, Verordn.-Bl. S. 1).

Der Gesammtwerth des Viehbestands betrug Ende 1894/95 83 688 M., 1901 44 307 M. (davon Naugard 11 500 M., Sonnenburg 8431 M., Cassel 7500 M. u. s. w.). Die Einnahmen aus Vieh, Viehprodukten etc. betrugen 1894/95 197 362 M., 1901 nur noch 93 099 M. (davon 17 863 M. Sonnenburg, 13 317 M. Naugard, 11 170 M. Cassel-Welheiden, 9946 M. Rendsburg, 7359 M. Lichtenburg u. s. w.). Die Ausgaben betrugen 80 126 M., der Reinüberschuss also 12 973 M. (davon Naugard 6772 M., Cassel, Rendsburg etwa 2000 M. u. s. w.). Mit Verlust arbeitete nur Cottbus (2084 M.).

Im Jahre 1894/95 betrug der Ueberschuss aus der Viehwirthschaft noch 31 614 M. Bei dem Rückgang des Reinüberschusses ist aber noch hervorzuheben, dass 1894/95 noch 9334 M. an Arbeitslöhnen der Gefangenen à 40 Pfg. pro Kopf und Tag in Abzug von den Einnahmen gebracht sind. Geschieht ein Gleiches für 1901, so erhöht sich hier die Ausgabe für Feld-, Garten- und Viehwirthschaft um 43 719 M., der Ueberschuss verringert sich von 98 692 auf 54 973 M. (vgl. Anl. LXXXV und LXXXVI Spalte 7).

§ 226. Die ferneren Einnahmeposten sind nach den Anstaltsetats: Einnahmen aus dem Bäckereibetrieb, sodann Versicherungsgebühren, Einnahmequellen, die aber finanziell nicht erheblich in Betracht fallen.

Die Versicherungsgebühren erscheinen erst seit 1899 auf dem Etat, wo sie mit 20 127 M. eingestellt wurden. Sie werden mit 0,5 Pfg. für den Kopf und Arbeitstag der Gefangenen, zu deren Zahlung seit dem 1. April 1898 bei Vertragsabschlüssen oder sonstigen Vereinbarungen über Gefangenenbeschäftigung die als Arbeitgeber zugelassenen Privatunternehmer zur Gewinnung eines Fonds zur Fürsorge für unfallverletzte Gefangene oder deren Hinterbliebene verpflichtet werden, erhoben. Dieser Einnahmequelle, die übrigens geringer wird, je mehr die Staatsarbeit an Stelle der Unternehmerarbeit tritt, entspricht Kap. 96 Tit. 10b der Ausgabe (§ 244).

§ 227. Unter Titel Insgemein der Anstaltsetats werden endlich verrechnet Einnahmen aus dem Nachlasse verstorbener oder entwichener Gefangenen (Arbeitsprämie, Erlös für Kleidung etc.), aus der Verwerthung der Küchenabgänge und des Düngers, aus dem Verkauf abgenutzter oder für die Verwaltung nicht mehr brauchbarer Gegenstände, an erstatteten Haftkosten, an sonstigen Einnahmen.

Bis 1902 wurden unter Insgemein auch noch die Einnahmen aus den sog. Zinsenfonds verrechnet.

In den bei den Strafanstalten und grösseren Gefängnissen der Verwaltung des Innern bestehenden Extrakassen wurden nämlich bis zu jenem Jahre die den Gefangenen aus dem Arbeitsverdienst während ihrer Strafzeit bewilligten Beträge (s. § 243), soweit sie noch nicht fällig waren, alljährlich zinsbar belegt. Die Zinsen dieser Beträge bildeten einen besonderen Bestandtheil der Extrakasse, den Zinsenfonds, der vornehmlich zur Unterstützung von entlassenen Gefangenen behufs besserer Erlangung eines ehrlichen Fortkommens, sowie zur Bewilligung von Beihülfen an Gefängnissvereine diente. Mit Rücksicht auf die Bestimmung unter § 14 Abs. 1 des Staatshaushaltsges. v. 11. Mai 1898 (G.-S. S. 77) liess es sich fernerhin nicht rechtfertigen, die aus den Verwaltungskassen der Anstalten den Gefangenen zu gewährenden Beträge in einem Etatsjahre zur Extrakasse fliessen zu lassen, in dem sie noch nicht fällig sind, da der grösste Theil der Gefangenen, namentlich der Zuchthausgefangenen, nicht in demselben Etatsjahre zur Entlassung kommt, in dem die Arbeitsbelohnung zur Extrakasse vereinnahmt wird. Unter diesen Umständen sind die Extrakassen im Jahr 1902 aufgelöst und ihre Bestände, wie sie sich am 31. März 1902 ergeben, zur Staatskasse eingezogen worden, wodurch im Ganzen an Einnahmen aus dem Zinsenfonds 53 200 M. fortfielen (vgl. auch § 246).

Ertrag aus der Gefangenenarbeit.

§ 228. Die Beschäftigung der Gefangenen ist eines der wichtigsten Erziehungs- und Besserungsmittel, wenngleich der Arbeitsertrag natürlich zugleich auch fiskalischen Zwecken, der Deckung eines Theiles der Strafanstaltskosten, dient. Eine gewisse Quote fliesst aber auch den Gefangenen zu und soll — abgesehen von dem in § 243 gedachten Zwecke — vor Allem zur Ansammlung eines Spargroschens dienen, welcher es dem Gefangenen nach verbüsster Strafe erleichtert, für sein weiteres Fortkommen zu sorgen (s. § 246).

In neuerer Zeit ist aus gewerklichen und industriellen Kreisen vielfach die Klage laut geworden, dass durch die wohlfeile Zuchthausarbeit den Gewerbetreibenden eine unbillige Konkurrenz erzeugt werde.

Die Strafanstaltsverwaltung des Innern ist daher im Laufe der letzten Dezennien mehr und mehr dazu übergegangen, der Beschäftigung der Gefangenen für staatliche Verwaltungen gegenüber der Beschäftigung im Auftrage von Privatunternehmungen den Vorzug zu geben. So betrug die Zahl der für Unternehmer beschäftigten Arbeiter 1869 73 pCt., 1895 52 pCt., 1898 45,7 pCt., 1899 40,7 pCt., 1900 44,4 pCt., 1901 nur noch 37 pCt.

Im Uebrigen wird auch darauf gehalten, dass nicht einzelnen Unternehmern eine zu grosse Anzahl von Gefangenen überlassen wird und dass nicht in einzelnen Industrien eine im Verhältniss zur Zahl der darin thätigen freien Arbeiter unverhältnissmässig grosse Zahl von Gefangenen beschäftigt wird.

§ 229. Die jetzt allgemein geltenden Grundsätze für die Beschäftigung der Gefangenen sind im Wesentlichen folgende:

1. Alle Bedürfnisse sowohl der einzelnen Anstalten als der gesammten Gefängnissverwaltung sind, soweit irgend möglich, durch Arbeit der Gefangenen zu befriedigen.

Alle Hausarbeit in den einzelnen Anstalten wird durch Gefangene verrichtet; die Herstellung der Kleidungs-, Lagerungs- und sonstigen Bedarfsgegenstände geschieht durch Gefangene; in den Anstalten zu Wartenburg, Insterburg, Sonnenburg, Naugard, Ratibor, Halle, Rendsburg, Lichtenburg und Celle sind Webereien eingerichtet zur Anfertigung der Gewebe für Bekleidung und Lagerung Die baulichen Reparaturen, grössere Umbauten und Ergänzungsbauten sind durch Gefangene auszuführen; bei Neubauten werden sie zur Ausführung der Erdarbeiten, zum Bau einzelner Gebäude und zur Anfertigung sämmtlicher Gebrauchsgegenstände verwendet, so bei den Anstaltsbauten zu Cöln, Wittlich, Münster, Insterburg, Rendsburg, Halle, Anrath und Luckau, bei Umbau und Unterhaltungsarbeiten in den rheinischen Kantongefängnissen Insbesondere werden die Gefangenen verwendet zum Bau von Dienstwohnungen für Beamte, namentlich Unterbeamte. Dadurch wird es ermöglicht, dass das auf diese Bauten verwendete Kapital sich durch die ersparte Miethsentschädigung auf $2^3/_4$—$3^1/_2$ pCt. verzinst. (Die Verwendung der Gefangenen zu Bauarbeiten ist im Einverständniss mit dem Herrn Minister der öffentlichen Arbeiten durch die Erlasse v. 31. Okt. 1898 und v. 22. Febr. 1901, Verordnungsbl. für die Strafanstaltsverw. S. 103 ff. für 1898 und S. 15 für 1901 geregelt.)

2. Die Herstellung von Gebrauchsgegenständen für Reichs- und Staatsbehörden wird möglichst gefördert, sie gewinnt mit jedem Jahre grössere Ausdehnung.

3. Zu landwirthschaftlichen Kulturarbeiten für Staats- und Kommunalverwaltungen, sowie für Private können Zuchthausgefangene verwendet werden, wenn dieselben mindestens ein Jahr ihrer Strafe verbüsst, sich gut geführt haben und der Strafrest nicht mehr als ein Jahr, ausnahmsweise zwei Jahre, beträgt; Gefängnissgefangene mit ihrer Zustimmung, wenn sie sechs Monate, ausnahmsweise drei Monate, ihrer Strafe verbüsst, sich gut geführt haben, und wenn der Strafrest nicht mehr als zwei Jahre beträgt. Zuchthaus- und Gefängnissgefangene dürfen nicht zusammen arbeiten; von freien Arbeitern müssen sie getrennt gehalten werden. Um eine Schädigung der freien Arbeiter zu verhindern, darf diese Verwendung von Gefangenen nur dann stattfinden, wenn die Arbeiten unterbleiben würden, weil freie Arbeiter nicht dafür zu haben sind oder die hohen Löhne der freien Arbeiter die Anlage unrentabel machen. Unter den gleichen Voraussetzungen können nach dem Erl. v. 30. Juni 1900 (Verordnungsbl. für die Strafanstaltsverw. S. 73) Gefangene auch zu landwirthschaftlichen Arbeiten gestellt werden, besonders bei der Entwässerung und Kultivirung von Mooren (s. Bd. II Buch II § 187 ff.), grösseren Meliorationen und Regulirungen. 1901 wurden etwa 2300 Gefangene in dieser Weise beschäftigt.

Im Jahre 1901 waren beschäftigt

	in den Strafanstalten Männer	in den Strafanstalten Weiber	in den Gefängnissen Männer	in den Gefängnissen Weiber
für die eigene Anstalt . .	3450	304	1837	393
für andere Anstalten . .	315	124	23	7
für sonstige Reichs- und Staatsbehörden	3315	417	1377	174
für Beamte	177	16	78	4
für Fremde	242	69	428	119
im Unternehmerbetriebe .	4426	688	2887	155
für Landeskulturarbeiten .	708	25	703	—
Summe . .	12633	1643	7333	852

§ 230. Für die Arbeiten in der eigenen Hauswirthschaft und Oekonomie der Anstalten werden Löhne nicht in Rechnung gestellt. Bei den Arbeiten für die allgemeine Gefängnissverwaltung, sowie für die Staats- und Reichsbehörden, wird der Preisberechnung ein Lohnsatz von nur 40 Pfg. für den Kopf und Arbeitstag zu Grunde gelegt. Bei diesem Lohnsatze, der hinter dem von den Unternehmern gezahlten (über 1 Mark) erheblich zurückbleibt, muss der Geldertrag, den die Gefängnissverwaltung aus dem Arbeitsbetriebe nachweist, sinken, je weiter die Arbeit für Staatsbehörden ausgedehnt wird. Der volle Werth der Gefangenenarbeit kommt jedoch der gesammten Staatsverwaltung zu Gute.

In Folge der Zunahme der Beschäftigung für staatliche Verwaltungen u. s. w. ist der Arbeitsertrag in der letzten Zeit im Vergleich mit früheren Jahren denn auch namhaft gesunken.

Der Gesammtbrutto- und -nettoertrag der Arbeit betrug in Mark:

		bei den Strafanstalten	bei den Gefängnissen
1894/95	a) brutto	3 703 728	757 401
	b) netto	2 400 743	549 575
1895/96	a) brutto	3 670 661	878 365
	b) netto	2 368 570	564 649
1896/97	a) brutto	3 790 511	1 033 458
	b) netto	2 271 172	583 417
1897/98	a) brutto	3 641 358	1 042 215
	b) netto	2 079 898	609 816
1898/99	a) brutto	3 624 422	1 213 760
	b) netto	2 011 414	541 007
1899	a) brutto	3 497 104	1 306 605
	b) netto	1 920 157	634 100
1900	a) brutto	3 491 500	1 473 198
	b) netto	1 741 684	670 071
1901	a) brutto	3 526 498	1 636 040
	b) netto	1 685 808	730 571

Der Arbeitsreinertrag für 1901 nach seinem Ursprung vertheilte sich wie folgt:

	in den Strafanstalten M.	in den Gefängnissen M.
Aus den Betrieben für Reichs- und Staatsbehörden	614 227	186 019
Aus dem Unternehmerbetriebe	994 230	449 013
Aus den Landeskulturarbeiten	77 351	95 539
Summa	1 685 808	730 571
	2 416 379	

Per Kopf und Tag betrug der Reinertrag aus der Arbeit — Rohertrag nach Abzug von Verwaltungsausgaben und Arbeitsprämien — in Pfennigen 1894/95 bei den Strafanstalten 40, bei den Gefängnissen 28, 1895/96 40 bezw. 28, 1896/97 40 bezw. 28, 1897/98[1]) 39[2]) bezw. 29, 1898/99 39 bezw. 30, 1899 36 bezw. 31, 1900 35 bezw. 27, 1901 32 bezw. 27.

§ 231. Der Rückgang des Ertrages aus der Gefangenenarbeit verbunden mit demjenigen des Ertrages aus der Viehwirthschaft (s. § 225) hat natürlich einen Rückgang der Gesammteinnahmen zur Folge, während die Ausgaben fortgesetzt erheblich steigen. Von Mitte der 90er Jahre ab gehen die Einnahmen absolut herab (§ 232). Aus den Ziffern der Anl. XC geht aber auch ein stärkerer relativer Rückgang hervor. Danach sanken die gesammten Einnahmen der Verwaltung von 1894/95 bis 1901 per Kopf und Tag bei den Strafanstalten und Gefängnissen von 30,7 M. auf 26,6 M., während die Ausgaben von 85,4 M. auf 98,8 M. stiegen.

Der staatliche Unterhaltungszuschuss stieg von 54,7 M. pro Tag und Kopf auf 72,2 M. pro Tag und Kopf.

Trennt man die Strafanstalten von den Gefängnissanstalten, so stellen sich (nach Anl. XC) die Ziffern für jene noch ungünstiger, für letztere dagegen günstiger (wie dies übrigens auch aus den in § 230 gegebenen Zahlenreihen hervortritt). Der Grund dieser Erscheinung ist lediglich darin zu suchen, dass es sich bei den Gefängnissgefangenen mehr um mit kurzzeitigen Strafen belegte Sträflinge handelt, bei denen eine Beschäftigung durch Unternehmer mehr am Platze ist, als bei den für lange Zeit detinirten.

Entwickelung des Kap. 31 Tit. 6 der Einnahme.

§ 232. Vergleicht man die Entwickelung des Fonds Kap. 31 Tit. 6 mit denen früherer Jahre (Anl. LXXXI S. 272—275), so zeigt sich, dass die Höhe derselben in den 70er und 90er Jahren zwischen 2 und 3 Mill. M. schwankte, doch geht seit 1895/96 bis 1898/99 der Ertrag ständig zurück (3 151 499 M., 3 136 777 M., 2 986 189 M., 2 974 938 Mark). Plötzlich tritt dann eine starke Steigerung für 1899 auf 5 954 009 Mark hervor, während die nächsten Jahre wieder eine langsame Verminderung bis auf 5 564 730 M. für 1903 bringen.

[1]) Seit 1897/98 unter Berücksichtigung des Mehr- bezw. Minderwerths der Bestände.
[2]) In der Statistik steht 35, das ist aber ein Druckfehler.

Diese Steigerung für 1899 hat indess lediglich eine formale Ursache, eine thatsächliche Ertragssteigerung bedeutet sie nicht. Der Grund lag nämlich, wie bereits in § 4 hervorgehoben, lediglich darin, dass nicht mehr, wie bis dahin, bloss der Reinertrag der Gefangenenarbeit nach Abzug der Betriebskosten eingestellt wurde, sondern der Bruttoertrag. Dafür erschienen von nun an die Betriebskosten in der Ausgabe. Einer Einnahmesteigerung von annähernd 3 Mill. M. traten bei Kap. 96 Tit. 8 2 550 358 M. Betriebskosten und bei dem neugeschaffenen Tit. 10a 494 044 M. Arbeitsprämien sowie bei Tit. 10b 20 127 M. Unterstützungsgelder — (s. diese Titel in §§ 243 und 244) — also ein ungefähr gleich hoher Betrag in Ausgabe gegenüber.

Laufende Ausgaben. (Kap. 96.)

§ 233. Der starken Steigerung der laufenden Ausgaben und ihrer Gründe ist im Allgemeinen bereits in § 4 Erwähnung geschehen. Es erübrigt daher, auf die einzelnen Hauptausgabetitel und ihre Entwickelung näher einzugehen.

Besoldungen. (Kap. 96 Tit. 1 und 2.)

§ 234. Die Besoldungsregelung hat sich im Wesentlichen den allgemeinen Besoldungsverbesserungen angeschlossen (1872 Allgemeine Besoldungsaufbesserung), 1890/91 (Aufbesserung der Unterbeamten), 1897/98 (Aufbesserung der höheren und mittleren Beamten).

Zusammenstellung über die allmälige Steigerung der Gehälter seit 1871.

Beamte	1903 M.	1896/97 M.	1885/86 M.	1871 M.
(1) Direktor (Moabit) . . .	6 000	3 600—4 800	seit Anfang und Mitte d. 70er J.	2 700—3 300
Direktoren von Strafanstalten			3 600—4 800	
und Gefängnissen	3 600—6 000		—	
„ d. Erziehungsanstalten	3 000—4 200	3 000 bzw. 3 600	— [2])	
Geistliche	2 400—4 800	2 400—3 600	2 400—3 600	1 800—2 400
Inspektoren	2 100—3 800[1])	2 100—3 300[1])	2 100—3 300[1])[2])	1 800—2 100[1])
Sekretäre	1 500—2 700	1 800—2 100	1 800—2 100	1 650—1 800
Lehrer		1 500—2 100[2])	1 500—2 100[2])	1 050—1 350
Oberinnen	2 700	—	—	—
Buchhalterinnen	1 200—2 200	—	—	—
Lehrerinnen		1 200—1 800[2])	—	—
Hausväter	1 200—1 800	1 200—1 800 (seit 1890/91[2])	1 200—1 600[2])	1 050—1 200
Verwalter			—	—
Maschinenwärter			1 200—1 500	—
Oberaufseher		1 200—1 600	1 200—1 350[2])	—
Werkmeister			—	900—1 050
Aufseher	900—1 500	900—1 500 (seit 90/91)[2])	900—1 200[2])	750—900
Oberaufseherinnen, Hausmütter, Werkmeisterinnen,			durchschn. 780	—
Aufseherinnen	700—1 000	700—900	660—900[2])	540—600

[1]) Diejenigen, welche an kleineren Anstalten zugleich das Amt des Vorstehers verwalten, beziehen 300 M. pensionsfähige Funktionszulage (1903: 15).

[2]) Dazu kommen noch einzelne Sondergehälter.

§ 235. Seit den 90er Jahren sind die Besoldungen besonders der mittleren und Unterbeamten an allen Anstaltsarten einheitlich gestaltet, was früher nicht der Fall war, wo besonders für die Jugenderziehungsanstalten (§§ 234, 251) mehrfach Sondergehälter bestanden.

Soweit nicht Einzelgehälter bestehen, werden allen Beamten Dienstaltersstufen gewährt. Sie sind aber für die verschiedenen Beamten verschieden normirt. Die gegenwärtigen Verhältnisse ergiebt folgende Tabelle.

Beamte	Gehalt M.	Aufsteigefrist zum Höchstgehalt	Es wird bezogen in der Stufe 1	2	3	4	5	6	7	8
			Mark							
Direktoren	3 600—6 000	15	3 600	4 100	4 600	5 100	5 600	6 000	—	—
4 Direktoren . . .	3 000—4 200	12	3 000	3 300	3 600	3 900	4 200	—	—	—
Geistliche	2 400—4 800	12	2 400	3 000	3 600	4 200	4 800	—	—	—
Inspektoren	2 100—3 800	18	2 100	2 400	2 700	3 000	3 300	3 600	3 800	—
Sekretäre und Lehrer	1 500—2 700	18	1 500	1 700	1 900	2 100	2 300	2 500	2 700	—
Buchhalterinnen und Lehrerinnen . . .	1 200—2 200	15	1 200	1 400	1 600	1 800	2 000	2 200	—	—
Hausväter u. s. w. . .	1 200—1 800	21	1 200	1 300	1 400	1 480	1 560	1 640	1 720	1 800
Aufseher, Oberaufseherinnen u. s. w. . .	900—1 500	18	900	1 000	1 100	1 200	1 300	1 400	1 500	—
Aufseherinnen . . .	700—1 000	12	700	775	850	925	1 000	—	—	—

Ausser einigen künftig wegfallenden Funktionszulagen werden nur an Unterbeamte noch Stellenzulagen bis 200 bezw. 150 M. aus Kap. 96 Tit. 5 nach allgemeinen Grundsätzen gewährt.

Ueber Stellenzulagen bestimmt § 63 der Dienstordnung von 1902:

1. Neben den Gehältern werden den Unterbeamten Stellenzulagen gewährt. Die höheren Stellenzulagen sind denjenigen Dienststellen zuzuwenden, deren Wahrnehmung wegen des Umfanges und der Art der Obliegenheiten besonders gefährlich, verantwortungsvoll und schwierig ist (z. B. Dienst in der Irrenabtheilung, im Lazareth, in der Abtheilung für Jugendliche, in der Centralhalle). Auch solche Aufseher sind zu berücksichtigen, die keine Dienstwohnung haben, oder die einen, ihre Miethsentschädigung übersteigenden Betrag an Miethe zahlen müssen.

2. Der Minister bestimmt für jede Anstalt die Zahl und die Höhe der zu gewährenden Zulagen, die Aufsichtsbehörde setzt jährlich die Beamten und Dienststellen fest, denen sie zu gewähren sind.

3. Die Stellenzulagen sind nur für die Dauer der Bekleidung des Amtes, und zwar als nicht pensionsfähig und nur auf Widerruf zu gewähren. Diese Beschränkungen sind in der Bewilligungsverfügung zum Ausdruck zu bringen.

§ 236. Die Grundsätze über Wohnungsgeldzuschüsse (Kap. 96 Tit. 3) sind die allgemeinen für die unmittelbaren Staatsbeamten. Der in Kap. 96 Tit. 3 eingestellte Betrag ist aber aus folgenden Gründen für eine so grosse Verwaltung verhältnissmässig gering.

Im Jahre 1903 hatten sämmtliche Direktoren freie Dienstwohnung; die Geistlichen, die Inspektoren und die Oberinnen erhalten freie

Dienstwohnung oder Miethsentschädigung nach den unten bemerkten Sätzen. 41 Direktoren, 24 Geistliche, 90 Inspektoren und Anstaltsvorsteher, sowie 8 Oberinnen haben freie Dienstwohnung, ebenso haben 24 Sekretäre, 26 Lehrer, 4 Buchhalterinnen und 3 Lehrerinnen Dienstwohnung.

Die Unterbeamten erhalten freie Dienstwohnung oder Miethsentschädigung nach den unten bemerkten Sätzen. 734 Unterbeamte haben freie Dienstwohnung.

Die oben erwähnten Miethsentschädigungen werden aus Kap. 96 Tit. 5 gewährt nach folgenden Sätzen:

Servisklasse:	für Geistliche:	für Inspektoren und Oberinnen:	für Unterbeamte:
Berlin.	900 M.,	600 M.,	270 M.,
I.	660 „	510 „	210 „
II.	540 „	450 „	180 „
III.	480 „	360 „	150 „
IV.	420 „	300 „	120 „

Wohnungsgeldzuschüsse kommen hiernach hauptsächlich nur für Sekretäre, Buchhalterinnen, Lehrer und Lehrerinnen in Betracht.

§ 237. Der Fonds zur Remunerirung der Hülfsarbeiter (Kap. 96 Tit. 4) weist im Allgemeinen seit den 90er Jahren keine wesentlichen Veränderungen auf. 1896/97 wurden aus rein etatsmässigen Gründen hier abgesetzt und auf Tit. 10 übertragen 55 000 M. an Remunerationen und Löhnen für solche im Strafanstaltsdienste beschäftigten Personen, welche nur in einem privatrechtlichen Arbeitsverhältnisse zu der sie beschäftigenden Behörde stehen, sowie an Stellvertretungskosten.

Später stieg der Fonds wieder etwas, weil in Folge der allgemeinen Besoldungsverbesserung auch die Remunerationen der Diätare etwas erhöht wurden. Gegenwärtig werden aus dem Fonds an Bureaubeamten 13 ständige Bureauhülfsarbeiter mit 1500 - 1800 M., im Durchschnitt 1650 M. und 39 Schreiber mit höchstens 1200 M., durchschnittlich 1050 M. remunerirt.

Auch die im Nebenamte thätigen Geistlichen, Lehrer und Aerzte erhalten ihre Remunerationen aus diesem Titel.

§ 238. Zu Tit. 6, 6a vgl. Bd. I Buch I S. 97.

§ 239. *Tit. 6c.* Besondere Remunerationen werden seit 1898/99 gewährt für Beamte des Arbeitsbetriebs. In diesem Jahre wurden nämlich 70 000 M. eingestellt, in Folge anderweiter Regelung der Grundsätze über die Verwendung der Fonds zur Remunerirung der Beamten aus dem Arbeitsverdienste der Gefangenen (vgl. die Erläuterung hinter Kap. 75 in der Nachweisung über den Mehrbedarf für die Aufbesserung der Gehälter der mittleren und höheren Beamten — Anlagen zum Staatshaushaltsetat für 1897/98 Bd. II Nr. 14 Beilage B 2 S. 166).

Aus diesem Fonds dürfen Remunerationen nur solchen Ober- und Unterbeamten gewährt werden, welche an der Leitung oder Beaufsichtigung des Arbeitsbetriebes unmittelbar betheiligt sind; insbesondere sind Anstaltsvorsteher, Geistliche und Lehrer bei der Verwendung des Fonds ausgeschlossen.

Sonstige Ausgaben. (Kap. 96 Tit. 7—12.)

§ 240. Unter dieser Rubrik steht zuerst der sog. Bureaukostenfonds (Tit. 7) 1903: 65 429 M., der zu besonderen Bemerkungen keine Veranlassung giebt.

Der weitaus höchste Ausgabetitel der Strafanstaltsverwaltung ist der folgende

Tit. 8. Zur Unterhaltung der Oekonomie, für häusliche Bedürfnisse, sowie Betriebskosten 7 180 322 M.

Die Ausgaben, welche aus diesem Titel gedeckt werden, sind diejenigen:

1. für Speisung; für Arzneien, Bandagen, Brillen etc., sowie zur Unterhaltung der Instrumente und Geräthschaften im Lazareth und in der Dispensiranstalt; für Bekleidung; für Reinigung der Gefangenen, der Wäsche und der Lokale, zu Abgaben und Lasten, sowie zu Kosten hauswirthschaftlicher Art für Dienstgebäude; für Beschaffung und Unterhaltung der Lagerstellen und Lagergeräthschaften; für Beschaffung und Unterhaltung der Hausutensilien; für Feuerung und Heizung; für Beleuchtung; für den Wasserverbrauch;
2. für den Arbeitsbetrieb;
3. für Feld-, Garten- und Viehwirthschaft;
4. für den Bäckereibetrieb.

Aus der Natur dieses Fonds ergiebt sich schon von selbst, dass derselbe in der Mehrzahl der Fälle erheblich überschritten wird, bezw. dass die Ausgabe hinter der Veranschlagung sehr zurückbleibt.

Der Fonds belief sich in den 80er Jahren bis Mitte 1899 stets auf etwa 5 Millionen und erhob sich seitdem aus den schon mehrfach erwähnten Gründen (§ 232) auf 7,3 Mill. M., ging aber schon für 1900 etwas zurück und stellt sich jetzt (1903) auf 7 180 322 M.

Was die aus dem Fonds gewährte Verpflegung der Gefangenen anbetrifft, so geschieht dieselbe nach einem Verpflegungsetat (vgl. Anhang der Statistik pro 1894/95), der nach dem Grundsatze aufgestellt ist, dass annähernd die von Physiologen für die Ernährung eines erwachsenen, nicht schwer arbeitenden Menschen geforderten Nährwerthe gegeben werden. In der täglichen Kost verhält sich das animalische zu dem vegetabilischen Eiweiss ungefähr wie 1 : 3. Die Kosten der Gefangenenverpflegung betragen für den Kopf und Tag 31,6 Pf. Aus den Arbeitsbelohnungen können sich die Gefangenen

Zusatznahrungsmittel beschaffen, doch darf der dafür aufzuwendende Betrag nicht mehr als 5 Pf. für den Tag betragen. Aufgewendet sind im Durchschnitt für den Kopf und Tag 1,5 Pf.

Den Haftgefangenen, ausnahmsweise auch anderen, kann Selbstbeköstigung gestattet werden. (Näheres in der Dienstordnung.)

Wegen der ärztlichen Behandlung, Reinigung, Bekleidung u. s. w. vgl. ebenfalls die Dienstordnung.

Wegen des Arbeitsbetriebes, Viehwirthschaft u. s. w. ist auf das bereits in den §§ 225 ff. Gesagte zu verweisen.

Die Haftkosten müssen, ebenso wie Transportkosten (§ 242), von den Sträflingen aus eigenen Mitteln zurückerstattet werden, falls solche vorhanden sind.

Ueber das Verfahren (Armenpflege etc.) verhält sich der Circul.-Erl. v. 26. März 1880. Nach der Verfügung v. 22. Febr. 1882 hatten die Hebestellen der indirekten Steuerverwaltung die Erhebung und Beitreibung der von nicht unvermögenden Gefangenen einzuziehenden Strafvollstreckungskosten vorzunehmen. Nach einer späteren Vereinbarung zwischen Justizminister und Minister des Innern v. 11. Dez. 1884 (M.-Bl. 1885 S. 14) erfolgt indessen auch innerhalb der Verwaltung des Innern, wie bei den Justizgefängnissen die Wiedereinziehung durch die Gerichtskassen. Die betreffenden Einnahmen erscheinen daher auf dem Justizetat. Nur die Kosten, welche für Polizeigefangene entstehen etc., verbleiben der Strafanstaltsverwaltung zur Einziehung.

Aus Tit. 8 werden übrigens auch die Kosten zur Bestreitung der Heizungs-, Reinigungs- und Verpflegungskosten für die auf Kosten des Staates in Gefängnissen der Gemeinden untergebrachten Gefangenen (s. § 209 a. E.) in Höhe von einigen 80 000 M. ausgebracht (vgl. Etatserläuterungen 1890/91).

Die Vertheilung des Fonds auf die einzelnen Anstalten ergiebt Anl. LXXXIX.

§ 241. *Kap. 96 Tit. 9.* Zur Unterhaltung der Gebäude, mit Ausschluss der grösseren Neubauten und Hauptreparaturen — vgl. zu dieser Fassung Bd. II Buch V § 204 — ist nichts Besonderes zu erwähnen. Bei den zahlreichen bedeutenden Anstalten, die in Frage kommen, ist der Betrag von 379 745 M. kein zu hoher (s. übrigens auch § 247 a, b).

130 000 M. dieses Fonds stehen auf dem Centraletat (vgl. Anl. LXXXIX Anm. 3).

§ 242. *Kap. 96 Tit. 10.* Zu Transport- und Einlieferungskosten, zu Diäten, Reise-, Versetzungs- und Stellvertretungskosten, zum Gottesdienste und Schulunterrichte, zu Löhnen, sowie zu sonstigen Ausgaben 455 287 M.

Die Hauptbeträge aus diesem Fonds sind die Transport- und Einlieferungskosten.

Die allgemeine Transportinstruktion v. 16. Sept. 1811 bestimmt materiell nichts über die Tragung der Transport- etc. Kosten. Im Allgemeinen gilt der Grundsatz, dass jede Behörde die innerhalb ihres Amtsbereichs erwachsenen Kosten auf die eigenen Fonds zu übernehmen hat (J.-M.-Bl. 1850 S. 188, M.-Bl. d. i. V. 1859 S. 214, 1860 S. 207). Obgleich die Fonds der Verwaltung des Innern bezw. der Strafanstalten im Allgemeinen bei der Strafvollstreckung erst betheiligt sind, wenn es sich um die Unterhaltung während der Strafzeit handelt, sind dennoch die Kosten der Einlieferung der Strafgefangenen auf die Fonds dieses Ministeriums, zur Vermeidung von Zahlungen aus einer Königlichen Kasse in die andere zu übernehmen (M.-Bl. f. d. i. V. 1857 S. 170).

Die Transportkosten sind übrigens, ebenso wie die Haftkosten (§ 240), von den Sträflingen zu erstatten, soweit sie dazu in der Lage sind, was freilich in der Regel nicht der Fall sein wird.

Dass gegenwärtig mangels einheitlicher Leitung des Transportwesens die Kosten hierfür sich verhältnissmässig hoch gestalten, ist nicht zu verkennen. Man ist daher im Ministerium des Innern damit vorgegangen, zunächst wenigstens provinzweise zu einer einheitlichen Regelung im Gebiete dieses Ressorts zu gelangen. So ist neuerdings eine einheitliche Transportordnung für Schlesien erlassen, die auch bereits auf Hannover und Posen ausgedehnt ist und eine nennenswerthe Verbilligung des Transportwesens in den betheiligten Verwaltungsbezirken zur Folge gehabt hat. Sie geht davon aus, dass auf gewissen Eisenbahnstrecken regelmässige Rundfahrten (Sammeltransporte) stattfinden, denen die Transportanden zugeführt werden, soweit nicht aus besonderen Gründen die Einzeltransportirung geboten ist (vgl. vor Allem die Min.-Erl. v. 7. Juni 1899).[1]

Der nächst wichtige Posten sind die Stellvertretungskosten, welche gezahlt werden müssen, soweit die Stellvertretung nicht aus freiwerdendem Gehalt beglichen werden kann. Bei dem anstrengenden Dienst werden häufig Stellvertretungen wegen Krankheit erforderlich. Doch kommen neuerdings auch viele Kosten für Stellvertretung abkommandirter Oberbeamten zur Beaufsichtigung von Landeskulturarbeiten in Betracht.

Die Bestimmungen über Tagegelder und Reisekosten sind die allgemeinen für unmittelbare Staatsbeamte (Ges. v. 21. Juni 1897), doch werden bei Beaufsichtigung der ausserhalb der Anstalt beschäftigten Gefangenen den Beamten die Vergütungen nach der Allerh. Kab.-O. v. 13. April 1898 gewährt (Verordn.-Bl. f. d. Strafanstaltsverw. 1898 S. 62, 1901 S. 51, 69).

Von den Kosten für Gottesdienst und Schulunterricht, Bibliotheken etc. erscheinen nur die sächlichen, nicht die persönlichen Kosten (§§ 234, 238) auf diesem Titel.

Die „Löhne“ sind nicht mit den Arbeitsprämien der Gefangenen (§ 243) zu verwechseln.

---

[1]) Verordnungsbl. für die Strafanstaltsverwaltung. S. 51.

Unter den sonstigen Ausgaben sind 122 M. hervorzuheben, welche auf Grund einer alten rechtlichen Verpflichtung an das im Uebrigen der Verwaltung des Innern nicht unterstehende Transportgefängniss zu Gersfeld gezahlt werden müssen (s. Anl. LXXXIX Anm. 2).

Ferner sind unter sonstigen Ausgaben die Arbeitsbelohnungen enthalten, die in den Zwangserziehungsanstalten (nach § 56 St.-G.-B.) den Zwangszöglingen zugewendet und bei Beendigung der Zwangserziehung ausgehändigt werden.

§ 243. *Kap. 96 Tit. 10a.* Zu Bewilligungen an die Gefangenen aus dem Anstaltsverdienst 483 037 M.

Den Gefangenen werden Arbeitsbelohnungen gewährt, die, nach den Leistungen und dem Fleisse abgestuft, zwischen 1—20 Pfg. für den Arbeitstag schwanken; für die wiederholt Vorbestraften werden sie geringer bemessen. Der Betrag der Arbeitsbelohnungen wird den Gefangenen gutgeschrieben; sie sind zunächst bestimmt, um dem Gefangenen nach verbüsster Strafe die Rückkehr zu einem geordneten Leben zu erleichtern und die Fürsorgebestrebungen zu unterstützen. Der Gefangene hat über den Betrag der für ihn angesammelten Arbeitsbelohnungen kein Verfügungsrecht, dieser geht vielmehr erst mit der Aushändigung in sein Eigenthum über. In der Regel wird der Betrag der Arbeitsbelohnungen nach der Entlassung des Gefangenen den Fürsorgeorganen oder den Polizeiverwaltungen überwiesen, die darüber in seinem Interesse verfügen. Während der Haft kann aus den Arbeitsbelohnungen der Familie des Gefangenen eine Unterstützung gewährt werden. Haben die Arbeitsbelohnungen die Höhe von 10 M. erreicht, so kann der Gefangene von dem überschiessenden Theile die Hälfte zum Ankauf von Zusatznahrungsmitteln, Büchern, Porto, Kleidung etc. verwenden; der Ankauf von Tabak ist nicht gestattet. Die Arbeitsbelohnung haftet für allen Schaden, den der Gefangene während der Haft böswillig oder grobfahrlässig an Staatseigenthum anrichtet, sowie für die Kosten, welche durch seine Entweichung veranlasst werden.

In früheren Jahren wurden diese Arbeitsbelohnungen gar nicht auf den Staatshaushaltsetat gebracht, vielmehr von dem Rohertrage aus der Gefangenenarbeit abgezogen. Das ist seit 1899 geändert (§ 232).

Die angesammelten Arbeitsbelohnungen wurden ferner bis 1902 in der Extrakasse besonders verwaltet und zinsbar belegt; die aufkommenden Zinsen bildeten den Zinsenfonds, aus welchem Fürsorgevereinen Beihülfen gegeben und bedürftige Gefangene bei der Entlassung unterstützt wurden.

Vom Etatsjahr 1902 ab werden die Arbeitsbelohnungen gutgeschrieben und die jeweiligen Leistungen à conto dieser Gutschriften aus der Staatskasse verausgabt (§§ 227 u. 246).

§ 244. *Kap. 96 Tit. 10b.* Zu Entschädigungen an Gefangene und deren Angehörige im Falle der Verletzung oder der Tödtung eines Gefangenen durch einen bei der Beschäftigung erlittenen Unfall 9 984 M.

Der Titel steht erst seit 1899 auf dem Etat; seine Einstellung ergiebt sich aus der bereits in § 232 gedachten Neueinstellung des Bruttoverdienstes der Gefangenen.

Die Ausgaben werden zum Theil gedeckt aus den in § 226 erwähnten Versicherungsgebühren.

Die Fonds sind aber übertragbar in die folgenden Jahre.

Vgl. über die Unfallfürsorge für Gefangene der Strafanstalten auch Abg.-H. 1902 Drucks. Nr. 241.

§ 245. *Kap. 96 Tit. 11.* Dispositionsfonds zu Ausgaben im Interesse der Strafanstaltsverwaltung 21 200 M.

Der Fonds ist sehr alten Datums, betrug bis 1899 17 000 M. und ist seitdem bis auf 24 000 M. gestiegen. Seine Verwendung wird alljährlich in der Allgemeinen Uebersicht der Einnahmen und Ausgaben dem Landtage mitgetheilt.

Die Uebersicht für das Rechnungsjahr 1901 (Anl. Nr. 12 das.) ergiebt folgende Verwendung: Bearbeitung und Drucklegung der Statistik 2575 M., Drucklegung von Fachwerken über Strafanstalten und Fürsorgeerziehung 3771 M., Reisekosten in Strafanstaltsangelegenheiten 6882 M. (für Geistliche, die zu Probepredigten einberufen werden etc.), Beihülfen zur Ausbildung von Gefangenenaufseherinnen 1500 M., Ausserordentliche Beihülfen an Vereine und Anstalten zur Fürsorge für entlassene Gefangene und verwahrloste Kinder 5880 M.

§ 246. *Kap. 96 Tit. 12.* Zur Förderung der Fürsorge für die aus der Strafhaft und der Fürsorgeerziehung Entlassenen 24 000 M.

Eine Hauptquelle des Rückfalls für Verbrecher bieten die Schwierigkeiten für den entlassenen Sträfling bei dem Versuch, wieder Zutritt in die bürgerliche Gesellschaft zu erlangen. Die Staatsregierung widmete diesem Gegenstande in neuerer Zeit ihr besonderes Augenmerk.

Die Fürsorge für die Entlassenen ist durch den gemeinsamen Erlass der Minister des Innern, der Justiz und des Kultus v. 13. Juni 1895 geregelt (s. Anl. 1 der Statistik 1894/95).

Inzwischen haben sich auf Grund des Erlasses der Minister der geistlichen etc. Angelegenheiten, der Justiz und des Innern v. 19. Juni 1895 ausser in Westfalen und der Rheinprovinz unter Mitwirkung der Verwaltungs-, Justiz- und Kirchenbehörden Centralstellen zur Förderung der Fürsorge gebildet.

Die Zahl der entlassenen Gefangenen, welche Fürsorge begehrt, betrug 1901 3943; zu Theil geworden ist sie 3478.

Die Zahl der bestehenden Fürsorgevereine, welche neben den kirchlichen Organen (Geistlichen, Gemeindekirchenräthen, religiösen Genossenschaften) sich mit der Fürsorge beschäftigen, beträgt 384.

Im Jahre 1901 wurde die staatliche Förderung der Fürsorge entlassener Sträflinge in eingehender Weise zur Sprache gebracht (Abg.-H. Sten. Ber. S. 3887/3890). Nach den in Folge dieser Verhandlungen angestellten Ermittelungen über die Nothwendigkeit der Bereitstellung von staatlichen Mitteln zur Unterstützung der Fürsorge für entlassene Gefangene, Korrigenden und der Fürsorgeerziehung überwiesene Minderjährige ergab sich, dass für diese Zwecke ein Betrag von 24 000 M. erforderlich sei, um nutzbringend wirken zu können. Die Summe wurde daher als Tit. 12 in den Etat gestellt.

Dieser Fonds soll sowohl für die aus den Anstalten der Verwaltung des Innern als auch für die aus den Justizgefängnissen entlassenen Strafgefangenen verwendet werden und steht die Verfügung über den Fonds den Ministern des Innern und der Justiz gemeinsam zu.

Auch die Dienstordnung von 1902 beschäftigt sich in ihrem § 192 mit diesem Gegenstande. Daselbst wird bestimmt:

1. Die Fürsorge für entlassene Gefangene ist ganz besonders ernst zu nehmen. Es ist Pflicht der Anstaltsbeamten, das Interesse für dieselbe in der Bevölkerung zu wecken und dahin zu wirken, dass durch zweckmässige Einrichtung und lebendiges Zusammenwirken der Fürsorgeorgane mit den Strafvollzugs- und Polizeibehörden der Erfolg der Fürsorgethätigkeit möglichst gefördert werde.

2. Vorzüglich haben sich der Vorsteher und die Geistlichen der Fürsorge zu widmen; sie haben mit der Centralstelle für das Fürsorgewesen in der Provinz Verbindung zu halten und dieser ihre Wünsche und Vorschläge in Betreff der Fürsorge im Allgemeinen oder für einzelne Gefangene im Besonderen mitzutheilen.

3. Die Aufsichtsbehörde kann einem Mitgliede der Centralstelle oder einer von ihr dazu beauftragten Person den Verkehr mit den Gefangenen in der Anstalt, insbesondere Zellenbesuche und die Theilnahme an derjenigen Konferenz der Oberbeamten, in welcher über die Fürsorge berathen wird, gestatten.

4. Zum Verkehr mit weiblichen Gefangenen dürfen nur weibliche Personen zugelassen werden.

5. Die Fürsorge für die zur Entlassung kommenden Gefangenen ist nach Berathung in der Konferenz rechtzeitig, bei Gefangenen mit einer Strafdauer von 2 Monaten und darüber 4 Wochen vor der Entlassung vorzubereiten; es ist dahin zu wirken, dass möglichst jedem Gefangenen, bei dem es erforderlich erscheint, insbesondere aber den Jugendlichen, Fürsorge zu Theil werde. Der darauf bezügliche Schriftwechsel ist vorzugsweise von den Geistlichen und Lehrern nach Massgabe der in der Konferenz stattgehabten Berathung zu führen. Die Ausgaben für Porto trägt Kap. 96 Tit. 7 des Anstaltsetats (V.-Bl. 1902 S. 95).

6. Im Uebrigen ist nach den Erlassen v. 13. Juni 1895 (V.-Bl. 1895 S. 36—39), v. 16. Dez. 1901 (V.-Bl. 1901 S. 101) und v. 5 Nov. 1902 (V.-Bl. 1902 S. 167) zu verfahren.

Extraordinarium.

§ 247. Dass die alljährlichen extraordinären Ausgaben für bauliche Anlagen grösserer Art — kleinere Neubauten und Reparaturbauten werden aus Kap. 96 Tit. 9 gedeckt — verhältnissmässig recht hohe sind, ist schon in den §§ 210 ff. näher ausgeführt worden. Hier möge die Gesammtsumme, welche der Staat seit 1870 im Extraordinarium für Strafanstalten bereitgestellt hat, noch rekapitulirt werden. Sie betrug im Ganzen nicht weniger wie rund 31,3 Mill. M. Die Vertheilung auf die einzelnen Jahre ergiebt Anl. XCVI.

In neuerer Zeit ist die Staatsregierung, ähnlich wie bei der Landgensdarmerie und den Unterbeamten anderer Ressorts (§ 194), auch zu einer Vermehrung der Zahl der Dienstwohnungen für die Unterbeamten der Strafanstaltsverwaltung übergegangen. Im Extraordinarium für 1899 wurden zu diesem Zweck 107 900 M. für je 2 in Ziegenhain, Werden, Siegburg, Aachen und Cronthal zu errichtende Wohnhäuser bereitgestellt.

Dabei wurde ausgeführt: Die Schwierigkeiten, mit denen die Gewinnung eines geeigneten und zuverlässigen Aufsichtspersonals für die Strafanstalten und Gefängnisse verbunden ist, steigern sich von Jahr zu Jahr. Am meisten macht sich dieser Missstand bei den in den grösseren Städten und Industriecentren des Westens, sowie in einzelnen kleineren Orten des Ostens belegenen Anstalten bemerkbar, und zwar vornehmlich deshalb, weil die Beamten dort geeignete Wohnungen nur sehr schwer und nur zu einem Preise erlangen können, der den Betrag der Miethsentschädigung erheblich übersteigt. Dabei ist es den Beamten, die sich meist mit ganz minderwerthigen Wohnungen begnügen müssen, oft nicht möglich, in der Nähe der Anstalt ein Unterkommen zu finden, wie dies im dienstlichen Interesse dringend erwünscht ist.

Es ist deshalb eine Vermehrung der Zahl der Dienstwohnungen für die Unterbeamten der betreffenden Anstalten in Aussicht genommen Für die Ausführung ist die einfachste Form der Dienstwohnung, das eingeschossige Zweifamilienhaus gewählt

An weiteren Summen sind zu gleichem Zwecke zur Verfügung gestellt 1900: 77 230 M., 1901: 88 400 M., 1902: 147 500 M. — darunter 17 200 M. für Wohnungen von 2 Oberbeamten in Luckau —, 1903: 37 000 M., im Ganzen also 458 050 M., welche übrigens in der Summe von 31,3 Mill. M. mitenthalten sind.

Die Strafanstaltsverwaltung geht gegenwärtig von dem Grundsatze aus, dass bei Neubauten, sofern es die Grösse des Bauplatzes nur irgend gestattet, für $^9/_{10}$ der Unterbeamten Dienstwohnungen erbaut werden; jedes Jahr wird ein nicht unerheblicher Betrag zum Bau von Wohnungen für Unterbeamte bei den älteren Anstalten in das Ordinarium des Etats bei Kap. 96 Tit. 9 in den Etat eingestellt.

Wenn das Gelände ausreicht, so werden die Wohnungen in eingeschossigen Zweifamilienwohnhäusern eingerichtet; erfahrungsgemäss wird dadurch das Wohlbefinden der Familie und der Friede unter den Beamten am besten gesichert. Mit der Wohnung ist stets ein Stück Gartenland mit einem Flächeninhalt bis zu 6 a verbunden. Die Wohnungen umfassen mindestens einen grösseren und zwei kleinere heizbare Räume, Küche und Nebengelass; in den eingeschossigen Zweifamilienhäusern wird noch ein Zimmer im Dachgeschoss eingerichtet. Die Grundfläche der Wohnung umfasst 60—70 qm.

Das in Wohnungen angelegte Kapital verzinst sich durch den Wegfall der Miethsentschädigung mit $2^1/_4$—$3^1/_2$ pCt.

6. Abschnitt.

Zwangs- und Fürsorgeerziehung Jugendlicher.[1])

(Kap. 96 und Kap. 95 Tit. 1 der Ausgabe.)

Allgemeines.

§ 248. Man hat gegenwärtig eine doppelte Art von Zwangserziehung Jugendlicher zu unterscheiden, nämlich

1. von solchen bedingt Strafmündigen, die eine strafbare Handlung begangen haben, aber auf Grund des § 56 des Strafgesetzbuches wegen mangelnder Einsicht freigesprochen sind;

2. von solchen, die auf Grund des sogen. Fürsorgegesetzes vom 2. Juli 1900 der Zwangserziehung überwiesen sind.

Die erstere Art der Zwangserziehung liegt dem Staate ob, die zweite Art den weiteren Kommunalverbänden (Provinzen etc.) — aber unter erheblicher Kostenbetheiligung des Staates.

Historisch ist hierzu zu bemerken:

Zu 1. Zwangserziehung auf Grund des § 56 des Strafgesetzbuchs.

§ 249. Die Erkenntniss, dass jugendliche Personen, die nach dem Durchschnitt der sozialen Verhältnisse noch nicht aus dem Schutze der Familie hinausgetreten sind, wenn sie, in Familien aufgewachsen, in denen sie sittlich verwahrlosen, Verfehlungen gegen die Strafgesetze begehen, nicht in die Gefängnisse und Strafanstalten gehören, sondern durch besonders geordnete und überwachte öffentliche oder Familienerziehung auf richtige Bahnen gelenkt werden müssen, hat philantropischen Privatleuten und Behörden schon seit Jahrhunderten vorgeschwebt.

Wie auf so vielen anderen Gebieten sind aber auch hier diese ersten Anfänge der Fürsorgeerziehung, die besonders seit Ende des 16. und Anfang des 17. Jahrhunderts sich überall geltend machten, durch den dreissigjährigen Krieg in ihrer ersten Blüthe gehemmt und vernichtet worden.

Nach dem Kriege hatte man genug zu thun, um nur für die vielen Waisenkinder die erforderlichen Anstalten einzurichten. Die jugendlichen Uebelthäter wurden mit erwachsenen Armen, Dirnen, Verbrechern, Landstreichern und Geisteskranken zusammen in Zucht-, Spinn- und Armenhäusern zusammengesteckt, eine Massnahme, die natürlich die Zahl der jugendlichen Bettler, Landstreicher und Verbrecher von Jahr zu Jahr in erschreckender Weise vermehrte.

Die Carolina von 1532 überlieferte auch das Kind unter 15 Jahren dem Gericht, wenn „Bosheit das Alter erfüllt“. Selbst das anderthalb

---

[1]) S. hierzu Dr. Krohne: Erziehungsanstalten in Preussen. Berlin, Heymann, 1901.

Jahrhundert später erlassene Preussische Landrecht nahm noch gegen sie einen sehr harten Standpunkt ein. Es stellte die jugendlichen Unmündigen (bis 14 Jahre) den Schwachsinnigen gleich und bestimmte (Theil II Tit. 20 § 17) dass sie gezüchtigt, wenn auch nicht nach der Strenge des Gesetzes bestraft werden sollten.

Die französische Strafgesetzgebung (code pénal von 1810), die in Rheinpreussen Geltung fand, stand bereits auf einem vorgeschrittenen Standpunkte. Sie verpflichtet den Richter, bei Jugendlichen unter 16 Jahren im Erkenntnisse festzustellen, ob sie mit oder ohne Unterschiedsvermögen (Discernement) gehandelt haben; im ersteren Falle soll — bis höchstens zum 20. Jahre — eine Familien- oder Zwangserziehung in einem Korrektionshaus stattfinden.

Eine dieser nachgebildete Bestimmung gelangte in Preussen erst durch § 42 des Strafgesetzbuches vom 14. April 1851 zur Geltung.

Das Reichsstrafgesetzbuch von 1871 ging insofern wieder einen Schritt weiter, als es einmal Kinder unter 12 Jahren für gänzlich strafunmündig erklärte (§ 55) (s. hierzu § 253 ff.) und die obere Grenze der nur bedingt (d. h. wenn sie die zur Begehung der That erforderliche Einsicht besassen) strafmündigen Personen auf das vollendete 18. Lebensjahr festsetzte. Die Unterbringung in eine Erziehungs- und Besserungsanstalt konnte aber nur bei den bedingt Strafmündigen, also zwischen 12 und 18 Jahren stehenden, wegen mangelnder Einsicht Freigesprochenen verfügt werden (§ 56 Strafgesetzbuch).

§ 250. Der Staat kam der ihm aus dieser reichsgesetzlichen Bestimmung erwachsenden Aufgabe durch Errichtung besonderer staatlicher Zwangserziehungsanstalten nach.[1]) Die beiden ältesten waren diejenigen zu St. Martin bei Boppard und in Steinfels, mit einer Belegungsfähigkeit von zusammen 300 Köpfen. Später kamen einige weitere Anstalten (die letzte, Hardehausen im Regierungsbezirk Minden 1902) hinzu. Gegenwärtig bestehen 6 derartige Staatsanstalten: Conradshammer für katholische Knaben, Wabern für evangelische Knaben, St. Martin in Boppard für evangelische Mädchen, Steinfeld für katholische Knaben, Gräfrath für katholische Mädchen, Hardehausen für evangelische Knaben (in die die Knaben aus der Anstalt St. Martin in Boppard überführt wurden). Ausserdem werden aber auch Privatanstalten zur Unterbringung namentlich der Zöglinge unter 14 Jahren benutzt. Die Zwangserziehung beginnt in der Regel in einer Anstalt; sobald die Zwecke der Erziehung es erlauben, werden die Zöglinge der Anstaltserziehung entnommen und in Lehrverhält-

[1]) Auch weibliche Personen, die wegen Gewerbsunzucht (§ 361 Nr. 6 Strafgesetzbuch) verurtheilt und der Landespolizeibehörde überwiesen sind, können nach § 362 Strafgesetzbuch in der Fassung des Gesetzes vom 25. Juni 1900 in Erziehungsanstalten untergebracht werden. Die Kosten für eine derartige Unterbringung trägt der Staat aus Kap. 96, Strafanstaltsverwaltung, wozu auch die Erziehungsanstalten gehören. Am 31. März 1902 waren 39 Mädchen so untergebracht.

nisse oder Gesindedienst oder in Familien untergebracht. Die Entlassung aus der Anstaltserziehung ist immer eine vorläufige; die Zöglinge bleiben während dieser Zeit unter der Aufsicht der Anstaltsvorsteher, jedoch nicht über das zwanzigste Lebensjahr hinaus. Für die einzelnen Anstalten bestehen besondere Dienstinstruktionen.

§ 251. Was die Etatsverhältnisse der gedachten Erziehungsanstalten anbetrifft, so werden sie in Preussen in derselben Weise wie diejenigen der Strafanstalten behandelt. Einnahmen und Ausgaben der Anstalten stehen auf dem Etat des Ministeriums des Innern unter der Rubrik „Strafanstaltsverwaltung“.

Im vorliegenden Werke sind daher auch die Besoldungen, Remunerationen etc. der Anstaltsbeamten, sowie die sächlichen Ausgaben bei der Strafanstaltsverwaltung mit behandelt und insbesondere aus §§ 233 ff. zu ersehen. Auch sind die Summen der auf die einzelne Anstalt entfallenden Hauptausgabezweige in Anl. LXXXIX gemeinsam mit denjenigen der Strafanstalten dargestellt.

Im Uebrigen schien es sachgemässer, den Zweck und die Bedeutung dieser Anstalten in Gemeinschaft mit den Zwangserziehungsanstalten auf Grund des Fürsorgegesetzes vom 2. Juli 1900 hier zu erörtern. Auch mögen die statistischen Zahlen über die Unterbringung der Jugendlichen nach § 56 des Strafgesetzbuches an dieser Stelle folgen:

§ 252. Die staatlichen Erziehungsanstalten haben bestimmte Einlieferungsbezirke: Es entfallen auf die Erziehungsanstalt Conradshammer, Regierungsbezirk Danzig (kath.), die Einlieferungsbezirke: Provinzen Ostpreussen, Westpreussen, Pommern, Posen, Schlesien, Brandenburg einschl. Berlin und Schleswig-Holstein, bestimmt für 86 Knaben; Erziehungsanstalt Wabern, Regierungsbezirk Cassel (evang.), Einlieferungsbezirke: Provinzen Brandenburg einschl. Berlin, Sachsen, Hannover, Hessen-Nassau, Pommern, Schlesien und Regierungsbezirk Sigmaringen, bestimmt für 180 Knaben; Erziehungsanstalt St. Martin zu Boppard, Regierungsbezirk Coblenz (evang.), Einlieferungsbezirke: Provinzen Sachsen, Schleswig-Holstein, Hannover, Hessen-Nassau, Westfalen, Rheinprovinz und Regierungsbezirk Sigmaringen, bestimmt für 80 Mädchen; Erziehungsanstalt Hardehausen, Regierungsbezirk Minden (evang.), Einlieferungsbezirke: Provinzen Schleswig-Holstein, Rheinprovinz und Westfalen, bestimmt für 150 Knaben; Erziehungsanstalt Steinfeld, Regierungsbezirk Aachen (kath.), Einlieferungsbezirke: Provinzen Sachsen, Hannover, Westfalen, Hessen-Nassau, Rheinprovinz und Regierungsbezirk Sigmaringen, bestimmt für 300 Knaben; Erziehungsanstalt Gräfrath, Regierungsbezirk Düsseldorf (kath.), Einlieferungsbezirke: Provinzen Brandenburg einschl. Berlin, Sachsen, Schleswig-Holstein, Hannover, Westfalen, Hessen-Nassau, Rheinprovinz und Regierungsbezirk Sigmaringen, bestimmt für 80 Mädchen.

Von den nach § 56 Strafgesetzbuch der Zwangserziehung überwiesenen Jugendlichen waren untergebracht am 31. März 1901: in Conradshammer 85 Knaben (aus den östlichen Provinzen), in Wabern 126 Knaben (aus den westlichen Provinzen, Brandenburg und Berlin), in St. Martin zu Boppard 92 Knaben und 37 Mädchen (Westfalen, Hessen-Nassau und Rheinprovinz), in Steinfeld 196 Knaben (meist aus den westlichen Provinzen), in Gräfrath 50 Mädchen (meist aus den westlichen Provinzen), in Summa 499 Knaben und 87 Mädchen.

In kommunalen, kirchlichen und Privatanstalten waren untergebracht 143 Knaben und 130 Mädchen, in Familienpflege 18 Knaben und 10 Mädchen.

In der Lehre oder im Gesindedienst befanden sich 650 Knaben und 116 Mädchen, so dass die Gesammtzahl ausmachte 1310 Knaben und 343 Mädchen (zusammen 1653). Der Zugang im Jahre 1900/01 betrug 219 Knaben und 60 Mädchen.

Zu 2: **Fürsorgeerziehung nach den Gesetzen vom 13. März 1878 und 2. Juli 1900.**

Allgemeines.

§ 253. Durch die Novelle zum Strafgesetzbuch vom 26. Febr. 1876 wurde zu § 55 des Str.-G.-B., welcher die Strafunmündigkeit der Jugendlichen unter 12 Jahren aussprach (§ 249), der Zusatz gemacht, dass für diese von dem Regierungspräsident auf Grund eines Beschlusses des Vormundschaftsgerichts eine Zwangserziehung nach Massgabe der landesgesetzlichen Bestimmungen angeordnet werden könne.

Als man aber in den Einzelstaaten dazu übergehen wollte, diese Bestimmungen des Reichsstrafrechts praktisch zur Ausführung zu bringen, zeigte es sich, dass es an erforderlichen geeigneten Anstalten zur Unterbringung der Zwangszöglinge fehlte.

Allerdings hatte die private Wohlthätigkeit dem Staate schon seit Mitte des Jahrhunderts, hauptsächlich angeregt durch Wichern, welcher 1833 das Rauhe Haus bei Hamburg gründete, in erheblichem Masse vorgearbeitet. Von 1851—1880 waren nicht weniger als 159 evangelische und 87 katholische Erziehungsanstalten gegründet worden. In diesen Anstalten wurden damals etwa 7296 Kinder erzogen, von denen aber ein grosser Theil nicht zu den dem § 55 des St.-G.-B. unterstehenden verwahrlosten Kindern zuzurechnen war.

Dadurch, dass diese vorhandenen Privatanstalten sich bereit erklärten, Kinder, über welche nach § 55 des Str.-G.-B. disponirt werden sollte, aufzunehmen, war allerdings die Möglichkeit gegeben, mit Ausführung des Gesetzes einen Anfang zu machen, indem man zunächst die Privatanstalten benutzte und mit denselben wegen der Aufnahme von verwahrlosten Kindern Abkommen traf.[1]) Auf diese Weise hätte

[1]) Man berechnete, dass bei den erforderlichen Erweiterungsbauten in den Privatanstalten etwa 2436 verwahrloste Kinder Platz finden konnten.

aber jedenfalls nur ein Theil des Bedarfes gedeckt werden können. Die beiden einzigen, durch den Staat unterhaltenen Besserungsanstalten in St. Martin bei Boppard und in Steinfeld mit einer Belegungsfähigkeit von zusammen 300 Köpfen reichten nur zur Unterbringung der gemäss § 56 des Str.-G.-B. verurtheilten jungen Uebelthäter hin und es erschien deshalb geboten, möglichst bald auf gesetzlichem Wege für die Errichtung öffentlicher Erziehungs- oder Besserungsanstalten in denjenigen Provinzen zu sorgen, wo nicht etwa durch Erweiterung der betreffenden Privatanstalten Abhülfe geschafft werden konnte.

Eine dementsprechende gesetzliche Regelung der Angelegenheit wurde von der Staaatsregierung bereits im Anfang des Jahres 1877 versucht.

§ 234. Grosse Schwierigkeiten verursachte aber dabei die Kostenfrage. In ihrem ersten Entwurfe ging die Regierung davon aus, dass die Staatskasse bei den Kosten gar nicht betheiligt werden könne. Im Herrenhause wurde aber bereits bei der Berathung des Gesetzes in der Sitzung vom 24. Febr. 1877 beschlossen, die Kosten, soweit sie nicht aus dem eigenen Vermögen des Pfleglings getragen oder von den aus privatrechtlichen Titeln zur Alimentation Verpflichteten eingezogen werden können, zur einen Hälfte der Staatskasse, zur anderen den Provinzialverbänden zur Last zu legen sei.

Da das Gesetz in jener Session nicht zu Stande kam, legte die Regierung in der nächsten Session (1877/78) einen erneuten Entwurf vor, in dem mehrere sonstige Wünsche des Parlaments berücksichtigt worden waren, hinsichtlich der Kosten aber an der ausschliesslichen Verpflichtung der Provinzialverbände festgehalten wurde.

In den Motiven (Drucks. No. 133 d. H.-H. 1877/78) wurde ausgeführt:

Die Novelle vom 26. Februar 1876 lässt die bisherige Vorschrift bestehen, dass eine strafrechtliche Verfolgung von Kindern unter zwölf Jahren unstatthaft ist. Es handelt sich mithin bei dem Einschreiten gegen dieselben nicht um einen Strafvollzug und demzufolge ist eine Verpflichtung der Staatskasse, die für die Kosten der Strafrechtspflege im eigentlichen Sinne des Wortes aufzukommen hat, im vorliegenden Falle nicht anzuerkennen. Die Frage, wem die Kosten der Unterbringung der verwahrlosten Kinder zur Last zu legen sind, wird vielmehr lediglich nach den allgemeinen Grundsätzen entschieden werden müssen, die sich aus der Natur der Sache ergeben.

Die ebenso in den Motiven des Gesetzes vom 26. Februar 1876 wie in den Verhandlungen des Abgeordnetenhauses ausgesprochene Tendenz des § 55 geht vornehmlich dahin, dem Verbrecherthume in seinen Anfängen und Ursachen entgegenzuwirken, und es handelt sich hiernach allerdings auch um ein allgemeines staatliches Interesse. Dieser Umstand allein reicht aber nicht hin, eine Verpflichtung der Staatskasse zur Uebernahme der Kosten zu begründen. Der Staat ist, in gleicher Weise wie bei der Unterbringung der verwahrloster Kinder, so auch bei vielen anderen Zweigen des öffentlichen Lebens betheiligt, beispielsweise beim niederen Schulwesen, bei der Armenpflege, der Ortspolizei und dergl., und trotzdem fallen nach Lage der Gesetzgebung die Kosten nicht ihm zur Last, sondern den engeren und resp. weiteren kommunalen Verbänden, — den Gemeinden resp. Landarmen-Verbänden, die das nächste Interesse an der Erhaltung jener Institution haben, während die Staatskasse nur dann mit eintritt, wenn ihre Heranziehung aus besonderen Gründen gerechtfertigt erscheint.

Es entspricht dieser Sachlage, wenn im vorliegenden Falle die gleichen Grundsätze zur Anwendung gebracht werden, welche für die Unterbringung der gemäss § 361 Nr. 3—8 des Strafgesetzbuches verurtheilten und nach verbüsster Strafe der Landespolizeibehörde überwiesenen Personen (Arbeitsscheue, Bettler, Landstreicher u. s. w.) gelten. Dieselben werden (gemäss § 38 des Gesetzes vom 8. März 1871 zur Ausführung des Bundesgesetzes über den Unterstützungswohnsitz) auf Kosten der Landarmenverbände in Arbeitshäusern untergebracht und da ähnliche Rücksichten, wie bei Unterbringung dieser Personen, auch bei der Unterbringung der verwahrlosten Kinder obwalten, so wird es um so weniger einem Bedenken unterliegen können, hinsichtlich der letzteren die Vorschrift des § 38 cit. zur analogen Anwendung zu bringen, d. h. die erwachsenden Kosten den Landarmen-Verbänden oder, in engerem Anschluss an unsere neue Verwaltungs-Organisation, den Provinzialverbänden aufzuerlegen, als der § 4 No. 3 des Gesetzes vom 8. Juli 1875 unter den Zwecken, für welche den Provinzialverbänden Dotationen überwiesen worden sind, das Korrigendenwesen ausdrücklich mit aufführt, die Fürsorge für die verwahrlosten Kinder unverkennbar dem Begriffe des Korrigendenwesens unterliegt und das staatliche Interesse bei jener Fürsorge durch die Gewährung der Dotationssumme völlig abgegolten ist. Das Verlangen einer Betheiligung der Staatskasse bei den in Rede stehenden Kosten würde einem Antrage auf Erhöhung der eben erst festgestellten Dotationssummen gleichkommen.

§ 255. In den Verhandlungen des Herrenhauses über den neuen Entwurf wurde indessen zwar anerkannt, dass der Staat auf Grund des § 4 des Dotationsgesetzes von 1875 („und ähnliche Zwecke“) berechtigt sei, den Provinzen die Kosten zu übertragen (H.-H.-Verhandl. 1877/78 S. 18), im Uebrigen wurde aber die Begründung der Regierung überall angefochten. Insbesondere wurde der Vergleich mit dem Korrigendenwesen als hinkend bezeichnet, weil die Korrigenden vorher in Strafanstalten gewesen seien, die der Staat bezahlt hätte, während hier Strafe und Zwangserziehung zusammenfalle. Ferner wies man darauf hin, dass eine Bezugnahme auf die Armengesetzgebung ebenfalls verfehlt sei, da Armenpflege hierbei nicht in Frage komme; endlich begründete man die Verpflichtung des Staats zur Kostentragung vor Allem indirekt mit der Entlastung der Gefängnisse, die durch die Erziehung jugendlicher Taugenichtse erfolge.[1])

Die Herrenhaus-Kommission hatte eine Dreitheilung der Kosten zwischen Gemeinde, Provinz und Kreis vorgeschlagen; man befürchtete, dass die Gemeinden anderenfalls geneigt sein würden,[2]) ihre alimentationsbedürftigen Glieder auf dem Wege dieses Verfahrens den Provinzialverbänden zu überweisen, weil sie selbst die Nächst-Interessirten seien. Nur die Errichtungskosten sollten nach dem Kommissionsbeschluss Staat und Provinzen allein theilen.

Das Herrenhaus und anschliessend das Abgeordnetenhaus entschieden sich aber für eine Vertheilung aller laufenden Kosten zwischen Staat und Provinzen zu gleichen Theilen, während die Einrichtungs-

---

[1]) vgl. Sten.-Verhandl. des H.-H 1877 S. 88 ff. und 117 ff, 1877/78 S. 16 ff.

[2]) 1877 H.-H. Sten.-Verhandl. S. 136 und 137.

kosten den Provinzen allein obliegen sollten. Diese Bestimmung wurde dann in das Gesetz aufgenommen (§ 12 des Gesetzes vom 13. März 1878, G.-S. S. 132).

§ 256. Einen so grossen Fortschritt diese Gesetzgebung der 70er Jahre gegen früher bedeutete, so hat die dadurch getroffene Fürsorge sich doch nicht als ausreichend erwiesen, um der stetig wachsenden Kriminalität, Verwahrlosung und Verrohung unter den Jugendlichen zu wehren.

Auf Grund des Gesetzes von 1878 befanden sich zwar am 31. März 1899 10759 jugendliche Personen in Zwangserziehung, die vor dem 12. Lebensjahre weiterer Verwahrlosung und weiterem Verfall ins Verbrechen entzogen waren.[1]) Aber indem man die verwahrlosten nicht verbrecherischen Jugendlichen unter 12 Jahren und die Verwahrlosten über 12 Jahren sich selbst überliess und gegen die Letzteren nur strafrechtlich einschritt, wenn sie eine strafbare Handlung begangen hatten, war die Kriminalität der Jugendlichen stetig in einer die Gesellschaftsordnung ernstlich bedrohenden Weise gestiegen.

Die Folge dieser Gesetzgebung war, dass der Antheil der Jugendlichen an der Kriminalität von Jahr zu Jahr und zwar in erheblich höherem Masse wuchs, als die der Erwachsenen.[2])

§ 257. In klarer Erkenntniss der Unzulänglichkeit der Freiheitsstrafen gegen jugendliche Verbrecher war man in allen Kulturländern dazu übergegangen, die Bestrafung der Jugendlichen durch planmässige länger andauernde Erziehung unter öffentlicher Aufsicht (Zwangserziehung) zu ersetzen und damit nicht zu warten, bis den Jugendlichen eine Strafthat vor den Strafrichter bringt, sondern sie schon dann anzuordnen, wenn die Spuren der Verwahrlosung, der Vorstufe zum Verbrechen, sich zeigen.

Die Bestimmungen des Bürgerlichen-Gesetzbuches (§§ 1666 und 1638, sowie Art. 34 und 135) gaben auch Preussen, — wie anderen deutschen Bundesstaaten — zu einer Neuregelung der Zwangserziehung Jugendlicher unter Ausdehnung derselben über den Kreis der verbrecherischen verwahrlosten Kinder hinaus Veranlassung.

Durch das Gesetz vom 2. Juli 1900, in dessen Ueberschrift statt von Zwangserziehung von „Fürsorgeerziehung“ Minderjähriger die Rede ist, wurden folgende Bestimmungen getroffen:

1. Da die schon im Allg. L.-R. Th. II Tit. II enthaltenen Bestimmungen über die vormundschaftliche Anwendung von Zwangserziehung

---

[1]) wozu noch etwa 1300 auf Grund des § 56 des St.-G.-B. in Zwangserziehung befindliche Jugendliche hinzutraten.

[2]) Nähere Ziffern in der Reichs-Kriminalstatistik und in den Motiven zum Gesetz vom 2. Juli 1900, Drucks. 8 des Herrenhauses von 1900.

ebenso wie die erweiterten Vorschriften des B.-G.-B. §§ 1666 und 1838[1]) an dem erheblichen Mangel litten, dass sie keine Bestimmung für den bei den meisten verwahrlosten Jugendlichen eintretenden Fall der Vermögenslosigkeit des Kindes oder der zu seiner Unterhaltung Verpflichteten trafen, so wurde nunmehr die öffentliche Fürsorgepflicht für die Fälle der Verwahrlosung der Kinder durch schuldhaftes Verhalten der Kinder in § 1 Ziff. 1 ausgesprochen.

2. § 1 Ziff. 2 gab zwar die im Gesetz vom 13. März 1878 enthaltenen Bestimmungen über die Zwangserziehung strafunmündiger Personen (nach § 55 des St.-G.-B.) wieder, beseitigte aber die Untergrenze von 12 Jahren.

Endlich wurde 3. im Verfolg des Art. 135 des Einführungsgesetzes zum B.-G.-B. eine Fürsorgeerziehung im § 1 Ziff. 3 des Gesetzes auch dann vorgesehen, wenn die Fürsorgeerziehung ausser den Fällen der Ziff. 1 und 2 wegen Unzulänglichkeit der erziehlichen Einwirkung der Eltern oder sonstigen Erzieher oder der Schule — gleichviel ob Verschulden vorlag oder nicht — zur Verhütung des völligen sittlichen Verderbens des Minderjährigen nothwendig ist.

4. Als oberste Altersgrenze für die Anwendung der Fürsorgeerziehung wurde das 18. Lebensjahr, für die Endigung die Volljährigkeit, bestimmt.

Die Anwendung der Fürsorgeerziehung soll nach dem Gesetz stets nur durch Beschluss des Vormundschaftsgerichts entweder auf Antrag oder von Amtswegen erfolgen.

Zur Stellung des Antrags sind berechtigt und verpflichtet: der Landrath, in den Hohenzollernschen Landen der Oberamtmann, in Städten mit mehr als 10000 Einwohnern, sowie in den nach § 28 der Kreisordnung für die Provinz Hannover vom 6. Mai 1884 (Gesetz-Samml. S. 181) denselben gleichgestellten Städten auch der Gemeindevorstand, in Stadtkreisen der Gemeindevorstand und der Vorsteher der Königlichen Polizeibehörde.

---

[1]) Diese Bestimmungen lauten:

§ 1666. Wird das geistige oder leibliche Wohl des Kindes dadurch gefährdet, dass der Vater das Recht der Sorge für die Person des Kindes missbraucht, das Kind vernachlässigt oder sich eines ehrlosen oder unsittlichen Verhaltens schuldig macht, so hat das Vormundschaftsgericht die zur Abwendung der Gefahr erforderlichen Massregeln zu treffen. Das Vormundschaftsgericht kann insbesondere anordnen, dass das Kind zum Zwecke der Erziehung in einer geeigneten Familie oder in einer Erziehungsanstalt oder einer Besserungsanstalt untergebracht wird.

Hat der Vater das Recht des Kindes auf Gewährung des Unterhalts verletzt und ist für die Zukunft eine erhebliche Gefährdung des Unterhalts zu besorgen, so kann dem Vater auch die Vermögensverwaltung sowie die Nutzniessung entzogen werden.

§ 1838. Das Vormundschaftsgericht kann anordnen, dass der Mündel zum Zwecke der Erziehung in einer geeigneten Familie oder in einer Erziehungsanstalt oder einer Besserungsanstalt untergebracht wird. Steht dem Vater oder der Mutter die Sorge für die Person des Mündels zu, so ist eine solche Anordnung nur unter den Voraussetzungen des § 1666 zulässig.

Gegen die Anwendung ist ein Beschwerdeverfahren zugelassen (§ 4).

Zur Ausführung verpflichtete Verbände.

§ 258. Zur Ausführung der Fürsorgeerziehung verpflichtet sind (§§ 9 und 14) die Provinzialverbände, in der Provinz Hessen-Nassau die Bezirksverbände der Regierungsbezirke Wiesbaden und Cassel, der Lauenburgische Landeskommunalverband, der Landeskommunalverband der Hohenzollernschen Lande sowie der Stadtkreis Berlin. Sie haben für die Errichtung von Erziehungs- und Besserungsanstalten zu sorgen, soweit es an Gelegenheit fehlt, die Zöglinge in geeigneten Familien, sowie in öffentlichen, kirchlichen oder privaten Anstalten unterzubringen, auch soweit nöthig für ein angemessenes Unterkommen bei der Beendigung der Fürsorgeerziehung zu sorgen.

Zuständig ist derjenige Kommunalverband, in dessen Gebiete der Ort liegt, als dessen Vormundschaftsgericht das Gericht Beschluss gefasst hat.

Nur die Kosten, welche durch die Ueberführung des Zöglings — durch die Polizeibehörde des Aufenthaltsorts (§ 9) — in eine Familie oder Anstalt, durch die dabei nöthige reglementsmässige erste Ausstattung, durch die Beerdigung des während der Fürsorgeerziehung verstorbenen und durch die Rückreise des aus der Fürsorgeerziehung entlassenen Zöglings entstehen, fallen dem Ortsarmenverband, in welchem er seinen Unterstützungswohnsitz hat, zur Last. Ist ein solcher Ortsarmenverband nicht vorhanden, so fallen diese Kosten dem verpflichteten Kommunalverbande (§ 14 Abs. 2) zur Last. Die übrigen Kosten des Unterhalts und der Erziehung, sowie der Fürsorge für entlassene Zöglinge, tragen in allen Fällen die Kommunalverbände.

Die Kommunalverbände sind berechtigt, die Erstattung der Kosten des Unterhalts[1]) eines Zöglings während der Zwangserziehung von diesem selbst und, soweit dies nicht möglich ist, von den zu seinem Unterhalt Verpflichteten nach ministeriell genehmigten Tarifen[2]) zu fordern.

Betheiligung des Staates an den Kosten.

§ 259. Der Regierungsentwurf (Nr. 8 Drucks. d. H.-H. 1900) hatte in § 15 vorgesehen, dass die Kommunalverbände zu den Kosten einen Staatszuschuss in Höhe der Hälfte derselben erhalten sollten. Auch wird die Hälfte der von den Erstattungspflichtigen eingezogenen Beträge auf den Beitrag des Staates angerechnet.

---

[1]) nicht auch der Verwaltungskosten, sowie der Bau- und Unterhaltungskosten der Privatanstalten.

[2]) Diese Genehmigung ist erfolgt für Hohenzollern am 24. März, Brandenburg am 15. April, für die übrigen Provinzen am 15. März 1902. Für Berlin ist vorläufig ein Einheitssatz von 60 Pf. für den Verpflegungstag festgesetzt.

Endlich hat der Staat erforderlich werdende baare Auslagen im Vorverfahren zu tragen (§ 8 des Ges.).

In einem ersten den Landesdirektoren vorgelegten Entwurf hatte die Staatsregierung nur ein Drittel der Kosten übernehmen wollen, während je ein Drittel die Provinzen, ein Drittel die Gemeinden (Ortsarmenverbände) tragen sollten. Letztere waren auf Wunsch der Landesdirektoren — vgl. a. a. O. S. 15 deren Gründe — ausgeschaltet worden, wogegen die Halbirung der Kosten zwischen Staat und Provinz angenommen war. Bei der Berathung des Entwurfs machte die Regierung in der Kommission des Herrenhauses die weitere Konzession der Uebernahme der laufenden Kosten bis zu zwei Drittel, da von den parlamentarischen Vertretern auf die seit den 70er Jahren stattgehabte Mehrbelastung der Provinzen ohne entsprechende Dotationserhöhung so nachdrücklich hingewiesen wurde, dass das Zustandekommen des Gesetzes ohne weiteres Entgegenkommen der Regierung in der Kostenfrage gefährdet erscheinen konnte.

Grundsätzlich trat der Finanzminister von Miquel der Begründung der von dem Herrenhaus erhobenen Forderung übrigens entgegen und führte in der Kommission aus (H.-H. 1900 Drucks. Nr. 31 S. 16):

„Was die wiederholt berührte Dotationsfrage betreffe, so bringe er in Erinnerung, dass bei Erlass der Dotationsgesetze nirgends ein Zweifel darüber bestanden habe, dass die Lasten über die Dotationen hinauswachsen müssten, dass aber auf keiner Seite die Absicht gewesen sei, entsprechend dem Wachsen der Lasten die Dotationen zu erhöhen. Die Provinzen seien damals bereit gewesen, die vorausgesehene Steigerung der Lasten auf sich zu nehmen. Man habe eben damals die Angelegenheit nicht als eine blosse Finanzfrage aufgefasst, sondern als eine Verwaltungsreform, durch welche unter Gewährung des Besteuerungsrechts ein Theil der von dem Staate bisher erfüllten öffentlichen Aufgaben im Interesse einer wünschenswerthen Decentralisation der Selbstverwaltung den Provinzen übertragen wurde. Es sei aber selbstverständliches Erforderniss einer gesunden Selbstverwaltung, dass die Träger der letzteren nicht bloss die Ausgaben beschlössen, sondern auch für deren Deckung aufzukommen hätten. Eine Abwälzung ihrer Kosten auf den Staat widerspreche dem Grundgedanken der Selbstverwaltung.“

Diesen Worten wird durchaus zugestimmt werden müssen. Nur das grosse Interesse an dem Zustandekommen des Gesetzes macht es einigermassen erklärlich, dass die Staatsregierung sich in der Zwangserziehungsgesetzgebung, deren Kostentragung ursprünglich lediglich den Kommunalverbänden überlassen werden sollte (§ 254), zu so weitgehenden Zugeständnissen hat bewegen lassen. Jedenfalls widerspricht es dem Wesen der Selbstverwaltung und den sonstigen Staatsfinanzgrundsätzen, dass die Kommunalverbände über die Verwendung von Summen, die zu zwei Dritteln aus Staatsmitteln gedeckt werden, verfügen dürfen, weil ihr Interesse an einer sparsamen Verwaltung mit der Herabminderung der finanziellen Betheiligung naturgemäss abnehmen muss.

§ 260. Die Aufbringung der etwa erforderlich werdenden Verwaltungs-, Unterhaltungs- und Baukosten der Provinzialanstalten verblieb den Provinzen (§ 255).

Eine Betheiligung des Staates wurde von dem Minister von Miquel (a. a. O. S. 16) aus folgenden Gründen abgelehnt:

Hier hänge die Höhe der Kosten wesentlich von der Provinzialverwaltung und namentlich davon ab, ob sie Anstaltserziehung oder Familienerziehung — welche letztere er regelmässig vorziehe — eintreten lasse. Auch lägen die Verhältnisse in den einzelnen

Provinzen sehr verschieden; während z. B. einzelne schon Anstalten errichtet hätten, seien in einer Reihe anderer Provinzen Anstalten noch nicht vorhanden, sodass eine Beitragspflicht des Staates zu den Baukosten durchaus ungleich wirken und möglicherweise zu einer Benachtheiligung der ärmeren Kommunalverbände führen würde. Es könne nur in Frage kommen, und hierzu sei er bereit, für ärmere und überlastete Kommunalverbände Zuschüsse zu nothwendigen Bauten unter Prüfung der Verhältnisse im einzelnen Falle im Etat bereit zu stellen. Eine gesetzliche Regelung könne indess hier nicht eintreten.

§ 261. Die Festsetzung des Staatsbeitrags soll während der ersten Jahre nach den ministeriellen Bestimmungen (v. 18. Dez. 1900) auf Grund einer Zusammenstellung der wirklich aufgewendeten Kosten berechnet werden. Später werden von 5 zu 5 Jahren Pauschsummen festgesetzt werden.

Dabei ist nach erfolgter Vorlage und Prüfung der erstmaligen Kostenzusammenstellungen durch Erl. der Minister des Innern und der Finanzen v. 29. Sept. 1902 zugestanden worden, dass der Staat auch Beiträge zu leisten habe: 1. zu den von den Orts-(Gesammt)armenverbänden zu tragenden Kosten der Ueberführung etc., wenn ein verpflichteter Armenverband nicht vorhanden ist; 2. zu den Reisekosten der Provinzialbeamten zum Besuche der Anstalten und der bei den Famlien in der Lehre und im Gesindedienst untergebrachten Zöglinge, soweit diese Kosten sich in den Grenzen der zur Erfüllung des Erziehungszweckes nothwendigen Ausgaben halten.

Der Staat habe dagegen nicht beizutragen: 1. zu den Kosten der allgemeinen Verwaltung der Fürsorgeerziehung, zu denen insbesondere zu rechnen sind die Besoldung etc. und die Pension der mit Bearbeitung der Fürsorgeerziehung betrauten Provinzial-, Ober-, Mittleren-, Kanzleibeamten, die Pension und die Beiträge zur Wittwenpensionskasse für die in pensionsberechtigten Stellen befindlichen Beamten, Lehrer u. s. w. der Erziehungsanstalten, die Porto-, Druck- und sonstigen Bureaukosten der Provinzialverbände; 2. zu den Kosten des Grunderwerbs für die Anstalten, des Baues und der baulichen Unterhaltungen derselben — wozu auch die Feuerversicherungsbeiträge und ähnliche Kosten gehören. 3. Ebenso sei der Werth der Dienstwohnungen und Dienstgärten der in den Provinzialanstalten wohnenden Beamten nicht antheilig vom Staate zu übernehmen.

Gegen diese Auffassung haben indessen die Kommunalverbände Einspruch erhoben und beabsichtigen darüber richterliche Entscheidung herbeizuführen.

Für die in den staatlichen Erziehungsanstalten (s. § 250 ff.) untergebrachten Fürsorgezöglinge wurde als Pflegegeld der nach der Jahresrechnung auf den Kopf des Zöglings entfallende Betrag festgesetzt

Die Frage, ob die Kosten für die vorläufige Unterbringung gemäss § 5 des Gesetzes als unmittelbare oder mittelbare Polizeikosten anzusehen seien und demnach da, wo die Kosten der örtlichen Polizeiverwaltung vom Staate getragen werden, diesem oder der Gemeinde zur Last fallen, wurde durch den gemeinsamen Erlass der Minister des Innern und der Finanzen v. 12. Dez. 1901 dahin entschieden, dass jene Kosten in den Städten mit Königlicher Polizeiverwaltung als unmittelbare Polizeikosten auf die Staatskasse zu übernehmen seien.

Ueber die Kosten der vorläufigen Unterbringung solcher Minderjähriger, welche später der Fürsorgeerziehung nicht endgültig überwiesen werden, bestimmt der gemeinsame Erlass der Minister des Innern und der Finanzen v. 27. Aug. 1902, dass die Bestimmungen des § 15 des Gesetzes auf die nach § 5 vorläufig untergebrachten, später aber nicht endgültig der Fürsorge überwiesenen Minderjährigen nicht zutreffen.

§ 262. Die Frage, ob Familien- oder Anstaltserziehung vorzuziehen sei, entscheidet das Gesetz selbst nicht, sondern überlässt die Entscheidung dem Kommunalverband (§ 9). Nur bestimmt es einmal (§ 9), dass im Falle der Anstaltserziehung der Zögling, soweit möglich, in einer Anstalt seines Bekenntnisses unterzubringen ist. Im Falle der Familienerziehung muss — nach dem Gesetz — der Zögling mindestens bis zum Aufhören der Schulpflicht in einer Familie seines Bekenntnisses untergebracht werden.

Sodann dürfen (nach § 10) die Zöglinge nicht in Arbeitshäusern und nicht in Landarmenhäusern; in Anstalten, welche für Kranke, Gebrechliche, Idioten, Taubstumme oder Blinde bestimmt sind, nur so lange untergebracht werden, als es ihr körperlicher oder geistiger Zustand erfordert.

Die vom Minister des Innern unterm 18. Dez. 1900 erlassenen Ausführungsbestimmungen sprechen dagegen aus, dass, so lange die Zwecke der Fürsorgeerziehung nur irgend durch Unterbringung in eine Familie erreicht werden könne, dieser der Vorzug zu geben sei.

Die Unterbringung in Anstalten soll vorzugsweise zur Anwendung kommen für Minderjährige, die zu geschlechtlichen Ausschweifungen, zum Landstreichen und Verbrechen neigen oder in anderer Weise sittlich verwahrlost sind, sowie solche, deren körperlicher Zustand eine besondere Pflege unter ärztlicher Aufsicht fordert. Die Zöglinge sollen aber auch dann in der Anstalt nur so lange bleiben, als unbedingt nothwendig ist, um sie an Zucht und Ordnung zu gewöhnen, leiblich und geistig zu kräftigen. Sobald dieser körperliche und sittliche Reinigungsprozess beendet ist, sind sie in Familien, wenn möglich unter Aufsicht des Anstaltsvorstehers, der ihren Charakter kennt, unterzubringen, die Schulpflichtigen in Pflege, die Schulentlassenen im Gesindedienst oder als Lehrlinge. Führen sie sich schlecht oder erweist sich die Familie als ungeeignet, so sind sie in die Anstalt zurückzunehmen, um geeigneten Falles nach einiger Zeit einen erneuten Versuch mit der Familienerziehung zu machen.

Diese ministeriellen Bestimmungen sind geeignet, die finanziellen Belastungen für Staat und Provinzen in Folge des Gesetzes einigermassen zu mildern, da die Familienpflege, wenn sie auch in Folge des Gesetzes (wie übrigens die Privatanstaltspflege und selbst die Kosten der Pflege in den provinziellen Anstalten auch) vielfach erheblich gestiegen ist, immerhin im Allgemeinen noch billiger ist, als die Anstaltspflege.

§ 263. Gleichwohl ist die Kostensteigerung der Zwangserziehung Jugendlicher bereits im ersten Rechnungsjahre nach Erlass des Ges. v. 2. Juli 1900 eine recht bedeutende gewesen.

Die Statistik des ersten Jahres ergiebt eine Steigerung der Ausgaben von 1 677 977 M. in 1900 auf 2 296 475 M. in 1901, gleich rund 37 pCt. Die Steigerung der Staatslasten (von 837 843 M. auf 1 530 983 M.) betrug rund 83 pCt., während eine Verminderung der Lasten der Kommunalverbände (von 840 143 M. auf

765 492 M.) um 8,8 pCt. stattfand. Die bei den Gesetzesverhandlungen mehrfach hervorgetretene Besorgniss, dass bei letzteren durch das neue Gesetz eine starke Mehrbelastung eintreten würde, ist hiernach einstweilen nicht eingetroffen.[1])

§ 264. Ueber die Wirksamkeit des Gesetzes kann im Uebrigen nach einem so kurzen Zeitraum seines Bestehens ein endgültiges Urtheil naturgemäss noch nicht abgegeben werden.

Jedenfalls aber ist seine Wirkung eine sehr einschneidende. Während die Gesammtzahl der Kinder, welche vom 1. Okt. 1878 bis 31. März 1901 überhaupt in Zwangserziehung untergebracht waren, 33 953 betrug und die Jahressteigerung von 1900/01 1504 oder 4,6 pCt. ausmachte, stellt sich die Zahl der auf Grund des Ges. v. 2. Juli 1900 der Fürsorgeerziehung im ersten Jahre rechtskräftig überwiesenen auf nicht weniger als 7787 (4949 männliche und 2838 weibliche Personen.[2]) Wenn erst mit den im Laufe der letzten Jahre angesammelten Verwahrlosten gründlich aufgeräumt und der Nachwuchs ihnen entzogen sein wird, dürfte eine Abnahme dieser hohen Jahresziffer eintreten.

Die absolute Zahl der strafrechtlichen Verurtheilungen Jugendlicher hat sich in Folge des Fürsorgeerziehungsgesetzes nicht vermindert; sie betrug für Preussen im Jahre 1900: 28 903, 1901: 30 007.

§ 264 a. Von den im Jahre 1901 der Fürsorge Ueberwiesenen (7787) waren am 31. März 1902 untergebracht 4007 Knaben und 2349 Mädchen, während 892 Knaben und 457 Mädchen noch nicht endgültig untergebracht waren. Von den Untergebrachten befanden sich in Anstalten 2887 Knaben und 1538 Mädchen (davon in den 6 staatlichen Erziehungsanstalten 100 Knaben und 25 Mädchen). In fremden Familien waren untergebracht 1104 Knaben und 804 Mädchen, in der eigenen Familie 16 Knaben und 7 Mädchen.

Beiträge zu den Unterhaltungskosten (§ 260) konnten nur in 26 Fällen aus dem Vermögen der Zöglinge und in 194 Fällen von den Unterhaltungsverpflichteten geleistet werden. Der höchste Beitrag war 664 M. in Berlin.

Die meisten der Zöglinge (1549) waren zu einem monatlichen Pflegegeld von über 10—15 M. untergebracht, über 15—20 M. wurde gezahlt für 1290 Zöglinge, über 20—25 M. für 930 Zöglinge, über 25—30 M. für 635 Zöglinge, über 30—35 M. für 301 Zöglinge, über 35—40 M. für 317 Zöglinge, darüber für 291 Zöglinge.

10 M. und darunter pro Monat wurde gezahlt für 836 Zöglinge, davon für 693 über 5 M.

---

[1]) Statistik über die Fürsorgeerziehung Minderjähriger. Statistik im Ministerium des Innern. Berlin, Druckerei der Strafanstaltsverwaltung. 1903.

[2]) davon waren schulpflichtige und jüngere Knaben 3582, Mädchen 1724, schulentlassene Knaben 1367, Mädchen 1114.

Der Gesammtbestand der auf Grund des Ges. v. 13. März 1878 der Zwangserziehung überwiesenen Jugendlichen, soweit sie am 31. März 1901 noch in Fürsorgeerziehung waren, betrug 9106 Knaben und 2123 Mädchen, zusammen 11 229.

(In den staatlichen Zwangserziehungsanstalten waren am 31. März 1902 untergebracht 412 Knaben und 74 Mädchen von 1189 Knaben und 339 Mädchen, die überhaupt auf Grund des § 56 des Str.-G.-B. der Zwangserziehung überwiesen waren.)

Etatsmässige Behandlung der Staatszuschüsse.

§ 265. Die Einstellung der Kosten des Staatsbeitrags auf Grund des Ges. v. 2. Juli 1900 erfolgt seit 1901 im Etat unter der Rubrik „Allgemeine Ausgaben im Interesse der Polizei“ (Kap. 95) im Tit. 7, auf dem auch früher die Zuschüsse des Staates auf Grund des Ges. v. 13. März 1878 eingestellt waren. Es fragt sich, ob nicht eine gemeinsame Behandlung der staatlichen Zwangserziehungsanstalten und der vorgedachten Zuschüsse unter besonderer Etatsrubrik zweckmässig wäre.

Während 1900 noch 754 000 M. auf dem Titel ausgebracht waren, musste für 1901 die Summe auf 1 200 000 M. erhöht werden, 1903 aber bereits eine weitere Steigerung auf 1 680 000 M. erfahren.

Ueber die Antheilnahme der Kommunalverbände an den Gesammtkosten siehe das in dem vorhergehenden Paragraphen Gesagte und die Tabelle in Anl. XCIII.

7. Abschnitt.

Einnahmen und Ausgaben für Wohlthätigkeitszwecke.

(Kap. 31 Tit. 8 und 9 der Einnahme, Kap. 97 der Ausgabe.)

Allgemeines.

§ 266. Die Fonds für Wohlthätigkeitszwecke betrugen 1850 nur 598 731 M., 1903 dagegen 6 864 086 M. Es ist aber bereits in § 1 darauf hingewiesen, dass von diesen 6,8 Mill. M. 5,8 Mill. M. lediglich einen durchlaufenden Posten — Veteranenbeihülfen — darstellen. (Näheres in § 267).

Seit 1900 trat ein weiterer erheblicher Betrag von Ausgaben, einige neunzigtausend Mark beim Tit. 9 (Stiftungsfonds) hinzu, auch diese Steigerung hat nur eine formale Bedeutung (§ 276).

Von den 598 731 M. im Jahre 1850 bestand der grösste Theil in Ausgaben auf Grund rechtlicher Verpflichtungen (386 190 M). Der betreffende Titel (5) stieg nach Hinzutritt der neuen Provinzen (1867) sogar auf 612 589 M., sank aber schon seit Mitte der 70er Jahre in Folge der Dotationsgesetzgebung auf hundert und einige zwanzigtausend Mark, welche Höhe er auch heute noch hat. (Näheres in § 271.)

Diesem Rückgange standen Steigerungen bei einzelnen anderen Unterstützungsfonds (Tit. 2, 7 etc.) gegenüber, sodass das Gesammtbild der Ausgaben, wenn man von den oben erwähnten zwei durchlaufenden Posten absieht, sich wenig gegen früher verändert hat.

In der That kann es auch nicht als eine Aufgabe des Staates betrachtet werden, Wohlthätigkeit aus seinen Mitteln auszuüben, soweit nicht Unterstützungen von Staatsdienern und deren Hinterbliebenen in Frage kommen. Die dafür ausgeworfenen Fonds finden sich aber auf den einzelnen Ressortetats vor.

Indirekt wirkt der Staat heutzutage im Sinne der Wohlthätigkeit durch Genehmigung zahlreicher Lotterien und Ausspielungen für Wohlthätigkeitszwecke.

Direkt ist er mehrfach bei allgemeinen Nothständen eingetreten, wo dann besondere Anleihegesetze zur Aufbringung der erforderlichen Summen erlassen worden sind. Vgl. z. B., soweit das Ressort des Innern in Betracht kommt, die Gesetze v. 31. Mai 1888 und 8. Mai 1889 (G.-S. S. 102 und 103) u. A. m. (s. auch Bd. II Buch II § 158a).

Die einzelnen in Kap. 97 ausgebrachten Wohlthätigkeitsfonds.

§ 267. *Kap. 92 Tit. 1.* Zu Beihülfen für unterstützungsbedürftige ehemalige Krieger (Gesetz vom 22. Mai 1895 — Reichs-Gesetzbl. S. 237 5 885 760 M.).

Auf diesem Titel standen bis zum Jahre 1893/94 Beträge zur Unterstützung hülfsbedürftiger ehemaliger Krieger aus den Jahren 1806—15. Zum ersten Male wurden zu diesem Zwecke 150 000 M. auf Grund eines Beschlusses des Abgeordnetenhauses in den Etat für 1853 eingestellt. Später wurde der Fonds mit den jetzigen Titeln 2 und 5 verschmolzen, bis 1863 wieder eine Trennung stattfand.

1862 erhielten aus dem Fonds (damals 149 700 M.) ca. 4000 Veteranen je 36 M. fortlaufende Unterstützung jährlich, und zwar besonders in den Fällen, wo kein Invalidengeld gezahlt werden konnte.

1862 wurde der Fonds um 150 000 M. erhöht, um weitere Veteranen der Wohlthat derartiger Unterstützungen theilhaftig werden zu lassen. Durch Gesetz vom 10. März 1863 (G.-S. S. 101) trat an Stelle letzterer Summe ein besonderer Fonds von 45 000 M. für die Veteranen von 1813—15.

Für die neuen Provinzen kamen 1867 124 764 M. hinzu, so dass der Fonds Anfangs der 70er Jahre etwa 1 Mill. M. betrug. Seitdem sank der Fonds, seiner Natur nach, zunächst allmählich, dann rapide, bis 1893/94 die letzten 2000 M. ausgeworfen waren.

§ 267a. Im Jahre 1895 erging nun das Reichsgesetz vom 22. Mai (R.-G.-Bl. S. 237), durch welches aus den Mitteln des Reichsinvalidenfonds (R.-G. vom 23. Mai 1873) in den Grenzen der Zinsen des für die Sicherstellung seiner gesetzlichen Verwendungszwecke entbehrlichen Aktivbestandes (30. Juni 1894: 83 Mill. M.) gewährt werden konnten: 1. Pensionszuschüsse für Militärs, die 1870/71 in Folge Verwundung oder Dienstbeschädigung verhindert waren, ein zweites bei der Pensionirung anzurechnendes Kriegsjahr zu verdienen, 2. Unterstützungen an nicht anerkannte Invaliden von 1870/71, 3. Beihülfen — in Höhe von 120 M. monatlich im Voraus zahlbar — an solche Personen des Unteroffizier- und Mannschaftsbestandes des Heeres und der Marine, welche an dem Feldzuge von 1870/71 oder an den von deutschen Staaten vor 1870 geführten Kriegen ehrenvollen Antheil genommen haben und sich wegen dauernder gänzlicher Erwerbsunfähigkeit in unterstützungsbedürftiger Lage befinden.

Für das Etatsjahr 1895/96 wurde der Ausgabebedarf des Reichs-Invalidenfonds

1. zu den Pensionszuschüssen auf einhundert Tausend Mark,
2. zu den Unterstützungen für nicht anerkannte Invalide auf vierhundert Tausend Mark,
3. zu den Beihülfen für bedürftige ehemalige Kriegstheilnehmer auf eine Million nnd achthundert Tausend Mark festgesetzt.

Für die spätere Zeit müssen die jeweils erforderlichen Bedarfssummen auf den Reichshaushaltsetat gebracht werden.

Der jährlich festgesetzte Ausgabebedarf wird nach dem im Art. VI des Gesetzes vom 8. Juli 1872 (Reichs-Gesetzbl. S. 289) angegebenen Massstabe der militärischen Leistungen beziehungsweise nach dem im Art. 3 des Gesetzes vom 2. Juli 1873 (Reichs-Gesetzbl. S. 185) bezeichneten Matrikularfusse den Regierungen der einzelnen Bundesstaaten zur gesetzmässigen Verwendung überwiesen.

Auf Preussen entfielen für das Jahr 1896/97 1 147 560 M., welche bei Kap. 31 der Einnahme Tit. 9 und bei Kap. 98 der Ausgabe Tit. 1 in Ausgabe gestellt wurden. Der Betrag hat sich dann im Laufe der Jahre (vgl. Anl. LXXXI S. 304/5) bis auf 5 885 760 M. gesteigert, ist also vorläufig noch in starkem Wachsen begriffen. (Vgl. über die Erhöhung des Reichsfonds vor Allem R.-G.-Bl. 1901 S. 76, 1902 S. 164, Sten.-Ber. des Reichstags 1902 S. 4413 ff. u. a. a. Stellen.) Von 1896/97 bis 1903 wurden im Ganzen bereit gestellt für Preussen 21 263 760 M. Der gesammte Fonds ist antheilig den Regierungspräsidenten bezw. dem Polizeipräsidenten in Berlin zur selbstständigen Bewilligung von laufenden Beihülfen im Jahresbetrage von 120 M. an dauernd gänzlich erwerbsunfähige und unterstützungsbedürftige ehemalige Kriegstheilnehmer überwiesen.

§ 268. *Kap. 97 Tit. 2.* Zu Almosen und Unterstützungen im Allgemeinen — einschliesslich 7500 M. aus dem durch die Herausgabe des Ministerialblattes für die innere Verwaltung erzielten Gewinn 122 314 M.

Der Fonds — sog. Armen- und Wohlthätigkeitsfonds — ist ein ganz alter und hat schon seit 1867, wo er für die alten Provinzen 77 691 M. und für die neuen 44 565 M. betrug, wesentlich die gleiche Höhe behalten (er war vorübergehend mit Tit. 1 und 5 verschmolzen).

Im Jahre 1901 wurden 7500 M. aus dem durch die Herausgabe des Ministerialblattes für die innere Verwaltung erzielten Gewinn auf den Fonds übernommen (vgl. Etatserläuterungen 1901 zu Kap. 31 Tit. 1 Nr. 16 der Einnahme).

Jene 7500 M. und weitere 9000 M. — zusammen 16 500 M. — sind von dem übrigen Fonds ausgesondert und stehen als fiskalischer Armenfonds zur Verfügung des Ministers des Innern.

Die übrigen 105 814 M. sind den Regierungspräsidenten und dem Polizeipräsidenten in Berlin zur selbstständigen Vertheilung überwiesen.

Es werden daraus solche Personen bedacht, zu deren Unterstützung es an anderweiten etatsmässig ausgesetzten Mitteln fehlt, — also Hinterbliebene von Kommunalbeamten und Privatpersonen jeden Standes. Laufende Unterstützungen werden nicht gewährt.

§ 269. *Kap. 97 Tit. 3.* Zu einmaligen Unterstützungen für Personen, welche, ohne die Eigenschaft von Beamten zu haben, in der Verwaltung des Innern beschäftigt werden oder beschäftigt gewesen sind, sowie für Hinterbliebene solcher Personen 10 000 M.

Der Fonds wurde im Jahre 1901 zum ersten Male eingestellt. Dem Ministerium des Innern stand bis 1901 ein Fonds zur Gewährung derartiger Unterstützungen nicht zur Verfügung und ist daher seit dieser Zeit ein solcher Fonds dem Bedürfniss entsprechend ausgebracht, wie er auch auf den Etats anderer Ressorts steht.

§ 270. *Kap. 97 Tit. 4.* Zur Verpflegung verarmter ehemaliger Militärpersonen und deren Familien 10 907 M.

Der Fonds stand schon im Anfang der 50er Jahre mit dem Betrage von 10 557 M. auf dem Etat und wurde 1898/99 auf den jetzigen Betrag (10 907 M.) erhöht, weil ein Zinsenbetrag von 350 M. aus einem zum Staatsschatz eingezogenen Gensdarmerieunterstützungsfonds, der ähnlichen Zwecken diente wie Tit. 4, diesem überwiesen wurde (vgl. Etatserläuterungen 1898/99).

Der Fonds dient zur Verwendung für Wittwen und Töchter ehemaliger Soldaten vom Feldwebel abwärts, auch werden hülfsbedürftige Gensdarmenwittwen und -kinder daraus bedacht. (Ursprünglich war der Fonds bestimmt zur Verpflegung entlassener verarmter Militärpersonen und deren Familien, besonders in Provinzen, wo es an Landarmenhäusern in genügender Anzahl fehlte und das Domizil solcher vormaliger Militärpersonen sich nicht konstatiren liess.)

Es werden fortlaufende und ausserordentliche Unterstützungen aus dem Fonds bewilligt.

§ 271. *Kap. 97 Tit. 5.* An Zuschüssen für Armen- und Wohlthätigkeitsanstalten 128 271 M.

Der Fonds enthält nur Ausgaben auf Grund rechtlicher Verpflichtungen. Er betrug 1850 rund 386 000 M., stieg bis 1868 auf 612 589 M. 1868 kamen allein rund 174 000 M. in Abgang, weil in Folge des Allerh. Erl. v. 16. Sept. 1867 wegen Ueberweisung des vormals Kurhessischen Staatsschatzes an den kommunal-ständischen Verband des Regierungsbezirks Cassel die Verpflichtung zur Unterhaltung der Landkrankenanstalten etc. auf diesen Verband überging, sowie rund 18 000 M. in Folge der Ueberweisung des sogenannten Domanialablösungs- und Veräusserungsfonds an den provinzial-ständischen Verband der Provinz Hannover.

1870 folgten rund 54 000 M. in Folge des Ges. v. 25. März 1869 wegen Erweiterung der Verwendungszwecke der Einnahmen aus dem vormals Kurhessischen Staatsschatze, 1874 fielen 21 410 M. fort in Folge Ablösung von Jahresrenten durch Zahlung des 20fachen Betrages, sodass 1875 nur noch 242 843 M. auf dem Titel standen.

Im Jahre 1876 wurden sodann an Jahresrenten, welche auf Grund des § 1 des Ges. v. 8. Juli 1875, betreffend die Ausführung der Vorschriften in den §§ 5 und 6 des Ges. v. 30. April 1873 wegen der Dotation der Provinzial- und Kreisverbände, den Provinzial- etc. Verbänden überwiesen worden sind, und an Jahresrenten, welche auf Grund des § 16 des ad Nr. 5 bezeichneten Ges. v. 8. Juli 1875 den Provinzialverbänden überwiesen worden sind, rund 143 828 M. in Absatz gebracht,[1]) während die Baufonds für einige Damenstifte um rund 27 000 M. erhöht wurden.

Der Fonds betrug 1876 darnach rund 126 000 M. und hat sich seitdem nicht mehr erheblich verändert (1903: 128 271 M.).

Von den in Betracht kommenden Zuschüssen sind insbesondere zu erwähnen 16 398 M. und 34 261 M., welche in der Provinz Hannover und im Regierungsbezirk Cassel an Armen- und Wohlthätigkeitsanstalten grösstentheils auf Grund von Stiftungen früherer Landesherren gezahlt werden; 44 565 M. Jahresrente an den Landarmenverband des Regierungsbezirks Wiesbaden nach § 74 des Ges. v.

---

[1]) s. auch § 277 sowie Bd. II Buch X § 146. — Die Summe von 143 828 M. stellte sich im Einzelnen wie folgt: im Regierungsbezirke Königsberg 14 331 M., Marienwerder 2000 M.; Stadt Berlin 23 207 M., Potsdam 24 612 M., Stettin 996 M., Köslin 449 M., Breslau 525 M., Magdeburg 9874 M., Merseburg 1448 M., Erfurt 2308 M., Schleswig 38 313 M., Münster 5178 M., Minden 1471 M., Arnsberg 5290 M., Düsseldorf 5692 M., Sigmaringen 3428 M.; im Landrosteibezirke Hildesheim 62 M., Stade 411 M.; im Regierungsbezirk Cassel 2849 M., Wiesbaden 1371 M.; an Zuschüssen im Regierungsbezirke Cassel, welche nach dem Durchschnitte der betreffenden Vergütigungssätze zu berechnen sind, in Folge Neuaufstellung des Etats 12 M.

8. März 1871; 21 139 M. Zuschüsse an die landesherrlichen Damenstifte in den Regierungsbezirken Potsdam, Stettin, Köslin und Stralsund zur Aufbesserung von Stiftsstellen und zur baulichen Unterhaltung der Stiftsgebäude.

§ 272. *Kap. 97 Tit. 6.* Zu Unterstützungen für ausgeschiedene Beamte, sowie für Wittwen und Waisen von Beamten aus dem Ressort des Ministeriums des Innern 350 000 M.

Der Fonds ist bestimmt, für die Wittwen und verwaisten Kinder verstorbener Beamten der Verwaltung des Innern fortlaufende Unterstützungen und Erziehungsbeihülfen, soweit die gesetzlichen Wittwen- und Waisengelder in einzelnen Fällen unzureichend sind, sowie in Nothfällen extraordinäre Beihülfen, ferner laufende und ausserordentliche Unterstützungen an erwachsene vaterlose Beamtenkinder und an ausgeschiedene Beamten herzugeben.

Nach Massgabe der Allerh. Kab.-O. v. 16. März 1874 und 25. Okt. 1893 darf der Minister fortlaufend an Wittwen höherer Staatsbeamten bis höchstens 276 Thaler = 828 M., an Wittwen etatsmässiger Subalternbeamten bis höchstens 204 Thaler = 612 M., an Wittwen von Diätarien bis höchstens 84 Thaler = 252 M., an Wittwen von Unterbeamten bis höchstens 72 Thaler = 216 M., an bedürftige Kinder verstorbener Beamten zu deren Erziehung bis höchstens 72 Thaler = 216 M., und für erwachsene Kinder verstorbener höherer Beamten und Subalternbeamten, wenn sie durch fortdauernde Krankheit oder andere besondere Umstände dauernd behindert sind, sich ihren Lebensunterhalt selbst zu erwerben, bis zum Betrage von jährlich 420 M. und von Unterbeamten bis höchstens 72 Thaler = 216 M. jährlich selbständig bewilligen. Ferner ist der Minister (Allerh. O. vom 25. Okt. 1893) ermächtigt, pensionirten Beamten laufende Unterstützungen bis zum Betrage von jährlich 300 M. zu gewähren.

Ueber diese Sätze hinaus ist die Einholung der Allerhöchsten Genehmigung erforderlich (vgl. über den Zweck des Fonds auch Etatserläuterungen 1874 und 1881/82).

Für einmalige Unterstützungen sind Höchstgrenzen nicht festgesetzt.

§ 273. Der Fonds wurde im Jahre 1864 mit 42 000 M. vom Etat des Finanzministeriums hierher übertragen (vgl. Etatserläuterungen zu Tit. 31 Nr. 5 jenes Etats). Es war der auf das Ministerium des Innern entfallende Antheil eines bis dahin für alle Verwaltungen auf dem Etat des Finanzministeriums stehenden „Pensionsfonds für Wittwen und Waisen von Civilbeamten".

Erhebliche Steigerungen erfuhr der Fonds Anfangs der 70er Jahre. 1876 betrug er bereits 210 000 M., 1880/81 250 000 M. Seit 1881/82 wurde er auf den jetzigen Betrag (350 000 M.) erhöht.

§ 274. *Kap. 97 Tit. 7.* Zu Pensionen und Unterstützungen für Wittwen und verwaiste Töchter von Staatsbeamten und Offizieren im Allgemeinen (Stiftspensionsfonds) 225 000 M.

Der Fonds ist bestimmt, an Wittwen und verwaiste (hülfsbedürftige) Töchter verstorbener Offiziere, Militär- und Civilbeamten aller Ressorts bis zu den Subalternen 1. Klasse herab fortlaufende Unterstützungen (Stiftspensionen) und extraordinäre Beihülfen zu gewähren. Die Bewilligung der Pensionen geschieht durch Se. Maj. den Kaiser und König, der extraordinären Unterstützungen durch den Herrn Minister des Innern. Der Stiftspensionsfonds ist entstanden durch die nach und nach heimgefallenen Kompetenzen der in Folge des Reichsdeputationshauptschlusses v. 25. März 1803 und des Säkularisationsedikts v. 30. Okt. 1810 aufgehobenen überelbischen[1]) Damenstifter.

Der Fonds stand schon auf dem Etat für 1849. In diesem Etat waren ausgeworfen unter Nr. 13 zur Herstellung und Begründung von Damenstiftern 78 060 M., Nr. 14 Pensions- und Unterstützungsfonds für Wittwen und verwaiste Töchter 54 506 M.

Diese beiden Fonds wurden aus heimfallenden Kompetenzen vormaliger Mitglieder der aufgehobenen Damenstifter jenseits der Elbe gebildet, und zwar in der Art, dass von den heimfallenden Kompetenzen jedem der beiden Fonds die Hälfte alljährlich überwiesen wurde, bis sie die Höhe von resp. 165 000 M. und 60 000 M. erreicht haben würden.

Der erstgenannte Fonds wurde 1864 gestrichen und die Einnahmen dem zweiten, sog. Stiftpensionsfonds, gutgeschrieben (Abg.-H. 1863 Sten. Ber. S. 562—64). Im Jahre 1867 betrug der gemeinsame Fonds 190 572 M., 1898 99 214 242 M. Im Jahre 1899 erhöhte er sich auf 225 000 M.

§ 275. *Kap. 97 Tit. 8.* Zur Unterstützung ehemaliger Beamten aus dem Ressort der Verwaltung des Innern in der Provinz Hannover, namentlich der vormaligen Aemter, hauptsächlich aber zur Unterstützung der Angehörigen und Hinterbliebenen solcher Beamten 2190 M.; desgleichen der bei Einführung der Kreisordnung in den Provinzen Hessen-Nassau und Schleswig-Holstein verfügbar gewordenen kommissarischen Distriktsbeamten 1900 M. und ehemaliger Nachtwachtbeamten in Berlin 25 698 M. = 29 788 M.

Sämmtliche hier aufgeführte Fonds sind aussterbende. Die darauf ruhenden Verpflichtungen hören mit dem Ableben der derzeitigen Empfänger auf, die eintretenden Heimfälle fallen als Ersparnisse den allgemeinen Staatsfonds zu.

Der Fonds wurde 1869 mit 21 000 M. für ehemalige hannöversche Beamte des Ressorts des Innern eingestellt, weil sich ähnliche Aus-

[1]) d. h. in den westlichen Provinzen.

gaben auf dem früher hannöverschen Etat befunden hatten. Die Beträge mussten allmälig heimfallen und machen für 1902 nur noch 2415 M. aus.

Es kamen aber hinzu bei Einführung der Kreisordnungen in Hessen-Nassau und Schleswig-Holstein Unterstützungsbeträge für dabei verfügbar gewordene kommissarische Distriktsbeamte. Auch hier handelt es sich für 1902 nur noch um 1900 M.

Drittens wurden aber 1896/97 auf den Fonds Unterstützungen ehemaliger Nachtwachtbeamten in Berlin 28 140 M. eingestellt in Folge der Neuregelung des nächtlichen Sicherheitsdienstes in Berlin in Folge des Polizeikostenges. v. 20. April 1892.

Zwar liegt eine rechtliche Verpflichtung des Staates zur Gewährung von Abfindungen an die in Folge dessen entlassenen Mannschaften nicht vor; jedoch erschien es billig, denselben eine fortlaufende widerrufliche Unterstützung bis zur Höhe der gesetzmässigen Pension zu bewilligen. Wenn und so lange jedoch einer dieser Unterstützungsempfänger aus einer Anstellung oder nicht lediglich vorübergehenden Beschäftigung im Reichs-, Staats- oder Gemeindedienste — gleichviel ob er dabei Beamteneigenschaft von Neuem erwirbt oder im Lohnverhältniss steht — oder auch aus lohnender dauernder Beschäftigung im Privatdienste ein anderweites laufendes Einkommen bezieht, soll die Unterstützung insoweit eingestellt werden, als sie mit dem neuen Einkommen zusammen den Betrag des früheren Diensteinkommens im Nachtwachtdienste übersteigen würde.

Der Gesammtbetrag für diese Ausgabekategorie ist für 1903 auf 25 698 M. geschmolzen und fällt mit der Zeit ganz fort.

§ 276. *Kap. 97 Tit. 9.* Dispositionsfonds für Stiftszwecke und zu Unterstützungen aus Spezialfonds 102 046 M.

Den Spezialfonds verbleiben alle Mehreinnahmen und Ausgabeersparnisse, während Mindereinnahmen und Mehrausgaben zu Lasten der Fonds zu decken sind. Die am Jahresschlusse verbleibenden Bestände sind zur Verwendung in die folgenden Jahre zu übertragen.[1])

Bei diesen Ausgaben kommt zunächst in Betracht ein Allerhöchster Dispositionsfonds für Stiftszwecke mit etwa 15—16 000 M. Jahreseinnahme, nämlich der bei der Generalstaatskasse besonders asservirte, in geldwerthen Papieren angelegte Kapitalbestand des Stifterfonds. Derselbe ist, wie der Stiftspensionsfonds — Kap. 97 Tit. 7 (§ 274) — entstanden aus heimgefallenen Kompetenzen der überelbischen Damenstifter und zwar dadurch, dass von 1849—52 überschüssige Bestände der zur Herstellung neuer Damenstifter bestimmt gewesenen Einnahmen aus heimgefallenen Stiftskompetenzen (§ 274) auf landesherrlichen Befehl angesammelt und der ausschliesslichen Disposition Sr. Maj. des Kaisers und Königs vorbehalten

[1]) Dieser Vermerk findet sich seit 1901 im Etat.

wurden.[1]) Vom Jahre 1872 ab sind die Zinsen dieses Fonds von Sr. Maj. dem Kaiser und König dem Minister des Innern auch als Aushülfefonds für den Stiftspensionsfonds (Tit. 7) zur Verfügung gestellt.

Die Bewilligungen erfolgen in der Regel nur einmalig.

Bis 1875 wurde der Fonds als Nebenfonds Nr. 50 geführt. Im Jahre 1875 wurde er zum ersten Mal in Einnahme und Ausgabe in den Etat eingestellt (damals Kap. 31 Tit. 7 der Einnahme und Kap. 102 Tit. 9 der Ausgabe).

Die aus dem Fonds verausgabten Beträge werden jetzt in Einnahme bei Kap. 31 Tit. 9 nachgewiesen.

§ 277. Ferner stehen auf Tit. 9 seit 1900 die Ausgaben, welche aus einer grossen Anzahl sog. staatlicher Spezialfonds (früher Nebenfonds genannt) fliessen.

Das Ministerium des Innern ist neben dem Kultusministerium das am meisten mit sog. derartigen Fonds bedachte (s. Bd. II Buch I §§ 4ff.).

In früheren Jahren war die Zahl dieser Fonds eine noch grössere wie gegenwärtig, doch wurde in Folge der Dotationsgesetzgebung von 1875 ein Theil derselben den Provinzen überwiesen (Drucks. Nr. 98 d. Abg.-H. 1875 Anl. H.[2]) S. auch § 271 und Bd. II Buch X § 146.

In dem Etat für 1899 waren nach einem besonderen Verzeichniss, welches seit Alters her dem Etat beigefügt war, noch 23 Nebenfonds mit einem Gesammtbetrage von 191602 M. aufgeführt. In dem Verzeichniss waren alle wichtigeren Fonds aus der Verwaltung des Innern, vor Allem die von der Centralstelle aus verwalteten, mitenthalten. Thatsächlich bestanden indessen noch eine grosse Anzahl kleinerer, meist von den Regierungen verwalteter Fonds, deren Existenz zum Theil in der Centralstelle gar nicht bekannt war.

Die schon in Bd. II Buch I a. a. O. näher erörterten Vorgänge im Abgeordnetenhause und sodann der Erlass des Staatshaushaltsges. v. 11. Mai 1898 (G.-S. S. 77) hatten nun für die Verwaltung des Innern ebenso wie für das Gebiet der Kultusverwaltung eine Neuprüfung der rechtlichen Natur all dieser Nebenfonds zur Folge, deren Ergebniss für jeden einzelnen Fonds in den Beilagen und Erläuterungen des Etats des Ministeriums des Innern für 1900 niedergelegt ist.

In Folge der damaligen Untersuchungen wurden die Jahreseinnahmen einer grösseren Anzahl von Fonds im Betrage von rund 94 Mill. M. im Jahre 1900 auf Grund des § 2 Nr. 4 des genannten Gesetzes in den Etat unter Kap. 31 Tit. 8 der Einnahme und Kap. 97 Tit. 8 der Ausgabe eingestellt.

---

[1]) Abg.-H. Sten. Ber. 1862 S. 2013 und 2014.

[2]) Der Etat für 1875 sah in Beil. C noch 49 Nebenfonds vor, der von 1876 nur 22.

Dies waren folgende Fonds:

a)	Neumärkischer Meliorationsgelder-Zinsen-Pensionsfonds — unter der Verwaltung des Regierungspräsidenten zu Frankfurt a./O.	23 692 M.
b)	Pommerscher Meliorationsgelder-Zinsen-Pensionsfonds — unter der Verwaltung des Oberpräsidenten der Provinz Pommern	43 446 „
c)	Schlesischer Landschaftlicher Pensionsfonds — unter der Verwaltung des Oberpräsidenten der Provinz Schlesien	12 000 „
d)	Provinzial-Wohlthätigkeitsfonds für die Provinz Posen — unter der Verwaltung des Oberpräsidenten	2 780 „
e)	Merseburger General-Almosenfonds — unter der Verwaltung des Regierungspräsidenten zu Merseburg	514 „
f)	Fonds zu Unterstützungen für Wittwen und Waisen von Beamten im ehemaligen Hochstifte Hildesheim — unter der Verwaltung des Regierungspräsidenten zu Hildesheim	2 910 „
g)	Halberstädter Landmagazin-Fonds — unter Verwaltung des Regierungspräsidenten zu Magdeburg	5 818 „
h)	Ostfriesische Armenstrandkasse — unter der Verwaltung des Regierungspräsidenten zu Aurich	1 199 „
i)	Departemental-Nebenfonds — unter der Verwaltung des Regierungspräsidenten zu Cöln	526 „
	Summe	94 046 M.

Entstehung und Verwendung dieser Fonds im Einzelnen zu ersehen aus den Etatserläuterungen 1900.

In Folge dieser Zugänge stieg der Fonds Kap. 97 Tit. 8 von 1899 auf 1900 von 14 285 M. auf 109 118 M. Im Jahre 1901 fielen Ziff. g und h fort, weil letzterer juristische Persönlichkeit erhielt und ersterer aufgelöst wurde (Erläuterungen zum Etat Kap. 31 Tit. 8 der Einnahme). Dadurch sank der Fonds 1901 auf 102 601 M. (1903: 102 046 M.).

Der Ausgabe entsprechend stiegen auch die Einnahmen bei Kap. 31 Tit. 8, welche für 1903 101 259 M. ausmachen.

Behandlung der Nebenfonds, welche im Jahre 1900 nicht in den Etat eingestellt wurden.

§ 277 a. Diejenigen Fonds, welche nach den im Jahre 1900 abgeschlossenen Ermittelungen (§ 277) sich als solche darstellen, welche juristische Persönlichkeit besitzen, wurden gemäss § 3 Abs. 1 und § 4 des Komptabilitätsgesetzes nicht in den Etat eingestellt, sondern werden in Beil. B und C des Etats besonders nachgewiesen und zwar diejenigen Fonds, welche ganz oder zum Theil zu Zwecken bestimmt sind, für welche auch allgemeine Staatsmittel verwendet werden, in Beil. B, und diejenigen, welche zu Zwecken bestimmt sind, für welche allgemeine Staatsmittel nicht verwendet werden, in Beil. C.

Bei den Fonds in Beil. B (s. Anl. LXXXI) handelt es sich gegenwärtig um 33 Fonds — meist Damenstifter — mit einer Gesammteinnahme von 331 347 M.[1]) Zum Theil bestehen die in diesen Damenstiftern gewährten Wohlthaten in Wohnungen mit Geldpräbenden, zum Theil lediglich in Geldpräbenden. Letzterer Art ist z. B. der weitaus bedeutendste der Fonds, derjenige der paritätischen vereinigten Damenstifter

[1]) davon entfallen auf Grundeigenthum 80 403 M., Berechtigungen 94 899 M., Kapitalzinsen 142 201 M., Sonstiges 13 845 M.

Geseke-Keppel mit 68 780 M. Einnahme; die nächst wichtigen Stifte sind die evangelischen Damenstifte Marienfliess a. St. mit 24 500 M., Marienfliess i. P. mit 20 690 M. und Oberkirchen mit 22 366 M. Die übrigen — sämmtlich evangelischen — Fonds der Fräuleinstifter bleiben sämmtlich unter 20 000 M., 8 bleiben sogar unter 1000 M. Jahreseinnahme.

Von den Ausgaben gelangten im Ganzen 270 173 M. zur stiftungsmässigen Verwendung. 40 290 M. müssen für Verwaltungs- und 20 885 M. für sonstige Zwecke aufgewendet werden.

Die Stellen und Präbenden der Fräuleinstifter werden vom König verliehen, die meisten der in Beil. B behandelten Fonds werden in der Centralstelle bearbeitet.

Demgegenüber findet die Verwaltung der in Beil. C enthaltenen (35) Fonds meist durch die Regierungen statt. In Beil. C werden lediglich die Jahreseinnahmen im Ganzen aufgeführt, ohne näheren Nachweis der einzelnen Einnahme- und Ausgabegruppen. Die meisten dieser Fonds, welche den verschiedenartigsten Zwecken dienen, bleiben noch unter 7000 M., darüber erheben sich nur 4 Fonds. Der weitaus stärkste ist der sog. Wilhelmsfonds (ein Allerhöchster Dispositionsfonds zur Unterstützung invalider preussischer Offiziere und Soldaten, sowie der Relikten von Gefallenen aus dem Jahre 1866) mit 67 000 M, die zwei demnächst folgenden Fonds bleiben bereits unter 20 000 M. Jahresertrag.

Im Anl. XCIV u. XCV sind die Fonds im Einzelnen namhaft gemacht.

8. Abschnitt.

Allgemeine Ausgaben zu verschiedenen Bedürfnissen der Verwaltung des Innern.

(Kap. 98 der Ausgabe.)

§ 278. Die in diesem Kapitel ausgeworfenen Beträge sind von verhältnissmässig untergeordneter Bedeutung, weisen auch im Laufe der Jahre nur geringe Veränderungen auf. In früheren Jahren schloss das Kapitel sogar mit einer erheblich höheren Gesammtsumme wie heute ab. Im Jahre 1867 standen nämlich auf dem Kapitel in den alten Provinzen 81 427 M., in den neuen 228 590 M., zus. 310 017 M. 1868 wurden aber bereits nur 172 039 M. eingestellt, weil bei Schleswig-Holstein etwa 60 000 M. Kosten für das Militär-Ersatzwesen auf den Militäretat und bei Hannover etwa 73 000 M. Kosten der dortigen Provinziallandschaften auf den Provinzialetat übergingen. Einige weitere 30 000 M. fielen dann 1877/78 und 1879/80 (vgl. Etatserläuterungen zu Kap. 103 jenes Etats) fort, sodass das Kapitel 1880/81 nur noch 146 074 M. ausmachte. Bis 1895/96 sank der Gesammtbetrag auf 110 768 M., stieg aber seitdem allmälig bis auf 130 973 M. (1902), hauptsächlich in Tit. 4 (§ 282).

§ 279. Im Einzelnen ist zu bemerken zu

Tit. 1. Feststehende, auf rechtlicher Verpflichtung beruhende Ausgaben, zu Prämien für Schützengilden und Schützenkönige und zu verschiedenen Zwecken — einschliesslich 4250,25 M. künftig wegfallend — 48 108 M.

Der Fonds ist auf die Regierungsetats vertheilt und umfasst im Gegensatze zu Tit. 2 nur auf rechtlicher Verpflichtung beruhende Beträge. Die gegenwärtige Titelbezeichnung erfolgte durch den Etat 1874. Bis dahin waren beide Fonds noch vereinigt. 1874 erhielt Tit. 1 80 168 M., Tit. 2 27 768 M., 1876 betrug Tit. 1 noch 94 218 M., sank aber 1879/80 auf einige 70 000 M. (vgl. Etatserläuterungen Nr. 7 zu Kap. 103 Tit. 1 dieses Etats.)

1888/89 wurden 14 170 M. auf Grund des kurhessischen Gesetzes v. 31. Okt. 1833 (G.-S. S. 164) zu zahlende Vergütungen für Landfolgedienste (Gefangenentransporte) nach Kap. 95 Tit. 5 übertragen und hier abgesetzt (Etatserläuterungen zu jenen Titeln). Dagegen werden aus dem Fonds noch heute gedeckt die Geldrenten, welche den bisher zum Naturalbezuge von Besoldungsholz berechtigten Bürgermeistern von Landgemeinden im vormaligen Kurfürstenthum Hessen an Stelle dieses Holzdeputats nach dem Ges. v. 1. April 1875 zu gewähren sind. Sie betragen etwa 27 387 M. und stellen damit den Hauptbetrag des ganzen Titels dar. Der nächsthöhere Betrag sind 5168 M., welche auf dem Etat der Potsdamer Regierung stehen und einen alten Staatsbeitrag zur Laternenunterhaltung in der Stadt Potsdam darstellen.

Die 4250 M., welche als künftig wegfallend bezeichnet sind, enthalten einmal die Entschädigung eines lebenslänglich angestellt gewesenen Senators in der Stadt Altona für den Einnahmeausfall an Justiz- und Verwaltungssporteln, sowie Besoldungszuschüsse als Ersatz früherer Dienstbezüge für verschiedene Amtspersonen im Regierungsbezirke Schleswig (zusammen 3221 M.) und 1029 M. an Besoldungsentschädigungen für nicht wiedergewählte Ortsvorstände (stammt noch aus der Konfliktszeit in Kurhessen).

Der Rest der Ausgaben, etwa 11—12 000 M., wird hauptsächlich zu Prämien für Schützengilden und Schützenkönige verwendet, soweit sie auf rechtlicher Natur beruhen. (In den 50er und 60er Jahren wurden alle derartigen Zahlungen einer Prüfung auf ihre rechtliche Qualität unterworfen.)

§ 280. *Tit. 2.* Sonstige feststehende, nicht auf rechtlicher Verpflichtung beruhende Ausgaben zu verschiedenen Zwecken, mit Einschluss der nicht obligatorischen Prämien für Schützengilden und Schützenkönige 22 686 M.

Der Fonds besteht in dieser Fassung seit 1874 (s. § 279). Er hat in den letzten 30 Jahren nur geringe Veränderungen erfahren.

Der Fonds ist wie Tit. 1 auf die Regierungsetats vertheilt. Der grösste Theil des Fonds (13 500 M.) enthält Zuschüsse zur Unterstützung von Bürgermeistern in kleineren Städten der Regierungsbezirke Posen und Bromberg. Der Rest findet hauptsächlich zur Gewährung von Prämien für Schützengilden und -könige Verwendung, welche nicht auf rechtlicher Verpflichtung beruhen und nur auf Widerruf gewährt werden (etwa 9000 M.).

§ 281. *Tit. 3.* Zu Ausgaben auf Grund der Kranken- und Unfallversicherungsgesetze, sowie des Invalidenversicherungsgesetzes 4427 M.

Tit. 3 enthielt bis 1892/93 840 M. Wohnungsgeldzuschüsse für die beiden Bezirksförster in Hohenzollern, die seitdem nach Kap. 2 Tit. 5 des Etats der Forstverwaltung übertragen wurden. Dagegen wurden 1553 M. eingestellt für diejenigen Ausgaben, welche auf Grund des Reichsgesetzes über die Invaliditäts- und Altersversicherung im Bereiche der Verwaltung des Innern aus der Staatskasse zu leisten sind.

Seit 1894/95 wurde die Titelbezeichnung in dem heutigen Umfang erweitert. Betheiligt sind hauptsächlich die Polizeiverwaltung (nicht ständige Bureauhülfsbeamte) und die Strafanstaltsverwaltung (Werkmeister etc.).

§ 282. *Tit. 4.* Zu Prämien und zu sonstigen verschiedenen Ausgaben, insbesondere auch zu Rechnungsvergütungen 30 166 M.

Der Fonds betrug 1876 30 383 M., sank bis 1883/84 auf 10 841 M., hauptsächlich in Folge Absetzung einiger Beträge und Uebertragung auf andere Etatstitel (vgl. Etatserläuterungen 1877/78). Eine Steigerung von Bedeutung trat dann vor Allem in den letzten 5 Jahren ein (1898/99: 12 905 M., 1902: 30 166 M.), was in den Etatserläuterungen allgemein mit Mehrbedarf begründet wurde.

Der grösste Theil des Fonds (12 000 M.) wird verwendet zur Vertilgung der Kreuzottern im Regierungsbezirk Köslin.

Die Prämien betreffen hauptsächlich solche für Wiederbelebungsversuche etc. (Rettungsmedaillen s. § 283).

Der Fonds ist auf die Regierungsetats vertheilt.

§ 283. *Tit. 5.* Dispositionsfonds zu unvorhergesehenen Ausgaben 25 500 M.

Der Fonds hat die gleiche Höhe wie heute schon seit den 70er Jahren.

Ueber die Verwendung des Fonds wird alljährlich in der Uebersicht der Einnahmen und Ausgaben in besonderer Beilage Nachricht gegeben. Im Rechnungsjahr 1901 wurden u. A. verwendet 17 046 M. als Staatszuschuss zu den Kosten der Internationalen Ausstellung für Feuerschutz- und Rettungswesen etc., 2623 M. zur Beschaffung von Rettungsmedaillen und einige weitere unerheblichere Beträge.

Im Jahre 1902 sind 500 M. als Beihülfe für die Liegnitzer Centralstelle für Arbeitsnachweis verwendet worden. Diese Verwendung verdient insofern Beachtung, als die Förderung des Arbeitsnachweises durch Centralstellen im Lande, und zwar, wie es auch in Liegnitz der Fall, in Verbindung mit Naturalverpflegungsstationen, nicht nur für die Herbeiführung von Ordnung und Ruhe auf den Landstrassen, sondern auch für die Erzielung eines Ausgleiches der Verwendung von Arbeitskräften zwischen Stadt und Land von der grössten Bedeutung ist und daher alle Versuche zur praktischen Lösung dieser allerdings sehr schwierigen Frage jede mögliche Förderung seitens der Staatsregierung verdienen dürften.

Drittes Hauptstück.

Einmalige und ausserordentliche Ausgaben.

(Kap. 9 des Staatshaushaltsetats.)

§ 284. Ebenso wie die Regierungen und Oberpräsidien von dem Etat des Ministeriums des Innern getrennt sind, ist dies auch mit den Dienstgebäuden dieser Behörden der Fall. Doch werden letztere und ihre Unterhaltungskosten nicht auf dem Etat des Finanzministeriums, sondern auf demjenigen der Bauverwaltung nachgewiesen. (Im Ordinarium in Kap. 65 Tit. 14, im Extraordinarium Kap. 5 des Staatshaushaltsetats. Näheres Bd. II Buch V § 211, vgl. auch Anl. LXXIII jenes Bandes S. 260—61). Darnach sind von derartigen Gebäuden in der Zeit von 1889—1900 23 für einen Kostenbetrag von 6,3 Mill. M. gebaut bezw. umgebaut.

§ 284a. Die extraordinären Ausgaben im Ministerium des Innern erstrecken sich dagegen auf die Gebäude der speziell zu dem Ressort des Innern gehörigen Verwaltungen, vor Allem der Strafanstaltsverwaltung, Polizeiverwaltung, Landgensdarmerie, der landräthlichen Behörden und endlich auf das Ministerialgebäude selbst. Die Unterhaltung der Dienstgebäude des statistischen Bureaus und des Oberverwaltungsgerichts erfolgt aus Mitteln des Etats der Bauverwaltung. Extraordinäre Ausgaben sind für das Gebäude des statistischen Bureaus aus Mitteln des Etats der Verwaltung des Innern bisher überhaupt nicht und für das Oberverwaltungsgericht in den letzten 20 Jahren nur insoweit bestritten, als im Jahre 1890/91 für den Ankauf des Grundstücks Jägerstr. 56 480 000 M. in das Extraordinarium des Etats des Ministeriums des Innern eingestellt sind.

Im Einzelnen sind die extraordinären Ausgaben bereits bei den betreffenden Verwaltungszweigen miterörtert worden (vgl. §§ 10, 49, 60, 79, 96, 194, 247).

§ 284b. Vergleicht man das Verhältniss der gesammten extraordinären Ausgaben zu dem Ordinarium im Ressort des Innern für eine längere Zeitperiode, so zeigt sich — nach Anl. XCVII —, dass von 1870—1882/83 der Prozentsatz im Durchschnitt 3,9 pCt., von

1883/84—1892/93 2,1 pCt., von 1893/94—1903 wieder 3,3 pCt. betrug Insgesammt wurden von 1870—1903 bewilligt 49 366 980 M. gegen 1 565 477 049 M. im Ordinarium, also im Durchschnitt 3,4 pCt.

Der Hauptantheil an dem hohen Extraordinarium in der ersten Periode (70er Jahre) entfällt — nach Anl. XCVI — auf die Strafanstaltsverwaltung, während in der letzten Periode (90er Jahre) vor Allem die Polizeiverwaltung mit sehr hohen Beträgen konkurrirt. Im Ganzen vertheilen sich die 49 366 980 M. auf die einzelnen Verwaltungszweige wie folgt: Strafanstaltsverwaltung 31 315 412 M., Polizeiverwaltung 8 509 384 M., Statistisches Bureau 3 965 959 M., Ministerium 2 861 600 M., Landgensdarmerie 1 364 739 M., Landräthliche Behörden 859 886 M., Oberverwaltungsgericht 480 000 M.

Siebentes Buch.

Kleinere Etats.

I. Bureau des Staatsministeriums. — II. Kriegsministerium (Zeughaus). — III. Ministerium der auswärtigen Angelegenheiten. — IV. Oberrechnungskammer. — V. Geheimes Civilkabinet. — VI. Staatsarchive. — VII. Generalordenskommission. — VIII. Gesetzsammlungsamt. — IX. Reichs- und Staatsanzeiger.

Einleitung.

Wir haben im folgenden Buch noch einige kleinere Etats von Behörden zu betrachten, deren politische und administrative Bedeutung den in früheren Büchern behandelten Verwaltungen im Staatsorganismus zum Theil nicht nachsteht, bei denen aber eines Theils die wichtigsten Aufgaben auf das Reich übergegangen sind (Ministerium der Auswärtigen Angelegenheiten und des Krieges), anderen Theils die finanzielle und etatswirthschaftliche Seite eine verhältnissmässig geringe Rolle spielt; beide Arten der Verwaltung können daher im Rahmen dieses Buches nur eine kurze Erwähnung finden. Auch sind in den Anlagen der Raumersparniss wegen die Angaben der etatsmässigen Einnahmen und Ausgaben auf einzelne Jahre — 1849, 1870, 1885/86 und 1903 — beschränkt, da die jährlichen Abweichungen geringe sind.

An Ministerien kommen hier in Betracht neben dem Staatsministerium (I), für welches nur ein Bureauetat existirt, die schon erwähnten Ministerien des Krieges (II) und der Auswärtigen Angelegenheiten (III). Sodann gehören hierher die Oberrechnungskammer (IV) und das Geheime Civilkabinet (V).

An Sonderetats von kleineren Verwaltungen kommen endlich in Betracht diejenigen der Staatsarchive (VI), Generalordenskommission (VII), Gesetzsammlungsamt (VIII) und der Reichs- und Staatsanzeiger (IX).

I. Bureau des Staatsministeriums.

(Anlage XCVIII.)

Allgemeines.

§ 285. Das Staatsministerium bildet die Vereinigung sämmtlicher preussischer Staatsminister, deren Hauptzweck eine gemeinschaftliche Berathung in wichtigen Angelegenheiten ist, damit die Leitung der von einander unabhängigen Ministerialdepartements nicht eine gänzliche Trennung der Geschäfte zur Folge habe, bei welcher die nothwendige Einheit der Verwaltung verloren gehen würde. Die Behörde ist eingerichtet durch das Publikandum v. 16. Dez. 1808 § 2, Kab.-O. v. 3. Juni 1814 und 3. Nov. 1817. In der Kab.-O. von 1814 wurde bestimmt, „dass das Staatsministerium sich wöchentlich einmal oder, falls es nöthig, mehrmals versammeln solle“, und „dass allgemeine Gegenstände, desgleichen solche, wo die Ressorts in einander greifen und eine gemeinschaftliche Ueberlegung erforderlich ist, gemeinsam berathen werden sollen“.

In Nr. VIII der Kab.-O. von 1817 wurde angeordnet, „dass jeder Minister, damit das gesammte Staatsministerium das Ganze der Staatsverwaltung stets übersehe, verpflichtet sein solle, von Zeit zu Zeit allgemeine Uebersichten der ihm anvertrauten Geschäftszweige zur Kenntniss des Staatsministeriums zu bringen, und dass darin insbesondere folgende Gegenstände vorgetragen und berathen werden sollen: 1. alle Entwürfe zu neuen Gesetzen und Abänderungen, ohne Ausnahme, bevor sie an den Staatsrath gelangen; desgleichen Anordnungen, die ein allgemeines Interesse betreffen oder in der bestehenden Verfassung etwas verändern; 2. die Verwaltungsrechenschaften der Oberpräsidenten für das abgelaufene Jahr; 3. die Verwaltungspläne derselben für das künftige Jahr; 4. die monatlichen sogenannten Zeitungsberichte der Regierungen; 5. periodische Uebersichten vom Zustande der Generalkassen; 6. die Etats der General- und Provinzialhauptkassen, soweit sie die laufende Verwaltung betreffen; auch die Militäretats; 7. abweichende Ansichten zwischen den einzelnen Ministern; 8. Militäreinrichtungen, insofern sie das Land angehen; 9. die Vorschläge wegen Anstellung der Oberpräsidenten, Regierungspräsidenten und derer der oberen Justizkollegien, der Direktoren, der Oberforstmeister und mit diesen im Range gleichstehenden Beamten.“

Durch die Verfassungsurkunde wurde die Behörde anerkannt, indem ihr einige wichtige Befugnisse zugesprochen wurden: durch Art. 57 und 58 (Befugnisse im Falle der Nothwendigkeit einer Regentschaft) und durch Art. 63 (sog. Nothverordnungs-Recht). Dagegen ist eine Minister-Verantwortlichkeit des Staatsministeriums als solchen nicht statuirt. (Art. 61 d. Verf.-Urk.)

Auch durch einige spätere Gesetze sind dem Staatsministerium weitere einzelne Geschäfte zugewiesen, z. B. durch Ges. v. 4. Juni 1851 (G.S. S. 451) — §§ 2, 5, 16 (Erklärung des Belagerungszustandes etc.), durch verschiedene Kommunalverordnungen das Recht, die Auflösungen von Kommunalvertretungen durch den König herbeizuführen (näheres bei Rönne). Ferner kommt in Betracht das Ges. v. 21. Juli 1852 (G.-S. S. 465 ff.) — Entscheidungen zweiter Instanz in Disziplinarsachen u. s. w. — Ges. v. 3. Juni 1876 (G.-S. S. 125 ff.) — Ausschreibung kirchlicher Umlagen von gewisser Höhe u. s. w. — Ges. v. 11. März 1879 (G.-S. S. 160 ff.) § 15 — Ausführung des Gesetzes betreffend die Befähigung für den höheren Verwaltungsdienst.

§ 286. Unter der oberen Leitung des Präsidenten des Staatsministeriums stehen die Generalordenskommission, die Staatsarchive, das Gesetzsammlungsamt.

Dem Staatsministerium direkt unterstellt sind folgende Behörden: 1. Das Centraldirektorium der Vermessungen im Preussischen Staate, eine militärische Behörde, deren Leiter der Chef des grossen

Generalstabes ist (Statut vom 11. Juni 1870), 2. der Gerichtshof zur Entscheidung der Kompetenzkonflikte (V.-O. v. 1. Aug. 1879, G.-S. S. 873 ff.), 3. der Disziplinarhof für nicht richterliche Beamte (Ges. v. 21. Juli 1852, G.-S. S. 465), 4. das Königl. Ober-Verwaltungsgericht (Ges. v. 3. Juli 1875, G.-S. S. 375 und v. 2. Aug. 1880, G.-S. S. 327),[1]) 5. die Prüfungskommission für höhere Verwaltungsbeamte (s. o.), 6. die Ansiedelungskommission für Westpreussen und Posen in Posen, 7. das Litterarische Bureau des Staatsministeriums (unter der speziellen Leitung des Ministers des Innern), endlich 8. das Institut des Deutschen Reichs- und Preuss. Staats-Anzeigers und die Redaktion der Gesetzsammlung.[2])

Der während der Kulturkampfgesetzgebung eingerichtete, dem Staatsministerium unterstellte Gerichtshof für kirchliche Angelegenheiten ist nach der Beendigung desselben wieder aufgelöst worden (vgl. Bd. II Buch I § 85a).

Bureau des Staatsministeriums.

§ 287. Zur Vorbereitung und Ausführung der dem Staatsministerium nach § 286 zustehenden Geschäfte ist eine Anzahl höherer, mittlerer und niederer Beamten nothwendig.

Präsident des Staatsministeriums (Ministerpräsident).

Der Präsident des Staatsministeriums ist verfassungsmässig nicht der Vorgesetzte seiner Ministerkollegen, führt vielmehr nur die formelle Leitung der Geschäfte des Staatsministeriums.

Am 8. September 1852 erging ein Allerhöchster Erlass, wonach ihm eine allgemeinere Uebersicht über die verschiedenen Zweige der inneren Verwaltung und dadurch die Möglichkeit gewährt wurde, die nothwendige Einheit darin seiner Stellung gemäss aufrecht zu erhalten und dem Könige über alle wichtigen Verwaltungsmassregeln Auskunft zu geben. Dieser Erlass ist durch den Allerh. Erl. v. 14. April 1890 aufgehoben und durch folgende Bestimmungen ersetzt worden:

> Es ist die Aufgabe des Präsidenten Meines Staatsministeriums, für die einheitliche und gleichmässige Durchführung der von Mir für die Leitung der gesammten Staatsverwaltung als massgebend bezeichneten Grundsätze Sorge zu tragen. Um die Erfüllung dieser Aufgabe sicher zu stellen, ist es erforderlich, dass die Ressortchefs über alle Massnahmen, welche eine Abweichung von diesen Grundsätzen enthalten, oder welche von prinzipieller Bedeutung sind, erst nach vorheriger Verständigung mit dem Präsidenten Meines Staatsministeriums Meine Entscheidung einholen. Bei Meinungsverschiedenheiten ist der Mir zu haltende Vortrag gemeinschaftlich mit dem letzteren zu erstatten.

---

[1]) Dasselbe steht auf dem Etat des Ministeriums des Innern und wird dort behandelt.

[2]) s. § 353 ff.

Dem Ministerpräsidenten beigegebene Beamte.

Im Jahre 1849 waren unter dem Ministerpräsidenten thätig 2 vortragende Räthe, 2 expedirende Sekretäre, 4 Registratoren, 4 Kanzleisekretäre und 8 Unterbeamte.

1870 war die Zahl der vortragenden Räthe auf 4, der Bureaubeamten (einschliesslich 1 Kanzlei-Inspektor) auf 8, der Kanzleisekretäre auf 5 gestiegen, während die Zahl der Unterbeamten die gleiche geblieben war.

Ausserdem stand 1 vortragender Rath und Kurator des Staatsschatzes und 1 Bureaubeamter auf dem Etat, welche die Verwaltung dieses Schatzes ausübten. Beide Stellen wurden 1873 auf den Etat des Finanzministeriums übertragen.

Für das Litterarische Bureau war 1 Direktor und 1 Kanzleisekretärstelle ausgeworfen. Diese Stellen gingen 1892/93 auf das Ministerium des Innern über (s. o.).

1885/86 war die Zahl der vortragenden Räthe wieder auf 3 zurückgegangen. Dagegen war seit Mitte der 70er Jahre die Stelle eines Unterstaatssekretärs eingerichtet worden. Sodann fungirten: 1 Bureauvorsteher, 8 Bureaubeamte, 5 Kanzleisekretäre — abgesehen vom litterarischen Bureau (s. o.), — 9 Unterbeamte.

Bis zum Jahre 1902 hatte sich nur die Zahl der Unterbeamten auf 11 vermehrt.

Etatsmässige Behandlung.

§ 288. Der Etat, auf welchem das Gehalt des Ministerpräsidenten und der ihm beigegebenen Beamten geführt wird, ist seit jeher als der des Bureaus des Staatsministeriums bezeichnet worden, und findet sich bereits in dem Etat für 1849 vor, obgleich damals bereits nicht nur mittlere und niedere, sondern auch höhere Beamte, insbesondere auch der Präsident des Staatsministeriums selbst, auf demselben geführt wurden.

Einnahmen.

(Kap. 25a des Etats.)

§ 289. Einnahmen erscheinen auf dem Etat des Bureaus des Staatsministeriums erst seit 1883/84. Sie spielen nur eine untergeordnete Rolle. Die gesetzlichen Wittwen- und Waisengelder kamen in Folge der Reliktengesetzgebung Ende der 80er Jahre wieder in Fortfall. Es blieben nur einige Dienstemolumente und einige Tausend Mark an Miethe für die Vermiethung der Dienstwohnung des Unterstaatssekretärs. Diese fallen fort, nachdem das neue Dienstgebäude in der Wilhelmstrasse bezogen ist. Gegenwärtig stehen daher nur noch 920 M. Einnahme auf dem Etat. Die in dem Neubau befindliche Wohnung hat der Unterstaatssekretär selbst bezogen (s. auch § 291a).

Ausgaben.

(Kap. 44 des Staatshaushaltsetats).

§ 290. Die Gesammtausgaben des Bureaus betrugen 1849: 106 200, 1870: 252 900, 1885/86: 299 210, 1903: 343 370 M. Auf sächliche Kosten entfielen 1849: 9000 M., 1902: 138 930 M. Hier ist also die bei weitem bedeutendste Steigerung eingetreten. Der Grund liegt hauptsächlich in der in der zweiten Hälfte der 50er Jahre erfolgten Einstellung eines Dispositionsfonds „für allgemeine politische Zwecke" in Höhe von 93 000 M. (jetzt Kap. 44 Tit. 15) — ein Fonds, der der Prüfung der Oberrechnungskammer entzogen ist (§ 308).

Die Steigerung der übrigen Ausgabetitel im Einzelnen ist aus Anl. XCVIII des Näheren zu ersehen.

Bemerkenswerth ist, dass seit dem Jahre 1893/94 — während bis dahin nur die Kompetenzen für den Vicepräsidenten ausgeworfen wurden, weil der Ministerpräsident als Reichskanzler sein Gehalt aus dem Reichsetat bezog — nunmehr als Gehalt „des Präsidenten oder des Vicepräsidenten" mit 36 000 M. Gehalt, 18 000 M. Repräsentationskosten und 18 000 M. zur Miethung einer Dienstwohnung desselben — letztere unter den sächlichen Ausgaben Kap. 44 Tit. 13 — eingestellt wurden. — Diese Einstellung erfolgt von nun an auch dann, wenn das Gehalt zur Zeit nicht zahlbar ist, damit, wie es in den Erläuterungen des Etats heisst, „es erforderlichen Falls zur Besoldung des Präsidenten oder des Vicepräsidenten des Staatsministeriums" verwendet werden kann.

Die Gehälter des Unterstaatssekretärs und der vortragenden Räthe wie auch der mittleren und unteren Beamten rangiren mit denen der anderen Ministerien.

Die Nebenämter werden in der Spalte Bemerkungen einzeln aufgeführt.

Ein Rath bezieht als Kurator des Deutschen Reichs- und Preussischen Staats-Anzeigers eine jährliche Remuneration von 1 200 M.

Auch die mittleren und Unterbeamten haben einige Nebenämter.

§ 291. Die Grundsätze über Wohnungsgeldzuschüsse, Reisekosten u. s. w. sind die allgemeinen, für die übrigen Ministerien geltenden.

Ausser dem Unterstaatssekretär haben auch der Bureauvorsteher, der Botenmeister und 4 Unterbeamten, sowie 1 im Vertragsverhältniss stehender Heizer, Dienstwohnung in dem neuen Gebäude. Die von den Inhabern zu zahlenden Beiträge erscheinen in Kap. 25a Tit. 1 der Einnahme (ihre Höhe ist zu ersehen aus den Bemerkungen im Etat 1903).

Die meisten der Ausgabetitel geben zu besonderen Bemerkungen keine Veranlassung.

Aus dem Bureaukostenfonds (Tit. 10) werden auch die gemeinschaftlichen Kosten hauswirthschaftlicher Art und die Lasten und Abgaben bestritten, welche auf die General-Ordenskommission und das Direktorium der Staatsarchive entfallen.

Zu Tit. 13 s. § 290.

In Tit. 16, auf welchem gegenwärtig 50 M. Ausgaben auf Grund des Invalidenversicherungsgesetzes stehen, war in früherer Zeit ein Zuschuss zur Bestreitung der Kosten für den Reichs- und Staats-Anzeiger ausgebracht, der im Jahre 1873 6000 M. betrug[1]) und 1874 in Folge der Aufstellung eines selbstständigen Etats für dieses amtliche Blatt fortfiel (s. § 361).

§ 291a. An extraordinären Kosten sind im Jahre 1888/89 164 000 M. entstanden bei Gelegenheit der Vertauschung des alten Dienstgebäudes in der Wilhelmstrasse 74 mit demjenigen am Leipziger Platz 11. Die Kosten des jetzigen Neubaues in der Wilhelmstrasse, welcher gleichzeitig den Zwecken der Generalordenskommission und General-Lotterie-Direktion dient, sind auf dem Etat der Bauverwaltung (Kap. 5 des Einnahmeetats) ausgeworfen worden 1899—1901 (878 800 M.).

II. Etat des Kriegsministeriums.

Allgemeines.

§ 292. Der Etat des Kriegsministeriums, der bis dahin einen Theil des Hauptetats der Militärverwaltung bildete und im Jahre 1867 mit rund 79 635 M. abschloss, verschwand seit 1868 gleichzeitig mit den gesammten Militärausgaben vom preussischen Etat und ging auf den Reichsetat über.

Erst im Jahre 1878/79 erschien zum ersten Male das Kriegsministerium wieder in Kap. 35 der Einnahme und Kap. 15 des Extraordinariums des Staatshaushaltsetats mit je 1 Million Mark, ein Betrag, welcher in Gemässheit des Gesetzes vom 17. März 1877 (G.-S. S. 123) als ausserordentliche Einnahme und Ausgabe eingestellt war, um zur anderweitigen Einrichtung des Zeughauses in Berlin verwendet zu werden.

Von 1879/80 ab erschien dann der Etat des Kriegsministeriums auch wieder unter den ordentlichen Ausgaben mit einem besonderen Kapitel (130), in welchem lediglich die laufenden Verwaltungskosten für das Zeughaus ausgeführt wurden.

Auch der heutige Etat des Kriegsministeriums enthält, soweit er auf dem preussischen Etat steht, nur Einnahmen und Ausgaben des Zeughauses.

Zeughaus.

§ 293. Das Zeughaus war ursprünglich nur ein Aufbewahrungsort für Kriegswaffen. Sein Bau wurde 1695 begonnen und 1706 vollendet.

---

[1]) 3000 M. schoss das Reich zu.

Schlüter war dabei von 1698/99 thätig. Von ihm rühren insbesondere die Trophäengruppe auf der Attika und die Schlusssteine der Fensterbogen mit den berühmten Masken der sterbenden Krieger her.

Nach glücklicher Beendigung des Krieges von 1870/71 machte sich das Bedürfniss geltend, die Andenken des Brandenburg-Preussischen Heeres zu sammeln und dadurch die grossen Kriegsthaten desselben den kommenden Geschlechtern zur lebendigen Anschauung zu bringen. Insbesondere sollten die Trophäen der Armee sowie alle Gegenstände, die auf die Entwickelung des Heeres Bezug haben, vereinigt und zugleich eine Waffensammlung geschaffen werden, um Allen das Studienmaterial zu bieten, die sich für den Gebrauch, die Herstellung und Entwickelung der Waffen interessiren, also den militärtechnischen Instituten und Militärbildungsanstalten, der Industrie, den Offizieren und Waffenhistorikern. Als Vorbilder für diese im Zeughause einzurichtende Sammlung dienten Anstalten wie der Tower in London, das musée d'artillerie in Paris, das Heeresmuseum in Wien, das Artillerie- und Intendanturmuseum in St. Petersburg.

Es wurde daher unterm 17. März 1877 ein Gesetz erlassen, wonach aus den Geldmitteln, welche auf Grund der Bestimmungen in den Artikeln VI und VII des Reichsgesetzes vom 8. Juli 1872 (Reichsgesetzblatt S. 289) und des Art. 3 des Reichsgesetzes vom 2. Juli 1873 (Reichsgesetzblatt S. 185), betreffend die Französische Kriegskostenentschädigung, der Preussischen Staatskasse zufliessen, die Summe von „Vier Millionen dreihundertdreissig Tausend (4 330 000) Mark" zur Erwerbung des freien Dispositionsrechts über das Zeughaus in Berlin, welches zum Theil vom Reiche benutzt wurde, und zu einer anderweiten Einrichtung des Zeughauses zu Berlin zu verwenden waren.

Der Umbau erfolgte bis zum Jahre 1881/82, wo die ausserordentlich bereit gestellten 4 330 000 M. verausgabt waren (spätere Verwendungen s. in § 296).

Als Beamte für die neue Zeughausverwaltung wurden nach den Etatserläuterungen 1880/81 in Aussicht genommen:

1. Ein Kommandant. Diesem steht die verantwortliche Verwaltung und Beaufsichtigung des Zeughauses und der darin befindlichen Trophäen und Sammlungen, sowie die Repräsentation zu. Er hat die Oberleitung über das gesammte Insitut und über das Personal des letzteren zu führen und im Verein mit dem technischen Direktor den Ursprung der sämmtlichen vorhandenen Waffen, Fahnen, Dekorationen etc. aus den Akten etc. zu erforschen und danach die Bestände zu sichten und zu ordnen, damit dieselben demnächst in übersichtlicher Ordnung zur Aufstellung gelangen können.

Da die Sammlung sich lediglich auf militärische und Kriegsgegenstände erstreckt, so ist die Stelle des Kommandanten mit einem bewährten und in der Kriegsgeschichte etc. erfahrenen General oder Stabsoffizier zu besetzen.

Der Direktor soll, im Verein mit dem Kommandanten, die Sichtung und Beaufsichtigung der Sammlung (ca. 30000 Gegenstände) übernehmen und bei Anschaffungen zur Ergänzung der Sammlungen mitwirken. Derselbe muss daher für dieses Fach besonders befähigt und in der Waffen- und Alterthumskunde erfahren, namentlich aber mit der Brandenburg-Preussischen Geschichte genau vertraut sein.

Der Expedient und Registrator hat alle schriftlichen Arbeiten (Korrespondenzen, Kataloge, Bestandsbücher etc.) nach Angabe der Direktion zu besorgen, die auf das Zeughaus bezüglichen, zur Zeit beim Artillerie-Depot Berlin befindlichen Schriftstücke zu ordnen und die Registratur für die neue Zeughaus-Verwaltung anzulegen und weiter zu führen.

Den Zeugwarten liegt die unmittelbare Beaufsichtigung der vorhandenen Bestände, sowie die Hülfsleistung bei Sichtung der Sammlung und demnächst der Wärterdienst nach Eröffnung des Zeughauses für das Publikum ob.

Im Einzelnen sind die Befugnisse und Pflichten der Beamten gegenwärtig in einer besonderen Dienstvorschrift niedergelegt.

2. Die erforderlichen mittleren und Unterbeamten (s. § 294).

Ausgaben.

§ 294. Bis zum 30. September 1879 wurden die Kosten der einstweiligen Verwaltung aus dem Baufonds gedeckt, seitdem wurden die Ausgaben im Ordinarium in Ansatz gebracht. Der Etat von 1880/81 sah vor an Besoldungen 21900 M.; davon entfielen auf den Kommandanten 7800 M., den technischen Direktor 5400 M., den Bureaubeamten 3000 M., für 1 Zeugwart I. Klasse 1650 M.[1]) sowie für 2 II. Klasse und 1 Pförtner je 1350 M.[1]) Auf Wohnungsgeldzuschüsse entfielen 3600 M., andere persönliche Kosten 272 M., sächliche Kosten 15528 M., davon 3268 M. zur Erhaltung und 3300 M. zur Vervollständigung der Waffensammlung, in Summa 41300 M.

Die Zahl des Unter- und Bureaupersonals vermehrte sich nach vollständigem Ausbau des Hauses sehr schnell. 1881/82 gab es bereits 4 Zeugwarte I. und 10 II. Klasse, 1 Maschinist und Heizer kam hinzu, ebenso wurden eine Anzahl Zeichner, Hülfsschreiber und Hülfsboten erforderlich, 1883/84 erscheinen auf dem Etat bereits 1 Oberzeugwart, 4 Zeugwarte I. Klasse mit 1600—1700 M., 16 Zeugwarte II. Klasse mit 1200—1400 M., ferner wird die Remunerirung eines mit der bautechnischen Beaufsichtigung betrauten Architekten mit 500 M., 1884/85 diejenige des mit Bearbeitung der Zeughausangelegenheit im Kriegsministerium beauftragten Expedienten mit 400 M. erforderlich. Auch die sächlichen Fonds steigen. 1890 ist die Zahl der Zeugwarte

[1]) und 100 M. Kleidergelder.

II. Klasse auf 22 gestiegen. Der Sammlungsfonds beträgt 16 000 M., für Gebäudeunterhaltung sind 10 000 M. ausgeworfen, Bureaukosten, Kleidergelder etc. sind auf 26 600 M. gestiegen. Gesammtausgaben 121 752 M., welchen 700 M. Einnahme als Entschädigung für Dienstemolumente gegenüberstehen. 1892/93 wurden 2 Wächterstellen (auch für die Nacht) eingerichtet mit 800 - 1200 M. Gehalt. 1897/98 wird eine Waffenmeisterstelle für die besondere Aufsicht über die Waffen eingerichtet und 1898/99 kommt eine zweite Bureaustelle hinzu. Es wurden dafür aber 2 Zeugwartstellen unbesetzt gelassen.

§ 295. Besoldungsverbesserungen traten für die niederen Beamten 1890/91 und für die höheren und mittleren Beamten 1897/98 ein.

Nach dem Etat für 1903 sind die Gehälter daher wie folgt bemessen: 1 Kommandant des Zeughauses bis 8500 M., 1 Direktor mit 6000 M., 1 Sekretär und Registrator mit 1800 bis 4200 M., 1 Bureau-Assistent mit 1500 bis 2700 M., 1 Oberzeugwart, 4 Zeugwarte I. Klasse, 20 Zeugwarte II. Klasse, 1 Waffenmeister und 1 Maschinist und Heizer mit 1200 bis 1800 M., 2 Wächter mit 900 bis 1200 M. Die Unterbeamten erhalten Stellenzulagen bis 200 M., der Oberzeugwart sowie der Maschinist und Heizer haben Dienstwohnungen.

Die laufenden Gesammtkosten sind auf 146 998 M. gestiegen. Der Sammlungsfonds beträgt noch 16 000 M. Der Fonds für Gebäudeunterhaltung ist auf 15 000 gestiegen. Im Einzelnen s. Anl. XCIX.

Extraordinarium.

§ 296. Ausser den schon im § 293 erwähnten 4 333 000 M. wurden späterhin im Extraordinarium bereitgestellt durch den Etat 1884/85 467 500 M. zur Erwerbung der Waffensammlung des Prinzen Carl von Preussen, 1885/86 192 500 M. zur weiteren Verbesserung der inneren Einrichtung von 1886 - 1890 zusammen 120 000 M., zur Instandsetzung der Fronten 1890/91 weitere 20 000 M., zur inneren Ausschmückung endlich noch 1893/94 7900 M., 1894/95 14 000 M., 189[illegible] 98 21 000 M., 1898/99 3000 M., 1899 64 000 M., 1900 60 200 M., 1901 29 400 M., 1902 16 800 M., 1903 13 535 M. zu Bau-, Einrichtungs-, Heizungs- etc. Zwecken, sodass im Ganzen seit 1877 bewilligt wurden zu Bau- und Einrichtungszwecken 5 362 835 M.

III. Ministerium der auswärtigen Angelegenheiten.

(Anlage C.)

§ 297. Das durch Publikandum v. 16. Dez. 1808 und Verordn. v. 27. Okt. 1810 geschaffene Ministerium der Auswärtigen Angelegenheiten erfuhr durch Gründung des Deutschen Reiches eine wesentliche staatsrechtliche Veränderung.

Nach Art. 11 der Bundes (Reichs-) Verfassung gebührt dem Bundespräsidium die völkerrechtliche Vertretung des Bundes (Reiches). Anfänglich wurden nun die auswärtigen Angelegenheiten des Reiches zunächst von dem preussischen Ministerium der auswärtigen Angelegenheiten weiter wahrgenommen. Diese provisorische Massregel hatte zur Folge, dass die gesammten Kosten für die Vertretung des Bundes von dem Preussischen Staate allein ohne Beisteuer der übrigen Staaten getragen werden mussten. Das Preussische Abgeordnetenhaus beschloss daher unterm 9. Dezember 1867 und wiederholt unterm 9. Dezember 1868, „die Staatsregierung aufzufordern, dafür Sorge zu tragen, dass das Ministerium der auswärtigen Angelegenheiten, die Gesandtschaften und Konsulate auf den Etat des Norddeutschen Bundes übernommen werden“ (Sten.-Ber. des Abg.-H. 1867—68 S. 311—312 und Sten.-Ber. desselben 1868—69 S. 576). Unter Bezugnahme hierauf beschloss auch der Reichstag des Norddeutschen Bundes unterm 17. Juni 1868, „den Bundeskanzler zu ersuchen, die Einverleibung der Gesammtkosten für die auswärtige Vertretung des Bundes in den Bundeshaushaltsetat für 1870 zu veranlassen“ (Sten.-Ber. des Reichst. 1868 S. 514 bis 517, s. auch 1869 S. 505 ff.).

Demzufolge ist mit dem 1. Jan. 1870 das „Auswärtige Amt“ in die Einrichtungen der Bundesverwaltung eingefügt worden, und zwar als eine besondere Abtheilung derselben unter der oberen Leitung des Bundeskanzlers. Das seit der Gründung des Deutschen Reiches unter der unmittelbaren Leitung des Reichkanzlers stehende Ministerium der auswärtigen Angelegenheiten führt seitdem den Namen „Auswärtiges Amt des Deutschen Reiches“. Zum Ressort desselben gehören die gesammten Angelegenheiten, welche sich auf die Verhältnisse des Reiches, seiner Staaten und seiner Angehörigen zu fremden Mächten beziehen. Ausserdem besorgt dasselbe die auswärtigen Angelegenheiten Preussens gegenüber den anderen Deutschen Staaten, wofür die Preussische Staatskasse jährlich ein Aversum an die Reichskasse zahlt (s. § 301). In den Preussischen Angelegenheiten verfügt aber das Auswärtige Amt nicht unter diesem Namen, sondern unter der Firma: „Königlich Preussisches Ministerium der auswärtigen Angelegenheiten“.

Gesandtschaften.

§ 298. Der Art. 11 der Reichsverfassung hat dem Kaiser nicht das ausschliessliche Gesandtschaftsrecht übertragen; vielmehr enthält die Reichsverfassung keine Bestimmung, durch welche den Einzelstaaten des Reiches das Recht entzogen würde, auch ihrerseits, und zwar selbst da, wo Reichsgesandtschaften bestehen, für den eigenen Staat Landesgesandtschaften bei fremden Regierungen zu halten, sowie Gesandte fremder Staaten zu empfangen. Für Preussen ist es indess nicht möglich, bei solchen Regierungen, bei welchen Reichsgesandtschaften bestehen, ausserdem auch noch Landesgesandte zu beglaubigen, weil die Personenidentität des Kaisers und des Königs von Preussen dem entgegenstehen würde.

Ferner ist es den Einzelstaaten des Reiches keineswegs versagt, untereinander gegenseitig Landesgesandte zu schicken und zu empfangen, welchen die Besorgung solcher Angelegenheiten obliegt und zusteht, die ausserhalb der Zuständigkeit des Reiches liegen. Nur in dieser Richtung macht auch der Preussische Staat noch von seinem Gesandtschaftsrechte Gebrauch. Während die bisherigen Preussischen Gesandten bei den auswärtigen Staaten als Reichsgesandte beglaubigt sind, sind noch besondere Preussische Landesgesandte bei einigen Deutschen Einzelstaaten angestellt, welche ihre Beglaubigungsschreiben vom Könige von Preussen, nicht aber vom Deutschen Kaiser empfangen.

Letztere Gesandte und die ihnen beigegebenen Beamten sind preussische, die ersteren, sowie die sämmtlichen Beamten des auswärtigen Amts selbst sind Reichsbeamte (näheres über die preussischen Beamten und ihre Besoldung in § 302).

Konsulate.

§ 298a. Das Konsulatwesen ist ausschliesslich Reichssache geworden (Art. 56 R.-Verf. u. Ges. v. 8. Nov. 1867, G.-S. S. 125) und es ist den Einzelstaaten die Befugniss, neben der konsularischen Vertretung des Reiches auch noch Landeskonsuln zu halten, gänzlich entzogen, dagegen hat das Reich die Pflicht, überall da Konsulatsverbindungen einzurichten, wo dies durch das Interesse auch nur eines Einzelstaates des Reiches erforderlich wird.

Dagegen ist den Einzelstaaten nicht untersagt, innerhalb des Reichsgebietes Konsulate zu errichten, und da der Art. 56 nur die konsularische Vertretung der Bundesstaaten, nicht aber auch bei denselben regelt, so ergiebt sich, dass den Einzelstaaten auch das Recht nicht entzogen worden ist, auswärtige Konsuln bei sich zu empfangen und für ihr Gebiet, nicht aber für das Gebiet anderer Bundesstaaten oder für das ganze Bundesgebiet mit dem Exequatur zu versehen. Preussen hat derartige Konsuln in Bremen (zugleich für Oldenburg), Lübeck und Mecklenburg. Da es Wahl-, keine Berufskonsuln sind, entstehen für sie keine Kosten.

Etatsmässige Behandlung.

§ 299. Da die sämmtlichen Beamten des auswärtigen Amts, die Reichsgesandtschaften und alle Konsulate, seit 1870 auf dem Etat des Reiches geführt werden, sind sie hier nicht weiter zu behandeln.

Der preussische Etat des Auswärtigen Amtes enthält gegenwärtig nur noch folgende Einnahme- und Ausgabegruppen: (s. Anl. C).

I. Einnahme (Kap. 26 Tit. 1 und 2).

§ 300. Die Einnahme besteht 1903 aus 4600 M., welche von dem preussischen Gesandten in München als Miethe für die Dienstwohnung im Gesandtschaftshotel zu zahlen sind (Tit. 1) und 100 M. (Tit. 2) sonstige Einahmen (z. B. aus dem Verkauf alter Zeitungen etc., vgl. Etat 1887/88).

II. Ausgabe (Kap. 55 und 56 des Etats).

§ 301. Hier finden sich einmal unter der Rubrik „Ministerium“ Kap. 55 (Tit. 1—3), in welchem unter Tit. 1 „der Minister ohne Gehalt“ geführt wird, unter Tit. 2 die schon erwähnte (§ 297) Aversionalentschädigung an das Deutsche Reich für die Besorgung speziell Preussischer Angelegenheiten. Sie wurde in der jetzigen Höhe (90 000 M.) zum ersten Mal 1870 im Extraordinarium, und seit 1871 im Ordinarium eingestellt und hat sich seitdem nicht erhöht.

Tit. 3 enthält 850 M. nicht aversionirte Postporto- und Gebührenbeträge etc.

§ 302. Die zweite Ausgaberubrik „Gesandtschaften“ (Kap. 56) umfasst die speziell Preussischen Gesandtschaften und deren Bureaus.

Aus Tit. 1 (395 400 M.) werden besoldet: 9 Gesandte bezw. Ministerresidenten zu Karlsruhe, München, Hamburg (zugleich für Bremen, Lübeck und die beiden Mecklenburg), Oldenburg (zugleich für Braunschweig und die beiden Lippes), Darmstadt, Rom, Dresden (für Sachsen, Sachsen-Altenburg, Anhalt und die beiden Reuss), Weimar (für die Thüringischen Staaten) und Stuttgart.

Die Gehälter betragen für die Gesandten in Rom 60 000 M., in München 45 000 M., in Dresden, Hamburg, Karlsruhe und Stuttgart je 30 000 M., für den in Oldenburg 24 000 M. Pensionsberechtigt ist aber für alle nur ein Gehalt von 18 000 M. Die beiden Ministerresidenten erhalten: zu Darmstadt 24 000 M. und zu Weimar 18 000 M. Pensionsberechtigt sind für beide nur 9000—12 700 M., im Durchschnitt 10 850 M.

§ 303. An höheren Beamten sind beigegeben den Gesandten a) zu München 1 Militärbevollmächtigter mit 6000 M. Zulage und ein Legationssekretär mit 5100 M., b) je 1 Legationssekretär zu Rom (9000 M.), Hamburg (6000 M.),[1]) Dresden, München (je 5100 M.) und Stuttgart (4800 M.). Pensionsberechtigt sind von dem Gehalt der Legationssekretäre nur 3—6000 M., im Durchschnitt 4500 M. Die Legationssekretäre steigen nicht nach Dienstaltersstufen im Gehalt, sondern bilden eine Besoldungsgemeinschaft, innerhalb deren sie aufrücken. Das Gleiche gilt übrigens auch für die Ministerresidenten.

1833 und 1835 waren pensionsberechtigt von dem Gehalt der Gesandten etc. 9000 M., von dem der Legationssekretäre 2400 M., seit 1875 9000—12 000 M. bezw. 3000 bis 5100 M. Seit 1883/84 für letztere 3000—5400 M. Die allgemeine Besoldungsverbesserung von 1897/98 brachte die jetzigen Sätze.

---

[1]) seit 1893/94.

An etatsmässigen Kanzlisten sind den Gesandtschaften beigegeben 1 Kanzleivorstand in Hamburg mit 5700 M.;[1]) 10 Legationskanzlisten mit 6000 M. in Rom, 4800 M. in München und Stuttgart, 4500 M. in Dresden, Hamburg und Karlsruhe, 4200 M. in Darmstadt, München und Oldenburg, 3900 M. in Weimar. Seit 1902 ist auch in München 1 Kanzleivorstand (5700 M.).

Das pensionsberechtigte Gehalt beträgt für die beiden Kanzleivorstände 3000 M. bis 5400 M. und für die Legationskanzlisten 2700 M. bis 4500 M. Die Kanzlisten sind seit 1895/96 den Kanzlisten des Auswärtigen Amts im Gehalt (einschl. Wohnungsgeldzuschuss) gleichgestellt (Etatserläuterungen 1892/93, 1895/96).

§ 304. Nur der Gesandte in München hat Dienstwohnung (§ 300), die übrigen müssen aus ihren Bezügen auch die Wohnung bestreiten. Nur der Gesandte in Rom erhält 15 000 M. Miethsentschädigung. Wohnungsgeldzuschüsse werden wie bei allen Auslandsbeamten nicht gewährt.

Das Münchener Gesandtschaftsgebäude reicht für eine Wohnung des dortigen Legationssekretärs nicht aus. Letzterer erhält daher von dem Gesandten 1200 M. Miethsentschädigung, die diesem wieder aus Tit. 1 erstattet werden (Etat 1895/96 und 1900 Erläuterungen).

§ 305. Die Entwickelung der einzelnen Ausgabetitel seit 1870 ergiebt Anl. C. Besonderes ist zu den einzelnen Titeln im Uebrigen nicht zu vermerken.

Ausserordentliche Ausgaben sind in den letzten Jahrzehnten nicht entstanden.

IV. Oberrechnungskammer.

Geschichtliches.

§ 306. Zur Prüfung der Provinzial- und Hauptrechnungen hatte schon König Friedrich Wilhelm I. am 2. Okt. 1714 eine besondere selbstständige Behörde, die Generalrechenkammer, errichtet, welche später den Namen Oberrechnungskammer erhielt.

Nach verschiedenartigen Umgestaltungen besteht die Oberrechnungskammer bis auf den heutigen Tag in Preussen als oberste Rechnungskontrollbehörde fort.

Die Neuorganisation der Verwaltungsbehörden im Anfang des 19. Jahrhunderts führte auch zu einer neuen umfassenden Dienst-

---

[1]) seit 1893/94 eingerichtet. Seine Geschäfte waren bis dahin von dem Kanzler mitversehen der von 1874 bis 1893 in Hamburg angestellt war zur Fortführung bezw. Abwickelung einer Reihe von Geschäften des ehemaligen Preussischen Generalkonsulats in Hamburg (s. Etatserläuterungen).

instruktion für die Oberrechnungskammer vom 18. Dez. 1824.[1]) Nach dieser Instruktion war es die Bestimmung der Behörde, zur Sicherung der Ordnung der preussischen Staatsfinanzen die Richtigkeit der Rechnungen und der Ordnungsmässigkeit der Belege festzustellen, um Defekte, Unterschleife, gesetzwidrige Ausgaben und Einnahmen zu verhüten, ferner festzustellen, dass jede einzelne Ausgabe aus den dafür bestimmten Fonds geleistet und dieser Fonds nicht überschritten worden sei, endlich aber auf Mängel in der Verwaltung aufmerksam zu machen, welche bei Prüfung der Rechnungen bemerkbar geworden sind, um Massregeln zu deren Abhülfe veranlassen zu können. In allen diesen Beziehungen handelte die Oberrechnungskammer lediglich als Organ des Königs, welcher allein auf entstehende Streitfragen zwischen Oberrechnungskammer und Ministerium zu entscheiden hatte.

Als dann aber mit Einführung der konstitutionellen Verfassung durch die Bestimmungen der Art. 99 und 104 der Verfassungurkunde den Kammern eine mitentscheidende Stimme bei der Aufstellung des Staatshaushaltsetats eingeräumt und ihnen die nachträgliche Kontrolle der gesammten Finanzverwaltung übertragen worden war, bedurften auch sie nothwendig eines ihre Prüfung und Beschlüsse vorbereitenden Organs, wenn sie im Stande sein sollten, von ihren verfassungsmässigen Rechten wirksamen Gebrauch zu machen. Damit ergab sich von selbst für die Oberrechnungskammer die Aufgabe, sowohl für die Zwecke der Staatsregierung, als für die der Landesvertretung wirksam zu sein.

Diese Doppelstellung erforderte aber naturgemäss auch eine Aenderung der Organisation und Unabhängigstellung der Behörde und ihrer Mitglieder von den Verwaltungsbehörden. Zu diesem Zwecke wurde in Art. 104 der Verf.-Urkunde der Erlass eines besonderen Gesetzes über die Einrichtung und die Befugnisse der Oberrechnungskammer ausdrücklich verheissen. Erst unterm 27. März 1872 (G.-S. S. 278 ff.) kam freilich dieses, noch heute gültige, Gesetz zu Stande.[2]) Am 22. Sept. 1873 (G.-S. S. 458) wurde vom König auch ein Regulativ über den Geschäftsgang erlassen (Aenderung G.-S. 1877 S. 130).

---

[1]) In der Gesetzsammlung nicht veröffentlicht. Abgedruckt in den Anlagen zu den Sten. Ber. d. Abg.-H. 1871/72 S. 868.

[2]) Die alte Instruktion von 1824 ist durch dies Gesetz übrigens nicht gänzlich aufgehoben, bleibt vielmehr in Kraft soweit sie nicht durch das Gesetz von 1872 (§ 21 jenes Gesetzes) oder durch das neuerdings ergangene Komptabilitätsgesetz vom 11. Mai 1898 (G.-S. S. 77) § 56 aufgehoben ist.

Namentlich hat weder das Gesetz vom 27. März 1872, noch auch das Regulativ vom 22. Sept. 1873 diejenigen Bestimmungen der Instruktion vom 18. Dez. 1824 aufgehoben, welche Normen der Finanzverwaltung enthalten und hierüber Vorschriften ertheilen, welche für alle betheiligte Beamte verbindliche Kraft besitzen, vielmehr bleiben diese Vorschriften insoweit in Geltung, als sie nicht durch neuere Erlasse modifizirt sind und mit den neueren gesetzlichen Bestimmungen nicht im Widerspruche stehen.

Gegenwärtige Organisation.

§ 307. Nach diesem Gesetze ist nun die Oberrechnungskammer eine dem Könige unmittelbar untergeordnete, den Ministern gegenüber selbstständige und allen Provinzial- etc. Behörden in ihren Angelegenheiten vorgesetzte Behörde, welche die Kontrolle des gesammten Staatshaushalts durch Prüfung und Feststellung der Rechnungen über Einnahmen und Ausgaben von Staatsgeldern, über Zugang und Abgang von Staatseigenthum und über die Verwaltung der Staatsschulden zu führen hat. Sie hat in allen wesentlichen Beziehungen die Unabhängigkeit einer richterlichen Behörde und fasst alle wichtigen Beschlüsse in kollegialischer Form (§ 7 Ober-Rechn.-Kammer-Gesetz).

Zusammensetzung und Geschäftsvertheilung.

Die Oberrechnungskammer besteht aus einem Präsidenten und der erforderlichen Zahl von Direktoren und Räthen. Dieselben werden von dem Könige ernannt, der Präsident auf den Vorschlag des Staatsministeriums, die Direktoren und Räthe auf den Vorschlag des Präsidenten der Oberrechnungskammer unter Gegenzeichnung des Vorsitzenden des Staatsministeriums. Vater und Sohn, Schwiegervater und Schwiegersohn, Brüder und Schwäger dürfen nicht zugleich Mitglieder der Oberrechnungskammer sein. Nebenämter oder mit Remunerationen verbundene Nebenbeschäftigungen dürfen dem Präsidenten und den Mitgliedern der Oberrechnungskammer weder übertragen noch von ihnen übernommen werden.[1]) Ebenso wenig können die gedachten Beamten Mitglieder eines der Häuser des Landtages sein. Die Mitglieder der Oberrechnungskammer sind in Beziehung auf Dienstvergehen und Disziplin den richterlichen Beamten gleichgestellt; sie unterliegen den Gesetzen über die Dienstvergehen der Richter u. s. w. vom 7. Mai 1851 und 26. März 1856.

Das zuständige Disziplinargericht für den Präsidenten, die Direktoren und die übrigen Mitglieder ist jetzt der grosse Disziplinarsenat des Kammergerichts. Die unfreiwillige Versetzung eines Mitgliedes kann mit Beibehaltung seines Ranges in ein richterliches oder in ein anderes Amt der höheren Verwaltung, für welches dasselbe die gesetzliche Qualifikation besitzt, erfolgen. Im Uebrigen stehen dem Präsidenten in Beziehung auf die Mitglieder gleiche Befugnisse zu, wie dem Justizminister in Beziehung auf richterliche Beamte.

Alle Beamten der Oberrechnungskammer, mit Ausschluss der Mitglieder, ernennt der Präsident und übt über sie die Disziplin mit gleichen Befugnissen aus, wie die Minister rücksichtlich der ihnen untergeordneten Beamten. Die entscheidende Disziplinarbehörde für dieselben ist die Oberrechnungskammer, welche im Plenum unter Theilnahme von mindestens 7 Mitgliedern einschliesslich des Vor-

[1]) für mittlere Beamte gilt dies nicht, s. die Spalte „Bemerkungen“ zum Etat.

sitzenden, nach den Vorschriften des Gesetzes über die Dienstvergehen der nichtrichterlichen Beamten vom 21. Juli 1852 entgültig entscheidet.

Die Geschäfte des Kollegiums werden unter der obersten Leitung des Präsidenten in verschiedenen Abtheilungen und Revisionsbureaus bearbeitet. Eine geeignete Anzahl dieser Bureaus bildet eine Abtheilung, welcher ein Direktor vorsteht. In jedem Bureau wird unter Leitung eines Rathes des Kollegiums (des Departementsrathes) die erforderliche Zahl von Revisionsbeamten beschäftigt. Für die auf den persönlichen Wirkungskreis des Präsidenten bezüglichen Bureaugeschäfte, für die Kassenverwaltung, die Registratur, Bibliothek, Journalführung und Kanzlei sind besondere Bureau- und Kanzleibeamte, desgleichen für den auf die Hausordnung bezüglichen Dienst die erforderlichen Unterbeamten bestellt. Sämmtliche Geschäfte sind durch allgemeine Feststellungen auf die Beamten möglichst gleichmässig und dergestalt zu vertheilen, dass jedem dauernd ein bestimmter Geschäftskreis überwiesen wird. So sind besondere Beamten für Rechnungen der Justiz-, der Kultus-, Eisenbahnverwaltung u. s. w. bestimmt.

Die Oberrechnungskammer ist verpflichtet, für die Erledigung der gezogenen Erinnerungen und die Berichtigung der Rechnungen dergestalt zu sorgen, dass der Abschluss des Revisionsverfahrens spätestens im Laufe des folgenden Geschäftsjahres erfolgt.

Wirkungskreis und Obliegenheiten der Oberrechnungskammer.

§ 308. Was die Revision der Rechnungen anbetrifft, so unterliegen derselben zuvörderst alle diejenigen Rechnungen, durch welche die Ausführung des festgestellten Staatshaushaltsetats (Art. 99 der Verfassungsurkunde) und der sämmtlichen Etats und sonstigen Unterlagen, auf welchen derselbe beruht, dargethan wird, ausgenommen die Rechnungen über die in dem Etat für das Bureau des Staatsministeriums zu allgemein politischen Zwecken (Kap. 44 Tit. 15: 93 000 M.) und in dem Etat des Ministeriums des Innern zu geheimen Ausgaben im Interesse der Polizei ausgesetzten Fonds (Kap. 95 Tit. 1: 300 000 M.).

Der Revision unterliegen hiernach 1. die Rechnungen der Staatsbehörden, Staatsbetriebsanstalten und staatlichen Institute über Einnahmen und Ausgaben von Staatsgeldern;

2. soweit nicht in einzelnen Fällen statutarische oder vertragsmässige Bestimmungen eine Ausnahme begründen, die Rechnungen aller derjenigen nicht staatlichen Institute, welche aus Staatsmitteln unterhalten werden, oder veränderliche Zuschüsse nach Massgabe des Bedürfnisses aus der Staatskasse erhalten, oder mit Gewährleistung des Staates verwaltet werden, sobald und so lange diese Garantie verwirklicht werden soll.

Die Revisionspflicht erstreckt sich aber auch auf solche Rechnungen der Staatsbehörden, welche zwar nicht die Ausführung des Staatshaushalts zum Gegenstande haben, sich jedoch auf Naturaletats und überhaupt auf die Etats aller vom Staate allein oder lediglich durch vom Staate angestellte Beamte verwalteten Institute u. s. w. gründen.

Hiernach gelangen zur Revision auch 1. die Rechnungen der Staatsbehörden, Staatsbetriebsanstalten und staatlichen Institute über Naturalien, Vorräthe, Materialien und überhaupt das gesammte, nicht in Gelde bestehende Eigenthum des Staates:

2. die Rechnungen derjenigen Institute, Anstalten, Stiftungen und Fonds, welche lediglich von Staatsbehörden oder durch von Staatswegen angestellte Beamte, ohne Konkurrenz der Interessenten bei der Rechnungsabnahme und Quittirung, verwaltet werden, gleichviel, ob sie Zuschüsse vom Staate erhalten oder nicht.

Inwieweit den zu 1 erwähnten Rechnungen die Inventarien beizufügen sind, oder nur deren regelmässige Führung nachzuweisen ist, bleibt der Bestimmung der Oberrechnungskammer nach Verschiedenheit der Kassen und Institute überlassen.

Die Rechnungen der Kasse der Oberrechnungskammer selbst werden von dem Präsidenten revidirt und mit den Revisionsbemerkungen dem Landtag zur Prüfung und Entlastung vorgelegt.

Rechnungen untergeordneter Bedeutung[1]) kann die Oberrechnungskammer von ihrer regelmässigen Prüfung ausschliessen, muss dann aber von Zeit zu Zeit sich durch Nachprüfung von der ordnungsmässigen Verwaltung der Fonds überzeugen.

Alle Verfügungen der obersten Staatsbehörden, durch welche in Beziehung auf Einnahmen oder Ausgaben des Staats eine allgemeine Vorschrift gegeben, oder eine schon bestehende abgeändert oder erläutert wird, müssen sogleich bei ihrem Ergehen der Oberrechnungskammer mitgetheilt werden.

Allgemeine Anordnungen der Behörden über die Kassenverwaltung und Buchführung sind schon vor ihrem Erlass zur Kenntniss der Oberrechnungskammer zu bringen, damit dieselbe auf etwaige Bedenken, welche sich aus ihrem Standpunkte ergeben, aufmerksam machen kann.

Die Vorschriften über die formelle Einrichtung der Jahresrechnungen und Justifikatorien werden von der Oberrechnungskammer erlassen. Dieselbe hat sich darüber zwar vorher mit den betheiligten Departementschefs in Verbindung zu setzen, bei obwaltender Meinungsverschiedenheit steht ihr aber die entscheidende Stimme zu.

Die Rechnungsrevision hat sich nicht mit einer blossen Justifikation zu begnügen, sondern auch darauf zu erstrecken, a) ob bei der Erwerbung, der Benutzung und der Veräusserung von Staatseigenthum und bei der Erhaltung und Verwendung der Staatseinkünfte, Abgaben und Steuern, nach den bestehenden Gesetzen und Vorschriften, unter genauer Beachtung der massgebenden Verwaltungsgrundsätze verfahren worden ist; b) ob und wo nach den aus den Rechnungen zu beurtheilenden Ergebnissen zur Beförderung des

---

[1]) D. h. von Fonds, deren Revision auf die zur Kenntniss des Landtags zu bringenden Ergebnisse nicht von Einfluss ist.

Staatszweckes Abänderungen nöthig oder rathsam sind (§ 12 des Gesetzes vom 27. März 1872).

Die Provinzial- und die ihnen gleichstehenden untergebenen Behörden sind der Oberrechnungskammer in allen Angelegenheiten des Ressorts derselben untergeordnet. Die Oberrechnungskammer ist befugt, ihren Verfügungen nöthigenfalls durch Strafbefehle, innerhalb der für die obersten Verwaltungsbehörden gesetzlich bestimmten Grenzen, die schuldige Folgeleistung zu sichern, auch etwa vorkommende Unangemessenheiten in Erledigung ihrer Erlasse zu rügen.

Die Oberrechnungskammer kann Akten und Auskünfte von den Behörden fordern, Kassenrevisionen veranlassen und sogar Kommissare an Ort und Stelle zur Informationseinziehung entsenden (§ 13 des Ges.).

Die Oberrechnungskammer ertheilt den rechnungsführenden Beamten, wenn sie ihren Verbindlichkeiten genügt, die aufgestellten Erinnerungen erledigt haben, Decharge. Stellen sich Vertretungen des Rechnungsführers oder anderer Beamten bei der Rechnungsrevision heraus, deren Deckung durch die Notatenbeantwortung nicht nachgewiesen wird, so hat die Oberrechnungskammer die weitere Verfolgung, welche von der vorgesetzten Behörde zu betreiben ist, nöthigen Falles durch Eintragung in das Soll der Einnahmen anzuordnen (§ 17).

Nach Ablauf eines jeden Geschäftsjahres erstattet die Oberrechnungskammer dem Könige einen Bericht über die Ergebnisse ihrer Geschäftsthätigkeit, welchem zugleich ihre gutachtlichen Vorschläge beizufügen sind, ob und inwieweit nach den aus den Rechnungen sich ergebenden Resultaten der Verwaltung zur Beförderung der Staatszwecke im Wege der Gesetzgebung oder der Verordnung zu treffenden Bestimmungen nothwendig oder rathsam erscheinen.

Verhältniss der Oberrechnungskammer gegenüber dem Landtag.

§ 309. Nach Art. 104 der Verf.-Urk. ist die Allgemeine Rechnung über den Staatshaushaltsetat jeden Jahres – nach Prüfung und Feststellung durch die Oberrechnungskammer –, einschliesslich einer Uebersicht über die Staatsschulden, von der Staatsregierung den Kammern zur Entlastung vorzulegen.

Nach § 47 des Ges., betreffend den Staatshaushalt, v. 11. Mai 1898 (G.-S. S. 77) ist eine Uebersicht von den Staats-Einnahmen und -Ausgaben eines jeden Etatsjahres dem Landtage im nächsten Etatsjahre und zwar vor Beendigung des Rechnungsrevisionsgeschäfts vorzulegen. Dieser Uebersicht ist eine Nachweisung der Etatsüberschreitungen[1]) und der ausseretatsmässigen Ausgaben

[1]) Etatsüberschreitungen im Sinne des Art. 104 der Verfassungsurkunde sind nach § 19 des Ges. v. 1872 alle Mehrausgaben, welche gegen die einzelnen Kapitel und Titel des nach Art 99 a. a. O. festgestellten Staatshaushaltsetats oder gegen die von der Landesver-

beizufügen. Ferner sind dem Landtage gleichzeitig zwei weitere Nachweisungen vorzulegen, nämlich über die Verwendung aller Dispositionsfonds — abgesehen von den im § 308 Abs. 1 genannten — und über die endgültig ersparten Beträge der durch besondere Gesetze zur Verfügung gestellten Kredite.

Die von der Staatsregierung aufzustellende Rechnung muss mit den „Bemerkungen" der Oberrechnungskammer versehen sein, welche von ihr unter selbstständiger, unbedingter Verantwortlichkeit aufzustellen sind.

In § 18 des Ges. v. 1872 ist näher bestimmt, worauf sich die begleitenden „Bemerkungen" der Oberrechnungskammer, welche den Landtag in die Lage setzen sollen, sich auch wirklich materiell die Ueberzeugung der Ordnungsmässigkeit vor Ertheilung der Decharge zu verschaffen, zu erstrecken haben,[1]) nämlich darauf:

1. ob die in der allgemeinen Rechnung aufgeführten Beträge in Einnahme und Ausgabe mit denjenigen übereinstimmen, welche in den von der Oberrechnungskammer revidirten Kassenrechnungen[2]) in Einnahme und Ausgabe nachgewiesen sind.

2) ob und inwieweit bei der Vereinnahmung und Erhebung, bei der Verausgabung oder Verwendung von Staatsgeldern oder bei der Erwerbung, Benutzung oder Veräusserung von Staatseigenthum Abweichungen von den Bestimmungen des gesetzlich festgestellten Staatshaushaltsetats oder der von der Landesvertretung genehmigten Titel des Spezialetats (§ 19), oder von den mit einzelnen Positionen des Etats verbundenen Bemerkungen, oder von den Bestimmungen der auf die Staatseinnahmen und Staatsausgaben oder auf die Erwerbung, Benutzung oder Veräusserung von Staatseigenthum bezüglichen Gesetze stattgefunden haben, insbesondere

3. zu welchen Etatsüberschreitungen im Sinne des Artikels 104 der Verfassungsurkunde (§ 19), sowie zu welchen ausseretatsmässigen Ausgaben die Genehmigung des Landtages noch nicht beigebracht ist (jetzt siehe auch § 47 des Ges. v. 11. Mai 1898).

Das Vorlegung der Rechnung geht so vor sich: Die Staasregierung lässt für jedes Etatsjahr die „allgemeine Rechnung über den Staatshaushaltsetat" in der Art aufstellen, dass die gesammten Staatseinnahmen und Ausgaben auf Grund der von den einzelnen Kassen gelegten Jahresrechnungen nach Anordnung des Staatshaushaltsetats, beziehungsweise der Spezialetats der einzelnen Verwaltungen zusammengestellt und mit den entsprechenden Positionen des Etats verglichen werden. Es werden zuerst für die einzelnen Verwaltungen besondere Spezialrechnungen und Uebersichten aufgestellt, solche dann der Oberrechnungskammer zur Prüfung und Vergleichung mit den Kassenrechnungen vorgelegt, und nach erfolgter Bescheinigung der Richtigkeit die Resultate derselben in Form einer allgemeinen Rechnung nach den Titeln des Staatshaushaltsetat zusammengestellt. Die allgemeine Rech-

---

tretung genehmigten Titel der Spezialetats stattgefunden haben, soweit nicht einzelne Titel in den Etats als übertragbar ausdrücklich bezeichnet sind und bei solchen die Mehrausgaben bei einem Titel durch Minderausgaben bei anderen ausgeglichen werden. Unter dem Titel eines Spezialetats ist im Sinne dieses Gesetzes zu verstehen jede Position, welche einer selbsständigen Beschlussfassung der Landesvertretung unterlegen hat und als Gegenstand einer solchen im Etat erkennbar gemacht worden ist.

[1]) vgl. auch Kom. des Abg.-H. v. 30. Jan. 1872 (Sten.-Ber. des Abg.-H. 1871—72, Anl.-Bd. II, Aktenst Nr. 148, S. 846, Sp. 1).

[2]) Die Behörden arbeiten auf Grund besonderer Kassenetats, welche nach Massgabe und in Uebereinstimmung mit den verfassungsmässigen Spezialetats aufgestellt werden, §§ 10—12, 48—51, des Staatshaushaltsgesetzes v. 1898. Diesen Kassenetats entsprechen die Kassenrechnungen, welche durch die O.R.K. revidirt werden.

nung wird demnächst in ihrem Gesammtresultate nochmals der Oberrechnungskammer zur Prüfung vorgelegt, und es wird von dieser bescheinigt, ob dieselbe mit den Summen und Beträgen übereinstimmt, welche in den von der Oberrechnungskammer revidirten und dechargirten Kassenrechnungen in Einnahme und Ausgabe nachgewiesen sind. Diese allgemeine Rechnung über den Staatshaushaltsetat wird sodann unter Beifügung der vorgeschriebenen Bemerkungen der Oberrechnungskammer den Kammern zur Entlastung der Staatsregierung vorgelegt. Die Kammern lassen diese Rechnung durch ihre betr. Kommissionen prüfen, und auf deren Bericht beschliessen demnächst die Kammern über die Ertheilung oder Versagung der Decharge an die Staatsregierung, welche hiervon in Kenntniss gesetzt wird.

Durch das Staatshaushaltsgesetz von 1898 ist in diesem Verfahren nichts geändert worden.

Von allen auf die Rechnungslegung bezüglichen Beschlüssen eines der beiden Häuser des Landtages ist übrigens der Oberrechnungskammer zur Kenntnissnahme Mittheilung zu machen.

§ 310. In Folge der Gründung des Deutschen Reiches wurden der preussischen Oberrechnungskammer auch die Funktionen einer obersten Reichsrechnungskontrollbehörde überwiesen[1]) (R.-G. v. 4. Juli 1868, B.-G.-Bl. S. 433). Dieses Gesetz bestimmte, dass die Kontrolle des Bundeshaushalts für die Jahre 1867—1869 von der preussischen Oberrechnungskammer unter der Benennung Rechnungshof des Norddeutschen Bundes geführt werden sollte. Das Gesetz war also als ein Provisorium gedacht; ein Definitivum ist ihm aber bis heute nicht gefolgt, vielmehr wird alljährlich durch besondere sogen. Kontrollgesetze jenes Provisorium der Reichshaushaltskontrolle von Jahr zu Jahr verlängert. Vielfache Versuche, ein Reichshaushalts- (Reichskomptabilitäts)gesetz zu erlassen, sind stets gescheitert (näheres bei Thrän a. a. O.). Auch das R.-G. v. 16. März 1903 enthält nur ein neues Kontrollgesetz (für das Etatsjahr 1902).

Nach den hiernach geltenden Vorschriften wird die Kontrolle des Reichshaushalts etc. von der zu diesem Zweck entsprechend verstärkten preussischen Oberrechnungskammer unter der „Benennung“: „Rechnungshof des Deutschen Reichs“ geführt. Hiernach erfolgt also die Kontrolle des preussischen Staatshaushalts und des Reichshaushalts von einer Behörde, je unter verschiedener Benennung. In Wirklichkeit aber bestehen die preussische Oberrechnungskammer und der Rechnungshof des Deutschen Reichs je als besondere Behörden. Beide Behörden haben zwar in dem — als preussischer Beamter — vom König von Preussen auf Vorschlag des preussischen Staatsministeriums unter Gegenzeichnung des Vorsitzenden des Staatsministeriums zu ernennenden Chefpräsidenten eine gemeinsame Spitze; sie stehen jedoch in allen anderen wesentlichen Punkten rechtlich je auf besonderen Boden. Es ist nicht nur der Geschäftsbetrieb für jede Behörde beson-

---

[1]) vgl. Thrän, Die Kontrolle des Haushalts des Deutschen Reichs in Hirths Annalen 1902 Nr. 7 S. 481 ff.

ders geregelt, so dass hiernach namentlich die Sitzungen beider Behörden getrennt stattfinden, sondern es haben auch die Beamten des Rechnungshofs, im Gegensatz zu den als preussischen Beamten, auf dem preussischen Staatshaushaltsetat stehenden Beamten der Oberrechnungskammer, als Kaiserliche, auf dem Reichshaushaltsetat stehende Beamte die Eigenschaft unmittelbarer Reichsbeamter im Sinne des Reichsbeamtengesetzes vom 31. März 1873. — (Der Chefpräsident bezieht als preussischer Beamter seine Besoldung und ausserdem freie Dienstwohnung von Preussen; ein Theil des Betrags der Besoldung wird jährlich auf Grund des Reichhaushaltsetats an Preussen vergütet.) Beim Fehlen der gemeinsamen Spitze in Folge von Beurlaubung oder Erkrankung oder des Todes des Chefpräsidenten gehen beide Behörden ohne weiteres in der Weise auseinander, dass alsdann der Chefpräsident bei jeder Behörde je von dem ältesten Direktor derselben vertreten wird.

Diesem Dualismus entsprechend wird auch nicht, wie z. B. bei der Hauptverwaltung der Staatsschulden, welche zugleich die Reichsschulden mit zu verwalten hat (s. Bd. II Buch X) lediglich eine an Preussen zu zahlende Vergütung für die Wahrnehmung dieser Geschäfte im Reichsetat als Ausgabe, im preussischen Etat als Einnahme gebucht, sondern es werden getrennte Spezial-Etats nach demselben Schema in preussischen und Reichshaushaltsetat geführt (seit 1874). Anfänglich rangirten sogar die Beamten des Rechnungshofs und der Oberrechnungskammer bei dem Aufsteigen der Gehälter durcheinander. Seit 1894/95 ist dieser Zustand durch Einführung des Systems der Dienstalterszulagen indessen beseitigt.

Etat der preussischen Oberrechnungskammer.

§ 311. Die preussische Oberrechnungskammer hat von jeher einen besonderen Etat gehabt. Die Einnahmen erscheinen in Kap. 25e des Staatshaushaltsetats, die Ausgaben in Kap. 48 der Ausgaben.

Die Ausgaben des Reiches werden, soweit sie in Zuschüssen zu den Gehältern preussischer Beamter bestehen (§ 312), unter Einnahme (Kap. 25e Tit. 1) verrechnet, im Uebrigen nur nachrichtlich am Schlusse des Etats vermerkt (s. § 316).

Einnahmen (Kap. 25e).

§ 312. Wie Anl. C. I ergiebt, finden sich Einnahmen überhaupt erst in den 80er Jahren vor. Die 18—19000 M. gesetzliche Wittwen- und Waisengelder bestanden wie überall[1]) überhaupt nur kurze Zeit (1883/84 bis 1888/89).

---

[1]) s. Etat des Fin.-Min. Bd. II Buch VIII.

Den Hauptbetrag machen aus die Zuschüsse des Reichs zu einigen Beamtenbesoldungen, nämlich 9700 M.[1]) zu dem Gehalt des Chefpräsidenten sowie je 2075 M. Besoldungs- und 305 M. Wohnungsgeldzuschuss zu den Bezügen des Kanzleidirektors und des Beamten der Annahmestelle[2]) — Beiträge, die bis 1899 unter dem Ausgabesoll vorweg in Abzug gebracht wurden, seit 1899 aber gemäss § 2 Nr. 2 bezw. § 15 des preussischen Staatshaushaltsgesetzes v. 11. Mai 1898 (G.-S. S. 77) in Einnahme nachgewiesen wurden, während die Gehälter bezw. Wohnungsgeldzuschüsse nunmehr im Ausgabeetat voll zum Ansatz gelangen.

Ausgaben (Kap. 48).

§ 313. Die Steigerung der laufenden Ausgaben der Oberrechnungskammer von 1849 bis 1903 ist keine unbeträchtliche und macht etwa das Doppelte des ursprünglichen Betrages aus (von 354 503 auf 1 080 520 oder — nach Abzug der Einnahmen — 1 065 699 M.).

Bei der seitdem stark gestiegenen Gesammtausgabe des Etats, überhaupt der Geschäftsvermehrung, den vielen neuen Organisationen und Gesetzen[3]) kann diese Steigerung nicht auffallen. Hauptsächlich kommt sie bei den Besoldungen und Wohnungsgeldzuschüssen zum Ausdruck, was ebenso in den Stellenvermehrungen, wie in den Besoldungserhöhungen seinen Grund hat.

Die Zahl der etatsmässigen Beamten — ausser dem Chefpräsidenten — betrug:

	1850	1870	1885/86	1903
Direktoren	2	2	3	3
Vortragende Räthe . .	11	11	15	16
Bureaubeamte . . .	59	63	102	134
Kanzleisekretäre . . .	7	7	7	8
Unterbeamte	10	12	13	13
Zusammen . . .	89	95	140	174

Die Hauptsteigerung fällt also in den Anfang der 70er Jahre. Seit 1885/86 hat sich verhältnissmässig das Bureaupersonal am stärksten vermehrt (32), während nur eine Rathsstelle hinzugekommen ist.

[1]) seit 1903, bis dahin 7000 M.

[2]) Für diesen — einen der Registratoren — erst seit 1901. vgl. die betr. Etatserläuterungen.

[3]) U. a. kamen für die Vermehrung der Geschäfte der O.R.K. besonders in Betracht die Eisenbahnverstaatlichungsgesetze, die Justizorganisation (1879/80), die Gesetze wegen Zucker- und Branntweinsteuern, Ansiedelungskommission, Polizeikostengesetz etc.

§ 314. Die Steigerung der Gehälter ergiebt folgende Zusammenstellung:

Chefpräsident	18 000	21 000	21 000
Direktoren	9 000	12 000	12 000
Vortragende Räthe	6600—8400	7500—9900	7500—11000
Vorsteher d. Präsidialbureaus	2100—4500	5400	7200
Revisoren, Registratoren etc., Kanzleidirektor	bezw. 3900	3000—5400 bezw. 4800	3000—6000
Kanzleisekretäre	1500—2700	1800—3300	1800—3800
Unterbeamte	900—1500	1200—1500	1200—1800

Die Bestimmungen über Pensionen, Reliktengelder, Wohnungsgeldzuschüsse, Tagegelder und Reisekosten sind die allgemeinen für unmittelbare Staatsbeamte (s. Etat des Finanzministeriums Bd. II Buch VIII).

§ 315. Ein besonderes Eingehen auf die einzelnen Etatstitel erscheint entbehrlich. Aus der geringen Höhe des Tit. 11 (4100 M.) geht hervor, dass von der Befugniss, Kommissarien zur Revision an Ort und Stelle zu entsenden, nicht zu häufig Gebrauch gemacht wird. Allerdings wird der Fonds meist überschritten (1879 um 3302 M., 1900 um 6646 M., 1901 um 5603 M.). Diese Ueberschreitung hat jedoch ihren Hauptgrund in der Heranziehung auswärtiger Hülfsarbeiter im Revisionsdienst und in deren demnächstiger Anstellung als Revisionsbeamte.

Reichsausgaben.

§ 316. Auch die für den Rechnungshof des Deutschen Reichs nachrichtlich vermerkten Ausgabebeträge weisen seit 1870 eine erhebliche Steigerung nach. Es betrugen die Ausgaben

	für Preussen 1870	für Preussen 1903	fürs Reich 1870	fürs Reich 1903
Besoldungen	353 700	903 800	162 600	770 790
Wohnungsgeldzuschüsse	—	110 616	—	96 910
Andere persönliche Ausgaben	13 200	31 149	6 900	36 975
Sächliche Ausgaben	22 620	34 955	9 600	51 400
Zusammen	**389 520**	**1 080 520**	**179 100**	**956 075.**

Die Steigerung beim Reich ist hiernach noch eine viel bedeutendere, was wohl zum Theil durch Hinzutritt der Kontrolle über die Reichsbank, die Schutzgebiete, die Reichslande u. s. w. (näheres bei Thrän a. a. O.) mit verursacht ist.

Extraordinarium.

§ 317. Die Oberrechnungskammer, welche ursprünglich ihren Sitz in Berlin hatte, wurde bereits durch Königl. K.-O. v. 28. Okt. 1817 von Berlin nach Potsdam verlegt, weil damals in Berlin grosser Wohnungsmangel herrschte, während in Potsdam viele Häuser leer standen. „Die Oberrechnungskammer eigne sich zu dieser Verlegung, da deren Geschäfte nicht geradezu an Berlin gebunden seien, sondern auch füglich in Potsdam verrichtet werden können.“

Besonders seit den 70er Jahren wurden öfters Um- und Erweiterungsbauten an dem alten Dienstgebäude erforderlich, so 1879/81 Erweiterungsbau 220 036 M., 1881/82 25 130 M. (Treppenhaus), 1884/86 Erweiterungsbau 145 100 M., 1894/95 Erweiterungsbau 70 000 M., 1900 13 400 M. (Stallgebäude), 1902 23 985 M. (Umbauten).

Für die im Interesse des Reichs nöthigen Bauten wurden die Bausummen auf dem Reichsetat ausgeworfen (1869 12 000 M., 1902 409 000 M zum Erwerb und Umbau der alten Kriegsschule).

V. Geheimes Civilkabinet.

§ 318. Die Bedeutung des Königlichen Geheimen Kabinets war in den Zeiten des absoluten Staatsregiments eine bei weitem grössere, als sie nach Einführung der konstitutionellen Verfassung geblieben ist.

In dem 18. Jahrhundert noch wurde alles, was zur Entscheidung des Königs gelangte, in dem Kabinete entschieden. Einen einigermassen abschwächenden Einfluss übte aber bereits die wesentlich auf Stein zurückzuführende Behördenreorganisation im Anfang des 19. Jahrhunderts aus, durch welche die bekannten fünf Ministerien (Inneres, Aeusseres, Justiz, Krieg und Finanzen) eingerichtet wurden. Die Verordn. v. 27. Okt. 1810 (G.-S. S. 4) liess zwar das Kabinet des Königs fortbestehen und bestimmte, dass, insoweit nicht der König bei persönlicher Anwesenheit im Staatsrathe seine Befehle und Entscheidungen ertheile, solches aus dem Kabinet geschehen werde. In diesem sollten aber beständigen Vortrag haben: 1. der Staatskanzler (als Vorsitzender des Staatsraths und Spitze aller Ministerien), 2. ein Geheimer Kabinetsrath, 3. in Militärsachen diejenigen Militärpersonen, welche der König dazu bestimmt.[1]) Nachdem mit dem Tode Hardenbergs 1822 das Amt eines Staatskanzlers eingegangen war, wurde das Geheime Kabinet für die Civilangelegenheiten in zwei Abtheilungen getheilt. In der ersten brachte ein Minister (Graf Lottum) die allgemeinen Landes- (Staats-) Angelegenheiten, in der zweiten der Geheime Kabinetsrath die eigentlichen Kabinetssachen vor.

Der Geschäftsgang war dann in der Regel der, dass die Departementsminister in den Angelegenheiten ihres Ressorts schriftlich an den König berichteten und dass hierauf auf den Vortrag des oder der Kabinetsminister[2]) die Entscheidung erfolgte. Einige Minister, namentlich der Minister der auswärtigen Angelegenheiten und der Kriegsminister, hatten indess regelmässig persönlichen Vortrag beim

---

[1]) s. hierzu § 322.

[2]) Vgl. die Kabinetsregierung in Preussen u. s. w. von Hüffer. Duncker & Humblot. Leipzig 1891.

Könige, und in den Fällen, wo dieser sonst noch in bestimmten Angelegenheiten einen Ministerialvortrag für erforderlich erachtete, wurden die betheiligten Minister dazu besonders eingeladen.[1])

§ 319. Diese Stellung des Kabinets hat sich mit dem Siege des konstitutionellen Prinzips von selbst verändert, obgleich die Bestimmungen der Verordn. v. 27. Okt. 1810 über das Kabinet nie ausdrücklich aufgehoben worden sind. Vor allem mussten die sog. Kabinetsminister wegfallen, da das konstitutionelle Staatsrecht unbedingt verlangt, dass sämmtliche Departementsminister nicht durch ein Medium, sondern unmittelbar mit dem Staatsoberhaupte verkehren und ihm in den Angelegenheiten ihres Departements persönlich oder durch von ihnen beauftragte Vertreter vortragen (Art. 44 der Verf.-Urk.). Verfassungsrechtliche Bedeutung hat das Geheime Kabinet nicht. In der Verfassungsurkunde geschieht seiner überhaupt keine Erwähnung.

Ganz fortfallen konnte natürlich diese Einrichtung nicht. Es ist unmöglich, dass der Monarch alle an ihn herantretenden Angelegenheiten, vor allem die ihm aus Art. 45 u. 49 der Verf.-Urk. obliegenden, selbst sichtet, vorbereitet, erledigt und den regelmässigen Vortrag sämmtlicher Staatsminister entgegen nimmt, zumal er durch seine Regentenpflichten gezwungen ist, vielfach ausserhalb des Sitzes der Ministerien zu residiren. Ein Kabinet mit höheren, mittleren und niederen Beamten als persönliches Bureau ist daher nicht zu entbehren.

Das Geheime Civilkabinet fungirt daher auch heute noch als eine zwischen König und Ministern vermittelnde Behörde, indem in den meisten Fällen die Berichte der Minister an den König durch die Hand des Kabinets gehen. Der Unterschied gegen jene Zeit, wo im Kabinet noch die Entscheidung gefällt wurde, tritt aber u. A. darin hervor, dass die Minister ihren Berichten in der Regel die zu erlassende Ordre im Wortlaut und mit der Gegenzeichnung des Ministers versehen und mit dem Immediatberichte zugleich zur Allerhöchsten Vollziehung vorlegen.

§ 320. In den ersten Jahrzehnten nach Erlass der Verfassungsurkunde wurden die Geschäfte der ersten und der zweiten Abtheilung des Geheimen Kabinets noch von verschiedenen Beamten verwaltet.

In den Geschäften der ersten Abtheilung[2]) fungirte an Stelle der Kabinetsminister der erste vortragende Rath des Staatsministeriums, während der Geheime Kabinetsrath oder Chef des Kabinets nach wie vor nur die reinen Kabinetssachen bearbeitete.

---

[1]) die sich aber durch ihre Räthe vertreten lassen konnten.

[2]) Als solche galten im Allgemeinen die Gesetzgebungssachen, die ständischen Angelegenheiten, das Etatswesen, die Domänenveräusserungen, die Landesmeliorations-, Chaussee- und Eisenbahnangelegenheiten.

Mit der Zeit ergaben sich aber aus der Trennung beider Angelegenheiten Schwierigkeiten. Der Chef des Civilkabinets war, besonders auf Reisen, gehalten, in allen dasselbe berührenden Angelegenheiten alsbald Auskunft zu geben, Anordnungen zu treffen, Korrespondenzen zu führen; es konnten ihm aber natürlich nicht Angelegenheiten, die bei Abtheilung I schwebten, ohne Weiteres präsent sein.

Daher wurde im Einvernehmen mit dem Staatsministerium durch Allerh. Kab.-O. v. 24. Dez. 1872 der erste vortragende Rath des Staatsministeriums von den Immediatvorträgen entbunden, die beiden Abtheilungen des Geheimen Civilkabinets vereinigt, und zugleich wurde dem Geheimen Kabinetsrath zur Unterstützung und Vertretung ein vortragender Rath beigegeben.

Gegenwärtiger Geschäftskreis.

§ 321. Da die Verordn. von 1810, wie schon hervorgehoben, nicht ausdrücklich aufgehoben ist, gilt sie noch fort, soweit sie nicht mit der Verfassung in Widerspruch steht.

Als gegenwärtige Aufgabe des Geheimen Civilkabinets wird man daher bezeichnen können, dass es dem Könige (und Kaiser) in allen Civilangelegenheiten[1]) des Staates (und Reiches) unmittelbaren Vortrag hält, soweit es sich nicht 1. um die vom Auswärtigen Amte direkt vorzutragenden Angelegenheiten der äusseren Politik handelt, und 2. soweit nicht die Staatsminister (und der Minister des Königl. Hauses) — was nur bei dringlichen und besonders wichtigen Dingen zu geschehen pflegt — direkten Vortrag erbitten oder ein solcher vom König (Kaiser) befohlen wird. Die alte Verordn. von 1810 hat hauptsächlich noch für die Regelung des Geschäftsganges Bedeutung.

Beamte des Kabinets.

§ 322. Der Geheime Kabinetsrath und Chef des Civilkabinets besitzt, soweit ihm nicht persönlich ein höherer Rang beigelegt ist, den Rang der Räthe erster Klasse.

Der vortragende Rath, dessen Stelle bei Vereinigung der beiden Abtheilungen des Kabinets im Jahre 1873 begründet wurde, sowie die mittleren und unteren Beamten stehen den betreffenden Kategorien der übrigen Centralbehörden im Rang[2]) gleich, jedoch geniessen die

---

[1]) Nach Erlass der Verfassungsurkunde (1850) erschien im Staatshandbuch nur ein Geheimes (Civil-) Kabinet; das Militärkabinet wurde nicht mehr erwähnt. Erst 1859 mit der Regentschaft des Prinzen von Preussen erschien wieder ein besonderes Militärkabinet unter einem „vortragenden Offizier“. Später wurde (durch Allerh. Ordre vom 28. März 1889) auch ein Kaiserliches Marinekabinet errichtet. Beide Kabinete haben aber keinen besonderen Etat wie das Geheime Civilkabinet, sie gelten als Annexen des Kriegsministeriums bezw. des Reichsmarineamtes.

[2]) Besoldung s. § 328.

beiden Kabinetssekretäre eine gewisse Bevorzugung vor den mittleren Beamten der Ministerien. Sie rangiren, wenn ihnen nicht anderweit ein höherer Rang beigelegt ist, auf Grund der Allerhöchsten Ordre v. 28. Dez. 1857 mit den Titularräthen zweiter Klasse. Hierauf beruht auch die Gepflogenheit, ihnen bei Allerhöchsten Charakterverleihungen sogleich den Titel „Geheimer Hofrath" zu verleihen.

Dem Bureauvorsteher, dessen Stellung 1852 geschaffen wurde, ist die Geschäftsführung des Bureau-, Kanzlei- und Unterbeamtenpersonals — mit Ausschluss der beiden Kabinetssekretäre — unterstellt.

Das übrige Bureaupersonal besteht aus 1 Geheimen expedirenden Sekretär und Kalkulator und 10 Geheimen Registratoren.

Die Kanzleigeschäfte werden von 2 Geheimen Kanzleisekretären wahrgenommen. Die beiden Stellen sind im Jahre 1889 begründet worden, bis zu welchem Zeitpunkte die Kanzleiarbeiten für das Kabinet in den Bureaus des Staatsministeriums mitversehen wurden.

Das Unterpersonal besteht gegenwärtig aus 4 Kanzleidienern, 2 Portiers, 1 Hausdiener und 1 Heizer.

Etat.

§ 323. Das Geheime Civilkabinet hat (im Gegensatze zum Militär- und Marinekabinet § 322 Anmerkung 2) seit jeher einen selbstständigen Etat gehabt. Nur wurden, so lange die erste Abtheilung von dem ersten vortragenden Rath des Staatsministeriums geleitet wurde, ein Theil der Ausgaben aus dem Etat des Staatsministeriums bestritten,[2]) so dass eine Vergleichung der gegenwärtigen Etatsziffern mit der Zeit vor 1874 kein richtiges Bild gewährt.

Einnahmen (Kap. 25d des Etats und Anl. CII).

§ 324. Einnahmen finden sich erst seit 1883/84 auf dem Etat des Civilkabinets. Damals wurden 8900 M. eingestellt, davon 2540 M. gesetzliche Wittwen- und Waisengeldbeiträge, welche wie bei den übrigen Ressorts 1888/89 wieder fortfielen. Zwei weitere Posten, welche auch heute noch auf dem Etat stehen, waren Tit 1 Beitrag des Deutschen Reiches zu den persönlichen Verwaltungskosten des Kabinets und Tit. 2 Sonstige Einahmen, enthaltend Beiträge von höheren und niederen Beamten für Gas- und Wasserverbrauch, Schornsteinreinigung, Feuerungsmaterialentnahme aus den Beständen, Erlös aus dem Verkauf alter Akten etc.

Beide Arten von Einnahmen bestanden auch schon vor 1883/84, wurden aber bis dahin auf dem Etat des Finanzministeriums ausgebracht (s. Etatserläuterungen).

[2]) darunter auch die sämmtlichen Kosten der im Bureau des Staatsministeriums mitbesorgten Kanzleigeschäfte.

Der Betrag des Tit. 1 (6300 M.) hat sich bis heute nicht geändert. Er enthält Beiträge zu der Besoldung und dem Wohnungsgeldzuschusse für einen Registrator (5100 M. seit 1874), sowie zur Remunerirung der Sekretariatsbeamten für Besorgung der bei dem Geheimen Civilkabinet in Reichsangelegenheiten vorkommenden Sekretariatsgeschäfte (1200 M. seit 1881/82).

Tit. 2 betrug 1883/84 60 M. und hat sich bis 1903 auf 870 M. gesteigert.

Ausgaben (Kap. 47 des Ausgabeetats und Anl. CII).

§ 325. Die Ausgaben betrugen 1874 96 000 M., haben sich also seitdem bis 1903 auf fast das Doppelte gesteigert.

Die Steigerung vertheilte sich auf die verschiedenen Hauptausgabegruppen wie folgt:

	1874 M.	1885/86 M.	1890/91 M.	1903 M.
1. Besoldungen	75 600	85 050	96 500	120 380
2. Wohnungsgeldzuschüsse	—	12 720	14 040	14 700
3. Andere persönliche Ausgaben	600	4 000	6 400	4 800
4. Sächliche Ausgaben	19 800	22 400	22 400	40 220
Summe	**96 000**	**124 170**	**139 340**	**180 100.**

Die starke Steigerung bei den sächlichen Ausgaben von 1890/91 zu 1903 ist hauptsächlich bei Tit. 7 (Bureaukosten eingetreten, und zwar seit 1902, wo dem mit 10 000 M. ausgesetzten Fonds weitere 10 000 M. als Mehr für Heizung, Beleuchtung, Reinigung etc. nach Ingebrauchnahme des neuen Dienstgebäudes (s. § 331) zugesetzt werden mussten.

Auch der Tit. 8 (Diäten, Fuhr- und Versetzungskosten), der bis 1900 lange Jahre 11 400 M. betragen hatte, erfuhr 1901 eine Steigerung auf 16 000 M., nachdem er in den vorangegangenen 3 Jahren um 5—7000 M. alljährlich hatte überschritten werden müssen.

§ 326. Die anderen persönlichen Kosten (oben Ziff. 4) haben ihre Hauptsteigerung in den 70er und Anfang der 80er Jahre erfahren. Ursprünglich stand nur Tit. 8 auf dem Etat (Ausserordentliche Remunerationen etc. für Subaltern- und Unterbeamte), der seit 1826 bis 1876 nur 600 M. betragen hatte, dann auf 1000 M., später auf 1500 und 1800 M. erhöht wurde (s. hierzu Bd. 1 Buch I S. 97).

Tit. 5 (zur Remunerirung von Hülfsarbeitern) wurde erst seit 1881/82 eingestellt und enthielt ursprünglich nur die aus Reichsfonds erstatteten 1200 M. Extraremunerationen für die Kabinetssekretäre (s. § 328), die aber später bei Gelegenheit von Gehaltserhöhungen der Kabinetssekretäre zur Staatskasse eingezogen wurden und seitdem lediglich in der Einnahme erscheinen. Es steht daher auf Tit. 5 nur noch ein Posten von 3000 M., welcher zur Remunerirung von Hülfsarbeitern dient und 1886/87 ins Ordinarium eingestellt wurde, um den vorübergehenden Bedarf von Hülfsarbeitern zu decken.

Besoldungen.

§ 327. Die Zahl und Besoldungshöhe der Beamten des Geheimen Civilkabinets hat sich im Laufe der Zeit wie folgt gestaltet:

	1850		1870		1890/91		1903	
	Zahl	M.	Zahl	M.	Zahl	M.	Zahl	M.
Geh. Kabinetsrath	1	15 000	1	12 000	1	20 000	1	20 000
vortragender Rath	—	—	—	—	1	7 500—9 900	1	7 500—11 000
Bureauvorsteher	[1]) 3	—	1	4 800	1	5 400[3])	1	7 200
Erster Kabinetssekretär		5 400	2	4 800	2	5 400	1	7 200
Zweiter Kabinetsekretär		4 800		3 600		4 800[4])	1	6 600
Sekretär u. Registrator	6	1500—4500	7[2])	2 400—4 800	9	3 000—5 400	11	3 000—6 000
Kanzleisekretäre	—	—	—	—	2	1 800—3 300	2	1 800—3 800
Unterbeamte	4	750-1350	4	1 050—1 350	6	1 200—1 500	8	1 200—1 800
Summe	**14**		**15**		**22**		**26**	

Das Gehalt des Geheimen Kabinetsraths, das stets 15 000 M. — und nur vorübergehend Anfang der 70er Jahre 12 000 M. — betragen hatte, wurde 1889/90 mit Rücksicht auf die in allen Verwaltungsgebieten Preussens und des Reichs eingetretene und fortdauernde Vermehrung der Geschäftsthätigkeit, die natürlich auch auf die Arbeitslast des Kabinetschefs zurückwirkte, auf 20 000 M. erhöht. Dagegen fand bei der allgemeinen Besoldungsaufbesserung 1897/98 eine weitere Erhöhung nicht statt. Der Kabinetschef rangirt in derselben Gehaltsklasse mit dem Präsidenten des Oberverwaltungsgerichts.

§ 328. Der vortragende Rath und die mittleren und Unterbeamten stehen den betreffenden Beamten der Ministerien gleich.

Eine Art Sonderstellung nehmen die beiden Kabinetssekretäre ein. Ihre Gehälter wurden durch Allerh. Ordre v. 2. Dez. 1842 auf 5400 M. und 4800 M. festgesetzt. Sie erhielten seit 1874 je 600 M. Remuneration vom Reich.

Im Jahre 1893/94 wurden die Stellen des ersten und zweiten Kabinetssekretärs auf 6600 bezw. 4800 M. Einzelgehälter fixirt, da „der Umfang und die Eigenart der Dienstgeschäfte der Geheimen Kabinetssekretäre, sowie die an ihre Thätigkeit zu stellenden besonderen Anforderungen dazu angethan sind, ihre Kräfte eher aufzureiben und ihre Pensionirung früher herbeizuführen, als dies bei den übrigen Bureaubeamten der Regel nach der Fall ist".

Für den ersten Kabinetssekretär fiel damit die Remuneration von 600 M. vom Reiche fort (s. oben). 1897/98 brachte die allgemeine Besoldungsaufbesserung beiden Beamten eine Erhöhung auf 7200 bezw. 5400 M., bis durch den Etat von 1903 das Gehalt des zweiten Kabinetssekretärs weiter auf 6600 M. erhöht wurde, „weil diese Stelle seit der

[1]) Geheime Kabinetssekretäre.

[2]) 5 Geh. Registratoren und Journalisten und 2 Assistenten.

[3]) und 1200 M. Funktionszulage.

[4]) und 600 M. vom Reich Remuneration; s. auch § 328 Abs. 3.

letzten Gehaltsaufbesserung erheblich an Bedeutung zugenommen habe und an die Inhaber der beiden Kabinetssekretärstellen bei der Eigenart des Allerhöchsten Dienstes besonders auf Reisen im Gefolge Sr. Majestät des Kaisers und Königs die gleich hohen Anforderungen gestellt werden müssten". Damit fielen auch für diesen Beamten die 600 M. Remuneration vom Reiche fort.

§ 329. Wegen der Kanzleisekretärstellen vgl. § 322.

§ 330. Pensions-Reliktenverhältnisse u. s. w. sind die gleichen wie bei allen unmittelbaren Staatsbeamten. Der Geheime Kabinetsrath hat freie Dienstwohnung im Sinne des Regulativs vom 26. Juli 1880 und gegen 488,15 M. Benutzung von Gas, Wasserleitung und Centralheizung. Auch der Bureauvorsteher und 5 Unterbeamte haben Dienstwohnungen.

Extraordinarium.

§ 331. Extraordinäre Kosten sind für das Geheime Civilkabinet in den letzten drei Dezennien nicht entstanden. Der Neubau in der Wilhelmstrasse stand auf dem Extraordinarium des Etats der Bauverwaltung (1898—1900: 788 000 M.).

VI. Staatsarchive.

Allgemeines.[1])

§ 332. Im 18. und im Anfange des 19. Jahrhunderts gab es in Preussen nur eine einzige selbstständige Archivbehörde, nämlich das aus dem Markgräflich - Brandenburgischen Archiv hervorgegangene Geheime Staatsarchiv zu Cölln an der Spree (später Berlin). Dagegen bildete in den allmählich zur preussischen Monarchie vereinigten sonstigen Landestheilen (Provinzen) die Verwaltung der dort vorgefundenen landesherrlichen Archive in der Regel einen Nebenzweig der Geschäftsführung der Regierungen.

Eine centrale Beaufsichtigung und Leitung sämmtlicher, auch der in den Provinzen vorhandenen Archive erfolgte erst seit der Verordnung vom 27. Okt. 1810 (G.-S. S. 4 u. 7), durch welche dem Staatskanzler (Hardenberg) das Archivwesen untergeordnet wurde. Seinen Bemühungen gelang es, vor Allem durch Anstellung besonderer Archivbeamten in den Provinzen die Vereinigung des vielfach verstreuten Archivmaterials an einheitlicher Stelle durchzuführen, sowie die Ordnung und Sichtung desselben und damit das gesammte provinzielle Archivwesen erheblich zu fördern. 1822 wurde auch ein

[1]) Gollmert, Die preussischen Staatsarchive im Archiv für Landeskunde der preussischen Monarchie 1856. Bd. VI, S. 111 ff.

Direktorium des Geheimen Staatsarchivs eingesetzt, dessen Wirkungskreis auf sämmtliche Provinzialarchive sich miterstreckte.

Seit 1852 ist der Ministerpräsident als solcher Chef der Verwaltung der gesammten Staatsarchive, ihm untersteht wiederum der Direktor, jetzt Generaldirektor der Staatsarchive.

Gleichzeitig 1852 wurde das Geheime Staats- (und Kabinets-) Archiv zu Berlin in zwei Abtheilungen getheilt, ein Königliches Hausarchiv und ein Geheimes Staatsarchiv, die unter die gemeinsame Leitung des Hausministers und des Ministerpräsidenten gestellt wurden, von denen aber ersterem die spezielle Beaufsichtigung des Haus- und letzterem diejenige des Staatsarchives zustand. Die Provinzialarchive wurden daneben der unmittelbaren Aufsicht des zuständigen Oberpräsidenten unterstellt.

§ 333. Im Jahre 1856 bestanden in Preussen neben dem Geheimen Staatsarchiv zu Berlin, welches zugleich Staatsarchiv für die Provinz Brandenburg ist,[1]) 7 Provinzialarchive, zu Königsberg, Stettin, Breslau, Magdeburg, Münster, Koblenz und Düsseldorf. Bis Anfang der 70er Jahre kommen hinzu Posen (1870) und Sigmaringen (1873), durch Einverleibung der neuen Provinzen: Aurich, Hannover, Idstein, Osnabrück, Schleswig, Marburg, Hanau und Fulda, welche beiden letzteren aber bald mit Marburg vereinigt wurden, Idstein wurde später 1881 nach Wiesbaden verlegt.

In den letzten Jahrzehnten sind neueingerichtet die Provinzialarchive zu Wetzlar und zuletzt zu Danzig (1901), so dass ihre Zahl gegenwärtig auf 17 gestiegen ist.

§ 334. Zweck der Provinzialarchive ist nicht allein, alle den betreffenden Landestheil angehende und nicht mehr als kurrent anzusehende Urkunden und Akten von geschichtlichem Interesse aufzubewahren,[2]) sondern auch Auszüge und Abschriften der im Besitze von Gemeinden, Privaten oder ausländischen Behörden, die sich auf die Provinz beziehen, zu sammeln,[3]) und endlich auch Bücher über die betreffende Landesgeschichte in möglichster Vollständigkeit anzuschaffen.

Organisation.

§ 335. An der Spitze des gesammten Archivwesens steht ein Generaldirektor,[4]) der zugleich Direktor des Geheimen Staatsarchivs zu Berlin ist.

Seit 1896/97 (Nachtragsetat) ist die Stelle eines zweiten Direktors, beauftragt mit der Geschäftsführung am Geheimen Staatsarchive geschaffen worden (Rang der Ministerialräthe 3. Klasse).

---

[1]) Der Grund, weshalb die märkische und die den Staat im Ganzen betreffenden Archivalien von jeher in lokaler Gemeinschaft verblieben sind, liegt darin, dass zu der Zeit, wo die preussischen Archive sich zu bilden anfingen, der Besitz der Landesherrn sich auf die Markgrafschaft Brandenburg beschränkte.

[2]) vgl. § 1 der Instruktion für die Beamten der Staatsarchive in den Provinzen (M.Bl. d. i. V. 1867 S. 327).

[3]) § 18 a. a. O. [4]) seit 1900, s. § 336.

An der Behörde fungiren ausserdem Geheime Staatsarchivare (3) mit dem Titel Geheime Archivräthe und Rang der Räthe 4. Klasse und mehrere Archivare (5), von denen die ältesten den Titel Archivrath führen.

Nach dem Allerh. Erl. v. 24. März 1897 (M.-Bl. f. d. i. V. S. 95) kann älteren verdienten Archivaren bis zu einem Sechstel der etatsmässigen Archivare der persönliche Rang der Räthe 4. Klasse verliehen werden.

§ 336. Die Verhältnisse der Provinzial-Archivbeamten sind geregelt durch die Instruktion v. 31. Aug. 1867 (M.-Bl. f. d. i. V. S. 327).[1] Die Zwecke der Provinzialarchive, die Art und Umfang ihrer Benutzung, Fürsorge für Archivlokale werden darin eingehend geregelt; bezüglich der Beamtenstellen wird bestimmt:

Ein erster Archivar ist Vorstand des Provinzialarchivs; ihm stehen ein oder mehrere Archivare und Archivsekretäre als Mitarbeiter zur Seite. Die Archivvorstände der 12 grösseren Archive zu Breslau, Coblenz, Düsseldorf, Hannover, Königsberg, Magdeburg, Marburg, Münster, Posen, Schleswig, Stettin und Wiesbaden führen seit Ende 1899 den Titel Archivdirektoren, während gleichzeitig der Direktor der Staatsarchive den Titel „Generaldirektor" erhielt (M.-Bl. f. d. i. V. 1900 S. 9). Seit 1897 (M.-Bl. f. d. i. V. S. 95) haben sie den Rang der Räthe 4. Klasse.

Die ihnen beigegebenen Beamten hiessen seit 1885 (M.-Bl. f. d. i. V. S. 64) Archivare 1. und 2. Klasse, seit 1894 (a. a. O. S. 212) heissen sie alle Archivare. Sie haben den Rang der Assessoren, soweit ihnen nicht ein höherer Rang (s. oben) beigelegt ist.

§ 336a. Seit dem 6. April 1894 (M.-Bl. f. d. i. V. S. 67) sind behufs zweckmässigerer Vorbereitung auf den preussischen Staatsarchivdienst besondere Bestimmungen erlassen worden, wonach die Studienzeit auf der Universität mindestens 6, möglichst 7 oder 8 Semester betragen soll. Die besonders zu berücksichtigenden Vorlesungen werden einzeln aufgeführt. An der Universität zu Marburg ist ein besonderes Seminar für geschichtliche Hülfswissenschaften errichtet, welches hauptsächlich für Archivaspiranten bestimmt ist. Dort besteht auch eine besondere Prüfungskommission, bei welcher jeder Archivaspirant eine Prüfung ablegen muss, wenn er in die Aspirantenliste aufgenommen werden will (a. a. O. S. 68). Die Prüfungsgebühren betragen 50 M. Die Prüfung ist eine mündliche.

Mittlere und Unterbeamte.

§ 337. An Bureaubeamten waren thätig (1903) zwei beim Direktorium zu Berlin, an Kanzleisekretären einer in Berlin und zehn in den Provinzen, an Archivdienern drei in Berlin und elf in den Provinzen.

---

[1]) mit einigen Abänderungen vom 9. Jan. 1876 (a. a. O. S. 1), 12. Jan. 1877 (a. a. O. S. 8), 27. Jan. 1898 (a. a. O. S. 39).

Einnahmen und Ausgaben.

(Vgl. hierzu Anl. CIII.)

§ 338. Die Verwaltung der Staatsarchive hat schon seit 1849 einen besonderen Etat (Kap. 25b der Einnahmen und Kap. 45 der Ausgaben).

Die Einnahmen spielen nur eine unwesentliche Rolle. Sie umfassen einige Tausend Mark Erlöse aus archivalischen Publikationen und Zuschüsse zu den Autorhonoraren, die alljährlich schwanken. Sie werden nach dreijährigem Durchschnitt eingestellt und haben in den letzten zehn Jahren den Betrag von 3500 M. nicht überstiegen. Der Höchstbetrag von 8000 M. fiel in das Jahr 1887/88. (1903: 2040 M.).

Die Nachweisung dieser Einnahmen im Etat (Kap. 25b Tit. 1 [früher Tit. 2]) erfolgte erst seit 1883/84 auf Grund Beschlusses des Abg.-H. v. 18. April 1882 (Sten. Ber. S. 1385).

Tit. 2 enthielt früher die Einnahmen aus der Abgabe von Wasser aus dem Schlossbrunnen zu Marburg und wird nach Wegfall derselben als vacat weitergeführt.

Die Einnahmen aus Tit. 3 stehen auf dem Etat seit 1883/84 (vgl. Etatserläuterungen) und enthalten verschiedene sonstige Einnahmen (Zahlungen einzelner Archivdiener für Entnahme von Feuerungsmaterial aus den amtlichen Beständen zu ihrem eigenen Bedarfe, sowie für Mitbenutzung der Wasserleitung; Erlös aus dem Verkaufe unbrauchbarer Akten, Drucksachen, Utensilien und Baumaterialien; Miethe und Pacht für entbehrliche Räume und Ländereien, Beiträge zu den Kosten der nach § 2a des Krankenversicherungsgesetzes erweiterten Krankenfürsorge etc.). (1903: 1100 M.)

Ausgaben.

§ 339. Die grosse Steigerung in dem Geschäftsumfang und die Bedeutung des Staatsarchivwesens seit Mitte des 19. Jahrhunderts spiegelt sich in der Vermehrung der ordentlichen Ausgaben seit jener Zeit wieder. Sie betrugen 1849: 49 125 M., 1870: 126 885 M., 1885/86: 329 338 M., 1903: 528 025 M., also mehr als das 10fache von 1849.

Die Steigerung der sächlichen Kosten war dabei noch eine etwas stärkere als die der persönlichen.

Besoldungen.

§ 340. Das Gehalt des Generaldirektors (früheren Direktors) der Staatsarchive betrug schon in den 70er Jahren 9000 M. und ist seitdem nicht erhöht worden.

Der Generaldirektor bezieht aber aus Nebenämtern jährlich: aus Tit. 2 als Direktor des Geheimen Staatsarchivs 3000 M., als Mitglied der Akademie der Wissenschaften in Berlin ein Ehrengehalt von 900 M., als Historiograph des Preussischen Staates ein Gehalt von 900 M., zusammen 4800 M.

Die Gehälter der sonstigen Beamten haben sich besonders seit Anfang der 90er Jahre sehr verschoben, wie nachstehende Uebersicht ergiebt:

	vor 1891/92 M.	seit 1896/97 M.	seit 1897/98 M.
Generaldirektor	9000	9000	9000
Zweiter Direktor in Berlin	—	8000	8500
Archivdirektoren in der Provinz	—	4500—6600	4800—7200
Geheime Staatsarchivare in Berlin	3600—6000	3600—6000	3600—7200
Archivare in Berlin und Staatsarchivare und Archivare in den Provinzen	1800—4500	2100—4500[1])	2700—5100[1])
Expedienten und Kalkulatoren in Berlin	3000—5400	3000—5400	3000—6000
Kanzleisekretäre in Berlin	1800—3300	1800—3800	1800—3800
„ in den Provinzen	1650—2250	1650—2700	1650—2700
Archivdiener in Berlin	1200—1500	1200—1800	1200—1800
„ in den Provinzen	960—1200	1000—1500	1000—1500

Hinsichtlich der höheren Archivbeamten haben erhebliche Veränderungen stattgefunden, einmal in dem Etat 1896/97 (vgl. Erläuterung zu Kap. 45 Tit. 2 der Ausgabe jenes Etats, wodurch die Gehaltsbezüge der höheren Archivbeamten denjenigen der höheren Beamten der Königl. Bibliothek und der Universitätsbibliotheken im Wesentlichen gleichgestellt, besondere Vorsteherstellen an den grösseren Archiven gegründet, die Stellen der Berliner Archivare, abgesehen von zwei Stellen für Geheime Staatsarchivare, denen der Provinzen im Prinzip — nach Ableben der gegenwärtigen Inhaber — gleichgestellt, pensionsfähige Zulagen für die Hälfte der Stellen eingeführt wurden u. s. w.) und sodann bei Gelegenheit der allgemeinen Besoldungsverbesserung 1897/98 (Näheres vgl. Abg.-H. Sten. Ber. 1896 S. 503 ff.).

§ 341. Bei den mittleren und Unterbeamten traten wesentliche Verbesserungen bereits 1890/91 ein, wie aus der obigen Tabelle des Näheren ersichtlich ist.

Die meisten der Unterbeamten haben Dienstwohnung.

§ 342. Hinsichtlich der Wohnungsgeldzuschüsse, anderen persönlichen und sächlichen Ausgaben ist wenig zu bemerken.

Zu Tit. 6 (Remunerirung von Hülfsbeamten) ist hervorzuheben, dass aus diesem Titel auch die Assistenten an den Archiven remunerirt werden.

Wie schon in § 336a erwähnt, haben diese ein Examen abzulegen, werden dann notirt, nach Eintritt von Vacanzen zur Probeleistung einberufen und sodann als Hülfsarbeiter bezw. Assistenten mit 1200 M. beschäftigt. In dieser Stellung steigen sie bis 2100 M. Später erfolgt dann die etatsmässige Anstellung.[2])

---

[1]) und für die Hälfte der Stellen je 900 M. persönliche Zulagen.

[2]) Nach einem Vermerk im Etat 1897/98 zu Kap. 45 Tit. 8 kann eine längere als vierjährige Beschäftigung als Archivassistent und Hülfsarbeiter nach beendeter Probezeit bei der etatsmässigen Anstellung auf das Besoldungsdienstalter angerechnet werden.

§ 343. Zu Tit. 8 vgl. M.-Bl. f. d. i. V. 1884 S. 119.

§ 343a. Tit. 10 betrug vor 1874 nur 2400 M. und wurde in diesem Jahre auf 12 000 M., bis 1880/81 auf 30 500 M. erhöht. Gegenwärtig beträgt er 50 610 M. Er wird verstärkt durch die Erlöse von denjenigen archivalischen Publikationen, deren Kosten aus diesem Fonds bestritten sind.

Historisches Institut zu Rom.

§ 344. Besonders hervorzuheben ist noch, dass seit 1898/99 das historische Institut in Rom, dessen Unterhaltungskosten bisher hauptsächlich aus Fonds der geistlichen, Unterrichts- und Medizinalverwaltung — insbesondere aus dem Fonds unter Kap. 122 Tit. 32[1]) — bestritten wurden, in die Archivverwaltung übernommen worden ist. Es wurden für dieses an etatsmässigen Stellen eingestellt: a) für einen ersten Sekretär ein Gehalt von 7500 M. mit einer nicht pensionsfähigen Lokalzulage von jährlich 1250 M. und freier Wohnung, welche in den für das Institut angemietheten Räumen vorhanden ist; b) für einen zweiten Sekretär ein Gehalt von 2700 M. mit einer nicht pensionsfähigen Lokalzulage von jährlich 1000 M. und einer Miethsentschädigung von jährlich 660 M.

Ausserdem wurde der Fonds unter Tit. 6 zur Remunerirung eines bei dem Institute ausseretatsmässig zu beschäftigenden Assistenten um jährlich 3600 M., der Fonds unter Tit. 8 zur Anmiethung der Räumlichkeiten für dasselbe, einschliesslich der Wohnung für den ersten Sekretär, um 3168 M. und der Fonds unter Tit. 10 zur Bestreitung der sächlichen Ausgaben um 5832 M. verstärkt (s. auch § 345 a. E.).

Extraordinarium.

§ 345. Die extraordinären Ausgaben für die Staatsarchivverwaltung sind in den letzten Dezennien im Verhältnis zu den Gesammtausgaben des Ordinariums, welches von rund 300 000 M. im Anfang der 80er Jahre bis auf rund 528 000 M. in 1903 gestiegen ist, nicht unerheblich.

Es wurden nach den Etats bereitgestellt von 1879/80 1889/90 zusammen 1 065 490 M., also im Jahresdurchschnitt 96 862 M. und von 1890/91—1902 zusammen 2 095 487 M., im Jahresdurchschnitt 161 191 M., 1903 kamen hinzu 19 370 M.

Die Beträge wurden hauptsächlich zu Neu-, Um- und Erweiterungsbauten und Einrichtungskosten von Staatsarchiven verwandt. Es erforderten z. B. die Archive zu Berlin (1893/95) rund 900 000 M., Danzig 256 500 M., Coblenz 223 927 M., Düsseldorf 252 870 M., Magdeburg[2]) 181 300 M., Stettin 284 217 M., Hannover 576 000 M., Aurich 110 000 M.,

---

[1]) s. auch Bd. II Buch I § 590a.

[2]) Die zuerst beabsichtigte Verlegung nach Halle fand die Zustimmung des Abgeordnetenhauses nicht (Abg.-H. Sten. Ber. 1886 S. 1291).

Wiesbaden 267 300 M. Auch Posen und Marburg verursachten in diesem Zeitraum erhebliche Kosten durch Restaurirungsarbeiten u. s. w. 1903 sind für Bibliothek und Dienstwohnung des ersten Sekretärs am Historischen Institut in Rom 19 370 M. eingestellt worden.

VII. General-Ordenskommission.

§ 346. Die früher getrennt und zu dem Geschäftskreise mehrerer Staatsbehörden, namentlich dem Allgemeinen Kriegsdepartement und dem Civil- und Militärkabinet Sr. Majestät des Königs gehörig gewesenen Ordensangelegenheiten sind durch die Königl. Kab.-O. v. 6. Jan. 1810 vereint einer besonders für diesen Zweck errichteten Behörde übertragen worden, welche nach ihrem an des Königs Majestät erstatteten Berichte vom 13. ej. den Titel „General-Kommission in Angelegenheiten der Königlich Preussischen Orden“ angenommen hat.

Zu dem Geschäftskreise der Königlichen General-Ordenskommission gehört nach dem § 15 der Erweiterungsurkunde v. 18. Jan. 1810 für die Königlich Preussischen Orden und Ehrenzeichen die Anschaffung der Ordensinsignien, die Führung vollständiger Listen und deren Berichtigung durch das Nachtragen des Abganges und Zuwachses, das Vorlegen von Auszügen aus diesen Listen, und auf Verlangen Sr. Majestät die Erstattung von Berichten, sowie die Ausführung der Allerhöchten Aufträge.

Hiermit stimmt die Bestimmung in der Königlichen Kab.-O. v. 6. Jan. 1810 (a. a. O.) überein, wonach Se. Majestät der König Sich vorbehält, Sich der gedachten Behörde als einer allgemeinen Kommission für die Listen, die Auszüge daraus und für die Insignien zu bedienen, und den Umständen nach bei den kleinen Orden und Medaillen Bericht von ihr zu erfordern.[1])

Durch den Allerh. Erl. v. 22. Jan. 1850 ist die obere Leitung der General-Ordenskommission dem Präsidenten des Staatsministeriums übertragen.

Geschäftsführung. Beamte.

§ 347. Die Geschäfte der General-Ordenskommission werden von einem Präses und mehreren Mitgliedern (4) geführt, die von jeher als solche keine Gehälter beziehen.

---

[1]) Auch hat die General-Ordenskommission die Anordnungen zum Ordensfeste zu treffen, für die Anschaffung, Aushändigung und Rückgabe der Dekorationen, sowie für Liquidation und Zahlung des Ehrensolds an die Senioren und Inhaber des Eisernen Kreuzes zu sorgen. Sten. Ber. d. II. Kammer 1849/50 IV 2058.

An mittleren und unteren Beamten wurden der Königlichen General-Ordenskommission bei ihrer Errichtung zugeordnet: zwei Expedienten, ein Kanzlist und ein Bote.

Als später sich die Geschäfte vermehrt hatten, wurde die Königliche General-Ordenskommission ermächtigt, die nöthigen Hülfsarbeiter gegen Diäten anzustellen. (Königl. Kab.-O. v. 6. Okt. 1814 und 10. März 1815 I. v. 22).

Mittels des Etats für das Jahr 1816 wurde die Anstellung eines Registrators genehmigt.

Für die Führung und Berichtigung der Ordensliste wurde ein besonderer Kalkulator angestellt.

Im Laufe der Zeit wuchsen natürlich die Geschäfte, und es musste eine Vermehrung des Beamtenpersonals stattfinden. In folgender Tabelle sind die Steigerungen der Zahl der Beamten und zugleich der Besoldungssätze ersichtlich gemacht.

	1850		1870		1890/91		1903	
	Zahl	Mark	Zahl	Mark	Zahl	Mark	Zahl	Mark
Expedienten,[1]) Registratoren . . . / Kanzleivorsteher .	4	je 1: 4500 u. 3000 u. 2: 1200—1800	5	je 1: 4800, 3600, 3300, 2700 u. 2: 2400	6 / 1	3000—5400	6 / 1	3000—6000[2])
Kanzleisekretäre . .	3	3000, 1800 u. 1050 M.	4	1500—2700	3	1800—3300	5	1800—3800
Unterbeamte . . .	1	1050	2	1350 u. 1050	2	1200—1500	2	1200—1800
Summe	**8**		**11**		**12**		**14**	

Etatsmässige Einnahmen und Ausgaben.

§ 348. Die General-Ordenskommission hat stets auf besonderem Etat gestanden.

Einnahmen (Kap. 25e Tit. 1).

In Kap. 25c Tit. 1 werden die Einnahmen für zurückgekommene alte Ordensinsignien verrechnet, da die Ordensinsignien und Ehrenzeichen (einschliesslich der fremden) verstorbener Staatsdiener (nicht aber die Verleihungsurkunden) an die General-Ordenskommission abzuliefern sind (Kab.-O. v. 7. Febr. 1815, G.-S. 1815, S. 10, Bekanntm. d. General-Ordenskommission v. 20. März 1840, J.-M.-Bl. 1840, S. 195, R. v. 25. Mai 1841, J.-M.-Bl. 1841, S. 186, R. v. 18. Febr. 1842, J.-M.-Bl. 1842, S. 66, C.-R. v. 20. Aug. 1844, J.-M.-Bl. 1844, S. 187, C.-R. v. 21. Sept. 1850, J.-M.-Bl. 1850, S. 375). Ordensdekorationen in Brillanten und solche Insignien, welche die Besitzer sich aus eigenen Mitteln angeschafft haben, brauchen nicht abgeliefert zu werden (Bekanntm. der General-Ordenskommission v. 21. Juli 1840, J.-M.-Bl. 1840, S. 252).

---

[1]) von denen einer als Bureauvorsteher und Rendant fungirt.

[2]) Für den Bureauvorsteher als Rendant ausserdem 600 M. Zulage.

Die rechnungsmässigen Einnahmen schwanken natürlich sehr, im Allgemeinen hat sich aber nach Anl. CIV. besonders seit 1870 eine nicht unerhebliche Steigerung vollzogen (von 6090 M. auf 27 000 M. in 1903), dem auch die Steigerung des Tit. 7 der Ausgabe entspricht.

Die Einstellung des Postens erfolgt nach dreijährigem Durchschnitt. So waren eingekommen: im Jahre 1899 36 302,60 M., im Jahre 1900 30 743,41 M., im Jahre 1901 14 000,94 M., zusammen 81 046,95 M., im Durchschnitt also jährlich 27 015,65 M. oder rund 27 000 M.

§ 349. *Tit. 2.* Der Posten „Sonstige Einnahmen“ (Zahlung eines Unterbeamten für die Benutzung der Centralheizung und für den Wasserverbrauch in seiner Dienstwohnung, Erlös aus dem Verkaufe von Makulatur etc.) ist ohne finanzielle Bedeutung (1903: 56 M.).

Ausgaben (Kap. 46 des Ausgabeetats).

§ 350. Ein Vergleich der gegenwärtigen Gesammtausgaben mit denen früherer Jahre ergiebt nach Anl. CV folgende Ziffern: 1849 57 600, 1870 299 908, 1885/86 201 910, 1903 194 280 M.

Vergleichbar werden diese Zahlen erst, wenn man die auf den früheren Etats aufgeführten Beträge für Ehrensolde an Inhaber kriegerischer Ehrenzeichen in Abzug bringt.

Es sind nämlich an Ehrensolden gewährt:

a) Den Inhabern des Eisernen Kreuzes am schwarzen wie am weissen Bande, welche dasselbe in den Jahren 1813—1815 und durch namentliche Bestimmung nachträglich erworben haben, im Betrage von jährlich 150 Thalern für die Inhaber des Eisernen Kreuzes I. Klasse und von 50 Thalern für die Inhaber des Eisernen Kreuzes II. Klasse (Ges. v. 10. März 1863 — G.-S. S. 101).

b) Den Inhabern des Eisernen Kreuzes I. Klasse, welche dasselbe im Kriege gegen Frankreich 1870/71 in den unteren Chargen bis zum Feldwebel einschliesslich erworben haben, sowie den Inhabern des Eisernen Kreuzes II. Klasse unter den gleichen Voraussetzungen, wenn sie zugleich das Preussische Militär-Ehrenzeichen II. Klasse oder eine gleichzuachtende militärische Dienstauszeichnung besitzen, im Betrage von monatlich 3 Mark (Ges. betr. die Gewährung einer Ehrenzulage an die Inhaber des Eisernen Kreuzes von 1870/71 v. 2. Juni 1878, R.-G.-Bl. S. 99).

1867 kommt noch für Hannover Ehrensold für die Inhaber der Guelphenmedaille hinzu (je 82 M. 25 Pf.).

Zur Bestreitung derartiger Ehrensolde standen 1849: 21 600 M., 1870: 192,208 M., 1885/86 noch 5 500 M. auf dem Etat der General-Ordenskommission. Der letzte Betrag fiel mit 300 M. 1891/92 fort. Nach Abzug der betreffenden Beträge stellten sich die Gesammtausgaben 1849: 36 000 M., 1870: 107 700 M., 1885/86: 196 410 M., 1903: 194 280 M.

Den weitaus grössten Antheil an dieser Steigerung hat Kap. 46 Tit. 7 „Anschaffung und Unterhaltung von Ordensinsignien". Dieser Posten betrug 1849 18 000 M., Mitte der 60er Jahre 36 000 M., 1870 betrug er 72 000 M. Eine weitere Steigerung, auf 130 000 M., erfuhr er sodann 1883/84, nachdem schon seit einer Reihe von Jahren erhebliche Ueberschreitungen stattgefunden hatten. Auch heute reicht der Betrag meist nicht mehr aus.

§ 351. Die persönlichen Fonds (Tit. 1—5) geben im Allgemeinen zu besonderen Bemerkungen keinen Anlass, da für die Besoldungssätze die der Ministerien massgebend sind (s. auch die Tabelle in § 347).

Bei dem unter den sächlichen Ausgaben stehenden Bureaukostenfonds (Tit. 6) hat im Jahre 1900 eine Verminderung um 7200 M. stattgefunden, weil das Haus Schadowstrasse 10/11, wo die General-Ordenskommission bisher miethweise untergebracht war, für Zwecke des Ministeriums des Innern angekauft worden ist (Etatserläuterungen 1900).

§ 352. Extraordinäre Ausgaben sind für die General-Ordenskommission in den letzten Dezennien nicht entstanden. Die Kosten des Neubaues des Gebäudes in der Wilhelmstrasse sind bestritten aus dem Extraordinarium der Bauverwaltung, s. auch § 291a.

VIII. Gesetzsammlungsamt.

Einleitendes.

§ 353. Die Einrichtung einer Gesetzsammlung für die Preussische Monarchie, in welche „alle Gesetze und Verordnungen aufgenommen werden sollten, die mehr als ein Regierungsdepartement" betreffen, ist erfolgt durch Ges. v. 27. Okt. 1810 (G.-S. S. 1). Durch Ges. v. 3. April 1846 (G.-S. S. 151) trat eine Erweiterung des Inhalts ein, dass alle landesherrlichen Erlasse, welche Gesetzeskraft erlangen sollen, diese nur durch Aufnahme in die Gesetzsammlung erlangen können, auch wenn sie nur für einen Theil der Monarchie bestimmt sind. Art. 106 der Verf.-Urk. hielt diese Bestimmungen aufrecht.

Seit Verkündung der Verfassungsurkunde mussten deshalb nicht blos die eigentlichen, unter Zustimmung des Landtags erlassenen Gesetze (Art. 62) und die auf Grund des Art. 63 der Verf.-Urk. ergangenen Allerhöchsten Verordnungen, sondern auch diejenigen Königlichen Verordnungen und Erlasse, welche Ausfluss der Exekutivgewalt der Krone sind, in der Gesetzsammlung verkündet werden.

Die Folge davon war ein ausserordentliches Anschwellen des Umfangs der Gesetzsammlung im Laufe der Jahre. Während früher, namentlich seit 1858, die Gesetzsammlung selten mehr als 100 Druckbogen umfasste, belief sich ihr Umfang 1865 auf 158, 1866 auf 120¼, 1868 und 1869 auf 142½ und 171, 1867 sogar auf 264½ Bogen.

Die Erweiterung des Staatsumfangs hat ferner eine erhebliche Vermehrung der an die Behörden zum Dienstgebrauch unentgeltlich zu liefernden Exemplare im Gefolge gehabt. Die Zahl dieser Exemplare allein ist im Laufe der 60er Jahre von 4000—5000 auf über 9000 gestiegen.

Eine Einschränkung der Veröffentlichungen schien aus allgemeinen Zweckmässigkeitsgründen wie auch aus finanziellen Rücksichten (§ 356) dringend geboten. Zu der Ausschaltung der Veröffentlichung aller nur auf einen lokalen Bezirk sich erstreckenden Gesetze und Verordnungen zurückzukehren, erschien nicht angezeigt,[1]) man wählte daher den im Ges. v. 10. April 1872 (G.-S. S. 357) eingeschlagenen Weg, wonach Allerhöchste Erlasse, welche gewisse Gegenstände (von meist nur lokalem Interesse) betreffen (Verleihung von Expropriations-, Chausseegeldrecht, Statuten von Genossenschaften, Eisenbahnkonzessionen, Reglements für Feuersozietäten, Landschaften u. s. w.) lediglich in den Amtsblättern — auf Kosten der Unternehmer u. s. w. — zu veröffentlichen sind, während in die Gesetzsammlung nur eine Anzeige über die stattgehabte Verkündigung der einzelnen Erlasse aufgenommen wird.

Abonnenten der Gesetzsammlung.

§ 354. Nach dem Gesetze von 1810 (§ 5) war die Verpflichtung zur Haltung der Gesetzsammlung noch eine sehr ausgedehnte, indem sie sich nicht nur auf Gemeinden, sondern auch auf Staatsbehörden und sogar selbst auf die einzelnen hohen Militärs und Beamten erstreckte.

Nach dem Ges. v. 10. März 1873 (G.-S. S. 41) wurden die höheren Beamten u. s. w. allgemein von dieser Verpflichtung entbunden und nur die Gemeinden und selbständigen Gutsbezirke zur Haltung der Gesetzsammlung (und des betreffenden Regierungs-Amtsblattes) gegen Baarzahlung verpflichtet.

Königliche Staatsbehörden erhalten Gesetzsammlung (und Amtsblatt) bereits seit Anfang der 60er Jahre umsonst (M.-Bl. f. d. i. V. 1862 S. 1, J.-M.-Bl. 1862 S. 138).

Das Abonnement war früher halbjährig, seit 1874 ist es ganzjährig (Betrag s. § 356).

---

[1]) Gründe siehe in Aktenstück Nr. 81 Sess. 1871/72 des Abg.-H.

Verwaltung und Etat (vgl. Anl. CV).

§ 355. Die Geschäfte des Gesetzsammlungsamtes wurden von jeher durch die Postverwaltung mit wahrgenommen. Bis zum Jahre 1868 war auch der Etat des Gesetzsammlungsamts in dem gemeinsamen „Etat der Post-, Gesetz- und Zeitungsverwaltung" mit enthalten. Nach Uebergang des Postetats auf das Reich (1868) wurde ein besonderer „Etat für das Gesetzsammlungs - Debits - Comtoir in Berlin" eingerichtet — seit der zweiten Hälfte der 70er Jahre „Etat des Gesetzsammlungsamts in Berlin" genannt.

Die Geschäfte wurden aber von dem Kaiserlichen Postzeitungsamt weitergeführt, nur fand eine getrennte Zuweisung der Arbeitskräfte beider Aemter auf ihren jeweiligen Etat statt, die sich thatsächlich aber auf die Dauer nicht durchführen liess.

Auch die getrennte Beschaffung der Erheizungs- und Beleuchtungsgegenstände, sowie der Schreib- und Packbedürfnisse für beide Aemter hatte vielfache Erschwernisse für den Geschäftsbetrieb und manche Unzuträglichkeiten zur Folge. Es ist daher seit 1879/80 mit der Reichspostverwaltung die Zahlung einer Bauschsumme von 30 000 M. jährlich vereinbart worden, wogegen die Postverwaltung die Hergabe der für den Vertrieb der Gesetzsammlung erforderlichen Arbeitskräfte und die Bestreitung der sächlichen Verwaltungsausgaben übernimmt, so dass in dem Etat des Gesetzsammlungsamts nur noch die Kosten für die Redaktion, Korrektur und Herstellung der Gesetzsammlung (Kap. 52 Tit. 2 der Ausgabe) besonders zu veranschlagen sind. Die Höhe der Bauschvergütung entspricht dem Umfange der bezüglichen Leistungen. Sie findet sich unter Kap. 52 Tit. 1 der Ausgabe.

Die Reichspostverwaltung hat im Jahre 1895 (abgeändert 1902) die Bestimmungen über Verlag und Vertrieb der Preussischen Gesetzsammlung zusammengestellt (vgl. M.-Bl. f. d. i. V. 1902 S. 153).

§ 356. Der Abonnementspreis betrug ursprünglich 2 Thaler und wurde 1858 auf 1 Thaler herabgesetzt. Gleichwohl überstiegen auch dann noch die Einnahmen des Debit-Comtoirs die Ausgaben bedeutend. Erst seit der zweiten Hälfte der 60er Jahre wurden in Folge der fortwährenden Vergrösserung des Umfangs jährlich erhebliche Zuschüsse — 40 000—100 000 M. — nöthig. (Das war ein Hauptgrund, der zum Erlasse des Ges. v. 10. April 1872 führte [s. § 353.]) In der That verminderte sich von 1872 auf 1873 der Zuschuss von 61 944 M. auf 19 860 M. Ende der 70er Jahre ging er bis auf rund 10 000 M., Anfang der 80er Jahre auf einige Hundert Mark zurück. Seit Mitte der 80er Jahre ergiebt sich sogar ein Ueberschuss von einigen 20 000 M.

Die Einnahmen des Gesetzsammlungsamts werden nachgewiesen im Kap. 25g der Einnahme, die Ausgaben in Kap. 52 Tit. 1—3 der Ausgabe.

In der Anlage CV sind die einzelnen Etatsposten und ihre Höhe in den Jahren 1870, 1885/86 und 1903 zusammengestellt. Besondere Bemerkungen zu den einzelnen Posten sind nach den vorstehenden Ausführungen nicht mehr zu machen.

IX. Deutscher Reichs- und Preussischer Staatsanzeiger.

Entwickelungsgeschichte.[1])

§ 357. Der erste Vorläufer des heutigen Reichs- und Staatsanzeigers war die am 2. Januar 1819 neu begründete „Allgemeine Preussische Staatszeitung".

Mit dieser Zeitung wurde der doppelte Zweck verfolgt: ein amtliches Publikationsorgan und zugleich ein politisches Blatt zu schaffen, welches geeignet war, die öffentliche Meinung in politischen Dingen richtig zu stellen und über die Absichten der Staatsregierung aufzuklären.

Die Versuche der Lösung des hiermit aufgestellten Problems der Verbindung eines amtlichen Blattes mit einer politischen Zeitung bilden den Inhalt der Geschichte des Blattes von seinem Entstehen bis zum Jahre 1853. Durch die am 1. Juli 1843 erfolgte Umwandlung des bisherigen amtlichen Blattes in die „Allgemeine Preussische Zeitung" wurden die Beziehungen des Blattes zur Staatsregierung einigermassen gelockert.

Im Jahre 1848 wurde jedoch beschlossen, das Blatt wieder in ein offizielles umzuwandeln, das demgemäss vom 1. Mai 1848 ab unter dem Titel „Preussischer Staatsanzeiger" erschien. Es erhielt ausser dem amtlichen einen nichtamtlichen Theil, welcher letztere aber nur referiren und das ihm zur Verfügung gestellte Material der Gesetzgebung und Verwaltung veröffentlichen sollte. Mit dem 1. Juli 1851 trat eine neue Umwandlung des Blattes ein, das von jetzt ab nur einen amtlichen Theil mit Hinweglassung aller politischen und sonstigen Nachrichten enthielt; ausserdem wurde es auch für Insertionen von Behörden freigehalten. Um diesen Wandel auch äusserlich zum Ausdruck zu bringen, wurde dem amtlichen Blatt der Titel „Königlich Preussischer Staatsanzeiger" beigelegt. Als Beilage wurde den Abonnenten ein politisches Blatt in Gestalt der neubegründeten gouvernementalen „Preussischen Adlerzeitung" beigegeben, welche letztere indess mit dem 1. Juli 1853 wieder einging, da sie durch ihre Verbindung mit dem amtlichen Blatt in ihrer freien Bewegung gehemmt war und somit die Aufgabe eines politischen Blattes nicht erfüllen konnte. Von diesem Zeitpunkt ab wurde der

---

[1]) vgl. Nr. 310 des Reichsanzeigers (vom 30. Dezember) 1893.

„Königlich Preussische Staatsanzeiger“ wieder mit einem nicht amtlichen Theil versehen, und er erhielt unter gleichzeitiger Stellung unter das Ressort des Staatsministeriums im Wesentlichen den Charakter, den das Blatt noch heute hat.

§ 358. Einen gewissen materiellen Aufschwung nahm das amtliche Blatt seit dem Jahre 1856 durch die öffentlichen Anzeigen. Von 1819 bis Ende 1828 hatte die „Allgemeine Preussische Staatszeitung“ überhaupt noch keine Anzeigen aufgenommen. Im Januar 1829 wurde als besondere Beilage des amtlichen Blattes ein „Allgemeiner Anzeiger für die Preussischen Staaten“, auf den auch ein besonderes Abonnement eröffnet wurde, herausgegeben. In diesem erschienen zunächst nur Ankündigungen von staatlichen Behörden. Mit dem 1. April 1831 wurde der „Anzeiger“ dem Blatt selbst einverleibt. Später wurde der Kreis der Anzeigen, die aufgenommen werden durften, erweitert, und im Anfang der fünfziger Jahre wurde das amtliche Organ zum Centralorgan auch für die Aktiengesellschaften, Korporationen etc. gemacht, wodurch die Einnahmen sich stark vermehrten. Diese wurden indessen in der Hauptsache durch die gesteigerten Aufwendungen für wissenschaftliche Aufsätze absorbirt.

Neben den „Vierteljahrsheften“, welche die wissenschaftlichen Beilagen zusammenfassen, wurden vom Januar 1873 ab „Deutsche Monatshefte“ mit kunstwissenschaftlichem, literarischem, historischem und statistischem Inhalt sowie mit Illustrationen herausgegeben. Indessen musste nach dieser Richtung hin ein Wandel eintreten, wenn das Ziel eigener wirthschaftlicher und finanzieller Selbstständigkeit erreicht werden sollte. Denn die „Vierteljahrshefte“ wie die Deutschen Monatshefte verschlangen die beständig wachsenden Einnahmen, so dass immer noch Zuschüsse in Höhe von etwa 9000 M. jährlich, zu denen nicht mehr die preussische General-Staatskasse allein, sondern nunmehr auch die Reichskasse herangezogen wurde, erforderlich waren. Diese Erwägung führte dahin, die „Deutschen Monatshefte“ mit Ende Dezember 1876 wieder eingehen zu lassen, und ihnen folgten mit dem 29. September 1877 auch die „Vierteljahrshefte“.

§ 359. Nach Errichtung des Deutschen Reichs erschien das amtliche Blatt am 4. Mai 1871 zum ersten Mal als „Deutscher Reichsanzeiger und Königlich Preussischer Staatsanzeiger“. Es wurde jetzt neben einem preussischen Centralorgan ein Centralorgan aller Reichs- und aller nichtpreussischen Staatsbehörden in Bezug auf Reichsangelegenheiten, wie es ausserdem für den gesammten deutschen Handelsstand ein Centralorgan für alle gewerblichen Bekanntmachungen wurde. Durch Reichsgesetze wurde der „Reichs- und Staatsanzeiger“ zum Publikationsorgan erklärt für Vermögensbeschlagnahme und -Aufhebungen, Aufgebote, Vorladungen, für Kommanditgesellschaften auf Aktien und Aktiengesellschaften, für Berufsgenossenschaften, für Invaliditäts- und Altersversicherung, für Wochenausweise der deutschen Zettelbanken, für Konkurse, Einträge aus den Genossenschafts-, Zinsen-, Musterregistern, Patente, Gebrauchsmuster, preussischerseits für Bekanntmachungen über Verloosung und Zinszahlung von öffentlichen Papieren, soweit in den Allerhöchsten Privilegien der „Staatsanzeiger" als Publikationsorgan vorgeschrieben ist. Seit dem 2. Januar 1875 erscheint als besondere Beilage das auch für sich abgesondert zu beziehende „Central-Handels-Register", in welchem die Bekanntmachungen aus den Handels-, Genossenschafts-, Zeichen- und Musterregistern, über Patente, Gebrauchsmuster, Konkurse, die Tarif- und Fahrplan-Bekanntmachungen der deutschen Eisenbahnen Aufnahme finden.

Aeussere Form.

§ 359a. Ueber die äussere Form des „Reichsanzeigers", Anwendung und Reihenfolge der einzelnen Rubriken, ist unterm 21. Dezember 1887 eine allgemeine Verfügung vom Kurator erlassen worden.

Der „Reichsanzeiger" hat demnach gegenwärtig ein Hauptblatt, welches in einen amtlichen und nichtamtlichen Theil zerfällt und eine Reihe von Beilagen, darunter ist besonders hervorzuheben die Börsenbeilage und die die Parlamentsverhandlungen enthaltende Beilage bezw. Beilagen. Sodann folgt der Oeffentliche Anzeiger mit Verloosungslisten, Aufgeboten, öffentlicher Zustellung etc. und das Centralhandelsregister für das Deutsche Reich.[1])

Das erste Stück der „Allgemeinen Preussischen Staatszeitung" bestand aus einem einzigen Bogen, 4 Seiten Klein-Folio; eine gewöhnliche Nummer des „Deutschen Reichs- und Königlich Preussischen Staatsanzeigers" des laufenden Jahrgangs besteht einschliesslich des Hauptblatts und der Börsenbeilage durchschnittlich aus $6^3/_4$ Bogen des jetzigen Formats.

Organisation.

§ 360. Die Beaufsichtigung und Oberleitung über den „Preussischen Reichs- und Staatsanzeiger" liegt einem Kurator ob, der aber für die Einzelartikel nicht verantwortlich ist; die Stelle wird nebenamtlich von einem vortragenden Rath im Staatsministerium verwaltet.

Die laufende Geschäftsführung besorgt ein Redakteur, dessen Stelle 1857 etatsmässig wurde, welchem 1 Vorsteher der Expedition, 1 Rendant (seit 1874 von der Stellung des Redakteurs getrennt und etatsmässig gemacht) und 15 expedirende Sekretäre und Kalkulatoren zugetheilt sind.

An Unterbeamten sind 1 Botenmeister und 5 Kanzleidiener thätig. Ueber die Drucklegung s. § 366.

---

[1]) Bemängelung der Stoffeintheilung im Abg.-H. 1899, Sten.-Ber. S. 529. Ueber den Inhalt der Zeitungsstimme im nichtamtlichen Theil 1885 Abg.-H. Sten.-Ber. S. 153 ff.

Etatsmässige Behandlung.

§ 361. Als das Blatt „Königl. Preussischer Staatsanzeiger" wurde und in das Ressort des Staatsministeriums überging (1851), wurden die erforderlichen Zuschüsse in den Etat des Bureaus des Staatsministeriums (s. diesen § 291) aufgenommen und so den Kammern unterbreitet. Im Jahre 1873 wurden zum ersten Mal die Hauptsummen der Ausgabe und Einnahme in dem genannten Etat aufgeführt und von 1874 ab ein selbstständiger detaillirter „Etat des Deutschen Reichs- und Königlich Preussischen Staatsanzeigers" als Theil des Staatshaushaltsetats dem Landtage vorgelegt.

Einnahme (Kap. 25h Tit. 1—3).

§ 362. *Kap. 25h Tit. 1.* Von dem Debit des Reichs- und Staatsanzeigers und der Nebenblätter 1903: 160 000 M.

Das Abonnement der „Allgemeinen Preussischen Staatszeitung" kostete im Jahre 1819 bei wöchentlich zweimaligem Erscheinen jährlich 5 Thaler, 1820 bei dreimaligem Erscheinen gleichfalls 5 Thaler; von 1824 an erschien das Blatt täglich zum Jahrespreise von 6 Thaler, welcher mit dem 1. Juli 1830 auf 8 Thaler erhöht wurde. Als der nicht amtliche Theil fortfiel (1851) wurde der Abonnementspreis auf den „Königlich Preussischen Staatsanzeiger" auf vierteljährlich 20 Sgr. herabgesetzt, kurze Zeit darauf auf 25 Sgr. erhöht. In Verbindung mit der „Preussischen Adlerzeitung" (s. § 357) kostete das Blatt vierteljährlich 1 Thaler 7½ Sgr. für Berlin und Umgegend, 1 Thaler 17½ Sgr. für alle Provinzen der Monarchie. Mit dem Aufhören der „Preussischen Adlerzeitung" blieb das vierteljährliche Abonnement auf den „Königlich Preussischen Staatsanzeiger" von 25 Sgr. bestehen bis zum Jahre 1861, von wo ab der Abonnementspreis auf 1 Thaler festgesetzt wurde. Vom 1. April 1871 ab wurde bei dem erweiterten Umfange das Abonnement auf 1 Thaler 7½ Sgr. und am 1. Juli 1873 auf 1 Thaler 15 Sgr. = 4 M. 50 Pf. vierteljährlich — der noch jetzt gültige Abonnementspreis, der völlig dem im Jahre 1824 bei sechsmaligem Erscheinen eingeführten Preis entspricht, erhöht.

Vom 1. Januar 1901 ist ein neuer Zeitungsgebührentarif in Kraft getreten. Die Reichspostverwaltung hat den Debit (Verkauf) des Anzeigers und seiner Beilagen übernommen und bezieht dafür ein Fünftel des Abonnementsbetrages als Provision (Kap. 53 Tit. 7 der Ausgabe). Die Steigerung des Tit. 1 der Einnahme im Tarife hat auch diesen Ausgabeposten dauernd erhöht. Er betrug 1875, wo er zum ersten Mal im Etat erschien[1]) 17 800 M., 1885/86 18 300 M., 1903 30 500 M.

Ein Theil des Anzeigers wird durch die Expedition direkt verkauft. Einzelne Nummern kosten 25 Pf. (s. § 365).

---

[1]) In dem Jahre 1874 wurde die der Post zu zahlende Provision vorweg von dem Ergebniss der Abonnementsgelder in Abzug gebracht, was dem Art. 99 der Verfassungsurkunde widersprach.

Nebenblätter.

§ 363. Die Einnahme aus dem Verkaufe dieser ist im Laufe der Zeit verhältnissmässig bedeutend stärker gestiegen, wie die des Hauptblattes. Es berechnete sich die Einnahme nach den Etats wie folgt:

	1876 M.	1903 M.
1. der Verkauf durch die Post einschliesslich Provision auf	77 600	84 872
2. Absatz durch die Expedition	8 400	15 098
3. Ertrag aus dem Verkauf der Nebenblätter auf	23 000	60 899
	109 000	160 899
abgerundet auf		160 000

§ 364. *Kap. 25h Tit. 2.* Insertionsgebühren 1903: 820 000 M.

Durch Cirk.-Erl. v. 10. Jan. 1863 (neu eingeschärft am 18. Nov. 1873, M.-Bl. f. d. i. V. S. 23) ist bestimmt, dass alle Bekanntmachungen sämmtlicher Königlichen Behörden, soweit nicht besondere gesetzliche Vorschriften oder ministerielle Anordnungen etwas Anderes bedingen, ohne Benutzung der politischen Zeitungen allein durch den Preussischen Staatsanzeiger, die Regierungsamtsblätter und die amtlichen Kreisblätter oder die deren Stelle vertretenden zu kreisamtlichen Bekanntmachungen bestimmten Anzeigeblätter veröffentlicht werden sollen.

Durch Erl. v. 5. Juli 1886 (M.-Bl. f. d. i. V. S. 179) ist bestimmt, dass sämmtliche im Inseratentheil abgedruckten Inserate, insoweit nicht gesetzliche Bestimmungen entgegenstehen, kostenpflichtig sind. Für Berichtigungen, Tauschinserate und solche Inserate, welche das Interesse des Reichs- und Staatsanzeigers fördern, kann der Kurator die Kosten ausser Ansatz lassen (vgl. auch Etatserläuterungen zum Tit. 2 der Einnahme im Etat 1887/88).[1])

Die Höhe der Insertionsgebühren beträgt für den Raum einer Druckzeile 30 Pf. Die Insertionsgebühren bilden gegenwärtig den Hauptbetrag der Einnahme. Auch in den 70er Jahren war dies der Fall, doch war der Antheil dieser Gebühren an der Gesammteinnahme damals ein erheblich kleinerer wie heute.

---

[1]) Darnach sollen Bekanntmachungen, welche lediglich für einzelne Kreise der Industrie und des Gewerbestandes von Interesse sind, der Insertion in dem Reichs- und Staatsanzeiger nicht bedürfen, soweit nach dem Ermessen der zuständigen Behörden zur möglichst vollständigen Erreichung des Zweckes derselben eine anderweite Veröffentlichung, insbesondere durch Fachzeitschriften oder amtliche Organe des betreffenden Verwaltungszweiges, geboten und ausreichend erscheint.

1874 machten die Insertionsgebühren mit 189000 M. rund 68 pCt. der Gesammteinnahme aus, 1903 mit 820000 M. rund 83 pCt.

Die starke Inseratenzunahme hatte ihren Grund u. A. in der Ausdehnung des Central-Handelsregisters auf alle Bundesstaaten, ferner: in den durch die Reichsgesetzgebung in den Jahren 1875 und 1876 dem Reichs- und Staatsanzeiger überwiesenen amtlichen Publikationen des Zeichen- und Musterregisters.

Besonders waren es sodann die neuen Justizgesetze Ende der 70er Jahre, das Ges. v. 14. Juli 1884 betr. Aktien- und Aktien-Kommanditgesellschaften, das Gesetz über die Erwerbs- und Wirthschaftsgenossenschaften vom Jahre 1889, endlich das neue Bürgerliche und Handelsgesetzbuch, welche die Zahl der Inserate ausserordentlich steigerten. Die vorübergehende Verminderung in Folge der Eisenbahnverstaatlichung fiel demgegenüber nicht ins Gewicht.

§ 365. *Kap. 25h Tit. 3* enthält: Sonstige Einnahmen (für einzelne Stücke des Reichs- und Staatsanzeigers und der Nebenblätter, für Makulatur, Zahlung eines Unterbeamten für Feuerungsmaterial etc.) und stellt sich für 1903 auf 5300 M.

Bis zum Jahre 1877/78 erschien unter den Einnahmen als Tit. 4 auch noch ein Zuschuss aus der Reichskasse (1876: 7500 M.), seitdem war ein solcher nicht mehr erforderlich, das Reich erhält vielmehr einen Antheil an dem Ueberschuss nach gleicher Quote aus Kap. 53 Tit. 11 der Ausgabe.

Ausgaben (Kap. 59 des Ausgabeetats).

§ 366. Unter den Ausgaben bildet den Hauptposten Kap. 59 Tit. 6 „Für Satz, Druck und Papier".

Dieser Titel, auf welchem 1874 bereits 220200 M. ausgeworfen waren, ist seitdem bis 1903 auf 565000 M. angewachsen, hauptsächlich in Folge des starken Zuwachses von Inseraten (§ 364), zum Theil auch durch Steigerung der Satzlöhne (vgl. Etatserläuterungen 1891/92). Ursprünglich wurde das amtliche Blatt Buchhändlern nur in Druck gegeben.

Vom 1. Januar 1828 ab erschien die „Allgemeine Preussische Staatszeitung" für Rechnung und auf Kosten des Staats, den Druck besorgte vom 1. Juli 1841 ab die Decker'sche Geheime Ober-Hofbuchdruckerei. Vom Januar 1873 ab bis heute wird er von der Norddeutschen Buchdruckerei vorgenommen.

§ 367. Die Besoldungen stiegen von 1874 zu 1885/86 nur von 21450 M. auf 27300 M., haben sich aber von da bis 1903 auf 70950 M. erhoben, was in Stellenvermehrungen und Besoldungsaufbesserungen seinen Grund hatte.

Die Zahl und Besoldungshöhe veränderten sich im Laufe der Zeit wie folgt:

	1874		1885/86		1890/91		1903[1])	
	Zahl	Mark	Zahl	Mark	Zahl	Mark	Zahl	Mark
Kurator (im Nebenamt)	1	1200	1	1200	1	1200	1	1200
Redakteur	1	4200	1	5100	1	5100	1	6000
Vorsteher der Expedition	1	4200	1	4800	1	4200	1	5400[2])
Rendant							1	4800
Expedir. Sekretäre u. Kalkulatoren	3	2100—4200	4	2100—4200	7	2100—4200	15	1800-4200 bezw. 4800[3])
Unterbeamte	2	1050-1350	3	1050—1350	4	1050—1350	6	1200—1600
Summe			**10**		**14**		**25**	

Die Hauptstellenvermehrung fällt hiernach in die 90er Jahre, wo mehrfach die Umwandlung von Hülfsarbeiterstellen in etatsmässige Beamtenstellen erfolgte, um das neuerdings strenger durchgeführte Verhältniss zwischen diesen von $^1/_5$ zu $^4/_5$ zur Anerkennung zu bringen.

§ 368. Die Wohnungsgeldzuschüsse sind die allgemeinen für unmittelbare Staatsbeamte. Die Stelle des Redakteurs wurde aber durch den Etat 1880/81 von der Abtheilung IV des Tarifs nach Abtheilung III gebracht. Zu Tit. 5 vgl. Bd. I Buch I S. 97.

§ 369. Aus Tit. 4 werden die Hülfsarbeiter remunerirt, deren Zahl von 1874—1885/86 sehr gewachsen war, wie sich aus der Steigerung des Fonds in jenem Zeitraum von 28500 M. ergiebt. 1891/92 und 1892/93 war der Fonds sogar auf 50000 M. gestiegen.[4]) Seitdem hat sich durch Vermehrung der etatsmässigen Stellen (§ 367) ein Rückgang bis auf 42050 M. in 1903 vollzogen. Ein Botenmeister erhält 150 M. Stellenzulage.

Aus Tit. 4 beziehen aber der Redakteur, Vorsteher der Expedition und ein Bureaubeamter für bestimmte von ihnen zu erledigende Arbeiten gewisse Extravergütungen.

Es erhalten nämlich der Redakteur für die Lieferung selbstverfasster, nicht für den amtlichen Theil des Reichs- und Staats-Anzeigers oder für die politische Abtheilung des nichtamtlichen Theils des Blattes bestimmter Aufsätze ein Pauschquantum von jährlich 1200 M., der Vorsteher der Expedition für die Anfertigung der wöchentlich

[1]) Die neben dem Gehalt gewährten Bezüge aus Tit. 4 siehe in § 369.

[2]) Die Stelle wurde 1894/95 geschaffen.

[3]) 8 beziehen letzteres — vor der allgemeinen Besoldungsverbesserung 1897/98 bezogenes — Höchstgehalt weiter bis zum Ausscheiden aus ihren Stellen. Die erledigten Stellen werden nur in Höhe von 1800—4200 M. verliehen.

[4]) vgl. Etatserläuterungen 1891/92.

erscheinenden Verloosungstabelle eine Vergütung von 20 M. für die einzelne Nummer, im Ganzen 1040 M. und für die Anfertigung einer besonderen vierteljährlich erscheinenden Beilage für die einzelne Nummer 30 M., mithin zusammen 1160 M.; ein Bureaubeamter für die Anfertigung der wöchentlich als Beilage zum Reichs- und Staatsanzeiger erscheinenden Inhaltsangabe zu Nr. 6 des öffentlichen Anzeigers (Kommanditgesellschaften auf Aktien und Aktiengesellschaften) eine feste Remuneration von jährlich 600 M.

§ 370. Was die in Tit. 6–11 enthaltenen sächlichen Kosten anbelangt, so ist Tit. 6 bereits in § 366, Tit. 7 in § 362 behandelt worden. Tit. 8 und 10 geben zu besonderen Bemerkungen keinen Anlass, zu Tit. 8 vgl. auch § 372. Tit. 9 betrug in früheren Jahren einige Tausend Mark, ist aber allmählich auf 50 M. zurückgegangen. Die fraglichen Zurückerstattungen haben seit 1887/88 nachgelassen in Folge einer Verfügung des Justizministers, nach welcher die Insertionsgebühren dem Reichs- und Staatsanzeiger erst dann von den Gerichtsbehörden gezahlt werden, wenn sie von den Parteien eingegangen sind.

§ 371. Tit 11 lautet: „Antheil der deutschen Reichskasse an dem Betriebsüberschusse" (1903: 113 270 M.). Siehe auch § 365.

Ueber die wirthschaftlich-finanzielle Entwickelung des amtlichen Blattes ist Folgendes zu bemerken:

In der ersten Periode (1819–1853) hat es nur 8 Jahre mit Ueberschüssen gegeben, die insgesammt nur 4262 Thaler betrugen. Ihnen gegenüber stehen in dieser Periode Zuschüsse von insgesammt 157 129 Thalern. Von 1854 bis 1870 gab es nur drei Ueberschussjahre: 1858 mit 1002 Thalern, 1863 mit 1402 Thalern und 1864 mit 2376 Thalern, zusammen 4780 Thalern; die Zuschüsse in diesen 14 Jahren beliefen sich auf insgesammt 32 765 Thalern. In der Periode von 1871 an bis 1892/93 erforderten nur die ersten fünf Jahre Zuschüsse von zusammen 42 821 M. Mit dem Jahre 1877[1]) beginnt die Zeit der regelmässigen und steigenden Ueberschüsse, die bis 1892/93 (einschliesslich) insgesammt betragen haben 2 202 552 M. — mit anderen Worten: die Ueberschüsse jener 16 Jahre sind beinahe viermal so hoch, wie die Zuschüsse (nach Abzug der Ueberschüsse) in dem Zeitraum von 1819 bis 1876 gewesen sind.

Seit jener Zeit haben sich die Betriebsüberschüsse noch weiter gesteigert. Der Reichs- und Staatsanzeiger kann also, wenn auch nicht seiner Zweckbestimmung, so doch den thatsächlichen Ergebnissen nach zu den staatlichen Ueberschussverwaltungen gezählt werden.

---

[1]) kurz nach dem Wegfall der wissenschaftlichen Beilagen (§ 358).

Nach der Rechnung betrugen die Betriebsüberschüsse von 1892/93 ab bis 1902:

1892/93:	192 985,37	M.	1898/99:	219 601,94	M.
1893/94:	206 033,35	„	1899:	242 298,12	„
1894/95:	212 640,98	„	1900:	254 711,15	„
1895/96:	221 382,60	„	1901:	230 806,40	„
1896/97:	209 382,45	„	1902:	224 929,62	„
1897/98:	217 273,70	„			

An den Ueberschüssen ist neben Preussen auch das Reich betheiligt und auf dieser Betheiligung beruht die Einstellung des Tit. 11 seit 1877 in den Etat.

Anfangs war das Reich für die erforderlichen Zuschüsse mit einem Drittel, Preussen mit zwei Dritteln herangezogen worden; in demselben Verhältniss wurden von 1877/78 an die Ueberschüsse vertheilt bis zum Jahre 1887/88, von wo an in Anbetracht des Umfanges der aus Reichsgesetzen einlaufenden Einnahmen die Ueberschüsse zwischen dem Reich und Preussen je zur Hälfte vertheilt wurden.

Die Berechnung des Reichsantheils erfolgt in der Weise, dass von den Einnahmen die Betriebskosten, zuzüglich der aversionirten von Tit. 8 auf Kap. 63 Tit. 2a übernommenen Postportobeträge in Abzug gebracht werden.

Davon gebührt zunächst der Preussischen Staatskasse der Betrag der gesetzlichen Wittwen- und Waisengelder für Hinterbliebene von Beamten des Reichs- und Staatsanzeigers, welche unter Kap. 62 Tit. 5a des Etats des Finanzministeriums zur Verrechnung gelangt.

Von dem hiernach verbleibenden Ueberschuss steht je die Hälfte der Reichskasse und der Preussischen Staatskasse zu.

Rechnungsmässig hat hiernach das Reich an Betriebsüberschüssen aus der Verwaltung des Reichs- und Staatsanzeigers erhalten von 1892/93 - 1903:

1892/93:	96 492,69	M.	1898/99:	109 800,97	M.
1893/94:	103 016,68	„	1899:	121 149,06	„
1894/95:	106 320,49	„	1900:	127 355,58	„
1895/96:	110 691,30	„	1901:	115 403,20	„
1896/97:	104 691,23	„	1902:	112 464,81	„
1897/98:	108 636,85	„			

§ 372. Extraordinäre, insbesondere bauliche Kosten sind nicht entstanden. Die Redaktion und Expedition ist in gemietheten Räumen untergebracht, deren Miethe aus Tit. 8 des Ordinariums gedeckt wird.

Anlage LXXXI.

Einnahmen und Ausgaben
des
Ministeriums des Innern
für die Etatsjahre **1903** bis **1895/96**, **1893/94**, **1890/91**, **1887/88**, **1883/84**, **1880/81**, **1876**, **1867** (alte und neue Provinzen) und **1850**.

Einnahmen und Ausgaben des Ministeriums des Innern für die Etats- 1880/81, 1876, 1867 (alte und

1	2	3	4	5
Etatsstelle 1903		Etatspositionen	1903	1902
Kap.	Titel		ℳ	ℳ
		Einnahmen.		
31.		**Ministerium des Innern.**		
		Verwaltung des Innern.		
	1.	Miethen und Pächte für Dienstwohnungen, sonstige Einnahmen u. s. w.	44 406	44 720
	2.	Einnahmen der mit dem statistischen Bureau verbundenen Verlagshandlung	16 233	19 593
		Polizeiverwaltung.		
	2a.	Beiträge der Gemeinden zu den Kosten Königlicher Polizeiverwaltungen	8 244 943	8 131 254
	3.	Gebühren für Ausfertigung von Reiselegitimationen und Passkarten, sowie Vergütungen für die Ausfertigung doppelsprachiger Grenzlegitimationsscheine im deutsch-russischen Grenzverkehr	118 134	117 078
	4.	Aus der Verwaltung des Central-Polizeiblattes und an sonstigen Einnahmen aus der Polizeiverwaltung	997 150	976 067
		Landgendarmerie.		
	5.	Einnahmen aus dem Verkaufe abgängiger Bekleidungs- und Ausrüstungs-Gegenstände der Gendarmerie-Mannschaften; an erstatteten Besoldungen u. s. w. für Wachtmeister und Gendarmen, welche lediglich im Interesse von Privatpersonen und Gesellschaften angestellt und deshalb von diesen zu unterhalten sind, sowie solche, welche zur Verhinderung des Einschmuggelns von Vieh an der Russischen und Oesterreichischen Grenze für Rechnung des Deutschen Reiches eingestellt sind, und Einnahmen der Offizier-Darlehnskasse u. s. w.	573 187	569 093
		Strafanstalts- u. s. w. Verwaltung.		
	6.	Einnahmen der Strafanstalten und Gefängnisse aus der Beschäftigung der Gefangenen, Einnahmen der Erziehungsanstalten, sowie sonstige Einnahmen	5 564 730	5 658 169
		Verwaltung der Regierungsamtsblätter und der damit verbundenen öffentlichen Anzeiger.		
	7.	An Verkaufsgeldern, an Einrückungsgebühren u. s. w.	179 523	180 360
		Für Wohlthätigkeitszwecke.		
	8.	Zinsen von den Kapitalien des Dispositionsfonds für Stiftszwecke und aus anderen Spezialfonds	101 259	101 300
	9.	Zu Beihülfen für unterstützungsbedürftige ehemalige Krieger (Gesetz vom 22. Mai 1895 — Reichs-Gesetzbl. S. 237 —)	5 885 760	4 042 920
		Summe der Einnahmen	**21 725 325**	**19 840 554**

jahre **1903** bis **1895/96, 1893/94, 1890/91, 1887/88, 1883/84,** neue Provinzen) und **1850.**

6	7	8	9	10	11	12
Etatsjahr						
1901 ℳ	**1900** ℳ	**1899** ℳ	**1898/99** ℳ	**1897/98** ℳ	**1896/97** ℳ	**1895/96** ℳ
50 805	41 010	37 409	36 988	39 218	43 706	43 403
18 413	16 047	14 600	14 480	14 730	15 000	14 850
6 942 826	7 500 082	7 509 682	7 412 550	7 264 000	7 264 000	6 450 000
116 910	55 803	54 414	55 550	55 572	56 015	57 891
919 874	891 063	764 808	746 277	705 031	706 446	696 030
563 415	552 167	516 654	517 425	518 904	518 260	520 845
5 792 279	5 749 332	5 954 009	2 974 938	2 986 189	3 136 777	3 151 499
177 414	181 079	175 810	171 589	185 437	186 003	186 581
101 814	108 331	14 285	16 187	16 007	15 902	16 476
3 094 080	3 094 080	1 692 960	1 153 200	1 153 200	1 147 560	—
17 777 830	**18 188 994**	**16 734 631**	**13 099 184**	**12 938 288**	**13 089 669**	**11 137 575**

Noch: Einnahmen und Ausgaben des Ministeriums des Innern für die Etatsjahre 1867 (alte und neue

1	2	3	13	14
Etatsstelle 1903		Etatspositionen	1893/94	1890/91
Kap.	Titel		ℳ	ℳ
		Einnahmen.		
31.		**Ministerium des Innern.**		
		Verwaltung des Innern.		
	1.	Miethen und Pächte für Dienstwohnungen, sonstige Einnahmen u. s. w.	44 919	alter 45 564
	2.	Einnahmen der mit dem statistischen Bureau verbundenen Verlagshandlung	17 422	16 100
		Polizeiverwaltung.		
	2a.	Beiträge der Gemeinden zu den Kosten Königlicher Polizeiverwaltungen	6 450 000	—
	3.	Gebühren für Ausfertigung von Reiselegitimationen und Passkarten, sowie Vergütungen für die Ausfertigung doppelsprachiger Grenzlegitimationsscheine im deutsch-russischen Grenzverkehr	58 219	59 265
	4.	Aus der Verwaltung des Central-Polizeiblattes und an sonstigen Einnahmen aus der Polizeiverwaltung	660 279	166 786
		Landgendarmerie.		
	5.	Einnahmen aus dem Verkaufe abgängiger Bekleidungs- und Ausrüstungs-Gegenstände der Gendarmerie-Mannschaften; an erstatteten Besoldungen u. s. w. für Wachtmeister und Gendarmen, welche lediglich im Interesse von Privatpersonen und Gesellschaften angestellt und deshalb von diesen zu unterhalten sind, sowie solche, welche zur Verhinderung des Einschmuggelns von Vieh an der Russischen und Oesterreichischen Grenze für Rechnung des Deutschen Reiches eingestellt sind, und Einnahmen der Offizier-Darlehnskasse u. s. w.	520 443	481 306
		Strafanstalts- u. s. w. Verwaltung.		
	6.	Einnahmen der Strafanstalten und Gefängnisse aus der Beschäftigung der Gefangenen, Einnahmen der Erziehungsanstalten, sowie sonstige Einnahmen	3 070 389	2 973 620
		Verwaltung der Regierungsamtsblätter und der damit verbundenen öffentlichen Anzeiger.		
	7.	An Verkaufsgeldern, an Einrückungsgebühren u. s. w.	181 151	189 628
		Für Wohlthätigkeitszwecke.		
	8.	Zinsen von den Kapitalien des Dispositionsfonds für Stiftszwecke und aus anderen Spezialfonds	16 236	16 476
	9.	Zu Beihülfen für unterstützungsbedürftige ehemalige Krieger (Gesetz vom 22. Mai 1895 — Reichs-Gesetzbl S. 237 —)	—	—
		Summe der Einnahmen	**11 019 058**	**3 948 745**

[1]) Näheres im Text § 50 u. § 2. — [2]) Kap. 31a. Gesetzliche Wittwen- u. Waisenkassen-

1903 bis 1895/96, 1893/94, 1890/91, 1887/88, 1883/84, 1880/81, 1876, Provinzen) und 1850.

15	16	17	18	19	20	21
Etatsjahr						
1887/88	1883/84	1880/81	1876	1867 alte Provinzen	1867 neue Provinzen	1850
ℳ	ℳ	ℳ	ℳ	ℳ	ℳ	ℳ
Tit. 1.[1]): 3 930	65 921	41 987	36 000	} 3 006	258·575	39 511
37 235	63 823	53 477	21 101			
19 656	12 281	14 035	14 400			
—	—	—	—	—	—	—
73 881	81 242	57 433	80 825	141 576	—	83 336
164 341	207 026	176 252	266 674	128 100	25 323	81 312
397 551	390 086	371 535	16 426	siehe Tit. 4		—
2 992 430	2 628 753	2 759 051	2 305 910	1 589 442	4 837	1 029 147
187 750	185 794	191 246	205 950	247 830	—	348 885
						1 276
16 116	15 828	14 317	16 706	—	—	—
[2]) 684 626	670 087	—	—	—	—	—
4 577 515	**4 320 841**	**3 679 333**	**2 963 991**	**2 100 954**	**288 735**	**1 583 467**
				2 398 689		

beiträge.

Noch: Einnahmen und Ausgaben des Ministeriums des Innern für die Etatsjahre 1867 (alte und neue

1	2	3	4	5
Etatsstelle 1903		Etatspositionen	1903	1902
Kap.	Titel		*M*	*M*
		A. Dauernde Ausgaben.		
83.		**Ministerium.**		
	1.-6.	Besoldungen	477 160	482 960
	7.	Zu Wohnungsgeldzuschüssen für die Beamten	74 400	74 640
		Andere persönliche Ausgaben.		
	8.	Zur Remunerirung von Hülfsarbeitern, Stellenzulage für den Botenmeister und Kastellan, sowie zu Vergütungen für die bei der Herstellung des Ministerialblattes für die innere Verwaltung thätigen Beamten	84 000	84 000
	9.	Zu ausserordentlichen Remunerationen und Unterstützungen für Kanzlei- und Unterbeamte	4 642	4 000
	9a.	Zu ausserordentlichen Remunerationen für mittlere Beamte	500	500
	9b.	Zu ausserordentlichen Unterstützungen für mittlere Beamte	1 500	1 500
		Summe Tit. 8 bis 9b	*90 624*	*90 000*
		Sächliche Ausgaben.		
	10.	Zu Diäten, Fuhr- und Versetzungskosten	13 000	13 000
	11.	Zu Bureaubedürfnissen, ausserdem zu Abgaben und Lasten, sowie zu Kosten hauswirthschaftlicher Art für das Ministerial-Dienstgebäude	100 000	100 000
	12.	Zur Unterhaltung des Ministerial-Dienstgebäudes nebst Garten, sowie zur Unterhaltung und Ergänzung des Inventars in der Dienstwohnung des Ministers	13 800	12 000
		Summe Tit. 10 bis 12	*126 800*	*125 000*
		Summe Kap. 83	**768 984**	**772 600**
84.		**Statistisches Bureau.**		
	1.-3.	Besoldungen	217 770	206 010
	4.	Zu Wohnungsgeldzuschüssen für die Beamten	35 040	32 880
		Andere persönliche Ausgaben.		
	5.	Zur Remunerirung von Hülfsarbeitern und des Rendanten der Kasse des statistischen Bureaus, zu Stellenzulagen für Unterbeamte	51 385	57 985
	6.	Zu ausserordentlichen Remunerationen und Unterstützungen für Unterbeamte	500	500
	6a.	Zu ausserordentlichen Remunerationen für mittlere Beamte	1 500	1 500
	6b.	Zu ausserordentlichen Unterstützungen für mittlere Beamte	4 000	4 000
		Summe Tit. 5 bis 6b	*57 385*	*63 985*
		Sonstige Ausgaben.		
	7.	Zu Diäten und Fuhrkosten für Dienstreisen der Beamten des statistischen Bureaus	1 500	1 500
	8.	Zu Bureaubedürfnissen, ausserdem zu Abgaben und Lasten, sowie zu Kosten hauswirthschaftl. Art für das Dienstgebäude	44 240	44 240
	9.	Zur Herstellung der Veröffentlichungen des statistischen Bureaus, einschliesslich der Kosten für die Kalendermaterialien, und zu den Ausgaben, welche durch das mit dem statistischen Bureau verbundene Verlagsgeschäft entstehen	55 250	55 250
	10.	Zur Disposition für topographische Zwecke	1 500	1 500

1903 bis 1895/96, 1893/94, 1890/91, 1887/88, 1883/84, 1880/81, 1876, Provinzen) und 1850.

6	7	8	9	10	11	12
Etatsjahr						
1901	**1900**	**1899**	**1898/99**	**1897/98**	**1896/97**	**1895/96**
M	*M*	*M*	*M*	*M*	*M*	*M*
477 240	471 600	487 060	494 840	468 000	470 440	456 420
72 600	70 140	70 140	70 140	70 140	70 140	68 340
93 500	52 050	52 050	52 050	52 050	52 050	64 050
4 000	4 000	4 000	4 000			
500	500	500	500	6 000	6 000	6 000
1 500	1 500	1 500	1 500			
99 500	*58 050*	*58 050*	*58 050*	*58 050*	*58 050*	*70 050*
13 000	8 000	8 000	8 000	8 000	8 000	8 000
100 000	60 100	60 100	60 100	60 100	60 100	43 300
12 000	12 000	12 000	12 000	12 000	12 000	12 000
125 000	*80 100*	*80 100*	*80 100*	*80 100*	*80 100*	*63 300*
774 340	**679 890**	**695 350**	**703 130**	**676 290**	**678 730**	**658 110**
194 510	182 950	177 540	164 340	141 380	139 860	133 760
30 720	26 400	25 860	22 620	22 620	22 380	21 300
64 585	72 975	62 850	56 250	56 250	56 250	61 250
500	500	500	500			
1 500	1 500	1 500	1 500	6 000	6 000	6 000
4 000	4 000	4 000	4 000			
70 585	*78 975*	*68 850*	*62 250*	*62 250*	*62 250*	*67 250*
1 500	1 500	1 500	1 500	1 500	1 500	1 500
44 240	44 240	45 500	45 500	45 500	45 500	40 500
55 250	50 750	50 750	50 750	50 750	50 750	50 750
1 500	1 500	1 500	1 500	1 500	1 500	1 500

Noch: Einnahmen und Ausgaben des Ministeriums des Innern für die Etatsjahre 1867 (alte und neue

1	2	3	13	14
Etatsstelle 1903 Kap.	Titel	Etatspositionen	1893/94 ℳ	1890/91 ℳ
		A. Dauernde Ausgaben.		
83.		**Ministerium.**		
	1.-6.	Besoldungen . . .	441 340	421 650
	7.	Zu Wohnungsgeldzuschüssen für die Beamten . .	68 340	66 900
		Andere persönliche Ausgaben.		
	8.	Zur Remunerirung von Hülfsarbeitern, Stellenzulage für den Botenmeister und Kastellan, sowie zu Vergütungen für die bei der Herstellung des Ministerialblattes für die innere Verwaltung thätigen Beamten . . .	64 050	65 100
	9.	Zu ausserordentlichen Remunerationen und Unterstützungen für Kanzlei- und Unterbeamte . . .		
	9a.	Zu ausserordentlichen Remunerationen für mittlere Beamte	6 000	6 000
	9b.	Zu ausserordentlichen Unterstützungen für mittlere Beamte		
		Summe Tit. 8 bis 9b . . .	*70 050*	*71 100*
		Sächliche Ausgaben.		
	10.	Zu Diäten, Fuhr- und Versetzungskosten . . .	8 000	8 000
	11.	Zu Bureaubedürfnisseu, ausserdem zu Abgaben und Lasten, sowie zu Kosten hauswirthschaftlicher Art für das Ministerial-Dienstgebäude . . .	46 171	46 171
	12.	Zur Unterhaltung des Ministerial-Dienstgebäudes nebst Garten, sowie zur Unterhaltung und Ergänzung des Inventars in der Dienstwohnung des Ministers . . .	12 000	7 300
		Summe Tit. 10 bis 12 . . .	*66 171*	*61 471*
		Summe Kap. 83 . . .	**645 901**	**621 121**
84.		**Statistisches Bureau.**		
	1.-3.	Besoldungen . . .	119 580	113 820
	4.	Zu Wohnungsgeldzuschüssen für die Beamten . .	20 220	19 140
		Andere persönliche Ausgaben.		
	5.	Zur Remunerirung von Hülfsarbeitern und des Rendanten der Kasse des statistischen Bureaus, zu Stellenzulagen für Unterbeamte . . .	55 900	55 000
	6.	Zu ausserordentlichen Remunerationen und Unterstützungen für Unterbeamte . . .		
	6a.	Zu ausserordentlichen Remunerationen für mittlere Beamte	6 000	6 000
	6b.	Zu ausserordentlichen Unterstützungen für mittlere Beamte		
		Summe Tit. 5 bis 6b . . .	*61 900*	*61 000*
		Sonstige Ausgaben.		
	7.	Zu Diäten und Fuhrkosten für Dienstreisen der Beamten des statistischen Bureaus . . .	1 000	2 100
	8.	Zu Bureaubedürfnissen, ausserdem zu Abgaben und Lasten, sowie zu Kosten hauswirthschaftl. Art für das Dienstgebäude	50 300	50 300
	9.	Zur Herstellung der Veröffentlichungen des statistischen Bureaus, einschliesslich der Kosten für die Kalendermaterialien, und zu den Ausgaben, welche durch das mit dem statistischen Bureau verbundene Verlagsgeschäft entstehen	50 750	50 750
	10.	Zur Disposition für topographische Zwecke . . .	1 500	1 500

[1]) Das waren Beträge zur Unterhaltung des Dienstgebäudes, welche im Jahre 1888/89 auf

1903 bis 1895/96, 1893/94, 1890/91, 1887/88, 1883/84, 1880/81, 1876, Provinzen) und 1850.

15	16	17	18	19	20	21
Etatsjahr						
1887/88	**1883/84**	**1880/81**	**1876**	**1867** alte Provinzen	**1867** neue Provinzen	**1850**
M	*M*	*M*	*M*	*M*	*M*	*M*
421 650	408 000	408 000	391 650	264 078	—	
66 900	64 080	64 080	63 300	—	—	
65 100	65 100	63 900	63 900	57 000	—	
4 500	4 500	4 500	4 500			269 760
69 600	*69 600*	*68 400*	*68 400*	*57 000*	—	
8 000	5 800	5 800	4 800	27 900	—	
46 171	43 471	43 471	33 000			
7 300	10 000	9 000	6 000	6 000	—	
61 471	*59 271*	*58 271*	*43 800*	*33 900*	—	
619 621	**600 951**	**598 751**	**567 150**	**354 978**	—	**269 760**
100 020	89 340	91 140	85 140	41 550	—	—
15 540	13 080	13 080	13 080	—	—	—
62 200	66 720	68 700	18 000	2 850	—	—
6 000	6 000	5 500	5 500			
68 200	*72 720*	*74 200*	*23 500*	*2 850*	—	—
2 100	2 100	2 100	2 100			
50 300	51 500	63 193	18 000	20 400	64 077	—
2 300[1])	2 300[1])	2 300[1])	900[1])			
48 900	48 900	48 900	42 000			
1 500	1 000	1 000	2 400			

Kap. 65 Tit. 14 des Etats der Bauverwaltung übertragen wurden.

Noch: Einnahmen und Ausgaben des Ministeriums des Innern für die Etatsjahre 1867 (alte und neue

1	2	3	4	5
Etatsstelle 1903 Kap.	Titel	Etatspositionen	1903 ℳ	1902 ℳ
(84.)	11.	Zur Remunerirung der Standesbeamten für Beschaffung der Materialien zur Statistik der Bewegung der Bevölkerung und zur Herstellung und Auszählung der Zählkarten . . .	81 000	81 000
	12.	Zu unvorhergesehenen und vermischten Ausgaben	100	100
		Summe Tit. 7 bis 12 . . .	*183 590*	*183 590*
		Summe Kap. 84 . . .	**493 785**	**486 465**
85.		**Ober-Verwaltungsgericht.**		
	1.-3.	Besoldungen	727 920	701 760
	4.	Zu Wohnungsgeldzuschüssen für die Beamten . .	106 980	105 780
		Andere persönliche Ausgaben.		
	5.	Zur Remunerirung von Hülfsarbeitern im Bureau-, Kanzlei- und Unterbeamtendienste u. s. w.	44 250	44 250
	6.	Zu ausserordentlichen Remunerationen und Unterstützungen für mittlere, Kanzlei- und Unterbeamte	3 000	3 000
		Summe Tit. 5 und 6 . . .	*47 250*	*47 250*
		Sächliche Ausgaben.		
	7.	Zu Bureaubedürfnissen aller Art, zu Diäten und Fuhrkosten, zu Abgaben und Lasten, sowie Kosten hauswirthschaftl. Art für das Dienstgebäude und zu unvorhergesehenen Ausgab.	120 000	120 000
		Summe Kap. 85 . . .	**1 002 150**	**974 790**
86.		**Versicherungs-Revisoren.**		
	1.	Besoldungen	19 200	18 000
	2.	Zu Wohnungsgeldzuschüssen für die Beamten. . .	4 500	4 500
		Summe Kap. 86 . . .	**23 700**	**22 500**
87.		**Standesämter.**		
	1.	Zur Remunerirung der Standesbeamten und deren Stellvertreter	198 821	196 944
	2.	Zur Beschaffung der Standesregister und der Formulare zu den Registerauszügen, Aufgeboten und standesamtlichen Bescheinigungen, sowie zur Bestreitung der bei der Aufnahme von Civilstandsakten erwachsenden Dolmetschergebühren	163 966	146 063
		Summe Kap. 87 . . .	**362 787**	**343 007**
88.		**Verwaltung der Regierungs-Amtsblätter und der damit verbundenen öffentlichen Anzeiger.**		
		Für Satz, Druck und Papier, für Schreib- und Packmaterialien, nicht aversionirte Postporto- u. Gebührenbeträge und sonstige Frachtgebühren für dienstl. Sendungen, Telegrammgebühr, an Rückerstattungen und an unvorhergesehenen Ausgaben	294 010	284 874
89.		Fällt aus. (Hannöversche Landdrosteien.)	—	—
90.		**Landräthliche Behörden und Aemter.**		
		Besoldungen.		
	1.	Landräthe und Oberamtmänner, Hülfsbeamte von Landräthen	2 420 760	2 409 300

1903 bis 1895/96, 1893/94, 1890/91, 1887/88, 1883/84, 1880/81, 1876, Provinzen) und 1850.

6	7	8	9	10	11	12
			Etatsjahr			
1901 ℳ	**1900** ℳ	**1899** ℳ	**1898/99** ℳ	**1897/98** ℳ	**1896/97** ℳ	**1895/96** ℳ
81 000	81 000	86 500	103 000	103 000	103 000	103 000
100	100	100	100	100	100	100
183 590	*179 090*	*185 850*	*202 350*	*202 350*	*202 350*	*197 350*
479 405	**467 415**	**458 100**	**451 560**	**428 600**	**426 840**	**419 660**
683 420	686 080	671 240	649 380	613 750	580 500	512 500
105 780	105 780	105 780	104 460	101 760	94 260	79 800
44 250	44 250	44 250	47 550	47 550	47 550	46 550
3 000	3 000	3 000	3 000	3 000	3 000	1 800
47 250	*47 250*	*47 250*	*50 550*	*50 550*	*50 550*	*48 350*
120 000	120 000	120 000	120 000	120 000	120 000	75 000
956 450	**959 110**	**944 270**	**924 390**	**886 060**	**845 310**	**715 650**
18 600	18 000	18 000	14 400	14 400	14 400	—
4 500	4 500	4 500	3 600	3 360	3 120	—
23 100	**22 500**	**22 500**	**18 000**	**17 760**	**17 520**	—
197 706	197 343	199 771	201 617	201 698	200 744	200 192
137 921	136 462	135 465	139 935	138 775	137 838	138 339
335 627	**333 805**	**335 236**	**341 552**	**340 473**	**338 582**	**338 531**
280 884	282 984	288 214	290 822	293 809	276 125	263 134
—	—	—	—	—	—	—
2 410 160	2 464 160	2 450 060	2 455 460	2 065 860	2 052 960	2 070 960

Noch: Einnahmen und Ausgaben des Ministeriums des Innern für die Etatsjahre 1867 (alte und neue

1	2	3	13	14
Etatsstelle 1908		Etatspositionen		
Kap.	Titel		1893/94 ℳ	1890/91 ℳ
(84.)	11.	Zur Remunerirung der Standesbeamten für Beschaffung der Materialien zur Statistik der Bewegung der Bevölkerung und zur Herstellung und Auszählung der Zählkarten . . .	103 000	103 000
	12.	Zu unvorhergesehenen und vermischten Ausgaben	100	100
		Summe Tit. 7 bis 12 . . .	*206 650*	*207 750*
		Summe Kap. 84 . . .	**408 350**	**401 710**
85.		**Ober-Verwaltungsgericht.**		
	1.-3.	Besoldungen	431 300	290 900
	4.	Zu Wohnungsgeldzuschüssen für die Beamten . .	61 920	40 680
		Andere persönliche Ausgaben.		
	5.	Zur Remunerirung von Hülfsarbeitern im Bureau-, Kanzlei- und Unterbeamtendienste u. s. w.	16 050	12 400
	6.	Zu ausserordentlichen Remunerationen und Unterstützungen für mittlere, Kanzlei- und Unterbeamte	1 800	1 800
		Summe Tit. 5 und 6 . . .	*17 850*	*14 200*
		Sächliche Ausgaben.		
	7.	Zu Bureaubedürfnissen aller Art, zu Diäten und Fuhrkosten, zu Abgaben und Lasten, sowie Kosten hauswirthschaftl. Art für das Dienstgebäude und zu unvorhergesehenen Ausgab.	35 000	24 000
		Summe Kap. 85 . . .	**546 070**	**369 780**
			Deput. f. d. Heimathwes.:	
86.		**Versicherungs-Revisoren.**		
	1.	Besoldungen	—	—
	2.	Zu Wohnungsgeldzuschüssen für die Beamten. . .	—	—
		Summe Kap. 86 . . .	—	—
87.		**Standesämter.**		
	1.	Zur Remunerirung der Standesbeamten und deren Stellvertreter	204 950	220 955
	2.	Zur Beschaffung der Standesregister und der Formulare zu den Registerauszügen, Aufgeboten und standesamtlichen Bescheinigungen, sowie zur Bestreitung der bei der Aufnahme von Civilstandsakten erwachsenden Dolmetschergebühren	141 160	138 445
		Summe Kap. 87 . . .	**346 110**	**359 400**
88.		**Verwaltung der Regierungs-Amtsblätter und der damit verbundenen öffentlichen Anzeiger.**		
		Für Satz, Druck und Papier, für Schreib- und Packmaterialien, nicht aversionirte Postporto- u. Gebührenbeträge und sonstige Frachtgebühren für dienstl. Sendungen, Telegrammgebühr., an Rückerstattungen und an unvorhergesehenen Ausgaben	262 225	275 662
89.		Fällt aus. (Hannöversche Landdrosteien.)	—	—
90.		**Landräthliche Behörden und Aemter.**		
		Besoldungen.		
	1.	Landräthe und Oberamtmänner, Hülfsbeamte von Landräthen	2 079 944	2 078 204

¹) einschl. Besoldungen und Wohnungsgeldzuschüsse für die Bezirksverwaltungsgerichte. — der Ausgaben für die zu 2 genannten Behörden u. der Bezirksverwaltungsgerichte, s. ebenda.

1903 bis 1895/96, 1893/94, 1890/91, 1887/88, 1883/84, 1880/81, 1876, Provinzen) und 1850.

15	16	17	18	19	20	21
Etatsjahr						
1887/88	1883/84	1880/81	1876	1867 alte Provinzen	1867 neue Provinzen	1850
ℳ	ℳ	ℳ	ℳ	ℳ	ℳ	ℳ
103 000	100 000	90 000	90 000	} (20 400)	(64 077)	
100	170	170	300			
208 200	*205 970*	*207 663*	*155 700*	*20 400*	*64 077*	}
391 960	**381 710**	**386 683**	**277 420**	**64 800**	**64 077**	**47 970**
meteorol. Institut:	29 790	29 790	29 790	15 000	—	
	411 500	**416 473**	**307 210**	**79 800**	**64 077**	**47 970**
202 350	1) 239 100	1) 234 900	1) 42 900	—	—	—
28 860	1) 30 960	1) 30 060	1) 5 280	—	—	—
2) 6 000	3) 47 358	3) 42 858	3) 53 958	—	—	—
1 200	1 000	700	—	—	—	—
7 200	*48 358*	*43 558*	*53 958*	—	—	—
33 725	108 135	86 684	70 000	—	—	—
2) **272 135**	} 3) **426 553**	3) **395 202**	3) **172 138**	—	—	—
12 021						
—	—	—	—	—	—	—
—	—	—	—	—	—	—
—	—	—	—	—	—	—
244 253	246 273	211 414	160 000	—	—	—
136 871	143 388	174 555	210 000	—	—	—
381 124	**389 661**	**385 969**	**370 000**	—	—	—
273 336	308 487	260 112	254 324	228 570	57 600	264 960
—	561 338	525 929	452 369	—	344 310	—
2 037 300	2 135 610	2 148 129	2 157 627	—	—	—

²) einschl. der Ausgaben für die Deputationen für das Heimathwesen, s. § 50 im Text. — ³) einschl.

Noch: Einnahmen und Ausgaben des Ministeriums des Innern für die Etatsjahre 1867 (alte und neue

1	2	3	4	5
Etatsstelle 1903 Kap.	Titel	Etatspositionen	1903 ℳ	1902 ℳ
(90.)	2.	Kreissekretäre, Oberamtssekretäre, Polizeikommissarien in den Reg.-Bez. Stade und Aurich	1 623 795	1 628 895
	3.	Kreisboten, Oberamtsdiener und 1 Polizeigefängniss-Aufseher, 2 Schutzmannswachtmeister in Wilhelmshaven und Lehe, 53 Schutzmänner in Clausthal, Zellerfeld, Wilhelmshaven, Geestemünde und Lehe	700 500	702 740
		Summe Tit. 1 bis 3 . . .	*4 744 995*	*4 740 935*
	4.	Zu Wohnungsgeldzuschüssen für die Beamten . . .	408 444	403 176
		Andere persönliche Ausgaben.		
	5.	Künftig wegfallende Lokalzulagen, zu Stellenzulagen für Schutzmänner in Wilhelmshaven und Geestemünde sowie für Kreisboten bis zu 200 ℳ	8 495	8 735
	6.	Zur Remunerirung von Bureau-Hülfsarbeitern, Kreistranslateuren in der Provinz Posen, Amtsvögten in der Provinz Hannover, Inselvögten im Reg.-Bez. Aurich, Hülfsbeamten in der Enklave Achberg im Reg.-Bez. Sigmaringen	377 605	356 705
	7.	Zu ausserordentlichen Remunerationen und Unterstützungen für Unterbeamte	11 000	11 000
	7a.	Zu ausserordentlichen Remunerationen für mittlere Beamte	3 000	3 000
	7b.	Zu ausserord. Unterstützungen f. höhere u. mittlere Beamte	15 000	15 000
		Summe Tit. 5 bis 7 b . . .	*415 100*	*394 440*
		Sonstige Ausgaben.		
	8.	Zu Dienstaufwands-Entschädigungen, an Miethen für Dienstwohnungen, zur Bestreitung der Kosten für Bekleidung u. Ausrüstung von 2 Wachtmeistern u. 45 Schutzmännern	2 960 351	2 970 280
	9.	Zu Stellvertretungs- und Versetzungskosten	178 948	178 948
	10.	Zur baulichen Unterhaltung der Dienstgebäude und bezw. der Wohnungen in denselben	83 613	83 613
	11.	Zu Abgaben und Lasten, sowie zu Kosten hauswirthschaftlicher Art für Dienstgebäude und Dienstwohnungen u. s. w.	25 085	23 254
		Summe Tit. 8 bis 11 . . .	*3 247 997*	*3 256 095*
		Summe Kap. 90 . . .	**8 816 536**	**8 794 646**
91.		**Polizeiverwaltung in Berlin und Umgebung (Charlottenburg, Schöneberg und Rixdorf).**		
		Besoldungen.		
	1.	Polizei-Präsident, Ober-Regierungsräthe und Regierungsräthe	99 600	98 700
	2.	Sonstige Höhere Beamte	206 900	200 000
	3.	Polizeisekretäre u. s. w.	1 245 900	1 221 700
	4.	Rendanten und Buchhalter	46 300	45 700
	5.	Unterbeamte	123 530	121 540
	6.	Polizei-Obersten, Majore, Hauptleute, Lieutenants, Kriminalkommissare u. s. w.	983 400	967 600
	7.	Wachtmeister der Schutzmannschaft und Schutzmänner . .	9 616 600	9 449 980
		Summe Tit. 1 bis 7 . . .	*12 322 230*	*12 105 220*

1903 bis 1895/96, 1893/94, 1890/91, 1887/88, 1883/84, 1880/81, 1876, Provinzen) und 1850.

6	7	8	9	10	11	12
Etatsjahr						
1901 ℳ	**1900** ℳ	**1899** ℳ	**1898/99** ℳ	**1897/98** ℳ	**1896/97** ℳ	**1895/96** ℳ
1 627 795	1 640 195	1 628 195	1 636 595	1 456 100	1 429 750	1 338 150
701 780	688 100	677 080	672 012	657 902	641 850	643 050
4 739 735	*4 792 455*	*4 755 335*	*4 764 067*	*4 179 862*	*4 124 560*	*4 052 160*
402 564	399 948	399 288	398 604	390 840	390 072	380 856
9 335	10 355	3 480	3 675	6 375	6 495	8 445
297 255	302 035	303 835	305 245	305 245	305 245	298 945
11 000	11 000	11 000	11 000			
3 000	3 000	3 000	3 000	29 000	29 000	29 000
15 000	15 000	15 000	15 000			
335 590	*341 390*	*336 315*	*337 920*	*340 620*	*340 740*	*336 390*
2 963 896	2 958 865	2 958 703	2 957 872	2 810 810	2 408 704	2 368 494
168 042	166 028	173 119	172 202	166 859	172 939	170 397
83 583	82 043	82 373	82 373	82 832	82 823	82 988
21 993	19 431	18 505	16 672	14 755	12 943	9 386
3 237 514	*3 266 367*	*3 232 700*	*3 229 119*	*3 075 247*	*2 677 409*	*2 631 265*
8 715 403	**8 760 160**	**8 723 638**	**8 729 710**	**7 986 569**	**7 532 781**	**7 400 671**
82 500	75 600	70 800	70 200	59 800	54 800	46 400
201 700	192 600	191 200	176 400	129 900	131 800	128 500
1 191 050	122 500	1 084 950	1 021 550	808 175	764 925	725 850
47 700	47 100	46 100	44 800	36 800	33 600	33 400
118 155	115 760	114 090	107 170	100 770	100 680	97 070
953 300	907 200	898 400	847 200	670 900	666 900	637 900
9 080 640	851 120	7 875 520	7 515 820	7 010 460	6 939 900	6 008 940
11 675 045	*10 971 960*	*10 281 060*	*9 783 140*	*8 816 805*	*8 692 605*	*7 678 060*

Noch: Einnahmen und Ausgaben des Ministeriums des Innern für die Etatsjahre 1867 (alte und neue

1	2	3	13	14
Etatsstelle 1908		Etatspositionen		
Kap.	Titel		1893/94 ℳ	1890/91 ℳ
(90.)			Kirchspiel-, Hardes- u. Landvögte in Schleswig-Holstein	
	2.	Kreissekretäre, Oberamtssekretäre, Polizeikommissarien in den Reg.-Bez. Stade und Aurich	1 333 350	1 331 775
	3.	Kreisboten, Oberamtsdiener und 1 Polizeigefängniss-Aufseher, 2 Schutzmannswachtmeister in Wilhelmshaven und Lehe, 53 Schutzmänner in Clausthal, Zellerfeld, Wilhelmshaven, Geestemünde und Lehe	635 770	474 605
		Summe Tit. 1 bis 3	*4 049 064*	*3 884 585*
	4.	Zu Wohnungsgeldzuschüssen für die Beamten	379 824	378 912
		Andere persönliche Ausgaben.		
	5.	Künftig wegfallende Lokalzulagen, zu Stellenzulagen für Schutzmänner in Wilhelmshaven und Geestemünde sowie für Kreisboten bis zu 200 ℳ	9 585	12 585
	6.	Zur Remunerirung von Bureau-Hülfsarbeitern, Kreistranslateuren in der Provinz Posen, Amtsvögten in der Provinz Hannover, Inselvögten im Reg.-Bez. Aurich, Hülfsbeamten in der Enklave Achberg im Reg.-Bez. Sigmaringen	304 595	143 945
	7.	Zu ausserordentlichen Remunerationen und Unterstützungen für Unterbeamte		
	7a.	Zu ausserordentlichen Remunerationen für mittlere Beamte	29 000	29 300
	7b.	Zu ausserord. Unterstützungen f. höhere u. mittlere Beamte		
		Summe Tit. 5 bis 7b	*343 180*	*185 830*
		Sonstige Ausgaben.		
	8.	Zu Dienstaufwands-Entschädigungen, an Miethen für Dienstwohnungen, zur Bestreitung der Kosten für Bekleidung u. Ausrüstung von 2 Wachtmeistern u. 45 Schutzmännern	2 755 683	2 396 862
	9.	Zu Stellvertretungs- und Versetzungskosten	156 279	146 834
	10.	Zur baulichen Unterhaltung der Dienstgebäude und bezw. der Wohnungen in denselben	82 988	82 670
	11.	Zu Abgaben und Lasten, sowie zu Kosten hauswirthschaftlicher Art für Dienstgebäude und Dienstwohnungen u. s. w.	7 142	7 958
		Summe Tit. 8 bis 11	*3 002 092*	*2 634 324*
		Summe Kap. 90	**7 774 160**	**7 083 651**
91.		**Polizeiverwaltung in Berlin und Umgebung (Charlottenburg, Schöneberg und Rixdorf).**		
		Besoldungen.		
	1.	Polizei-Präsident, Ober-Regierungsräthe und Regierungsräthe	29 100	28 500
	2.	Sonstige Höhere Beamte	124 050	119 850
	3.	Polizeisekretäre u. s. w.	698 100	497 175
	4.	Rendanten und Buchhalter	33 000	33 000
	5.	Unterbeamte	91 500	74 955
	6.	Polizei-Obersten, Majore, Hauptleute, Lieutenants, Kriminalkommissare u. s. w.	603 900	542 700
	7.	Wachtmeister der Schutzmannschaft und Schutzmänner	5 482 780	4 571 250
		Summe Tit. 1 bis 7	*7 062 430*	*5 867 430*

[1]) Diese Stellen sind weggefallen durch den Etat 1890/91 in Folge der Einführung der
[2]) Diese Ausgaben bezogen sich wesentlich nur auf Schleswig-Holstein und kommen in Folge der im Text.

1903 bis 1895/96, 1893/94, 1890/91, 1887/88, 1883/84, 1880/81, 1876, Provinzen) und 1850.

15	16	17	18	19	20	21
Etatsjahr						
1887/88	1883/84	1880/81	1876	1867 alte Provinzen	1867 neue Provinzen	1850
ℳ	ℳ	ℳ	ℳ	ℳ	ℳ	ℳ
1) 196 968	1) 302 045	2) 303 894	2) 290 863			
1 294 200	1 350 900	1 350 900	1 351 500			—
458 436	502 401	498 672	493 256			—
3 986 904	*4 290 956*	*4 301 595*	*4 293 246*	*1 843 950*	*1 521 161*	—
377 052	385 464	384 852	375 672	—	—	—
19 665	24 945	25 665	24 465			—
2) 3 883	2) 6 883	2) 6 883	2) 12 643			
157 902	186 689	201 259	234 442	16 500	53 067	—
29 450	29 900	30 200	28 543			—
210 900	*248 417*	*264 007*	*300 093*	*16 500*	*53 067*	—
1 999 927	2 049 558	2 048 041	2 009 810	—	—	—
115 701	108 156	82 833	15 000	—	—	—
82 670	83 955	83 955	78 255	—	—	—
7 448	8 675	8 298	—	—	—	—
2 205 746	*2 250 344*	*2 223 127*	*2 103 065*	*985 119*	*542 598*	—
6 780 602	**7 175 181**	**7 173 581**	**7 072 076**	**2 845 569**	**2 116 826**	**2 196 714**
27 300	27 000	26 700	28 500	—	—	—
119 850	117 300	109 500	99 750	—	—	—
455 925	426 300	370 800	341 775	—	—	—
30 150	30 150	27 300	27 300	—	—	—
62 130	59 850	53 370	52 290	—	—	—
490 200	464 700	417 900	345 300	—	—	—
4 263 900	3 984 975	3 910 725	2 723 700	—	—	—
5 449 455	*5 110 275*	*4 916 295*	*3 618 615*	—	—	—

neuen Kreisordnung für Schleswig-Holstein (s. Etatserläuterungen zu Kap. 90 Tit. 2 jenes Etats.). — anderweitigen Verwaltungsorganisation dieser Provinz seit 1890/91 in Fortfall. S. aber auch § 39

Noch: Einnahmen und Ausgaben des Ministeriums des Innern für die Etatsjahre 1867 (alte und neue

1	2	3	4	5
Etatsstelle 1903		Etatspositionen		
Kap.	Titel		1903 ℳ	1902 ℳ
(91.)	8.	Zu Wohnungsgeldzuschüssen für die Beamten . . .	2 112 132	2 087 364
		Andere persönliche Ausgaben.		
	9.	Zur Remunerirung von ständigen Hülfsarbeitern, von Hülfsarbeitern im Bureau-, Telegraphen- und Kanzleidienste, von Polizeianwärtern für den Exekutivdienst u. s. w., Funktions- und Stellenzulagen	633 820	602 470
		Sächliche Ausgaben.		
	10.	Zu Bureaubedürfnissen, zu Bedürfnissen für das Leichenschauhaus u. s. w., ausserdem zu Abgaben und Lasten, sowie Kosten hauswirtschaftlicher Art für Dienstgebäude	529 537	462 159
	11.	Zur baulichen Unterhaltung der Polizeidienstgebäude	43 417	25 962
	12.	An Miethe für die Bureaus der 1. Abtheilung des Polizeipräsidiums in Berlin und für die Dienstwohnungen der Beamten desselben	53 520	53 520
	13.	An Dienstaufwands-Entschädigungen, Equipagengelder des Polizei-Präsidenten, zu Fuhrkosten-Entschädigungen, Miethsentschädigungen und Miethen für Diensträume und für Stallungen der Schutzmannschaft, Entschädigungen für Vorhaltung von Dienstpferden an d. Bezirkshauptleute u.s.w.	1 110 080	1 084 766
	14.	An Kosten für Beschaffung und Unterhaltung der Bekleidung, Waffen und Ausrüstungsgegenstände der Schutzmannschaft, und an Kosten für Unterhaltung und Ergänzung der Dienstpferde der Schutzmannschaft	707 099	696 585
	15.	Zu vermischten Ausgaben, Fuhr- und Transportkosten, zur Unterhaltung der Polizeigefangenen, für die ärztliche Untersuchung der Prostituirten u. s. w.	508 470	474 836
		Summe Tit. 10 bis 15 . . .	*2 952 132*	*2 797 828*
		Summe Kap. 91 . . .	**18 020 314**	**17 592 882**
92.		**Polizeiverwaltung in den Provinzen.** [1])		
		Besoldungen.		
	1.	Höhere Beamte	295 400	293 300
	2.	Polizeisekretäre, Meldeamts-Bureau-Assistenten u. Kanzlisten	1 067 550	1 039 400
	3.	Polizei-Kommissarien, Inpektoren, Schutzmanns-Wachtmeister und Schutzmänner	6 788 720	6 614 880
	4.	Polizeigefängniss-Oberaufseher, Polizeiboten, Polizeigefängniss-Aufseher, Polizeidiener und Gefangenwärterinnen . .	165 615	159 945
		Summe Tit. 1 bis 4 . . .	*8 317 285*	*8 107 525*
	5.	Zu Wohnungsgeldzuschüssen für die Beamten . . .	1 221 732	1 194 120
		Andere persönliche Ausgaben.		
	6.	Zur Remunerirung von ständigen Hülfsarbeitern und von sonstigen Polizeihülfsbeamten	222 280	215 280
	7.	Zur Remunerirung der kommissarischen Polizei-Direktoren, der Badepolizei-Kommissarien und der Lehrkräfte für den Lehrkursus zur Ausbildung der mittleren Polizei-Exekutivbeamten	9 858	9 858
	8.	Zu Stellenzulagen und Lokalzulagen	168 445	151 090
		Summe Tit. 6 bis 8 . . .	*400 583*	*376 228*

[1]) Für die Polizeiverwaltungen zu Königsberg i. Pr., Danzig, Potsdam, Stettin, Posen, Breslau und Umgebung, Wiesbaden, Coblenz, Cöln, Saarbrücken mit St. Johann und Malstatt-Burbach und Polizeiverwaltung zu Ems und die Bezirkspolizei-Kommissarien. — [2]) Einschl. 1 035 958 ℳ Kosten

1903 bis 1895/96, 1893/94, 1890/91, 1887/88, 1883/84, 1880/81, 1876, Provinzen) und 1850.

6	7	8	9	10	11	12
Etatsjahr						
1901	**1900**	**1899**	**1898/99**	**1897/98**	**1896/97**	**1895/96**
M	*M*	*M*	*M*	*M*	*M*	*M*
2 017 500	1 902 300	1 887 468	1 814 436	1 688 640	1 660 800	1 453 080
596 320	582 970	484 320	466 770	431 520	429 120	418 320
462 159	463 254	385 515	374 411	347 844	314 223	305 023
25 962	25 962	4 955	4 955	4 128	4 128	4 128
53 520	53 520	53 520	53 520	53 520	53 520	53 520
1 061 588	918 235	897 751	804 106	727 129	679 774	648 524
676 803	640 394	667 237	656 041	626 004	617 495	555 629
474 636	470 996	441 706	424 173	410 790	352 838	317 138
2 754 668	*2 572 361*	*2 450 684*	*2 317 206*	*2 169 415*	*2 021 978*	*1 883 962*
17 043 533	**16 029 591**	**15 103 532**	**14 381 552**	**13 106 380**	**12 804 503**	[2])**12 469 380**
292 800	275 800	275 000	271 400	230 700	224 000	226 300
986 650	927 550	900 400	854 150	731 275	664 875	615 225
6 304 380	5 837 800	5 088 435	4 848 265	4 631 455	4 445 495	4 262 845
158 705	152 190	147 600	144 660	138 480	134 020	126 593
7 742 535	*7 193 340*	*6 411 435*	*6 118 475*	*5 731 910*	*5 468 390*	*5 230 963*
1 141 620	1 064 520	1 045 692	1 004 820	976 668	927 828	878 184
212 680	208 420	209 320	209 320	221 320	222 270	215 410
8 058	3 858	9 012	9 012	9 012	9 012	7 512
155 770	161 245	95 610	95 010	101 460	99 525	95 625
376 508	*373 523*	*313 942*	*313 342*	*331 792*	*330 807*	*318 547*

Magdeburg, Kiel und Umgebung, Hannover und Linden, Cassel, Hanau, Fulda, Frankfurt a. M. Aachen, die Grenzkommissariate zu Eydtkuhnen, Prostken, Illowo, Thorn und Beuthen O.Schl., die des Nachtwachwesens (s. §§ 94 u 116 des Textes).

Noch: Einnahmen und Ausgaben des Ministeriums des Innern für die Etatsjahre 1867 (alte und neue

1	2	3	13	14
Etatsstelle 1908 Kap.	Titel	Etatspositionen	1893/94 ℳ	1890/91 ℳ
(91.)	8.	Zu Wohnungsgeldzuschüssen für die Beamten . . .	1 324 320	1 162 620
		Andere persönliche Ausgaben.		
	9.	Zur Remunerirung von ständigen Hülfsarbeitern, von Hülfsarbeitern im Bureau-, Telegraphen- und Kanzleidienste, von Polizeianwärtern für den Exekutivdienst u. s. w., Funktions- und Stellenzulagen . . .	364 920	256 620
		Sächliche Ausgaben.		
	10.	Zu Bureaubedürfnissen, zu Bedürfnissen für das Leichenschauhaus u. s. w., ausserdem zu Abgaben und Lasten, sowie Kosten hauswirthschaftlicher Art für Dienstgebäude . . .	320 859	27 297
	11.	Zur baulichen Unterhaltung der Polizeidienstgebäude	4 128	4 128
	12.	An Miethe für die Bureaus der 1. Abtheilung des Polizeipräsidiums in Berlin und für die Dienstwohnungen der Beamten desselben . . .	52 503	38 845
	13.	An Dienstaufwands-Entschädigungen, Equipagengelder des Polizei-Präsidenten, zu Fuhrkosten-Entschädigungen, Miethsentschädigungen und Miethen für Diensträume und für Stallungen der Schutzmannschaft, Entschädigungen für Vorhaltung von Dienstpferden an d. Bezirkshauptleute u.s.w.	688 824	236 400
	14.	An Kosten für Beschaffung und Unterhaltung der Bekleidung, Waffen und Ausrüstungsgegenstände der Schutzmannschaft und an Kosten für Unterhaltung und Ergänzung der Dienstpferde der Schutzmannschaft . . .	517 982	766
	15.	Zu vermischten Ausgaben, Fuhr- und Transportkosten, zur Unterhaltung der Polizeigefangenen, für die ärztliche Untersuchung der Prostituirten u. s. w. . . .	316 138	109 577
		Summe Tit. 10 bis 15 . . .	*1 909 434*	*417 013*
		Summe Kap. 91 . . .	**[2]11 852 104**	**7 703 683**
92.		**Polizeiverwaltungen in den Provinzen.**[1])		
		Besoldungen.		
	1.	Höhere Beamte . . .	219 750	205 500
	2.	Polizeisekretäre, Meldeamts-Bureau-Assistenten u. Kanzlisten	586 900	492 150
	3.	Polizei-Kommissarien, Inspektoren, Schutzmanns-Wachtmeister und Schutzmänner . . .	2 893 065	2 193 705
	4.	Polizeigefängniss-Oberaufseher, Polizeiboten, Polizeigefängniss-Aufseher, Polizeidiener und Gefangenwärterinnen . .	112 566	69 293
		Summe Tit. 1 bis 4 . . .	*3 812 281*	*2 960 648*
	5.	Zu Wohnungsgeldzuschüssen für die Beamten . . .	609 264	513 432
		Andere persönliche Ausgaben.		
	6.	Zur Remunerirung von ständigen Hülfsarbeitern und von sonstigen Polizeihülfsbeamten . . .	184 960	185 025
	7.	Zur Remunerirung der kommissarischen Polizei-Direktoren, der Badepolizei-Kommissarien und der Lehrkräfte für den Lehrkursus zur Ausbildung der mittleren Polizei-Exekutivbeamten . . .	7 512	7 512
	8.	Zu Stellenzulagen und Lokalzulagen . . .	87 675	57 510
		Summe Tit. 6 bis 8 . . .	*280 147*	*250 047*

[1]) Vergl. Anm. auf S. 288—289. — [2]) Einschl. 1 200 000 ℳ Kosten des Nachtwachwesens

1903 bis 1895/96, 1893/94, 1890/91, 1887/88, 1883/84, 1880/81, 1876, Provinzen) und 1850.

15	16	17	18	19	20	21
Etatsjahr						
1887/88	**1883/84**	**1880/81**	**1876**	**1867** alte Provinzen	neue Provinzen	**1850**
ℳ	ℳ	ℳ	ℳ	ℳ	ℳ	ℳ
1 083 480	1 011 720	970 860	714 540	—	—	—
238 770	220 392	226 902	185 862	—	—	—
27 078	15 862	14 969	12 242*	—	—	—
4 128	3 738	3 738	3 393	—	—	—
—	—	—	—	—	—	—
215 160	169 464	144 408	72 408	—	—	—
756	733	772	877	—	—	—
110 350	112 627	109 073	107 824	—	—	—
357 472	*302 424*	*272 960*	*196 744*	—	—	—
7 129 177	**6 644 811**	**6 387 017**	**4 715 761**	—	—	—
188 850	176 199					
412 275	365 925					
1 885 560	1 618 050	2 084 095	1 895 342	—	—	—
60 923	54 743					
2 547 608	*2 214 917*	*2 084 095*	*1 895 342*	—	—	—
441 180	379 824	356 388	318 168	—	—	—
144 690	139 170	139 920	126 420	—	—	—
7 512	7 512	2 712	2 712	—	—	—
53 520	42 561	39 681	38 511	—	—	—
205 722	*189 243*	*182 313*	*167 643*	—	—	—

(s. §§ 94 u. 116 des Textes).

Noch: Einnahmen und Ausgaben des Ministeriums des Innern für die Etatsjahre 1867 (alte und neue

1	2	3	4	5
Etatsstelle 1903 Kap.	Titel	Etatspositionen	1903 ℳ	1902 ℳ
(92.)		Sächliche Ausgaben.		
	9.	Zu Bureaubedürfnissen; ausserdem zu Lasten und Abgaben, sowie Kosten hauswirthschaftlicher Art für Dienstgebäude	344 208	321 957
	10.	Zur baulichen Unterhaltung der Polizeidienstgebäude	50 053	50 053
	11.	Zu vermischten Ausgaben, Dienstaufwands-Entschädigungen, Miethen und Miethsentschädigungen, Kosten der Bekleidung und Ausrüstung der Schutzmannschaften, Fuhr- und Transportkosten, zur Unterhaltung der Polizeigefangenen, für die ärztliche Untersuchung der Gefangenen und der Prostituirten u. s. w.	1 183 005	1 131 458
		Summe Tit. 9 bis 11 ...	*1 577 266*	*1 503 468*
		Sonstige Ausgaben.		
	12.	Zu Remunerationen für die Besorgung der Pass- und Fremdenpolizei in einzelnen Kreisen, sowie zur sprachlichen Unterweisung und Remunerirung der mit den Angelegenheiten des Deutsch-Russischen Grenzverkehrs im Besonderen mit der Ausfertigung und Kontrole der doppelsprachigen Grenzlegitimationsscheine betrauten Beamten	60 423	60 423
	13.	An Zuschüssen zu den persönlichen und sächlichen Ausgaben der Polizeiverwaltung in den Städten Erfurt, Rinteln, Frankenau und Wetzlar	6 950	6 950
		Summe Tit. 12 und 13 ...	*67 373*	*67 373*
		Summe Kap. 92 ...	**11 584 239**	**11 248 714**
93.		**Polizei-Distriktskommissarien in der Provinz Posen.**		
		Besoldungen.		
	1.	Polizei-Distriktskommissarien	537 600	530 400
	2.	Zu Wohnungsgeldzuschüssen	37 920	34 428
		Andere persönliche Ausgaben.		
	3.	Zu ausserordentlichen Remunerationen und Unterstützungen	2 400	2 400
		Sonstige Ausgaben.		
	4.	Zu Versetzungs- und Vertretungskosten, sowie zur Beschaffung von Bureauutensilien, zu Bureau- u. Pferdegeldervergütungen	377 884	373 884
		Summe Kap. 93 ...	**955 804**	**941 112**
94.		**Landgendarmerie.**		
		Besoldungen.		
	1.	Brigadiers, Adjutanten und Distriktsoffiziere	345 000	345 000
	2.	Zahlmeister, Bureaubeamte, Oberwachtmeister, Gendarmen und Portiers	7 946 540	7 911 050
		Summe Tit. 1 und 2 ...	*8 291 540*	*8 256 050*
	3.	Zu Wohnungsgeldzuschüssen	473 532	450 552
		Sächliche Ausgaben.		
	4.	An Fouragekosten	1 266 720	1 264 640
	5.	An Montirungs-, Leder- und Reitzeuggeldern, zu den Verwaltungskosten der Oekonomiekommission, sowie zur Beschaffung und Kompletirung der Waffen	748 754	749 352

1903 bis 1895/96, 1893/94, 1890/91, 1887/88, 1883/84, 1880/81, 1876, Provinzen) und 1850.

6	7	8	9	10	11	12
Etatsjahr						
1901	**1900**	**1899**	**1898/99**	**1897/98**	**1896/97**	**1895/96**
ℳ	ℳ	ℳ	ℳ	ℳ	ℳ	ℳ
313 557	302 509	292 561	286 320	298 889	295 385	301 594
47 775	41 502	41 428	40 368	40 295	40 295	41 849
1 023 044	933 425	916 770	857 118	839 185	795 636	690 358
1 384 376	*1 277 436*	*1 250 759*	*1 183 806*	*1 178 369*	*1 131 316*	*1 003 801*
60 423	6 423	{ 41 145	41 145	62 791	62 791	186 894
		6 323	7 073	9 223	9 223	8 731
6 950	6 950	6 950	6 949	6 949	6 949	6 949
67 373	*13 373*	*54 418*	*55 167*	*78 963*	*78 963*	*202 574*
10 712 412	**9 922 192**	**. 076 246**	**8 675 610**	**8 297 702**	**7 937 304**	**7 664 069**
530 700	523 200	525 300	519 600	513 900	510 300	514 200
34 452	34 092	33 396	32 700	31 956	31 368	31 404
2 400	2 400	2 400	2 400	2 400	2 400	2 400
366 093	284 593	281 593	277 141	229 341	227 941	220 486
933 645	**844 285**	**842 689**	**831 841**	**777 597**	**772 009**	**768 490**
345 000	340 500	340 500	322 500	282 600	278 550	278 550
7 901 630	7 742 150	7 127 100	7 075 850	7 030 139	6 922 750	6 873 850
8 246 630	*8 082 650*	*7 467 600*	*7 398 350*	*7 312 739*	*7 201 300*	*7 152 400*
451 524	450 852	445 476	442 794	432 072	426 576	423 372
1 261 000	1 261 000	1 267 240	1 263 080	1 257 880	1 243 840	1 237 080
741 090	745 605	729 681	723 568	722 923	709 107	708 923

Noch: Einnahmen und Ausgaben des Ministeriums des Innern für die Etatsjahre 1867 (alte und neue

1	2	3	13	14
Etatsstelle 1908		Etatspositionen	1893/94	1890/91
Kap.	Titel		ℳ	ℳ
		Sächliche Ausgaben.		
(92.)	9.	Zu Bureaubedürfnissen; ausserdem zu Lasten und Abgaben, sowie Kosten hauswirthschaftlicher Art für Dienstgebäude	321 599	58 900
	10.	Zur baulichen Unterhaltung der Polizeidienstgebäude	42 726	8 942
	11.	Zu vermischten Ausgaben, Dienstaufwands-Entschädigungen, Miethen und Miethsentschädigungen, Kosten der Bekleidung und Ausrüstung der Schutzmannschaften, Fuhr- und Transportkosten, zur Unterhaltung der Polizeigefangenen, für die ärztliche Untersuchung der Gefangenen und der Prostituirten u. s. w.	580 897	89 464
		Summe Tit. 9 bis 11 . . .	*945 222*	*157 306*
		Sonstige Ausgaben.		
	12.	Zu Remunerationen für die Besorgung der Pass- und Fremdenpolizei in einzelnen Kreisen, sowie zur sprachlichen Unterweisung und Remunerirung der mit den Angelegenheiten des Deutsch-Russischen Grenzverkehrs im Besonderen mit der Ausfertigung und Kontrole der doppelsprachigen Grenzlegitimationsscheine betrauten Beamten	{ 1 300 000	} 8 044
	13.	An Zuschüssen zu den persönlichen und sächlichen Ausgaben der Polizeiverwaltung in den Städten Erfurt, Rinteln, Frankenau und Wetzlar	8 569 } 6 949	8 149
		Summe Tit. 12 und 13 . . .	*1 315 518*	*16 193*
		Summe Kap. 92 . . .	**6 962 432**	**3 897 626**
93.		**Polizei-Distriktskommissarien in der Provinz Posen.**		
		Besoldungen.		
	1.	Polizei-Distriktskommissarien	493 350	493 350
	2.	Zu Wohnungsgeldzuschüssen	30 264	30 264
		Andere persönliche Ausgaben.		
	3.	Zu ausserordentlichen Remunerationen und Unterstützungen	2 400	2 400
		Sonstige Ausgaben.		
	4.	Zu Versetzungs- und Vertretungskosten, sowie zur Beschaffung von Bureauutensilien, zu Bureau- u. Pferdegeldervergütungen	[1]) 256 122	226 195
		Summe Kap. 93 . . .	**782 136**	**752 209**
94.		**Landgendarmerie.**		
		Besoldungen.		
	1.	Brigadiers, Adjutanten und Distriktsoffiziere	278 550	270 450
	2.	Zahlmeister, Bureaubeamte, Oberwachtmeister, Gendarmen und Portiers	6 731 050	5 506 500
		Summe Tit. 1 und 2 . . .	*7 009 600*	*5 776 950*
	3.	Zu Wohnungsgeldzuschüssen	416 220	390 972
		Sächliche Ausgaben.		
	4.	An Fouragekosten	1 210 040	1 145 040
	5.	An Montirungs-, Leder- und Reitzeuggeldern, zu den Verwaltungskosten der Oekonomiekommission, sowie zur Beschaffung und Kompletirung der Waffen	720 727	627 319

[1]) Zu der vorübergehenden Steigerung vergl. Etatserläuterungen 1890/91 und 1894/95.

1903 bis 1895/96, 1893/94, 1890/91, 1887/88, 1883/84, 1880/81, 1876, Provinzen) und 1850.

15	16	17	18	19	20	21
Etatsjahr						
1887/88	**1883/84**	**1880/81**	**1876**	**1867** alte Provinzen	**1867** neue Provinzen	**1850**
M	M	M	M	M	M	M
57 985	55 280	47 467	36 886	—	—	—
9 131	9 169	8 055	9 353	—	—	—
58 482	48 623	53 221	39 087	—	—	—
125 598	*113 072*	*108 743*	*85 326*	—	—	—
7 003	9 971	9 447	3 663	—	—	—
12 649	16 849	18 769	21 569	—	—	—
19 652	*26 820*	*28 216*	*25 232*	—		—
3 339 760	**2 923 876**	**2 759 756**	**2 491 711**	(Kap. 91 u. 92 zusammen) **2 241 081**	**406 956**	**2 248 450**
476 100	331 200	326 400	316 800	—	—	—
29 256	29 160	28 488	27 468	—	—	—
2 400	2 400	2 400	Besond. Titel: 1 200 2 400	—	—	—
180 744	181 185	133 210	124 680	—	—	—
688 500	**543 945**	**490 498**	**472 548**	**207 765**	—	**162 090**
260 400	256 350	248 250	248 250	—	—	—
4 847 400	4 515 240	4 448 610	4 081 500	—	—	—
5 107 800	*4 771 590*	*4 696 860*	*4 329 750*	*2 138 970*	*809 662*	—
368 076	348 240	341 844	317 220	10 500	8 558	—
1 096 680	1 033 316	1 026 556	815 418	449 640	118 330	—
577 066	532 356	521 428	487 342	166 818	52 598	—

Noch: Einnahmen und Ausgaben des Ministeriums des Innern für die Etatsjahre 1867 (alte und neue

1 Etatsstelle 1903 Kap.	2 Titel	3 Etatspositionen	4 1903 ℳ	5 1902 ℳ
(94.)	5a.	Pferdeabnutzungs-Entschädigung und Beihülfe zur Pferdeausrüstung für die wirklich gehaltenen Dienstpferde der Offiziere	25 920	25 920
	6.	Zu Schreibmaterialien und Bureaubedürfnissen, Miethsentschädigungen für Diensträume, zu nicht aversionirten Postporto- und Gebührenbeträgen und sonstigen Frachtgebühren für dienstliche Sendungen, zu Telegrammgebühren der Offiziere	54 928	58 651
		Summe Tit. 4 bis 6	*2 096 322*	*2 098 563*
		Sonstige Ausgaben.		
	7.	Zu Funktionszulagen und Reisekosten-Zuschüssen, zur Beschaffung und Unterhaltung von Fahrrädern, zu Lokalzulagen, zu Dienstaufwands-Entschädigungen, zu Stellenzulagen für Oberwachtmeister und Gendarmen	1 470 513	1 283 277
	8.	Zu ausserordentlichen Remunerationen und Unterstützungen für Oberwachtmeister, Gendarmen und Unterbeamte	104 600	104 000
	8a.	Zu ausserordentlichen Unterstützungen für Offiziere und mittlere Beamte, ausnahmsweise auch zu Remunerationen für mittlere Beamte	1 750	1 750
	8b.	Ausgaben der Offizier-Darlehnskasse	3 000	3 000
	9.	Zu Versetzungskosten, Gerichtskosten, zum Ersatze der im Dienste verlorenen oder beschädigten Pferde, zu Miethen, zu den laufenden Unterhaltungskosten für die aus dem Heere abkommandirten Burschen der Gendarmerie-Offiziere und zu sonstigen vermischten Ausgaben	317 224	228 122
	10.	Für die Gendarmerieschulen	51 137	45 687
	11.	Zur baulichen Unterhaltung der Dienstgebäude	4 101	2 946
		Summe Tit. 7 bis 11	*1 952 325*	*1 668 782*
		Summe Kap. 94	**12 813 719**	**12 473 947**
95.		**Allgemeine Ausgaben im Interesse der Polizei.**		
	1.	Zu geheimen Ausgaben im Interesse der Polizei	300 000	300 000
	2.	Für das Central-Polizeiblatt	27 026	27 415
	3.	Zur vorübergehenden Verstärkung des Personals für den Polizei-Bureau- und den Polizei-Exekutivdienst, zu Stellvertretungskosten, sowie zur Vergütung besonderer Leistungen im polizeilichen Interesse	150 000	150 000
	4.	Zu Diäten, Fuhr- und Versetzungskosten	493 662	493 662
	5.	Zu Prämien für die Ermittelung von Verbrechern und zu sonstigen sächlichen Ausgaben im Interesse der Polizei	626 225	605 987
	6.	Zu ausserordentlichen Remunerationen und Unterstützungen für Kanzlei- u. Unterbeamte der Königl. Polizeiverwaltung	230 000	230 000
	6a.	Zu ausserordentlichen Remunerationen für mittlere Beamte der Königlichen Polizeiverwaltung	5 000	5 000
	6b.	Zu ausserordentlichen Unterstützungen für höhere und mittlere Beamte der Königlichen Polizeiverwaltung	45 000	45 000
	7.	Zu Zuschüssen an die Kommunalverbände zur Ausführung des Gesetzes über die Fürsorgeerziehung Minderjähriger vom 2. Juli 1900 (Gesetz-Samml. S. 264)	1 680 000	1 250 000
		Summe Kap. 95	**3 556 913**	**3 107 064**

1903 bis 1895/96, 1893/94, 1890/91, 1887/88, 1883/84, 1880/81, 1876, Provinzen) und 1850.

6	7	8	9	10	11	12
Etatsjahr						
1901	**1900**	**1899**	**1898/99**	**1897/98**	**1896/97**	**1895/96**
M	*M*	*M*	*M*	*M*	*M*	*M*
25 920	25 560	25 560	25 560	—	—	—
58 934	58 583	54 836	49 696	49 259	47 941	47 676
2 086 944	*2 090 748*	*2 077 317*	*2 061 904*	*2 030 062*	*2 000 888*	*1 993 679*
1 245 377	1 225 247	1 121 897	1 105 717	1 100 177	1 037 832	1 022 032
44 835	44 835	44 835	44 835	47 078	47 077	47 077
1 750	1 750	1 750	1 750	—	—	—
3 000	3 000	—	—	—	—	—
232 743	189 599	148 112	137 081	136 228	146 105	151 072
—	—	—	—	—	—	—
—	—	—	—	—	—	—
1 527 705	*1 464 431*	*1 316 594*	*1 289 383*	*1 283 483*	*1 231 014*	*1 220 181*
12 312 803	**12 088 681**	**11 306 987**	**11 192 431**	**11 058 356**	**10 859 778**	**10 789 632**
300 000	300 000	200 000	200 000	200 000	200 000	200 000
27 415	27 415	22 212	22 212	22 212	12 424	12 424
150 000	150 000	150 000	150 000	150 000	150 000	87 755
463 473	425 230	383 702	390 587	374 956	358 162	349 863
594 140	477 312	502 610	515 380	534 843	516 785	510 121
110 000	110 000	110 000	110 000			
5 000	5 000	5 000	5 000	} 160 000	160 000	115 000
45 000	45 000	45 000	45 000			
1 250 000	754 000	754 000	754 000	754 000	754 000	754 000
2 945 028	**2 293 957**	**2 172 524**	**2 192 179**	**2 196 011**	**2 151 371**	**2 029 163**

Noch: Einnahmen und Ausgaben des Ministeriums des Innern für die Etatsjahre 1867 (alte und neue

1	2	3	13	14
Etatsstelle 1908		Etatspositionen	1893/94	1890/91
Kap.	Titel		ℳ	ℳ
(94.)	5a.	Pferdeabnutzungs-Entschädigung und Beihülfe zur Pferdeausrüstung für die wirklich gehaltenen Dienstpferde der Offiziere	—	—
	6.	Zu Schreibmaterialien und Bureaubedürfnissen, Miethsentschädigungen für Diensträume, zu nicht aversionirten Postporto- und Gebührenbeträgen und sonstigen Frachtgebühren für dienstliche Sendungen, zu Telegrammgebühren der Offiziere	75 274	67 005
		Summe Tit. 4 bis 6	*2 006 041*	*1 839 364*
		Sonstige Ausgaben.		
	7.	Zu Funktionszulagen und Reisekosten-Zuschüssen, zur Beschaffung und Unterhaltung von Fahrrädern, zu Lokalzulagen, zu Dienstaufwands-Entschädigungen, zu Stellenzulagen für Oberwachtmeister und Gendarmen	1 003 082	881 857
	8.	Zu ausserordentlichen Remunerationen und Unterstützungen für Oberwachtmeister, Gendarmen und Unterbeamte	47 078	47 077
	8a.	Zu ausserordentlichen Unterstützungen für Offiziere und mittlere Beamte, ausnahmsweise auch zu Remunerationen für mittlere Beamte	—	—
	8b.	Ausgaben der Offizier-Darlehnskasse	—	—
	9.	Zu Versetzungskosten, Gerichtskosten, zum Ersatze der im Dienste verlorenen oder beschädigten Pferde, zu Miethen, zu den laufenden Unterhaltungskosten für die aus dem Heere abkommandirten Burschen der Gendarmerie-Offiziere und zu sonstigen vermischten Ausgaben	123 058	99 405
	10.	Für die Gendarmerieschulen	—	[1]) 1 542 100
	11.	Zur baulichen Unterhaltung der Dienstgebäude	—	[1]) 119 500
		Summe Tit. 7 bis 11	*1 173 218*	*2 689 939*
		Summe Kap. 94	**10 605 079**	**10 697 224**
95.		**Allgemeine Ausgaben im Interesse der Polizei.**		
	1.	Zu geheimen Ausgaben im Interesse der Polizei	120 000	120 000
	2.	Für das Central-Polizeiblatt	11 745	11 545
	3.	Zur vorübergehenden Verstärkung des Personals für den Polizei-Bureau- und den Polizei-Exekutivdienst, zu Stellvertretungskosten, sowie zur Vergütung besonderer Leistungen im polizeilichen Interesse	87 755	87 755
	4.	Zu Diäten, Fuhr- und Versetzungskosten	347 134	306 647
	5.	Zu Prämien für die Ermittelung von Verbrechern und zu sonstigen sächlichen Ausgaben im Interesse der Polizei	518 725	580 369
	6.	Zu ausserordentlichen Remunerationen und Unterstützungen für Kanzlei- u. Unterbeamte der Königl. Polizeiverwaltung	} 115 000	115 000
	6a.	Zu ausserordentlichen Remunerationen für mittlere Beamte der Königlichen Polizeiverwaltung		
	6b.	Zu ausserordentlichen Unterstützungen für höhere und mittlere Beamte der Königlichen Polizeiverwaltung		
	7.	Zu Zuschüssen an die Kommunalverbände zur Ausführung des Gesetzes über die Fürsorgeerziehung Minderjähriger vom 2. Juli 1900 (Gesetz-Samml. S. 264)	754 000	754 000
		Summe Kap. 95	**1 954 359**	**1 975 316**

[1]) s. § 188 des Textes.

1903 bis 1895/96, 1893/94, 1890/91, 1887/88, 1883/84, 1880/81, 1876, Provinzen) und 1850.

	15	16	17	18	19	20	21
	Etatsjahr						
	1887/88	**1883/84**	**1880/81**	**1876**	**1867** alte Provinzen	**1867** neue Provinzen	**1850**
	ℳ	ℳ	ℳ	ℳ	ℳ	ℳ	ℳ
	—	—	—	—	—	—	—
	106 565	95 546	92 189	23 301	—	—	—
	1 780 311	*1 661 218*	*1 640 173*	*1 326 061*	*2 765 928*	*989 148*	—
	844 608	779 853	741 981	689 589	—	—	—
	47 029	46 396	44 696	42 198	—	—	—
	—	—	—	—	—	—	—
	—	—	—	—	—	—	—
					anderer Titel 31 830	94 154	
	96 052	98 464	78 000	37 642	590 346	62 465	—
	} 1 424 100	1 483 000	anderer Titel 1 187 000	746 690	—	—	—
	2 411 789	*2 407 713*	*2 051 677*	*1 516 120*	*622 176*	*156 619*	—
	9 667 976	**9 188 761**	**8 730 554**	**7 489 151**	**3 388 104**	**1 145 767**	**2 587 071**
	120 000	120 000	120 000	120 000	—	—	
	12 235	8 265	7 500	7 734	—	—	
	87 755	87 755	70 000	70 000	—	—	
	270 280	264 299	} 638 050	578 929	—	—	
	592 511	544 019					} 564 206
	100 000	100 000	90 000	90 000	—	—	
	700 000	300 000	200 000	—	—	—	
	1 882 781	**1 424 338**	**1 125 550**	**866 663**	**150 981**	**91 503**	**564 206**
					78 600		

Noch: Einnahmen und Ausgaben des Ministeriums des Innern für die Etatsjahre 1867 (alte und neue

Etatsstelle 1903 Kap. (1)	Titel (2)	Etatspositionen (3)	1903 ℳ (4)	1902 ℳ (5)
96.				
		Strafanstaltsverwaltung. 1)		
		Besoldungen.		
	1.	Direktoren, Geistliche, Sekretäre, Lehrpersonal	1 101 650	1 098 200
	2.	Hausväter, Verwalter, Maschinenwärter, Oberaufseher, Aufseher, Werkmeister u. s. w.	2 061 620	2 055 035
		Summe Tit. 1 und 2	*3 163 270*	*3 153 235*
	3.	Zu Wohnungsgeldzuschüssen für die Beamten	28 716	29 316
		Andere persönliche Ausgaben.		
	4.	Zur Remunerirung von Hülfsbeamten, Geistlichen, Lehrern, Aerzten	275 106	272 407
	5.	An Funktionszulagen, ferner an Miethsentschädigungen, sowie zu Stellenzulagen	406 140	410 445
	6.	Zu ausserordentlichen Remunerationen und Unterstützungen für Kanzlei- und Unterbeamte	24 000	24 000
	6a.	Zu ausserordentlichen Remunerationen für mittlere Beamte	3 000	3 000
	6b.	Zu ausserord. Unterstützungen f. höhere u. mittlere Beamte	16 000	16 000
	6c.	Zu Remunerationen für Beamte des Arbeitsbetriebes	70 000	70 000
		Summe Tit. 4 bis 6c	*794 246*	*795 852*
		Sonstige Ausgaben.		
	7.	Zu Bureaubedürfnissen sowie zu nicht aversionirten Postporto- u. Gebührenbeträgen u. sonstigen Frachtgebühren für dienstliche Sendungen, Telegrammgebühren u. s. w.	65 429	59 234
	8.	Zur Unterhaltung der Oekonomie, für häusliche Bedürfnisse sowie Betriebskosten	7 180 322	7 131 925
	9.	Zur Unterhaltung der Gebäude, mit Ausschluss der grösseren Neubauten und Hauptreparaturen	406 453	406 453
	10.	Zu Transport- und Einlieferungskosten, zu Diäten, Reise-, Versetzungs- u. Stellvertretungskosten, zum Gottesdienste u. Schulunterrichte, zu Löhnen, sowie zu sonst. Ausgaben	455 287	417 396
	10a.	Zu Bewilligungen an die Gefangenen aus d. Arbeitsverdienst	483 037	491 345
	10b.	Zur Unterstützung von Gefangenen und deren Angehörigen im Falle der Tödtung oder Verletzung durch einen bei der Beschäftigung erlittenen Unfall	9 984	14 964
	11.	Dispositionsfonds zu Ausgaben im Interesse der Strafanstaltsverwaltung	21 200	21 200
	12.	Zur Förderung der Fürsorge für die aus der Strafhaft und der Fürsorge-Erziehung Entlassenen	24 000	24 000
		Summe Tit. 7 bis 12	*8 645 712*	*8 566 517*
		Summe Kap. 96	**12 631 941**	**12 544 920**

1) Für die Strafanstalten in Wartenburg, Insterburg, Rhein, Graudenz, Mewe, Crone a. Br., Fordon, Brieg, Görlitz, Jauer, Sagan, Ratibor, Gross-Strehlitz, Lichtenburg, Siegburg; für die Strafanstalten und Gefängnisse in Striegau, Lingen und Cassel-Wehlheiden; Coblenz, Düsseldorf, Düsseldorf-Derendorf, Cleve, Elberfeld, Kempen, Cöln, Bonn, Gräfrath, St. Martin zu Boppard, Wabern, Hardehausen und Conradshammer bei Oliva; für das in der Rheinprovinz und für die Mitbenutzung von Gemeindegefängnissen in dieser Provinz. (Die

1903 bis 1895/96, 1893/94, 1890/91, 1887/88, 1883/84, 1880/81, 1876, Provinzen) und 1850.

6	7	8	9	10	11	12
Etatsjahr						
1901	**1900**	**1899**	**1898/99**	**1897/98**	**1896/97**	**1895/96**
M	*M*	*M*	*M*	*M*	*M*	*M*
1 086 550	1 080 000	1 070 350	1 071 965	946 990	948 640	942 160
2 029 715	2 018 665	1 930 130	1 919 685	1 929 050	1 926 230	1 919 480
3 116 265	*3 098 665*	*3 000 480*	*2 991 650*	*2 876 040*	*2 874 870*	*2 861 640*
30 660	30 876	28 920	30 528	32 664	33 276	33 984
256 923	251 867	243 417	240 429	243 237	238 713	290 752
413 565	411 675	264 795	263 717	271 495	276 760	280 090
24 000	24 000	24 000	24 000	}		
3 000	3 000	3 000	3 000	} 43 000	43 000	43 000
16 000	16 000	16 000	16 000	}		
70 000	70 000	70 000	70 000	—	—	—
783 488	*776 542*	*621 212*	*617 146*	*557 732*	*558 473*	*613 842*
57 322	57 649	61 189	62 352	61 404	60 441	60 736
6 964 843	6 967 616	7 309 882	4 921 838	5 034 928	5 169 177	5 159 307
402 353	395 436	395 532	397 310	392 103	386 083	380 563
460 334	407 883	356 842	354 284	362 860	344 084	283 519
494 769	488 359	494 044	—	—	—	—
14 750	17 442	20 127	—	—	—	—
21 200	21 200	17 000	17 000	17 000	17 000	17 000
—	—	—	—	—	—	—
8 415 571	*8 355 585*	*8 654 616*	*5 752 784*	*5 868 295*	*5 976 785*	*5 901 125*
12 345 984	**12 261 668**	**12 305 228**	**9 392 109**	**9 334 731**	**9 443 404**	**9 410 591**

Berlin (Moabit), Brandenburg, Sonnenburg, Luckau, Naugard, Rawitsch, Delitzsch, Rendsburg, Lüneburg, Celle, Münster, Cassel, Ziegenhain, Diez, Werden und für die Gefängnisse in Cottbus, Breslau, Wohlau, Halle, Hameln, Münster, Herford, Hamm, Siegburg, Trier, Saarbrücken, Wittlich und Aachen; für die Erziehungsanstalten in Steinfeld, Transportgefängniss in Gersfeld; für die vom Staate übernommenen ehemaligen Kantongefängnisse gesperrten bestanden schon 1840, ferner Ragnit, Spandau, Landsberg, [Stralsund?], Lichtenburg.)

Noch: Einnahmen und Ausgaben des Ministeriums des Innern für die Etatsjahre 1867 (alte und neue

1	2	3	13	14
Etatsstelle 1908		Etatspositionen	1893/94	1890/91
Kap.	Titel		M	M
96.				
		Strafanstaltsverwaltung. [1])		
		Besoldungen.		
	1.	Direktoren, Geistliche, Sekretäre, Lehrpersonal	938 250	922 600
	2.	Hausväter, Verwalter, Maschinenwärter, Oberaufseher, Aufseher, Werkmeister u. s. w.	1 901 155	1 690 125
		Summe Tit. 1 und 2 ...	*2 839 405*	*2 612 725*
	3.	Zu Wohnungsgeldzuschüssen für die Beamten ...	34 932	35 832
		Andere persönliche Ausgaben.		
	4.	Zur Remunerirung von Hülfsbeamten, Geistlichen, Lehrern, Aerzten	284 292	277 944
	5.	An Funktionszulagen, ferner an Miethsentschädigungen, sowie zu Stellenzulagen	288 190	240 840
	6.	Zu ausserordentlichen Remunerationen und Unterstützungen für Kanzlei- und Unterbeamte	43 000	43 000
	6a.	Zu ausserordentlichen Remunerationen für mittlere Beamte		
	6b.	Zu ausserord. Unterstützungen f. höhere u. mittlere Beamte		
	6c.	Zu Remunerationen für Beamte des Arbeitsbetriebes	—	—
		Summe Tit. 4 bis 6c ...	*615 482*	*561 784*
		Sonstige Ausgaben.		
	7.	Zu Bureaubedürfnissen sowie zu nicht aversionirten Postporto- u. Gebührenbeträgen u. sonstigen Frachtgebühren für dienstliche Sendungen, Telegrammgebühren u. s. w. .	75 967	77 654
	8.	Zur Unterhaltung der Oekonomie, für häusliche Bedürfnisse sowie Betriebskosten	4 827 708	4 765 012
	9.	Zur Unterhaltung der Gebäude, mit Ausschluss der grösseren Neubauten und Hauptreparaturen	379 745	368 059
	10.	Zu Transport- und Einlieferungskosten, zu Diäten, Reise-, Versetzungs- u. Stellvertretungskosten, zum Gottesdienste u. Schulunterrichte, zu Löhnen, sowie zu sonst. Ausgaben	282 823	281 132
	10a.	Zu Bewilligungen an die Gefangenen aus d. Arbeitsverdienst .	—	—
	10b.	Zur Unterstützung von Gefangenen und deren Angehörigen im Falle der Tödtung oder Verletzung durch einen bei der Beschäftigung erlittenen Unfall	—	—
	11.	Dispositionsfonds zu Ausgaben im Interesse der Strafanstaltsverwaltung	17 000	17 000
	12.	Zur Förderung der Fürsorge für die aus der Strafhaft und der Fürsorge-Erziehung Entlassenen	—	—
		Summe Tit. 7 bis 12 ...	*5 583 243*	*5 508 857*
		Summe Kap. 96 ...	**9 073 062**	**8 719 198**

[1]) Vergl. Anm. 1 auf S. 300—301. — [2]) Hannover und Cassel.

1903 bis 1895/96, 1893/94, 1890/91, 1887/88, 1883/84, 1880/81, 1876, Provinzen) und 1850.

15	16	17	18	19	20	21
Etatsjahr						
				1867		
				alte Provinzen	neue Provinzen	
1887/88	**1883/84**	**1880/81**	**1876**			**1850**
ℳ	ℳ	ℳ	ℳ	ℳ	ℳ	ℳ
950 200	926 350	892 600	853 450	} 1 544 317	679	—
1 772 375	1 722 420	1 660 515	1 540 025			
2 722 575	*2 648 770*	*2 553 115*	*2 393 475*	*1 544 317*	*679*	—
41 676	39 684	38 592	34 908	—	—	—
273 411	271 777	292 420	209 776	—	—	—
286 395	279 150	284 175	260 670	—	—	—
45 000	45 000	45 000	45 000	22 500	—	—
—	—	—	—	—	—	—
604 806	*595 927*	*621 595*	*515 446*	*22 500*	—	—
83 107	70 114	62 893	42 416	33 248	—	—
5 549 659	5 242 077	5 078 961	4 322 545	3 261 987	—	—
368 716	384 098	387 305	318 781	147 169	—	—
351 897	344 188	299 620	226 145	—	—	—
—	—	—	—	—	—	—
—	—	—	—	—	—	—
17 000	17 000	17 000	17 000	150 000	—	—
—	—	—	—	—	—	—
6 370 379	*6 057 477*	*5 845 779*	*4 926 887*	—	—	—
9 739 436	**9 341 858**	**9 059 081**	**7 870 716**	—	**679**	**2 054 571**
			Sonstiges:	351 498	²) 733 201	
				5 520 719	**733 880**	

Noch: Einnahmen und Ausgaben des Ministeriums des Innern für die Etatsjahre 1867 (alte und neue

1	2	3	4	5
Etatsstelle 1903		Etatspositionen	1903	1902
Kap.	Titel		M	M
97.		**Für Wohlthätigkeitszwecke.**		
	1.	Zu Beihülfen für unterstützungsbedürftige ehemalige Krieger (Gesetz vom 22. Mai 1895, Reichs-Gesetzbl. S. 237)	5 885 760	4 042 920
	2.	Zu Almosen und Unterstützungen im Allgemeinen, einschliesslich 7 500 M aus dem durch die Herausgabe des Ministerialblattes f. d. innere Verwaltung erzielten Gewinn	122 314	122 314
	3.	Zu einmaligen Unterstützungen für Personen, welche, ohne die Eigenschaft von Beamten zu haben, in der Verwaltung des Innern beschäftigt werden oder beschäftigt gewesen sind, sowie für Hinterbliebene solcher Personen	10 000	10 000
	4.	Zur Verpflegung verarmter ehemaliger Militärpersonen und deren Familien	10 907	10 907
	5.	An Zuschüssen für Armen- und Wohlthätigkeitsanstalten .	128 271	129 850
	6.	Zu Unterstützungen für ausgeschiedene Beamte, sowie für Wittwen und Waisen von Beamten aus dem Ressort des Ministeriums des Innern	350 000	350 000
	7.	Zu Pensionen und Unterstützungen für Wittwen und verwaiste Töchter von Staatsbeamten und Offizieren im Allgemeinen (Stiftspensionsfonds)	225 000	225 000
	8.	Zur Unterstützung ehemaliger Beamten und deren Relikten aus dem Ressort der Verwaltung des Innern in der Provinz Hannover, desgleichen der bei Einführung der Kreisordnung in den Provinzen Hessen-Nassau und Schleswig-Holstein verfügbar gewordenen kommissarischen Distriktsbeamten und ehemaliger Nachtwachtbeamten in Berlin .	29 788	30 586
	9.	Dispositionsfonds für Stiftszwecke und zu Unterstützungen aus Spezialfonds	102 046	102 087
		Summe Kap. 97 . . .	**6 864 086**	**5 023 664**
98.		**Allgemeine Ausgaben zu verschiedenen Bedürfnissen der Verwaltung des Innern.**		
	1.	Feststehende, auf rechtlicher Verpflichtung beruhende Ausgaben, zu Prämien für Schützengilden und Schützenkönige und zu verschiedenen Zwecken	48 108	48 194
	2.	Sonstige feststehende, nicht auf rechtlicher Verpflichtung beruhende Ausgaben zu verschiedenen Zwecken, mit Einschluss der nicht obligatorischen Prämien für Schützengilden und Schützenkönige	22 587	22 686
	3.	Zu Ausgaben auf Grund der Kranken- und Unfallversicherungsgesetze, sowie des Invalidenversicherungsgesetzes .	4 870	4 427
	4.	Zu Prämien und zu sonstigen verschiedenen Ausgaben, insbesondere auch zu Rechnungsvergütungen	30 877	30 166
	5.	Dispositionsfonds zu unvorhergesehenen Ausgaben	25 500	25 500
		Summe Kap. 98 . . .	**131 942**	**130 973**

1903 bis 1895/96, 1893/94, 1890/91, 1887/88, 1883/84, 1880/81, 1876, Provinzen) und 1850.

6	7	8	9	10	11	12
Etatsjahr						
1901 ℳ	**1900** ℳ	**1899** ℳ	**1898/99** ℳ	**1897/98** ℳ	**1896/97** ℳ	**1895/96** ℳ
3 094 080	3 094 080	1 692 960	1 153 200	1 153 200	1 147 560	—
122 314	114 814	114 814	114 814	114 814	114 814	115 054
10 000	—	—	—	—	—	—
10 907	10 907	10 907	10 907	10 557	10 557	10 557
131 850	135 127	130 120	130 116	130 494	131 917	131 923
350 000	350 000	350 000	350 000	350 000	350 000	350 000
225 000	225 000	225 000	214 242	214 242	214 242	214 242
31 036	32 494	32 494	33 493	33 733	33 823	4 044
102 601	109 118	14 285	16 187	16 007	15 902	16 476
4 077 788	**4 071 540**	**2 570 580**	**2 022 959**	**2 023 047**	**2 018 815**	**842 296**
49 311	45 983	46 257	46 945	47 175	47 597	47 989
22 686	22 686	22 686	22 684	22 683	22 684	22 814
4 529	4 298	3 918	3 860	3 595	2 980	2 415
21 930	20 943	17 883	12 905	13 472	12 816	12 050
25 500	25 500	25 500	25 500	25 500	25 500	25 500
193 956	**119 410**	**116 244**	**111 894**	**112 425**	**111 577**	**110 768**

Noch: Einnahmen und Ausgaben des Ministeriums des Innern für die Etatsjahre 1867 (alte und neue

1	2	3	13	14
Etatsstelle 1908 Kap.	Titel	Etatspositionen	1893/94 ℳ	1890/91 ℳ
97.		**Für Wohlthätigkeitszwecke.**		
	1.	Zu Beihülfen für unterstützungsbedürftige ehemalige Krieger (Gesetz vom 22. Mai 1895, Reichs-Gesetzbl. S. 237) . . .	Anderer Titel: 2 000	12 000
	2.	Zu Almosen und Unterstützungen im Allgemeinen, einschliesslich 7 500 ℳ aus dem durch die Herausgabe des Ministerialblattes f. d. innere Verwaltung erzielten Gewinn	114 814	112 735
	3.	Zu einmaligen Unterstützungen für Personen, welche, ohne die Eigenschaft von Beamten zu haben, in der Verwaltung des Innern beschäftigt werden oder beschäftigt gewesen sind, sowie für Hinterbliebene solcher Personen	—	[1]) 2 079
	4.	Zur Verpflegung verarmter ehemaliger Militärpersonen und deren Familien	10 557	10 557
	5.	An Zuschüssen für Armen- und Wohlthätigkeitsanstalten	129 398	135 868
	6.	Zu Unterstützungen für ausgeschiedene Beamte, sowie für Wittwen und Waisen von Beamten aus dem Ressort des Ministeriums des Innern	350 000	350 000
	7.	Zu Pensionen und Unterstützungen für Wittwen und verwaiste Töchter von Staatsbeamten und Offizieren im Allgemeinen (Stiftspensionsfonds)	214 242	213 736
	8.	Zur Unterstützung ehemaliger Beamten und deren Relikten aus dem Ressort der Verwaltung des Innern in der Provinz Hannover, desgleichen der bei Einführung der Kreisordnung in den Provinzen Hessen-Nassau und Schleswig-Holstein verfügbar gewordenen kommissarischen Distriktsbeamten und ehemaliger Nachtwachtbeamten in Berlin .	4 904	5 787
	9.	Dispositionsfonds für Stiftszwecke und zu Unterstüzungen aus Spezialfonds	16 236	16 476
		Summe Kap. 97 . . .	**842 151**	**859 238**
98.		**Allgemeine Ausgaben zu verschiedenen Bedürfnissen der Verwaltung des Innern.**		
	1.	Feststehende, auf rechtlicher Verpflichtung beruhende Ausgaben, zu Prämien für Schützengilden und Schützenkönige und zu verschiedenen Zwecken	49 488	57 355
	2.	Sonstige feststehende, nicht auf rechtlicher Verpflichtung beruhende Ausgaben zu verschiedenen Zwecken, mit Einschluss der nicht obligatorischen Prämien für Schützengilden und Schützenkönige	22 814	28 232
	3.	Zu Ausgaben auf Grund der Kranken- und Unfallversicherungsgesetze, sowie des Invalidenversicherungsgesetzes .	2 235	[3]) 840
	4.	Zu Prämien und zu sonstigen verschiedenen Ausgaben, insbesondere auch zu Rechnungsvergütungen	12 825	12 694
	5.	Dispositionsfonds zu unvorhergesehenen Ausgaben	25 500	25 500
		Summe Kap. 98 . . .	**112 862**	**124 621**

[1]) Unterstützungen für Wittwen- und Waisen von Polizeibeamten aus Chausseepolizei-
[3]) Andere Titel; Bezeichnung vergl. § 281 des Textes. — [4]) Zur Herstellung und Begründung von

1903 bis 1895/96, 1893/94, 1890/91, 1887/88, 1883/84, 1880/81, 1876, Provinzen) und 1850.

	15	16	17	18	19	20	21
	Etatsjahr						
	1887/88	**1883/84**	**1880/81**	**1876**	**1867** alte Provinzen	neue Provinzen	**1850**
	ℳ	ℳ	ℳ	ℳ	ℳ	ℳ	ℳ
					149 700		
	80 000	225 000	620 000	1 084 890	747 720	124 764	—
	112 735	112 938	113 035	113 035	77 691	44 565	rund 78 000
	[1]) 2 079	[1]) 2 079	[1]) 2 079	[1]) 2 079	[1]) 2 781	—	—
	10 557	10 557	10 557	10 557	10 557	—	—
	137 696	146 078	127 650	126 437	252 622	359 967	386 190
	[2]) 291 500	[2]) 67 800					
	350 000	350 000	250 000	210 000	42 000	20 761	—
	213 736	211 977	210 251	208 212	190 572	—	55 494
							[4]) 79 047
	7 167	9 230	12 890	14 240	—	—	—
	16 116	15 828	14 317	16 706	4 500	—	—
	1 221 586	**1 151 487**	**1 360 779**	**1 786 156**	**1 478 143**	**550 057**	**598 731**
	78 021	79 096	75 932	94 218	[5]) 12 546	[5]) 870	—
					38 909	218 673	—
	28 057	26 997	26 257	26 118			—
	840	840	840	360	—	—	—
	11 284	10 841	17 545	30 383	20 972	5 946	—
	25 500	25 500	25 500	25 500	9 000	3 101	—
	143 702	**143 274**	**146 074**	**176 579**	**81 427**	**228 590**	—

Strafgeldern seit 1892/93 mit Tit. 2 vereinigt. — [2]) Gesetzliche Wittwen- und Waisengelder. — Damenstiften. — [5]) § 278 des Textes.

Noch: Einnahmen und Ausgaben des Ministeriums des Innern für die Etatsjahre 1867 (alte und neue

1	2	3	4	5
Etatsstelle 1903		Etatspositionen		
Kap.	Titel		1903 ℳ	1902 ℳ
		Wiederholung.		
83.		Ministerium	768 984	772 600
84.		Statistisches Bureau	493 785	486 465
85.		Ober-Verwaltungsgericht	1 002 150	974 790
86.		Versicherungs-Revisoren	23 700	22 500
87.		Standesämter	362 787	343 007
88.		Amtsblattsverwaltung	294 010	284 874
89.		Fällt aus.	—	—
90.		Landräthliche Behörden und Aemter	8 816 536	8 794 646
91.		Polizeiverwaltung in Berlin und Umgebung	18 020 314	17 592 882
92.		Polizeiverwaltung in den Provinzen	11 584 239	11 248 714
93.		Polizei-Distriktskommissarien in der Provinz Posen	955 804	941 112
94.		Landgendarmerie	12 813 719	12 473 947
95.		Allgemeine Ausgaben im Interesse der Polizei	3 556 913	3 107 064
96.		Strafanstalts- u. s. w. Verwaltung	12 631 944	12 544 920
97.		Für Wohlthätigkeitszwecke	6 804 086	5 023 664
98.		Allgemeine Ausgaben zu verschiedenen Bedürfnissen der Verwaltung des Innern	131 942	130 973
		Summe A. Dauernde Ausgaben	**78 320 913**	**74 742 158**
		B. Einmalige und ausserordentliche Ausgaben.		
9.	1.	Für das Ministerium	—	75 800
	2/4.	„ das statistische Bureau	—	229 885
		„ die landräthlichen Behörden und Aemter	—	—
	5/13.	„ die Polizeiverwaltung	1 144 300	1 460 430
	14.	„ die Landgendarmerie	183 680	243 190
	15/20.	„ die Strafanstaltsverwaltung	603 792	854 450
		Zu Kap. 9. Auch bei den nicht zu den extraordinären Baufonds gehörigen Fonds können die am Jahresschlusse verbleibenden Bestände zur Verwendung in die folgenden Jahre übertragen werden.		
		Summe B. Einmalige u. ausserordentl. Ausgaben	**1 931 772**	**2 863 755**
		Dazu: „ **A. Dauernde Ausgaben**	**78 320 913**	**74 742 158**
		Hauptsumme der Ausgaben	**80 252 685**	**77 605 913**

[1]) für eine Beamtenwitwe.

1903 bis 1895/96, 1893/94, 1890/91, 1887/88, 1883/84, 1880/81, 1876, Provinzen) und 1850.

6	7	8	9	10	11	12
Etatsjahr						
1901 ℳ	**1900** ℳ	**1899** ℳ	**1898/99** ℳ	**1897/98** ℳ	**1896/97** ℳ	**1895/96** ℳ
774 340	679 890	695 350	703 130	676 290	678 730	658 110
479 405	467 415	458 100	451 560	428 600	426 840	419 660
956 450	959 110	944 270	924 390	886 060	845 310	715 650
23 100	22 500	22 500	18 000	17 760	17 520	—
335 627	333 805	335 236	341 552	340 473	338 582	338 531
280 884	282 984	288 214	290 822	293 809	276 125	263 134
—	—	—	—	—	—	—
8 715 403	8 760 160	8 723 638	8 729 710	7 986 569	7 532 781	7 400 671
17 043 533	16 029 591	15 103 532	14 381 552	13 106 380	12 804 503	12 469 380
10 712 412	9 922 192	9 076 246	8 675 610	8 297 702	7 937 304	7 664 069
933 645	844 285	842 689	831 841	777 597	772 009	768 490
12 312 803	12 088 681	11 306 987	11 192 431	11 058 356	10 859 778	10 789 632
2 945 028	2 293 957	2 172 524	2 192 179	2 196 011	2 151 371	2 029 163
12 345 984	12 261 668	12 305 228	9 392 109	9 334 731	9 443 404	9 410 591
4 077 788	4 071 540	2 570 580	2 022 959	2 023 047	2 018 815	842 296
123 956	119 410	116 244	111 894	112 425	111 577	110 768
72 060 358	**69 137 188**	**64 961 338**	**60 259 739**	**57 535 810**	**56 214 649**	**53 880 145**
140 000	230 000	845 000	—	—	—	—
445 168	—	—	13 200	119 090	409 750	120 000
—	22 790	—	35 000	—	—	2 900
2 070 125	1 420 875	400 800	—	53 000	190 000	167 952
278 000	100 000	20 250	—	—	—	—
1 569 600	687 130	711 250	1 326 000	991 000	1 770 800	1 800 000
		[1]) 10 000				
4 502 893	**2 460 795**	**1 987 300**	**1 374 200**	**1 163 190**	**2 370 550**	**2 090 852**
72 060 358	**69 137 188**	**64 961 338**	**60 259 739**	**57 535 810**	**56 214 649**	**53 880 145**
76 563 251	**71 597 983**	**66 948 638**	**61 633 939**	**58 699 000**	**58 585 199**	**55 970 997**

Noch: Einnahmen und Ausgaben des Ministeriums des Innern für die Etatsjahre 1867 (alte und neue

1	2	3	13	14
Etatsstelle 1908 Kap.	Titel	Etatspositionen	1893/94 ℳ	1890/91 ℳ
		Wiederholung.		
83.		Ministerium	645 901	621 121
84.		Statistisches Bureau	408 350	401 710
85.		Ober-Verwaltungsgericht	546 070	369 780
86.		Versicherungs-Revisoren	—	—
87.		Standesämter	346 110	359 400
88.		Amtsblattsverwaltung	262 225	275 662
89.		Fällt aus	—	—
90.		Landräthliche Behörden und Aemter	7 774 160	7 083 651
91.		Polizeiverwaltung in Berlin und Umgebung	11 852 104	7 703 683
92.		Polizeiverwaltung in den Provinzen	6 962 432	3 897 626
93.		Polizei-Distriktskommissarien in der Provinz Posen	782 136	752 209
94.		Landgendarmerie	10 605 079	10 697 225
95.		Allgemeine Ausgaben im Interesse der Polizei	1 954 359	1 975 316
96.		Strafanstalts- u. s. w. Verwaltung	9 073 062	8 719 198
97.		Für Wohlthätigkeitszwecke	842 151	859 238
98.		Allgemeine Ausgaben zu verschiedenen Bedürfnissen der Verwaltung des Innern	112 862	124 622
		Summe A. Dauernde Ausgaben	**52 167 001**	**43 840 441**
		B. Einmalige und ausserordentliche Ausgaben.		
9.	1.	Für das Ministerium	—	—
	2/4.	„ das statistische Bureau	121 440	—
		„ die landräthlichen Behörden und Aemter	4 000	5 000
	5/13.	„ die Polizeiverwaltung	3 080	—
	14.	„ die Landgendarmerie	150 000	84 834
	15/20.	„ die Strafanstaltsverwaltung	686 535	601 800
		Zu Kap. 9. Auch bei den nicht zu den extraordinären Baufonds gehörigen Fonds können die am Jahresschlusse verbleibenden Bestände zur Verwendung in die folgenden Jahre übertragen werden.		²) 480 000
		Summe B. Einmalige u. ausserordentl. Ausgaben	**965 055**	**1 171 634**
		Dazu: „ **A. Dauernde Ausgaben**	**52 167 001**	**43 840 441**
		Hauptsumme der Ausgaben	**53 132 056**	**45 012 075**

¹) Metereologisches Institut. — ²) für das Oberverwaltungsgericht.

1903 bis 1895/96, 1893/94, 1890/91, 1887/88, 1883/84, 1880/81, 1876, Provinzen) und 1850.

15	16	17	18	19	20	21
Etatsjahr						
1887/88	**1883/84**	**1880/81**	**1876**	**1867** alte Provinzen	**1867** neue Provinzen	**1850**
ℳ	ℳ	ℳ	ℳ	ℳ	ℳ	ℳ
619 621	600 951	598 751	567 150	354 978	—	269 760
391 960	381 710	386 683	277 420	79 800	64 077	47 970
272 135	426 553	395 202	172 138	—	—	—
[1]) 12 021	[1]) 29 790	[1]) 29 790	[1]) 29 790	—	—	—
381 124	389 661	385 969	370 000	—	—	—
273 336	308 487	260 112	254 324	228 570	57 600	264 960
—	561 338	525 929	452 369	—	344 310	—
6 780 602	7 175 181	7 173 581	7 072 076	2 845 569	2 116 826	2 196 714
7 129 177	6 644 811	6 387 017	4 715 761	2 241 081	406 956	2 248 450
3 339 760	2 923 876	2 759 755	2 491 711			
688 500	543 945	490 498	472 548	207 765	—	162 090
9 667 976	9 188 761	8 730 554	7 489 151	3 388 104	1 145 767	2 587 071
1 882 781	1 424 338	1 125 550	866 663	229 581	91 503	564 206
9 739 436	9 341 858	9 059 081	7 870 716	5 525 719	733 880	2 054 571
1 221 586	1 151 487	1 360 779	1 786 156	1 478 143	550 057	598 731
143 702	143 274	146 074	176 579	81 427	228 590	—
42 543 717	**41 236 021**	**39 815 325**	**35 064 552**	**16 660 737**	**5 739 566**	**10 994 523**
				22 400 303		
—	11 500	—	478 500	—	—	—
53 000	—	200 000	178 800	52 500	—	—
11 437	—	30 000	337 600	—	—	—
—	259 000	—	80 000	90 000	—	—
6 389	15 000	1 772	10 328	—	—	—
488 800	401 015	1 097 000	71 200	152 100	—	—
559 626	**686 515**	**1 328 772**	**1 156 428**	**294 600**	—	**596 901**
42 543 717	**41 236 021**	**39 815 325**	**35 064 552**	**16 660 737**	**5 739 566**	**10 729 563**
43 103 343	**41 922 536**	**41 144 097**	**36 220 980**	**16 955 337**	**5 739 566**	**11 326 464**
				22 694 903		

Anlage LXXXII.

A. Zahl und Besoldung der Beamten des Königlichen Polizei-Präsidiums zu Berlin für die Etatsjahre 1875, 1890 und 1903.

(Besoldung in Mark.)

1875

1 Polizei-Präsident 11 400.
1 Ober-Regierungsrath 4 800—6 000. 900 M. Vertretungs- und 900 M. Dirigenten-Zulage.
10 Regierungsräthe und Assessoren 4 200 bis 6 000. 3 Dirigenten-Zulagen à 900 M.
2 Regierungsbauräthe 4 200—6 000.
8 Bauinspektoren 3 000—3 600 und 450 M. Lokalzulage.
1 Landbaumeister 2 400 und 300 M. Lokalzulage.
9 Bauführer 6 M. Tagegeld.
8 Bauschreiber 1 260 Jahresremuneration.
2 Zeichner 1 260 Jahresremuneration.
1 Regierungs-Medizinalrath 4 200—6 000.
1 Stadtphysikus 1 950.
2 gerichtliche Physiker 1 500.
9 Bezirks-Physiker 900.
2 gerichtliche Wundärzte 450
1 Departements-Thierarzt 1 800.
2 Kreis-Thierärzte 900.
3 Polizei-Thierärzte 4,50 M. Tagegeld.
1 Fabriken-Inspektor 4 500.
16 Polizeiräthe 3 000—4 200, für 2 je 600 M Dirigenten-Zulage.
9 Polizei-Assessoren 2 100—3 000 M.
64 Polizei-Sekretäre 2 100—3 600.
33 Bureau-Assistenten 1 800—1 950.
40 Meldeamts-Assistenten 1 800—1 950.
12 Kanzlisten 1 650—2 100.
93 Bureau-, Kanzlei- und Meldeamts-Hilfsarbeiter 1 200—1 650.
9 Kassenbeamte, 1 à 4 500, 2 100—3 600.
48 Boten, Vollziehungsbeamte, Kastellane, Aufseher und Aufseherinnen 720—1 350.
12 Lohnschreiber 720—1 350.
128 Beamte der Stadtvoigtei 720—1 350.
56 Beamte und Hilfsbeamte der Strafanstalt Moabit:
Direktor 3 600—4 800.
Inspektoren 2 100—2 400.
Sekretäre 1 650—1 950.
Aufseher 900—1 080.
12 Polizei-Hauptleute 3 600—4 200, 1 Funktionszulage 1500 M.
82 Polizeileutnants 2 700—3 300.
17 Kriminal-Kommissare 2 700—3 300.
20 Polizei-Anwärter 1 200—2 400.
2227 Wachtmeister und Schutzmänner, einschliesslich der Kriminal-Polizei 1 575 bis 1 725, 1 350—1 500, 1 125—1 275.
20 Stallmänner 900.
407 Nachwachtbeamte 900.
797 Beamte[1]) der Feuerwehr, einschl. der Telegraphenbeamten und der Beamten der Strassenreinigung.

4166 Beamte.

1890

1 Polizei-Präsident wie 1875.
1 Ober-Regierungsrath wie 1875.
15 Regierungsräthe und Assessoren wie 1875.
2 Regierungsbauräthe wie 1875.
10 Bauinspektoren 3 600-4 800, je 450 M. Zul.
24 Baumeister bezw. Bauführer, 9 M. Tagegeld bezw. 3 600 Remuner., 6 bezw. 7,50 Tageg.
10 Bauschreiber 1 350 Jahresremuneration.
1 Regierungs-Medizinalrath wie 1875.
1 Medizinal-Assessor 4 500.
1 Stadtphysikus 1 800.
4 gerichtliche Physiker 1 800.
10 Bezirks-Physiker wie 1875.
1 Departements-Thierarzt wie 1875.
4 Kreis-Thierärzte 1 200.
11 Polizei-Thierärzte 2 400 bezw. 6,50 Tageg.
1 Gewerberath 2 400—4 800.
3 Gewerberaths-Assistenten 2 400—3 600.
20 Polizeiräthe 3 000—4 200, für 2 Abtheilungs-Dirigenten und 1 Vorsteher des Meldeamts je 600 Zulage.
11 Polizei-Assessoren wie 1875.
92 Polizei-Sekretäre wie 1875, für den Kalkulatur-Vorsteher 600 M. Zulage.
46 Bureau-Assistenten wie 1875.
59 Meldeamts-Assistenten wie 1875.
30 Kanzlisten wie 1875.
136 Bureau-, Kanzlei- und Meldeamts-Hilfsarbeiter 1 350 -1 800.
11 Kassenbeamte wie 1875.
1 Gefängniss-Inspektor 2700—3300.
84 Boten, Vollziehungsbeamte, Kastellane, Aufseher und Aufseherinnen 700—1 500.
24 Lohnschreiber 700—1 500.
Die Stadtvoigtei ist 1890 an die Justizverwaltung übergegangen.
56 Beamte und Hilfsbeamte der Strafanstalt Moabit:
Direktoren wie 1875.
Inspektoren 2 100—3 300.
Sekretäre 1 800—2 100.
Aufseher 900—1 200.
1 Polizei-Oberst 6000.
16 Polizei-Hauptleute 3 600—4 200.
4 Kriminal-Inspektoren 3 600—4 200.
105 Polizei-Leutnants wie 1875.
47 Kriminal-Kommissare wie 1875.
20 Polizei-Anwärter wie 1875.
3743 Wachtmeister und Schutzmänner, einschliesslich der Kriminal-Polizei 1 600 bis 2 000, 1 500—1 800, 1 100—1 500.
35 Stallmänner und Kutscher 900—1200.
564 Nachtwachtbeamte wie 1875.
818 Beamte[2]) der Feuerwehr, einschl. der Telegraphenbeamten. — Die Strassenreinigung ist an die Stadt übergegangen.

6023 Beamte.

[1]) Darunter 1 Branddirektor und 1 Brandinspektor. — [2]) Darunter 1 Branddirektor, 1 Oberbrandinspektor und 4 Brandinspektoren.

1903

1 Polizei-Präsident 12 000.
7 Ober-Regierungsräthe, darunter 1 beim Schiedsgericht und 1 Dirigent, 4 200 bis 7 200, je 900 M. Dirigenten- und 1 900 M. Vertretungs-Zulage.
1 Ober-Regierungsrath der Politischen Polizei.
25 Regierungsräthe und Assessoren, darunter 9 beim Schiedsgericht und 3 bei der Theater-Unterabtheilung, Gehalt 4 200 bis 7 200, Diäten 1 800—4 200.
5 Regierungsbauräthe 4 200 – 7 200.
13 Bauinspektoren, darunter 1 für die Revision der Waarenhäuser 3 600 bis 5 700.
10 Baumeister bezw Bauführer, 9 M. Tagegeld bezw. 3 600 Remuneration, 3 240 Remuneration.
1 Regierungsbausekretär 2 100—4 200.
12 Bausekretäre 1 500 - 3 300.
8 Techniker 2 555 bezw. 3 000 Remuneration.
2 Regierungs - Medizinalräthe M. 4 200 bis 7 200.
4 Gerichtsärzte 1 800—4 200 } nicht voll-
13 Kreisärzte 1 800 bis 4 200 } besoldet.
1 Kreisarztassistent 1 200.
1 Aerztin 1 200.
5 Chemiker für das Nahrungsmittel-Untersuchungsamt 1 500 bezw. 3 300.
14 Aufsichtsdamen für das Haltekinderwesen 500
1 Departements-Thierarzt wie 1890.
6 Kreis-Thierärzte wie 1890
12 Polizei-Thierärzte 3 300—4 800
16 Hilfsthierärzte, wegen der neu eingeführten Nachtuntersuchungen auf dem Viehhofe, 6,50 bis 8 M. Tagegeld.
10 Trichinenschauer[1]) 1 800 Remuneration.
1 Regierungs-Gewerberath 4 200 -7 200.
2 gewerbetechnische Hilfsarbeiter 3 600 bis 5 700.
5 Gewerbe-Inspektoren 3 600 5 700.
5 Gewerbe - Inspektions - Assistenten 2 400 bis 3 300.
3 Gewerbe-Inspektions-Assistentinnen 1 800 bis 2 400.
3 Bankinspektoren 5 000.
3 Versicherungsrevisoren 3 600—5 700.
22 Polizeiräthe 3 000 – 5 000, für 2 Dirigenten und 1 Vorsteher je 600 M. Zulage.
16 Polizei-Assessoren 2 000—3 600.
239 Polizeisekretäre, einschl. 10 beim Meldeamt und 4 beim Fahndungsblatt, 1 800 bis 4 200, für den Kalkulatur-Vorsteher 600 M. Zulage. Eine Anzahl Hilfsarbeiterstellen sind 1893 in Assistentenstellen, die Bureau-Assistentenstellen sind 1896 sämmtlich in Polizeisekretärstellen umgewandelt.
95 Meldeamts-Assistenten 1 800—2 700. Die Vermehrung ist hauptsächlich im Interesse der Kriminal-Polizei erfolgt.
30 Kanzlisten 1 650—2 700.
104 Bureau-, Kanzlei- und Meldeamts-Hilfsarbeiter wie 1890.
13 Kassenbeamte, 1 à 4 800—5 400, 1 800 bis 4 200.
1 Gefängniss-Inspektor 3 600 5 000.
99 Boten, Vollziehungsbeamte, Kastellane, Aufseher und Aufseherinnen 700 bis 1 800.
2 Boten beim Fleischschau-Amt bezw. Nahrungsmittel - Untersuchungs - Amt 1 200 Remuneration.
25 Lohnschreiber.
70 Beamte und Hilfsbeamte der Strafanstalt Moabit; Einrichtung der Irren-Anstalt und des zehnstündigen Dienstes:
  Direktor 6 000.
  Inspektoren 2 100—3 800.
  Sekretäre 1 500—2 700.
  Aufseher 900 – 1 500.
1 Polizei-Oberst 6 000 – 8 000.
3 Polizei-Majore 4 800 – 6 000.
19 Polizei-Hauptleute 3 600—5 000.
7 Kriminal-Inspektoren 3 600—5 000
145 Polizei-Leutnants 2 700 4 200.
56 Kriminal-Kommissare 2 700 – 4 200.
59 Polizei-Anwärter einschl. der Kommunal-Anwärter 1 200—2 400.
6353 Wachtmeister und Schutzmänner einschl. der Kriminal-Polizei 1 600—2 000, 1 500 bis 1 800, 1 200 – 1 600. Vermehrung der Polizeireviere um 23 (von 82 auf 103), Ablösung des Nachtwachtwesens, Ausstattung der Reviere mit 1 Kriminalwachtm., Einführung des Fünfteldienstes.
43 Stallmänner, Kutscher und 564 Nachtwachtbeamte 1 050—1 350.
905 Beamte[2]) der Feuerwehr, einschl. der 1892 als Staatsbeamte übernommenen Beamten der Zentral-Telegraphenstation.

8497 Beamte.

[1]) Neueinrichtung der Beschaustelle für ausländisches Fleisch. — [2]) Darunter 1 Branddirektor, 6 Brandinspektoren, 1 Telegraphen-Ingenieur, näheres § 77.

Besoldung[1]) der Feuerwehrbeamten.

	1875	1890	1903
Branddirektor	6 900	9 000	9 000
Bureaubeamte	1 500—3 300	1 500—3 900	1 500 – 4 500
Brandinspektoren	4 500	3 600 - 4 200	4 200—5 700

[1]) wird aus städtischen Mitteln gezahlt. S. im Text.

Noch: Besoldung der Feuerwehrbeamten.

	1875	1890	1903
Brandmeister	3 000—3 900	2 400—3 300	2 400—4 200
Ober-Feuerwehrmänner	1 575—1 725	1 575—1 725	1 600—2 000
Feuerwehrmänner	1 380—1 500	1 380—1 500	1 200—1 600
Spritzenmänner	900—1 200	900—1 200	1 200—1 300
Telegraphen-Ingenieur	3 240	4 500	3 600—5 000
Ober-Telegraphisten	2 340—2 640	2 400—3 000	1 800—4 200
Telegraphisten	1 500—2 100	1 500—2 300	1 800—2 700

An nichtpensionsfähigen Zulagen beziehen:

der Branddirektor	1 500,
der dienstälteste Brand-Inspektor	1 440,
die über 5 Jahre im Dienste befindlichen Bureaubeamten je	240.

B. Zahl der Beamten der 3 Polizeidirektionen in den Vororten von Berlin (Charlottenburg, Rixdorf, Schöneberg).

Gehälter der Beamten wie bei A.

	Charlottenburg			Rixdorf	Schöneberg
	1883	1892/3	1903	1903	1903
Polizei-Direktoren	1	1	1	1	1
Regierungsräthe, Assessoren [1])	—	—	(1)	—	—
Polizeiräthe	—	1	2	1	1
Polizei-Assessoren	—	—	1	1	1
Polizeisekretäre [1])	} 3	} 8	27 (7)	14 (2)	14 (3)
Meldeamtsbureau-Assistenten [1])			11	6 (1)	6
Kanzlisten [1])	—	1	3 (1)	2 (1)	2 (1)
Polizei-Inspektoren	—	—	[2]) 1	[2]) 1	[2]) 1
Polizei-Kommissare	[3]) 2	7	[4]) 15	[5]) 7	[5]) 7
Schutzmanns-Wachtmeister	3	9	[6]) 36	[6]) 15	[6]) 15
Schutzmänner	32	72	280	156	147
Polizeiboten	1	1	5	3	3
Polizei-Gefängniss-Aufseher	—	—	1	1	—
Zusammen	**42**	**100**	**383 (9)**	**208 (4)**	**198 (4)**
			392	**212**	**202**

[1]) Die Zahlen in Klammern bedeuten die Hilfsarbeiter. — [2]) Polizei-Hauptmann. — [3]) Darunter 1 Polizei-Leutnant und 1 Kriminal-Kommissar. — [4]) und zwar: 11 Polizei-Leutnants und 4 Kriminal-Kommissare. — [5]) 5 Polizei-Leutnants, 2 Kriminal-Kommissare. — [6]) einschl. 1 Abtheilungs-Wachtmeister.

Anlage LXXXIII.

Nachweisung der Beamten der Königl. Polizeiverwaltungen in den Städten (ausser Berlin und dessen Vororte) für die Jahre 1874, 1883/84, 1892/93 und 1903.

Beamte der Königl. Polizeiverwaltungen in den Städten (ausser Berlin und Vororte)	Königsberg 1874	Königsberg 1883/84	Königsberg 1892/93	Königsberg 1903	Danzig 1874	Danzig 1883/84	Danzig 1892/93	Danzig 1903
Pol.-Präsident bez. -Direktor	1	1	1	1	1	1	1	1
Reg.-Räthe (Reg.-Assess.) [1]	—	—	(1)	(1)	—	—	(1)	(1)
Polizeiräthe	3	3	3	3	2	2	2	2
Polizeiassessoren	1	1	1	1	1	1	2	2
Polizeisekretäre (Hülfsarb.) [1]				31 (4)				22 (3)
Meldeamts-Bureauassistent.	15	15	22		11	11	17	
(Hülfsarbeiter) [1]				7 (2)				5
Kanzlisten (Hülfsarbeiter) [1]	2	2	4	2 (4)	1	1	2	4
Polizei-Inspektoren	2	2	2	2	1	1	1	1
Polizeigefängn.-Inspektoren	—	—	—	—	—	—	—	—
Polizei-Kommissare	10	12	14	17	7	9	12	15
Schutzmanns-Wachtmeister	—	—	—	13	—	—	—	12
Schutzmänner	65	90	122	265	41	65	109	224
Polizeigefäng.-Oberaufseher	—	—	—	—	—	—	—	—
Polizeiboten	6	7	18	11	7	8	10	8
Polizeigefängniss-Aufseher				7				3
Polizeidiener	—	—	—	—	—	—	—	—
Gefangen-Wärterinnen	—	—	—	—	—	—	—	—
Zusammen	**105**	**133**	**187 (1)**	**360 (11)**	**72**	**99**	**156 (1)**	**299 (4)**
			188	**371**			**157**	**303**

Beamte der Königl. Polizeiverwaltungen in den Städten (ausser Berlin und Vororte)	Potsdam incl. Nowawes 1874	Potsdam incl. Nowawes 1883/84	Potsdam incl. Nowawes 1892/93	Potsdam incl. Nowawes 1903	Stettin incl. Aussenbezirk 1874	Stettin incl. Aussenbezirk 1883/84	Stettin incl. Aussenbezirk 1892/93	Stettin incl. Aussenbezirk 1903
Pol.-Präsident bez. -Direktor	1	1	1	1	1	1	1	1
Reg.-Räthe (Reg.-Assess.) [1]	—	—	—	—	—	—	(1)	(1)
Polizeiräthe	1	1	1	1	1	1	1	2
Polizeiassessoren	—	—	—	—	1	1	1	1
Polizeisekretäre (Hülfsarb.) [1]				7 (3)				21 (8)
Meldeamts-Bureauassistent.	5	6	7		10	11	16	
(Hülfsarbeiter) [1]				2				7 (2)
Kanzlisten (Hülfsarbeiter) [1]	1	1	1	2	1	1	2	2
Polizei-Inspektoren	1	1	1	1	1	1	1	2
Polizeigefängn.-Inspektoren	—	—	—	—	—	—	—	1
Polizei-Kommissare	5	5	7	7	9	8	12	16
Schutzmanns-Wachtmeister	—	—	—	3	—	—	—	12
Schutzmänner	17	34	44	85	47	57	93	282
Polizeigefäng.-Oberaufseher	—	—	—	—	—	—	—	—
Polizeiboten	2	2	2	2	3	3	6	8
Polizeigefängniss-Aufseher				1				3
Polizeidiener	—	—	—	—	—	—	—	—
Gefangen-Wärterinnen	—	—	—	—	—	—	—	—
Zusammen	**33**	**51**	**64**	**112 (3)**	**74**	**84**	**133 (1)**	**368 (11)**
				115			**134**	**379**

[1]) Die Zahlen in Klammern bedeuten die Zahlen der aus Tit. 6 besoldeten Hülfsarbeiter.

Noch: Anlage LXXXIII.

Noch: Nachweisung der Beamten der Königl. Polizeiverwaltungen in den Städten

Beamte der Königl. Polizeiverwaltungen in den Städten (ausser Berlin und Vororte)	Posen				Breslau				Magdeburg mit Sudenburg			
	1874	1883/84	1892/93	1903	1874	1883/84	1892/93	1903	1874	1883/84	1892/93	1903
Pol.-Präsident bez.-Direktor	1	1	1	1	1	1	1	1	1	1	1	1
Reg.-Räthe (Reg.-Assess.)[1]	—	—	(1)	(1)	—	—	1	1 (1)	—	—	(1)	(1)
Polizeiräthe	1	1	1	2	4	4	4	5	1	1	2	2
Polizeiassessoren	1	1	1	2	1	1	1	1	—	—	1	2
Polizeisekretäre (Hülfsarb.)[1]				16 (3)				57 (9)				25 (5)
Meldeamts-Bureauassistent.	9	9	10		19	[2]) 31	37		7	7	14	
(Hülfsarbeiter[1])				2 (2)				16 (1)				10 (2)
Kanzlisten (Hülfsarbeiter)[1]	1	2	2	2 (2)	3	3	6	8	2	2	4	6
Polizei-Inspektoren	1	1	2	2	2	2	3	4	1	1	2	2
Polizeigefängn.-Inspektoren	—	—	—	—	—	—	—	1	—	—	—	—
Polizei-Kommissare	9	9	10	15	18	23	29	42	7	10	22	28
Schutzmanns-Wachtmeister	—	—	—	9	—	—	—	30	—	—	—	15
Schutzmänner	37	50	62	165	133	208	290	608	43	65	155	327
Polizeigefäng.-Oberaufseher	—	—	—	—	—	—	—	1	—	—	—	—
Polizeiboten	4	5	5	5	5	7	7	13	2	2	6	9
Polizeigefängniss-Aufseher .				1				7				1
Polizeidiener	—	—	—	—	—	—	—	—	—	—	—	—
Gefangen-Wärterinnen . . .	—	—	—	—	—	—	—	1	—	—	—	—
Zusammen . .	**64**	**79**	**94** (1)	**222** (8)	**186**	**280**	**379**	**796** (11)	**64**	**89**	**207** (1)	**428** (8)
			95	**230**				**807**			**208**	**436**

Beamte der Königl. Polizeiverwaltungen in den Städten (ausser Berlin und Vororte)	Marburg				Fulda				Frankfurt a. M. und Vororte			
	1874	1883/84	1892/93	1903	1874	1883/84	1892/93	1903	1874	1883/84	1892/93	1903
Pol.-Präsident bez.-Direktor	—	—	—	—	—	—	—	—	1	1	1	1
Reg.-Räthe (Reg.-Assess.)[1]	—	—	—	—	—	—	—	—	—	—	1	1
Polizeiräthe	—	—	—	—	—	—	—	—	3	3	3	3
Polizeiassessoren	—	—	—	—	—	—	—	—	1	1	1	1
Polizeisekretäre (Hülfsarb.)[1]												34 (11)
Meldeamts-Bureauassistent.	1	1	1	—	1	1	1	1 (1)	9	12	18	
(Hülfsarbeiter)[1]												6 (2)
Kanzlisten (Hülfsarbeiter)[1]	—	—	—	—	—	—	—	—	4	3	4	4
Polizei-Inspektoren	—	—	—	—	—	—	—	—	1	1	1	2
Polizeigefängn.-Inspektoren	—	—	—	—	—	—	—	—	1	1	1	1
Polizei-Kommissare	1	1	1	—	1	1	1	1	11	13	17	28
Schutzmanns-Wachtmeister	—	—	—	—	—	—	—	—	—	—	15	31
Schutzmänner	5	7	8	—	5	5	5	14	123	144	246	459
Polizeigefäng.-Oberaufseher	—	—	—	—	—	—	—	—	—	—	—	—
Polizeiboten	—	—	—	—	—	—	—	—	[3]) 6	[4]) 7	8	7
Polizeigefängniss-Aufseher .												6
Polizeidiener	—	—	—	—	—	—	—	—	—	—	—	—
Gefangen-Wärterinnen . .	—	—	—	—	—	—	—	—	—	—	1	2
Zusammen . .	**7**	**9**	**10**	—	**7**	**7**	**7**	**16** (1)	**160**	**186**	**317**	**586** (13)
								17				**599**

[1]) Vergl. die Anmerkung auf S. 315. — [2]) incl. 11 beim Einwohner-Meldeamt. — [3]) und

(ausser Berlin und dessen Vororte) für die Jahre 1874, 1883/84, 1892/93 und 1903.

Hannover				Göttingen				Celle				Cassel				Hanau			
1874	1883/84	1892/93	1903	1874	1883/84	1892/93	1903	1874	1883/84	1892/93	1903	1874	1883/84	1892/93	1903	1874	1883/84	1892/93	1903
1	1	1	1	—	—	—	—	—	—	—	—	1	1	1	1	—	—	—	—
—	—	(1)	1 (1)	—	—	—	—	—	—	—	—	—	—	—	—	—	—	—	—
2	2	2	2	—	—	—	—	—	—	—	—	1	1	1	1	—	—	—	—
1	1	1	2	—	—	—	—	—	—	—	—	—	—	—	1	—	—	—	—
			30 (8)												14 (3)				
9	11	15		2	2	2	—	1	1	1	—	7	9	11		1	1	1	1 (1)
			15 (2)												2 (2)				
2	2	2	6 (1)	—	—	—	—	—	—	—	—	—	—	—	2	—	—	—	—
1	1	1	2	—	—	—	—	—	—	—	—	1	1	1	1	—	—	—	—
—	—	—	—	—	—	—	—	—	—	—	—	—	—	—	—	—	—	—	—
8	10	15	28	1	1	1	—	1	1	1	—	5	6	6	10	2	2	2	2
—	—	—	20	—	—	—	—	—	—	—	—	—	—	—	6	—	—	—	1
82	100	135	423	10	10	12	—	8	8	10	—	33	40	51	141	11	15	19	37
—	—	—	—	—	—	—	—	—	—	—	—	—	—	—	—	—	—	—	—
			8										2		3				
6	6	8		—	—	—	—	—	—	—	—	1		3		—	—	1	1
			3										1		1				
—	—	—	—	—	—	—	—	—	—	—	—	—	—	—	—	—	—	—	—
—	—	—	—	—	—	—	—	—	—	—	—	—	—	—	—	—	—	—	—
112	**134**	**180 (1)**	**541 (12)**	**13**	**13**	**15**	—	**10**	**10**	**12**	—	**49**	**61**	**74**	**183 (5)**	**14**	**18**	**23**	**42 (1)**
		181	**553**												**188**				**43**

Wiesbaden				Coblenz				Cöln				Aachen				Kiel und Vororte	Saarbrücken, St. Johann und Malstatt-Burbach
1874	1883/84	1892/93	1903	1874	1883/84	1892/93	1903	1874	1883/84	1892/93	1903	1874	1883/84	1892/93	1903	1903	1903
1	1	1	1	—	—	—	—	1	1	1	1	1	1	1	1	1	—
—	—	—	—	—	—	—	—	—	—	(1)	(1)	—	—	(1)	(1)	(1)	—
1	1	1	1	—	—	—	—	1	1	1	2	—	—	1	2	1	—
—	—	—	1	—	—	—	—	1	1	3	4	—	—	1	1	1	—
			11 (5)				6 (1)				34 (12)				13 (9)	9 (8)	3
5	6	8		3	3	3		7	7	21		6	8	10			
			4				2				6 (5)				3 (1)	5 (2)	1
—	1	2	2 (1)	—	—	—	1	2	2	5	5 (1)	—	—	1	1 (2)	1 (1)	—
1	1	1	1	1	1	1	1	1	1	2	4	1	1	1	1	1	1
—	—	—	—	—	—	—	—	—	—	—	—	—	—	—	—	—	—
2	4	6	8	2	3	3	3	11	14	24	37	5	7	11	13	12	3
—	—	—	7	—	—	—	3	—	—	—	24	—	—	—	8	11	3
32	40	56	128	9	15	19	61	66	90	190	544	25	45	74	194	214	50
—	—	—	—	—	—	—	—	—	—	—	—	—	—	—	—	—	—
			3												5	5	
1	2	4		—	—	1	1	1	1	3	6	—	2	3			1
			2												1	1	
—	—	—	—	—	—	—	—	—	—	—	—	—	—	—	—	—	—
—	—	—	—	—	—	—	—	—	—	—	—	—	—	—	—	—	—
43	**56**	**79**	**169 (6)**	**15**	**22**	**27**	**78 (1)**	**91**	**118**	**250(1)**	**667(19)**	**38**	**64**	**103(1)**	**243(13)**	**262 (12)**	**62**
			175				**79**			**251**	**686**			**104**	**256**	**274**	

1 Gefangen-Aufseherin. — 4) und 1 Gefangen-Aufseherin.

Anlage LXXXIV.

Titelweise Zusammenstellung der Einnahmen und Ausgaben für

1	2	3	4	5	6	7	8	9
Polizeiverwaltungen — **Regierungshauptkassen**	Einnahme Kapitel 31							
	Titel			Zusammen				
	2a	3	4		1	2	3	4
	M	*M*	*M*	*M*	*M*	*M*	*M*	*M*
Polizeiverwaltungen								
1. Königsberg i. Pr. . . .	266 203	1 393	48 128	315 724	21 900	94 050	427 840	22 720
2. Danzig	207 970	654	23 256	231 880	19 900	70 550	364 440	14 000
3. Potsdam	57 516	262	8 758	66 536	10 100	23 100	145 240	3 200
4. Stettin	258 977	575	32 481	292 033	14 700	70 450	439 880	11 320
5. Posen	130 995	1 070	14 886	146 951	18 800	46 850	274 020	7 840
6. Breslau	541 789	2 474	60 468	604 731	36 000	182 800	992 640	26 715
7. Magdeburg	282 696	879	43 844	327 419	21 700	94 550	546 240	11 420
8. Kiel	56 823	580	18 800	76 203	12 800	31 600	330 260	6 740
9. Hannover	279 508	1 045	70 165	350 718	27 400	104 900	658 080	13 360
10. Cassel	53 909	456	20 929	75 294	12 400	43 550	224 560	5 840
11. Hanau	7 819	176	4 241	12 236	.	1 900	55 880	1 300
12. Fulda	7 270	45	1 673	8 988	.	2 900	22 820	.
13. Frankfurt a. M.	288 649	.	69 123	357 772	29 200	102 900	739 360	16 550
14. Wiesbaden	112 268	874	13 814	127 956	13 100	40 700	205 920	6 760
15. Coblenz	44 644	152	204	45 000	.	15 600	94 640	1 180
16. Cöln	376 570	1 154	26 000	403 724	25 100	98 250	857 820	6 740
17. Aachen	175 461	369	1 192	177 022	15 600	36 900	304 960	7 480
18. Saarbrücken	43 500	.	7 500	51 000	.	6 000	73 200	900
19. Eydtkuhnen	.	382	3	385	3 600	.	.	775
20. Prostken	.	60	.	60	2 700	.	.	775
Summe . . .	**3 192 567**	**12 600**	**465 465**	**3 670 632**	**285 000**	**1 067 550**	**6 757 800**	**165 615**
Regierungshauptkassen-Etats								
21. Königsberg	—	—	—	—	3 200	—	—	—
22. Gumbinnen	—	—	—	—	—	—	—	—
23. Marienwerder	—	—	—	—	3 200	—	2 300	—
24. Bromberg	—	—	—	—	—	—	—	—
25. Oppeln	—	—	—	—	4 000	—	—	—
26. Erfurt	—	—	—	—	—	—	—	—
27. Arnsberg	—	—	—	—	—	—	10 200	—
28. Cassel	—	—	—	—	—	—	—	—
29. Wiesbaden	—	—	—	—	—	—	1 600	—
30. Coblenz	—	—	—	—	—	—	—	—
31. Düsseldorf	—	—	—	—	—	—	11 100	—
32. Aachen	—	—	—	—	—	—	5 720	—
33. General-Etat	—	60 170	29 373	89 543	—	—	—	—
	—	32 459	14 047	46 506	—	—	—	—
Summe . . .	**3 192 567**	**105 229**	**508 885**	**3 806 681**	**295 400**	**1 067 550**	**6 788 720**	**165 615**
dazu: Berlin . . .	5 052 376	12 905	488 265	5 553 546	—	—	—	—
Insgesammt . . .	**8 244 943**	**118 134**	**997 150**	**9 360 227**	—	—	—	—

die Polizeiverwaltungen in den Provinzen nach den Etats für 1903.

10	11	12	13	14	15	16	17	18	19	20
Ausgabe Kapitel 92										Kapitel 98 Titel 3
Titel									Zusammen	
5	6	7	8	9	10	11	12	13		
M	*M*	*M*	*M*	*M*	*M*	*M*	*M*	*M*	*M*	*M*
80 820	16 800	.	5 950	20 328	3 252	61 294	.	.	754 954	4
66 408	7 350	.	4 650	16 227	2 836	62 537	.	.	628 898	.
25 068	4 350	.	1 650	11 272	772	22 045	.	.	246 797	21
77 028	17 200	.	4 500	19 038	4 547	70 507	.	.	729 170	50
48 624	15 530	.	4 700	15 288	2 020	37 754	.	.	471 426	26
177 156	24 350	.	13 350	40 706	4 065	183 807	.	.	1 681 589	.
96 036	12 850	.	10 450	32 100	8 183	84 147	.	.	917 676	13
52 428	18 550	.	6 600	16 200	907	64 860	.	.	540 945	20
118 512	18 550	2 000	8 500	32 868	2 330	128 519	.	.	1 115 019	23
40 080	6 950	.	3 500	18 287	2 700	40 679	.	.	398 546	13
6 552	1 450	1 200	650	3 015	950	6 335	.	.	79 232	.
2 220	1 450	1 000	200	1 214	50	1 626	.	.	33 480	.
164 520	18 550	.	49 195	47 826	6 244	148 299	.	.	1 322 644	129
36 732	8 600	.	4 925	10 932	1 000	39 960	.	.	368 629	9
17 316	1 450	1 200	1 825	4 058	1 200	10 956	.	.	149 425	.
143 520	28 250	.	19 750	32 340	3 895	141 508	.	.	1 357 173	25
52 224	20 050	.	8 175	17 400	3 410	56 205	.	.	522 404	21
11 736	.	1 800	.	5 000	1 000	13 246	.	.	112 882	5
.	.	.	50	95	400	1 383	.	.	6 303	.
216	.	.	50	14	292	621	.	.	4 668	.
1 217 196	**222 280**	**7 200**	**148 670**	**344 208**	**50 053**	**1 176 288**	.	.	**11 441 860**	**359**
—	—	—	—	—	—	1 290	1 650	—	6 140	—
—	—	—	—	—	—	—	3 243	—	3 243	—
864	—	—	—	—	—	840	30	—	7 234	—
—	—	—	—	—	—	—	810	—	810	—
432	—	—	—	—	—	2 000	690	—	7 122	—
—	—	—	—	—	—	—	—	3 600	3 600	—
1 224	—	—	—	—	—	900	—	—	12 324	—
—	—	—	—	—	—	—	—	2 016	2 016	—
144	—	2 658	75	—	—	87	—	—	4 564	—
—	—	—	—	—	—	—	—	1 334	1 334	—
1 296	—	—	—	—	—	900	—	—	13 296	—
576	—	—	200	—	—	700	—	—	7 196	—
—	—	—	19 500	—	—	—	5 400	—	73 500	—
—	—	—	—	—	—	—	—	—	.	—
1 221 732	**222 280**	**9 858**	**168 445**	**344 208**	**50 053**	**1 183 005**	**60 423**	**6 950**	**11 584 239**	.
—	—	—	—	—	—	—	—	—	—	—
—	—	—	—	—	—	—	—	—	—	—

Anlage LXXXV. **Nachweisung der Einnahmen und Ausgaben der Strafanstalten sowie des Unterhaltungszuschusses aus Staatsfonds für dieselben in den Jahren 1875, 1889/90 und 1901.**

1	2	3	4	5	6	7	8	9	10	11	12	13	14	15	16
	Einnahme in Mark														
Strafanstalten	Reingewinn aus der Arbeit			Reingewinn aus Vieh- und Feldwirthschaft			Zufällige Einnahmen			Ueberhaupt			pro Kopf		
	1875	1889/90	1901	1875	1889/90	1901	1875	1889/90	1901	1875	1889/90	1901	1875	1889/90	1901
1. Wartenburg	45 227	52 384	59 582	2 739	11 366	7 506	4 245	5 403	7 798	52 211	69 153	74 886	81	105	138
2. Insterburg	63 995	71 026	24 687	8 461	11 639	6 828	6 554	1 356	2 505	79 010	84 021	34 020	110	111	57
3. Rhein	19 654	21 858	18 732	1 763	1 463	542	1 093	768	994	22 510	24 089	20 269	61	73	100
4. Graudenz	71 006	55 143	38 426	1 348	1 634	2 914	17 192	2 978	5 599	89 546	59 755	46 939	96	113	83
5. Mewe	56 338	34 635	42 632	1 131	2 080	1 090	7 394	6 731	2 732	64 863	43 446	46 454	118	102	102
6. Moabit[1])	105 821	74 442	76 150	2 602	2 100	1 829	3 608	1 263	2 407	112 031	77 805	80 386	234	147	136
7. Brandenburg	108 947	59 532	75 604	1 280	3 560	1 733	2 783	2 176	1 174	113 010	65 268	78 510	192	139	141
8. Sonnenburg	110 003	105 936	59 569	13 918	11 918	4 536	6 610	10 443	30 670	130 531	128 297	94 775	183	151	129
9. Luckau	43 076	33 133	24 419	3 065	5 997	811	26 024	1 123	15 940	72 165	40 253	41 170	168	94	128
10. Naugard	67 057	75 487	62 475	18 658	23 906	11 447	16 344	2 750	2 132	102 059	102 143	76 055	117	164	134
11. Rawitsch	145 742	158 356	41 633	15 311	19 103	1 570	8 023	3 243	3 752	169 076	180 702	46 955	184	188	77
12. Crone a./Br.	47 614	57 976	28 317	50	2 995	701	3 982	934	755	51 646	61 905	29 773	103	108	72
13. Fordon	31 805	27 617	69 667	—	—	41	1 899	727	10 985	33 704	28 344	80 693	93	78	124
14. Brieg	100 261	108 552	16 846	27	37	167	5 796	3 197	377	106 084	111 786	17 390	150	120	83
15. Striegau	97 338	71 015	47 528	—	—	—	6 691	4 411	2 779	104 029	75 426	50 307	151	108	113
16. Jauer	88 729	41 919	39 642	66	30	30	5 994	2 435	1 297	94 789	44 384	40 970	182	88	107
17. Görlitz	85 292	95 061	50 893	4	—	—	4 741	2 645	7 931	90 037	97 706	58 824	169	165	140
18. Sagan	25 987	35 872	33 910	13	39	4	1 200	711	372	27 200	36 622	34 278	92	90	130
19. Ratibor	84 001	87 495	42 383	6 797	5 367	4 215	5 725	2 986	3 721	96 523	95 848	50 319	158	139	100
20. Gross-Strehlitz	—	45 219	34 318	—	3 540	6 169	—	2 588	426	—	51 347	40 913	—	104	93
21. Lichtenburg	84 341	55 465	102 634	209	14 261	6 832	7 140	2 214	2 544	91 690	71 940	112 010	127	118	175
22. Delitzsch	19 521	13 922	32 574	917	691	474	3 341	1 949	4 003	23 779	16 562	37 051	133	115	150
23. Rendsburg	52 807	98 475	13 188	359	9 129	5 012	3 017	2 546	1 049	56 183	110 150	19 249	107	188	37
24. Lüneburg	47 267	46 462	25 523	1 321	1 301	780	1 963	858	3 597	50 551	48 621	29 894	253	173	97
25. Celle	72 287	63 925	66 585	1 094	843	683	4 300	1 815	14 987	77 681	66 583	82 255	159	128	144
26. Lingen	23 206	24 591	27 325	1 691	2 069	1 608	10 180	1 773	1 742	35 077	28 433	30 675	122	77	80
27. Münster	[2]) 63 264	75 202	58 004	3 226	3 374	2 151	8 343	1 325	4 020	74 833	79 901	64 175	210	200	108
28. Cassel-Wehlheiden	} 25 016	39 797	42 213	} 2 741	3 207	4 388	} 10 196	4 452	4 898	} 37 953	47 456	51 498	} 120	117	103
29. Cassel		292	11 256		53	636		707	1 289		1 052	13 181		75	93
30. Ziegenhain	17 320	27 949	37 905	1 999	3 639	3 264	17 488	10 762	9 868	36 807	42 350	51 037	123	108	109
31. Diez	33 042	25 984	18 591	421	282	1	2 408	5 112	587	35 871	31 378	19 179	162	120	103
32. Werden	85 617	113 235	48 276	36	251	1 518	9 458	5 088	8 369	95 111	118 574	58 164	129	136	106
33. Siegburg(Michaelsbg.)	—	—	58 825	—	—	2 909	—	—	9 046	—	—	70 780	—	—	113
Summe	**1 921 581**	**1 897 957**	**1 430 313**	**91 247**	**145 874**	[3]) **82 379**	**213 732**	**97 469**	**170 344**	**2 226 560**	**2 141 300**	**1 683 036**	**142**	**129**	**110**

[1]) Stadtvogtei. — [2]) alte und neue. — [3]) Der Betrag würde noch um 36 367 M. niedriger sein, wenn der Arbeitslohn der Gefangenen mit 40 Pf. pro Kopf und Tag als Ausgabe verrechnet worden wäre, wie dies früher geschah (s. Text).

Noch: Anlage LXXXV.

Noch: Nachweisung der Einnahmen und Ausgaben der Strafanstalten, sowie des Unterhaltungszuschusses aus Staatsfonds für dieselben in den Jahren 1875, 1889/90 und 1901.

1	17	18	19	20	21	22	23	24	25	26	27	28
Strafanstalten	Ausgabe in Mark						Unterhaltungszuschuss aus Staatsfonds in Mark					
	Ueberhaupt			pro Kopf			Ueberhaupt			pro Kopf		
	1875	**1889/90**	**1901**	**1875**	**1889/90**	**1901**	**1875**	**1889/90**	**1901**	**1875**	**1889/90**	**1901**
1. Wartenburg	191 992	194 137	204 370	300	294	378	139 781	124 984	129 484	218	189	239
2. Insterburg	203 355	202 669	193 936	284	267	326	124 346	118 648	159 917	173	156	268
3. Rhein	92 354	95 174	68 210	249	290	337	69 850	71 084	47 941	189	217	237
4. Graudenz	292 310	166 730	213 046	314	316	377	202 762	106 975	166 107	218	203	294
5. Mewe	188 352	154 558	153 532	339	363	338	122 489	111 112	107 078	221	261	236
6. Moabit	193 605	200 458	229 228	405	379	388	81 574	122 653	148 840	170	232	252
7. Brandenburg	199 120	165 258	204 479	338	352	368	86 110	99 990	125 969	146	213	227
8. Sonnenburg	213 132	225 297	249 685	299	265	339	82 602	97 000	154 910	116	114	210
9. Luckau	127 677	123 013	138 052	297	287	430	55 511	82 760	96 882	129	193	302
10. Naugard	256 702	186 530	193 413	326	299	341	164 642	84 387	117 358	209	135	207
11. Rawitsch	243 979	241 048	209 293	266	250	342	74 902	60 346	162 338	82	63	265
12. Crone a./Br.	148 682	165 193	137 989	296	289	333	97 036	103 289	108 216	193	180	261
13. Fordon	107 227	101 366	224 940	296	279	346	73 523	73 021	144 247	203	201	222
14. Brieg	219 713	261 658	69 432	311	281	332	113 629	149 872	52 042	72	161	249
15. Striegau	243 276	217 904	172 367	353	314	387	139 247	142 478	122 059	202	205	274
16. Jauer	193 210	133 960	123 879	372	267	324	98 421	89 576	82 908	189	179	217
17. Görlitz	178 109	171 948	174 568	335	291	414	88 072	74 242	115 743	166	125	275
18 Sagan	88 691	101 774	82 794	301	250	313	61 491	65 152	48 516	209	160	183
19. Ratibor	192 639	182 107	167 172	316	265	331	96 116	86 259	116 853	157	125	232
20. Gross-Strehlitz	—	141 688	159 700	—	286	365	—	90 341	118 787	—	182	272
21. Lichtenburg	197 426	181 343	190 730	273	297	298	105 735	109 403	78 720	146	179	123
22. Delitzsch	62 658	55 060	74 383	352	382	301	38 879	38 498	37 332	218	267	151
23 Rendsburg	134 183	194 625	203 671	257	333	397	78 001	84 475	184 422	149	144	360
24 Lüneburg	70 572	100 827	118 263	353	359	386	20 022	52 206	88 369	100	186	288
25. Celle	162 821	174 908	226 724	334	336	397	85 140	108 325	144 469	175	208	253
26. Lingen	100 374	125 975	144 337	351	341	380	65 298	97 542	113 662	228	264	299
27. Münster	150 156	140 231	223 987	422	352	376	75 322	60 462	159 812	211	152	268
28. Cassel-Wehlheiden	} 135 341	142 036	178 185	} 429	351	358	} 97 388	94 579	126 686	} 309	234	255
29. Cassel		19 507	53 410		975	378		18 455	40 229		923	285
30. Ziegenhain	84 895	126 285	158 264	284	321	339	84 088	83 935	107 227	161	213	229
31. Diez	85 438	106 460	73 671	386	409	398	49 968	75 082	54 492	224	289	294
32. Werden	245 227	272 050	247 296	333	312	451	150 115	153 476	189 132	204	176	345
33. Siegburg (Michaelsbg.)	—	—	225 242	—	—	360	—	—	154 462	—	—	247
Summe	**5 003 216**	**5 131 777**	**5 488 248**	**319**	**308**	**361**	**2 822 060**	**2 930 607**	**3 805 209**	**180**	**176**	**250**

Anlage LXXXVI.

Nachweisung der Einnahmen und Ausgaben der Gefängnisse sowie des Unterhaltungszuschusses aus Staatsfonds für dieselben in den Jahren 1875, 1889/90 und 1901.

1	2	3	4	5	6	7	8	9	10	11	12	13	14	15	16
	Einnahmen in Mark														
	Reingewinn														
Gefängnisse.	aus der Arbeit			aus Vieh und Feldwirthschaft			Zufällige Einnahmen			Ueberhaupt			pro Kopf		
	1875	1889/90	1901	1875	1889/90	1901	1875	1889/90	1901	1875	1889/90	1901	1875	1889/90	1901
1. Cottbus	45 215	64 588	25 183	6 149	9 214	1 821	6 346	1 310	927	57 710	75 112	27 932	144	126	57
2. Breslau	57 518	50 795	36 172	47	9	291	9 983	4 688	2 210	67 548	55 492	38 673	68	41	49
3. Wohlau	—	—	21 456	—	—	3 171	—	—	1 242	—	—	25 869	—	—	50
4. Halle a./S.	86 626	112 564	38 958	294	1 808	1 049	14 626	13 698	10 538	101 546	128 070	50 546	172	176	82
5. Hameln	42 691	58 013	79 573	3 111	3 033	2 090	6 382	1 775	2 391	52 184	62 821	84 054	147	108	119
6. Münster (Filialg.)	—	48 397	55 302	—	128	561	—	1 002	2 107	—	49 527	57 970	—	114	105
7. Herford	—	47 471	58 962	—	3 374	2 598	—	5 478	12 624	—	56 323	74 184	—	130	118
8. Hamm	29 072	29 901	40 002	1 893	1 046	874	7 868	2 600	962	38 833	33 547	41 838	103	101	112
9. Coblenz	16 173	13 186	18 091	—	—	—	8 029	1 236	1 283	24 202	14 422	19 374	76	58	66
10. Düsseldorf	10 384	32 777	29 863	—	—	—	4 901	1 771	3 945	15 285	34 548	33 808	42	59	67
11. Düsseldorf-Derendorf	—	—	31 042	—	—	86	—	—	2 532	—	—	33 659	—	—	53
12. Cleve	2 477	8 412	13 947	—	—	95	1 828	465	781	4 305	8 877	14 823	46	62	83
13 Elberfeld	24 034	59 833	48 100	—	—	—	6 107	1 725	4 896	30 141	61 558	53 696	83	98	84
14. Cöln	83 565	104 730	18 081	—	292	11	8 179	4 809	2 327	91 744	109 831	20 420	91	87	23
15 Bonn	3 398	16 157	11 361	—	—	—	2 954	249	2 362	6 352	16 406	13 723	76	111	54
16. Siegburg (Brückberg)	—	40 034	34 004	—	6 563	1 957	—	5 441	3 962	—	52 038	39 922	—	114	62
17. Trier	9 440	29 001	86 534	—	1 351	752	2 656	4 623	10 439	12 096	34 975	97 725	52	106	113
18. Saarbrücken	3 344	4 986	2 184	—	806	367	1 277	1 300	2 049	4 621	7 092	4 600	44	92	39
19. Aachen	10 416	23 089	11 050	—	1 591	590	2 955	1 615	37 249	13 371	26 295	48 889	54	67	86
Summe	**424 353**	**743 934**	**660 565**	**11 494**	**29 215**	[1]**16 313**	**84 091**	**53 785**	**104 826**	**519 938**	**826 934**	**781 507**	**94**	**107**	**76**

[1]) Der Betrag würde noch um 7 352 M. niedriger sein, wenn der Arbeitslohn der Gefangenen mit 40 Pf. pro Kopf und Tag als Ausgabe verrechnet worden wäre, wie dies früher geschah. S. näheres im Text.

Noch: Anlage LXXXVI.

Noch: Nachweisung der Einnahmen und Ausgaben der Gefängnisse sowie des Unterhaltungszuschusses aus Staatsfonds für dieselben in den Jahren 1875, 1889/90 und 1901.

1	17	18	19	20	21	22	23	24	25	26	27	28
Gefängnisse.	Ausgaben in Mark						Unterhaltungszuschuß aus Staatsfonds in Mark					
	Ueberhaupt			pro Kopf			Ueberhaupt			pro Kopf		
	1875	1889/90	1901	1875	1889/90	1901	1875	1889/90	1901	1875	1889/90	1901
1. Cottbus	116 164	168 855	159 309	282	285	326	56 753	93 744	131 378	138	158	269
2. Breslau	328 038	404 018	264 314	333	299	339	260 491	348 526	225 641	265	258	289
3. Wohlau	—	—	172 175	—	—	337	—	—	146 306	—	—	286
4. Halle a./S.	212 029	204 355	227 045	360	281	368	110 483	76 285	176 500	187	105	286
5. Hameln	130 881	164 883	218 671	368	284	310	78 698	102 063	134 617	221	175	191
6. Münster (Filialg.)	—	134 195	170 908	—	310	310	—	84 668	112 938	—	196	205
7. Herford	—	154 946	230 599	—	359	367	—	98 622	156 415	—	229	249
8. Hamm	143 481	120 017	133 202	382	361	358	104 649	86 470	91 364	279	260	245
9. Coblenz	110 381	96 709	122 209	347	390	415	86 179	82 287	102 835	271	332	349
10. Düsseldorf	126 833	173 271	169 062	353	295	339	111 548	138 723	135 254	310	236	271
11. Düsseldorf-Derendorf	—	—	212 972	—	—	336	—	—	179 313	—	—	283
12. Cleve	36 298	46 647	63 254	386	328	357	31 994	37 770	48 431	340	266	273
13. Elberfeld	129 665	197 211	212 902	358	314	332	99 524	135 626	159 206	275	216	248
14. Cöln	315 667	376 114	361 909	314	299	419	223 923	266 282	341 489	223	212	395
15. Bonn	35 022	49 234	100 176	422	332	399	28 669	32 828	86 452	345	222	344
16. Siegburg (Brückberg)	—	167 161	237 065	—	366	368	—	115 123	197 142	—	252	306
17. Trier	73 349	112 705	318 558	315	343	368	61 253	77 731	220 833	263	237	255
18. Saarbrücken	36 495	33 966	48 155	347	441	415	31 875	26 874	43 554	303	349	375
19. Aachen	104 595	126 048	239 242	422	320	421	91 224	99 754	190 353	368	253	335
Summe	**1 898 898**	**2 730 335**	**3 661 727**	**344**	**352**	**359**	**1 377 263**	**1 903 376**	**2 880 021**	**249**	**246**	**282**

Anlage LXXXVII.

Zahl der in den Strafanstalten untergebrachten Zuchthausgefangenen.[1])

1	2	3	4	5
Jahre	Gesammtzahl	Täglicher Durchschnittsbestand	Zahl des Zugangs	Auf 10 000 Köpfe der 18 Jahre und darüber alten Bevölkerung des preussischen Staates kamen in Zugang
1869	28 577	—	6 736	4,73
1870	27 894	—	5 518	3,85
1871	25 822	—	5 254	3,64
1872	24 771	—	6 109	4,19
1873	23 811	—	6 393	4,35
1874	23 736	—	7 122	4,81
1875	23 961	—	6 689	4,47
1876	23 890	—	7 520	4,98
1877/78	25 201	17 528	7 962	5,20
1878/79	26 697	18 350	8 463	5,47
1879/80	27 035	18 918	7 802	4,99
1880/81	28 666	19 492	9 197	5,82
1881/82	30 531	21 073	9 589	6,01
1882/83	31 616	21 754	8 693	5,41
1883/84	30 193	20 884	8 142	5,02
1884/85	29 167	20 254	8 069	4,94
1885/86	28 103	19 586	7 588	4,61
1886/87	27 416	19 989	7 481	4,50
1887/88	26 516	18 687	7 312	4,35
1888/89	27 739	18 241	6 895	4,06
1889/90	25 774	18 056	7 096	4,13
1890/91	25 473	18 050	7 112	4,09
1891/92	25 470	17 983	7 267	4,14
1892/93	25 724	18 128	7 534	4,25
1893/94	26 044	18 058	7 275	4,06
1894/95	25 232	17 880	7 205	3,98
1895/96	24 582	17 556	6 817	3,77
1896/97	24 157	17 057	6 664	3,69
1897/98	23 867	16 394	5 566	3,08
1898/99	23 464	16 151	5 826	3,22
1899	23 486	15 680	5 324	2,94
1900	22 577	15 211	5 503	3,04
1901	23 143	15 130	5 724	2,83

1) Nach der amtlichen Statistik.

Anlage LXXXVIII.

Gefängnissneubauten seit 1871.

1	2	3				4					5
Bezeichnung und Ort des Baues. — (Zeit der Ausführung)	Kosten der ganzen Anstalt (einschliesslich der Nebenanlagen und der inneren Einrichtung, aber ausschliesslich des Grunderwerbs)	Die Anstalt hat Raum für Gefangene				Es sind vorhanden					Kosten für einen Gefangenen
		im Ganzen		davon in Einzelhaft		Einzelzellen (ausschliessl. Strafzellen)		Schlafzellen		Schlafkojen	
	ℳ	m.	w.	m.	w.	m.	w.	m.	w.		ℳ
1. Strafanstalt in Rendsburg (1871/75)	[2]) 2 908 158	[1]) 450	—	210	—	210	—	—	—	240	6 463
2. Strafanstalt u. Gefängniss in Cassel-Wehlheiden (1874/83)	[3]) 2 872 241	509	—	408	—	408	—	11	—	90	5 643
3. Gefängniss in Herford (1880/84)	[4]) 1 627 289	442	—	394	—	394	—	—	—	48	3 682
4. Strafanstalt in Gross-Strehlitz (1885/89) . . .	[5]) 1 211 842	526	—	432	—	432	—	94	—	—	2 304
5. Gefängniss für Männer und Weiber in Düsseldorf-Derendorf (1889/94) . . .	[6]) 1 463 831	492	102	488	102	488	102	—	—	—	2 464
6. Gefängniss in Wohlau (1892/95)	[7]) 1 223 065	550	—	455	—	455	—	100	—	—	2 224
7. Gefängniss für Männer und Weiber in Siegburg (1893/98)	[8]) 1 678 991	521	200	465	159	465	159	62	46	—	2 329
8. Gefängniss für Männer und Weiber in Breslau (1894/98)	[9]) 1 757 922	547	303	363	203	363	203	154	100	—	2 068
9. Gefängniss für Männer und Weiber in Wittlich (1898/02)	[10]) 1 430 400	544	170	480	140	480	140	58	30	—	2 003

[1]) Durch Ausbau der Kellergeschosse zu Einzelzellen und Einrichtung gemeinsamer Schlafsäle ist nachträglich die Belegungsfähigkeit auf 620 Köpfe gebracht. — [2]) einschl. der Baukosten für 7 Beamtenwohnhäuser (für 5 Ober- und 24 Unterbeamte) in Höhe von 307 365 M. — [3]) einschl. der Baukosten für 11 Beamtenwohnhäuser (für 7 Ober- und 31 Unterbeamte) in Höhe von 335 668 M. — [4]) einschl. der Baukosten für 12 Beamtenwohnhäuser (für 7 Ober- und 19 Unterbeamte) in Höhe von 192 555 M. — [5]) einschl. der Baukosten für 15 Beamtenwohnhäuser (für 7 Ober- und 23 Unterbeamte) in Höhe von 207 140 M. — [6]) einschl. der Baukosten für 7 Beamtenwohnhäuser (für 5 Ober- und 22 Unterbeamte) in Höhe von 210 858 M — [7]) einschl. der Baukosten für 18 Beamtenwohnhäuser (für 7 Ober- und 28 Unterbeamte) in Höhe von 234 611 M. — [8]) einschl. der Baukosten für 18 Beamtenwohnhäuser (für 9 Ober- und 35 Unterbeamte) in Höhe von 306 453 M. — [9]) einschl. der Baukosten für 5 Beamtenwohnhäuser (für 7 Ober- und 36 Unterbeamte) in Höhe von 215 419 M. — [10]) einschl. der Baukosten für 19 Beamtenwohnhäuser (für 10 Ober- und 34 Unterbeamte) in Höhe von 291 175 M.

Anlage LXXXIX.

Übersicht von den im Staatshaushaltsetat für das Etatsjahr 1903 unter Ausgabe für die Strafanstalts-

1	2	3	4	5	6
		Ausgabe			
		Tit. 1	Tit. 2	Tit. 3	Tit. 4
Bezeichnung und Sitz der Anstalt.	Einnahme Kap. 31 Tit. 6	Besoldungen der Oberbeamten	Besoldungen der Unterbeamten	Wohnungsgeldzuschüsse	Renumerationen für Hülfsbeamte
	ℳ	ℳ	ℳ	ℳ	ℳ
I. Durch Kassenetats.					
1. Strafanstalt Wartenburg	247 900	20 800	40 980	432	5 750
2. „ Insterburg	161 900	22 000	45 300	—	4 236
3. „ Rhein	46 800	13 300	16 175	—	900
4. Erziehungsanstalt Conradshammer	2 479	7 900	4 080	—	850
5. Strafanstalt Graudenz	101 380	19 500	41 220	720	4 752
6. „ Mewe	81 013	14 100	29 360	216	3 600
7. „ Moabit	228 700	28 400	56 600	1 620	10 609
8. „ Brandenburg	85 700	19 700	39 200	864	7 940
9. „ Sonnenburg	229 000	17 100	60 040	216	3 640
10. „ Luckau	137 000	20 300	33 980	648	3 540
11. Gefängniss Cottbus	110 500	19 400	44 140	720	3 815
12. Strafanstalt Neugard	173 613	24 300	50 440	—	3 000
13. „ Rawitsch	183 532	29 900	50 140	600	6 500
14. „ Crone a./Brahe	84 626	20 500	39 740	432	2 400
15. „ Fordon	21 568	11 100	17 325	216	2 520
16. Gefängniss Breslau	81 800	34 300	61 485	1 728	16 300
17. Strafanstalt Brieg	131 000	25 300	49 640	720	5 200
18. Strafanstalt und Gefängniss Striegau	100 000	19 400	43 760	300	2 340
19. Gefängniss Wohlau	66 800	19 000	35 760	216	9 050
20. Strafanstalt Jauer	51 700	20 400	25 425	600	4 370
21. „ Görlitz	108 800	24 700	38 940	864	1 200
22. „ Sagan	44 700	13 450	21 675	300	2 420
23. „ Ratibor	107 900	22 100	42 360	360	1 500
24. „ Gross Strehlitz	98 500	26 300	40 800	300	2 220
25. „ Lichtenburg	256 979	20 100	47 220	—	2 580
26. „ Halle	159 400	31 000	63 475	1 296	6 225
27. „ Delitzsch	51 696	9 550	14 075	300	4 170
28. „ Rendsburg	243 315	23 800	48 580	720	2 400
29. Gefängniss Hameln	119 862	23 400	48 580	600	3 522
30. Strafanstalt Lüneburg	53 009	14 400	25 020	—	1 875
31. „ Celle	160 814	26 700	45 160	720	3 150
32. Strafanstalt und Gefängniss Lingen	63 686	19 800	25 500	900	2 764
33. Strafanstalt Münster	141 786	26 000	48 800	432	5 820
34. Gefängniss Münster	83 528	15 400	28 840	864	12 440
35. „ Herford	116 900	30 100	39 660	360	1 500
36. Strafanstalt und Gefängniss Hamm	66 296	17 100	33 620	360	2 700
37. „ „ „ Wehlheiden	118 500	18 800	43 840	—	7 350
38. Strafanstalt Cassel	21 900	6 150	13 700	432	1 300
39. „ Ziegenhain	74 900	15 500	35 170	—	4 800
40. Erziehungsanstalt Wabern	12 200	10 750	11 100	—	3 800
41. Strafanstalt Diez	28 300	9 350	18 000	300	4 230
42. Gefängniss Coblenz	29 683	11 400	26 780	432	5 945
43. Erziehungsanstalt St. Martin Boppard	5 066	4 700	1 475	—	2 150
44. Staatliches Gefängniss im Reg.-Bez. Coblenz	1 460	—	—	—	4 110
45. Gemeinde „ „ „ „	3	—	—	—	2 310
46. Strafanstalt Werden	170 117	25 000	48 600	300	2 000

Kap. 31 Tit. 6 der Einnahme sowie unter Kap. 96 und 98 Tit. 3 der verwaltung ausgebrachten Fonds.

7	8	9	10	11	12	13	14	15
Kapitel 96								Kap. 98 Tit. 3
Tit. 5 Funktionszulagen Miethsentschädigungen Stellenzulagen	Tit. 7 Bureaubedürfnisse	Tit. 8 Zur Unterhaltung der Oekonomie u. s. w.	Tit. 9 Zur Unterhaltung der Gebäude	Tit. 10 Vermischte Ausgaben	Tit. 10a Zu Bewilligungen an die Gefangenen aus dem Arbeitsverdienst	Tit. 10b Zu Entschädigungen an Gefangene u. s. w.	Summe	Ausgaben auf Grund des Kranken- und Unfallversicherungs- u. s. w. Gesetzes
M	*M*	*M*	*M*	*M*	*M*	*M*	*M*	*M*
4 870	1 160	277 700	7 000	17 000	10 300	100	386 092	140
5 010	840	222 000	6 000	15 900	9 500	270	331 056	30
1 065	400	60 800	4 200	6 300	3 800	70	107 010	10
470	399	13 876	1 500	1 684	—	—	30 759	6
11 220	760	133 521	6 650	10 821	9 863	44	239 071	21
5 290	548	98 842	4 800	9 649	6 939	119	173 463	27
17 070	12 400	247 300	10 000	5 100	15 700	130	404 920	100
12 100	720	124 000	4 200	7 200	14 000	220	230 144	50
9 500	840	241 000	5 200	16 000	19 300	150	372 986	70
6 620	1 270	212 700	4 000	11 400	10 000	160	304 618	20
9 395	1 280	150 200	4 000	9 100	9 000	110	251 160	10
5 550	1 087	176 020	5 000	6 083	12 432	89	284 001	10
8 070	1 073	177 014	8 045	7 420	16 782	268	305 812	15
7 250	674	106 172	3 700	6 479	7 993	73	195 413	44
3 205	456	32 374	2 600	3 762	2 261	—	75 819	6
11 330	1 950	160 900	6 000	11 800	7 000	210	313 003	40
11 690	660	156 000	5 400	7 900	14 800	230	277 540	100
9 800	750	118 000	6 600	8 000	10 000	350	219 300	70
3 710	750	119 900	5 000	10 800	5 600	170	209 956	15
6 460	500	69 000	3 850	5 700	5 800	200	142 305	40
12 890	380	110 000	3 570	4 500	13 100	180	210 324	20
5 190	450	45 300	1 620	3 600	4 200	220	98 425	10
4 750	600	124 000	6 000	3 700	10 100	120	215 590	50
5 280	570	108 700	5 500	12 000	8 800	60	210 530	20
5 650	1 064	247 159	7 150	8 939	14 585	370	354 817	55
12 110	1 660	183 177	6 036	8 962	10 000	250	324 191	121
2 330	787	53 996	2 400	6 284	4 438	45	98 375	26
6 970	1 220	292 900	8 050	8 399	13 815	—	406 854	18
10 900	1 327	149 278	3 600	4 867	11 607	661	258 342	24
6 250	673	81 614	3 300	2 407	6 481	200	142 220	43
11 140	1 143	162 450	5 500	2 345	15 136	—	273 444	63
5 975	730	80 236	4 500	3 635	5 233	245	149 518	16
10 950	827	142 809	6 000	9 595	13 201	370	264 804	25
9 600	865	97 813	3 000	6 500	10 916	142	186 380	32
6 200	1 015	129 240	5 670	7 990	9 000	400	231 135	25
8 150	716	62 238	4 330	3 933	7 658	291	141 096	3
4 620	530	137 800	6 000	5 600	9 500	100	234 140	30
2 600	350	25 500	1 500	2 000	2 580	70	56 182	10
4 305	540	89 000	3 000	6 300	8 400	180	167 195	30
1 310	270	34 300	2 500	5 700	300	—	70 030	10
3 850	540	42 000	2 160	1 000	3 100	100	84 630	30
7 290	713	61 646	2 700	2 799	3 381	180	123 266	9
100	350	17 000	1 650	1 200	50	—	28 675	10
—	511	23 357	2 067	544	—	—	30 589	—
—	1 846	8 114	900	37	—	—	13 207	—
8 880	1 063	183 038	6 725	7 131	19 000	702	302 439	10

Noch: Übersicht von den im Staatshaushaltsetat für das Etatsjahr 1903 unter Ausgabe für die Strafanstalts-

1	2	3	4	5	6
		Ausgabe			
Bezeichnung und Sitz der Anstalt.	Einnahme Kap. 31 Tit. 6	Tit. 1 Besoldungen der Oberbeamten	Tit. 2 Besoldungen der Unterbeamten	Tit. 3 Wohnungsgeldzuschüsse	Tit. 4 Renumerationen für Hülfsbeamte
	M	M	M	M	M
47. Gefängniss Düsseldorf	52 088	18 700	35 180	864	1 308
48. „ Düsseldorf-Derendorf	115 856	24 500	42 345	1 728	1 200
49. „ Cleve	11 984	5 750	13 535	300	2 610
50. „ Elberfeld	95 601	19 500	52 695	432	6 270
51. „ Kempen [1])	—	—	—	—	—
52. Erziehungsanstalt Gräfrath	2 012	5 500	4 200	300	950
53. Staatl. Gefängniss im Reg.-Bez. Düsseldorf	2 078	—	—	—	2 424
54. Gem. „ „ „ „	153	—	—	—	255
55. Gefängniss Cöln	69 006	31 600	63 340	2 160	13 560
56. „ Bonn	21 648	10 100	22 415	864	4 675
57. Strafanstalt Siegburg	99 539	19 900	42 320	600	7 200
58. Gefängniss Siegburg	186 612	31 000	46 630	300	7 650
59. Staatliches Gefängniss im Reg.-Bez. Cöln	1 397	—	—	—	1 180
60. Gemeinde „ „ „ „	—	—	—	—	916
61. Gefängniss Trier	4 808	1 850	8 925	—	2 350
62. „ Saarbrücken	9 639	6 500	15 355	—	3 875
63. „ Wittlich	135 398	31 600	55 925	216	6 300
64. Staatliches Gefängniss im Reg.-Bez. Trier	2 544	—	—	—	3 060
65. Gemeinde „ „ „ „	—	—	—	—	925
66. Gefängniss Aachen	47 970	21 700	38 295	864	4 200
67. Erziehungsanstalt Steinfeld	32 900	12 500	17 200	—	3 550
68. Staatliches Gefängniss im Reg.-Bez. Aachen	335	—	—	—	1 440
69. Gemeinde „ „ „ „	1	—	—	—	324
70. Erziehungsanstalt Hardehausen	6 850	8 700	7 500	—	3 100
II. Durch Regierungsetat für die Verwaltung des Innern	—	—	—	—	—
III. Durch den Generaletat des Ministeriums des Innern	—	—	—	—	—
Summe für das Etatsjahr 1903	**5 564 730**	**1 101 650**	**2 061 620**	**28 716**	**275 106**
Der vorige Etat setzt aus	**5 658 169**	**1 098 200**	**2 055 035**	**29 316**	**272 407**
Mithin sind für 1903 mehr	—	3 450	6 585	—	—
Mithin sind für 1903 weniger	93 439	—	—	600	—

[1]) Filiale des Gefängnisses in Cleve (siehe Nr. 49). — [2]) davon für das Transport-Oberlausitz in Korrektionsanstalten (Tit. 10) 800 M. — [3]) davon zu ausserordentlichen Remunera-Remunerationen für mittlere Beamte (Tit. 6a) 3 000 M, zu ausserordentlichen Unterstützungen für betriebes (Tit. 6c) 70 000 M, Centralfonds zur Unterhaltung der Gebäude, mit Ausschluss der für die aus der Strafhaft und der Fürsorgeerziehung Entlassenen (Tit. 12) 24 000 M, Dispositionsfonds quantum an Mehrkosten für die Wachtkommandos bei den Strafanstalten (Tit. 10) 38 889 M. Die halten, weil sie unter keine der Rubriken 2—27 passen.

Kap. 31 Tit. 6 der Einnahme sowie unter Kap. 96 und Kap. 98 Tit. 3 der verwaltung ausgebrachten Fonds.

7	8	9	10	11	12	13	14	15
Kapitel 96								Kap. 98 Tit. 3
Tit. 5 Funktionszulagen Miethsentschädigungen Stellenzulagen	Tit. 7 Bureaubedürfnisse	Tit. 8 Zur Unterhaltung der Oekonomie u. s. w.	Tit. 9 Zur Unterhaltung der Gebäude	Tit. 10 Vermischte Ausgaben	Tit. 10a Zu Bewilligungen an die Gefangenen aus dem Arbeitsverdienst	Tit. 10b Zu Entschädigungen an Gefangene u. s. w.	Summe	Ausgaben auf Grund des Kranken- und Unfallversicherungs- u. s. w. Gesetzes
ℳ	ℳ	ℳ	ℳ	ℳ	ℳ	ℳ	ℳ	ℳ
11 590	1 148	106 455	2 900	3 899	6 858	83	188 985	41
8 520	1 266	146 346	4 330	4 554	8 100	170	243 059	18
2 950	448	23 703	2 100	1 615	2 044	50	55 105	3
11 870	1 379	119 395	5 800	5 181	15 117	611	238 250	21
—	—	—	—	—	—	—	—	—
550	456	12 858	1 000	3 960	—	—	29 774	8
—	139	25 406	1 100	62	—	—	29 131	—
—	8	4 416	84	21	—	—	4 784	6
16 650	1 911	168 822	7 500	11 960	8 852	—	326 355	48
5 930	876	59 797	1 480	2 296	4 940	100	113 473	10
7 730	1 153	155 533	9 000	15 620	12 000	60	271 116	60
6 275	1 785	241 854	4 500	12 299	7 530	600	360 423	80
—	73	10 100	1 917	1 200	—	—	14 470	—
—	41	2 946	1 543	12	—	—	5 458	—
1 630	229	21 408	600	1 000	800	52	38 844	11
5 260	389	18 621	1 650	1 034	1 792	—	54 476	7
7 430	1 795	235 165	5 500	16 000	15 524	409	375 864	89
—	155	22 746	1 370	2 076	—	—	29 407	—
—	541	5 517	141	423	—	—	7 547	—
9 520	1 291	110 767	5 000	5 074	3 679	—	200 390	59
2 820	622	69 218	6 100	7 099	—	—	119 109	29
—	57	46 651	2 065	23	—	—	8 236	—
—	10	614	100	3	—	—	1 051	5
450	400	24 000	1 500	12 000	150	—	57 800	20
—	—	—	—	922	—	—	[2]) 922	—
—	—	—	130 000	38 889	—	—	[3]) 327 089	—
406 140	**65 429**	**7 180 322**	**406 453**	**455 287**	**483 037**	**9 984**	**12 631 944**	**2 029**
410 445	**59 234**	**7 131 925**	**406 453**	**417 396**	**491 345**	**14 964**	**12 544 920**	**1 823**
—	6 195	48 397	—	37 891	—	—	—	—
4 305	—	—	—	—	8 308	4 980	87 024	206

gefängniss Gersfeld (Tit. 10) 122 ℳ, für die Unterbringung lüderlicher Frauenzimmer aus der
tionen und Unterstützungen für Kanzlei- und Unterbeamte (Tit. 6) 24 000 ℳ., zu ausserordentlichen
höhere und mittlere Beamte (Tit. 6b) 16 000 ℳ, zu Remunerationen für Beamte des Arbeits-
grösseren Neubauten und der Hauptreparaturen (Tit. 9) 130 000 ℳ, zur Förderung der Fürsorge
des Ministeriums des Innern (Tit. 11) 21 200 ℳ, an die Militärverwaltung zu zahlendes Pausch-
Beträge zu 24 000, 3 000, 16 000, 70 000, 24 000, 21 200 sind bloss in der Summe 326 089 ent-

Anlage XC.

Finanzielles Ergebniss der Strafanstalten und Gefängnisse von 1894/95—1901.

1	2	3	4	5	6	7	8	9	10	11	12	13	14	15	16	17
	1894/95		1895/96		1896/97		1897/98		1898/99		1899		1900		1901	
	im Ganzen *M*	pro Kopf und Tag *Pf*	im Ganzen *M*	pro Kopf und Tag *Pf*	im Ganzen *M*	pro Kopf und Tag *Pf*	im Ganzen *M*	pro Kopf und Tag *Pf*	im Ganzen *M*	pro Kopf und Tag *Pf*	im Ganzen *M*	pro Kopf und Tag *Pf*	im Ganzen *M*	pro Kopf und Tag *Pf*	im Ganzen *M*	pro Kopf und Tag *Pf*
Einnahmen aus der Verwaltung																
Strafanstalten .	2 335 468	35,8	2 273 421	35,4	2 251 549	34	1 966 958	32,7	1 982 046	32,9	1 808 905	31,3	1 704 437	30,5	1 683 037	30,4
Gefängnisse . .	613 324	20,0	595 583	18,8	643 890	23,4	651 695	21,8	643 928	22,6	705 780	22,9	713 156	20,9	781 705	21,0
Summe .	**2 948 792**	**30,7**	**2 869 004**	**29,9**	**2 895 439**	**30,8**	**2 618 653**	**29,1**	**2 625 974**	**29,6**	**2 514 685**	**28,4**	**2 417 593**	**26,8**	**2 464 742**	**26,6**
Ausgaben																
Strafanstalten .	5 829 569	89,3	5 746 060	89,4	5 615 781	84,9	5 435 592	90,3	5 435 248	90,3	5 452 728	94,3	5 390 038	96,4	5 488 246	99,1
Gefängnisse . .	2 366 797	77,1	2 355 620	74,5	2 396 568	86,9	2 747 726	92,0	2 688 855	94,2	2 980 632	96,9	3 405 091	99,7	3 661 727	98,4
Summe .	**8 196 366**	**85,4**	**8 101 680**	**84,5**	**8 102 349**	**85,5**	**8 183 318**	**90,9**	**8 124 103**	**91,5**	**8 433 360**	**95,2**	**8 795 129**	**97,7**	**9 149 973**	**98,8**
Unterhaltungszuschuss aus Staatsfonds																
Strafanstalten .	3 494 100	53,5	3 472 638	54,0	3 364 231	50,9	3 468 634	57,6	3 453 202	57,4	3 643 823	63,0	3 685 601	65,9	3 804 209	68,7
Gefängnisse . .	1 753 473	57,1	1 760 037	55,7	1 752 678	63,5	2 096 030	70,2	2 044 926	71,6	2 274 852	73,9	2 691 934	78,8	2 880 022	77,4
Summe .	**5 247 573**	**54,7**	**5 232 675**	**54,6**	**5 116 909**	**54,6**	**5 564 664**	**61,8**	**5 498 128**	**61,9**	**5 918 675**	**66,8**	**6 377 535**	**70,8**	**6 684 231**	**72,2**

Anlage XCI.

Uebersicht über die in den Korrektions- und Arbeitsanstalten auf Grund des § 362 des R.-St.-G.-B. detinirten Personen.

1	2		3		4		5	6	7
Anstalt	Die Anstalt ist bestimmt zur Aufnahme von				Täglicher Durchschnittsbestand		Gesammtkosten[1]		
							für den Kopf der Durchschnittsstärke jährlich	davon sind gedeckt	
	Korrigenden		Pfleglingen					durch den eigenen Ertrag der Anstalt	durch Zuschüsse aus öffentlichen Mitteln
	m.	w.	m.	w.	m.	w.	ℳ	ℳ	ℳ
1. Tapiau	392	80	[2])330	[2])150	498	187	310	135	175
2. Konitz	350	100	170	80	460	143	310	112	198
3. Rummelsburg	400	300	225	75	1 563	256	404	104	300
4. Strausberg	425	—	125	—	482	—	331	139	192
5. Prenzlau	400	85	38	27	216	41	356	196	160
6. Landsberg a.W.	160	40	40	30	261	39	292	143	149
7. Neustettin	150	10	40	20	114	27	355	227	128
8. Ueckermünde	340				167	40	306	156	150
9. Stralsund	120	25	—	—	43	4	453	239	214
10. Greifswald	110	—	—	—	52	—	490	366	124
11. Bojanowo	[3])450	—	—	—	300	—	268	159	109
12. Fraustadt	—	[4])130	—	—	—	46	493	104	389
12. Schweidnitz	1 130	200	98	72	1 279	205	252	153	99
14. Breslau	600	300	—	—	215	114	421	365	56
15. Gross-Salze	358	57	95	25	380	58	281	218	63
16. Moritzburg	548	79	14	2	540	65	298	143	155
17. a. Glückstadt	750	50	—	—	400	31	325	317	8
17. b. Bockelholm	320	—	—	—	166	—	294	227	67
18. Bennighausen	350	50	—	—	320	43	353	170	183
19. Breitenau	300	100	30	20	117	16	379	277	102
20. Hadamar	236	80	10	6	62	18	707	308	399
21. Brauweiler	600	160	140	—	966	275	361	247	114
22. Moringen	800	—	—	—	278	—	397	211	186
23. Wunstorf	300	—	438	—	622	—	296	99	197
24. Himmelsthür	—	125	—	190	—	246	273	105	168
Summe	—	—	—	—	**9 501**	**1 854**	—	—	—

[1]) Dieselben werden aus Provinzialmitteln gedeckt. Vgl. §. 216 im Text. — [2]) Unter den Pfleglingen befinden sich ausser Land- und Ortsarmen auch anstaltspflegebedürftige ruhige Geisteskranke, Idioten, Epileptiker, Blinde und Taubstumme. Ferner ist der Anstalt angegliedert eine Irrenanstalt für unheilbare gemeingefährliche Geisteskranke; höchste Belegungsstärke derselben 68 Köpfe. — [3]) Männliche Korrigenden und Landarme. Im Bedürfnissfalle dient die Anstalt ausser zur Aufnahme von Korrigenden auch zur Aufnahme von: a) männlichen Land- und Ortsarmen, b) männlichen hilfsbedürftigen Taubstummen und Blinden. — [4]) Desgl. für weibliche Personen.

Anlage XCII.

Zahl der Zwangszöglinge nach dem Gesetz vom 2. Juli 1900.

1	2			3		4	
Provinz bezw. Kommunalverband.	Im Etatsjahre 1901 sind der Fürsorgeerziehung rechtskräftig überwiesen worden			davon waren			
				schulpflichtig und noch jünger		schulentlassen	
	m.	w.	zus.	m.	w.	m.	w.
I. Ostpreussen	291	161	452	229	117	62	44
II. Westpreussen	257	89	346	166	55	91	34
III. Brandenburg ohne Berlin	398	279	677	318	165	80	114
IV. Berlin	312	207	519	208	76	104	131
V. Pommern	239	118	357	188	77	51	41
VI. Posen	242	78	320	144	47	98	31
VII. Schlesien	813	442	1 255	606	326	207	116
VIII. Sachsen	364	201	565	277	109	87	92
IX. Schleswig-Holstein'scher Provinzialverband	154	102	256	136	65	18	37
X. Lauenburgischer Kreiskommunalverband	5	—	5	5	—	—	—
XI. Hannover	336	217	553	245	122	91	95
XII. Westfalen	537	308	845	388	203	149	105
XIII. Bezirksverband Cassel	134	81	215	106	57	28	24
XIV. Bezirksverband Wiesbaden	109	77	186	69	40	40	37
XV. Rheinprovinz	757	476	1 233	497	264	260	212
XVI. Hohenzollern	1	2	3	—	1	1	1
Summe	**4 949**	**2 838**	**7 787**	**3 582**	**1 724**	**1 307**	**1 114**

Anlage XCIII.

Nachweisung über die Kosten der Zwangs- bezw. Fürsorgeerziehung für die Rechnungsjahre 1900 und 1901.

1	2	3	4	5	6	7	8	9	10
Provinz bezw. Kommunalverband.	Gesammtkosten		Die Gesammtkosten betragen demnach im Rechnungsjahre 1901 mehr gegen diejenigen im Rechnungsjahre 1900	Von den Gesammtkosten		Der Antheil des Staates beträgt demnach im Rechnungsjahre 1901 mehr gegen denjenigen im Rechnungsjahre 1900	Von den Gesammtkosten		Der Antheil der Kommunalverbände beträgt demnach im Rechnungsjahre 1901 mehr bezw. weniger gegen denjenigen im Rechnungsjahre 1900
	für die Fürsorgezöglinge nach Massgabe des Erlasses vom 29. 9. 02. M. d. J. S. 2929. F. M. I. 120	welche aus der Pflege aller im Rechnungsjahre 1900 in Zwangserziehung gewesenen Kinder entstanden sind		der Spalte 2 trägt der Staat 2/3 mit	der Spalte 3 trug der Staat		der Spalte 2 tragen die Kommunalverbände	der Spalte 3 trugen die Kommunalverbände	
	M	*M*	*M*	*M*	*M*	*M*	*M*	*M*	*M*
I. Ostpreussen	135 834	110 503	+ 25 331	90 556	55 251	+ 35 305	45 278	55 251	— 9 973
II. Westpreussen	99 317	81 949	+ 17 368	66 212	40 974	+ 25 238	33 106	40 974	— 7 868
III. Brandenburg	188 358	110 653	+ 77 705	125 572	55 327	+ 70 245	62 786	55 326	+ 7 460
IV. Berlin	155 984	105 726	+ 50 258	103 989	52 863	+ 51 126	51 995	52 863	— 868
V. Pommern	89 674	66 554	+ 23 120	59 783	33 277	+ 26 506	29 891	33 277	— 3 396
VI. Posen	128 681	119 801	+ 8 880	85 787	59 901	+ 25 886	42 894	59 901	— 17 007
VII. Schlesien	350 401	297 948	+ 52 453	233 601	148 962	+ 84 639	116 800	148 987	— 32 187
VIII. Sachsen	246 934	210 083	+ 36 851	164 623	103 939	+ 60 684	82 311	106 144	— 23 833
IX. Schleswig-Holstein'scher Provinzialverband	79 129	62 361	+ 16 768	52 752	31 180	+ 21 572	26 377	31 181	— 4 804
X. Lauenburgischer Kreis-Kommunalverband	2 479	2 207	+ 272	1 652	1 103	+ 549	826	1 103	— 277
XI. Hannover	156 578	106 721	+ 49 857	104 386	53 330	+ 51 056	52 193	53 391	— 1 198
XII. Westfalen	192 836	77 345	+ 15 491	128 557	38 672	+ 89 885	64 279	38 672	+ 25 607
XIII. Bezirksverband Cassel	52 570	39 181	+ 13 389	35 046	19 591	+ 15 455	17 523	19 591	— 2 068
XIV. Bezirksverband Wiesbaden	77 734	58 191	+ 19 543	51 823	29 096	+ 22 727	25 911	29 096	— 3 185
XV. Rheinprovinz	339 633	228 616	+ 111 017	226 422	114 308	+ 112 114	113 211	114 308	— 1 097
XVI. Hohenzollern	333	138	+ 195	222	69	+ 153	111	69	+ 42
Summe	**2 296 475**	**1 677 977**	**+ 618 498**	**1 530 983**	**837 843**	**+ 693 140**	**765 492**	**840 134**	**— 74 642**

Anlage XCIV.

Nachweisung von den Einnahmen und Ausgaben derjenigen der alleinigen Verfügung des Staates unterliegenden besonderen Fonds im Bereiche der Verwaltung des Innern, welche juristische Persönlichkeit besitzen und ganz oder zum Theil zu Zwecken bestimmt sind, für welche auch allgemeine Staatsmittel verwendet werden.

(Beilage B des Etats.)

(§. 3 Abs. 1 des Gesetzes, betreffend den Staatshaushalt, vom 11. Mai 1898, Gesetz-Samml. S. 77.)

1	2	3	4	5	6	7	8	9
Regierungbezirke. — Bezeichnung und Zweckbestimmung der Fonds.	Einnahme (in Mark)					Ausgabe (in Mark)		
	Vom Grundeigenthum	Von Berechtigungen	Zinsen von Kapitalien	Sonstige Einnahmen	Summe	Verwaltungskosten	Sonstige Ausgaben	Zur stiftungsmässigen Verwendung
Reg.-Bez. Königsberg.								
1. Marienstift zu Königsberg	—	—	11 578	830	12 408	1 000	458	10 950
Reg.-Bez. Stettin.								
2. Otto'scher Legatenfonds zu Unterstützungen an arme Waisen von Königl. Beamten, welche in der Stadt Stettin erzogen werden oder deren Väter dort gewohnt haben .	—	—	602	—	602	12	—	590
3. von Ploetz'scher Legatenfonds zu Unterstützungen wie zu 2	—	—	25	—	25	1	—	25
4. Klippel'scher Legatenfonds z. Unterstützungen an Wittwen u. Waisen Kgl. Beamten in der Stadt Stettin	—	—	65	—	65	1	—	64
5. du Preu'scher Legatenfonds zu Unterstützungen an Wittwen Kgl. Beamten in der Stadt Stettin . . .	—	—	162	—	162	3	—	159
6. Kempen'sche Stiftung zu einem Stipendium für Söhne unvermögender, der evangelischen Konfession angehörenden Subalternbeamten der Regierung zu Stettin	—	—	119	—	119	3	116	—
7. Klatte-Röhrig'sche Wittwen- und Waisenstiftung	—	—	3 050	—	3 050	150	—	2 900
8. Damenstift zu Marienfliess i. P. . .	—	2 328	18 301	1	20 630	718	886	19 026
9. Damenstift zu Cammin	—	1 980	4 322	—	6 302	340	412	5 550
Reg.-Bez. Köslin.								
10. Damenstift zu Colberg	—	5 629	7 239	42	12 910	384	376	12 150
11. Damenstift zu Stolp	—	2 901	4 054	724	7 678	240	422	7 017
Reg.-Bez. Potsdam.								
12. Damenstift zu Lindow	748	—	12 592	21	13 361	684	477	12 200
13. Damenstift zu Zehdenick	1 094	643	7 619	425	9 781	510	59	9 212
14. Damenstift zu Marienfliess a. St. .	16 122	360	7 853	165	24 500	7 404	6 686	10 410
Reg.-Bez. Magdeburg.								
15. Katharinenstift zu Stendal	5 907	—	6 529	114	12 550	710	3 290	8 550
16. Annenstift zu Stendal	1 638	—	2 802	80	4 520	240	1 280	3 000

Noch: Nachweisung von den Einnahmen und Ausgaben derjenigen der alleinigen Verfügung des Staates unterliegenden besonderen Fonds im Bereiche der Verwaltung des Innern, welche juristische Persönlichkeit besitzen und ganz oder zum Theil zu Zwecken bestimmt sind, für welche auch allgemeine Staatsmittel verwendet werden (Beil. B. des Etats).

1	2	3	4	5	6	7	8	9
Regierungsbezirke. — Bezeichnung und Zweckbestimmung der Fonds.	Einnahme (in Mark)					Ausgabe (in Mark)		
	Vom Grundeigenthum	Von Berechtigungen	Zinsen von Kapitalien	Sonstige Einnahmen	Summe	Verwaltungskosten	Sonstige Ausgaben	Zur stiftungsmässigen Verwendung
Reg.-Bez. Schleswig.								
17. Schütz-Grönland'scher Unterstützungsfonds für Wittwen und vaterlose Kinder von unmittelbaren Civilstaatsbeamten, einschliessl. der Lehrer an den Gymnasien u. Schullehrer-Seminaren, sowie der Geistlichen i. d. Prov. Schleswig-Holstein	—	—	3 390	—	3 390	17	—	3 373
Reg.-Bez. Hannover.								
18. Damenstift zu Barsinghausen	—	10 766	—	—	10 766	—	—	10 766
19. Damenstift zu Mariensee	—	14 353	—	—	14 353	—	—	14 353
20. Damenstift zu Marienwerder	—	10 663	—	—	10 663	—	—	10 663
21. Damenstift zu Wennigsen	—	11 302	—	—	11 302	—	—	11 302
22. Damenstift zu Wülfinghausen	—	13 618	—	—	13 618	—	—	13 618
23. Damenstift zu Wunstorf	—	7 107	—	—	7 107	—	—	7 107
Hannover (Provinz).								
24. von Ahlden'sche Stiftung zu Armenunterstützungen	—	—	142	—	142	—	—	142
Reg.-Bez. Hildesheim.								
25. Damenstift zu Hildesheim	—	6 775	—	—	6 775	—	—	6 775
Reg.-Bez. Osnabrück.								
26. Damenstift zu Bersenbrück	—	6 474	—	—	6 474	—	—	6 474
Reg.-Bez. Arnsberg.								
27. Damenstift zu Geseke-Keppel	27 152	—	33 311	8 317	68 780	15 979	3 301	49 500
28. Damenstift zu Soest	8	—	4 266	606	4 879	680	299	3 900
29. Damenstift zu Lippstadt	12 460	—	3 519	2 520	18 500	6 215	210	12 075
Reg.-Bez. Cassel.								
30. Damenstift zu Obernkirchen	15 274	—	7 092	—	22 366	4 998	2 613	14 754
Reg.-Bez. Breslau.								
31. v. Kottwitz'sche Stiftung zu Unterstützungen von Wittwen od. Waisen v. Beamten d. Regierung zu Breslau	—	—	235	—	235	—	—	235
Reg.-Bez. Liegnitz.								
32. von Harthausen'sche Stiftung zu Unterstützungen von Wittwen oder Waisen von Beamten der Regierung zu Liegnitz	—	—	94	—	94	2	—	93
33. Minister von Schuckmann'sche Jubilarstiftung	—	—	3 240	—	3 240	—	—	3 240
Summe	**80 403**	**94 899**	**142 201**	**13 845**	**331 347**	**40 290**	**20 885**	**270 173**

Anlage XCV.

Nachweisung von denjenigen der alleinigen Verfügung des Staates unterliegenden besonderen Fonds im Bereiche der Verwaltung des Innern, welche juristische Persönlichkeit besitzen und zu solchen Zwecken bestimmt sind, für welche allgemeine Staatsmittel nicht verwendet werden (Beil. C. des Etats).

(§. 4 des Gesetzes, betreffend den Staatshaushalt, vom 11. Mai 1898, Gesetz-Samml. S. 77.)

Regierungsbezirk oder Provinz. — Bezeichnung und Zweckbestimmung der Fonds.	Jahres-betrag ℳ
Reg.-Bez. Königsberg.	
1. Ermländischer mons pietatis zur Gewährung von unverzinslichen und gering verzinslichen Darlehen an bedürftige Personen des Ermlandes	3 042
2. Betche-Stiftung zur Unterstützung unverheiratheter Töchter von Königl. Subalternbeamten, welche in der Stadt Königsberg angestellt gewesen sind und daselbst ihren letzten Wohnsitz gehabt haben	4 938
3. Geritz-Stiftung zur Unterstützung invalider, im aktiven Dienst ausgezeichneter gemeiner Soldaten aus dem Ermlande	418
Reg.-Bez. Marienwerder.	
4. Westpreussischer Militär-Invaliden-Unterstützungsfonds zur Gewährung von hypothekarischen Darlehen an erblindete oder sonst invalide gewordene Freiheitskämpfer behufs Erwerbung von Grundstücken und Gewährung von fortlaufenden und einmaligen Unterstützungen	1 951
Reg.-Bez. Stettin.	
5. St. Johannis-Armenhaus beim Domkapitel in Cammin zur Unterkunft und Unterstützungen an acht alte, arme, kranke, fromme und würdige Personen aus dem Bereiche des ehemaligen Domkapitels	1 052
6. Peterson-Cramer'sches Legat zur Unterstützung von würdigen und bedürftigen vaterlosen unverheiratheten Töchtern von Predigern oder Oberoffizieren des stehenden Heeres, welche in Stettin geboren sind	5 965
Reg.-Bez. Köslin.	
7. Behling'sche Waisenstiftung zur Unterstützung von elternlosen und ganz bedürftigen Kindern der Stadt Köslin	—
Reg.-Bez. Bromberg.	
8. Tymke'scher Vermächtnissfonds zur Unterstützung von Militärinvaliden des ehemaligen Herzogthums Warschau	789
Provinz Schlesien.	
9. Fischer'sche Emilienstiftung zur Unterstützung verwaister Töchter aus achtbaren vermögenslosen bürgerlichen Familien in Schlesien	309
10. Schollenbach-Stiftung zur Unterstützung von armen adligen Kindern	8 772
11. Elisabeth-Hospital in Breslau zur Gewährung von Unterkunft und Unterhalt an arbeitsunfähige, der Provinz Schlesien angehörige Personen von unbescholtenem Wandel und christlicher Religion	16 302
Reg.-Bez. Breslau.	
12. Feist'sche Stiftung zur Gewährung eines Stipendiums für Mediziner und von Unterstützungen für verwaiste Handwerkslehrlinge	282
13. Günther'scher Legatenfonds zur Gewährung von Unterstützungen für schulpflichtige Kinder von Militärinvaliden	134
14. Invaliden-Kollektenfonds zur Unterstützung hinterbliebener Wittwen von Veteranen aus den Kriegen 1813/15	875

Noch: Anlage XCV.

Noch: Nachweisung von denjenigen der alleinigen Verfügung des Staates unterliegenden besonderen Fonds im Bereiche der Verwaltung des Innern, welche juristische Persönlichkeit besitzen und zu solchen Zwecken bestimmt sind, für welche allgemeine Staatsmittel nicht verwendet werden (Beil. C. des Etats).

Regierungsbezirk oder Provinz. — Bezeichnung und Zweckbestimmung der Fonds.	Jahresbetrag ℳ
Reg.-Bez. Liegnitz.	
15. Landwehr-Siegesstiftungsfonds zur Unterstützung invalider Krieger	408
16. von Ramthow'scher Unterstützungsfonds zur Unterstützung eines in dem Feldzuge 1870/71 verwundeten und hülfsbedürftigen Offiziers	110
17. Winkler'scher Vermächtnissfonds zur Unterstützung von Ortsarmen in den Ortschaften Niedergorpe und Gladisgorpe und zur Gründung eines Hospitals	204
18. Herwarth von Bitterfeld'sche Stiftung zur Unterstützung unbemittelter Wittwen oder Mädchen gebildeten Standes im Regierungsbezirk Liegnitz .	1 311
Reg.-Bez. Merseburg.	
19. Wenk'scher Armenstiftungsfonds zur Unterstützung würdiger Personen aus Beerendorf oder Döbernitz	22
20. Dr. Friederici'scher Stiftungsfonds z. Erziehung armer Kinder im Kr. Delitzsch	110
Reg.-Bez. Hannover.	
21. Armenhaus zu Dörpel zur Gewährung eines Unterkommens u. z. Unterstützung armer Personen aus der Gemeinde Dörpel und dem Kirchspiel Barnstorf . .	800
Reg.-Bez. Hildesheim.	
22. Waisenhausstiftung zu Einbeck zur Verpflegung und Erziehung armer Kinder	6 727
Reg.-Bez. Stade.	
23. Etatskirchenkasse zu Stade zu milden und wohlthätigen Zwecken	4 310
24. Curland'sche Stiftung zu Stade zu milden Zwecken	1 423
25. Reimer'scher Stipendienfonds zu Stade zur Gewährung von Stipendien an Studirende	820
26. Senne'sche Stiftung zu Verden zur Unterstützung von Unteroffiziers- und Soldatenwittwen in Verden	134
27. Brethaupt'sche Stiftung in Verden zum Besten der Armen in den Herzogthümern Bremen und Verden	4 148
28. v. d. Liedt'sche Stiftung in Verden zur Gewährung von Stipendien an arme Studirende und von Unterstützungen an Arme der Stadt Verden . .	3 943
29. Domsarmen-Stiftung in Verden zur Gewährung von Stipendien an Arme, von Präbenden an zehn ältere Frauen und zu Unterstützungen	3 023
Reg.-Bez. Aurich.	
30. Ostfriesische Armenstrandkasse	1 199
Provinz Westfalen.	
31. Münster'scher Provinzial-Invalidenfonds	14 062
der damit in Verbindung stehende von Landsberg'sche Stiftungsfonds zu Pensionen und Unterstützungen für ehemalige Soldaten des Münsterlandes und für deren Hinterbliebene	2 056
32. Stiftung zur Unterstützung hülfsbedürftiger Krieger und deren Familien in der Provinz Westfalen	1 732
33. von Vincke-Stiftung zur Förderung gemeinnütziger und wohlthätiger Zwecke in der Provinz Westfalen	6 755
Reg.-Bez. Cassel.	
34. Ordens-Armenkasse zur Unterstützung von Wittwen und Waisen von vormaligen Kurfürstlich Hessischen geringeren Hofdienern	4 240
35. Wilhelmsfonds. Allerhöchster Dispositionsfonds zur Unterstützung invalider Preussischer Offiziere und Soldaten, sowie der hinterbliebenen Wittwen und Waisen der im Feldzuge 1866 Gefallenen der Preussischen Armee . . .	67 000
Summe	**169 366**

Anlage XCVI.

Hauptgruppen der einmaligen und ausserordentlichen Ausgaben im Ministerium des Innern seit 1870.

Jahre	Ministerium des Innern ℳ	Landräthliche Behörden und Aemter ℳ	Statistisches Bureau ℳ	Polizei-Verwaltung ℳ	Land-Gensdarmerie ℳ	Strafanstalts-Verwaltung ℳ	Oberverwaltungsgericht ℳ	Summe ℳ
1870 . .	—	—	70 401	90 000	9 614	609 600	—	779 615
1871 . .	—	7 995	—	90 000	11 319	705 000	—	814 314
1872 . .	180 000	—	205 800	213 000	924	837 060	—	1 436 784
1873 . .	180 000	61 500	90 000	90 000	1 951	1 269 000	—	1 692 451
1874 . .	360 000	—	246 000	270 000	41 357	2 108 148	—	3 025 505
1875 . .	270 000	—	441 320	76 900	4 196	517 200	—	1 309 616
1876 . .	478 500	337 600	178 800	80 000	10 328	71 200	—	1 156 428
1877/78	—	85 000	64 095	56 600	3 067	465 700	—	674 462
1878/79	38 000	30 000	8 500	74 600	2 426	1 107 255	—	1 260 781
1879/80	47 800	—	—	—	44 142	957 000	—	1 048 942
1880/81	—	30 000	200 000	—	1 772	1 097 000	—	1 328 772
1881/82	5 000	—	123 000	—	—	1 058 700	—	1 186 700
1882/83	—	45 714	40 000	—	—	1 514 155	—	1 599 869
1883/84	11 500	—	—	259 000	15 000	401 015	—	686 515
1884/85	—	65 400	30 300	17 972	15 000	956 675	—	1 085 347
1885/86	—	—	97 850	160 550	15 000	874 900	—	1 148 300
1886/87	—	15 000	312 100	5 200	15 000	629 800	—	977 100
1887/88	—	11 437	53 000	—	6 389	488 800	—	559 626
1888/89	—	6 000	11 200	—	—	734 000	—	751 200
1889/90	—	6 000	—	10 500	—	938 535	—	955 035
1890/91	—	5 000	—	—	84 834	601 800	480 000	1 171 634
1891/92	—	5 000	264 000	24 500	11 100	437 123	—	741 723
1892/93	—	5 000	61 500	—	—	935 089	—	1 001 589
1893/94	—	4 000	121 440	3 080	150 000	686 535	—	965 055
1894/95	—	78 550	9 560	80 000	96 200	1 000 000	—	1 264 310
1895/96	—	2 900	120 000	167 952	—	1 800 000	—	2 090 852
1896/97	—	—	409 750	190 000	—	1 770 800	—	2 370 550
1897/98	—	—	119 090	53 000	—	991 100	—	1 163 190
1898/99	—	35 000	13 200	—	—	1 326 000	—	1 374 200
1899 . .	845 000	—	—	400 800	20 250	711 250	—	1 987 300[1]
1900 . .	230 000	22 790	—	1 420 875	100 000	687 130	—	2 460 795
1901 . .	140 000	—	445 168	2 070 125	278 000	1 569 600	—	4 502 893
1902 . .	75 800	—	229 885	1 460 430	243 190	854 450	—	2 863 755
1903 .	—	—	—	1 144 300	183 680	603 792	—	1 931 772
Summe	**2 861 600**	**859 886**	**3 965 959**	**8 509 384**	**1 364 739**	**31 315 412**	**480 000**	**49 366 980**

[1]) Darunter 10 000 ℳ ausserordentliche Zuwendung an eine Beamtenwittwe.

Anlage XCVII.

Entwickelung der extraordinären Ausgaben im Ministerium des Innern seit 1870.

1	2	3	4	1	2	3	4
Jahre	Ordinarium ℳ	Extra-ordinarium ℳ	Prozent des Ordinariums	Jahre	Ordinarium ℳ	Extra-ordinarium ℳ	Prozent des Ordinariums
1903 . . .	78 320 913	1 931 772	2,4				
1902 . . .	74 742 158	2 863 755	3,8	1882/83 . .	40 402 367	1 599 869	4,0
1901 . . .	72 060 358	4 502 893	6,2	1881/82 . .	40 063 918	1 186 700	3,0
1900 . . .	69 137 188	2 460 795	3,6	1880/81 . .	39 815 325	1 328 772	3,3
1899 . . .	64 961 338	1 987 300	3,1	1879/80 . .	39 170 216	1 048 942	2,7
1898/99 .	60 259 739	1 374 200	2,3	1878/79 . .	36 810 048	1 260 781	3,4
1897/98 .	57 535 810	1 163 190	2,0	1877/78 . .	36 020 098	674 462	1,9
1896/97 .	56 214 649	2 370 550	4,2	1876	35 064 552	1 156 428	3,3
1895/96 .	53 880 145	2 090 852	3,9	1875	34 705 231	1 309 616	3,8
1894/95 .	53 055 094	1 264 310	2,4	1874	30 319 045	3 025 505	10
1893/94 .	52 167 001	965 055	1,8	1873	29 299 188	1 692 451	5,8
Summe I	**692 334 393**	**22 974 672**	**3,3**	**Summe III**	**361 669 988**	**14 283 526**	**3,9**
1892/93 .	46 488 314	1 001 589	2,2	1872	26 378 440	1 436 784	5,4
1891/92 .	47 369 896	741 723	1,6	1871	25 748 806	814 314	3,2
1890/91 .	43 840 441	1 171 634	2,7	1870	25 368 958	779 615	3,1
1889/90 .	43 464 125	955 035	2,2				
1888/89 .	43 565 176	751 200	1,7	**Summe IV**	**77 496 204**	**3 030 713**	**3,9**
1887/88 .	42 543 717	559 626	1,3	**Wiederholung.**			
1886/87 .	42 149 894	977 100	2,3	**Summe IV**	**77 496 204**	**3 030 713**	**3,9**
1885/86 .	41 768 671	1 148 300	2,7	„ **III**	**361 669 988**	**14 283 526**	**3,9**
1884/85 .	41 550 209	1 085 347	2,6	„ **II**	**433 976 464**	**9 078 069**	**2,1**
1883/84 .	41 236 021	686 515	1,7	„ **I**	**692 334 393**	**22 974 672**	**3,3**
Summe II	**433 976 464**	**9 078 069**	**2,1**	**Insgesammt 1870–1903**	**1565 477 049**	**49 366 980**	**3,4**

Anlage XCVIII.

Etat des Bureaus des Staats-Ministeriums für die Etatsjahre 1903, 1885/86, 1870 und 1849.

1	2	3	4	5	6	7
Kap.	Tit.	Einnahme und Ausgabe.	1903 ℳ	1885/86 ℳ	1870 ℳ	1849 ℳ
25a.		**Einnahme.**				
	1.	Verschiedene Einnahmen	920	3 450	—	—
44.		**Ausgabe.**				
		Besoldungen.				
	1.	Der Präsident oder der Vice-Präsident des Staats-Ministeriums . . . . 36 000 ℳ		36 000	36 000	30 000
		Repräsentationskosten für den Präsidenten des Staats-Ministeriums 18 000 „	54 000	—	—	—
		(Ausserdem freie Dienstwohnung.)		[1]) 9 000		
	2.	Der Unterstaatssekretär	18 000	15 000	—	—
		(Ausserdem vom 1. Oktober 1902 ab Dienstwohnung.)				
	3.	Vortragende Räthe	26 100	26 100	[2]) 35 400	22 500
	4.	Bureaubeamte	58 400	58 800	} 64 050	{ 30 750
	5.	Unterbeamte	15 600	12 450		7 950
		Summe Tit. 1 bis 5	*172 100*	*157 350*	*135 450*	*91 200*
	6.	Wohnungsgeldzuschüsse für die Beamten	14 940	17 400	—	—
		Andere persönliche Ausgaben.				
	7.	Remunerirung von Hülfsarbeitern	6 750	4 800	2 400	3 000
	8.	Ausserordentliche Remunerationen und Unterstützungen für Bureau-, Kanzlei- und Unterbeamte	1 950	1 950	1 950	3 000
	9.	Unterstützungen für ausgeschiedene Beamte sowie für Wittwen und Waisen von Beamten aus dem Ressort des Staats-Ministeriums	8 700	[3]) 600 8 700	1 500	—
		Summe Tit. 7 bis 9	*17 400*	*16 050*	*5 850*	*6 000*
		Sächliche und vermischte Ausgaben.				
	10.	Für Bureaubedürfnisse etc.	22 980	11 510	8 100	4 500
	11.	Tagegelder, Fuhr- und Versetzungskosten	900	900	—	—
	12.	Unterhaltung der Dienstgebäude und des Gartens	2 500	1 500	3 000	4 500
	13.	Zur Miethung der Dienstwohnung für den Präsidenten oder den Vice-Präsidenten des Staats-Ministeriums	18 000		—	
	14.	Unterstützung für Hülfsbedürftige	1 500	1 500	1 500	—
	15.	Dispositionsfonds für allgemeine politische Zwecke	93 000	93 000	93 000	
	16.	Ausgaben auf Grund des Invalidenversicherungsgesetzes	50	....	[4]) 6 000	—
		Summe Tit. 10 bis 16	*138 930*	*108 410*	*111 600*	*9 000*
		Summe der Ausgabe	**343 370**	**299 210**	**252 900**	**106 200**

[1]) Miethsentschädigung. — [2]) 4 vortragende Räthe. — [3]) Gesetzl. Wittwen- und Waisengelder. — [4]) Zuschuss zur Bestreitung der Kosten für den Staatsanzeiger.

Anlage XCIX.

Etat des Kriegs-Ministeriums für die Etatsjahre 1903 und 1885/86.

1	2	3	4	5
Kapitel	Titel	Einnahme und Ausgabe.	1903 ℳ	1885/86 ℳ
35.		**Einnahme**	**300**	[1]) 1 220 690 **1 910**
		Dauernde Ausgaben.		
127.		**Für die Verwaltung des Zeughauses in Berlin.**		
	1.	Besoldungen	66 320	51 600
	2.	Zu Wohnungsgeldzuschüssen	9 660	8 160
		Andere persönliche Ausgaben.		
	3.	Zu Stellenzulagen; zur Remunerirung des mit der bautechnischen Beaufsichtigung der Zeughausgebäulichkeiten betrauten Architekten, sowie des mit der Bearbeitung der Zeughausangelegenheiten beauftragten Expedienten des Kriegs-Ministeriums	2 250	2 472
	4.	Zu ausserordentlichen Remunerationen für mittlere und untere Beamte sowie zu ausserordentlichen Unterstützungen für Beamte	1 210	1 000 [1]) 400
		Summe Tit. 3 und 4	*3 460*	*3 872*
		Sächliche Ausgaben.		
	5.	Zur Unterhaltung, Vermehrung und Aufstellung der Waffen- etc. Sammlungen	16 000	15 000
	6.	Zu Diäten und Reisekosten	1 000	1 000
	7.	Zur Unterhaltung der Gebäude	15 000	10 000
	8.	Zu sonstigen sächlichen Ausgaben	35 072	25 230
	9.	Zur Zahlung einer auf Grund des Gesetzes vom 28. Mai 1885 (Reichs-Gesetzbl. S. 159) bewilligten Unfallrente 300 ℳ (künftig wegfallend), sowie zu Ausgaben auf Grund des Invalidenversicherungsgesetzes	486	—
		Summe Tit. 5 bis 9	*67 558*	*51 230*
		Summe der dauernden Ausgaben	**146 998**	**114 862**
15.		**Einmalige und ausserordentliche Ausgaben**	**16 800**	**29 400**

[1]) Gesetzl. Wittwen- und Waisenbeiträge.

Anlage C.

Etat des Ministeriums der auswärtigen Angelegenheiten für die Etatsjahre 1903, 1885/86, 1870 und 1849.

1	2	3	4	5	6	7
Kap.	Tit.	Einnahme und Ausgabe.	1903 M	1885/86 M	1870 M	1849 M
26.		**Einnahme.**				
	1.	Von dem Gesandten in München Miethe für die Dienstwohnung	4 500	4 500	—	—
	2.	Sonstige Einnahmen	100	[1]) 3 570	—	—
		Summe der Einnahme	**4 600**	**8 070**	—	—
		Ausgabe.				
55.		**Ministerium.**				
	1.	Der Minister ohne Gehalt.				
	2.	Aversional-Entschädigung an das Deutsche Reich für die Besorgung speziell Preussischer Angelegenheiten	90 000	90 000	[3])	48 000
	3.	Nicht aversionirte Postporto- und Gebührenbeträge und sonstige Frachtgebühren für dienstliche Sendungen, Telegrammgebühren	850	1 400	—	[5]) 213 930
		Summe Kap. 55	**90 850**	**91 400**	—	**261 930**
56.		**Gesandtschaften.**				
	1.	Besoldungen	395 400	365 400	111 600 [4]) 4 500	1 226 460 [6]) 109 050
		Andere persönliche Ausgaben.				
	2.	Ausserordentliche Remunerationen und Unterstützungen für gesandtschaftliche Kanzlei- und Unterbeamte	1 500	1 500 [2]) 1 600	—	—
		Sächliche und vermischte Ausgaben.				
	3.	Für Bureaubedürfnisse u. s. w.	8 850	8 100	3 000	—
	4.	Tagegelder und Fuhrkosten der gesandtschaftlichen Beamten	7 000	8 600	4 500	—
	5.	Unterhaltung des Gesandtschaftshotels in München, sowie zur Beschaffung und Erhaltung der für die Gesandtschaften nothwendigen Flaggen	2 100	2 100	900	—
	6.	Vermischte Ausgaben, und zwar: Stellvertretungskosten, Remuneration für extraordinäre Hülfsarbeiter und Unterbeamte, Umzugskosten, sowie sonstige unvorhergesehene Ausgaben	49 000	24 700	18 000	—
		Summe Tit. 3 bis 6	*66 950*	*43 500*	*26 400*	*165 000*
		Summe Kap. 56	**463 850**	**412 000**	**116 100**	**1 335 510**
		Summe der Ausgabe	**554 700**	**503 400**	**142 500** [3])+90 000 **232 500**	**1 762 440** [7])+231 000 **1 993 440**

[1]) Gesetzliche Wittwen- und Waisenbeiträge. — [2]) Gesetzliche Wittwen- und Waisengelder. — [3]) und 90 000 M Extraordinarium (seit 1871 ins Ordinarium übernommen unter Kap. 55 Tit. 2). — [4]) Bureaukosten für den Hamburger Generalkonsul. — [5]) Bureau des Ministeriums. — [6]) für Consuln. — [7]) Extraordinarium.

Anlage CI.

Etat der Ober-Rechnungskammer für die Etatsjahre 1903, 1885/86, 1870 und 1849.

1	2	3	4	5	6	7
Kap.	Tit.	Einnahme und Ausgabe.	1903 ℳ	1885/86 ℳ	1870 ℳ	1849 ℳ
25e.		**Einnahme.**				
	1.	Verschiedene Einnahmen	14 821	300	—	—
			—	²) 19 000	—	—
		Summe der Einnahme für sich . . .	—	**19 300**	—	—
		Ausgabe.				
48.		**A. Dauernde Ausgaben.**				
		Besoldungen.				
	1.	Der Chef-Präsident . . . . (Ausserdem freie Dienstwohnung.)	21 000	³) 14 000	18 000	18 000
	2.	Direktoren und vortragende Räthe	192 000	166 500	100 500	91 500
	3.	Bureaubeamte	646 200	425 800		
	4.	Kanzleisekretäre	23 800	17 850	235 200	206 550
	5.	Unterbeamte	20 800	17 850		
		Summe Tit. 1 bis 5 . . .	*903 800*	*642 000*	*353 700*	*316 050*
	6.	Wohnungsgeldzuschüsse für die Beamten	110 616	87 944	—	—
		Andere persönliche Ausgaben.				
	7.	Remunerirung von Hülfsarbeitern, einschl. 150 ℳ Stellenzulage für den Kastellan . .	13 950	7 800	4 500	
	8.	Ausserordentliche Remunerationen u. Unterstützungen für Kanzlei- u. Unterbeamte .	2 100			
	8a.	Ausserordentliche Remunerationen für mittlere Beamte	1 700	9 150	6 000	20 093
	8b.	Unterstützungen für höhere und mittlere Beamte	6 175			
	9.	Unterstützungen für ausgeschiedene Beamte, sowie Pensionen und Unterstützungen für Wittwen und Waisen von Beamten	7 224	7 224	2 700	
			—	²) 6 000	—	—
		Summe Tit. 7 bis 9 . . .	*31 149*	*30 174*	*13 200*	*20 093*
		Sächliche Ausgaben.				
	10.	Für Geschäftsbedürfnisse u. s. w.	26 000	23 700	16 080	15 360
	11.	Tagegelder, Fuhr- und Versetzungskosten . .	4 100	6 800	3 600	3 000
	12.	Unterhaltung der Dienstgebäude und des Gartens	4 800	4 300	2 940	—
	13.	Ausgaben auf Grund des Invalidenversicherungsgesetzes	55	—	—	—
		Summe Tit. 10 bis 13 . . .	*34 955*	*34 800*	*22 620*	*18 360*
		Summe A . . .	**1 080 520**	**794 918**	**389 520**	**354 503**
1a.		**B. Einmalige u. ausserordentl. Ausgaben.**	—	**52 600**	—	—
		Summe der Ausgaben ¹) . . .	**1 080 520**	**847 518**	**389 520**	**354 503**

¹) Ausserdem werden für den mit der Ober-Rechnungskammer vereinigten Rechnungshof des Deutschen Reichs in dem Reichshaushaltsetat für das Rechnungsjahr 1903 angesetzt: Kap. 73 Tit. 1 bis 5: Besoldungen 770 790 ℳ, Tit. 6: Wohnungsgeldzuschüsse 96 910 ℳ, Tit. 7 u. 8: Andere persönliche Ausgaben 36 975 ℳ, Tit. 9 bis 11: Sächliche Ausgaben 51 400 ℳ; zusammen: 956 075 ℳ. — ²) Gesetzliche Wittwen- und Waisenbeiträge. — ³) Ausserdem 7 000 ℳ aus Reichsfonds erstattet.

Anlage CII.

Etat des Geheimen Civil-Kabinets für die Etatsjahre 1903, 1885/86, 1870 und 1849.

1	2	3	4	5	6	7
Kap.	Tit.	Einnahme und Ausgabe.	1903 ℳ	1885/86 ℳ	1870 ℳ	1849 ℳ
25d.		**Einnahme.**				
	1.	Beitrag des Deutschen Reiches zu den Verwaltungskosten des Geheimen Civil-Kabinets	6 300	6 300	—	—
	2.	Sonstige Einnahmen	870	191 ¹) 2 539	—	—
		Summe der Einnahme . . .	**7 170**	**9 030**	—	—
47.		**Ausgabe.**				
		Besoldungen.				
	1.	Der Geheime Kabinetsrath und ein vortragender Rath	28 400	24 900	12 000	} 43 500
	2.	Bureaubeamte	80 500	53 400	} 39 600	
	3.	Unterbeamte	11 480	6 750		
		Summe Tit. 1 bis 3 . . .	*120 380*	*85 050*	*51 600*	*43 500*
	4.	Wohnungsgeldzuschüsse für die Beamten	14 700	12 720	—	—
		Summe Tit. 4 für sich.				
		Andere persönliche Ausgaben.				
	5.	Zur Remunerirung von Hülfsarbeitern	3 000	1 200	²) 12 000	
	6.	Ausserordentliche Remunerationen und Unterstützungen für mittlere, Kanzlei- und Unterbeamte	1 800	2 200 ¹) 600		3 000 600
		Summe Tit. 5 und 6 . . .	*4 800*	*4 000*	*12 000*	*3 600*
		Sächliche Ausgaben				
	7.	Für Bureaubedürfnisse u. s. w.	20 000	6 800	3 900	—
	8.	Diäten, Fuhr- und Umzugskosten	16 000	11 400	—	—
	9.	Unterhaltung der Dienstgebäude und Gärten	4 200	4 200	2 100	—
	10.	Ausgaben auf Grund des Invalidenversicherungsgesetzes	20	—	—	—
		Summe Tit. 7 bis 10 . . .	*40 220*	*22 400*	*6 000*	*6 000*
		Summe der Ausgabe . . .	**180 100**	**124 170**	**69 600**	**53 100**

¹) Gesetzliche Wittwen- und Waisengelder. — ²) Diäten, Reisekosten und Unterstützungen, jetzt zum Theil unter Titel 8.

Anlage CIII.

Etat der Staatsarchive für die Etatsjahre 1903, 1885/86, 1870 und 1849.

1	2	3	4	5	6	7
Kap.	Tit.	Einnahme und Ausgabe.	1903 ℳ	1885/86 ℳ	1870 ℳ	1849 ℳ
25 b.		**Einnahme.**				
	1.	Erlöse aus archivalischen Publikationen und Zuschüsse zu den Autorhonoraren	2 040	3 170	—	—
	2.	Fällt aus.		[1]) 5 880		
	3.	Verschiedene sonstige Einnahmen[2])	1 100	900	—	—
		Summe der Einnahme ...	**3 140**	**9 950**	—	—
		Ausgabe.				
45.		**A. Dauernde Ausgaben.**				
		Besoldungen.				
	1.	Der Generaldirektor der Staatsarchive mit 9 000 ℳ				[3]) 3 000
		2 Expedienten und Kalkulatoren (dav. 1 zugleich Registrator) beim Direktorium mit (3 000—6 000 ℳ) 9 000 „	18 000	18 000		
	2.	1 Direktor des Geheimen Staatsarchives in Berlin mit (diese Stelle wird als Nebenamt verwaltet) . 3 000 ℳ				
		1 zweiter Direktor der Staatsarchive in Berlin mit .... 8 500 „				
		1 erster Sekretär beim Historischen Institut in Rom mit .... 7 500 „				
		12 Archivdirektoren in den Provinzen mit (4 800 bis 7 200 ℳ) ..... 77 300 „			98 985	36 450
		4 Geheime Staatsarchivare am Geheimen Staatsarchive, davon 2 künftig wegfallend, mit (3 600 bis 7 200 ℳ)[4]) .... 28 200 „				
		4 Staatsarchivare, 30 Archivare und 1 zweiter Sekretär beim Historischen Institut in Rom mit (2 700 bis 5 100 ℳ)[5]) .... 122 700 „				
		sowie feste Zulagen von je 900 ℳ für 17 dieser Beamten ... 15 300 „				
		1 Regierungssekretär in Sigmaringen 360 „	262 860	150 360		
		Letzterer Betrag ist auf das Gehalt der Stelle dieses Beamten anzurechnen.				

[1]) Gesetzl. Wittwen- und Waisenbeiträge. — [2]) Zahlungen einzelner Archivdiener für Entnahme von Feuerungsmaterial aus den amtlichen Beständen zu ihrem eigenen Bedarfe, sowie für Mitbenutzung der Wasserleitung; Erlös aus dem Verkaufe unbrauchbarer Akten, Drucksachen, Utensilien und Baumaterialien; Miethe und Pacht für entbehrliche Räume und Ländereien, Beiträge zu den Kosten der nach § 2a des Krankenversicherungsgesetzes erweiterten Krankenfürsorge usw. — [3]) im Nebenamt. — [4]) Bei Erledigung der 2 künftig wegfallenden Stellen werden dieselben in solche für Staatsarchivare und Archivare umgewandelt. Es kommt deshalb als künftig wegfallend nur der Unterschiedsbetrag zwischen den Mindestgehältern der beiden Beamtenklassen mit zusammen 1 800 ℳ in Betracht. Für die zweite der noch umzuwandelnden 2 Stellen für Staatsarchivare und Archivare ist demnächst eine feste Zulage von jährlich 900 ℳ zu gewähren. — [5]) Der erste Sekretär bei dem Historischen Institut in Rom hat freie Wohnung und eine Lokalzulage von 1 250 ℳ, der zweite Sekretär bei diesem Institut eine Lokalzulage von 1 000 ℳ jährlich und eine Miethsentschädigung von 660 ℳ jährlich aus Tit. 6. 1 Archivar beim Geheimen Staatsarchive in Berlin, sowie 3 Archivdirektoren und 2 Archivare in den Provinzen haben Dienstwohnungen. 2 Archivdirektoren zahlen 15 und 20 ℳ und 2 Archivare je 15 ℳ jährlich für Mitbenutzung der fiskalischen Wasserleitung.

Noch: Anlage CIII.

Noch: Etat der Staatsarchive für die Etatsjahre 1903, 1885/86, 1870 und 1849.

1	2	3	4	5	6	7
Kap.	Tit.	Ausgabe.	1903 ℳ	1885/86 ℳ	1870 ℳ	1849 ℳ
(45.)						
	3.	Kanzleisekretäre	24 450	13 050	(98 985)	(36 450)
	4.	Archivdiener	19 480	11 640		
		Summe Tit. 1 bis 4	*324 790*	*193 050*	*98 985*	*39 450*
	5.	Wohnungsgeldzuschüsse für die Beamten	39 408	27 996	—	—
		Andere persönliche Ausgaben.				
	6.	Remunerirung von Hülfsarbeitern und Hülfsdienern, Miethsentschädigung	46 700	30 000	—	—
	7.	Ausserordentliche Remunerationen und Unterstützungen für Bureau-, Kanzlei- und Unterbeamte	3 520	3 400 [1]) 1 000	—	—
		Summe Tit. 6 und 7	*50 220*	*34 400*	—	—
		Sächliche und vermischte Ausgaben.				
	8.	Bureaubedürfnisse usw.	45 900	25 622	27 900	9 675
	9.	Tagegelder, Reise- und Umzugskosten, sowie Verpackungs- und Frachtkosten	6 000	6 000		
	10.	Zur Erwerbung von Archivalien und Büchern, zur Ausführung und Förderung archivalischer Publikationen, zur Honorirung wissenschaftlicher Leistungen für solche Publikationen und zu sonstigen archivalischen Zwecken	50 610	33 670		
	11.	Unterhaltung der Dienstgebäude und Dienstlokale	11 000	8 600		
	12.	Ausgaben auf Grund des Invalidenversicherungsgesetzes	97	—		
		Summe Tit. 8 bis 12	*113 607*	*73 892*	*27 900*	*9 675*
		Summe A	**528 025**	**320 338**	**126 885**	**49 125**
		B. Einmalige und ausserordentliche Ausgaben.				
	1.	Zur Errichtung eines neuen Staatsarchivgebäudes in Danzig und Herstellung einer Dienstwohnung für einen Archivdiener daselbst, dritte (und letzte) Rate	97 500	—	—	—
		Summe B	**97 500**	—	**42 000**	—
		Dazu: „ A	**528 025**	**320 338**	**126 885**	**49 125**
		Summe der Ausgabe	**600 466**	**320 338**	**168 885**	**49 125**

[1]) Gesetzliche Wittwen- und Waisengelder.

Anlage CIV.

Etat der General-Ordenskommission für die Etatsjahre 1903, 1885/86, 1870 und 1849.

1	2	3	4	5	6	7
Kap.	Tit.	Einnahme und Ausgabe.	1903 ℳ	1885/86 ℳ	1870 ℳ	1849 ℳ
25c.		**Einnahme.**				
	1.	Für zurückgekommene alte Ordensinsignien	27 000	10 770	6 090	4 275
	2.	Sonstige Einnahmen	56	81 [1]) 1 329	—	—
		Summe der Einnahme . . .	**27 056**	**12 180**	**6 090**	**4 275**
46.		**Ausgabe.**				
		Besoldungen.				
		(Der Präses und die Mitglieder der General-Ordenskommission beziehen als solche kein Gehalt.)				
	1.	Bureaubeamte	39 600	37 050	27 000	16 350
	2.	Kanzleidiener	2 800	2 700	2 400	1 050
		Summe Tit. 1 und 2 . . .	*42 400*	*39 750*	*29 400*	*17 400*
	3.	Wohnungsgeldzuschüsse für die Beamten.	9 240	8 160	—	—
		Andere persönliche Ausgaben.				
	4.	Remunerirung von Hülfsarbeitern	6 600	3 000	—	—
	5.	Ausserordentliche Remunerationen und Unterstützungen für Subaltern-, Kanzlei- und Unterbeamte	900	900 [1]) 400	300	—
		Summe Tit. 4 und 5 . . .	*7 500*	*4 300*	*300*	—
		Sächliche und vermischte Ausgaben.				
	6.	Für Bureaubedürfnisse u. s. w.	5 130	14 200	6 000	3 600
	7.	Anschaffung und Unterhaltung der Ordensinsignien	130 000	130 000	72 000	18 000
	8.	Ausgaben auf Grund des Invalidenversicherungsgesetzes	10	[2]) 5 500	[2]) 192 208	[2]) 21 600
		Summe Tit. 6 bis 8 . . .	*135 140*	*149 700*	*270 208*	*43 200*
		Summe der Ausgabe . . .	**194 280**	**201 910**	**299 908**	**57 600**

[1]) Gesetzliche Wittwen- und Waisenbeiträge. — [2]) Ehrensold für Inhaber des eisernen Kreuzes I. und II. Klasse und der Guelphenmedaille (seit 1867).

Anlage CV.

Etat des Gesetzsammlungs-Amts in Berlin für die Etatsjahre 1903, 1885/86 und 1870.

1	2	3	4	5	6
Kapitel	Titel	Einnahme und Ausgabe.	1903 ℳ	1885/6 ℳ	1870 ℳ
25g.		**Einnahme.**			
	1.	Von dem Absatz der Gesetzsammlung	172 000	172 800	121 200
	2.	Vermischte Einnahmen	30	30	—
		Summe der Einnahme . . .	**172 030**	**172 830**	**121 200**
52.		**Ausgabe.**			
	1.	Bauschvergütung an das Deutsche Reich für die Wahrnehmung der Geschäfte des Gesetzsammlungs-Amts	30 000	30 000	— ¹) 12 375
		Besondere persönliche Ausgaben.			
	2.	Für Redaktion und Korrektur der Gesetzsammlung und für Anfertigung der Sachregister und Uebersichten .	1 600	1 600	8 040
		Besondere sächliche Ausgaben.			
	3.	Für das Papier und den Druck der Gesetzsammlung, für Beschaffung derjenigen Exemplare des Reichs-Gesetzblatts, welche als Beilage der Gesetzsammlung an die zahlungspflichtigen Interessenten unentgeltlich zu verabfolgen sind, sowie zu sonstigen Ausgaben	120 000	120 000	158 784
		Summe der Ausgabe . .	**151 600**	**151 600**	**179 199**
		Die Einnahme beträgt . . .	**172 030**	**172 830**	**121 200**
		Mithin Ueberschuss . . .	**20 430**	**21 230**	Zuschuss: **57 999**

¹) Besoldungen.

Anlage CVI.

Etat des Deutschen Reichs- und Preussischen Staats-Anzeigers für die Etatsjahre 1903, 1885/86 und 1874.

1	2	3	4	5	6
Kap.	Tit.	Einnahme und Ausgabe.	1903 ℳ	1885/86 ℳ	1874 ℳ
25 h.		**Einnahme.**			
	1.	Von dem Debit des Reichs- und Staats-Anzeigers und der Nebenblätter	160 000	113 500	83 700
	2.	Insertionsgebühren	820 000	420 000	189 000
	3.	Sonstige Einnahmen	5 300	1 200 ¹) 850	4 800
		Summe der Einnahme	**985 300**	**535 550**	**277 500**
53.		**Ausgabe.**			
		Besoldungen.			
	1.	Höhere und mittlere Beamte	63 200	23 700	19 050
	2.	Unterbeamte	7 750	3 600	2 400
		Summe Tit. 1 und 2	*70 950*	*27 300*	*21 450*
	3.	Wohnungsgeldzuschüsse für die Beamten	11 280	4 080	—
		Andere persönliche Ausgaben.			
	4.	Fixirte Remunerationen und Honorare für Artikel, Depeschen und sonstige Leistungen, einschliesslich Stellenzulage	42 050	44 000	28 500
	5.	Ausserordentliche Remunerationen u. Unterstützungen für Bureau- und Unterbeamte	3 000	3 000 ²) 400	1 800
		Summe Tit. 4 und 5	*45 050*	*47 400*	*30 300*
		Sächliche und vermischte Ausgaben.			
	6.	Für Satz, Druck und Papier	565 000	300 000	220 200
	7.	Provision an die Reichs-Postverwaltung für den Debit des Reichs- und Staats-Anzeigers und der Nebenblätter	30 500	18 300	—
	8.	Für Geschäftsräume, Bureaubedürfnisse u. s. w.	18 000	15 500	13 950
	9.	Zurückerstattung von zu Unrecht eingezahlten Insertionsgebühren	50	4 000	—
	10.	Ausgaben auf Grund des Invaliden-Versicherungsgesetzes	20	—	—
		Summe Tit. 6 bis 10	*613 570*	*337 800*	*234 150*
		Summe der Betriebskosten	**740 850**	**416 580**	**285 900**
	11.	Antheil der Deutschen Reichskasse an dem Betriebsüberschusse	113 270	39 657	—
		Summe der Ausgabe	**854 120**	**456 237**	**285 900**
		Die Einnahme beträgt	**985 300**	**535 550**	**277 500**
		Mithin Ueberschuss	**131 180**	**79 313**	Zuschuss: **8 400**

¹) Gesetzliche Wittwen- und Waisenbeiträge. — ²) Gesetzliche Wittwen- und Waisengelder.

FSC
www.fsc.org
MIX
Papier | Fördert gute Waldnutzung
FSC® C083411

Kolibri 360 GmbH
Ferdinand-Jühlke-Straße 7
99095 Erfurt, Deutschland
produktsicherheit@kolibri360.de